社科文献  学术文库

| 社会政法研究系列 |

中国习惯法论

RESEARCH ON CHINESE CUSTOMARY LAW

（第三版）

高其才 著

社会科学文献出版社
SOCIAL SCIENCES ACADEMIC PRESS (CHINA)

出版说明

社会科学文献出版社成立于 1985 年。三十年来，特别是 1998 年二次创业以来，秉持"创社科经典，出传世文献"的出版理念和"权威、前沿、原创"的产品定位，社科文献人以专业的精神、用心的态度，在学术出版领域辛勤耕耘，将一个员工不过二十、年最高出书百余种的小社，发展为员工超过三百人、年出书近两千种、广受业界和学界关注，并有一定国际知名度的专业学术出版机构。

"旧书不厌百回读，熟读深思子自知。"经典是人类文化思想精粹的积淀，是文化思想传承的重要载体。作为出版者，也许最大的安慰和骄傲，就是经典能出自自己之手。早在 2010 年社会科学文献出版社成立二十五周年之际，我们就开始筹划出版社科文献学术文库，全面梳理已出版的学术著作，希望从中选出精品力作，纳入文库，以此回望我们走过的路，作为对自己成长历程的一种纪念。然工作启动后我们方知这实在不是一件容易的事。对于文库入选图书的具体范围、入选标准以及文库的最终目标等，大家多有分歧，多次讨论也难以一致。慎重起见，我们放缓工作节奏，多方征求学界意见，走访业内同仁，围绕上述文库入选标准等反复研讨，终于达成以下共识：

一、社科文献学术文库是学术精品的传播平台。入选文库的图书必须是出版五年以上、对学科发展有重要影响、得到学界广泛认可的精品力作。

二、社科文献学术文库是一个开放的平台。主要呈现社科文献出版社创立以来长期的学术出版积淀，是对我们以往学术出版发展历程与重要学术成果的集中展示。同时，文库也收录外社出版的学术精品。

三、社科文献学术文库遵从学界认识与判断。在遵循一般学术图书基本要求的前提下，文库将严格以学术价值为取舍，以学界专家意见为准绳，入选文库的书目最终都须通过各该学术领域权威学者的审核。

四、社科文献学术文库遵循严格的学术规范。学术规范是学术研究、学术交流和学术传播的基础，只有遵守共同的学术规范才能真正实现学术的交流与传播，学者也才能在此基础上切磋琢磨、砥砺学问，共同推动学术的进步。因而文库要在学术规范上从严要求。

根据以上共识，我们制定了文库操作方案，对入选范围、标准、程序、学术规范等一一做了规定。社科文献学术文库收录当代中国学者的哲学社会科学优秀原创理论著作，分为文史哲、社会政法、经济、国际问题、马克思主义等五个系列。文库以基础理论研究为主，包括专著和主题明确的文集，应用对策研究暂不列入。

多年来，海内外学界为社科文献出版社的成长提供了丰富营养，给予了鼎力支持。社科文献也在努力为学者、学界、学术贡献着力量。在此，学术出版者、学人、学界，已经成为一个学术共同体。我们恳切希望学界同仁和我们一道做好文库出版工作，让经典名篇，"传之其人，通邑大都"，启迪后学，薪火不灭。

社会科学文献出版社
2015 年 8 月

社科文献学术文库学术委员会

（以姓氏笔画为序）

作者简介

高其才，1964年9月出生，浙江省慈溪市人。清华大学法学院教授、博士生导师。主要学术兼职：中国法学会法理学研究会常务理事；中国农业经济法研究会副会长。

1985年7月在西南政法学院（现西南政法大学）获法学学士学位；1993年8月在武汉大学获法学硕士学位；2002年5月在中国政法大学获法学博士学位。

1985年7月至1997年11月，在武汉中南政法学院（现中南财经政法大学）法律系工作；1997年12月至今，在清华大学法律系、法学院任教。

主要从事法理学、法社会学的教学和研究工作。独著有《野行集——与法有缘三十年》、《跬步集——五十自述》、《在乡村路上》、《乡土法学探索》、《法理学（第三版）》、《法社会学》、《司法制度与法律职业道德（第二版）》、《中国少数民族习惯法研究》、《瑶族习惯法》、《多元司法——中国社会的纠纷解决方式及其变革》、《国家政权对瑶族的法律治理研究》、《习惯法的当代传承与弘扬——来自广西金秀的田野考察报告》、《桂瑶头人盘振武》等。

合著有《乡土法杰研究》、《当代中国法律对习惯的认可研究》、《基层司法》、《乡土司法》、《政治司法》、《司法公正观念源流》、《农民法律意识与农村法律发展》、《陇原乡老马伊德勒斯》等。

主编"中国司法研究"书系（已出 5 种）、《习惯法论丛》（已出 9 种）、《乡土法杰》丛书（已出 7 种）。

内容提要

中国的习惯法，历史悠久，种类多样。本书在探讨习惯法含义、特点的基础上，分析了中国宗族习惯法、村落习惯法、宗教寺院习惯法、行业习惯法、行会习惯法、秘密社会习惯法、少数民族习惯法的内容和作用，讨论了习惯法的现实表现。

Abstract

Chinese customary law is stepped in long history and great quantity. On the basis of discussing the meaning and characteristics of customary law, this book analysis the content and function of Chinese clan customary law, village or regional community customary law, customary law in religious monasteries, guild customary law, secret society customary law, minority concentrated regions customary law, inquiring into the practical state of customary law.

献　　给

我的祖父高永钊先生

福建厦门雷氏宗祠创垂堂（2014 年 10 月 31 日摄）

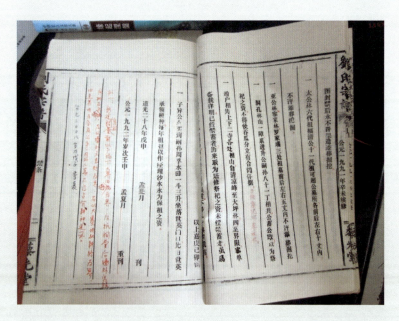

湖北大冶《刘氏宗谱·禁条》（1992 年）（2016 年 5 月 6 日摄）

江苏扬州何家祠堂中的家规（2014 年 3 月 30 日摄）

保守身家之規

保守身家之道無他爲第一不可姦騙人家妻女第二不可賭博宿娼第三不可拖欠包覺謀領役
欺錢糧第四不可煉葯燒丹摸竊誆騙第五不可強橫健訟鬧狠逞凶及扛幫教唆生事害人第六
不可交接無籍之徒花哄遊蕩不務本等生理及縱容尼姑賣婆于內室往來第七不可做人慢物
好勝誇能逞理亂倫驕奢淫佚第八不可爲貪心所使身行峻險之途吾子孫能依得此誡每日戰
戰競競循規蹈矩而行則上不玷祖宗辱父母下不累妻子害親朋明無人非幽無鬼責一家安樂
爲何如哉

云南鹤庆新华村的手工艺人（2005 年 11 月 28 日摄）

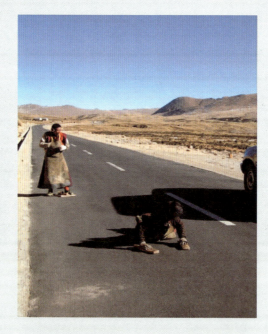

西藏磕长头的藏胞（2005 年 3 月 27 日摄）

河北赵州柏林寺居士住宿须知（2014 年 3 月 22 日摄）

广东中山商铺开业时悬挂在大门上方的生菜和葱（2012 年 11 月 18 日摄）

青海玉树村民买卖羊皮（2008 年 4 月 26 日摄）

浙江慈溪农村春节唱戏（2016 年 2 月 10 日摄）

甘肃迭部扎尕那的篮球赛（2017年7月16日摄）

广西金秀插标（2017年6月4日摄）

浙江慈溪订婚时的舅帖和日子帖（2009 年 11 月 15 日摄）

浙江云和梅竹村结婚礼簿（2015 年 5 月 29 日摄）

山西昔阳瑶头村贴在外墙上的结婚帮忙人员分工单（2015 年 7 月 31 日摄）

四川宜宾李庄的生日宴（2016 年 11 月 17 日摄）

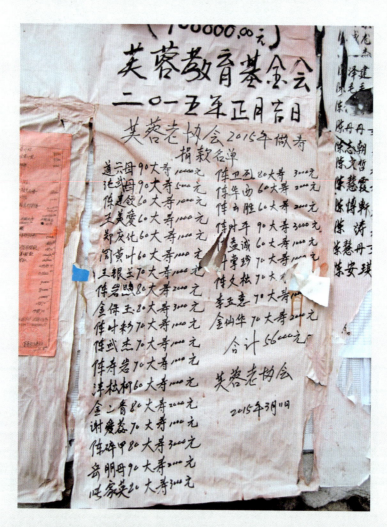

浙江永嘉芙蓉老年协会捐款榜（2015 年 5 月 26 日摄）

浙江莲都民间祭堰仪式（2015 年 5 月 30 日摄）

贵州锦屏魁胆村村民自治合约（2016 年 10 月 3 日摄）

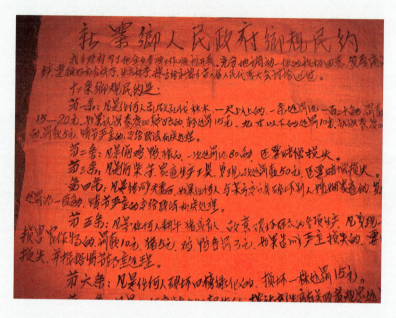

广东连南新寨乡规民约（2009 年 6 月 2 日摄）

广西金秀奋战屯村规民约（2017 年 6 月 6 日摄）

习惯法中国

近些年，我在调查、研究中国习惯法的过程中，渐渐形成了"习惯法中国"的判断。在第三版代序中，我就习惯法中国的含义、习惯法中国的意义、如何面对习惯法中国等议题谈谈粗浅的看法，以就教于读者诸君，并促进我的进一步思考。

一

习惯法可从国家法意义上的习惯法与非国家法意义上的习惯法两方面进行理解。国家法意义上的习惯法强调习惯法出自国家，国家特定机关将社会上已经存在的规范上升为法律规范，赋予其法律效力，从而使其得到国家强制力的保障；习惯法来自习惯，但与其有本质的不同，习惯法属于国家法的范畴，习惯则为一般的社会规范。

而"习惯法中国"中所指的习惯法则为非国家法意义上的习惯法。从非国家法意义上理解，习惯法为独立于国家制定法之外，依据某种社会权威和社会组织，具有一定的强制性的行为规范的总和。

　　"习惯法中国"中的习惯法是从法多元主义视角进行理解和认识的。按照法多元主义的观点，法不仅仅出自国家，国家之外的社会组织如村落、企业、学校、教会等也有与国家法同样功能的规范，这些也可称为法即非国家法意义上的习惯法。习惯法有自然俗成的，也有人为约定的。习惯法有以文字形式表现的，也有以实物、语言等非文字形式表现的。习惯法主要依靠口头、行为进行传播、继承。

　　"习惯法中国"中的习惯法为在社会生活中逐渐自然形成的，而不能通过使用暴力及某种形式的特许，它只能是公众意志的体现。习惯法体现了内生性、公共性的特质，为民众的日常行为规范。

　　基于上述分析，"习惯法中国"意指在当代中国社会内生的非国家法意义上的习惯法，广泛调整民众之间的社会关系，在社会资源分配、民众权益保障、社会秩序维护方面发挥着积极的作用；民众的习惯法意识较为浓厚，在日常行为中往往首先按照习惯法规范行事，依照习惯法处理问题和解决纠纷，习惯法成为民众实际的主要法规范；村落、宗族等社会组织较为重视习惯法的传承、弘扬，通过各种方式扩大习惯法的影响力；国家在立法和司法、执法中较为尊重非国家法意义上的习惯法，重视对非国家法意义上的习惯法的吸纳和参照；国家立法过程和法律实施中，习惯法起着一定的作用。

二

　　"习惯法中国"这一判断是我基于对中国社会的特质而提出的。固有中国的社会结构和发展阶段决定了中国固有社会制定法、习惯法、判例法共存的状况，习惯法在社会资源分配、个人权益保障、群体秩序维持方面发挥了重要的作用。

　　1949年中华人民共和国成立以后，我国的政治、经济、文化等方面发生了明显的变化，出现了政治运动、社会变革、生产方式变更。

特别是 1978 年实行改革开放政策以来，我国在经济发展方面取得了举世瞩目的成就，如 2010 年以来我国的经济总量已排名世界第二。

在法制建设方面，1999 年 3 月 15 日，第九届全国人民代表大会第二次会议通过的《中华人民共和国宪法修正案》第 13 条修正案规定："宪法第五条增加一款，作为第一款，规定：'中华人民共和国实行依法治国，建设社会主义法治国家。'"这就把"依法治国"正式写入了宪法，在治理国家模式层面表明我国告别了数千年的人治模式。2011 年 3 月 10 日，时任全国人民代表大会常务委员会委员长的吴邦国向第十一届全国人民代表大会第四次会议作工作报告时宣布，一个立足中国国情和实际、适应改革开放和社会主义现代化建设需要、集中体现党和人民意志的，以宪法为统帅，以宪法相关法、民法商法等多个法律部门的法律为主干，由法律、行政法规、地方性法规与自治条例、单行条例等三个层次的法律规范构成的中国特色社会主义法律体系已经形成。这表明我国以制定法为主的国家治理模式初步建立。

2014 年 10 月 23 日中国共产党第十八届中央委员会第四次全体会议通过的《中共中央关于全面推进依法治国若干重大问题的决定》指出："长期以来，特别是党的十一届三中全会以来，作为执政党的中国共产党深刻总结我国社会主义法治建设的成功经验和深刻教训，提出为了保障人民民主，必须加强法治，必须使民主制度化、法律化，把依法治国确定为党领导人民治理国家的基本方略，把依法执政确定为党治国理政的基本方式，积极建设社会主义法治，取得了历史性成就。目前，中国特色社会主义法律体系已经形成，法治政府建设稳步推进，司法体制不断完善，全社会法治观念明显增强。"

不过，从社会、文化的角度，我认为当代中国还没有完全进入法治时代。中国固有社会实行专制集权制度，国家治理主要奉行德治和礼治方式，重视贤人政治，县以下基层区域实行社会自治。因此，国家法律特别是制定法在社会治理中有一定作用但有某种局限。中华人民共和国成立以后，我国的法制建设经历了曲折的发展过程，提出依法治国的时间并不长，真正建设法治国家的时间仅为最近的二三十年。国家法律的地位正处于逐步上升的过程中，法律作用的发挥还需要诸多条件的具备，我国民众的法律意识也有待提高。当代中国正处于法治国家、法治政府、法治社会的建设过程中。即使是中国通过持续努力进入法治时代、制定法高度发达完备的时代，民众日常生活中仍然会依靠习惯法行为处世，习惯法仍然是一种极为重要的行为规范，与法治的高度发展并不相冲突和矛盾。

同时，从法的实际作用层面观察，我认为当代中国还没有真正进入制定法时代，习惯法从某个角度看在更广范围、更为全面、更加深入地调整社会关系，对民众的日常行为进行规范。在国家的微观层面和社会层面，习惯法可能发挥着更为明显的实际作用，在社会生活中更显现其约束力和效力。民众在日常的权益维护、人情往来、纠纷解决等方面极为依赖习惯法，固有习惯法与新兴的习惯法对满足民众的安全期待、生活需要、生产开展具有十分重要的意义。民众的生老病死、日常应对、喜怒哀乐与习惯法这一身边的法息息相关、密不可分。而且随着经济的发展和工业化进展、城市化推进，习惯法在中国并不会就此消亡，而是会以新的形式继续发展演化，未来中国的法治建设不会也不可能离开习惯法。

"习惯法中国"既是从文化意义上对当代中国的一种认识，也是从规范意义上对当代中国社会的一个理解。

三

"习惯法中国"体现了对中国固有规范的传承。自近代中国变法修律以来，中国的社会规范、社会秩序发生了一定的变化，固有法系从形式上得到消解。但是，从国家层面观察，法律法规的典章制度层面的变革远明显于法观念、法意识层面的改变，深层次的法价值、法精神的变化并不多，固有法统仍然具有生命力。而在社会层面，以习惯法为主体的固有法规范在当今中国仍然具有深刻的影响力，对普通民众的日常行为产生拘束力。"习惯法中国"正视了中国固有规范的当代传承，承认习惯法的现实影响，强调中华法统的连续与承继。"习惯法中国"也表明了中华文化生生不息的延续性，显示现实与传统之间的内在关联、一脉相承。

"习惯法中国"显示了当代中国社会结构的特点。从微观视角认识，作为一种共同体，当代中国社会实为建立在习惯法共识基础上的社会，习惯法使普通民众形成一定的社会共识，具有某种利益共识、规范共识、道义共识。习惯法使松散的、分裂的个体、家户形成为有凝聚力的群体、有共同价值观的社团，弥合社会成员的差异，使之行为有分寸、做事有规矩、心中有敬畏、生活有依靠、安全有保障、未来有希望，成为平衡、稳定、团结的社会的基石。由此，当代中国社会的民众结合显现出自身的特质。

"习惯法中国"是对当代中国社会法规范、社会秩序的一种认识。"习惯法中国"反映了当代中国国家制定法与非国家法意义上习惯法的二元法规范的同时存在，表明了多元法规范在构建社会秩序时的共生同长形态。作为符合实际的法、有效管用的法、民众拥护的法，习惯法在当代中国的社会秩序维系方面有着国家制定法所无法担负的功能，习惯法以具体性、内生性、针对性、有效性的特质而推进社会发展。

"习惯法中国"彰显着当代中国法治建设的过程性、复杂性。面对"习惯法中国"，我们需要反思简单化、情绪化、急迫式的法治建设思路和策略，需要更清醒地认识到当代中国法治建设的艰巨性、困难性，在总结近百年的法制建设历程的基础上，处理好继承与移植、内生与外引、国家与社会等关系，从中国社会实际情况出发思考当代中国法治建设的具体路径。

四

当代中国的法治建设基本承继了近代法制建设的路径，即以立法为核心、以移植外国法律为基础、自上而下的国家主导型路径，法治的内在需求不足，对法治由被动接受到主动选择过程明显。这一路径在较快形成法律体系方面优势突出，但也存在尊重内生规范不足、社会基础较为薄弱等缺陷，面临深层的文化、价值的冲突等问题。我们需要检视当代中国法治建设的既有实践，分析经验教训，纠正过于理想、不切实际的路径设计，脚踏实地，从中国国情出发，从"习惯法中国"出发，实事求是进行法治建设。

面对"习惯法中国"，我们需要确立实践的立场、生活的立场，认真分析当代中国法治建设所实际面临和需要解决的问题。当代中国面临的问题与固有中国的问题、其他国家的问题既有共同之处也有不同之处，我们需要在"古今"、"中西"维度中把握当代中国问题，思索中国人的终极关怀，批判性地思考中国民众的法需求，全面探讨当今社会关系调整与法满足能力之间的关系，着力认识社会变迁过程中保障民众权益的方式和途径，深入分析新的历史阶段对法制建设提出的挑战，并努力明晰当代中国社会发展及其法制度发展的走向。

在"习惯法中国"下，我们需要从事实出发，接受多重权威、多元法规范观念，认识我国不同公共权威的正当性来源，理解中国社会多中心秩序的意义，从多样性、多层面角度着眼建设法治国家、法治社会。一个平衡、协调、具有生机、充满活力的社会无疑是多元的社会、包容的社会，我们需要探索法规范与社会秩序之间的关系，使习惯法、国家制定法等既有明晰的分工界限，又有互通的合作机制，建立消解相互矛盾、冲突的途径。

面对"习惯法中国"，我们在依法治国、建设社会主义法治国家的过程中，需要理性思考法治建设中的习惯法，调查习惯法规范，认识习惯法意识，分析习惯法事件，总结习惯法人物；正视习惯法的客观存在，尊重其存在价值，了解其真实状况，理解其运行规律，分析其内生环境，弘扬其良善原则，限制其不当规范，在法治国家、法治社会建设中给予非国家法意义上的习惯法以应有的地位，发挥习惯法的积极作用。

"习惯法中国"要求当代中国以习惯法为基础进行法治建设。在依法治国、建设社会主义法治国家过程中，我们需要从民众的立场出发，了解民众的法需求，重视固有的法资源，正视民众的法观念，尊重原生的法规范，总结本土的法运作，在总结、继承习惯法的基础上进行现代法律体系建设。立法时既要眼睛向外更应该向内、向下，认真进行全面的习惯法调查，吸纳、承继良善习惯法规范，使新制定的国家法律具有坚实的社会基础。在法律实施过程中，我们需要注意习惯法对国家法律作用发挥的积极意义，处理好法律与社会发展的关系，注重法律与社会条件的适配、一致、融容。

探寻秩序维持中的中国因素

——我的习惯法研究过程和体会

　　本文讨论的实际上是我自己在习惯法领域的学习过程、思考经历和点滴体会。这样的论题，本应该是更年长、更有成就的大家来谈；我实没有多少资格和能力可以介绍。不过，从 1988 年开始，我进行习惯法的学习、研究的时间算起来已经将近二十年了，虽然没有多大的成绩，但是总结一下其中的酸甜苦辣，对我自己是一个回顾，能够更清醒地认识自己走过的路，对各位读者也可能有一定的参考作用。因此，我不揣冒昧，希望各位批评、指正。

　　这是我个人学术经历的总结，带有明显的个人色彩和个性特征，表现出鲜明的主观状态，因而不具有普遍意义。不过，一滴水虽然不能反映整个大海，但也是大海的有机组成部分，也有其一定意义。

　　这一回顾、小结，于我是一个心路的重新思忆、认识历程，有愉悦，也有失落。英国作家狄更斯在《双城记》中曾题辞："这是一个光明的时代，这是一个黑暗的时代。"我愿意更多地看到光明和希望。

一

我的习惯法学习、研究有一个过程，与我自己的经历、学历有一定关系，有许多偶然因素的影响，也有一些必然因素的决定。生活中有许多意外和偶然，也许是这些意外和偶然决定了一个人的命运。

（一）学科的选择

我出生在浙江慈溪的一个农民家庭，从小参加许多农村的活动，在参加农业劳动中了解了农村社会的许多情况。

1981 年 9 月到重庆西南政法学院法律专业学习。之所以学习法律，是听从了毕业于这一学校的我的一位高中政治老师杨老师的建议，当时我和大多数人的想法一样，只要能够解决农村户口、跳出"农门"、脱下草鞋穿上皮鞋就可以了，学什么没有明确、具体的想法，非常懵懵懂懂的。

在西南政法学院学习期间，通过与各方面老师的接触，我逐渐对学术有了比较浓厚的兴趣，并在 1983 年 5 月参与成立了西南政法学院学生法学会，担任第一任会长。学生法学会邀请校内外老师举行学术讲座，开展一些社会调查、讨论活动。学生法学会在 1983 年 11 月、1985 年 4 月编印了两集学术论文选，在 1984 年 9 月编印了一辑案例选编。在这些活动中，我得到了许多锻炼，为做老师、走学术之路奠定了一定的基础。

在大学期间，李景汉的《定县社会概况调查》（1928～1937）、①

---

① 《定县社会概况调查》由李景汉著，1932 年编定，1933 年由中华平民教育促进会出版，1986 年由中国人民大学出版社重版。该书是李景汉任中华平民教育促进会定县实验区调查部主任期间编写的，调查长达 8 年之久，其他参加者近 30 人。全书共 17 章，内容涉及定县的地理、历史、政治、经济、文化、教育、社会组织、人口、健康与卫生、农民生活费、乡村娱乐、风俗习惯等各个方面。书中有 314 个表格、62 张照片。我当时是在旧书店看到的 1933 年中华平民教育促进会的版本。

毛泽东的《湖南农民运动考察报告》（1927）及之后的寻邬、兴国、才溪乡、长岗乡调查（30 年代初）（《毛泽东农村调查文集》）等给我留下了深刻的印象。① 原来，谁家有多少农具、谁家有什么开支这些也可以成为研究的对象，大学问家和政治家同样关心这一方面内容。在《〈农村调查〉的序言和跋》等论文中，毛泽东论述了调查研究的重要意义，强调在调查研究中要善于运用矛盾分析、阶级分析的方法，做到个别和一般、典型和全面相结合，科学的分析方法和综合方法相结合，从总体上全面、具体地认识和掌握事物的本质和规律。这些论著和看法，非常符合我的个性，对我有很大的影响。

在大学学习中，沈宗灵老师的薄薄的一本《现代西方法律哲学》令我茅塞顿开，可谓指明了我的发展方向。② 书中对狄骥社会连带主义法学、庞德社会学法学思想的介绍为我打开了一扇大门，引发我浓厚的兴趣。在当时的话语世界中，接触到这样的观点，我受到的触动也许可用"震撼"来形容。

在我学科选择中起关键影响的，是我的一篇调查报告的发表。在大学期间，由于路途遥远，我除了第一个寒假回家了以外，其他寒假都在学校里看书，也参加一些如到派出所跟警察一起巡逻等社会活动。1983 年春节期间，我独自一个人在重庆进行了卖淫、赌博情况的调查。《法学季刊》1983 年第 4 期发表了我的《诱发犯罪的重要根源——关于重庆市赌博情况调查》的报告。③ 调查报告谈了赌博的严重性和特点、危害性、原因、建议等，现在看起来比较一般，但当时对我是多大的鼓励和肯定呀！它告诉我这是一条可以走的路！

就在这一期杂志上，有一篇马维亚写的《应当开展马克思主义法

① 《毛泽东农村调查文集》由中共中央文献研究室根据 1941 年延安出版的《农村调查》一书增订而成，1982 年 12 月人民出版社出版。文集收录了毛泽东 1926～1941 年所写的有关调查研究的论著、调查报告及有关材料 17 篇。
② 《现代西方法律哲学》1983 年由法律出版社出版，我于 1983 年 9 月购买。
③ 署名高其才、武晓珠，后者为编辑部编辑，帮助进行了一定的文字加工。

律社会学研究》的文章，进一步使我思考自己的努力方向。文章中提出的法律社会学注重法律现象与其他现象的相互联系、注重法律的社会实际效果、采用以社会调查为中心的各种具体社会学方法和技术手段等看法，深得我心。

在这基础上，我对法社会学有了浓厚的兴趣，有了一些初步的思考，并在《法学季刊》1985 年第 3 期发表了《马克思主义法社会学研究对象初探》，① 在《四川师范学院学报》1985 年第 4 期合作发表了《法社会学的方法论意义》。② 我认为，法社会学应该包括立法社会学、执法社会学、守法社会学、异常行为社会学等。

由此，我对法社会学这一学科作为自己的学习、研究的方向有了比较明确、自觉的认识，基本上确定了自己学术之路的努力方向。③

（二）主题的确定

1985 年 7 月大学毕业以后，我被分配到武汉的中南政法学院法律系工作，在确定专业时，我强烈要求从事法理学教学工作并如愿以偿。

头几年，我主要是看各种杂书，各种各样的人物传记、野史、笔记小说等等。受张辛欣的《一百个中国人的自述》和冯骥才的《一百个人的十年》的影响，④ 我在武汉访谈了社会各界人士 70 多人，这对我了解社会生态颇有帮助。在大街小巷与一个个素昧平生的人聊天、交流的情景，至今仍深深印在我的脑海中，这是难能可贵的心灵沟通。我喜欢离开书斋外出、旅行，体验形形色色的新鲜。法国作家普鲁斯特曾说，因时

---

① 此文由中国人民大学复印报刊资料《法学》1985 年第 11 期、《社会学》1985 年第 5 期转载。

② 此文与文正邦老师合作，由中国人民大学复印报刊资料《法学》1985 年第 11 期转载。

③ 我的研究法社会学方面的文章，还有《异常行为和反常行为社会学》，载北京大学法律系法学理论教研室等编《法律社会学》论文集，山西人民出版社，1988；《中国法律社会学研究概况》，载苏梅凤等编著《法律社会学》，武汉出版社，1990。

④ 《一百个中国人的自述》1986 年 3 月由上海文艺出版社出版。《一百个人的十年》写于 1986～1996 年，江苏文艺出版社 1991 年 7 月出版。

间和地点的改变，人在旅途中会确切地感受到一种突然被赋予的能力，它会"像波涛一样全都升高到非同寻常的同一水平——从最卑劣到最高尚，从呼吸、食欲、血液循环到感受，到想象"。①

1988 年时，我去附近的中南民族学院博物馆参观，认识馆长后到馆长夫人工作的民族学系资料室看书。最吸引我注意的是 20 世纪 50～60 年代的少数民族社会历史调查资料，在这些资料中，相当一部分有"习惯法"的内容，有的还非常详细。当时感觉没有多少人关注、研究这一问题，这些材料也没有系统地利用过。我内心判断这是一个富矿，值得花时间、精力去挖掘。由此，我确定了自己在法社会学领域的具体主题，开始了习惯法的思考、研究。

此后将近一年多，我除了上课以外，就去民族学系资料室，查阅、抄录。这是一段辛苦而又充实的日子！

这样，就初步完成了中国少数民族习惯法稿件。

以后，在组编中华本土文化丛书的华侨出版社编辑的建议下，我又进行了中国宗族习惯法等其他领域习惯法的思考。②

此后书稿送到台湾前后两年，终因其他因素而又送了回来。在这期间，我将我关于习惯法的一些思考在刊物上发表，如《中国的习惯法初探》发表在《政治与法律》1993 年第 2 期、《世界性宗教寺院习惯法初探》发表在《现代法学》1993 年第 2 期、《论中国行会习惯法的产生、发展及特点》发表在《法律科学》1993 年第 6 期、《中国少数民族习惯法论纲》发表在《中南民族学院学报》1994 年第 3 期等。这些文章的发表，

---

① 普鲁斯特是《追忆似水年华》的作者。他在写作时认为题材并不重要，重要的是，"客观世界"如何反映在"主观意念"中。透过他特殊的叙事风格，营造出一个独特的个人世界。他的叙述时时中断，小说中夹杂了大量的议论、联想、心理分析。普鲁斯特的特色在于他精细地描写每一个感知、每一个人物、每一个寓言，而且在他的书中你能感觉到那流动的真实感。

② 我曾经在湖北农村等地进行了农村宗族现代复兴的调查，完成了一部 20 万字的书稿。

听取了学界的意见，对我自己也有增强自信心的意义。

作为我的习惯法思考、研究的主要体现，《中国习惯法论》1995年4月由湖南出版社出版。这是我的第一本书。①

（三）对象的变化

在习惯法的思考过程中，我的认识逐渐有一些变化，习惯法方面的研究对象既有细化也有一定的泛化。

在思考中，我意识到进行中国习惯法的整体研究有意义，但是太泛，不能停留在这一方面，因此就选择重点进行进一步思考。在我看来，少数民族习惯法是中国习惯法体系的主要组成部分，是中国习惯法体系中内容最丰富、影响最大的一种习惯法，它对当今的少数民族地区仍有重大影响。同时，研究中华法系、探讨中华法制文明的现代意义，不能缺少对少数民族习惯法的关注，否则就无法揭示中国法制发展的全貌与发展规律，认识不同社会形态条件下各种类型法律的本质和特点，理解不同历史时期、不同社会发展阶段各民族法律文化及在中国共同文化范围内各民族法律文化并存的条件。因此，我的习惯法研究就转到少数民族习惯法方面。我的部分心得如《习惯法与少数民族习惯法》发表在《云南大学学报（法学版）》2002年第3期、《简论当代中国的少数民族习惯法》发表在《民族法学评论》第二卷［华夏文化艺术出版社（香港），2002］、《论中国少数民族习惯法与国家制定法的关系》发表在《清华法学》第二辑（清华大学出版社，2003）。

作为集中体现我的少数民族习惯法思考的成果，《中国少数民族习惯法研究》2003年10月由清华大学出版社出版。

完成少数民族习惯法的整体思考后，我开始进行瑶族习惯法的思

---

① 1995年以后发表的有：《论中国少数民族习惯法文化》，载《中国法学》1996年第1期；《中国村落习惯法内容初探》，载《法商研究》1997年第1期。

考。在进行少数民族习惯法的研究中，我觉得需要更具体的认识和思考，需要个案研究，因此选择瑶族进行进一步的分析。瑶族习惯法研究时，我进行了多次的瑶族地区调查，如 2004 年 4 月 19 日～4 月 25 日，我到广西金秀瑶族自治县进行了调查，2004 年 4 月 25 日～5 月 2 日我到广西南宁市、广东连山壮族瑶族自治县、广东连南瑶族自治县、湖南江华瑶族自治县、湖南江永县、广西恭城瑶族自治县进行了调查，2005 年 8 月 6 日～8 月 10 日我到广西南宁市、广西大化瑶族自治县七百弄乡、广西都安瑶族自治县进行了调查，2006 年 7 月 5 日～7 月 6 日我到广西南宁市、广西上思县南屏瑶族乡进行了调查，2006 年 12 月 12 日～12 月 22 日我到广西金秀瑶族自治县六巷乡进行了调查。现在我已经初步完成瑶族习惯法的思考，部分认识如《瑶族习惯法特点初探》已经发表在《比较法研究》2006 年第 3 期。在我即将出版的《瑶族法制史》中，瑶族习惯法占据了重要的部分。下一步，我准备进行瑶族习惯法的现代传承和变迁的调查、思考。

同时，在近两年的习惯法思考方面，我进行了古代社会宗族审判制度的专门思考，《中国古代社会宗族审判制度初探》发表在《华中师范大学学报（人文社会科学版）》2006 年第 1 期。

我又开始关注关系在中国社会秩序中的意义，进行了一些初步的调查、思考，已经完成了《中国律师执业中的关系因素——社会资本理论视角的分析》文章。

此外，我也对新农村建设中的国家法与习惯法关系进行了思考。这些表明我在习惯法的思考方面，范围有所变化。

小结我的习惯法思考、研究过程，自己的认识有一个变化的过程，自己的思考有一个深入的过程，自己的研究有一个发展的过程。

（1）从理论到制度。我首先思考研究习惯法的意义，探讨习惯法的概念、特点以及有关习惯法的学说，研究中国习惯法的体系，之后集中讨论习惯法的规范、习惯法的制度，分析村落习惯法的主要内容、少数民族的社会组织与头领习惯法、刑事习惯法等，规范研究成为主要方面。

（2）从宏观到微观。在习惯法思考的早期，我比较多地关注中国习惯法的宏观方面，以后逐渐缩小，进行更微观的分析。大致而言，我的习惯法思考、研究有中国习惯法、中国少数民族习惯法、瑶族习惯法、金秀六巷瑶族习惯法这样一个变化过程。

（3）从历史到现实。我对习惯法的思考是从梳理、整理历史文献开始的，通过少数民族社会历史调查等资料试图了解历史上的习惯法规范及其社会功能，近来比较多地注意当代中国的习惯法，调查习惯法的现实形态，分析习惯法的当代传承和变迁，思考现代化进程中习惯法的命运和习惯法的现代自生机制。

（4）从总体到专题。以往我着力于习惯法的整体理解、一般把握，这几年我比较多地思考诸如瑶人的习惯法观念、习惯法与宗教和迷信的关系等专门问题，进行专题性的思考。

（5）从农村习惯法到城市习惯法。我的习惯法主要集中研究农村地区的习惯法，现在对城市地区的习惯法有了一定的注意和积累。

（6）从史料分析到田野调查。在方法上，我由注重史料分析到史料分析与田野调查结合的变化，通过田野调查印证、补充史料，全面解读史料，发现史料中存在的问题，通过田野调查寻找新的学术领域、具体研究对象。

二

回顾自己的习惯法思考、研究的过程，我有若干逐渐形成的认识，有一些粗浅的体会，也有需要进一步反思之处。

（一）认识

通过习惯法的思考、研究，我对学术研究中的态度、问题、视角、方法、材料、理论等有了一些自己的感受和认识。①

1. 态度

习惯法研究宜怀有简单、朴素的社会责任感。学术研究是可能解决生存、功利等实际问题的，但那不是学术研究的起点，而是学术研究的副产品。

习惯法的思考、研究，需要开拓、进取的精神，然我们需要尽可能避免心浮气躁、率性而为。在社会转型期，需要冷静观察、顺势而行。"淡泊明志"、"无欲则刚"、"宁静致远"这些古训于今仍有指导意义。"临烟波浩渺，迎长风扑面"自真风流。

我们是学者，不是救世主。在习惯法的思考、研究中，我认为应做老实之人、怀平实之心、扬朴实之风、行踏实之路、思确实之事、为扎实之学、求真实之世。

2. 问题

人类社会就是在不断提出问题和解决问题中向前发展的。问题是思维的起点，任何思维过程总是指向某一具体问题。问题又是创新的前提，创新都是从问题开始的。科学的发展史就是对奥秘的探索和对问题的解答的历史。问题是学术的灵魂，没有问题就不会有较高质量的思维。② 问题意识是思维的动力，是创新精神的基石；是我们在法学研究中探求问题、分析问题和解决问题的保证。问题意识是指在人

---

① 1971 年，美国学者 R. M. 托马斯和 D. L. 布鲁巴克提出了发现、提炼、解决问题的"六要"步骤，即：一要明确有待调研的核心问题；二要把问题分解为若干组成部分；三要收集并综合所需要的信息资料；四要以解决问题的方式阐明信息资料；五要陈述结论；六要对解决问题过程的成就进行评论。

② 美国芝加哥大学心理学教授 J. W. 盖泽尔斯曾经把可能碰到的"问题"大致分为呈现型、发现型和创造型三类。呈现型问题是一些给定的问题（由教师或由教科书提出），答案往往是现成的，求解的思路也是现成的。问题解决者只要"按图索骥"，照章办事，就能获得与标准答案相同的结果，"不需要也无机会去想象或创造"。发现型问题有的也有已知的答案，但问题是由学生自己提出或发现，而不是由教师或教科书给定的。这类问题，有的还可能没有已知的公式、解决办法或答案，因此，它们往往通向发现和创造。创造型问题是人们从未提出过的、全新的。

们的认识活动中，遇到一些难以解决的现象和状况，由此产生一种怀疑、困惑的心理状态。这种心理状态促使人们积极思维、认真探索、不断地提出问题和解决问题。对于思维的这种心理品质，心理学上称为"问题意识"。问题意识就是对一些尚待解决的有科学价值的命题或矛盾的承认以及积极解决这些问题的自觉，问题意识不仅体现了个体思维品质的活跃性和深刻性，也反映了思维的独立性和创造性。

宋人程颐提出"学者先要会疑"；张载认为"在可疑而不可疑者，不曾学；学则须疑"；近人顾颉刚也强调"怀疑不仅是从消极方面辨伪去妄的必要步骤，也是积极方面建设新学说，启迪新发明的基本条件"。陶行知在一首诗中曾写道："发明千千万，起点是一问"。[1] 英国科学哲学家波普尔认为科学的第一个特征，就是"它始于问题，实践及理论的问题"，在《猜测与反驳》中他主张科学和知识的增长永远始于问题，终于问题——越来越深化的问题，越来越能启发新问题的问题。我们需要从前辈、他人的研究中发现问题，更需要从生活中发现问题，形成敏锐的问题意识。由于体系本位意识的作用，人们往往更注重从学理的角度考虑学科的需要。更容易并且更主要地是以一种较为封闭、静止的观念和狭窄的眼界来构思学术研究。在此过程中，构成学科发展前提的活生生的社会现实得不到应有的重视，甚至完全被忽略。在这种情况下，学术研究便难以从现实中发现问题、得到启迪、获得灵感，因而也难以与时俱进。[2] 因此，养成开放的心态和广阔的视野，才能发现某种现象的隐蔽未解之处，意识到寻常现象中的非常之处。

---

[1]　在哈佛大学师生中有这样一句话：The one real object of education is to have a man in the condition of continually asking questions（教育的真正目的就是让人不断提出问题、思考问题）。

[2]　刘大椿认为，总结新中国成立以来我国人文社会科学的发展历程，不难看出，问题意识淡漠，运作性不强，是制约学科发展的突出问题。为了真正突出问题的意识，首先必须矫正体系本位、功利主宰、非科学因素干扰等倾向。参见刘大椿《文科研究应突出问题意识》，载《光明日报》2004 年 2 月 4 日。

在我看来，中国学者更应当发现和关注中国问题。梁漱溟先生曾经说过我们现在面临两大问题，一个是中国问题，还有一个是人生问题，人生问题是指中国文化有没有意义，中国文化提供了一套关于生命的价值的解说能不能适应这个时代。而关于中国问题，梁漱溟先生认为首先要解决民族的生存问题，然后在这个基础上将我们内部的政治体制加以改造，辅以现代的法制框架，最后建设成一个现代国家。中国当然有与其他国家同样的问题，但是中国更有不同于其他国家的问题。我们研究人类共同的问题有意义、有必要，但是受发展阶段的限制，条件并不充分。中国学者更应该对中国人民生的改善、社会的进步作出贡献。我们应当有强烈的"文化自觉"意识，我们都生活在具体的社会现实环境和历史文化传统之中。习惯法具有原生性，是中国社会固有的规则，它既涉及文化问题，也涉及生存问题。

当然，我们需要关注的是中国的真问题而不是伪问题。发现问题的关键在于必须要提出真问题，即有意义的问题。真问题在逻辑上是有解的，而且一定是有一个靠得住的逻辑出发点。真问题在知识上有增量、在理论上有创新、在实践上有指导性。凭借感性就可以得出结论的问题是一个伪问题；无法验证的问题是伪问题；不用解决也不可解决的问题是伪问题。伪问题、假问题，当然没有什么意义，不值得去研究。

问题的意识需要不断在阅读、生活和学术研究、对话和讨论中培养。

3. 视角

视角是一个光学名词，就是通常所说的可视角度，是指位于某点相对于外界的能够成像的最大角度。视角指视野边缘到镜头主点之间直线所形成的夹角，也可解释为镜头视野的开度。据科学家测定，可视角度左右是水平对称的，但上下可视角度要小于左右可视角度。当遇到困惑或困难时，如果一个人拘泥于一个小的视角，看待事物就会只看到局部，而忽略了整体。而如果多换一个视角，再看一下事物上下左右的情况，多数情况下都会有不同于往常的令人惊喜的发现。

视角有平视、俯视、仰视等之分。观念可以决定观察者观察对象时所采取的视角，并将观察者牢牢固定在特定视角上，使他看不到（或忽略）除此角度之外的其他东西。在本来就众说纷纭的社会领域，当然会存在也需要多种视角。因研究对象的不同，社会科学理论至今不能，或许永远也不可能达到自然科学的精确性和统一性。不同的视角在对社会事实进行阐释时必然会形成全然不同的社会秩序和外观。因此，在习惯法研究中，我们需要充分注意通过多元视角来认识现象，从宏观视角到局部视角，从生产视角到生活视角，从经济视角到社会视角，从规范视角到文化视角，从历史视角到现实视角，需要具有一定的视角变通与认知。[①]

德国哲学家叔本华讲过，我们的生活方式，就像一幅油画。从近处看，看不出所以然来，要欣赏它的美，就非要站远一点不可。在进行习惯法思考时，通常会从外在视角进行观察，并逐渐以内在视角进行理解。我们常常强调客观叙述或体验式报告的意义，我自己的思考、研究也偏重于外在视角。外在视角不同于内在视角，外在视角需要恰当把握同情态度，研究者毕竟不是代言者。研究中需要有他人的视角、被研究者的视角，也就是善于从被研究者的视角去理解，尊重

[①]　视角还有肯定视角与否定视角、往日视角与来日视角、自我视角与非我视角、求同视角与求异视角、有序视角与无序视角、正向视角与反向视角等。所谓往日视角，就是考察事物和观念的起源、历史和以往的发展，把握了事物的过去，才能更好地思索事物的当今。这是历史主义的基本原则。来日视角，就是思索事物或观念的未来发展，预测它的发展方向和发展道路；并用预测的结果来指导我们的今天，指导当今对待它们的态度。无序视角是指，我们在创意思维的时候，特别是在思维的初期阶段，应该尽可能地打破头脑中的所有条条框框，包括那些法则、规律、定理、守则、常识之类的东西，进行一番混沌型的无序思考，以便充分激发想象力，达到更好的创新效果。有序视角的含义是，我们的头脑在思考某种事物或者观念的时候，按照严格的逻辑来进行，实事求是地对观念和方案进行可行性论证，透过现象，看到本质，排除偶然性，认识必然性，从而保证头脑中的新创意能够在实践中获得成功。

被研究者。运用内在视角需要警惕学者独立判断能力的缺失。

在法学研究中，习惯法无疑属边缘领域、非核心问题。但这并不意味着它仅仅通过边缘视角进行认识，对习惯法同样可以从中心视角进行分析。

同时，需要注意民间视角与官方视角的差异。民间视角既非政府红头文件式的成绩总结，也非官方学者的专业分析，而是对民众实际生活的具体、细致的考察。民众质朴的生存状态蕴涵着中国人的生命本质。

而静态视角、动态视角亦各有意义。不过，我认为，从发展中理解习惯法、理解发展的习惯法当更为必要、更有价值。

需要注意的是，习惯法研究就像其他人文社会科学研究一样，受到西方学术的影响。由于西方的人文社会科学主要是在欧洲的文化传统和解决欧洲社会遇到的问题基础上发展起来的，自觉不自觉地呈现出欧洲中心、西方中心的世界观。在研究、评价中国习惯法时，人们往往以西方人的视角，只是照搬西方人习惯运用的概念、话语。西方比较成熟的人文社会科学体系的整体植入，确实在中国学术研究的现代转型过程中起到了关键作用，但是这种整体植入的结果与中国习惯法以及中国人的生活、情感、经验之间的距离，始终是一个无法回避的症结，也是我们需要警惕的。

此外，贵族化视角在习惯法研究中也需要避免。

总之，"横看成岭侧成峰"是一种视角，"会当凌绝顶，一览众山小"也是一种视角。关键是要坚持"面向事实本身"的这一基本立场。

4. 方法

方法，在古希腊语中，即"通向正确的道路"之意。法国哲学家笛卡尔说："最有价值的知识是关于方法的知识。"法国著名生理学家贝尔纳曾深有体会地说："良好的方法能使我们更好地发挥天赋的才能，而拙劣的方法则可能阻碍才能的发挥。"

我在习惯法的探讨、研究中，运用的方法主要有文献分析法、访问调查法、田野观察法、功能分析法、规范分析法等。方法服务于研究目标、路径。一般而言，学术研究主要有两种路径：一是一定时段的研究，二是限于族群、社区的个案研究。

方法的运用与研究的类型有密切关系。习惯法的研究大致可包括定性研究和定量研究。"质"是一事物区别于其他事物的内部规定性，定性研究的主要功能是"解释"，做出"应该如何"的理论分析和阐述。定性研究的主要方法包括历史研究、文献研究、观察研究、逻辑分析、内容分析、实地考察、个案研究等。定量研究为对现象内外部关系进行"量"的分析和考察，寻找有决策意义的结论，定量研究的主要功能是"实证"，即进行"是什么"和"为什么"的描述、推断和预测，主要方法包括统计、测量、实验方法等。在具体操作上，定性研究主要采用个案调查、参与式观察和访谈，以及对样本的开放式访问；定量研究主要对应于抽样问卷调查与分析，以及采用计算机模型统计分析等。

方法的掌握需要在具体的习惯法探索实践中进行，纸上谈兵得来终觉浅。习惯法的调查、研究需要与各方面的社会人士打交道，取得被调查者的信任是调查、研究成功的关键因素，而真诚、平等、守信在交往中尤其重要。

同时，我们也要有适应环境的能力。习惯法的调查需要能够在不同的环境下尽快进入工作状态，及时针对变化的状况调整方案，采取相对合理和可操作的方法。

5.材料

习惯法研究以广泛、翔实的材料为基础。在探索中国习惯法的过程中，材料、资料的重要性是不言而喻的。没有材料、资料，"巧妇难为无米之炊"，研究无从着手，观点无法成立。

在材料的获得方面，我们需要有开阔的视野。除了正史资料、官方文献、典章制度外，政党文件、地方档案、碑刻、族谱、契约文书、方志、笔记文集、小说戏曲、口碑资料等，都应成为我们思考中国习惯法、中国秩序的材料。

广泛探寻、发现新的材料。在田野调查中，需要高度注意，通过多种方式了解历史文献、口传资料，得到新材料的线索，从中发现新材料。

我们应善于运用已有的材料，如中国经济史史料中，就有许多关于行会习惯法的材料。习惯法的思考、研究需要有跨学科的材料搜集能力，加强对基本材料的占有和使用。

同时，仔细分辨材料的真伪、新颖，理解材料的代表性、典型性，分析材料的局限。不可只看材料的表面现象，而不分析其源流。胡适先生曾说过，历史家需要有两种必不可少的能力：一是精密的功力，一是高远的想象力。没有精密的功力不能做搜求和评判史料的功夫；没有高远的想象力，不能构造历史的系统。这一看法对我们进行习惯法思考、研究同样有指导意义。

6.理论

习惯法的思考、研究最重要的是在理论上有发展、有创新，或者是自己的独到见解，或者是对已有结论的深化，或者是对不同观点的反驳。

概念决定内容。许多争论即缘于对概念的不同理解。在许多情况下，抛开所谓的概念之争，对相应的研究的深入可能更有意义。我们对概念应当有清晰的界定和理解。

在习惯法探索中，我们要重视建立假设。假设确定我们研究的方向，引导我们研究的深入，为建立我们的解释模式、形成我们研究的结论奠定基础。

注重对习惯法现象提出新的解释、进行新的解读，提出自己的观点。如我在研究中，认为少数民族习惯法具有维持社会秩序、满足个人需要、培养社会角色、传递民族文化的功能。

对于前人提出的结论中那些已经不适合现实情况的部分，我们要敢于提出疑问，敢于提出新的看法。

运用新的理论对习惯法进行分析，这是习惯法思考、研究不断深入的重要方面。我们需要注意理论的发展，把握理论的解释力。

总之，学术研究需要提出新问题、发现新材料、发展新方法、提出新理论，而在现代社会，能在这些方面之一有所贡献，就是有价值的学术工作。

（二）体会

通过近二十年的习惯法思考、研究的实践，我感到自己在下列几方面感受颇深，愿意提出来共同讨论。

1. "一本书主义"

"一本书主义"是 1957 年文艺界批判"丁玲、陈企霞反党集团"时强加给作家丁玲的罪名之一。当时有人指出丁玲说过，一个人只要写出一本书来，就谁也打他不倒，有一本书就有了地位，有了一切，有了不朽。调查结果是，有一次丁玲和青年作家们谈话，她说："作为一个作家，首先是要写出书来，有作品；一本书也写不出来，还算什么作家呢？"丁玲在对中央文学讲习所一二期学员讲话中，提到"不要粗制滥造，写几本不好的书，不如写一本好书"。其实，丁玲说过的是这样一类话：写一本书出来，应该让读者长久不忘，要有作者自己的心血、发现在里面，要有站得起来的人物等等。可见丁玲意在提倡注意质量，反对粗制滥造。

曹雪芹以一本《红楼梦》而流芳百世。罗贯中的《三国演义》、施耐庵的《水浒传》和吴承恩的《西游记》都是以一本书而流传至今。这"一本书"凝聚了一个人许多甚至平生心血，是敬重人世间的体现。尼采在《偶像的黄昏》中曾经说过："我的奢望就是，把别人要用多少部书才能说的话，仅仅用十个句子表达出来——甚至连别人在那许多部书中没有说到的话也说出来。"

我这里讨论"一本书"实际上更强调"第一本"。"第一本"书是学术的起点，更应该是学术生命的核心。"第一本"书应该牢牢站得住，具有一定的原创性和启发性，使人一涉及某一领域就想到某一本书、某一个人。我的第一本书《中国习惯法论》虽然达不到上述要求，但是于我而言却非常重要。

2. 判断力

学术研究与生活一样，面临种种选择和判断。敏锐、准确的判断，有助于扬长避短、取得先机、占领学术制高点。

在阅读、思考过程中，随着资料的积累，思维的渐进深入，会有各种各样的想法纷至沓来，这期间所产生的思想火花和各种看法，对我们都是十分宝贵的。但它们尚处于分散的状态，还难以确定它们对研究主题是否有用和用处之大小。因此，对它们必须有一个选择、鉴别、归拢、集中的过程。在这一过程中，通过从个别到一般、分析与综合、归纳与演绎相结合的逻辑思维过程，我们的判断力逐渐增强，有针对性地、高效率地获取知识，从而研究方向逐渐明确，研究目标越来越集中，最后就紧紧抓住中心论题开展研究工作。爱因斯坦曾说过："我不久就学会了识别出那种能够导致深邃知识的东西，而把其他许多东西撇开不管，把许多充塞脑袋，并使它偏离主要目标的东西撇开不管。"这样的判断力当为我们追求的目标。

我们要判断研究对象的宽度。在学术探讨时，我们衡量研究的理论意义和实践价值，思考研究涉及面的大小和范围的宽窄，判断其在学科中的地位。

我们要判断研究对象的厚度。研究领域的可创造空间、研究的可持续度是我们从事学术工作必须思考的重要因素。

我们要判断研究对象的难度。进行学术研究需要考虑研究的困难、需要解决的难点以及克服的条件和可能性。

就我自己而言，我认为选择法社会学方向、对习惯法的判断还是及时、正确的，是非常值得做的，为我的习惯法探索奠定了基础。

3. 基本框架和类型化

以我自己的研究实践，我感到确定研究的基本框架、将研究对象类型化非常重要。

研究基本框架的确定，包括研究思路的确定、研究目标的确定、研究范围的厘定等。

类型是人类思维的方式之一。通过类型化，将各个不同种类的习惯法加以归类，从中抽象出共同特征，深化我们的认识。

4. 持续

学术研究贵在坚持，选定目标后就连续不断地进行思考、研究，持之以恒。郑板桥的咏竹诗云："咬定青山不放松，立根原在破岩中。千磨万击还坚劲，任尔东南西北风。"在习惯法的思考、研究中，我们需要学习竹的坚强、竹的刚毅。

在我看来，我们在习惯法研究中需要恰当认识和把握"应为"、"可为"、"能为"的关系。

（三）缺陷

自我反思。我在习惯法思考、研究中，存在许多问题、缺陷和不足，有待在以后的学术实践中完善、改进。

于我而言，理论的探讨存在不足。对习惯法进行理论的分析、概括与抽象，着重揭示它的演变及其运行机制与规律，分析习惯法演变过程各种因素的内在（本质）联系，或概括出特定空间（国家或地区、民族）、特定时间习惯法演变的特点，或抽象出习惯法变化模式、范畴与理论，这一方面我需要不断思考、努力。

由于能力所限，我对习惯法的比较研究重视不够。我基本没有关注其他国家、地区的习惯法，因而没有进行过中国习惯法与其他国家、地区的习惯法之间的共性、差异的专门研究。

习惯法方面的个案研究不多。由于种种原因，集中较长时间进行特定区域、事件、过程、活动的习惯法调查较少，这在某种程度上限制了我对习惯法的全面理解。

由于历史、文化、语言等知识积累的不足，就容易导致习惯法探讨、研究中的理解有错误、认识不到位。如由于不懂瑶族语言，这样在进行瑶族习惯法调查时就需要借助翻译，而这一转换的过程就可能出现了变异、遗漏。

三

《汉书·艺文志》载："仲尼有言，'礼失而求诸野'，谓都邑失礼则于外野求之。""衣冠简朴古风存"，习惯法这样基本的规范都隐藏在卑微的底层，民间社会才是文化发展的重要源泉。在现代化发展的大潮下，习惯法仍然有其存在空间和独特功能。

王国维先生在《人间词话》里说，古今之成大事业、大学问者，必经过三境界："昨夜西风凋碧树，独上高楼，望尽天涯路"，此第一境也；"衣带渐宽终不悔，为伊消得人憔悴"，此第二境也；"众里寻他千百度，蓦然回首，那人却在灯火阑珊处"，此第三境也。① 人一生的努力和奋斗是一个过程，在于不断历练各种境界，做学问也好，做人也罢，成功和失败、自满和自责、幸福和痛苦也就在蓦然回首间！

---

① 王国维先生串联了宋代词人晏殊的《蝶恋花》、欧阳修的《蝶恋花》、辛稼轩的《青玉案》三句话，把本来不相干的三句名言连缀成"三境界"说。

序

　　我认识本书作者已有十余年。在我教过的学生中，他的勤奋好学、坚毅朴实给我留下深刻印象。早在大学学习期间，他即已开始尝试法学研究，并发表论文，表现出强烈的求知欲和从事科研的能力。

　　更可喜的是作者始终保持了这种刻苦钻研的精神，先后从事法社会学和农村法制建设问题的研究，并取得不少成果。通过不懈努力，学术视野不断扩大，理论功底日见加强。这本凝聚作者心血的专著《中国习惯法论》便是最好证明。

　　作为一名青年学者，在短短几年里，能够不断深化研究并时有心得，实在可喜可贺。而作者通过不断探索，已找到适合自己发展的学术道路，实证研究的学术风格也日渐形成。吾赞其持恒追求的进取精神，切盼作者能取得新的成果，特欣然为序。

俞荣根

1992 年 7 月 16 日写于

重庆歌乐山麓耘耕舍

自　序

探索与写作的冲动对于一本书的问世无疑是必不可缺的。在经过多年的学习与思考后，我的这种冲动就更加强烈，并且最终从各个方面聚集到一个焦点——中国习惯法。

这种选择与聚焦并非信手拈来，我先后进行过异常行为之法社会学调查、中国农村法制现状及发展趋势调查、当代中国农村宗族现象的文化考察，有机会运用实证方法直接、大量地考察了中国社会最普遍和最基层的法现象，由此引发了我对处于古代与现实、传统与变迁夹缝中的中国法治本质的思考。在抛弃了一切教条、僵化的成见与结论之后，我大胆地直接触及法现象本身，在被应然的法律理论遗忘和注释法学无力解释的空缺处打下了自己的第一块基石。

除了自己的思索发端于感性体认并渐次递进的原因之外，对中国习惯法的选择更有理性觉悟的因素。

法是人类社会的一个普遍现象和有机构成，地球上各大文明圈一经摆脱原初物我一体的状态，开始有意、无意地运用人类智慧——这一特殊的能力时，便用各种各样的法的方式来调整群体内部及外部的社会关系，以期避免因为争斗、互相残杀而共同毁灭。有人类社会就有法，法是人类的传统之一。

　　传统是人类自我创造的长期的文化积淀，人作为生存在地球上独具高级智慧的生灵，除了观察与揣摩自然，从中得到启迪外，还能不断地向自己的过去和现在学习，从传统中汲取智慧养料，并不断形成新的传统。我想，无论主观态度如何，任何文明圈都未曾割断过与传统的联系，事实上这种联系用任何力量也无法割断、分裂。正如胎儿通过脐带与母体相连获得生命的源泉一样，我们人类也是有赖于传统的恩泽而不断进化。我们既不能拒绝自然的资源保障、智慧启示，也不能断开与前人文明即传统的联系。而中国则可能是世界上进入近现代时期时，传统所占比例最大、横亘时间与空间最大的文明圈，传统之于我们的意味更深，无论我们近现代人怎样砸孔庙、破四旧，使传统在一个整体形式上被摧毁，其心理深层的意识却仍没有也不可能有大的改变。即使这种改变是存在的，实在也不是值得庆贺的。近一两百年，中国文化经过无数的花样翻新的动荡之后，变得越发支离破碎，盲动中我们没有区别地砸碎了原有秩序，匆忙里我们不加理解与分别地捡来外域文明的精神、理论及制度框架，胡乱地拼凑了今天的文化百衲衣。而在那些未经变革、冲刷过或冲刷力不太强的社会基层和角落（如少数民族地区），传统依然故我地存在，并发挥着惯性的效力。中国习惯法即为这传统的重要组成部分，持久地支配与影响普通百姓的行为与观念。作为滋生与固定在同一文明基础上的法形态，中国习惯法没有随国家制定法的不断完善而中断。在研究中，我们甚至发现，许多习惯法历尽沧桑而未有丝毫改变。不可思议之余，我们是否有必要深究其根底，解释与评价这种现象?!

　　近现代西方中心否认其他文化圈法系统的存在和价值的论调，已为越来越多的有识之士所摒弃。中国固有法的存在和独特价值日益受到重视。作为中国模式的法，历来由国家制定法与习惯法两部分组成，两者相辅相成地共生了几千年。西学东渐后，受大陆法系影响，中国的国家制定法得到了强化，并逐渐在形式上取得绝对优势，固有的习惯法则不断被淡忘到最小范围。在这种环境中成长起来的法学学者，已经习惯于正规的、经典的思维模式，将着眼点与注意力几乎全部倾注于国家制定法，他们围绕国家的成文法典，成为注释法学园地的辛勤耕耘者。我们是否可以换个角度思考问题，是否可以直面社会基层生活现状及法的现状真正地深入下去，从既存的大量零散的习惯法的内容、运作中汲取合理因素，寻找多途径的既符合社会发展趋势又契合社会现实生活的法的调整途径，从而也能使国家制定法真正发挥效力。这样，我们也许能从乱麻中理出些头绪，这也是我投身这项工作的一个重要动因。

为中国法学寻找新的出路，尽管势单力薄、才疏学浅，我愿意一鼓勇气，在尝试中做点铺路的事情。因此这本书对自己及对中国习惯法研究工作而言都只是一个开端而非总结。书中涉及的许多领域我只是进行资料整理、客观叙述或提出问题，更深入的研究与评价还为时过早（且力不能逮），留待有志之士在将来作进一步的努力。

目　录

Contents

习惯法论

习惯法作为法的重要组成部分是法学研究的基本对象，但对什么是习惯法，它究竟包括哪些内容等问题，法学界缺乏研究，并且对中国是否有习惯法颇有分歧。事实上，在中国社会的发展中，习惯法的确发挥了极其广泛而重要的作用，习惯法是中国固有法文化的重要组成部分，对此进行系统、全面的研究无论在理论上还是实践上都十分必要。

一　习惯法的含义

（一）习惯法的界说

《中国大百科全书·法学》对"习惯法"是这样界定的："习惯法指国家认可和由国家强制力保证实施的习惯。……在国家产生以前的原始习惯并不具有法的性质。"① 孙国华教授主编的《法学基础理

---

① 《中国大百科全书·法学》，中国大百科全书出版社，1984，第87页。

论》认为，"习惯法是经国家认可并赋予国家强制力的完全意义上的法"。① 沈宗灵教授主编的高等学校文科教材《法学基础理论》也持同一观点。② 北京大学法律系法学理论教研室编的《法学基础理论（新编本）》也认为习惯法是"源于习惯并由国家认可的法律"。③ 纵观这些较有影响的法理学著作中的有关习惯法的论述，有一个共同的特点，那就是习惯法是与国家相联系的、阶级社会所特有的、由国家认可并由国家强制力保证实施的习惯。这一认识是我国法学界长期奉行的法的一元论观点的产物。

我国法学界长期以来普遍认为，法只出自国家，只与阶级社会、国家紧密相连，法是统治阶级意志的体现，是由国家制定或认可并由国家强制力保证实施的行为规范体系，其目的是维护有利于统治阶级的社会关系和社会秩序。这对于认识阶级社会的法是具有重要意义的。但是，我认为，这不太符合马克思、恩格斯的基本观点，也不符合中国社会发展的实际状况。第一，我们在探讨法的起源、法的概念时，不能先设定一个框框，而把不属于这个框框的东西全排除在外；不能说只有阶级社会中作为阶级斗争的工具和体现统治阶级意志的规范才算法，其他的都不能称为法，这样的法概念往往只是个人的主观认识，而不能说是客观实在的反映。第二，马克思、恩格斯一再强调物质生产关系决定和产生法律，"在社会发展某个很早的阶段，产生了这样一种需要：把每天重复着的产品生产、分配和交换的行为用一个共同规则约束起来，借以使个人服从生产和交换的共同条件。这个规则首先表现为习惯，不久便成了法律。随着法律的产生，就必然产生出以维持法律为职责的机关——公众权力，即国家。在社会的进一

---

① 孙国华主编《法学基础理论》，中国人民大学出版社，1987，第41页。

② 沈宗灵主编《法学基础理论》，北京大学出版社，1988，第89页。

③ 北京大学法律系法学理论教研室编《法学基础理论》（新编本），北京大学出版社，1984，第37页。

步的发展中，法律进一步发展为或多或少广泛的立法。"① 也就是说，是社会的生产、分配、交换决定着法律的产生，法并不是阶级斗争和国家的产物，那种认为法只出自国家的一元论观点在马列主义经典作家的论述中较难找到依据。第三，从中国社会的实际情况来看，不仅阶级社会中有法，在原始社会也存在法；法不仅与国家相连，表现为国家制定法，而且法也表现为各种类型的习惯法，这种习惯法的效力并不亚于国家制定法，甚至往往在国家制定法之上，对一定区域和一定社会团体的成员有极强的约束力。我们不能无视这一客观存在，而将族规家法、村落规约、秘密社会帮规教规、宗教寺院清规戒律、行业行会规范排斥于法范畴法体系之外。

我认为，对法应作广义的理解，凡是为了维护社会秩序，进行社会管理，而依据某种社会权威和社会组织，具有一定的强制性的行为规范，均属于法范畴体系之列，包括国家制定法和各种习惯法两类。

（二）习惯法的确立

根据上面分析，我认为习惯法是人类法体系的重要组成部分，它不仅仅是指国家认可并赋予国家强制力的习惯。人类社会最早的法便为习惯法，随着社会的不断发展，习惯法也日益发展并在社会生活的各个领域发挥作用，规范特定社会成员的行为。习惯法的某些内容可能被国家认可而具有国家法的强制性、约束力，但大部分习惯法则是依靠某种社会组织、社会权威而保证实施。因此，习惯法是独立于国家制定法之外，依据某种社会权威和社会组织，具有一定的强制性的行为规范的总和。正如《牛津法律大辞典》所指出的："当一些习惯、惯例和通行的做法在相当一部分地区已经确定，被人们所公认并被视

---

① 〔德〕恩格斯：《论住宅问题》，载《马克思恩格斯选集》第 3 卷，人民出版社，1995，第 211 页。

为具有法律约束力，像建立在成文的立法规则之上一样时，它们就理所当然可称为习惯法。"①

我们可以从以下几方面进一步来认识和理解习惯法：

首先，习惯法是与国家制定法相对应的，它出自各种社会组织、社会权威，规范一定社会组织、一定社会区域的全体成员，为他们所普遍遵守。国家这一特殊的社会组织可以将习惯法进行认可，而使之具有双重性双重效力，也可以在国家制定法中反映习惯法的内容，但习惯法从总体上仍区别于国家制定法，与国家制定法有着严格的界限甚至互相对立。具体有以下表现：

（1）习惯法是特定群体共同意志的体现，其目的主要是维护这些特定群体的共同利益。它是在这些群体成员长期共同生产生活中反复重复的行为模式基础上产生出来的；其内容与最多数人的意志利益导向一致，满足全体成员的共同需求；同时由全体成员参与执行，对违反习惯法的人与事的裁判与惩罚都带有共同参与的特点。

（2）习惯法独立于制定法之外，其内容、效力范围、作用、执行等都自成体系，作为法，它也可能受国家制定法影响，在某些方面参照国家制定法，但这并不意味着它就是国家制定法的从属和附属物，它有其独立存在的地位，也有其独立存在的价值。

（3）与国家制定法相比，习惯法以其生动、具体的独特形式在实际生活中弥补了国家制定法宏观、抽象下的一些空白。因为国家制定法是以抽象的人作为法律关系的主体进行调整的，在一定程度上不适应特定群体的需要，而习惯法正好可以起到这种缓冲作用，其生命力也正由此而显现。

（4）国家制定法随时代、政权的更替而废改，而习惯法则较少受

① 〔美〕戴维·M. 沃克：《牛津法律大辞典》，北京社会与科技发展研究所组织翻译，光明日报出版社，1989，第236页。

外在环境的影响，相对来讲，具有较长期稳定不变的特点。因为这种特定群体习惯法的形成是长期共同生活的积累，只要群体组织形式存在，其习惯法就发生效力，并且习惯法的内容是反复实践确定下来的，不易变更。而且，从某种意义上讲，习惯法的稳定性与其最基本的据守点——人性有关，因为习惯法与人性密切联系，而人性是亘古不变的主题，所以人性不变，习惯法亦不变。

其次，必须明确习惯法不是凭空产生的，它来自社会中业已存在的各种各样的习惯；离开习惯，习惯法便无从产生；而且，当某一特定群体成员"开始普遍而持续地遵守某些被认为具有法律强制力的惯例和习惯时，习惯法便产生了"。① 具体讲，习惯法确立的要件有：

悠久性。从时间上说，习惯法必须是悠久的，源远流长的，它必须经过长期的社会实践的检验。当然，这种悠久性是相对而言的，是从整体角度上认识的。

自发性。习惯法的产生、形成，只能是约定俗成的，在社会生活中逐渐自然形成的，而不能通过使用暴力及某种形式的特许，它只能是公众意志的体现，为人们所公认。

连续性。习惯法必须是连续的，没有权利义务中断的情况出现，它的效力是始终如一的，而不曾适用即行使的中断不被视为中断，不丧失其效力。

强制性。习惯法所确定的某种特定的义务必须履行，义务可履行可不履行的行为规范不属习惯法之列。如果不履行这种义务，习惯法就会采取措施强制其履行或给予一定处罚。

确定性。习惯法必须是确定的、明白无误的、彼此知晓的，其内容、范围、权利义务都是清清楚楚的。

---

① 〔美〕E·博登海默：《法理学——法哲学及其方法》，邓正来译，华夏出版社，1987，第371页。

合理性。合乎情理是习惯法极为重要的一个要件，它不能是不合理的，否则就不是习惯法，不为人们承认。这种合理性是就特定群体而言的。

一致性。习惯法必须相互一致，不应该是相互对立的，这主要指同一体系、同一地区的习惯法。不同地区、不同体系的习惯法允许存在差异和对立。

最后，习惯法既有自然形成即俗成的，也有特定社会组织成员议定即约定的；它可以是不成文的，也可以是成文的，绝不能认为习惯法一定表现为不成文形式；习惯法主要依靠口头、行为进行传播、继承。

二　习惯法的形成及历史考察

考察习惯法的产生、发展轨迹，对于我们进一步认识习惯法的历史，理解习惯法的内涵、外延是有裨益的。

（一）习惯法的形成

习惯法是人类社会最早的法。人类社会在漫长的发展过程中，逐渐产生了不少习惯，进而形成为习惯法，调整社会关系，维持社会秩序，促进社会发展。

漫长的原始社会是人类社会发展史上的第一种社会形态。最初，由于生产力的极端低下，人们只能是直接为了满足自身的消费而生产，无所谓分工，也无所谓交换。这种原始类型的合作生产或集体生产显然是单个人的力量太小的结果，而不是生产资料公有制的结果。以后，随着生产力的发展，开始出现畜牧业和农业分离的第一次社会大分工、手工业和农业分离的第二次社会大分工，这样产品开始有了剩余，偶尔的交换也发展到了经常的交换。特别是随着私有财产的出现，个人与个人之间的交换代替了以氏族首领为代表所进行的交换并逐渐占了优势，成为交换的主要形式。

这种日益广泛的人与人之间的产品交换行为以及与此相关的产品生产、所有、消费行为，由于年年月月重复进行，因而逐渐形成了一定的规则。如古代日尔曼人在交换产品时弯曲手指宣誓，并且念一定的咒语。这种宣誓又依咒语内容和仪式的不同而分为若干种类。古代罗马人在交换产品时将一根木棍折为两段，双方各执一段。有的民族在交换产品时传递棍棒或长矛，有的则用身体的某个部位接触用以交换物品。马克思在《资本论》中曾经引证过帕里船长的航行日志，其中谈到巴芬湾西岸的居民在交换产品时，用舌头舔对方交付给自己的物品两次，表示交换顺利完成。马克思接着补充说，东部爱斯基摩人也总是用舌头舔他们换得的物品。黑格尔在他的《法哲学原理》一书中也曾谈到过这样一个民族，他们在交换时既无须手势也不用语言，而是把自己打算用来交换的所有物放在一个固定的地点，然后静候一旁，默默地等待别人把所有物放在对面。①

对此，恩格斯在《论住宅问题》中有精辟的论述："在社会发展某个很早的阶段，产生了这样一种需要：把每天重复着的产品生产、分配和交换的行为用一个共同规则约束起来，借以使个人服从生产和交换的共同条件。这个规则首先表现为习惯，不久变成了法律。"② 也就是说，当习惯不足以保障生产、交换、分配的实行时，便需要有由社会共同体认可或议定的法律规范，习惯法因此而产生、形成。当然，这一过程是长期的。

早期习惯法内容较为广泛，权利义务的规定明确具体，从现有史料看，主要包括：①调整婚姻和继承方面的，如严禁氏族内通婚，实

---

① 〔德〕黑格尔：《法哲学原理》，范杨、张企泰译，商务印书馆，1961，第85页。
② 〔德〕恩格斯：《论住宅问题》，载《马克思恩格斯选集》第3卷，人民出版社，1995，第211页。

行氏族外群婚制；财产在本氏族内继承，严禁把死者的财产带出氏族外。②组织和调整生产和生活方面的，如以氏族为单位，按性别和年龄来分工，组织渔猎、采集和原始农业，对产品实行平均分配等。③组织和调整参加公共管理活动方面的，如按原始民主、平等原则，选举或撤换氏族部落首领，重大事务由氏族部落大会决定等。④相互保护，维护公共安全，实行血族复仇，如当本氏族的成员受到外氏族成员伤害时，经调解无效后，就实行血族复仇，后改为同态复仇。⑤调整宗教信仰、收养、丧葬方面的。随着生产力的发展，社会生活的日益复杂，习惯法的内容也在不断变化。

早期的习惯法是不成文的，后来随着社会经济、政治、文化的不断发展，习惯法逐步取得成文形式。从法律史角度看，最早的成文法，大多也是习惯法的记载和汇编．如《汉谟拉比法典》、《十二铜表法》等。

（二）西方各国的习惯法

"还未产生文字的原始社会必然生活在习惯法的制度下。"① 这一时期，习惯法是人类主要的行为规范。由于受宗教的影响．习惯法带有浓厚的神秘主义色彩，其生命力十分顽强，对社会成员有严格的约束力。西方各国也都经历了这一时期。

在中世纪的欧洲，德意志部落是由习惯做法和法律加以调整的。在法国，从法兰克时代起，北部适用的是习惯法，称为习惯法地区，与南部受罗马法影响较大的成文法地区差别较大。这一时期较为重要的习惯法文献主要有：法国贵族庄园的《习惯法》、德国的《撒克逊之镜》、西班牙的立法性汇编、1454 年法国的《芒蒂尔—勒—杜教令

---

① 〔法〕亨利·莱维·布律尔：《法律社会学》，许钧译，上海人民出版社，1987，第49 页。

集》等。在 13~14 世纪，在斯堪的纳维亚出现了主要以习惯法为基础的法律汇编，这些汇编削弱了罗马法的影响。

在中央君主制得以建立、以巡回审判方式创立普通法的工作取得进展前的英国，所谓法律仅仅是习惯法而已，其中的大部分为适用于聚居在某些地区的部落的地方性特殊习惯。此外还有作为"身份性习惯法"的商业习惯法等。这种状况保留了几个世纪。过去，各郡法院和百户邑法院都只使用地方的习惯，甚至取代它们的封建法院也主要使用地方习惯法。后世的皇家法官们经过多年努力，通过一个个判例所建立的普通法，仍然是建立在当时无数习惯法基础之上的。

俄罗斯习惯法形成于 11~14 世纪基辅王朝时期。这些习惯法更加具体地反映了"蛮族法律"时代的一个比日耳曼和斯堪的纳维亚更进步的社会。该习惯法已具有地域性，而不再仅适用于部落。在许多方面它还渗透了封建主义的因素。直到 19 世纪下半叶时，那里的农民仍然生活在习惯法中，如那里的立法只确认个人以外的村社或家庭所有权。

此外，非洲的大部分地区是服从习惯法的，尽管有些地方也有西方式的法律作装饰。在印度尼西亚，习惯法一直是穆斯林法律和荷兰殖民者引入的民法观念得以产生影响的基础。印度尼西亚的习惯法共同体多种多样，村落共同体或血缘共同体通过习惯法而得到保证。

在现代西方的法律中，习惯法是在特定方面被长期公认并且获得法律效力的专门规则。有关汇票、流通票据、提货单、海上保险等制定法律中的很大部分就是来自从事这种活动的人们的习惯法。与之相类似，在许多案件中，专门的行为习惯已经被公认。许多贸易和行业的惯例、港口和其他海上事务的惯例，在特定案件中总是可以被有关当事人证明其为法律规则而予以证实。

（三）中国历史上的习惯法

中国最早的法也是习惯法。人群聚处，"少者使长，长者畏壮，有力者贤，暴傲者尊"，① "智者诈愚，强者凌弱"，② "以强胜弱，以众暴寡"③ 继之的相争而互残日烈。故黄帝（约公元前26世纪初）作礼，肇置范限，互相约束，俾侵逾。逮及虞舜时代（约公元前23世纪末～前22世纪中），始有"犯罪"，为了惩治，肇创原"刑"，史称"象以典刑"。这种礼、刑即为习惯法。

礼，是中国社会主要的习惯法，"礼从宜，使从俗"。"夫礼者，所以定亲疏，决嫌疑，别异同，明是非也……道德仁义，非礼不成；教训习俗，非礼不备；分争辩讼，非礼不决；君臣上下，父子兄弟，非礼不定；宦学事师，非礼不亲；班朝治军、莅官行法，非礼威严不行；祷祠祭礼，共给鬼神，非礼不诚不庄。是以君子恭敬撙节退让以明礼。"④ 礼在中国传统社会是主要的社会规范，在社会生活中发挥了重要作用。西汉武帝时代以后，"罢黜百家，独尊儒术"、"春秋决狱"法定化，德主刑辅、以礼入刑的原则为国家法律所确认，因而礼也上升为国家制定法的地位从而具有双重属性、双重保证。随着封建社会的发展，礼的习惯法性质日渐淡薄，国家制定法色彩愈益浓厚。

在中国传统社会的许多朝代，特别是少数民族入主中原的元、清等朝，习惯法具有较高的效力。如成吉思汗帝国中作为国家机构及社会各种关系的基础、具有头等重要作用的是习惯法（札撒或大札撒）。成吉思汗严格地命令蒙古人保持祖宗传下来的习惯法，他是以这些习

---

① 《吕氏春秋·君臣下》。
② 《管子·君臣下》。
③ 《商君书·画策》。
④ 《礼记·曲礼上》。

惯法为基础而组成新国家的。札撒这个词，包含着以民族习惯为基础的法律的意义，据传曾编成了以民族习惯法为基础的《大札撒》，可惜完整的原本已没有了，只能在回教著述家们的书里散见一些片段。以后成吉思汗纂成了新的法典，民族的习惯法依据该法典仍然维持其效力。

至于中国民间的习惯法，则更为丰富，在不少文献中都有反映。《樊绰蛮书》记载了习惯法对通奸者的处罚："嫁娶之夕，私夫悉来相送。既嫁，有犯男子，格杀无罪，妇人亦死。或有强家富室，责盗财赎命者，则迁徙丽水瘴地，终弃之张，不得再合。"《唐书·南蛮传》也记载："富者贯之，烧屋夺其田。盗者倍九而偿赃。奸淫则强族验金银请相，而弃其妻，处女鬟不坐。凡相杀必报力不能则其部助攻之。"明清时期，有不少文献都记载了神判习惯法。清初方亨成的《苗俗纪闻》、陆次云的《峒溪纤志》记录了用手在沸水中或沸油中取出斧头、视其烫伤状况来裁决的神判。屈大均的《广东新语》和乾隆时期李调元的《南越笔记》列举了广东地区毒蛇神判的事例。袁枚在《续新齐谐》中还介绍了杭州市民因借钱而发生纠纷时，互相在神前夺取沸腾油锅底的钱以判决的故事。中国的习惯法，内容丰富，种类多样，形成了自己独特的体系。

三　中国习惯法的基本内容

中国传统社会的习惯法种类繁多，内容丰富，富有特色。既有按属人原则，依靠宗族家族而形成的宗族习惯法，也有按属地原则，基于地缘关系而形成的村落习惯法，宗教寺院习惯法则是依据神权而形成，行业习惯法和行会习惯法是由于业缘关系而形成，少数民族习惯法和秘密社会习惯法稍为复杂，有地缘、神缘因素，也有血缘因素，依据多种社会权威而形成。

1. 宗族习惯法

在中国传统社会，"家族实为政治、法律的单位，政治、法律组织只是这些单位的组合而已。这是家族本位政治理论的基础，也是齐家治国一套理论的基础，每一家族能维持其单位内之秩序而对国家负责，整个社会的秩序自可维持"。① 在传统社会家天下的状况下宗族家族组织在社会生活中占有重要位置，宗族习惯法的内容较为广泛，涉及以族长为首的宗族机构、建祠修谱祭祖联宗、管理和保护族产、调整婚姻家庭继承关系、维持伦常秩序等，而且对违反者的规定也极为具体、详细。宗族习惯法一般只对本宗族家族或家庭的人有效，只约束本宗族或家庭的全体成员，偶尔非本宗族或家庭的成员侵犯了本宗族或家庭的利益也适用本宗族习惯法。宗族习惯法的效力基本上为国家制定法所确认，因而宗族习惯法的两重属性、两重保证较为明显。宗族习惯法大多以成文的形式流传，载以族谱的为多。这种以血缘为基础的习惯法，在中国习惯法体系中独树一帜。

2. 村落习惯法

这是以地缘为基础而形成的习惯法。一般来说，村落有血缘村落和地缘村落之分，因而村落习惯法也有血缘村落习惯法和地缘村落习惯法，但血缘村落习惯法实与宗族习惯法无异，故这里所指的村落习惯法，专指地缘村落习惯法。

在行政机构只设到县的情况下，村落习惯法对于维持广大农村区域的秩序、保障中国传统社会的正常运转是非常重要的。村落习惯法的内容包括劝善惩恶广教化厚风俗、惩偷治抢维持村落秩序、保护山林和农业生产、举办公益事业维护公益设施、保护村落公有财产等方面，体现了村落全体人员的意志，维护村落的整体利益。村落习惯法主要由乡规民约构成，是由村落全体成员议定和一致通过的。在村落

---

① 瞿同祖：《中国法律与中国社会》，中华书局，1981，第 26~27 页。

习惯法的议定、执行中，乡绅地主发挥着核心的作用，对村落习惯法有举足轻重的影响。

3. 行会习惯法

这是基于业缘依据行会组织的权威而形成的一种习惯法。它是中国封建社会时期，商品经济发展到一定阶段，行会为加强内部控制和团结、阻止业外和同业竞争、维护垄断而议定的，以成文的行规章程为主，也包括行会内的某些默契和交易等惯例。

行会习惯法由隋唐时期发轫，经两宋、明代的发展至清代而为鼎盛，其内容主要有：开业、招收学徒和使用帮工，工资报酬，市场价格、产品质量、规格式样、原料，公益事业和迎神祭祀，组织机构以及罚则、执行等。行会习惯法具有浓厚的宗法色彩。中国传统社会的行会习惯法主要是商业行会习惯法，工业行会习惯法特别是工人行会习惯法数量较少，影响不大。

4. 行业习惯法

这也是基于业缘关系而形成的一种习惯法。与行会习惯法不同的是行业习惯法不限于某一特定历史时期和经济发展的特定阶段，它是随着社会分工而出现不同的行业而形成的。随着社会的发展，分工越来越细，行业习惯法的内容也更加丰富多彩。行业习惯法基本上是自然形成的，以不成文的为多。其规定主要涉及从业人员条件等级种类、从业方式及技术、行业规矩和禁忌、祖师崇拜等，对违反行业习惯法的有诸如批评谴责教育、不往来、开除等处罚方式。由于中国传统社会流动性较小，因而行业习惯法的区域性色彩浓厚。

5. 宗教寺院习惯法

宗教寺院习惯法是一种以神灵崇拜为基础，依据神的权威而形成的习惯法。尽管中国传统社会中宗教力量难以同世俗政权相抗衡，宗教的影响有限，但宗教寺院习惯法仍自成一体。佛寺习惯法的主要内容有殿堂、丛林制度、传戒（受戒）、清规、佛事仪规等。作为土生土长的道教，其习惯法涉及行为规则、道士、修炼和宗教仪式、处罚规条。其他如伊斯兰教习惯法、天主教习惯法、基督教（耶稣教）习惯法也各有特色。宗教寺院习惯法对于保障宗教的地位、促进宗教的发展、强化宗教信仰、维持宗教场所秩序是有重要作用的。宗教寺院习惯法主要来自宗教经典，并在此基础上总结累积而成，成文的居多，对每一个宗教信仰者有同等的约束力。

6. 秘密社会习惯法

秘密社会习惯法是基于地缘、血缘、业缘、神缘等各种权威，依据秘密社会组织而形成的习惯法，包括秘密会党习惯法和秘密教门习惯法两类。秘密社会习惯法对维系内部团结、实现团体特定宗旨有重要意义。

秘密社会习惯法的主要内容包括组织结构、入帮入会入教仪式、帮规会规教规、秘密语以及对违反习惯法者的处罚。作为一种明显反政府的习惯法，秘密社会习惯法对其成员的拘束力极强，并表现出宗教迷信色彩和残酷性。

7. 少数民族习惯法

少数民族习惯法是中国习惯法体系中内容最丰富、影响最大的一种习惯法，它在当今民族地区仍有重大影响。各民族在长期的生产生活实践中逐渐形成了本民族的习惯法，以维护民族整体利益，维持本民族内部秩序，促进民族地区的安定和发展。

少数民族习惯法的内容极为广泛，涉及社会生活的各个方面各个领域，主要有社会组织与头领习惯法、刑事习惯法、婚姻习惯法、家庭及继承习惯法、所有权习惯法、债权习惯法、生产及分配习惯法、丧葬宗教信仰及社会交往习惯法、调解处理审理习惯法等。每一部分又有许多具体的方面。少数民族习惯法主要是不成文法，但也有像瑶族石牌类型习惯法那样的成文形式。

少数民族习惯法的议定、修改、废除一般须由全体成员参与并遵循全体一致的原则，其目的主要是维护有利于民族整体的社会关系和社会秩序，因而具有原始民主性质。当然，随着少数民族习惯法的发展演变，它也具有某种阶级性和等级特权色彩。

少数民族习惯法，对于维持地区社会秩序、满足个人需要、培养社会角色、传递民族文化是有重要作用的。作为中国习惯法体系的独特部分，少数民族习惯法具有民族性、地域性、强制性、稳定性、变异性、规范性、概括性、可预测性的特征。

这七种习惯法，相互影响，相互冲突，共同构成了中国习惯法体系，在中国传统社会发挥着重要作用，在中国固有法文化中占有重要的地位。①

四　进行中国习惯法研究的意义

研究中国习惯法，探讨中国社会生活中的各种习惯法力量，这对于拓宽法学研究领域、丰富法学理论、深化法学研究，正确处理现代化发展中的固有法文化是有一定意义的。

中国固有法体系实际上包含了国家制定法和习惯法两部分，以往我们的法学研究却只注重国家制定法的研究和探讨，通过对成文法典的注释来建构法学理论体系，这种注释法学严格说来只属于技术范畴，不能称之为真正意义上的法学研究。而忽视习惯法的存在和研究，从某种意义上可以说是这种注释法学盛行的原因和结果。中国的法学研究，之所以落后于时代发展，不能为法制建设提供理论指导，很重要的一个原因就是没有从社会实际出发进行法学研究，在法学研究中没有真正坚持马克思主义的一切从实际出发、实事求是的原则，研究领域狭窄，研究方法陈旧。进行习惯法的研究，有助于拓宽研究领域，深化法学研究。对包括习惯法在内的中国的固有法文化进行全

---

① 当然，习惯法还包括一般社会团体习惯法，如学校规章等。

面的清理、研究，只能走出书斋，脚踏实地，投身于社会生活之中。

进行习惯法研究，还具有民族法学、宗教法学、地域法学的意义。以往的法学研究，对这些领域是极为忽视的，缺少这方面的探讨。法学研究只注意汉民族法、世俗法、中央法，对民族法、宗教法、地域法基本上未予注意，这不能不说是一种缺憾。中国传统社会疆域广大、社会情况复杂，其之所以能几千年延续而且没有根本变化，除了国家制定法外，少数民族习惯法、宗教习惯法、村落习惯法、宗教寺院习惯法等是起了很大作用的。深入进行中国习惯法研究，对于我们正确处理民族问题、宗教问题、地区问题也无疑是有借鉴意义的。

以往对中国固有法的认识和探讨，偏重于国家制定法，以为国家法即是固有法的全部，按照这种认识是不能正确对待现代化发展中的固有法和固有法文化的。实际上，社会发展变迁过程中，如何处理国家制定法的发展只是其中的一个方面，从某种角度认识，如何对待习惯法和习惯法文化比如何对待国家制定法更为重要。因为习惯法比国家制定法更贴近普通民众生活，对普通民众的影响更大，对普通民众行为的规范更直接。从中国传统社会的实际情况看，国家制定法往往是悬空的、虚的，较为抽象，而习惯法则实实在在地、每时每刻地规范每一个民众的行为，发生着具体、直接的影响。因此，在中国社会面临现代化发展的时候，我们完全有理由对习惯法给予高度重视，认真全面地进行探讨、研究。

在进行中国习惯法的探讨研究时，在方法上我们要将史料分析与田野调查相结合，尤以田野调查为重要和主要。随着社会的急剧变迁，许多固有的习惯法将很快消亡，因此，当前的习惯法的田野调查，还带有抢救的性质，时过境迁，损失就永远难以弥补。同时，我们要积极借鉴社会学、文化人类学、民俗学、历史学、经济学等学科的理论、技术和方法，大胆吸收他人之长，补法学研究之不足。比较研究，在习惯法研究中也极为重要。

第一章

中国宗族习惯法

中国传统社会具有鲜明的宗法性特征，宗族家族在社会生活中一直占有重要地位，发挥着重要的作用。宗族通过族规家法控制全族人员，调整宗族内部的各种关系，维持宗族内部的秩序。这些族规家法即是中国宗族习惯法，它包括宗族规范、家族规范、家庭训示约规等内容，全面、具体地规范每一位宗族家族家庭成员的言行举止，对宗族成员有着极强的约束力。本章主要探讨中国宗族习惯法的产生议定、主要内容、特点、作用，从而对中国宗族习惯法有一个全面的认识和了解。

一　中国宗族习惯法的产生发展及具体议定

1. 中国宗族习惯法的产生、发展

中国宗族习惯法是随着宗族组织的产生而产生的。

宗族的雏形，在我国原始社会末期就已出现。作为一种组织、一

种社会团体，宗族最早出现在商朝，[①] 当时同姓之下有若干宗氏，每个宗氏之下有若干氏族。在当时宗族已有自己的组织名号、共同的墓地和葬俗，逐渐有一些零散的规则，也即已有习惯法的出现。因此可以这样说，中国宗族习惯法最早始于商朝。这时的宗族习惯法，多为氏族社会习惯法的残存形态，如宗族长继承上的兄终弟及、配偶关系的嫡庶规定等。

后来，随着社会的发展、宗族制度和宗族组织不断完善，宗族习惯法也不断发展。在西周时，宗族习惯法的内容已较为丰富。习惯法规定，宗子（本宗始祖的嫡系继承人）有权主持祭祀，"庶子不祭祖者，明其宗也"，[②] "支子不祭，祭必告于宗子"。[③] 同时宗子有权掌管本宗财产，同宗兄弟"异居而同财，有余则归之宗，不足则资之宗"。[④]《贺氏丧服谱》记载："奉宗加于常礼，平居则每事咨告，凡告宗之例，宗内祭祀、嫁女、娶妻、死亡、子生、行来、更易名字皆告。"可见宗子已按习惯法掌管族内婚姻等事务，对宗族成员有教导权、惩罚权乃至生杀之权。《礼记·昏义》中就有女子许嫁之后要在祖庙或宗子之家接受宗子、宗妇（宗子之妻）关于为妇之道教导的记载。由此可见，西周时期宗族习惯法内容已较为广泛了。

魏晋南北朝时期，出现了士族门阀制度，宗族势力有了进一步发展，宗族习惯法也表现出新的特征。宗族习惯法特别是士族家族习惯法确认不同宗族之间的高低贵贱和高门士族内部的尊卑上下之分，禁止嫡庶之间互通婚姻；并规定了宗谱、家谱的修续，而且极为严格，如规定同姓之间，如不出于直系亲属，也不相通。宗族习惯法对血统和家世予以确认和保护，并保障家长的权威和尊严。这个时期的宗族习惯法，主

---

① 商代存在宗族组织可以从卜辞、铜器铭文和文献资料中得到考证。详见阴法鲁、许树安主编《中国古代文化史1》，北京大学出版社，1989，第84~87页。

② 《礼记·丧服小记》。

③ 《礼记·曲礼下》。

④ 《仪礼·丧服》。

要是家族习惯法，各个族系、各个家庭的规约占主导地位。

从宋代开始，中国宗族的发展进入了新的时期，形成了以修宗谱、建宗祠、置族田、立族长、订族规为特征的体现封建族权的宗族制度。宗族习惯法也发展到内容丰富、规范完备、执行严格的阶段，既有宗族组织机构特别是族长职责权限的规定，也有家族祭祀、祭祖的规定；既对宗族成员的言行举止规定了各种行为规范，也对宗族内部各种关系调整议定了各种规则；同时还有关于宗族财产、宗族伦常秩序等的规约。此后，明清时代的宗族习惯法没有多大变化，承继宋代而发展。

直至新中国成立前夕，宗族和宗族习惯法的这种特点没有明显变化，仍沿袭宋代的主要内容，在社会生活中发挥重要作用。

2. 中国宗族习惯法的具体议定、修改、补充

中国宗族习惯法的产生、发展是从总体上来说的。事实上，中国宗族习惯法是由分散的、一个一个独立的宗族族规构成，而每一个宗族族规、家族规约有其具体的议定和修改过程。

宗族习惯法最初表现为不成文形式，是宗族成员世代口头传诵、行为传承自然形成，即俗成。宋代开始，宗族习惯法主要以成文形式表现，宗族成员之间的约定成为习惯法形成的主要方式。宗族习惯法有其特定的议定程序，并随着社会的发展变化而不断修改补充。

宗族习惯法的议定，一般是先由族长主持召集族中耆老、绅士、懂文识字者若干设立临时性的族规议定机构，"族正主盟族约"。[①] 根据当地社会情况，借鉴他族族规内容，并主要总结本族历史传统，针对族内种种现象，草议若干条款，起草族规底稿。其中族长起决定性作用。

族规草案，一般须经全族大会讨论通过。如景定张氏宗族议定族规："系参酌族内情形而定，经全族议决，即当视为家族公决，不可违犯。"讨论通过仪式，一般在本族祠堂进行，对族规草案有异议的

---

① 《长沙檀山陈氏族谱》，明万历刊本。

可以提出来，但不太多。通过以后，族规草案即成族规而有约束力，每个宗族成员均须遵守。

宗族习惯法通过生效之后，一般通过各种形式告之于族众，务使人人知晓、个个遵守。常见的文字表现形式有三种：一种是用大字书于木牌上，并将木牌悬于祠堂入口的醒目处。一种是将宗族习惯法条款雕刻在石碑上，石碑亦树于祠堂之中，大多为族众较多，或者有二级分支祠堂的巨户大族所采用。一种为刊刷入谱，这是成文宗族习惯法最普遍的表现形式。族谱中大多设有"族规"一栏，收载本族规约，以使族众知晓明了。①

由于时过境迁，宗族习惯法的内容可能不适应社会的发展变化和本族的世事变迁人情沧桑，因而宗族习惯法就有不断修改补充的必要。这种修改补充一般在续修谱牒时进行。如光绪二十四年，鄞城华氏在原有的二十五条"明德堂家训"基础上，增补"明德堂续训"十条，以适应新情况。② 不过这种宗族习惯法修改由于受"祖宗之法不可变"原则限制，较为慎重，大多为续订规约，而将原有族规仍予保留，不加更改，即以补充为主、修改为辅。

宗族习惯法议定、修改补充有一定仪式，较为隆重，通常与祭祖同时进行，利用人们的祖宗崇拜心理强化宗族习惯法的权威和效力。

二　中国宗族习惯法的主要内容

宗族习惯法经过不断发展、丰富，其内容极为广泛，涉及宗族机构及其人员（特别是族长）、祖宗祭祀、宗族财产、族众的婚姻家庭继承、族内秩序、处罚等等方面，蔚为大观。

---

① 详见朱勇《清代宗族法研究》，湖南教育出版社，1987，第81页。
② 浙江鄞城《华氏宗族》卷首，《明德堂家训》与《明德堂续训》。

1. 族长和宗族机构

宗族通过其组织来维持秩序，管理事务，实现各项职能。宗族有宗族大会、族长；一族之内的各房，又分设有房长。有的宗族还有一些单项事务机构。

依宗族习惯法，宗族大会为全族处理公共事务、管理族产的最高权力机构。有的无常设机构，有的则以族产或族学董事会为常设机构，由各房推选若干有名望有地位的人组成。

族长大多选举而任，一般按照习惯法从族内人员中根据地位、财力、才能诸方面确定人选，有的要求年辈较高，"分莫逾而年莫加"；[①] 有的注重德行，"品端心正，性情和平"，"恪守家训，规步方行"；[②] 有的则强调财富，"公推族中殷实廉能者任之"，[③] 清末及民国时，南方各族尤注重财产。在湖南"凡族内之人品行端正、身家殷富、办事干练者"，均有被举为族长的资格。[④] 此外，族长也有由前任族长指定产生的。《庄谐选录》中就有山西尉迟氏继任族长由前任族长自行决定而非由全族大会推举的事例记载。

族长根据宗族习惯法的规定拥有相当大的权力，主要有：①主持祭礼典礼权；②族产主管权；③处理族中纠纷权；④对族人的教化权；⑤对违反族规人的处罚权。总之，宗族习惯法赋予族长广泛的权力，统率一族成员，总揽全族事务。

由于族长权力极大，因而不少宗族都有防止族长权力滥用的规定，或改选撤换不称职的族长的规定。交河李氏宗族规定："不许恃族长名声，做事不端、处事不公，以致家法紊乱"，族长如"行诣有愧，触犯规条，合族齐集，公讨其罪，如稍有改悔，聊示薄惩，以警

---

① 《重修古歙东门许氏宗消·家规》。
② 《交河李氏·谱例》。
③ 《去阳涂氏·祠规》。
④ 前南京国民政府司法行政部编《民商事习惯调查报告录》，（台北）进学书局，1969，第1427页。

其后，不然则削去族长名字，永远不许再立"。① 麻溪姚氏宗族规约也明确规定：房长"倘公事冤情，处事徇情，族众查确，会齐公所，将房长革退；若更有受贿之弊，加之责罚"。②

族长之下，宗族习惯法还有宗族机构其他组成人员的规定，以辅佐族长，办理专项事务。张川胡氏宗族规约对族长以下执事人的职责与任职资格都有具体规定："宗纠一人，任纠绳纲纪之责，取志成有行谊者；宗翼一人，左右宗长，取素无瑕庇中立而不倚者；总理一人，司宗祠钱谷出纳，择志虑忠纯可倚仗者。"③ 浦江郑氏族长之下分设主记、新旧掌管、羞服长、知宾等，分掌不同专务。金溪陆氏族规也规定在族长之下由诸子弟分别担任家事、田畴、租税、出纳、宾客等职。此外，有的宗族习惯法还设置"族贤"名号，"族中有忠臣孝子、道德文章名重于当世者，其次品行端正，为乡闾称道者，并加优异，号为族贤"，④ 他们自然也参与族内事务管理和商议决定有关事项。

2. 建祠修谱、祭祖联宗

宗族习惯法都有建祠修谱、联宗祭祖的规定，以此来"敬宗收族"，维系宗族内部的团结和统一，增加凝聚力。

（1）宗族最重要的活动之一为祭祀祖先，因此宗族习惯法对祭祀的地点、参加者、礼仪等有详细的规定。祭祀祖先的地方为祠堂，被视为宗族的象征。"于宗有合族之祠，于家有合户之祠，有书院之祠，有墓下之祠。前人根本之义，至矣尽矣。"⑤ 除宗祠外尚有支祠、房祠、家祠等，但以宗祠为最重要和普遍。宗祠建筑规制、内部摆设布置也各有定规，不得违反。

祭祖的参加者为本族成年男丁，依照习惯法女性一般不能参加。

---

① 《交河李氏族谱谱例》。
② 安徽桐城《麻溪·姚氏家谱·家规》。
③ 《张川胡氏宗谱》清刊本。
④ 《张氏宗谱·宗约》卷二。
⑤ 清·程昌《窦山公家议》。

对于族人来说，参加祭祖仪式既是权利，也是义务，非有特别事宜经族长许可的均须到场，否则违反族规要受处罚；每一个参加人员必须遵守宗族习惯法所规定的礼节仪式，违者处罚。凡"行礼不恭，离席自便，与夫跛倚、欠伸、哕噫、噎咳等一切失容之事"，都要议罚。①

宗祠祭祀仪式，宗族习惯法有较为详细的规定。从种类上，有每年对高、曾、祖、父的春、夏、秋、冬四时祭，有冬至祭始祖、立春祭先祖、秋分祭祢以及忌日祭等特祭，每逢年节还有年节祭等，但大多以春、秋两祭为重要。依浙江富春孙氏宗族习惯法，每年春秋两次祭祖是全族合力筹办的大典，轮流由各房筹办，经费来自祭田。祭祖典礼的主要筹备项目有：一是准备祭品，整猪整羊必须挑最大的，其他山珍海味、纸马香烛，不得有半点马虎；二是雇请戏班唱昼夜戏；三是洒扫祠堂，准备客房招待祭祖来宾。

祭祖之日，全族停工，穿戴整齐，如度节日。午后，祠堂开门演戏。一曲方了，族人齐集，祭祖大典开始。

此时，正厅至荫堂中门大开，神主牌前，六张八仙桌并列，上铺红毡，摆上数以百计的菜肴、糕点、水果，中间饰以鲜花、纸马。桌前特制的供架上，放着全猪全羊，白肉上系着彩条红绸。一对手臂粗的巨型蜡烛红光四射，一派豪华庄严景象。

祭祖的主角为族长，陪祭者有各房房长、绅董、有功名者（秀才或小学毕业以上）。司仪由当年考取的秀才或小学毕业生担任，称为礼生，共十二名。其他族人后面侍立，女性不得在场。

两礼生拖着长声齐喊：祭祖大典开始，起鼓，再起鼓，再起鼓……鸣磬三点！一礼生击鼓三通，一礼生撞磬三下。

两礼生再喊：主祭者恭立——扶祭者同恭立——一叩首、二叩首，三叩首——一上香，二上香，三上香！两礼生携扶族长，两礼生

---

① 《浦江郑氏世范》。

帮族长点香。主祭者、陪祭者叩头，上香如仪。接着是起乐、献供。请来的戏班乐队早候在一旁，热烈的梅花锣鼓声扬起，乐声中，余下的礼生将数盘供品递给族长，再摆上供桌。两礼生依次高喊：献旱鹰（整鸡），献臀肩（猪蹄膀），献蛟须（银鱼丝），献鲜鳞（金鱼），献王粒（米饭），献春茗（茶），献爵（酒，须三杯）。

接着乐止，跪读祝（祭）文。读祭文者必须为当年考取的秀才或小学毕业生，成绩优异，口齿清楚者。祭文须百字左右。读后，焚烧于供桌前。同时还烧纸马、纸钱，正厅檐前，鞭炮齐鸣。

下一个程序是祝福。由请来的戏班在灵前演三出小戏。第一出《拜八仙》，八仙赐福赐贵避邪；第二出《跳白脸》，跳白脸者，曹操模样，手提毛笔点状元，加官晋爵之意；第三山《跳财神》，送财送元宝。

祭祖大典最后仪式是轮拜祖宗。侍立已久的族人排着队伍，轮流到祖宗灵前参拜。完后接着演戏，直到天亮。

祭后供品，猪肉送给主祭、陪祭者，余下的由筹备大典的房族处理。[①]

孙氏祭祖礼仪历千年而不变，可见宗族习惯法的威力。

有许多宗族祭毕就根据习惯法会食，依次饮福（饮用祭酒）、享胙（食用祭肉），人各一份。

除了祭祖外，宗族习惯法还规定宗祠为处理宗族事务、执行族规家约的地方，"凡有族中公务，族长传集子姓于家庙、务期公正和平商酌妥协"，对犯有严重过失的族众，"族长传单通知合族，会集家庙，告于祖宗"，[②] 进行处理。宗祠还是教育本族子弟的场所，如在祠堂中设族学等。

---

① 孙希荣：《富眷孙氏宗族信仰》，载《中国民间文化》1991 年第 4 期。
② 竹溪沈氏《祠规》。

宗族习惯法详尽规定宗祠祭祖，对于用血缘联系团结族人、加强交流、强化族长权威有重要意义。

（2）宗族习惯法还对宗谱这一明统系、收族众的重要手段进行了详细具体的规定，包括族谱的修撰权、谱牒内容、修谱、续谱礼仪程序等方面。

族谱的修撰权一般在族长手中，宗族成员平时读谱都要遵循习惯法规定的礼仪程序，如洗手净面等。

通常，族谱包括三大部分：第一部分包括立谱宗旨、原则、序或跋、凡例、目录等；第二部分包括以人物为中心的系谱、传记、墓志铭、遗像以及官场经历、诗文、随笔等；第三部分包括以宗族生活为中心的宗规、族约、祠规、祠记、祠产记、坟墓记、墓图、禁约、契据、义庄规条、义庄记、义田记等。① 俨然成为宗族内的法令汇编和百科全书。"谱者普也"，② "讳某字，娶某氏、生几子、葬某处、寿若干，咸备著于后，庶几可示后民"。③

宗族习惯法还规定族谱须定期续修，如嘉善陈氏规定："族谱十年一修。"④ "谱宜三十年一修，若不遵此，即属不孝"。⑤ 修谱时要将那些触犯族规严重、出家等人，削谱（即除名）。

同时，宗族习惯法还对族谱的收藏、保管有一些规定，必须"收藏贵密，保守贵久，每岁春正三月祭祖时，各带所编发宗号本到统宗祠，会看一遍。祭毕，各带回收藏。如有鼠浸油污、磨坏字迹者，罚银一两入祠，另择本房贤能子孙收管。"⑥ 浦江孙氏族谱翻看时，必须

---

① 史凤仪：《中国古代婚姻与家庭》，湖北人民出版社，1987，第218页。
② 方孝孺：《童氏族谱序》，《逊志斋集》卷十三。
③ 宋濂：《符氏世谱记》，《宋学士文集·翰苑别集》卷九。
④ 陈龙正：《家矩》。
⑤ 《民国浦城高路季氏宗谱》卷一，《谱例》。
⑥ 《休宁范氏族谱·谱词宗规》。

族长、房长同意，并焚香、点烛、放炮仗。①

通过宗族习惯法的这些规定，达到序得姓之根源、示族数之远近、明爵禄之高卑、序官价之大小、标坟墓之所在、迁妻妾之外氏、载适女之出处、彰忠孝之进士、扬道德之遁逸、表节义之乡间的目的，即"谱系之作，所以敦孝弟、重人伦、睦宗族、厚风俗"。②

3. 管理、保护族产

以族田为主的族产是宗族存在和进行活动的经济基础，因此，宗祠习惯法把管理和保护宗族公产作为重要内容，对宗族公产的来源、宗族公产的管理和收益使用、宗族公产的流转等都作了具体规定。

依宗族习惯法，族产为合族公有的财产，包括山林、土地、房屋等，其来源不一，"或独出于子孙之仕官者，或独出于子孙之殷富者，或祠下子孙伙议公出者"，③包括族人捐钱购买、族内富人和仕官捐献、族内绝嗣族人田产充公、族产增殖而购置以及犯了过失族人的财产罚入等。竹溪沈氏明文规定族人凡得秀才以上功名及出仕者都要报捐一两至五十两不等的续置祭产之资，现任官要捐银添置义田："凡现任四品以上者，岁捐百五十金，七品以上者百金，佐贰减半……有力者听便。"④

族产主要用于祭祀、日常管理开支、兴办教育和周恤穷苦族人等，如祭田的地租供祭祀用，义田的地租供赈济贫困族人用，学田的地租供宗祠办学用，一般区别并不严格。各宗祠基本都有族产。像广东地区，"俗称祭田为蒸尝田……无论巨族大姓，即私房小户亦多有之，其用至善。"⑤朱熹在其制定的《家礼》中也规定："初立祠堂，则计见田亩，每龛取二十之一，以为祭田。宗子主之，以给祭用。如

---

① 孙希荣：《富春孙氏宗族信仰》，载《中国民间文化》1991年第4期。
② （清）李希莲《重修李氏族谱序》。
③ （清）刘鸿翱《杜盗祭救立码记》。
④ 《竹溪沈氏家乘》。
⑤ 《光绪嘉应州志》卷八，引《石窟一征》。

上世未置田，则合墓下子孙之田，计数而割之，皆立约闻官，不得典卖。"

对族田的赡族功能，习惯法予以严格保护。范仲淹所定《义庄规矩》有"逐房按日给米，每口一升并支白米。冬衣每口一匹。嫁女支钱三十贯，再嫁二十贯。娶妇支钱二十贯"的规定。"其婚嫁之失时也，则以财以助之；其寒也，则为之衣；其疾也，则为之药；其死也，则为之殓与埋"，①"有贫困残疾者论其家口给谷，无力婚嫁丧葬者亦量给焉。遇大荒，则又计丁发粟，可谓敦宗族也。"② 但对于违反礼教、有不规行为者，即使赤贫，也不予赡恤。歙县棠越鲍氏就规定聚赌酗酒者、妇人打街骂巷不守规法者，干犯长上、行止不端者都要"停给"，改过以后才重新考虑周济。

同时，宗族习惯法规定由族长及专职机构人员进行族产管理。如溧水吴氏的族产，由吴氏宗族延陵小学校董会（实是吴氏宗族族务常设机构）直接管理，委任得力人员负责收租等事宜。族田大多由族外农民租佃耕种，宗族习惯法为防止族众对它的争夺、侵蚀，一般都规定本族成员不得承租，并不得充当租佃的介绍人。如范氏《义庄规矩》规定："族人不得租佃义田，诈立名字者同。"③ 闽县林氏族规也规定："公田永宜佃与外族，族内并不得作引荐人，以杜弊端。"④

为了保证宗族经济基础的牢固，宗族习惯法规定族田不得典卖，"如有将祭田私卖者，合族控官告祖，人则不许入祠，名则不列宗谱"，⑤ 只能是单向流动，即买田而不卖出。海宁查氏宗族规定："不准将义庄田亩及所有银钱擅自变卖、妄废，如有犯者，听合族公举惩

---

① 《京兆归氏世谱·归氏义田记》。
② 《同治广州府志卷十五》引《新宁志》。
③ 《范文正公全集》。
④ 《民国福建林氏四修支谱》卷二，《族规》。
⑤ 民国《浦橄高路季氏宗谱》卷一《谱训》。

罚。"① 同时不少宗族也对买进财产进行一定限制，如"凡置田，只许买绝，不得典押，以断葛藤。"②

宗族习惯法保护族有公产的安全，处罚破坏、危害宗族公产的行为，加强对宗族公产的管理，从而强化宗族成员的同宗意识，加强族人对宗族的依赖性。

4. 调整婚姻、家庭、继承关系

宗族习惯法通过大量的规范全面地调整宗族成员的婚姻、家庭、继承关系，以保证宗族内部的长幼有序、尊卑有次，保证宗族血统的统一和纯正。

（1）在婚姻方面，宗族习惯法对婚姻缔结的实质要件和形式要件都有若干规定，保护宗法婚姻关系。

宗族习惯法有订婚、结婚年龄的规定。如明代庞尚鹏撰的《庞氏家训》中就规定："男女议婚，必待十三岁以上方许行聘礼，恐时事变更，终有后悔。"③ 归安嵇氏宗族也有类似规定："男子二十以上皆可婚，女子十六以上皆可嫁。"④ 一般要求门当户对，婚姻双方门第相当。即如泾川万氏《家规》的规定："嫁娶不拘贫富，惟择阀阅相当。若贪财贿以淆良贱，有玷门户多矣。吾族除以往不究，今后凡议婚纳配，须鸣族商议，果系名门，方许缔姻。如不鸣众或门户不相当者，合族共斥，谱削不书。"⑤ 在婚姻的父母包办、媒妁撮合等方面也有不少规定。

婚礼是外族人加入本族取得本族族籍成为本族成员的标志，因此习惯法有不少这方面的规定。如山阴徐氏宗族规定："婚姻先期一幅

① 浙江海宁《查氏族谱》卷十六，《酌定规条》。
② 江苏苏州《彭氏家谱》卷十二，《庄规》。
③ 《庞氏家训》。参见翁福清、周新华编注《中国古代家训》，中国国际广播出版社，1991，第268页。
④ 浙江归安《嵇氏宗谱·条规》。
⑤ 安徽《泾川万氏宗谱·家规》。

纸，遍告族人，曰：第几男与某姓议婚，今择某年某月某日亲迎，谨告。遇春祀之日率新婚者拜祖宗，见尊长，领宗帖。"① 《庞氏家训》也规定："娶妇初归，惟谒祠堂，见舅姑，次及本房有服亲属，不得概见他姓诸亲。"② 基本上，拜祠是宗族承认婚姻有效的必要条件。

麻城鲍氏宗族有关婚姻关系的规约相当多，如禁止转房婚，"兄亡收嫂、弟亡收弟媳者，免祀，送官治罪"，反对同宗结婚，"取同宗无服之亲及无服亲之妻妾者，杖一百，免祀"，禁止强迫改嫁，"妇人夫亡愿守志，而强逼改嫁，无论受财、未受财者，杖二百，免祀"等，③ 规定比较全面。

（2）宗族习惯法调整家庭关系，规范夫妻行为，保证家长的家庭统治地位。太平李氏家法有"宜室家第三条"，其规定为："夫妇乃人道之始，万化之基也。相敬如宾，岂容反目。虽夫为妻纲，固当从夫之命；然妻言有理，亦当从其劝谏。如妇人骄悍而挟制其夫，牝鸡司晨，为家人索，当严戒之。戒之不从，有恶行，出之可也。若娶妾，为生子计也，有子不得擅娶。若妻不容妾，其罪在妻，无子与妒均当去。宠妾凌妻，其罪在夫，当以失叙论罚。妾若泼悍无状，当废之。"④ 这较为全面地对夫妻关系进行了规范，即夫为妻纲、男尊女卑，"女子止主中馈女红纺织之事，不得操夫之权，独秉家政，及预闻户外事"。⑤

同时，在父母子女关系上，宗族习惯法要求子女服从父母特别是父亲的教导，从"父为子纲"原则出发，"孝为百善先"。司马光所订家规《居家杂议》规定："凡子受父母之命，必籍记而佩之，时省而速之……若以父母之命为非，而直行己志，虽所执皆是，犹为不顺

---

① 浙江山阴《安昌徐氏宗谱》卷二《家约》。
② 《庞氏家训》。参见翁福清、周新华编注《中国古代家训》，中国国际广播出版社，1991，第269页。
③ 《鲍氏户规》。参见朱勇《清代宗族法研究》，湖南教育出版社，1987，附件。
④ 宁国太平馆田《李氏家法》。
⑤ 《蒋氏家训》。

之子"，完全是盲从，不许有一丝一毫的违背。不少宗族的族规规定，子孙受到尊长的诃责，即使尊长错了，也得俯首伏受，不许分辩是非;[1] 子弟有事外出，必须先咨告家长，不得擅自行动;[2] 子弟见父母，"坐必起，行必以序，不可免冠徒跣，应对毋以尔我",[3] 这确立了家长的支配权。

（3）宗族习惯法还调整继承关系，规定了立后继承的原则和顺序，以确保宗族财产不流入他族。

依习惯法，只有儿子才有权继承财产，女儿外嫁他姓即失去了财产继承的资格。诸子按平均继承原则继承财产。长子因继承宗祧，一般可另外再得一份，以供家祭之用。

无子立嗣，禁止以异姓之子立嗣，"无子立嗣，必择名份相当者，于谱内说明。如后继无人，准其立爱，惟不得抱养异姓之子，以致紊乱宗族".[4] 简阳彭氏也规定，"不育无子，此人生不幸之事，故抚抱亦世之常情，但须于同父同亲昭穆相当中择爱择贤，听从其便，切勿以异姓承祧，到遭非种之锄。"[5]

为了避免因图产争嗣而在宗族内部引起争端，宗族习惯法对承继立嗣的顺序进行了规定，如交河李氏规定："凡无子之家，必遵长门无子过次门之长；次门无子，过长门之次子例，不许乱争。如无应继之人，必择其近支之子多者而继之，如近支无人，必择其远支有才者而继之。"[6]

有的宗族还对财产继承规定了宗族机构的监督权，保证财产按宗族所确立的原则和方式承继，维护宗族内部秩序。

---

[1] 《郑氏世范》。
[2] 《婺源清华戴氏世谱·家范》。
[3] 《京江王氏宗潜·家范》。
[4] 《寿州孙氏家谱》。
[5] 《向阳彭氏宗谱》，《禁例》。
[6] 《交河李氏族谱·谱例》。

5.维护伦常秩序、族内秩序和国家统治秩序

宗族习惯法为维护伦常秩序、族内秩序、社会秩序而规定了许多规范，规范每个宗族成员的行为，强化族内控制，从而维护国家统治秩序。

（1）宗族习惯法规定了不同宗族成员的等级名分，要求宗族成员长幼有序、尊卑有次，敦人伦、崇孝悌。

各宗族的族规都规定，族人必须"明尊卑"、①"敬长上"、②"尊卑有伦，不可侵犯"，③ 要求遵从尊长，听从上辈教导。

同时，在形式礼仪方面，尊卑长幼也有一些规定，"尊卑长幼各有定分，于此不敬则伦序乖谬。故吾族凡为卑幼者，见长上无论亲疏，皆当致敬。坐则起，行则随，出而归则揖，或途遇尊长乘轿坐马，须逊避候过；或卑幼乘骑，见尊长即下行礼，毋得傲慢假作不认。"④

血缘伦常身份在宗族习惯法上还往往具有特别意义。如昆陵费氏宗族规定："伯叔皆父行也。其有诸侄孙干犯伯叔父、伯叔祖父者，责二十板，锁祠内十日；再犯责三十板，锁祠内二十日；三犯公革出祠。其或忤祖、父行欺凌卑幼者，量事缘由，重者议责，轻者议罚。兄弟有序，以弟犯兄，不恭，责三十板；以兄凌弟，不友，责十板。"⑤ 可见以下犯上与以上欺下两者处罚是有很大差别的。

与这种长幼尊卑的伦常关系相联系，宗族习惯法还规定了男女有别、男尊女卑的条款。不少宗族专门议订了《女训》、《女诫》、《新妇谱》等条款，用来约束妇女，要求她们遵奉三从四德。为防止发生败坏伦常之事，许多宗族的族规家训都把内外之别、男女之防放在重

---

① 万历《茗洲吴氏家记》卷七。
② 光绪《深洞李氏大宗谱》卷一，天启元年李氏家规。
③ 《四明栎溪杨氏宗谱》。
④ 安徽《泾川万氏宗谱·家规》。
⑤ 江苏昆陵《费氏重修宗谱》卷1，《宗规罚例》。

要位置，如规定禁止叔嫂戏言，[1] 不许童女倚帘窥幕，邻儿穿房入。[2]
太平馆田李氏家法的"别男女"条规定更为全面："闺门整肃，风教
乃行。昔季康子与其从祖母隔而语，孔子闻之，犹谓其男女有别。况
齿与分相若，如叔嫂之不相授受者乎。十五岁以上，纵卑幼不得擅入
尊长房内，必尊长呼唤方入。仆从之人必主公有命，方许立门外听
役。僧、道、医、卜、星、巫，倘因疾病延请，止许中堂行事。手艺
各色人皆然。彼拜认他人为父母姐妹，与自己受人之拜认，皆有为而
为，甚于穿窬之盗也，并宜禁止。亦不许入寺观烧香，违者责罚其
夫"，[3] 以维护正常的伦常秩序。

（2）宗族习惯法还规定许多条款来维护宗族内部秩序。

宗族习惯法规定，"族中叔侄兄弟与我原是一人耳，（宜）同体相
看，决不可伤残骨肉。伤残骨肉，即如伤我祖宗一般"，[4] "有患难则
相救恤，有疾病则相扶持"；[5] "通族之人，皆祖宗之孙也，间有不能
养，不能教，不能婚嫁，不能殓葬，及它有患难莫可控诉者，即当尽
心力以周全之。此为人子孙，承祖宗付托分内事，不可视为泛常推
诿"，[6] 同族一气，不论贫富应各守本分而又互助互爱，敦本睦族。并
对违反者给予各种处罚，如太平馆田《李氏家法》就规定："以同姓
之亲而操入室之戈，是祖宗之罪人也。被害者果有明证，投之祠堂，
或责或罚，毋得宽贷。"[7]

为敦本睦族，维持宗族秩序，宗族习惯法又规定了宗族成员在生
产上互助、在生活上互相照顾。长沙檀山陈氏宗族规约有"助农工"

[1] 《交河李氏族谱·家训》。
[2] 《温氏母训》。
[3] 宁国太平馆田《李氏家法》。
[4] 《代州冯氏族谱》，冯忠所著《冯氏遗训编次》。
[5] 嘉靖《休宁西门汪氏族谱》正德八年，家训。
[6] 明姚舜牧：《药官》。
[7] 宁国太平馆田《李氏家法》。

条，即规定春耕、夏锄、收获之际，人力不足者众助之；① 又如广东嘉应地方，"乡中农忙时，皆通力合作，插莳收割，皆妇幼为之，惟聚族而居，故无畛域之见，有友助之美。无事则各爨，有事则合食"。② 这对于搞好生产是有积极作用的。

生活中的互助救济就更加广泛。长沙檀山陈氏宗族规约专门规定有"扶老弱"（鳏寡孤独、废疾无依靠者，讲扶养之道）、"恤忧患"（贫乏不测、灾害等予以救恤）之条；江都卞氏有"本宗子孙有贫不能嫁娶殡葬者，同宗之人，自当念及。……小宗一支之中，殷实诸人，各笃本支为之周助"③ 的规定；四明杨氏也规定："宗族贫乏相助，其有火盗患灾，相保相恤，如违犯者……合族共绝之"；④ 等等。这样，通过习惯法的规定，"富者时分惠其余，不恤其不知恩；贫者知自有定分，不望其必分惠"，⑤ 消灭纷争，从而达到敦本睦族的目的。

宗族习惯法严厉禁止偷盗、赌博、斗殴、乱伦、奸淫、诈骗等直接危害宗族秩序的行为，并对违反者处以各种处罚。如太平馆田李氏家法就规定"惩忤逆"、"禁乱伦"、"禁嫖荡"、"戒邪淫"、"禁赌博"、"禁盗窃"、"禁诈伪"等，违反者要受严厉惩处。像"禁乱伦"条规定："倘有横暴之徒，强奸妇女，笞责尤宜加重。如属同族，仍宜逐出，不准入祠入谱。"⑥ 溧水吴氏有戒赌之规，"公议：嗣后遇有赌博，父兄戒谕不悛者，送祠责惩"。⑦ 南昌预章黄城的魏氏则订有"禁大盗小盗，禁盗窃祖墓树木，禁擅兴词讼，禁骗害小族，禁蹂躏禾苗盗木取杆，禁私宰、赌博"等规条，如具体规定散放畜禽糟害禾苗蔬

---

① 《长沙檀山陈氏·宗族规约》。
② 《光绪嘉应州志》卷八引《石窟一微》。
③ 道光《江都卞氏族谱》卷三。
④ 《四明栎溪杨氏宗谱》合族群。
⑤ 《袁氏世范》。
⑥ 宁国太平馆田《李氏家法》。
⑦ 溧水《吴氏宗谱》，1948 年修。

菜，当场打死勿论；发现盗窃粮食、树木，勒令赔偿，以一偿十。①

特别是对盗窃和赌博，规定更全面，处罚更严格。"天地之间，物各有主，乃有不轨之徒，临财起意，纳履瓜田，见利生心；整冠李下，鼠窃狗偷，此等匪人宜加惩戒。如盗瓜、菜、稻草、麦秆之属，罚银五钱；盗五谷、薪木、塘鱼之属，罚银三两，入公堂演戏示禁。其穿窬夜窃者，捉获有据，即行黜革。"② 这是明经胡氏宗族的规定，类似这样的习惯法条款，几乎在每个宗族族规中都能看到。

此外，不少宗族还规定禁酗酒、禁入异教、谨乡仇、戒豪悍、禁浪费奢侈、禁溺女婴、禁指腹为婚、入林以时、禁私宰耕牛、禁吃洋烟、禁婚娶贪财等，这些对于维护社会秩序，促进生活方式的进步和社会的发展是有积极意义的。

（3）维护国家统治秩序，这也是宗族习惯法的一项重要任务。

宗族习惯法把"尊君"、"奉法"放在重要位置，竭力维护国家的统治秩序。溵水吴氏族规开门见山第一条即为"奉法之规"，规定"吾族有以非僻及拖欠侵欺致干国宪者，众共摈之，不许入祠，贻玷先人也"。③ 长沙檀山陈氏族纳"尊君"一纲，下有四条目（祝圣寿、宣圣谕、讲礼法、急赋役），把遵守国家法律维护封建统治放在极高位置。不少族规甚至把明清皇帝的劝民谕告放在正文之前，并规定定期会集族众在祠堂"讲圣谕"，以示对君的拥护。

同时，宗族习惯法要求族人履行对封建国家的义务，特别是缴纳租税，禁止族人拖欠租税。江西南昌李氏宗族把"输国课"作为族规的重要条文，"愿我宗人，一切差征粮额，务俾如限输纳，庶几于朝廷为效顺，于祖宗为克内也"。④ 徽州婺源江氏家谱中，也规定要

---

① 江西南昌预章黄城《魏氏宗谱》。
② 安徽《明经胡氏龙井派宗谱·祠规》。
③ 溵水《吴氏宗谱》，1943 年修。
④ 光绪《深洞李氏林宗谱》卷一，天启元年，李氏家规。

"时供赋"，凡宗祠"一应粮差，祠正副要行依期解纳。其各户毋论贫富，各宜体念"。① 清常州南门张氏宗族更声称拖欠应缴朝廷的钱粮，"必不容于天地鬼神"，"凡我宗族，夏熟秋成，及其完纳，毋累官私焉，实亦忠之一端也，而实保家之道也"。②

宗族习惯法还禁止族人议论和反对封建官府。任邱边氏宗族就规定："禁谈朝廷政事"，"禁谈县父母"。③ 而且，对于受国家法律处罚的人，宗族习惯法也要给予处罚，南海廖氏宗族就有这样的规定："族内有犯军、流、出罪者，照例革胙。"④ 这样，宗族组织就能得到封建官府的支持，为宗族的生存和不断发展创造政治条件。

宗族习惯法的内容是相当广泛的，除了上面这些以外，还有务业之规（要求族人勤奋立业，不可懈怠）、尚学之规（创设学堂，鼓励族内子弟刻苦攻读）、蒙养之规（家庭教育）、往来之规（族人来往应酬）、立品之规（礼义廉耻为做人根本）、慎终之规（丧葬）、祖茔之规（保护祖茔和宗族墓地），乃至生子命名、报讣、问疾等等规范。可以说，宗族习惯法包含了政治、经济、社会、宗教、教育、生产、生活等各方面的规范。

三　中国宗族习惯法的实施和对违反习惯法行为的处罚

宗族习惯法议定生效后，就对每一个宗族成员具有约束力，人们必须按照习惯法的规定进行行为。

为了保证习惯法的实施，族长、房长等宗族机构人员负有监督

---

① 万历《溪南江氏族谱》，祠规。
② 清常州南门《张氏族谱·家规》。
③ 乾隆《任邱边氏校谱》卷十九。
④ 广东南海《廖维则堂家潜》卷1，《家规》。

权，督促宗族成员自觉遵守习惯法。有的宗族还设有专职的监督机构，如萧山管氏宗族规定：族中"立通纠二人，以察一族之是非，必选刚方正直、遇事能干者为之。凡族人有过，通纠举鸣于家长"。[①]

宗族习惯法议定生效后，就对每一个宗族成员具有约束力，人们必须按照习惯法的规定进行行为。违反宗族习惯法的行为，就要受到相应的处理。如清代江南宁国府太平县馆田《李氏家法》规定：子孙"以同姓之亲而操入室之戈，是祖宗之罪人也。被害者果有明证，投之祠堂，或责或罚，毋得宽贷。""好色狂徒……贪花浪子……家长宜及早朴责锁禁，使之痛惩。"

任何社会都离不开解决纠纷的手段，清初陈宏谋就说，用宗族来处理族人间的纠纷，"临以祖宗，教其子孙，其势甚近，其情较切，以视法堂之威刑，官衙之劝戒，更有大事化小、小事化无之实效。"[②] 清中叶的张海珊也说："凡族必有长，而又择齿德之优者为之副，凡劝导风化，以及户婚田土争竞之事，其长副先听之，而事之大者方许之官。"[③]宗族通过审判制度保障宗族习惯法的实施、维护宗族习惯法的权威。

中国古代社会宗族审判制度包括审理机构、审理程序、处罚方式等方面内容。

（一）审理机构

为了保证宗族习惯法的实施，族长、房长等宗族机构、人员负有监督权，督促宗族成员自觉遵守习惯法。族长、家长虽是由严格的血缘关系基础上的继承制而非公举制产生，但他们是一族之长、一家之长，握有一族、一家管理、教育、惩罚之大权，特别在族内、家内审理处理纠纷方面尤为突出。《宋史·儒林传·陆九韶》记载，在陆九

---

① 浙江萧山《管氏宗谱》卷4，《祠规》。
② 陈宏谋：《寄杨朴园景素书》，载《清朝经世文编》卷五八。
③ 张海珊：《聚民论》，载《清朝经世文编》卷五八。

韶家，家长拥有广泛的对子女的惩罚权，如果子弟不遵家训，犯有过错，"家长令诸子弟责而训之；不改，则鞭挞之；终不改，度不容，则言之官府，屏之远方焉。" 如有一例说，饶曹氏之夫亡故，情愿守志，其夫弟饶念八贪贿，欲将曹氏嫁卖，并扬言恐曹氏日后败坏门风，免得丢脸。曹氏投明族众，由族长裁决，嘉奖曹氏守节之精神，罚饶念八服礼赔罪。① 又如王贵万将坍坏的公众厅堂修缮居住，其堂兄王荣万令其出租钱，贵万不肯，荣万竟抢去贵万之钱后逃走。贵万投族，族长将荣万寻获，处令荣万还钱赔礼结案。② 清朝乾隆初年，陈宏谋在江西极力推动宗族行政统治，使宗族首领"奉有官法，以纠察族内之子弟，名分自有一定，自然便于纠察，易于约束"。③ 据《嘉靖重修扬州府志》卷221记载："泰州人，四世同居，每日家长坐堂上，卑幼各以序立，拱手听命，分任以事毕，则复命。其有怠惰者，辄鞭辱之。"

有的宗族还设有专门的监督、审理机构和人员，如萧山管氏宗族规定：族中"立通纠二人，以察一族之是非，必选刚方正直、遇事能干者为之。凡族人有过，通纠举鸣于家长"。④ 张川胡氏族规也规定："宗纠一人，任纠绳纲纪之责，取志成有行谊者"。⑤

由于宗族习惯法与国家法律的基本精神一致，两者在内容上相互融合，在作用上相互配合。"国与法无二理也，治国与治家无二法也，有国法而后家法之准以立，有家法而后国法之用以通"。⑥ 因此中国古代的国家政权就默许或公开承认宗族的司法权。中国古代的宗族特别是明中叶以后的宗族逐渐控制了乡村司法审判权，宗族具有初级裁判权和一般惩罚权，由宗族族长等主持的审判是解决纠纷的必经程序，

---

① 《刑案汇览》卷七。
② 《刑案汇览》卷三四。
③ 陈宏谋：《培远堂偶存稿》，卷一四，《再檄选举族正檄》。
④ 浙江萧山《管氏宗谱》卷四。
⑤ 《张川胡氏宗谱》。
⑥ 安徽桐城《麻溪北氏家谱》。

族人不许不经宗族，径自向官府投诉，宗族司法实际上成为司法审判的第一审级。①

许多宗族的族规都规定，族内的斗殴、户婚、田土等一般争讼，都由族长解决，不许擅上官府。"族有争忿，告知族长，随传唤该户户长、房长，谕令调处。"② 安徽环山《余氏家规》规定："家规议立家长一人，以昭穆名分有德者为之；家佐三人，以齿德众所推者为之；监视三人，以刚明公正者为之；每年掌事十人，二十以上五十以下轮流为之。凡行家规事宜，家长主之，家佐辅之，监视裁决之，掌事奉行之，其余家众毋得各执己见，拗众纷更者，倍罚。"可见，余氏家族审判违规子弟时，主审、副审、监视、掌事齐全，又各司所职，俨然于司法公堂者。庐江郡何氏家记中规定："族有忿事，非奸盗人命重事，不得冒官司，须投房长、主祠，分剖是非。"③ 山阴华舍赵氏准许族人将不教不悌、凌辱尊长、欺侮孤寡、不务正业、霸田占产者扭送宗祠，由族长、房长会同族中执事进行会讯，然后决定是否请出祖宗的"家法"来加以处治。④ 孔氏族规明确规定："宗族构讼，乡邻所笑，即有不平，当先鸣之公论，公论不服，然后控告府县，众助攻之。若不先鸣族长，便行告状，是为欺族为讼，众共攻之，重责三十杖，罚谷二担。不尊，革除。"⑤ 徽州洪氏宗族规定："族中互相竞田土大小等事，不许径自赴官陈告，务要投明族众，会议是否。"⑥ 溧水吴氏族谱规定："公议：小嫌平之房长，大故质之族长，若不令与闻，遽然构讼，曲者固从重

① 参见陈柯云《明清徽州宗族对乡村统治的加强》，载《中国史研究》1995年第3期。此外的一个佐证是历代的刑法案例都是官府奉谕编纂的，而宗族族长裁决的案件被大量编入。参见郑定等《论宗族制度与中国传统法律文化》，载《法学家》2002年第2期。
② 江苏江都《卞氏族谱》卷一，《祠堂条约》。
③ 《庐江郡何氏家记》。
④ 《山阴华舍赵氏宗谱》，光绪十年本，卷首，《家规》。
⑤ 参见张显清《封建家法是封建国法的补充——读〈孔氏族规〉》，载中国谱牒学术研究会《谱牒学研究（一）》，书目文献出版社，1989。
⑥ 嘉靖《洪氏家》引成化时规诫条目。

怨，而直者亦必议罚。"① 否则就要给予处罚。如有的宗族规定：合族之内，严禁挑起争讼。每逢彼此一时激愤，要由调停人裁判并使之和好。不良之一徒，喜好搬弄是非，时时处处挑动争论，或为谋一己之私利，或报一己之私仇，以他人遭受灾祸为乐，唯愿见争讼之人两败俱伤。此等人作孽，实在不小。"俟查明实情，应杖责三十"。②

对此，南昌李氏家规中说得极为清楚明白："讼非美德……况于庭帏家谊，非吾兄弟，即尔叔侄。大则可以理遣，小则可以情平。……万不获已，事情鸣之宗子、宗长……秉公执言，直者伸之，曲者抑之。"③ 在这种非讼、耻讼的观念下，宗族机构解决宗族内部纠纷、处理各种违反宗族习惯法的行为自然顺理成章。

不少宗族，每当习惯法议定以后，为了获得官府的肯定以更有效地发挥其作用，往往主动送到地方官府批准后再使用。如明朝万历年间湖南长沙檀山陈氏把制定的陈氏家训送呈长沙府批准后再实施。可见，受到地方官府肯定后的家法族规具有对族人的普遍法律效力，因而，宗族习惯法理所当然地成为族长的司法依据。④ 实际上，各宗族

---

① 潋水《吴氏族谱》，1948 年修。
② 《江阴钟究黄氏宗谱》。
③ 光绪《深洞李氏大宗谱》卷一。
④ 参见史凤仪《中国古代的家族与身分》，社会科学文献出版社，1999，第 57~58 页。安徽徽州的《朱氏祠志》中就载有明万历时期县衙颁发的申明祠规的法律效力的告示。全文如下：

直隶徽州府歙县，为恳申祠规，赐示遵守事：据二十一都五图约正朱文谟同族长朱明景等连名个呈前事，呈称：本家子侄丁多不一，恐不务生理、横暴乡曲、不教不悌、忤尊长、违禁、赌博、酗饮、嫖荡、斗打、争讼等情，祠立家规，犯者必戒。恐有刁顽违约，不服家规诫罚，仍肆强暴，不行改正，虑恐成风，后同族长粘连祠规呈叩天台，伏乞垂恩准申祠规，赐印、赐印、赐示、刻匾、张挂、以儆效尤，概族遵守等情，据此，拟合给示严禁。为此示仰朱姓通族人等知悉，务宜遵守家规，敢有违约不遵者，许约正、族长人等指名呈来，以凭究处，以不教罪论，决不轻恕，特谕。

右仰知悉
（全印）
万历二十六年八月十八日给
告示县押

的习惯法不论是否报官，宗族在执行宗规宗约时都可期望得到官府支持，因为这些规定与国家对儒家学说中的家族主义倾向的维护是一致的，县级官府的统治也有赖于地方大族和缙绅的支持。

在中国古代的某些时期，当制定宗族习惯法的指导思想被钦定或官定后，便带来国家对宗族习惯法内容的认可和理解，这就使宗族习惯法直接成为一种合法的司法依据。如孔子后裔在制定家族法时得到明太祖朱元璋的肯定。朱元璋对孔氏族长说："主令家务，教训子孙，永远遵守。"到清代，山东曲阜孔氏家法又得到乾隆皇帝的认可，乾隆对宗主孔尚贤赐令："令尔尚贤，督率族长、举事，管束族众……如有恃强挟长，明谋为非，不守家法者，听尔同族长查明家范发落，重则指名具奏，依法治罪，尔其钦承之。"这表明，在中国古代社会，一些名门望族制定的宗族习惯法往往由皇帝出面予以肯定，其法的效力无疑非同一般，它成为族内司法的依据，就无人敢疑了。[1] 同时，皇帝的圣谕如明太祖的"圣谕六条"和清康熙的"御制十六训"也往往成为明清时期各宗族规约的组成部分。[2]

中国古代的官员以"无讼"为治理有方，因此也鼓励宗族处理纠纷，息事宁人。不少地方官府更切实地支持宗族尊长们实施家法族规。例如，清代道光五年（1825），在香山麦氏某些子弟不服宗族裁断而向县衙呈控时，县令周某便惩罚呈控者，并发布谕示，明确地支持宗族的裁断权：族人"倘敢不遵族议，妄行构讼，许族袷老轻则革胙，重则家责或禀赴，本县定即从严究处，决不姑宽"。在台湾省，情况也基本类似。如在清代后期，淡新厅的地方官府对于一郑姓不法子孙的案件就作出了这样的批示：此人"果属不法，叠害族亲，尔等既为族、房长，尽可以家法处治，奚庸存案"。

---

① 参见李交发《论古代中国家族司法》，载《法商研究》2002 年第 4 期。
② 如安徽潜阳《呈氏宗谱》于康熙三十九年"录御制十六训前者，欲子孙共遵圣伦也"。

（二）审理程序

违反习惯法的案件告到宗族后，由族长、房长会同族中耆老乡绅有名望者一起处理。在处理时，"族长、房长须博采众议，虚心斟酌，期于排解和协，毋令跃治。倘不论曲直，挟嫌挑唆，左袒帮讼；甚或为异情倒戈者，是更同宗之蟊贼也"。[①] 这就要求族长、房长必须公正廉明，认真调解，而不能偏听偏信，偏袒一方。

明代《遂安洪氏家谱》第 8 条规定："有产断不明，许赴宗约堂，投鸣约正副，会同家族长，三面辨明曲直，即与处分。切不可以少凌长，以卑逾尊，以富欺贫，不轻犯于有司矣。谚云：便宜不落外方。识理者闻言即悟，何必汲汲意周徼幸，而率意以妄为耶。如有违约，动因小节，不顾名义得罪长上，恃己骄傲凌辱宗族，结党成群败坏风气者，会众鸣鼓，拘赴家庙重治之、罚之，强顽不服者，送官惩治，决不姑息，为恶不悛者，永不许入祠。"可见该族设立"宗约堂"，为约正副负责族内词讼之所，所以族人有田土争执之事可先向它投诉，由约正副会同家族长处理。

湘乡七星谭氏的祠规对于如何进行"祠堂公质"作了形象的规定："祠堂公质，礼法必严。户长、族尊坐于上之中偏，族中兄弟子侄，序以昭穆，东西两列坐，人多两层、三层，公众静听。原、被告跪着陈述，不得抢白。凡处断，但听户长、族尊吩示"，无论原、被告及列坐的族众均不得喧哗咆哮。族众中"或有末言可参者，须俟户长等吩示后方可徐进一说，不许众口哓哓，违者将予以处罚"。[②]

处理违反习惯法的案件，大多没有固定的程序和模式，但有些宗族也有这方面的一些规定。如合肥邢氏宗族规定，"凡族中有事，必

---

① 濮水《吴氏族谱》。
② 《湘乡七星谭氏五修族谱》，卷首，《祠规》；卷二，《节录旧规参以新议》。这是 1944 年本的记载，但作为中国古代的一般情况也大致无碍。

具禀于户长，户长协同宗正批示：某日讯审。原被告及词证先至祠伺候。至日原告设公案笔砚，户长同宗正上座，各房长左右座。两告对质毕，静听户长宗正剖决，或罚或打，各宜禀遵，违者公究。"[1] 有时则召集全族大会公审。

处理、审理大多在祠堂进行，以体现宗族习惯法的威严。祠堂是宗族的最主要的集体表征。祠堂既是祭祖的圣地，又是宗族聚会和讨论宗族事宜的集合场所，还是宗族执行族规家法的公共场所。宗族祠堂是惩治不肖子弟的场所，是宗族的"法庭"。族众触犯了族规家法，族长即将犯者唤至祠堂或执至祠堂，"听族长、房长率子弟以家法从事"。[2] 嘉庆三年，丹阳尹氏宗族规定："族中孀妇孤儿，有豪强者涎（其）产启衅，拘祠重惩。"[3] 为了使族众时刻警惕，不违犯族规家法，有些宗族还将族规家法"缮列粉牌，悬挂祠内"。祠堂内都悬挂了大竹板，对触犯族规家法的族众，进行教育、训斥、重责。《新安程氏阖族条规》规定："不孝不悌者，众执于祠，切责之，痛责之。"《许氏家规》小过鞭扑条规定："凡因小过情有可宥者，而欲尽抵于法，亦非所以爱之。莫若执于祠，祖宗临之，族长正、副斥其过而正之，笙楚以加之，庶其能改，而不为官府之累，其明刑弼教之行于家者乎？"[4] 由族长于祖宗神前惩处，表明宗族审判的正当性和权威性。

族长对案件作出判决后，即发生效力，他人不能提出异议，一般不存在二审程序。如梁津孙氏宗族族规规定，尊长公议已定，而族中有恃舌剑唇枪、混乱是非、颠倒成变者，责三十，罚银两入祠祀祖。[5]

---

① 安徽合肥《邢氏宗谱》卷一，《宗规》。
② 《茗洲吴氏家典》。
③ 转引自朱勇《清代宗族法研究》，湖南教育出版社，1987，第143页。
④ 《重新古歙东门许氏宗谱》卷八。
⑤ 江苏梁津《孙氏家乘》卷一，《祠堂条规》。

（三）处罚方式

为保障宗族习惯法的权威，根据违反习惯法行为情节的轻重，中国古代的宗族习惯法较为详细地规定了处罚方式:①

（1）训斥。对违反习惯法情节轻微、没有造成什么后果的，就由族长、房长等对犯者进行训斥，批评教育，令其悔过。武昌张氏家规规定：族中子侄"务农者须尽力畎亩，倘有不安心本业"，"族长、房长均许严加责治"。②

（2）罚站罚跪。如明初方氏祠堂中，在设"旌善之位"的同时，特别画定了一个"思过之所"。每当族人会见之日，命累犯过错的族人立其下，当众愧辱使之"思过"。③ 河北宁晋王氏族规规定：族人"不孝子弟，相嚷相骂，相打相讼，以大欺小，以卑傲尊，以强凌弱"，"不顾道义"、"不畏法度"的，"轻则罚跪先祖前，重则量加责治"。④ 一般以燃香作为罚站罚跪计算时间。

（3）罚款或扣发"分赡"。共同生活在一起的大家族，子弟按时领取生活费用，这种费用即为"分赡"。如庐江郡何氏家记中规定：祭祀时"非大故不得不来，如不来一次，罚其分赡一年；二次罚二年；三次罚三年；四次不来，是不念祖宗的不孝人，即永绝支赡"，"子孙有犯义者，为盗者，与人为奴者，营充皂壮者，并不与支赡"。⑤ 也有"革胙"（剥夺领祭品的资格）的，分有期和终身。如广东南海《廖维则堂家谱》规定，对"族中孤寡老弱，园场耕植，畜养

① 有学者将宗族的处罚方式分为七类：警戒类、羞辱类、财产类、身体类、资格类、自由类、生命类等，每一类又有其具体的形式。参见费成康主编《中国的家法族规》，上海社会科学出版社，1998，第98～111页。
② 宣统《武昌张氏宗谱》卷一，《张氏家规》。
③ 方孝孺：《逊志斋集》卷一，宗仪九首。
④ 咸丰《河北宁晋王氏族谱》。
⑤ 《庐江郡何氏家记》。

鸡狗，倘有借端欺压，恃强夺取者，停胙一年"。①

罚钱更为普遍。如《洪氏家乘》规定："各项规戒，各人务在遵守。如违，论事轻重，量情罚银公用，修理坟茔桥道。"② 休宁吴氏家记规定：以幼犯长、以卑抗尊者，"众罚之。酌其情轻重以示罚，自一钱起至二两止，仍责令赔礼服罪。"③ 有的也用罚米等罚物形式来代替。

（4）责打。用杖、棍、箆、板等打犯者。如河南渑池曹氏家规中规定："子孙年未三十者，酒不许入唇；壮者惟许少饮，亦不宜沉酗喧歌舞，不顾尊长，违反笞之。"④ 广东南海霍氏家训也规定，"私蓄财物谷粟打二十"，"凡子孙傲慢乡里打二十"，"轻罪初犯责十板，再犯二十，三犯三十"。⑤ 合肥邢氏规定："子孙抗违祖父母、父母教令及缺养者责三十，骂祖父母、父母及纵妻骂妾者责五十，居丧娶妻者责二十。"⑥

（5）出族。即开除族籍，从谱上除名，革出祠堂。开除族籍，被视为人生最大耻辱，无法立于世矣。如浙江上虞《范氏宗谱》规定：子孙违背家训的，"轻则会请族众，自行责罚；重则告官，遣其出族，不与相齿。"⑦ 徽州程氏宗谱规定，毁坏宗谱者，要从族谱除名，生不得入先祠，死不得入先墓，并罚银20两。⑧ 海宁查氏告诫子孙："其有得罪名教、不遵祖训者，书公摈而削其生年月日，讥其忝所生也；陷身法网，暴卒于官，书瘝死而削其卒年月日，讥不得其死也。"⑨ 黟

---

① 转引自朱勇《清代宗族法研究》，湖南教育出版社，1987，第148页。
② 嘉靖《洪氏家乘》。
③ 万历《敬洲吴氏家记》卷七，条约。
④ 曹端：《曹月川集》家规辑略。
⑤ 霍韬：《霍渭厓渭家训》子侄第十一。
⑥ 《合肥邢氏宗谱》，卷一。
⑦ 光绪《上虞范氏宗谱》卷二，宗训四章。
⑧ 程敏政：《篁墩文集》卷三六《书程氏统宗谱后》。
⑨ 《海宁查氏族谱》，例言。

县南屏叶氏宗族族规家法规定："有不孝支丁，族长、房长和缙绅集体即开祠堂大门，将犯者唤至祠堂，轻者教育、训斥，重者杖责惩处；杖责不改，即书白纸字条，横贴祠堂门外，《支丁名册》除名，革除族籍。"① 《休宁刘氏族谱》也规定："子孙有作过饰非，败伦伤化及盗卖墓地，侵祭田，货贿谱牒，实不才不肖，莫可救药，众当屏斥除名，仍列所犯于祠，儆乃族类。"② 湘乡章氏家规规定：子孙必须

---

① 赵华富：《黟县南屏叶氏宗族调查报告》，载《'95 安徽大学学术活动月论文选粹》，安徽大学出版社，1996。

② 嘉靖《休宁刘氏族谱》重修族谱凡例·邑前刘氏颁谱训问。河北的一个宗族对此的规定更为全面：

(1) 凡犯律例所列十恶大罪者，削之（即削不入谱）。

(2) 凡家长不能整肃其家，致子孙盗窃或屡犯奸淫者……削之。

(3) 其不葬父母棺椁，或使祖宗墓茔颓废，而建造长院，炫耀于人者，削之。

(4) 若娶族内寡妇，或与奴仆婚配，致紊乱谱系、玷污祖宗者……削之。

(5) 若游手好闲，任意行凶，放纵私欲，致倾家荡产，而沦为浪子，玷污祖宗，则削之。

(6) 凡为私欲所驱，抛弃先辈宝贵体制，无视行止规范，致罹大祸，实属不肖之徒，应削之。

(7) 为人子而无后，视为断绝祖宗香火；若子孙单传而孙子无后，则家家可能会在几代内绝户。虽说此乃最大之不孝，但其个人并无罪责，故其姓名仍应列在族谱之内。至于为僧为尼者，则不应入谱。

(8) 被人招婿，忘记根本，不思归宗，则削之。

(9) 凡殷实之家，对小功以上贫困亲属不予资助，使其无法正常进行婚丧嫁娶，即使平时并无不端行为，亦削之。

(10) 妇人有子而改嫁，属未尽本分，而其姓名仍可列入族谱，使其子知生母为谁，倘无子而乞讨嫁，则削之。

(11) 妇人犯七出之条，又蔑视礼法，惹尊长烦恼生气，虐待晚辈，挑动骨肉至亲彼此不和，与邻里争吵，则应休之。倘若行为并恶劣至极，仍可留其姓名，假如其未生子，则削之。

(12) 凡有过犯应"削"者，逐出本族，其姓名亦不载于谱内。若其子孙有贤良之辈，待查证其支系之后，可本着怜恤之情，将他们之谱……若犯者父祖或其他先辈，无论何时，曾有功于本族祖先，则应感念此类功德。编撰家谱之人，应向长老及族长请教，权衡罪过之轻重，商议是否将犯人从族谱中除去。作出此项决定，须考虑一切有关情节，无法事先就此订立成规。

转引自〔英〕斯普林克尔《清代法制导论》，中国政法大学出版社，2000，第 102～103 页。

"务本耕农，力田稼穑"，否则，"名不得载谱牒"。①

（6）鸣官。由族众扭送官府，族长出面，要求官府处理。如《休宁刘氏族谱》规定，货毁谱牒者要"鼓于祠，削其名；鸣于官，正其罪"。② 安徽张氏宗祠则告示："本祠门前河道，上至双港口，下至水口横潭，并东边河道，上至桥头上，前经请示禁养河鱼，历遵无异。近有不肖支丁，肆行无忌，持竿沿钓，更有无耻之徒，胆敢袒裼裸裎，入河摸鱼……严行加禁，嗣后敢有如仍在禁河竿钓摸鱼者，定行呈官处治，决不轻恕。"③

（7）处死。三国时田畴率宗族避乱于徐无山中，"畴乃为约束相杀伤、犯盗、净讼之法，法重者至死，其次抵罪，二十余条。又制为婚姻嫁娶之礼……班行其众，众皆便之，至道不拾遗"。④ 交河李氏规定，"凡族中有不遵法律，败坏伦常，或做贼放火，任意邪行者，全族公议，立刻处死。伊家属不得阻挠。"建宁孔氏，也公然把族长处死族人的权力写进家规：族众中有"反大常（指殴打父祖、反逆等）"者，"处死不必禀呈"。⑤ 处死方式有令其自杀、活埋、沉塘等。⑥

---

① 中华民国《湘乡黄田章氏宠房支谱》卷首上，《家训》。

② 《交河李氏宗谱》。

③ 转引自杨选华《论明清封建宗族势力对社会经济的干预与阻碍》，载《湖南工业职业技术学院学报》第 5 卷第 1 期（2005 年 3 月）。

④ 《三国志·田畴传》。

⑤ 《曲阜孔府档案史料选编》，一一一五之五。

⑥ 中国古代国家法律对宗族制度限制的重要方面就在于对待祠堂族长处死族人的态度上。长久以来，对死刑的判决与执行，属于国家主权的范围，在一般情形下，只有国家的法司依法判处死刑后经皇帝批准和皇帝直接诏令谕旨，才有权处死有罪之人，除此之外，法律不承认任何非官方人员以私刑的方式处死他人。但是在宗族内部，情形要比常人之间复杂得多。按照长期渲染的儒家"纲常名教"、"孝道"礼法，子女为父母所生，作为父母的私有物，父母可以像处置其他财产一样随意处置，包括对他们的婚配、赠送、出卖和处死，甚至魏禧说："父母以非理杀子，子不当怨。盖我本无身，因父母而有，杀之不过与未生一样。"（魏禧《目录》，载《训俗遗规》卷三）父母杀死子女似乎合乎礼教，但毕竟与国法有悖，该如何解决这个矛盾？各朝统治者大都"取其大者"，默许或确认家长族长在某种情况下处死子孙族人的权力，同时略作一些限制。按照中国古代法律，父母处死有罪之子女，一律免议。（转下页注）

其他的处罚方式还有记过（于宗族功过簿上记载，并行大字书其名于祠内照壁或特制的木牌上）、锁禁等。如《郑氏家范》就规定："立《劝惩簿》，令监事掌之，月书功过以为善善恶恶之戒，有沮之者，以不孝论。""造二牌，一刻'劝'字，一刻'惩'字。下空一截，用纸写帖。何人有何功，何人有何过，既上《劝惩簿》，更上牌中，挂会揖处，三日方收，以示赏罚。"《郑氏家范》中，对于违反家法者，除记过外，还有罚拜等："子孙倘有私置田业、私积货泉，事迹显然彰著，众得言之家长。家长率众告于祠堂，击鼓声罪而榜于壁，更邀其所与亲朋，告语之。所私即便拘纳公堂。有不服者，告官，以不孝论。其有立心无私、积劳于家者，优礼遇之，更于《劝惩簿》上明记其绩，以示于后。""子孙赌博无赖及一应违于礼法之事，家长度其不可容，会众罚拜以丑之。但长一年者，受三十拜。又不

<hr/>

（接上页注⑥）父母故杀、过失杀无罪或只违犯教令之子女则有专门条款规定。依唐宋律，祖父母父母殴杀违犯教令之子孙者，罪止徒一年半，刃杀者徒二年，故杀并未违犯教令者，各加一等，过失杀子孙均无罪。（《唐律疏议》卷二二；《宋刑法》卷二二）而常人故杀，无论哪一朝，法律均要求偿命。但是统治者的政策也经常随形势而有变化。清顺治、康熙时期，国家不承认宗族对族人的处死权，到了雍正时期则给予公开承认。雍正五年，九卿根据皇帝的旨意，定出恶人为尊长族人致死免抵之例。（《清世宗实录》卷57，雍正五年五月乙丑）表明雍正帝完全依靠宗族维护地方社会秩序的态度。清朝对族权处死族人的公开承认，使得族权膨胀。乾隆帝上台伊始，就对此进行调整。当时江西一些地方私立禁约、规条、碑记，贫人有犯，并不鸣官，或用竹篓沉置水中，或掘土坑活埋致死。还勒逼亲属写立服状，不许声张，种种残恶，骇人听闻。为此乾隆发出诏旨，表示如有不法之徒，应当呈送政府官员，治以应得之罪，不能草菅人命，要求江西省"严加禁止"。（《清高宗实录》卷18，乾隆元年五月丙午）显而易见，乾隆帝对雍正五年条例持否定态度。接着，乾隆二年两广总督鄂必达奏称：宗族贤愚不一，如果恃有减等免抵之例，相习成风，族人难免有冤屈者，请求删改。刑部同意，并指出："况生杀乃朝廷之大权，如有不法，自应明正刑章，不宜假手族人，以开其隙。"（《清文献通考》卷198《刑四》）参见郑定等《论宗族制度与中国传统法律文化》，载《法学家》2002年第2期。

不过，法律对族长的处死权虽明里暗里加以纵容和保护，但经告发，还是要进行惩治的。清代案例中就有不少惩治擅杀族人的族长的案子。例如有一徐公举与亲侄女徐昭英通奸（此罪依清律当斩决），经昭英之母、叔捉获绑缚；投明族长徐添荣送官究治。在押解途中，公举求释不允，遂说送官族长亦无颜面。添荣以其败坏门风，愤凝之下，喝令徐添寿等将公举推溺毙命。后经刑部推审，添荣所杀之人虽系应死罪犯，但因擅杀，仍照律科断，流二千里。参见徐扬杰《宋明家族制度史论》，中华书局，1995，第224~225页。

悛，则会众而痛箠之。又不悛，则陈于官而放绝之，仍告于祠堂，于宗谱上则削其名，三年能改者复之。"

宗族审判制度在一定情况下还规定连带处罚，如萧山翔凤朱氏规定："其于子孙入于非类者，皆由父兄不能预禁之故，被族长察出实情，赴祠禀告祖先，公议将父兄议罚，其不肖者重责。"①

四　中国宗族习惯法的特点

中国宗族习惯法作为一种以血缘为基础的习惯法，有着自身的特点，主要表现在血缘归属性、亲等序列性、内容广泛性、严格的约束力等方面。

1. 血缘归属性

作为一种以血缘关系为纽带为基础的习惯法，宗族习惯法通过一切外在形式、手段、禁规和罚则竭力维系宗族成员内心、精神上对一脉相承的血缘共同体的认同与归属。依据这种规范，单个人或自我个体，只是宗族生命延续长河中的一个水滴，是从列祖列宗到子孙万代这一总体体系中的继承媒体，仅仅是这根总链条上的一个环节。宗族整体是远高于个体的现实存在，是被"圣化"了的具有崇高意义的存在，个体必须归属于群体。

基于这种文化特质，每个宗族都要依习惯法定时地读谱、续谱以清晰血脉；必须定时地举行隆重庄严的祭祖大典，时时感受祖先的威严，使宗族成员作为宗族的一分子时刻生活在祖先的荫庇之下，由此获得生存上的安全感，并产生对祖先的皈依，在精神上获得安宁和归附。从宗族习惯法的内容、实施可以发现，个体是作为宗族群体的一员而存在，与所属群体休戚相关、荣辱与共的。被宗

---

① 萧山《翔凤朱氏宗谱》卷二，家则。

族开除在某种意义上意味着失去了生活的权利和被保护的权利，甚至等于死亡。

宗族习惯法的这种血缘归属性特质还表现在个体与整体的关系上。习惯法要求个体在行动上必须维护宗族整体的和谐，按照宗族整体的要求一致行动，保持宗族整体的统一。为此，每个宗族成员都要求具有高度的自我制约和控制的品格，必要时还要作出自我牺牲。

为了维持宗族个体成员对宗族的向心力和依附，宗族习惯法还十分重视宗族内部个体之间的协同关系，主要表现在生产生活的互助合作方面。这种带有义务性质和社会性质的活动对于稳定宗族整体，维护既有的社会结构是有特殊意义的。

2. 亲等序列性

由于宗族是一个以血缘为基础的共同体，宗族习惯法在强调血缘归属与整体的统一与和谐的同时，也强调宗族内部的个体必须保持相对稳定的序列和位次，成员间的相互关系及相应的权利义务都视其与祖先的血缘亲疏等级而定，表现出明显的亲等序列性。

从宗族习惯法的内容、实施看，宗族内部长幼尊卑区别明显，注重辈分和性别界限。长者（特别是男性长者）在社会生活中极受尊重。根据习惯法，祖先和老人的言行，是宗族成员在社会生活中必须遵守的准则和效法的楷模，后人必须沿着祖先和先辈的足迹生活。

在具体问题和纠纷的处理方面，宗族习惯法也极为重视血缘基础上的亲等序列。如对不同辈分之间的通奸的处罚就远远重于同辈间的处罚，近亲血缘间的通奸也比远亲血缘间的通奸处罚得重。宗族不同辈分成员之间发生了纠纷，晚辈往往被视为无理。乱伦、犯上等是对宗族稳定的严重威胁，宗族习惯法是严格予以禁止的。

因此，在宗族习惯法中，平等仅仅是血缘基础上的平等，一个成员一降生在这个宗族中，就已经有了血缘等级序位，随之而来的一切权利义务都是注定的、不可更改的，其自由有极大的限制。

3.内容的广泛性

宗族习惯法的内容极为广泛，调整的领域涉及宗族成员生活的每一方面，包括政治、经济、宗教、教育、生产、生活等等。以长沙檀山陈氏的族约为例，陈氏族约有四纲领、二十六条目：

> 尊君——祝圣寿、宣圣谕、讲礼法、急赋役。
> 祀神——礼先师、处里社、谨乡仇、秩乡后。
> 崇祖——修族谱、建祠堂、重墓所、秩义社、立宗子、绵嗣续、保遗业。
> 睦族——定行次、遵约法、肃家箴、实义仓、处家塾、助农工、养士气、扶老弱、恤忧患、戒豪悍、严盗防。

除此二十六条外，尚有《庆慰简义》十三条，规定了生子命名、聘娶、婚嫁、问疾、报讣、殡葬、祭祖、会族等各种规矩，另外附有各种实施细则，涉及面极广。

宗族习惯法中，既有组织规范、礼仪规范、行为规范，也有婚姻家庭继承规范、所有权债权规范、诉讼审理规范、刑事规范等；既有实体法规范，也有程序法规范。这样丰富的内容在中国习惯法体系中除了少数民族习惯法外无出其右者。

4.严格的约束力

作为一种属人的行为规范，宗族习惯法具有严格的约束力。宗族的每一个成员都要受本族习惯法的约束，不得违反，一有违反，即给予各种处罚。

在绝大多数情况下，宗族成员必须先适用宗族习惯法，不能径行直诉到国家官府，否则是违反习惯法的，即使有理一方也要受处罚。国家制定法的效力远不及宗族习惯法，宗族习惯法无时无处不约束其成员，就在每个人的日常生活中。

不论在什么地方，宗族习惯法都有其效力。它是一种属人法，只要是本宗族成员，就能得到宗族的保护，就须履行宗族习惯法所规定的各项义务。如祭祖时，无论多远都要赶回来，绝不能有误。

宗族习惯法不仅约束每一个成员的行为，对每一个成员的思想意识、观念也有很大影响。可以说，宗族每一个成员的言行举止都受其制约。

5. 相对独立于国家制定法

宗族习惯法有其完善的议定、修改、补充机构和程序，有其日常健全的监督执行审理处罚机构，其内容包罗万象极为全面，其处罚自有一套体系。除了某些地方、某些时候族长要向官府备案、宗族习惯法向官府呈报、处罚违反习惯法的成员时有鸣官处罚一种外，宗族习惯法极少与国家官府、国家制定法发生联系，而是按照自己相对独立的体系，按自己的运行机制进行活动。相对于国家制定法独立运作，自成一体，解决族内纠纷，处理违反习惯法的行为，维持宗族秩序。

这种相对独立性也表现在宗族与宗族之间、宗族习惯法与宗族习惯法之间。各个宗族的习惯法有很大的差异甚至矛盾、冲突，各自按自己的方式运行，联系较少。因此，发生冲突时便常常以械斗了结。

五 中国宗族习惯法的作用

中国宗族习惯法通过规范族人言行、控制族人行为，来维持社会秩序，维护封建礼教，保障小农经济发展。

1. 维持社会秩序

宗族习惯法通过教化和约束维护宗族秩序，维持社会秩序。冯桂芬曾说过："牧令所不能治者，宗子能治之，牧令远而宗子近也；父兄可以宽而宗子可以严也。宗子实能弥乎牧令、父兄之隙者也。"[1] 这

---

[1] 冯桂芬：《复宗法议》，《校邠庐抗议》下卷。

充分说明了宗族和宗族习惯法的存在价值和存在基础。正因为宗族通过习惯法，对那些违反习惯法的人进行严格处罚，教育其他宗族成员，软硬兼施，双管齐下，其威力是十分明显的，对维持社会秩序、保障社会治安是有极其重要的意义的。

2. 维护封建礼教和宗法文化

宗族习惯法突出维护封建礼法关系，保障封建礼治的实行。宗族习惯法有大量内容涉及这方面，王士晋《宗规》中第一条即为"乡约当遵：孝顺父母、尊敬长上、和睦乡里、教训子孙、各安生理、毋作非为。这六句包尽做人的道理，凡为忠臣、为孝子、为顺孙、为圣世良民，皆由此出。"将朱元璋的圣谕规定在习惯法中，要宗族成员一体遵行。

不少宗族习惯法还规定设立劝善、惩恶二簿，旌善、申明两亭，分别对宗族成员的行为予以褒扬和惩戒，以此达到宣扬、维护封建礼法的目的。

3. 保障小农经济发展

宗族习惯法还保障作为宗族存在经济基础的小农经济的发展。族规家训保护耕牛，严禁私宰耕牛，保护山林土地，并规定了生产的互助等，从而使自给自足的小农经济能够存在并不断发展，维持和壮大宗族存在的经济基础。

4. 维系宗族团结和统一

宗族作为一种社会组织、一个群体，按照一定的秩序生存和发展着。这种秩序的维护与宗族整体的团结和统一正是通过习惯法来实现的，宗族习惯法对于维护宗族内部的和谐、保持宗族整体的统一具有十分重要的意义。

从某种意义上说，宗族习惯法扮演了准宗教的角色。宗族习惯法对宗族统一与团结的维系，更多地侧重于宗族成员的内心精神信仰和心灵归宿，通过对祖先的崇拜来实现，有关祖宗祭祀、族内秩序、处罚等的规定都表明了这一点。

六　中国宗族习惯法的现实表现

1949 年中华人民共和国成立以后，宗族制度不再存在，宗族活动得到了抑制，因此中国宗族习惯法的规范形态失去了存在的前提，只有中国宗族习惯法的观念形态还在人们头脑中存在着。

从历史上看，自合作化至人民公社解体前，是宗族活动处于相对低潮的一个时期。而自 1978 年实行改革开放政策特别是 1983 年农村实行家庭联产承包责任制后，宗族活动重新活跃起来，在不少地区已经达到了相当突出的地步。

当代中国重新活跃的宗族活动首先表现在寻根续谱方面，相当多的地区成立续谱机构，推选编辑、筹资、印刷、联络等办事人员，以求"整肃族规、寻根求同、排辈立传"，重新缔结血缘纽带。同时，祭祀祖宗成为当代中国重新活跃的宗族的又一主要表现。在许多地区，用于祖先祀祭的旧宗庙、祠堂已经或正在不同程度地被恢复起来，有的较前更为宏伟壮观。每逢清明，各族都要选出代表祭祀祖宗，并借此召集族会，商议族事。值得注意的是，节庆娱乐活动是当代中国宗族活动的重要方面。每逢春节、清明、端午、中秋等传统节日时，耍族龙、赛族舟、点族灯、舞族旗等极为普遍，借此炫耀本族的势力，强化族人的血缘认同意识。在以经济建设为中心的当代中国，也出现了许多同姓、同宗的经济联合体，反映了宗族对生产经营活动的关注和参与，宗族的时代色彩极为浓厚。

随着宗族活动的日益活跃，当代中国也开始出现对于族人进行控制和支配的社会权威，对族人进行控制、管理与支配的规范体系即宗族习惯法也重新出现并逐渐丰富、完善，宗族习惯法在当代中国重新活跃的宗族现象中扮演了十分重要的角色。

尽管当代中国的宗族组织的发展程度不一，各自订立的族规族约的内容亦不尽一致，但宗族习惯法的基本精神和主要内容几乎是相同的。当代的中国宗族习惯法主要包括以下几方面：

1. 宗族首领的产生方法和权利职责

作为宗族活动的核心人物，族长、族老一般依习惯法由选举产生，也有在宗族活动中逐渐为族众所公认而自然形成的。如湖南隆回县鸟树下乡秦姓，刘姓的族长就是在1988年这样自然形成而产生的。湖南临湘县273个行政村有230个村在20世纪80年代末成立了宗族组织，选出族长、门长574人。

在当代中国农村，宗族首领没有新中国成立前那样拥有绝对权威，具体的可分为荣誉型、仲裁型、决策型、主管型几类，① 而以仲裁型最为多见，在祭祖续谱、分家析产、婚嫁丧娶、族内纠纷等方面发挥影响。如四川南充县一碗水村族内成员造房子，按习惯法要请风水先生察看地基，但请哪一位风水先生得按照族老的意见决定。浙江慈溪三灶街南村父子分家时，家族中的长辈必须在分家契约上签字后契约才能生效。

从实践看，当代中国农村的宗族习惯法规定族长等宗族首领的职责主要集中在涉及宗族共同利益的事务和涉及宗族性祭祀、维护宗族观念的活动方面。

2. 祭祖续谱建祠堂

当代中国农村的宗族习惯法对祭祖续谱建祠堂有许多规定，以强化族内成员的宗族观念宗族意识。

宗族习惯法规定祭祖的时间、地点、参加者、仪式、资金筹集等；规定续谱的机构、原则、资金筹措等；规定祠堂修建的资金来源、参加者祖先牌位的排列等。如湖北省大冶县不少宗族在八十年代续谱时都建立谱局，设局长、总主事、主事，从祖宗开始，山塘、水

---

① 参见王沪宁《当代中国村落家族文化》，上海人民出版社，1991，第88~92页。

面、土地、人丁都要入谱，谱费则一般规定每人交若干元。

与续谱祭祖建祠堂相关的，当代中国农村的宗族习惯法还规定了一些有关械斗的内容。1988 年湖北某县为垒祖坟祭祖坟发生刘徐两姓几千人参加的械斗，械斗前刘姓宗族就规定：①任命总指挥、副总指挥、顾问、文书；②刘姓 18～60 岁的男丁都要参加，若不参加就由女儿顶替；如故意不参加，要处罚款；③参加人员伤亡的，按国家劳保条例的有关规定执行，个人放胆无后顾之忧；④三条纪律：一切行动听指挥；越战越勇不脱逃；互相照应不分散；四点注意：注意庄稼不践踏（特殊情况例外）；注意口齿不骂人；注意阵容不能乱；注意坏人不能打；五句口号：做儿孙垒坟顶；天理不可灭，死死保祖坟；尊重历史，只垒不祭；发扬勇敢传统，当仁不让；团结一心，互相照应，人心齐，泰山移。宗族复仇方面的规定包括复仇的参加者、对不参加的惩罚、伤亡的处理、纪律等方面内容。

3. 婚丧、娱乐、互助

当代中国农村的宗族习惯法还对婚姻禁忌、宗族丧葬、节庆娱乐、生产生活互助等有所规定。

习惯法规定异姓外婚制（广东长塘村）、禁止近房亲属之间的联姻（浙江慈溪三灶街南村）。[1] 陕西乾县上陆陌村的宗族习惯法规定，族内若是有人去世，尤其是老人，全族都必须行动（一般是五辈同宗以内），晚辈都得戴孝；丧礼时宗族内各户都得参加。建房造屋、农忙时节、小孩出生等，宗族成员都依习惯法互助、庆贺。有关闹丧的宗族习惯法也有不少。

此外，当代中国农村的宗族习惯法还有对违反者所规定的处罚条款，违反宗族习惯法者要受从教育劝诫警告、罚款、责打直至不许入

---

[1]　参见王沪宁《当代中国村落家族文化》（上海人民出版社1991年12月）的有关部分内容。

谱、不许葬入族坟等处理。安徽李家门村的吴姓家规规定，偷盗乱伦，轻者挨鞭受罚，重则处死，以此强化对族人的控制。

当代中国农村的宗族习惯法带有一定的时代色彩，如写上"坚持四项基本原则"，规定族内成员努力学习科学技术知识、早日脱贫致富奔小康等，发展经济的内容也较为突出。

从总体上看，当代中国农村的宗族习惯法的效力是临时性的，并不具有严格的拘束力，但其作为一种社会规范的存在却是不容置疑的，与国家制定法既有一致的一面也有对抗的一面，值得我们认真注意。

第二章

中国村落习惯法

村落，是指基于地缘关系而由若干不同的宗族、家族集团或家庭组合而成的社会生活共同体。为维护村落利益、维护村落秩序，村落有各种规约惯例，这些规约惯例即为村落习惯法。在中国传统社会特别是明清时期，村落习惯法发挥了重要作用。以湖南新化为例，"新化风俗，严禁条，别流品。每村路旁皆有严禁差役乘轿坐马碑，有严禁窝窃、私宰、强抗、聚赌碑，有严禁私放牛马羊豕鸡鸭践食禾谷碑，有严禁强丐、恶丐、容留生面、无火夜行碑，有倡首捐建石桥、木桥、瓦亭桥碑，有倡首捐修石路坡路碑，有公立交叉路口左往某处碑，有公禁贫嫁生妻碑，有公禁男卖为奴、女卖为婢碑。凡有关风俗者，一一申明约束。"[①] 此可见，村落习惯法内容广泛、约束力极强，与村落成员的生活、生产密切相关。本章试从村落习惯法的产生、发展、主要内容、特点、作用几方面，对中国村落习惯法作较为全面的探讨。

---

① 湖南《新化县志》。

一　中国村落习惯法的产生、发展

　　村落的产生形成是由于无数个小家庭从大家庭中分离出来，成为独立的居住、生产和消费单位，并固定在特定的地方，在同姓家族村落基础上发展成更为复杂的一些亲族群落、杂居村落。中国古代的地方行政，都以县为最下级的行政单位，县以下广大地区则以地方自治性的各种乡村组织来维持社会秩序，调整村落内部及村落之间的各种关系。于是，秦汉有乡亭里制，魏晋南北朝有三长制，隋唐有邻保制，宋代有保甲与乡约，元代有社制，明代有里甲制，清代有里甲保甲制。① 随着村落的形成，乡村组织的产生，中国村落习惯法也随之产生、形成。

　　中国村落习惯法产生的具体时代，可推至周代。一般认为，中国史上对村落进行较系统的管理和控制，始于周代。《周礼》称周代之中央地区为"国"，地区区域为"野"。在"野"的地方设立遂制："五家为邻，五邻为里，四里为酇，五酇为鄙，五鄙为县，五县为遂。"② 又设邻长、里宰、酇长、鄙师、县正以管理之。《周礼》系汉代所出的伪书，书中多为儒家的理想未必在周代真正实施过。在当时，农民实际上生活在"里"这一极端封闭的社会中，里的负责人称里尹、里正、里君或里宰。为了共同防御外侮、防洪及灌溉之需要，几个里联合组成一个乡。这些可以从《春秋左氏传》襄公九年条"乡正"、《国语·周语》乡长称名中得到证实。乡之首领为乡父老，简称乡老。这些有关里正、乡老的产生、权限职责的规定，有关乡、里组成的规定，有关共同防御外侮、防洪、灌溉的约定，便是中国村落习

---

　　① 参见张哲郎《乡遂遗规——村社的结构》，载《港台及海外学者论中国文化（上）》，上海人民出版社，1988，第238~264页。

　　② 《周礼》。

惯法的最早内容，中国村落习惯法因之在周代即告产生、形成。

后来，随着村落的发展，乡村组织的完善，中国村落习惯法不断发展，特别是宋、明、清三代，村落习惯法在形式上多样，在内容上广泛全面，影响极大，在村落社会中发挥着重要作用。如明代熊寅畿编的《尺牍双鱼》卷七中，就记载了当时的"地方禁约"、"禁夜行"、"禁田禾"、"禁蔬果"等村落习惯法。如"地方禁约"就很全面：

地方禁约

立禁约地方某某等，为严申大禁，以一风俗事。窃见乡设禁条，原非私举，事有明徵，法无轻贷，岂强者依势横行、弱者缄口畏缩。或徇情以容隐，或贪利以偏抢，卒至禁令败坏，风俗益颓，人畜交相为害，正暇悉数。某等目击斯祸，痛惩厥奸。为此置酒会众，写立禁条，以儆后患。如有犯者，同众共罚；若再拒抗不服，会同呈官理论。但不许避嫌，徇私受钱卖放，又不得欺善畏恶，挟仇排陷。有一于此，天日鉴之，神雷击之。凡我同盟，至公周私，庶乡邻不至受害，而风俗自此淳厚矣。谨以各项禁条，开具于后，决不虚立。

明嘉靖二十六年（1547），安徽徽州祁门三四都侯潭、桃墅、灵山口、楚溪、柯里（岭）等村的村民成立了护林乡约会，订立了护林议约的村落习惯法。议约中说："本乡山多田少，实赖山地栽养松杉桐竹等木，以充公私之用。"这几村在弘治年间曾成立过护林乡约会，由于近年以来山木"被无籍之徒……望青砍斫，斩掘笋苗，或为屋料，或为柴挑，或作冬瓜苗棚等"，山林遭到破坏，于是合集了各村人众，重新订立护林村落习惯法。① 在中国近代农村，这种村落习惯

---

① 《嘉靖祁门三四都护村乡约议约合同》，原件藏中国社会科学院历史研究所，藏契号：003793。

法仍是村落成员的重要行为规范，在历代的基础上逐渐有所发展和变化。

二　中国村落习惯法的性质、分类

1. 村落习惯法的性质

中国村落习惯法是区域性自治规范，它由村落全体成员会议订立，或在生产生活中自然形成，其目的在于调整村落内部关系，维持村落秩序，维护村落共同利益。

2. 村落习惯法的分类

从不同角度，中国村落习惯法有各种类型。

（1）按照时代划分，中国村落习惯法可以分为周代村落习惯法、宋代村落习惯法、明代村落习惯法、清代村落习惯法、近代村落习惯法、中华民国时期村落习惯法等等。其中每一朝代，时代内部，村落习惯法又可细分。如清代村落习惯法可分为嘉庆年间村落习惯法、道光年间村落习惯法等。这对于我们认识中国村落习惯法的发展脉络，了解村落习惯法的时代特点，是有意义的。

（2）根据地域标准，中国村落习惯法有安徽村落习惯法、湖南村落习惯法、台湾村落习惯法等等。再从每一村落习惯法的组成来看，又可将中国村落习惯法分为乡习惯法、联村习惯法、村习惯法等各种。

（3）以村落的组成形式而言，中国村落习惯法可分为血族村落习惯法和地缘村落习惯法。血族村落是同一血缘的人聚居形成，同宗同祖而具有明显的宗族色彩，其村落习惯法即族规宗约。本章所指的村落习惯法专指地缘村落的习惯法，即无亲族关系的多姓组成的村落的习惯法，不包括血缘村落的村落习惯法。

（4）由于内容的不同，中国村落习惯法还可分为综合性的村落习惯法、单项性的村落习惯法。像上面所举的明代的"地方禁约"以及清朝的"合团公议"等即为综合性的村落习惯法，内容较为全面，涉及范围较为广泛。单项性的村落习惯法如"禁田禾"、"禁夜行"、"护林议约"、"养山会规"、"抗倭卫乡约款"等。专门就村落社会生活的某一方面某一领域进行具体规定。

另外中国村落习惯法按成文与否又可分为成文的村落习惯法、不成文的村落习惯法等等。

三　中国村落习惯法的主要内容

根据文献资料和实地调查观察，我认为中国村落习惯法的内容涉及面较广，规定较为具体，主要有：劝善惩恶广教化厚风俗；禁偷治盗维持社会秩序；保护山林和农业生产；举办公益事业维护公益设施等等。

1. 劝善惩恶广教化厚风俗

中国村落习惯法的主要内容就是劝导人心向善，遵约守法，广教化而厚风俗。如隆庆六年《文堂乡约家法》中说："乡约大意，惟以劝善习礼为重。"[①] 明末安徽休宁人金声在谈到明末乡村时说："力行乡约，崇务教化。"[②] 各个时代各个地区的村落习惯法，都有许多这方面的规定。

北宋神宗熙宁九年（公元 1076 年），陕西蓝田吕大临、吕大防自发组织了一种地方自治的组织——吕氏乡约，人们自愿加入，加入以后必须受乡约的约束。吕氏乡约的约规有四：①德业相劝。希望约中之人，居家时能事父兄、教子弟、待妻妾，在外时能事长上、接朋

---

① 《文堂乡约家法》，隆庆六年刊印。
② 《金太史集》卷六"贺定斋集序"。

友、教学生、御童仆。②过失相规。如有犯过，则请约正以义理教诲之；不听教诲者，则听其自动退出。③礼俗相交。订定应对进退之礼，以供乡约之人遵守。④患难相恤。凡有水灾、盗贼、疾痛、死丧、孤弱、诬枉、贫乏之家，可以告诉约正，约正则邀集约中之人，互相救济。邻里之间，如有患难之事，虽非约中之人，乡约中亦规定予以救济。①

吕氏乡约的这种村落习惯法，极富劝人为善的教化色彩，强调传统的伦理道德，要求人人遵奉信守。朱熹对此制度和其习惯法十分赞赏，也曾鼓吹这种劝人为善的乡约制度及其习惯法。明代时，方孝孺、王阳明及吕坤对于乡约制及其习惯法特别赞赏，并加以扩充。明太祖朱元璋也依照吕氏乡约习惯法的内容，颁布著名的《六谕》："孝顺父母，恭敬长上，和睦乡里，教训子弟，各安生理，毋作非为。"②以此作为思想统治的蓝本。因此明代的村落习惯法也以劝人行善广教化为主要内容。如明正德年间，王守仁巡抚南赣，令各县村落族姓建立"乡约"，必订条规，使"人人皆孝尔父母，敬尔兄弟，教训尔子孙"，成为"善良之民"。③

作为理学渊源程朱阙里的安徽徽州，在广教化厚风俗方面一直为天下之先导，其村落习惯法的内容也自然以此为基本。从明隆庆元年起，在地方官的大力倡导下徽州各地组织讲乡约会，议定乡约条规，通过村落习惯法淳风厚俗，惩恶压邪。村落的乡约组织推举德高望重者一人为约正，选才干练达的一人为约副。有时地方官也直接提名某人为乡约正副。如安徽歙县谭渡黄氏家谱就记载了其祖先黄时耀因

① 〔日〕和田清：《中国地方自治发达史》，中华民国法制研究会，1939，第224～226页。

② 张哲郎：《乡遂遗规——村社的结构》，载姜义华等编《港台及海外学者论中国文化》（上），上海人民出版社，1988，第250～257页。

③ 《王文虞公金书》卷一九《南赣乡约》。

"言行足为一乡师表"而被知县张涛特举为一邑乡约正。① 村落习惯法规定，乡民均要听从约正副的劝导和管束。还规定每朔望日，乡民全体聚集于乡约所，轮一族主读，选族内"齿德俱优者"宣读明太祖圣谕六言，并读罗近溪关于圣谕六言的解释，其他人共听之。村落习惯法还规定准备善恶二簿，在宣读完圣谕后要讲评乡民善恶，书入簿中。这样长期做的结果，"里有不驯不法者，闻入约则逡巡不能前，急向其家父母族长者服罪，改行而后取入"。而一般乡民"众口微举之，则羞涩于面，以为大耻。其感发人心而兴起教化已如此"!② 效果十分明显。

不少村落习惯法不仅对内容有规定，而且还详细地规定了为达到广教化目的的各种形式。如徽州祁门西乡文堂以陈氏为主议定了村落习惯法。习惯法根据圣谕六言第一条"孝顺父母"，规定"为子孙有忤犯其父母、祖父母者，有缺其奉养者，有怨骂者，本家约正会同请约正副正言谕之。不悛，即书于记恶簿，生则不许入会，死则不许入祠"。根据圣谕第二条"尊敬长上"规定："子弟凡遇长上，必整肃衣冠，接遇以礼，毋得苟简土揖而已。"根据圣谕第三条"和睦乡里"规定"各户或有争竞事故，先须投明本户约正副理论。如不听，然后具投众约正副秉公和释。不得辄讼公庭，伤和破家。苟有恃其才力，强梗不遵理走，本户长转呈究治"。对封建统治者提倡的伦理道德，从村落习惯法方面要求人人遵奉。

文堂村落习惯法还详细地规定了讲约时的礼仪，从形式和手段上保证习惯法劝善惩恶广教化厚风俗目的的实现。讲约时人聚齐，拱手班坐。年长者坐前排，壮者次之，年少者坐最后。随后升堂起立，赞者唱："排班"，均依次面北序立。司讲出位，南面朗声宣读明太祖圣

---

①　《歙潭技黄氏先德录》。
②　《康熙休宁县志》卷之二《建置·约保》。

谕六言。宣毕，赞者唱："鞠躬"、"拜"（凡"五拜"、"三叩头"）等。然后各依序就座。歌诗童生班进会场，北面揖拜如礼，依次序立于庭中或阶下。鸣讲鼓，司讲者出位，北面揖拜毕，宣讲圣谕六言。再讲评村落成员善恶，书入善恶两簿中。讲毕就坐，开始升歌钟鼓各击之声。然后是进茶点，圆揖，礼毕，长者先出，以次相继。开会时，轮值之家还要选定两名司察维持会场秩序，"威仪动静以成礼义"。对讲约场所的布置，文堂村落习惯法也有具体规定：写有明太祖圣六言的屏安放在讲约之后，座北面南，屏前还要摆放香案。① 在这种庄严肃穆的环境下，村落习惯法更能深入人心，使全体成员按照习惯法规定的行善避恶，为人处世。

清朝的村落习惯法，其内容也首先规定严伦常整风俗。清代的"合团公议"序中就写明："窃以时和世泰，沐圣主之隆恩，家给年丰，蒙宪台之抚字，宜遵礼法，其嬉游于光天化日之中；亦有奸顽，竟放荡于规矩形骸之外。虽曰庶人不议，聊效月旦之评。兹约团邻，同申一议，欲化浇漓，枭薄之习，永敦出入守望之风。"明确指出订立习惯法就是为了厚教化整风俗。其第一条即规定："伦常乃为人要道，固应入孝出弟，亦宜睦族和邻，如内外鬥殴，友邻争斗，均非善良。"② 台湾的村落习惯法也有类似规定。如"庄中父兄，平日各宜约束子弟，不得生端滋事，以清祸源"，"庄中不得恃强凌弱"等。③ 清代的村落习惯法受康熙上谕十六条影响极大。上谕十六条也称上谕十六章，是康熙仿效朱元璋的圣谕六言提出来的。内容为："敦孝悌以重人伦，笃宗族以昭雍睦，和乡党以息争讼，重桑农以足衣食，尚节俭以惜财用，隆学哲以端士习，黜异端以崇正学，讲法律以儆愚顽，明礼让以厚风俗，务本业以定民志，训子弟以禁非为，息诬告以

---

① 《文堂乡约家法》隆庆六年刊本。
② 《仕商应酬须知便览》。
③ 戴炎辉：《清代台湾之乡治》，台湾联经出版事业公司，1979，第149页。

全善良，诚窝逃以免株连，完钱粮以省催科，联保甲以弭盗贼，解仇忿以重身命。"① 由此可见，中国村落习惯法的内容首要方面便是规定劝善惩恶广教化厚风俗，强调传统伦理对维持村落秩序的重要价值。

2. 禁偷治抢维持村落秩序

中国村落习惯法形成发展的一个重要社会背景就是"无知不法之徒，恃强藉端滋扰，擅敢交恶，踰庄抢夺，此等举动，凶横何极"，②导致社会秩序的恶化，村落成员的财产安全、生命安全受到了威胁，正当的权益受到了侵犯。因此各地的村落习惯法都基本上都规定了维持村落秩序的条款。

偷盗抢劫行为，是对村落成员财产私有权的侵犯，致使社会出现不安全状态，因而村落习惯法都禁止偷盗。"合团公议"就规定："田禾、塘鱼、园蔬、竹木、柴草、烟猪、杂粮等项，虽物各有主，守望相助；如遇偷窃，即呼同邻人帮同捉获，鸣众处治，毋得循情私放。如有公项用，则团众共同处置，毋得独累人。"③ 对"搓禾、捋山、盗草之辈，或捕获于当时，或查实于过后，有赃有证，轻则团众击罚，重则送官追究"。④ 台湾的村落习惯法也明文规定：庄中"如有持顽藉端，强抢耕牛等物，即与贼同论。若系本庄串通各庄逃徒，发觉后，加倍议处"。⑤ 并且还规定："有不法之徒，纠党横抢者，系通庄人出力抵御，以及明火夜劫者，亦通庄出力抵御。""庄中平日，不许奸逃滥往，倘有到庄，盗窃庄物，有本庄窝匿知情者，一经察实，除究贼外，仍将窝匿之人，与贼同治。"⑥ 这些习惯法规范，既有对偷盗抢劫行为的处罚，也有对窝藏知情不报者的惩处；既禁止本村落成

① 《圣祖仁皇帝（一）实录》三四卷。
② 戴炎辉：《清代台湾之乡治》，台湾联经出版事业公司，1979，第 148 页。
③ 转引自戴炎辉《清代台湾之乡治》，台湾联经出版事业公司，1979，第 147 页。
④ 转引自戴炎辉《清代台湾之乡治》，台湾联经出版事业公司，1979，第 149 页。
⑤ 转引自戴炎辉《清代台湾之乡治》，台湾联经出版事业公司，1979，第 147 页。
⑥ 转引自戴炎辉《清代台湾之乡治》，台湾联经出版事业公司，1979，第 149 页。

员偷盗抢劫，也要求村落全体成员御防外地盗贼抢犯的骚扰，内容是很全面的。

有些村落习惯法除规定稽查纠盗以外，还根据当时当地的社会情况，规定"御寇保家"条规，保护生命财产，维持村落秩序。安徽徽州的不少村落习惯法即属此类。明中期以后，倭寇流劫数省，甚至深入内地。嘉靖三十一年倭寇曾抵徽州，三十四年侵袭歙县、绩溪。在这种情况下，各村落纷纷订立了"抗倭卫乡"的习惯法。嘉靖乙卯（公元1555年），方元桢在《题岩镇备倭乡约》中说："即令倭寇势盛，陆梁零落，孤踪辄奔溃而四出偷生，余孽益草窃而蔓延况入。……爰集里众重订新盟规约，模仿甲辰荒岁御寇之条事款，益损大套双溪郑公之旧，固严闸栅，庶缓急守卫有举。推举骁勇，俾临事当关足情用。告十八管首领相率上下街，吾人清合志而同心，各效谋而宣力。"① 这些村落习惯法在对外抗敌、维持村落秩序方面都是起了重要作用的。

村落习惯法还有其他一些维护社会秩序的规定："各庄不得到庄中牛埔，挖泥打砖，以致仿害坟墓。如有不遵，拿获公罢。"② "债务事情，如有坚抗不还，亦须声明庄中，协同公亲，到欠债家中理论，自有处办之法，不得在田中、牛埔，擅行抢夺。违者，重罚。若系恃强、挟恨、索治图赖者，通庄出力，抵当处治，断不宽纵以长刁风。"③ "服毒乃近年陋习，深为可恶，如有服毒坐拼，即仰吸者，自出药金，请医翻改。如违，即协同团保，以粪汁灌之，后理明曲直。""忤逆、行凶、油拃、滋扰、私宰、赌博、会匪、打贼、帮窝等事。均犯律条，断不徇情，概行严禁。"④ 村落习惯法的这些规定，对规范村落成员的行为，

---

① 安徽歙县《岩镇志草》贞集《题岩镇备倭乡约》，转引自《中国史研究》1990年第4期陈柯云文。
② 转引自戴炎辉《清代台湾之乡治》，台湾联经出版事业公司，1979，第150、149页。
③ 转引自戴炎辉《清代台湾之乡治》，台湾联经出版事业公司，1979，第150、149页。
④ 转引自戴炎辉《清代台湾之乡治》，台湾联经出版事业公司，1979，第147～149页。

减少村落成员的纠纷，从而维持社会秩序是有积极作用的。

这类习惯法，往往刻于石碑上而使村落成员周知。清朝嘉庆十一年（1806），河南新安县石井乡就树有一块高 1.45 米、宽 0.60 米的禁赌盗习惯法。

遵示禁赌弭盗碑记

盖闻败家之举莫甚于赌博，农民之患莫切于抢拾。此风俗之蠹而国典所不恕者也。新邑北境有石井村，前辈乡先生嘉言懿行，谱之家乘勒之碑记，自当永遵循，积弊日久习染已深，往往故态复萌，非面命耳提，恐未易改弦而易辙也。夫聚赌之惨可破家荡产，既坠先生箕裘，暗算阴谋复诱良民之子弟，赌风不戢流为窃贼；而抢拾之害，假遗失滞穗为例，为利己肥家之讣，每遇收获，辄肆抢拾，竟至游惰之夫而胜作苦之家，岂非有玷于盛世，大伤于风俗者哉！用是合牌绅民，扼腕痛悼，公请明示，立碑垂后。仰赖我仁主徐老太爷，爱民如子，疾恶如仇，一闻此举，嘉其妥善，谕令议覆，诚慎重其事也。绅民遂秉公酌议，嗣后务宜各守恒业，毋许开场诱赌，抽头分肥；至收割之时，许俟地方收割完毕，听贫乏老幼妇女拾取遗麦余花，以敦邻里相周之谊；如未经收毕，不窃取抢夺。倘在有怙终不悛，公出禀官庶，以往知所鉴，将来者有所鉴，是以史治之助云。邑后学庠生高莲峰秤撰并书。大清嘉庆拾一年岁次丙寅秋柒月谷旦。塈园、石井同立。山西稷山县石匠宁万州。

通过石碑形式宣扬村落习惯法，有助于村落成员了解、遵守，也有助于树立习惯法的权威。

3. 保护山林和农业生产

中国是一个长期处于农业社会的国家，一直以自给自足的自然经济为基本经济形态。村落成员更是以土地作为生存的基础，乃至全部生活的核心。因此，这种社会和经济特点在村落习惯法中也有反映。中国村落习惯法的一项重要内容就是保护山林和农业生产，保障村落成员的生存基础。

安徽徽州是个"山有一丘皆种木，野无寸土不成田"的山区，由于树木生产与人们的经济生活有着极为密切的关系，因此植树护林成为一种优良的传统，不少村落成立了许多如养山会的民间组织，专门订立了有关护林的村落习惯法。明嘉靖二十六年，祁门三四都侯潭、桃墅、灵山口、楚溪、柯里（岭）等村落成立了护林乡约会，订立了护林习惯法。按习惯法，将各村入户共编为十二个甲，甲立一总。置立簿约十二扇，付各处约总收掌，一年四季月终相聚一会，将本季内某人故犯已理罚若干备载于簿，所罚之物众贮。每人发给打上记号的木担一条，如果使用没有记号的木担上山砍柴斫木，俱作违反习惯法盗砍，要告官理罚。各家编篱笆，只许采荆棘杂柴黄荻杂竹，不许砍苗本。采薪也只许砍拔无碍杂柴，不许斫砍松杉等木，也不许折毁芽枝。如果故意放火延烧苗木，务令备价偿还。为了堵住偷砍偷卖、破坏山林的漏洞，习惯法还规定各处木业店铺，除明买成材树木及杂柴外，不许收买木椿及松杉等苗。村落习惯法还严禁偷盗林木。如有违反者每盗砍树木一根，大者计价赔罚，小者罚银一钱公用。为使这个护林乡约更有约束力，由大家联名具状赴县陈告，由知县告示印钤，张挂在人烟凑集之处，使人人知晓、自觉遵守。①

祁门西乡文堂的习惯法也规定："本都远近山场栽植松杉竹木，毋许盗砍盗卖，诸凡樵采人止取杂木，如违，鸣众惩治。"② 在这样的

---

① 《嘉靖祁门三四都护林乡约会议约合同》，原件藏中国社会科学院历史研究所，藏契号：003793。
② 《文堂乡约家法》，隆庆六年刊本。

社会背景下，地方官也往往受习惯法的影响，重视树木的种植和保护。嘉靖年间，祁门知县桂天祥就将保护山林的告示刻在石碑上，俾乡民咸知并兼久远，碑文中载：

> 本县山多田少，民间日用咸赖山木。小民佃户烧山以便种植，烈焰四溃，举数十年，蓄积之利一旦烈而焚之，及鸣之于官，只得失火轻罪。山林深阻，虽旦旦伐木于昼，而人不知日肆偷盗于其间，不觉其木乏疏且尽也。甚至仇家女石如炻害，故烧混砍，多方以戕其生，民之坐穷也。职此故也，本县勤加督率，荒山僻谷尽全栽养木苗，复加禁止。失火者，枷号痛惩；盗木者，计赃重论，或计其家资量其给偿。而民生有赖矣。①

台湾南岸庄也有树山会及规约，其会簿所载树山会序云：尝闻地利以保障为先，田园以灌荫为要，依古来聚庐列野，安居无忧，凿井耕田，水源不绝者，皆有赖乎深林也。我南岸之东，有树山焉，树荣竹茂，上可抵抗缺之风及润地荫，下可生渊泉之水源，所谓可为保障、可抵抗缺之水害也，非此树山，不为功。忆自开疆辟土百余年，承平日久，供国家之课者于斯，百族之生者于斯。以故庄人爱惜树山，设工看守，每年申禁，不许砍伐残伤，一切赏罚，载在规条，了如指掌。近年户口殷繁，人心不古，未免有射利肥私，蹿越规矩；此尽不知，何以保障，何以灌荫，顾一己而害千人者也。庄众目击心伤，其深忿怒，是以合议立禁山新会，即将公费余剥钱粮，积以为底，收存发放。将来利息蕃衍，则看山工资有所依赖，可免向田用均派矣。如有犯禁，持顽不遵公罚、凡鸣亦从此内发出。惟愿庄人，各

---

① 《嘉靖祁门知县桂天祥护林告示碑》，转引自《中国史研究》1990 年第 4 期陈柯云文。

为约束，改旧从新，则循规蹈矩，俗美风清，唐虞之世，不得专美于前；子如之风，自能再逢于后，岂不懿哉，岂不懿哉！①

保护农业生产的村落习惯法也有不少，有在综合性的村落习惯法中予以规定和加以保护的。如清代台湾规定有：不许盗挖粮坡，致缺水灌田，及群鸭落田，牵牛游塍，放笱取鱼，盗折豆扁、豆叶，以致伤禾苗。如违，公议重罚。② 专门性的习惯法如"禁田禾"之类：

禁田禾

立禁约人某某等，为严禁田禾事，窃见国以农为本，民以食为先，栽布禾苗，输纳朝廷粮税，供赡父母，妻子终岁勤奋所系，一家性命攸关。近有无耻人等，罔知稼穑之艰难，徒徇一己之私欲，或纵牛马践踏，或放鸡鹅噪食，遍地荒芜，举目惨伤。特会乡众，歃血立盟，尽行禁止。凡居民人等，务宜体谅遵守，各家俱要固严栏闸，毋得仍蹈前弊。同盟之人，逐一轮次，早晚巡察，不拘何人田地，若遇牛马鸡鹅等畜践食禾苗，即时拿获，会众赔偿。倘有恃强不服者，必鸣于官庄，阿纵不举者，连坐以同罪。使物不滋害，人得安生，钱粮有所出办，举家有所依靠矣。特禁。③

这种"禁田禾"习惯法，规定具体、详细，对保护禾苗作物的正常生长，促进农业生产是有一定作用的。

有些村落，专门设立青苗会，以保护农业生产。据《中国民事习惯大全》记载："青苗会（规则有拘束一般乡人之力）。农民于禾稼将成之时，营预防人畜之损害，而成一种会约，名曰青苗会，其会中

---

① 转引自戴炎辉《清代台湾之乡治》，台湾联经出版事业公司，1979，第157~158页。
② 转引自戴炎辉《清代台湾之乡治》，台湾联经出版事业公司，1979，第150页。
③ （明）熊宣寅畿编《尺牍双鱼》。

所议各种罚则，村镇各户，咸遵守而弗违焉。"① 可见这种青苗会的习惯法是很有效力的。

此外，有些村落还有渔业生产的一些习惯法。据《中国民事习惯大全》记载："进邑地滨鄱阳湖东鄙之梅庄、三阳等处，居民多恃渔利为主。关于捕鱼事项，此村与彼村，或甲姓与乙姓，恒订一种规约，永远遵守。约内载明双方权利及其限制，约尾署名者，非自然人，而为某村某姓；盖含有世承勿替之意。"②

4. 举办公益事业、维护公益设施

村落习惯法对村落公益事业的举办、公益设施的维护也有规定，反映了村落这一地域性社会团体的特点。主要表现在对水利、道路、桥梁等的修建与维护、组织祭祀以及兴办学校等方面。如祭祀方面，有的习惯法规定：每年在二月朔、八月朔祭祀土地神，即春祈、秋报并建立祭祀土地神的祠宇，祀日村落成员出资，备办祀物，礼毕则乡宴尽欢。

村落的集体祭祀活动，最常见的是农村遇大旱时的"求雨"活动。依照习惯法，一经公议决定，谁主祭，谁异神，谁带队祈号，很快即安排妥当。各家各户，编柳帽、备柳枝也没有至时而不具备的。其他如庙会开始、结束时的请神、送神，"城隍出巡"活动等，靠了习惯法的力量，组织起来都不困难。

集体娱乐是村落公益活动的重要方面，习惯法对操办民间文艺演出有不少规定。遇有流动演出单位为之安排食宿、借用道具、布置场地、募集酬金。逢年过节，或请秧歌，或请戏、请剧，形成惯例，年年如此。另外，有的乡村有传统的娱乐项目，因而便有学艺、练功、传艺、演出等方面的习惯法。如以"大架秧歌"闻名的山东海阳县，

---

① 施沛生编《中国民事习惯大全》第六编杂录，第八册，上海书店出版社，2002，第19页。
② 转引自戴炎辉《清代台湾之乡治》，台湾联经出版事业公司，1979，第162页。

过去几乎村村都有秧歌队，秧歌队的演出、排练就遵循传统的习惯法：年前会首操办，搭班排练，正月初十"包头"（化妆排练），"正月十一庄稼会，吃了干饭'拉大配'（公开表演）"。秧歌队中，不仅各种角色都有定位，连"跟场人"中谁提水，谁看妆，谁跑联络，都有定规，分分明明的。①

村落习惯法对村落福利也有一些规定。不少村落有"公仓"、"义仓"的设置，在灾荒年月或特殊事由时给村落成员提供某些救济；也有对村落中的孤寡老残者定期给予一定救济的规定。村落还有"义地"，为那些生活贫穷者死后提供葬身之所。

此外，村落习惯法还有一些公益方面的其他规定。如安徽祁门西乡文堂乡约中规定了对佃仆严格监督管理的规条："各处小户散居山谷，不无非分作恶，窝盗放火，偷木打禾，拖租等情。今将各地方佃户编立甲长，该甲人丁许令甲长约束。每月朔，各甲长侵（清）晨赴约所报地方安否、如何。如本甲有事，甲长隐情不报，即系受财卖法，一体连坐。如甲下人才不服约束者，许甲长指名禀众重容。每朔日，甲长一名不到者，公同酌罚不恕。"②

安徽歙县三四都还有轮充保长的习惯法："立议合同约人三四都六保谢、方、黄、陈、江、胡、叶人等，情因保内保长一事，俱系图差（金）点忠厚懦弱之家充当。是懦弱之辈，不谙事里，何能充当，多有误会。奉前任李主晓谕公同举保，必择能不晓事者可以充当。令九门人等商议，各门轮换轮流充当以免图差任意点金。倘有不能充当者，即转托能干晓事人管理。凡有保内路死乞丐，合保公同办理，不得累及保长一人。再有远处逃荒饥民来到保内求食，但保内贫穷甚多，无从给发，是以各姓捐输钱肆拾仟文整，生息给发以备不虞。为

---

① 参见山曼《山东民俗》，山东友谊书社，1988，第264页。
② 《文堂乡约家法》，隆庆六年刊本。

先充当保长者，恐邻里有口角微嫌，必须照理公言，排解消除弥合，原系保内安居乐业无讼为贵，务宜同心之至，于是立此合文一样九纸，各门各收一纸，永远存照。"① 不过，这种习惯法较为少见。

还有关于失物搜查的。如"合团公议"规定："失物搜查，原无例禁，如有失主，投鸣团役，任其挨户搜查。"再如有关乞讨的规定："收割之时，只宜贫家老幼、男妇沿门善讨，但农家量力给予。毋得成群恃众扰索。倘有不遵，公同驱逐，不给颗粒。"②

5. 保护公有财产

村落习惯法还保护村落公共财产，禁止村落外部人员侵犯公有财产所有权，要求全体村落成员共同维护，善意使用。云南省《元谋县志》载有：村庄之中，各有公田，年轮火头，以司一林，凡田主往来，行商过客，至设草房一座，饮食草料皆备，长不取值，则又古者庐有饮食，宿有路室之道也。这表明当时的习惯法已规定了村落公田的管理、收获物的用途等。

村落的公有物，主要的是水及水利设施、道路和村庙，习惯法都予以保护。如"兴化地势低洼，河湖纷歧，水势平衍，数百或数千亩之庄，大都四面临水，习惯本庄之水面，多有公租，泰半归本庄公用，如挖泥培田，种布菱茭，捕鱼取虾，栽芦作薪，驱鸭入田，秧成以后，俾食遗粒等事，各项须出公租，始能相安无事；租率以产生利高下为定，或额定年租不一。于是城镇临河房屋，遇有诉讼，假如屋占地一丈，此一丈水面，必连带争执，盖停泊船只，挖泥捞草，担粪以作肥料，乡民入市，必须船埠。习惯相沿，不无收入，此水面公租之名所由起也。"③ 由此可知，习惯法规定水面系村落公有，水面的收

---

① 安徽省博物馆：《明清徽州社会经济资料丛编（第一集）》，中国社会科学出版社，1983，第574页。

② 戴炎辉：《清代台湾之乡治》，台湾联经出版事业公司，1979，第147页。

③ 施沛生编《中国民事习惯大全》第一编债权，第一类第一册，上海书店出版社，2002，第89页。

益者，应支付水面公租于村落，以作村落公用。费孝通的《中国之农民生活》中也有类似事例的记载：开弦弓村的湖川，系村落公有，习惯法规定不是特定个人的排他的所有物，因之村民用水，议定有公平分配方法。水之自然的产物（鱼、虾、杂草等），系村落的公有财产，村民就此有平等权利，其他村落的村民则无权享用。

台湾一些地区的村落习惯法也规定，溪、溪埔、溪岸、山坑、墓埔、广地（祭祀时所用的广场）等为村落公有地，为村落全体成员所有，即习惯上，以庄民全体为派下公业，某人本籍所在之庄，立户于该庄时，即取得派下权；又原派下离庄，将本籍移出或移户于他庄，即同时丧失派下权。也就是说，村落成员的村落公有财产的所有权是以是否在村落居住为前提的，在村落居住就享有所有权和平等使用权，不在村落居住、迁往他处村落即丧失这种权益，为自然取得权利和自然丧失权利。由此可见，村落习惯法对村落公有财产的确认、保护和收益管理，以村落界线为限，以自然资源为主，收益用作村落公用。习惯法保护村落成员对村落四至，村落所拥有的土地、山林、水域的监护权。

6. 生产、生活互助

村落成员互助，这是村落习惯法的基本规范，互相帮助互相照顾及于生产、生活的许许多多方面。

每当农忙时，村落内的各家各户一般都进行不同形式的"换工"、"变工"互助（北方农村称之为"插锄"），几户农户自发地组织在一起，互换人工、畜工：有的是用技术换人手，有的是用人手换畜力，有的是用女工换男工，更多的则是这几日为这家干活，那几日为那家干活，劳动量大体相当。有的贫苦农民也可以在一年中的某些时候无偿使用邻里的耕牛和犁耙等农用工具。用农民的话来说："这是凭着几家合得来，有感情。借牛犁耕地，白使。"[1] 依照习惯法，通过换工

---

[1]　转引自黄宗智《华北的小农经济与社会变迁》，中华书局，1986，第 276～277 页。

互助能基本上解决自然经济条件下家庭生产环节不全和人手不足的问题。

在日常生活中，有关互助的习惯法更是涉及婚丧、建房、钱物等，范围非常广泛，从而解决村落成员的实际困难，满足其交往的心理需求。

结婚是人生的一件大事，其复杂性却非一家一户所能承办。因此互助就不可或缺。娶亲之日（办事之日），村人不呼自至纷纷前来帮忙。其中有些人是办某项事务有经验的人，如记账的、采购的、办宴的、接待的、司仪的，几乎形成专职，甚至连劈柴、挑水、跑腿传信的人也都有专责。这样，有力的出力，有钱的出钱，有"面子"的出"面子"，婚事便办得红红火火、井然有序。

同样，互助的习惯法在办理丧事中也有着极为重要的作用。从病危到下葬，村落成员都互相帮助，共同处理。病危时，村落成员中有经验的老人便到当事人家里协助守夜；人死以后，众人便安排给死者亲戚报讯、给死者净身穿衣、停尸、做棺材、陪同死者亲属守丧、挖墓穴、抬棺送葬、招待亲朋等。山东《商河县志》记载有一种丧事互助的形式，"中人窭（窭，贫而简陋的意思）姓，平时剧钱为会，有丧之家，轮流分用。白衣素冠，持幡前导者，号曰'丧社'，其社条之严，凛如法官。或谓之'随会'，有'纸杆旗幡会'，有'礼宾会'，有'拜棚布幕会'。其念经礼忏，名曰'作斋'，亲友夜集，名曰'伴坐'，又曰'坐棚'。"依照互助习惯法，如死者家境贫寒，无力以葬，村落成员还会主动地援助钱粮财物，出借用具。

建房盖屋是人生的又一大事，也是依靠村落成员的互助完成的。盖房备料时的伐木、采石、运沙、运土、运砖瓦；开工后的和泥、挑水、递料，等等，都主要由村落成员担负。建房的主人则提供烟、酒、茶、饭的招待，而别人盖房建屋时他也照例去出工助力。

日常生活中，村落成员互送瓜果蔬菜极为普遍，双方你来我往不断。在不少地方，"打会"、"扒会"是日常经济互助的重要形式。"打会"、"扒会"是一种互贷活动，由一人作会首，串连若干人入会，定期打会，入会人各携相等股金前来，会首得首次股金，余下按入会者需要商定拿取顺序。有的则由会首主持拈阄，事前议定几人中签，拈中的，几人平分所有股金。这样，几人参加就反复几次而轮满一圈，每人都得到一次使用会中无息贷款的机会，这一次会就算结束。打会的期限一年到三年不等。

此外，与互助相联系，有的地区的村落成员还依习惯法"拜干亲"，以此加强交往，联络感情。

四　中国村落习惯法的议定与执行

1. 村落习惯法的议定

村落习惯法大多是村落全体成员在长期的生产、生活实践中自然形成的。"俗成"的色彩很强烈，为了村落的整体利益，村落成员世代相传，自觉遵守。这类以不成文形式居多，主要是口头传播和行为继承。另一种形式则是"约定"，即为了某一个特定的目的，维护某一类权益（如禁盗贼、保护山村等），全体村落成员聚集在一起，共同商议，议定条规，并以一致通过原则付诸实践。这类往往采用成文形式，勒石树碑或张告贴示，务使村落内外，人人知晓，不致违犯。

村落习惯法的议定，是一种地域团体村落成员自治行为。政府可以倡导、赞赏、鼓励这种行为和活动，有时还加官钤强化其效力，但一般不能强制或明令。村落习惯法的议定是村落成员自主自愿自发的，民主性是基本的。在不少村落习惯法中，也体现了某种等级色彩，侧重保护村落内部有产有业者的利益，表现出不平等现象，但这是次要的。村落习惯法的议定，主要以保护村落整体利益、维护村落整体秩序为目的，有利于全体村落成员的生产和生活，有利于村落发展和社会进步。

　　村落习惯法的议定，有的有一定形式要求，如上面所举的"禁田禾"的习惯法，是歃血立盟，带有神誓、神约痕迹。有的习惯法则各个村落成员（至少是村落成员中各姓族长、房长）、主要绅士签名盖章画押后才能开始生效，表明每个成员对该习惯法的参加和认同，从此担负起维护习惯法的效力、遵守习惯法的义务，也享有习惯法所规定的各项权利。

2. 村落习惯法的执行

　　中国传统社会，国家权力到县为止，县以下的广大农村乡镇区域，国家通过自治形式进行管理。因此村落组织担负着极为重要的职能，执行习惯法、处理各种民间纠纷、处罚违反习惯法的各种行为，便是其中的重要方面。

　　（1）执行机构与人员

　　根据习惯法的议定、适用范围的不同，村落习惯法也有不同的执行机构，主要有两类：村落或联合村落议定的习惯法由村落机构负责执行，而由村落部分成员组织议定的某些单一性习惯法，则由其专门执行机构和人员负责之。

　　村落组织。村落组织之设置，在中国历代不尽一致，如前所述，周代为里制，秦汉为乡亭里制，魏晋南北朝则是三长（邻长、里长、党长）制，隋唐又为邻保制，宋代是保甲和乡约制，元代设社制，明代采里甲制、老人制，清代为里甲制与保甲制。其设立目的，最初都是征收赋税，后来都负有劝农、教化及维护治安等作用。其人员称乡老、序长、保长、里正、耆长（耆老）、甲首等，不一而足。但不管何种村落组织，也不管其人员名称如何，不论是村落成员选举任之还是个别的由国家官府任命之，都负有执行村落习惯法的责任。

　　村落组织的权限是相当大的。胡朴安在《中国全国风俗志》一书中曾指出，地方自治能力甚大，各姓有各姓之宗祠，各社有各社之董事。不安分之人，由祠逐出，知照社绅，即可以治活埋之刑，故乡里无敢为非者。社这一村落组织的执法权限由此可见一斑。

对于违反习惯法引起的民事纠纷及轻微刑事行为，依习惯法，村落组织有完全的调解处理权。以明洪武三十一年颁布的《教民榜文》第二条规定为例，村落组织的管辖权限如下：户婚；田土；斗殴；争占；失火；窃盗；骂詈；钱债；赌博；擅食田园瓜果等；私宰耕牛；弃毁器物稼穑等；畜禽咬伤本人；卑幼私擅用财；子孙违反教令；师巫邪术；六畜践食禾稼等；均分水利；亵渎神明等。这些行为的处理，国家制定法通常也规定必须由村落组织调解处理，禁止径行诉到官府，赋予村落组织执法权。

重大的刑事案件，除了十恶、强盗、杀人外，一般也由村落组织处理。即使是十恶、强盗、杀人等重案，村落组织也有依习惯法处理的。正如道格拉斯在其著作《中国社会》中所说：乡老等常常越出民事关系事务之范围，而擅行刑事裁判官之职能，因而刑事案件大率在村落民的同意与承认之下，由乡老予以制裁，绝不到官僚所组织之法院。时而有人不服乡老的判决而声诉于官司；在此情形，裁判官鉴于他的职务，对于此非合法的处分，亦表明一些嫌恶与警异。惟原应由其负责之很多事务，正在由非官吏之所谓"同职者"予以处理；对帝国的官僚而言，系公认的事实，他甚至对这事反而心满意足。仅被迫在表面上，否认非官吏之同僚的处置，且佯做非难他们而已。这一论述是符合村落习惯法执行的实际情况的。

村落机构具体负责习惯法执行的人员虽名称历代不一，但主要有两类：村长、里长、甲长与耆老（村老）。村里、甲长由村落成员推举，而有些还由国家官府任充；耆老（村老）则依其阅历、德行、声望而主要由村民推选之或自然形成之，间或也由官吏加以任充的。村里甲长一般每一甲里一名，耆老（乡老）则二三名、四五名不等，无定数。村长、里长、甲长的任期不定。除了征收赋税外，他们主要的任务即为执行习惯法：劝民教化，维持秩序，处理纠纷，制裁违反习惯法者，以保村落一方土地的富足与平安。村落一般还有具体办事人员若干。如宋代吕氏乡约的执行，是推举德勋年高者一人为都约正，推举两位学行者为约副，每月另选一人为直月，执行乡约规条。安徽祁门西乡文堂也与此类似，择户中"年稍长有行检者"为约正，又择"年壮贤治者"为约副，约正副有帅人之责。

此外，某些专项性的村落习惯法由单一性执行组织负责执行。

台湾南岸庄的树山会，有管理人、巡山正役员（负责巡守树山、抓捕违反习惯法者，并保管树木，有报酬）、巡山副役员（由甲长任之，约束甲内，辅佐正役员，系名誉职，不领报酬）、评议员（遇有重要事务时，参预其事，亦无报酬）等等，各司其职，共同保障树山会规约的实施。这一类组织主要执行那些具有特定目的的习惯法。

（2）处理程序与惩罚

处理违反习惯法的行为时，由村落里甲长、耆老邀集双方当事人及其他有关人士聚会进行；独人处理，一般为习惯法所不许。须召集全体村落成员或特定组织全体成员开会处理的主要是一些重大案件，如杀人或涉及全体成员利益。

一般情况下，习惯法不许直诉官府，而应先由村落处理，如《合团公议》议定："事理不平，应行具控，必先经鸣团众，定其可否。倘敢不遵妄行控告，团众从场，先行举罚，后论是非。"①

处理违反习惯法的行为，以批评教育为主。对于民事纠纷，则着重调解，以息事宁人态度来解决问题，主要在于教化民众，引人从善。

具体的处理结果除少量是肯定性奖励性外，一般是惩罚性制裁性

---

① 转引自戴炎辉《清代台湾之乡治》，台湾联经出版事业公司，1979，第148～149页。

的。奖励性的如台湾的村落习惯法就规定："有拿获贼匪者一名，登即赏花红陆银元。……如获重要者，再酌议加赏，若有伤毙贼命者，亦通庄人抵当。如有拿贼被杀者，视伤之重轻，给银之多少以便调医。若遭贼毙命者，除拿犯鸣官究治外，仍公处安家银壹佰贰拾元，决不食言。"①

对违反村落习惯法者的处罚形式，主要有以下几种。

批评教育。对于违反习惯法情节轻微者，从教化出发，主要是指出其错误之所在，进行批评教育和训斥。有的地区则采用"恶口骂"形式，村落成员齐集，面对违反习惯法者齐声痛骂、羞辱。

罚款与赔偿。对于因违反习惯法而造成的财产损害、财产破坏，一般要给予赔偿，赔偿数额视其财产和违法情节而定。对违反习惯法采用较多的处罚方式为罚款（包括罚酒、罚请戏等）。如台湾村落习惯法即有规定："更路不许斫竹木、竹笋物。如违，拿获公罚。"

殴打。偷盗之类违反习惯法的行为，如被当场捉获，习惯法规定可以拷打、击打，予以教训。但大多有所限制，如不能过多过重，更不能出现重伤乃至打死的结果。

开除（驱逐）。不少村落习惯法规定，如违反习惯法情节较重引起本地不安或给本地带来严重损害的，可将其开除村落籍，驱逐出村落。如安徽祁门西乡文堂即有"生则不许入会，死则不许入祠"的处罚规定，被处罚者为整个村落所唾弃，在自然经济的社会里这无异于处死。不过这种处罚方式不太常用。

处死。这是很少见的处罚方式。如安徽休宁溪口祖源村的封山规约中有"凡上封山砍柴者砍头惩办"的规条，后有一个门长的儿子犯了规，这个门长果然按照习惯法，当众杀子。②

---

① 转引自戴炎辉《清代台湾之乡治》，台湾联经出版事业公司，1979，第148、149页。
② 《徽州民俗杂记·护林乡规种种》。

禀官究治。对违反习惯法情节严重的，也有禀官究治的。如安徽祁门西乡文堂乡规约即规定："凡境内或有盗贼发生，该里捕捉即获，须是邀同排年斟酌善恶。如果素行不端，送官究治，或令即时自尽，免玷宗声。"① 这种处罚，官府也往往按村落的意思处置。

五　中国村落习惯法的特点

中国村落习惯法，作为一种地域团体的行为规范，对村落社会和村落成员有重要影响，在中国基层社会的社会控制中起了重要作用，其特点主要表现在以下方面。

1. 乡土性

不言而喻，村落习惯法的适用范围是依地缘关系集合而成的村落，而村落是散落在广阔的乡村田野上的。村落成员的生存方式是以农耕为主的农业社会的方式，一切都不离土。村落习惯法也正是农业文化的结晶，其生长在广大的乡村社区，是世世代代乡民农耕行为的确定。它的主要目的就是保护以农业生产为主的乡土文化的承续，主要内容都是围绕农业生产和农民生活的。如保护山林和农业生产的"禁田禾"，及对破坏农业生产、生活秩序的"偷、抢"行为的禁止与惩罚等。并且这种习惯法的实施与执行也富有浓郁的乡土色彩，且适应农业生产的规律，如其议定、实施与执行都安排在农闲以不误农时便是明证。

2. 地域性

与乡土性特点密切相关，村落习惯法还具有地域性的特点。因为村落是依地缘而形成的，是一个地缘自治组织，所以村落习惯法的内容明显地带有特定地方的地域特点。各地根据当地社会、经济、风土

---

① 《文堂乡约家法》，隆庆六年刊本。

人情等特点而规定相应的内容，不同村落的习惯法内容不尽一致甚至差异甚大。村落习惯法的议定也各有特色，各地的传统起了很大的作用，其仪式也与当地历史、观念有关。习惯法的执行以及对违反习惯法的处罚方式方面，地域性特点也是很明显的，它都是因地制宜而定的，其目的是更有效地维护本地村落的利益，维持其既存秩序。并且，村落之间，其习惯法可能是互不相涉的，处于独立隔离的状态。可以说一个村落的习惯法相对于其他村落是一个自足的、不假外求的封闭体系。正如费孝通分析村落的特点时所说的，"中国乡土社区的单位是村落。……乡土社会的生活是富于地方性的。地方性是指他们的活动范围有地域上的限制，在区域间接触少，生活隔离，各自保持着孤立的社会圈子。"① 因此当两个不同的村落发生利益冲突的时候，无法在各自既有的习惯法中找到妥善解决的途径，为了各自不可侵犯的村落这一最高利益，通常采取最极端的、诉诸武力的解决办法——械斗。由此，我们不难理解为何在处理本村落成员之间的纠纷的时候，多采取调解、教化等大事化小的办法，而一当纠纷超出村落范围，便不问缘由，大打出手。在这点上，村落习惯法表现了它的狭隘性，这种以本村落为最高秩序与利益保障对象的习惯法，从根本上讲是排他的，有村落本位的倾向。对于这一特点应予以注意并加以改良，起码，我们应设法寻找途径加以协调，不能任其无限膨胀而导致整个社会的无序与动荡。

3. 责任义务倾向性

中国村落习惯法从价值取向上看是注重秩序，偏重于对社区既存结构、控制模式的维持。对村落成员则更多地强调义务与责任；要求村落成员以公共利益为重并适当抑制个人利益和个体需要，在某些时候甚至要求牺牲个体利益，表现出明显的责任义务倾向性。

---

① 费孝通：《乡土中国》，三联书店，1985，第4页。

这一点在各个镌刻村落习惯法的木牌、石碑上均可发现。此与村落习惯法的利益取向有关。虽然村落习惯法的效力及于每一村落成员而毫无例外；但它的利益取向是村落这一基本社会单位的整体利益。村落习惯法之所以必要，就在于维持整个村落的既存秩序，使之不致因过多的非理性的冲动行为而被打破，这是至关重要的。而由于保持了村落的秩序，也自然惠及村落成员的利益。所以，村落成员的个体利益只有在与村落整体利益一致时才得到体现和保护；但这并不意味着村落习惯法的出发点与归宿是每个成员的个体利益与权利。从某种意义上讲，村落成员只是村落习惯法的载体，他们只是由于成为村落习惯法的责任义务的承担者而被重视，真正的目的却不是每一成员享受什么权利、获得什么利益，即便有什么权利与利益，也不过是当他们履行了责任与义务之后的善报与恩惠。即他们因此受益获准得到安宁地生活在这个共同体的权利与利益，否则将受到惩罚，直至驱逐出这个共同体。在这时，成员的个体权利与利益与村落整体利益相比已显得微不足道。由此，我们不难把握村落习惯法的特质。

4. 乡绅的重要影响力

考察中国村落习惯法，我们不难发现乡绅地主对村落习惯法的重要影响力。在广大的村落区域，有着为数众多的、既有一定财产又有一定文化并有进仕成为官吏可能的乡绅地主。这些人在村落中影响极大，地位很高，对村落事务有很大的发言权和决定权。表现在村落习惯法方面也是如此。无论是习惯法的议定，还是对违反习惯法的行为的处理，不论是习惯法的内容，还是习惯法的形式，他们都有着极大的决定权。从某种意义上可以说，中国村落习惯法是掌握在乡绅地主手中的，为乡绅地主所控制的。他们正是通过村落习惯法来参与社会控制与社会管理的。没有习惯法，乡绅地主的绅权很难在村落发生影响、发挥作用，绅权就缺乏载体和保障。

对于绅权，很多学者进行过探讨，发表了许多高见，[①] 但从法的角度来认识的似乎还不多见。事实上，村落习惯法是绅权的保障和体现，又是绅权的具体作用方式。乡绅地主通过村落习惯法施加自己的影响，又在村落习惯法中确认和巩固自身的社会地位，维护自身的经济利益。当然，这并不意味着乡绅地主可以利用村落习惯法为所欲为或独占与垄断村落习惯法，这是必须明确的。

---

① 详可参见费孝通的《乡土中国》（三联书店，1985）；吴晗、费孝通的《皇权与绅权》（天津人民出版社，1988）；费正清的《剑桥中国晚清史》（中国社会科学出版社，1985）等。

第三章

中国行会习惯法

　　行会又称行帮，英文为"guild"（基尔特），是封建社会时期，商品经济发展到一定阶段，商人手工业者为了排斥竞争、独占市场、保护同行利益，以业权为基础，以习惯法为凭藉而组织起来的一种社会团体，一般分为手工业行会和商业行会两种。

　　在中国行会的产生、发展中，行会习惯法发挥着重要的作用。行会通过习惯法加强内部控制和团结，阻止业外和同业竞争，维护垄断。[①] 中国行会习惯法以成文的行规条规章程为主，包括行会内的默契和交易等惯例，[②] 是中国习惯法的组成部分之一。清光绪二十年间有一个英国商会代表团在中国各地考察，提到行会时说："诸如此类的规则对所有贸易行会来说，是极其普遍的"，"人们决不可对这些规则的威力视若具文"。[③] 行会习惯法的重要作用，还可以从光绪初年一

---

　　① 全汉升认为，行会在道德方面可以培养成员勤勉、信用、互助和提高人格地位，具有积极功能。参见全汉升《中国行会制度史》，台北食货出版社，1978，第 197~198 页。

　　② 如广东汕头公所同帮商人之间达成的默契和交易惯例，同公布的行规有着同等的约束力。

　　③ Report of the Mission to China of the Blackburn Charaber of Commerce 1896—1897，（Blackburn，1898），N. Neville and H. Bell's Section，p. 314.

个署理浙江知县起草的禀文中得到印证："今各处贸易，皆有定规"，"畛域各自分明"，"此皆俗例，而非官例，私禁而非官禁。地方官要不能不依顺舆情，若欲稍事更张，则讼争蓬起。窃恐日坐堂皇，亦有应接不暇之势。"[①] 各行会更是十分强调"恪守定章"，"依照俗规"，不得违反习惯法。因此，研究探讨中国行会习惯法的产生、发展、主要内容及其特点，对于深化中国习惯法研究、拓宽中国行会制度研究的领域，有着积极的意义。

一 中国行会习惯法的产生、发展

中国行会习惯法是随着行会的产生、发展而产生、发展的，行会组织的数量、种类、活跃程度，直接制约着行会习惯法的发展变化。

1. 隋唐时期的行会习惯法

隋唐时期是中国行会习惯法的产生时期。[②] 隋唐时期，由于国内环境相对稳定，商业较前代发达，也促进了手工业的发展，城市中出现了手工业作坊。为了排斥接踵涌来的新的竞争者，保护有限的市场，联合起来对付封建势力的压迫，行会组织诞生了。隋之"东都丰都市……资货一百行"，[③] 有的则说"丰都市……其内一百二十行"。[④] 至唐代，行会的数目更有增添，长安"东市……有二百二十行"，[⑤] 东京南市，"东西南北居二坊之地，其内一百二十行，三千余肆"。[⑥] 而为了维持行会组织团结，维护行会的权威，确保行会目的的实现，

---

① 汤肇熙撰《出山草谱》卷二，《扎饬详复讯断杨连陲等控案察》。
② 刘永成认为中国行会开始于唐代；到宋代，随着封建经济的发展，行会也日趋兴盛。参见刘永成《试论清代苏州手工业行会》，载《历史研究》1959 年第 11 期。
③ （唐）韦达《两京新记》。
④ （宋）刘义庆《大业杂记》，大业元年。
⑤ （宋）宋敏求《长安志》卷 8，《东市》。
⑥ （元）《河南志·唐两宋城坊考》。

行会习惯法便应运而生。最初的行会会员必须共同遵守的行会习惯法还很简单，内容也不复杂，主要由行头、行老、行首等行会组织的头领拟订。这一时期的行会习惯法，其内容主要是关于行会组织内部管理的，如行头、行首、行老等的产生和职责，会员的条件等，调整的范围比较窄。

这一时期的行会习惯法，还反映了行会与政府的关系。封建专制政权为加强对城市工商业的管制和剥削，对行会组织的干预和控制一开始就是十分严密的。唐代文献也有官府责令行头实施其政令的记载。贞元九年（公元七九三年）三月二十六日敕："陌内欠钱，法当禁断，虑因提搦，或亦生奸，使人易从，切于不扰。自今以后，有因交关用欠陌钱者，宜但令本行头及居停主人、牙人等，检察送官，如有容隐，兼许卖物领钱人纠告，其行头、主人、牙人重加科罪，府县所由祗承人等，并不须干扰。"① 这一记载反映了唐代封建官府将检察使用欠陌钱的不法行为，责令行头、牙人等负责施行的情况。对于行会与封建官府的这种关系，行会习惯法不能不有所反映。

隋唐时期的行会习惯法，有关经济方面的规定尽管数量不多，且仅在某些行会中才存在，但已表明了行会习惯法已注意到这一领域并开始介入。据《卢氏杂说》记载，"卢氏子失第，徒步出都城，逆旅寒甚，有一人续至……问姓名，曰姓李，世织绫锦，前属本都官锦坊，近以薄技投本行。皆云以今花样与前不同，不谓伎俩，见以文采求售者。不重于世如此，且东归去。"② 这表明唐时行会已有了产品的规格式样方面的习惯规范，而且执行较为严格，职业利益已通过习惯规范而成为在行会保护下不容他人染指的职业特权，劳动如果不是行会的劳动，便得不到社会的承认。

① 《旧唐书》，《食货志》。
② 《古今图书集成》，《考工典》卷10。

2. 两宋、明时期的行会习惯法

两宋和明时期，中国行会习惯法得到了进一步的发展。这一时期，行会差不多遍及全国各大中城市，行会的种类也随着分工的发展而逐渐增多。行会习惯法规定了更加严密的组织体系，反映了行会对行业的进一步的控制。同时，一如隋唐，行会习惯法仍以突出地位规定了行会与封建政权的关系，依附封建政治努力。行会通过习惯法对行业的营业活动进行多方面的控制，对内组织和分配货源；对外在经营上排斥非行户。商人凭借行会，勾结官府，并通过习惯法的规定将行会置于封建官府榨取工具的地位。这一点，宋代有关文献说得很明确。如耐得翁在其《都市纪胜·诸行》条中云："市肆谓之行者，因官府科索而得此名，不以物之大小，但合充用者，皆置为行，虽医卜亦有积。"在吴自牧的《梦粱录》中也有类似论述。"司县到任，体察奸细盗贼阴私谋害不明公事，密向三姑六婆、茶房、酒肆、妓馆、食店、柜坊、马牙、解库、银铺、旅店，各位行老，察知物色名目，多必得情，密切告报，无不知也。"① 这表明两宋时期的行会习惯法将行会始终置于封建政权控制之下，一定程度上成为官府对工商业者实施统治和征敛的工具。②

明代中叶后，会馆已开始出现。行会习惯法规定商人可在会馆中居住、存货，以至评定市价，其业务常被内部有力者所把握。习惯法所确认的行会的宗旨一般是防范异乡人或外行人的欺凌，并为同业利益服务，逐渐具有同业救济等慈善功能。

3. 清代的行会习惯法

清代，中国行会习惯法发展到了最完善的阶段。这一时期会馆和

---

① 转引自〔日〕加藤繁《中国经济史考证（第 1 卷）》，吴杰译，商务印书馆，1959，第 351 页。

② 刘永成、赫治清：《论我国行会制度的形成和发展》，载南京大学历史系明清史研究室编《中国资本主义萌芽问题论文集》，江苏人民出版社，1983，第 120～121 页。

公所普遍出现，行会打破了地域界限，发展到了一个新的阶段。行会习惯法与此相适应而相当系统、严密、自成体系，达到鼎盛。

会馆由明中叶开始出现而在清代普遍设立，本是旅居异地的同乡人，为联络乡谊，结成团体，兼营善举，以此作为集会居住的馆舍，其名称，也有称为公所者。会馆大致可分为两类：一种是属于单纯同乡会之类的士宦行馆、试馆；一种则是属于商人或商帮会馆，是商人"为论评市价"，"或货存于斯"，"经营集议"，"以及祭祀祖祗"，"为商贾贸易之所"。而在一个城市里，除了本地同业商人建立的会馆公所，更有外乡侨居的客商建立的会馆公所，以团结来自同一地区的同乡商人，藉以维护本行帮的经营和利益。这种外地商人团体，往往形成为"帮"，它既表现为旅居异地的同乡商人团体，又可以是客籍商人同业组织。手工业者在某些行业中也有帮的组织。

与这种行会组织相适应，这一时期的行会习惯法有这样一些突出方面：

首先，内容全面，规定具体详细。清代行会习惯法的内容涉及：开业：开业须按照习惯规范，具备一定条件，履行一定手续；市场、价格、产品质量规格式样、原料：限制扩大销售市场，不准互相抢生意；招收徒弟和使用帮工，严格限制数目，不许多收；权利义务：行内成员的互相关系，工资以及倒闭、疾病死亡的救济帮助；罚则与执行：对违反行会习惯法行为的处罚及由谁执行。诸凡商业与手工业活动所涉及的商事活动、商业生产的各个方面都有规定。

其次，习惯法所确认反映的封建官府与工商业者、行会之间的关系有了重要的变化。随着商品经济的发展和资本主义萌芽的成长，以及城市人民的反封建斗争，清代行会由为官府对工商业者实施统治和征敛的政治职能，逐渐转化为主要代表工商业者的利益，垄断市场、防止竞争的经济职能。与唐宋时期行会为封建统治者服务主要是被迫的，带有强制性不同，清代的工商业行会与官府结合，是在他们彼此利害得失一致的前提下，自觉的主动的行为。所以清代各地行会习惯法的议订，不少都要经过当地政府的批准。禁止帮工成立自己的"行"、"帮"、"党"、"会馆"等组织和"同盟"罢工等习惯规范，也是行会组织通过与地方政权的密切配合议订的，不少还由官府出面发布，赋予其国家强制力，由国家这一最大的社会组织保证其实施。

再次，清代行会习惯法的宗旨、目的，由原来主要限制同行间的自由竞争，逐渐转变为对付帮工的组织及其同盟罢工，反映出在一些具有资本主义萌芽性质的手工业商业部门中，帮工与作坊主、商东之间的矛盾日益尖锐，行会开始出现分化。而开始出现的工匠学徒的行会，其习惯法则主要把矛头指向作坊主、商东，以增加工资、提高待遇为主要内容。两者的这种对立，表明中国行会组织的行将崩溃。

最后，行会习惯法迭受打击。商品经济的发展和市场的扩大，势必刺激工商业者增加生产、追逐利润的欲望。为了提高产品的质量产量，就要增加工匠，改进生产工具和技术，而要做到这些就要求冲破行会习惯法的限制。同时，工商业的发展，又必然引起对封建行头的觊觎。因此，清代行会习惯法在招收学徒帮工、竞争、行头勒索等方面迭受打击，不断放宽。如苏州丝业公所，因"旧章既无可遵守，行业遂难期振兴，故于同治九年先议整顿行业规条"。① 巧木公所"每有外来棺椅匠攒入，紊乱行规情事"，因此"一再集议，妥为修正"。② 再如苏州浆坊业共有七家，原会规规定："每向店铺领货，须得按坊公摊，不准私自括浆。"1877年，陆寿违反这一习惯法，私自收货，为其他六家查出，遂"共同议罚，呼陆吃茶"评理，陆不服，于是在茶馆演出了一场双方各有数十人参加的"斗殴"。③ 行会习惯

① （清）同治十年：《苏城丝业公所整顿行规碑》。
② 《吴县巧木公所修正行规碑》。
③ 《申报》1877年1月29日。

法的效力日减甚至被蔑视，这在以前是不可想象的。

　　清末，由于商品经济的日益发达所引起的手工业者之间的分化与竞争的不断加剧，行会组织内限制与反限制斗争的激烈，终于导致了行会习惯法的"废弛"和约束力的逐渐减弱，最终走向衰落。比如，嘉庆年间，苏州金线业的嘉凝公所，因习惯法"行之已久，渐就废弛"，以致发生乱行事件，① 一批店伙徒工为了自身崛起的需要，起来反对公所限设新店坊的习惯法。针对统一售价、统一衡器等方面的习惯法的斗争也时有发生。

　　清末民初，国家开始制定管理工商同业组织的法规，将会馆公所等行会组织纳入国家制定法的调整范围。清末光绪二十九年十一月二十四日（公元 1903 年 1 月 11 日），商部奏准仿照欧美日本资本主义国家的商会组织颁布《商会简明章程》计 26 条，通令各省城市旧有商业行会、公所、会馆等组织，一律改组为商会，逐步改变了传统的行会的性质，使其具有资产阶级组织的鲜明特色。

　　民国时期，对过去已成立和新设立的各种名称的工商业团体，分别制定《商会法施行细则》。随后改商会为工商同业公会，并于 1918 年 4 月 27 日公布《工商同业公会规则》及《施行办法》。1923 年 4 月 14 日又公布《修正工商同业公会规则》。1927 年 11 月 27 日公布《工艺同业公会规则》。这样，封建中国行会组织已被资产阶级的商会组织所替代，退出了历史舞台，中国行会习惯法随着行会组织的不复存在而完成其历史使命。中国行会习惯法尽管在某些地区某些行业还发挥一定的作用，"凡百事务，利害相悬……解决之法……或凭同业理于行会"，但已是强弩之末，远非昔比。中国行会习惯法由于其封建性质和阻碍商品经济而不能适应社会发展的需要，随着行会组织的消失最终趋于消亡。

---

　　① 江苏省博物馆：《江苏省明清以来碑刻资料选集》，三联书店，1959，第 169 页。

二　中国行会习惯法的主要内容

中国行会习惯法的内容在各个时期、各个地区、各个行会不尽相同，各有千秋，综合起来，涉及商品生产、商品流通、组织机构、从业成员权利义务、公益事业、祭祀等方面。具体而言，主要有以下几个方面内容。

1. 开业

中国行会习惯法规定，具备一定条件，履行一定手续，始得开业。如汉口靴鞋行规定："京苏各式之鞋店非有经验者，则不许擅自开业。"四川自贡烧盐工人行帮习惯法规定："未入会者不准烧盐"，"入会者须交三斤青油。"北京猪行的习惯法规定：同行同业新开猪店，必须在财神庙前，"献戏一天，设筵请客"，否则"该不准其上市生理"。

开业最主要的条件是缴给行会若干行规钱。广州纱绸布匹行规定，"先缴入行酒金五十两，始得开业"。上海青蓝布业行会习惯法有类似内容，"如有新店开出，先缴额规银五十两，嗣后所捐厘头，不得徇情浅就"。① 苏州小木公所也有习惯法规定，外来开业者须缴纳行规钱四两八钱，本地区开业者减半，不交而私自开业者加倍。② 苏州梳妆公所议定的习惯法中也有类似的四条：

——议外方之人来苏开店，遵照旧规入行，出七折大钱二十两。

——议外方之人来苏开作，遵照旧规入行，出七折大钱十两。

---

① 上海博物馆图书资料室编《上海碑刻资料选辑》，第118号碑文，上海人民出版社，1980。
② 江苏省博物馆编《江苏省明清以来碑刻资料选集》，第66号碑文，三联书店，1959。

——议本地之人开店，遵照旧规入行，出七折大钱二十两。

——议本地之人开作，遵照旧规入行，出七折大钱十两。

行会习惯法就是这样以经济手段限制其他行业的资本向本行业转移，以延缓利润率平均化的速度，保证本行业的先占权和垄断权。

同时，行会习惯法还严格禁止不入行或不缴纳免行钱的工商业者开业做生意。《文献通考》记载："原不系行认，不得在街市卖易，与纳免行钱人争利。仰各自诣官，投充行人，纳免行钱，方得在市交易。""凡十余日间，京师如街市提瓶者必投充茶行，负水担粥以至麻鞋头发之属，无敢不投行者。"① 广东佛山陶艺花盆业行会习惯法规定，"店铺没有参加行会者，在此雇工，我行人不得与其为伴。"②

关于店坊开设地点和数目，行会习惯法也有规定，新设店址与原有店之间应保持一定距离。长沙戥称业习惯法规定，"嗣后新开店者，必须上隔七家，下隔八家，双户为一，违者禀究。"③ 长沙明瓦业也议定："我等开设店铺者，每街两头栅内，只准开设一家，不准开设二家。"④ 湘乡制香业也有类似的习惯法："一议新开香主，上隔七家，下隔八家。"⑤

有的行会习惯法禁止外地人在本地开设作坊，长沙许多行会都有此方面规定。长沙靴帽业习惯法议定："与外处同行来此合伙开店者，罚银五两，戏一台，仍然毋许开店。"⑥ 长沙木业行也规定："内行不得与外行合伙，倘合伙，查出议罚。"⑦ 长沙裱糊业习惯法议明："内行

① 《文献通考》卷20，《市籴考》。
② 引自王庄钧、刘如仲《广东佛山资本主义萌芽的几点探讨》，载《中国历史博物馆馆刊》1980年第2期。
③ 彭泽益：《中国近代手工业史资料（第1卷）》，三联书店，1957，第195页。
④ 彭泽益：《中国近代手工业史资料（第1卷）》，三联书店，1957，第195页。
⑤ 彭泽益：《中国近代手工业史资料（第1卷）》，三联书店，1957，第195页。
⑥ 彭泽益：《中国近代手工业史资料（第1卷）》，三联书店，1957，第180页。
⑦ 彭泽益：《中国近代手工业史资料（第1卷）》，三联书店，1957，第180页。

不准与外行隐瞒合伙，查明公同议革。"① 有些中介商的行会对外来客商贩运到埠的大宗商货，必须报行入店发卖，同业不得"私买私卖"。

2. 招收学徒和使用帮工

严格限制招收徒弟（学徒）和使用帮工的数目，这是中国行会习惯法的一项基本内容。习惯法首先严格规定收徒人数和收徒年限，不许多收。湖南武冈铜器业习惯法就这样规定："盖闻百工居肆，各有规矩，以安其业。苟规矩不有，则和气不洽，而争竞起焉。我行铜艺，居是邦者，不下数十家，其间带徒弟雇工者，每多争竞，较长计短，致费周旋。爰集同行商议条规，约束人心，咸归无事，庶无和气洽，而业斯安也。"② 湖南长沙京刀业规定："带学徒弟者，三年为满，出一进一"，"如违不遵，罚戏一台敬神"。江苏吴县蜡笺纸业习惯法议明："收徒年限"，"六年准收一徒"。③ 广东佛山石湾陶瓷业行会也有类似规定："每店六年收一徒，此人未满六年，该店不准另入新人。"④ 有的还用经济手段限制收徒和入行。如苏州红木梳妆公所就规定，招收学徒一名，由店主出行规钱三两二钱；学徒满师入行，交纳之数加倍。⑤ 还有些行会则通过习惯法限定各店坊的学徒数量。汉口布业行规定："各号收留徒弟只许一人，倘要多留，察出议罚十两。"广州牌匾油漆行习惯法也议定："收留学徒，不得超过三人。"通过上述措施，行会限制店坊经营规模的扩大，阻止自由竞争的发展。

有的行会从技术保密角度出发，运用习惯法规定不得招收学徒。

① 彭泽益：《中国近代手工业史资料（第1卷）》，三联书店，1957，第182页、第190页。
② 彭泽益：《中国近代手工业史资料（第1卷）》，三联书店，1957，第190页。
③ 苏州历史博物馆等编《明清苏州工商业碑刻集》，江苏人民出版社，1981，第104页。
④ 转引自王庄钧、刘如仲《广东佛山资本主义萌芽的几点探讨》，载《中国历史博物馆馆刊》1980年第2期。
⑤ 江苏省博物馆编《江苏省明清以来碑刻资料选集》，第73号碑文，三联书店，1959。

如苏州金线业，"向有公所，以及行规，行之已久"，其中规定之一即为"不得收领学徒，只可父传子业。"

同时，行会习惯法还规定了学徒年龄、籍贯、期限等。广东佛山陶艺花盆行会习惯法议定："倘有外人投师学艺，年方三十余岁者……一概不准其入行学艺。"① 景德镇的行帮收伙，入帮时还要看籍贯，非同籍的不能入本帮。至于学徒学艺期限也各有所规。如唐代，"钿镂之工，教以四年；车辂乐器之工，三年；平漫刀稍之工，二年；矢镞竹添屈柳之工，半焉；冠冕弁帻之工，九月。"② 苏州砑布染业浙绍公所习惯法规定，学徒五年才准满师，六年才准留用。③

有的地区，行会习惯法对收徒另有特别规定。如江西景德镇装小器的行帮习惯法规定，收徒要经过极野蛮的所谓"迎红篮"的仪式，收徒的要经过一条街"迎红篮"，而未为持刀拦截者所阻拦，才能收徒，否则就要再等十年。④ 限制之严可见一斑。

此外，行会习惯法还对帮工雇工与主东的关系、帮工雇工学徒的义务等加以规定。江西景德镇制瓷业习惯法实行合约工制，通过"宾主"合约，固定雇佣关系，"不得乱召"；同瓷行间实行的"菱草、汇包、把庄、桶店、打洛等"所谓五行宾主，甚至是"世袭宾主制，永远不得更换"。行会习惯法还要求帮工学徒要有良好的工作态度和敬业精神，禁止有欺诈、粗制滥造、不诚实等坏的工作态度、工作作风。

3. 工资、报酬

为了刺激帮工的劳动积极性，并且制止帮工为要求增加工资而开

① 转引自土庄钧、刘如仲《广东佛山资本主义萌芽的几点探讨》，载《中国历史博物馆馆刊》1980 年第 2 期。
② 《新唐书》《百官志》卷 38。
③ 江苏省博物馆编《江苏省明清以来碑刻资料选集》，第 37 号碑文，三联书店，1959。
④ 江西省历史学会景德镇制瓷业历史调查组编《景德镇制瓷业历史调查资料选辑》，内部印行，1963，第 38~39 页。

展罢工，行会习惯法一般规定了统一的工资水平和报酬标准。长沙制香业习惯法规定：

——议客师每月俸钱一串八百文，每日烟酒钱十文。

——议粗香店，每日客俸钱七十文。

……

规矩各照老例，如有新开料香店，各照旧规。①

长沙角盆花簪业习惯法的规定也与此相仿："客师在铺户做货，治角者每日伙食费三十文，治角骨者每日米一升钱四文，归铺照时价扣算。若有阳奉阴违滥做，低价包外，外加伙食，希图长留者，即作犯规，永不得入行，内有知情隐匿，扶同不报者，查出罚钱八百文入公。"② 益阳制烟业行会习惯法在这方面也十分明确："一议每工价遵照宪断，每日给官板足制钱一百五十文正，不得徇情私受用毛钱，如有徇情受用等弊，公同禀究。"③

不少行会的习惯法还根据各行会不同的工种和技术要求的难易、工作量的大小和花费时间的多少，规定了帮工的不同工价。1870年苏州硼布染业行会习惯法中对工资问题就做出这样的规定：

①按照技术和工种确定染司的工薪，月薪分四等，从1800文到3000文不等。

②在固定工资外，实行计件按质附加工资。

③每日另贴小菜钱20文。④

① 彭泽益：《中国近代手工业史资料（第1卷）》，三联书店，1957，第193页。
② 鼓泽益：《中国近代手工业史资料（第1卷）》，三联书店，1957，第189~190页。
③ 鼓泽益：《中国近代手工业史资料（第1卷）》，三联书店，1957，第190页。
④ 江苏省博物馆编《江苏省明清以来碑刻资料选集》，第37号碑文，三联书店，1959。

行会习惯法通过统一工价和报酬，更严格地约束帮工，以加强对他们的控制和剥削。

4. 市场、价格、产品质量规格式样、原料

行会习惯法限制扩大销售市场，禁止互相抢生意。商业行会内部按地段划分，割据垄断。同时，为了保证产品销路，行会不许同业有"以假作真及私造货物发售等弊"。有的还禁止行内成员为竞销而"私做赶工"，随意延长夜作或加班时间。那些在生产旺季必须延长工作时间的行业，行会对每年夜作的起讫时间，以及因夜作应增加报酬的数额都作出具体规定。有的地区，行会还通过习惯法限制外地产品进入本地市场。如长沙京刀业习惯法就规定："外来京刀，内行外行，毋得发售，及登上行者在外带来货，不准同售。如违将货充公。"[①] 长沙戥称业也有同样的规定："往来挑担上街，只贸易三日，要在此长贸者，入会钱扣银二两四钱，入会之后，仍只上街，毋许开店。"[②] 行会的封建性活脱脱跃然纸上。

关于价格，行会习惯法大都有明确规定，一般由行内"公议"，同行不得随意提价或降价。正如长沙明瓦业习惯法规定的一样："一议定价之后必须俱遵一体，不得高抬喊价，如有高抬喊价私买者，查出罚钱二串文入公。"[③] 新宁冶坊业有类似习惯法："铁货出售，只准照依定价，不准高抬，亦不许喊价发卖。"[④] 湖南安化染坊业习惯法也有这样的规定："——议各染坊生意，各遵议规，不许坏规，如不加工作，私行减价诓夺各情，查出公同罚钱十串文。"[⑤]

在产品的质量、规格、式样方面，行会习惯法同样十分重视，有着详细的规定。苏州银楼业习惯法规定："兴利之道，先事革弊。如

---

① 彭泽益：《中国近代手工业史资料（第1卷）》，三联书店，1957，第180页。
② 彭泽益：《中国近代手工业史资料（第1卷）》，三联书店，1957，第180页。
③ 彭泽益：《中国近代手工业史资料（第1卷）》，三联书店，1957，第193页。
④ 彭泽益：《中国近代手工业史资料（第1卷）》，三联书店，1957，第194页。
⑤ 彭泽益：《中国近代手工业史资料（第1卷）》，三联书店，1957，第195页。

有以低货假冒，或影射他家牌号，混蒙销售易兑者，最是诬坏名誉，扰害营谋，一经查悉，轻则酌罚，重则禀官请究。"① 安化染坊业习惯法议定："各染坊，凡染青，要细加工作，先将布底深染，虽旧而颜色不改，如有浅染弄弊减价掣骗，查出重罚。"② 益阳制烟业则对产品轻重规格作了规定："——议每烟捆轻重，遵照宪断，每毛捆只准五十三斤为度，不得多加减少，如违公同禀究。"③ 苏州染坊业习惯法对规格式样也有具体规定："吾行洋蓝砩布染坊一业，向有成规：—议厚布对开；——议洋标对开；——议斜纹三开；—议粗布三开。"④

与此相关，行会习惯法还对原料的分配加以规定。长沙明瓦业行会习惯法就这样议明："——议我行货物，因时价昂贵，如有城厢内外到得有货者，知音必须晓众，公分派买，毋得隐瞒独买，如有隐瞒独买者，公议罚钱二串文入公，货仍归公派买。"⑤ 长沙制香业规定："料香店，每月料二十盒，五、八月十八盒，腊月十七盒，月小十九盒，倘有多补少扣，出进每篕钱一十三文，余规各照老例。"⑥ 新宁冶坊业行会习惯法也有类似规定："买煤只准商订公分，照价卖用，不准减上下，致碍同行。"⑦

山东临清机神会（哈哒机户行会）还将习惯法规定的价格、式样、花色、损耗等各项标准，都写在"则倒牌"上，悬挂在机神会内，公布于众机户，勿得违反，从而切实保证习惯法的执行。

此外，行会习惯法还就度量衡等作出规定。度量衡公共校准，不许同业私自增减。如上海豆业公所奉上海知县颁发公斛（大小与漕斛

---

① 苏州历史博物馆等编《明清苏州工商业碑刻集》，江苏人民出版社，1981，第175页。
② 彭泽益：《中国近代手工业史资料（第1卷）》，三联书店，1957，第193页。
③ 彭泽益：《中国近代手工业史资料（第1卷）》，三联书店，1957，第193页。
④ 苏州历史博物馆等编《明清苏州工商业碑刻集》，江苏人民出版社，1981，第8384页。
⑤ 彭泽益：《中国近代手工业史资料（第1卷）》，三联书店，1957，第192～193页。
⑥ 彭泽益：《中国近代手工业史资料（第1卷）》，三联书店，1957，第192页。
⑦ 彭泽益：《中国近代手工业史资料（第1卷）》，三联书店，1957，第193页。

同），"谕令同业牙行，遵照制造，各备应用，以公买卖。由是同业公议，以所颁公斛保存公所，奉以为母，同业遵照制造行用之斛，按季会较，以昭信守。"① 苏州枣业行会习惯法规定："凡枣客载货到苏，许有枣帖官牙领用会馆烙印官斛（康熙三十年校定），公平出入，毋许妄用私秤，欺骗客商。如有私牙白拦，速禁换霸占，一经查出或被告发，定提究处。"② 有的行会习惯法还规定了结账（收交）日期及抽取行用标准等等内容。

行会通过习惯法严厉禁止会员抬高价格、私占市场、独买原料，规定产品质量和原料的平均分配，其目的在于限制行内同业之间的自由竞争，防止行业内的两极分化。

5. 公益事业及迎神祭祀

为了帮助同业中那些身遭不幸的成员，维护同业的利益，加强同业的"互助精诚"和内部团结，行会习惯法规定了行会的公益救济事业。清代苏州地区的许多手工业行会，都把举办"善举"作为"第一要务"；甚至有的行业是为了举办"互助"，才建立行会的。公益救济的对象包括同业中缺乏资金的手工业坊主和商人，也包括帮工。北京的浙江正乙祠（银号会馆），在康熙六十年（1721 年）议订的习惯法中，有一条是关于公益救济事业的："吾行公所，敬神以聚桑梓，有联络异姓以为同气之义。故人有患难，理宜相恤，事逢横逆，更当相扶，庶不负公建斯祠之盛举耳。会公议：自作召祸及不入斯会者，不在议内。如有忠厚之人，横遭飞灾，同行相助，知单传到，即刻亲来，各怀公愤相救，虽冒危险不辞，始全行友解患扶危之谊。嗣议之后，知传不到，逢险退避者，罚银十两。"③

---

① 《上海豆业公所萃秀堂纪略》。

② 嘉庆十八年；《苏城枣贴牙户慨行邻用会馆烙斛碑记》。

③ 《北京工商资料集》第 1 册，正乙祠《公议条规》。转引自刘建生等《山西会馆考略》，载《中国地方志》2003 年增刊。

行会习惯法规定的公益救济，包括失业倒闭、生老病死、孤寡鳏独等方面。苏州米业公所光绪四年（1878 年）议定的习惯法说：米业"伙友半系安徽、浙绍、宣、湖等处之人，不远千里而来。同业帮伙有失业贫乏、年老无依者，酌量嗣助。遇有病故，助给棺殓费十千文。无人搬柩者，代为安葬。其经费由同业捐资，并不在外募派，洵属善举"。又如苏州梳妆公所的习惯法规定：

——议年迈孤苦伙友，残疾无依，不能做工，由公所每月酌给膳金若干。

——议如有伙友疾病延医，至公所诊治，并给汤药。

——议如有伙友身后无着，给发衣衾棺木灰炭等件。

——议如有伙友病故而无坟墓，由公所暂葬义冢，立碑为记，且俟家属领回。

1843 年，苏州绸缎业成立七襄公局，以"助济"本业中"失业贫苦，身后无备以及异籍不能回乡"者，办理"捐资助棺、酌给盘费，置地设冢等善事"。[1] 有的行会习惯法规定，对无室家的老年帮工，终身予以留养。如苏州的铜锯公所规定，公所"以备老年贫苦者烫损手足及无室家者，留养公所，终年给棺埋葬"。有些行会对义冢每年"暮春，集同人遍察一周，孟秋祭之以椿皮及食，使无鬼馁"。[2]有的行会习惯法还规定行会设义塾，教育行会成员的后代子孙。宁波帮把明代浙江人在天津城东北隅建立的"浙绍人之乡祠"于光绪年间"改为浙江会馆，还办有浙江学校"。[3]

① 江苏省博物馆编《江苏省明清以来碑刻资料选集》，第18号碑文，三联书店，1959。
② 李华：《明清以来北京工商会馆碑刻选编》，《重修正乙祠整饬义园记》，文物出版社，1980，第14页。
③ 王锈舜、张高峰：《天津早期商业中心掠影》，载《天津文史资料选辑》第16辑，天津人民出版社，1981，第66页。

最值得注意的是苏州膳食业梁溪公所的规条："查敝业同人，类皆籍隶锡邑，寄寓苏城。只因本小利微，贫寒之家十居八九，往往因失业后流落他乡。前人有鉴于此，是以邀集同业，创立梁溪公所。所中专留同业中贫苦失业，一时不及回里之伙徒。病者医药，死者棺殓，不外提倡善举、嘉惠同业之意。至公所内容，格于商业微末，一切因陋就简。由清迄今，百有余年，从未有人论改，故未订立规章。"像这样的行会，几乎专办公益救济事业，并无其他内容的习惯规范。通过习惯法的规定，行会采取种种措施，对行内同业的生活给予一定保障，有利于缓和场主铺主和帮工之间的剥削和被剥削关系，维护内部团结。

一般而言，中国各地的行会组织都有自己的保护神，有的是本行业的神师，有的是本乡本土的神灵。如烛匠之于关圣大帝，鞋匠之于鬼谷子，木匠之于鲁班，医药业之于三皇（伏羲、神农、有熊）等等。又如江西人普遍尊奉乡先贤许真人，福建人普遍尊奉天妃，陕西人普遍尊奉刘备、关羽、张飞三圣，湖南湖北人普遍尊奉大禹，广东人普遍尊奉关圣帝君等。因此，行会习惯法对迎神祭祀也作了规定，凡遇祖师诞辰，都要举行隆重的庆祝活动，以求得所尊奉的神祇的保佑，联络情谊，加强团结。

6.组织机构

行会习惯法一般对行会的名称、地址、入会、领导人与办事人、会员大会、会员权利义务、经费罚则、执行等组织机构、行务作出规定。

依习惯法，行会入会一般是强制入会，即凡在某地区从事一行业的作坊店铺必须入会。另外，有的还有一些具体的规定。如只许入一行会等。长沙大小木业习惯法对入会就是这样规定的，"小木师不许混入大木做艺，大木亦不得雇佣帮做"，"凡乡师入会，只可任投一行做艺，不准跳越"。

行会的最高领导机构一般为全行会大会，召开的时间不一。全行会大会一般有权决定行会内部的重大问题，如选举领导人，接收新会员，讨论行会开支、预算，议定和执行行会习惯法等，并讨论处理涉外事务。

行会组织的领导人有称行头、行首、行老的，也有叫司年、司月的，各地不一。一般依习惯法由同行推举，也有个别大作坊主铺主推定方式产生的。其职责为根据全行会大会的授权，处理本行会日常的对内对外事务，如确定本行经营方针，协调产品生产和流通，管理本行业的产品质量和技术规格，调解行内纠纷，处理违反行会习惯法的行为，并主持公益救济事业、组织共同祭祀等。上海豆业公所的习惯法规定："本公所管理银钱账册及一切事宜，由各司月按月轮值。"①贵州锦屏地区经营木业的"三帮"、"五积"设置专人主持会务，负责调处内部纠纷，协助行内木商解决、处理木材在运输途中发生的意外事故。四川自贡烧盐工人行帮"首长称香手，轮流任期三年，选举加卜卦当选。有定期年会"。此外，行会还有若干办事人员，协助行会领导人处理日常事务。

行会的地基房产建筑，有私人捐助的，也有以其他方式所得的。行会日常开支所需的经费，习惯法的规定不一。苏州银楼业习惯法规定："公所常年经费，公议由各号量力自认，按月收取。一切开支分四季报销，以昭信实。"苏州佑衣业所建的云章公所，"一切经费，照章于销货中按数每两抽银2厘，俾集腋成裘，共襄义举。"上海豆业公所也规定了行会经费如何解决："嘉庆甲子岁起，议行善举四条，同仁之事甚广，难尽举行……我等同业恐一时之捐资有限，不若按货提厘，可以为绵远悠久之计。今正议于正月中起，除米之外，一应豆麦杂粮等物，每百担捐钱十四文，豆饼每百担捐钱七文，按月照数清

---

① 《上海豆业公所道光十一年同仁堂征舍录》。

缴，交司月收齐付同仁堂公用，不得稍稍隐匿。"① 广东木匠行会习惯法规定，每个工人应将其收入的百分之二十交纳给行会。

7. 罚则和执行

为了保障行会习惯法的权威和效力，使全体从业人员能一体遵行，行会习惯法规定了罚则和执行机构。除了说服讲理劝告批评外，对违反习惯法的行为，行会习惯法一般规定根据情节轻重、态度、社会影响等而给予罚款、罚请戏、开除行籍、禀官处究等处罚手段，有的甚至有肉刑乃至致之死地的规定。如："苏州金铂作，人少而利厚，收徒只许一人，盖规则如此，不领广其传也。有董司者，违众独收二徒。同行闻之，使去其一，不听。众忿甚，约期召董议事于公所。董既至，则同行先集者百数十人矣。首事四人，命于众曰：董事败坏行规，宜寸磔以释众怒。即将董裸而缚诸柱，命众人各咬其肉，必尽而已。四人者率众向前，顷刻周遍，自顶而足，血肉模糊，与溃腐朽烂者无异，而呼号犹未绝也。"② 其处罚的残酷可见一斑。清代苏州蜡笺业、红木梳妆业同业违反习惯法，行会还要依靠官府"重申"、"示禁"，借助国家的力量和国家执法机构的权威来保证行会习惯法得到普遍遵守。

对于帮工的处罚，我们可以从下面这一尝罚条例略知端倪。山东济宁玉堂酱园工场的《规矩牌》尝罚条例共有十条：

第一，凡有偷、漏、走、私、拐带者一律砸锅（即开除——引者注）。

第二，吃酒斗殴，闹架者记大过一次。

第三，工人不纯（偷懒磨滑），记小过一次，并教训。

---

① 《上海豆业公所道光十一年同仁堂征舍录》。
② 黄钧宰：《金壶七墨》，《金壶逸墨》卷2，《金泊作》。

第四，店员在柜台上与顾客吵架记小过一次，并教训。

第五，如不严格遵守店内制度，记小过一次。

第六，如逢年过节正忙用人时，不上班或硬走的记小过一次。

第七，冬季私添火盆取暖的记小过一次。

第八，职工不准私自留人住宿，如有违犯者记大过一次。

第九，职工不准赊货、浮借银钱。

第十，职工不能私自赌博，违者记大过一次（官博年初一、二、三不在此例）。①

行会习惯法的执行，各有不同，有的设有专门机构。苏州纸坊行业习惯法规定，设立"坊甲"，"专司稽查各坊，弹压各匠"，严禁坊匠"夜不归坊"，"坊匠犯事，递籍按插"，坊匠如"侵空工银，避不做工"，则"差拥归坊催欠"。② 有的地区如闽江中游地区的行会，按照习惯法约请地方绅士处理有关市民与商人之间的纠纷。

行会设立执行机构，定有专门人员，规定各种处罚手段特别是禁止从事某种具有特权的行会职业，保障行会习惯法的实施，维护行会这一业缘组织的秩序，促进生产的发展。

此外，行会习惯法还有其他一些内容。有关工人行会的习惯法，如苏州印书业印手许怀顺、朱良帮等先后组织工匠的"行"，与作坊主的组织"崇德公所"相对抗，工匠行的习惯法要求增加"印价"和"节礼钱文"，并且为了保护工匠和学徒的利益，规定各店"收徒添伙"，均由工匠的组织办理，不许作坊主擅自雇收。③

兰州的"陕帮"烟商、财东和掌柜之间，掌柜虽可得相当的"入

---

① 海汕：《玉堂春秋》，载济宁市政协文史资料编纂委员会编《济宁市史料》1983年第1、2合期。

② 江苏省博物馆编《江苏省明清以来碑刻资料选集》，第40号碑文，三联书店，1959。

③ 苏州历史博物馆等编《明清苏州工商业碑刻集》，江苏人民出版社，1981，第95页。

股"权利，但手中钱再多也不能向本号投资以占"银股"红利，而财东也不能占掌柜的"入股"红利。这样，通过习惯法，资方和资方代理人间的竞争就被抑制。

有的行会习惯法还包括行业内部共同的语言习惯和特定动作（以手势为主）。有的还通过习惯法规定行会担负兴办地方教育、社区公共事业、出资筹集地方自卫队以保证社区安全等职责。也有的则将应付官差、官役、承值应差事宜列为习惯法的内容。更有不少行会习惯法规定了行会内部的等级关系，确认等级的不可逾越并各守其职。

三　中国行会习惯法的特点

与中国的行会组织一样，中国的行会习惯法也有独特的方面，在中国习惯法中占有一席之地。

1. 限制竞争

中国行会习惯法的主要目的是限制来自行业内部或外部的竞争，维护各行业的既得利益。行会习惯法的议定、执行、遵守无不围绕这一宗旨进行。行会通过习惯法限制开业，对新入行的工商业者收取相当可观的行规钱、限定开设店坊的地域，严格控制业主招收学徒雇请帮工，划一货价银码，统一分配市场和原料，划一产品质量规格技术标准等，确保经营垄断地位，享受垄断利润。许多行会的习惯法中均有这种目的的具体表达。湖南武冈铜器业对为什么议订习惯法就有这样的说明："盖闻百工居肆，各有规矩，以安其业。苟规矩不有，则和气不洽，而争竞起焉。我行铜艺，居是邦者，不下数十家，其间带徒弟雇工者，每多争竞，较长计短，致费周旋。爰集同行商议条规，约束人心，咸归无事，庶几和气洽，而业斯安也。"[1]

---

[1]　彭泽益：《中国近代手工业史资料（第1卷）》，三联书店，1957，第182页。

2. 浓厚的宗法色彩

中国行会组织特别是清代的行会组织与欧洲行会组织一样，行会内部各阶层之间的关系，是用一条宗法关系的纽带紧密地联系在一起的，这一特点在行会习惯法上有鲜明的反映。在行会组织内部，习惯法把帮工和学徒都组织得最适合师傅的利益。他们和师傅之间的宗法关系使师傅具有两重力量：第一，师傅对帮工的全部生活有直接的影响；第二，同一师傅手下的那些帮工的工作成了真正的纽带，它使这些帮工联合起来反对其他师傅手下的帮工，并使他们与后者相隔绝；最后，帮工由于自己也成为师傅而与现存制度结合在一起了。帮工、学徒与师傅（或行东）之间所存在的这种宗法关系，决定了帮工与学徒绝对不是真正的、独立的劳动者，而是照家长制寄食于师傅处的受剥削、受压迫者。在这样的制度下，行会习惯法确认森严的等级关系。如在清代乾隆末年，北京前门外鲜鱼口，有一家叫大兴楼的糕点店，"东家"刘德全，雇有大批工人，拥有雄厚资金，并充当糖饼行行会的"司事"（会首）。在他的店里，有作为资方代理人负责销售商品的掌柜和负责生产管理的"掌案"；有学徒期满出师但不能上升为师傅，每月拿一定工资的"帮案"、"副帮案"；有从事简单劳动工资低廉的"烧炉人"；有学徒未满，不拿工资，只供膳食的学徒、福禄角；有临时雇用，从事没有技术，单纯依靠繁重体力劳动的打杂工"节人"。在他们之间，有一条很深的鸿沟，习惯法规定严禁逾越。

3. 以地方行会习惯法和商业行会习惯法为主

中国行会在其发展中，各个行业没有形成统一的全国性的行会组织，而是表现出明显的封建割据性和地域色彩，行会基本上都是地方性的。与此相适应，行会习惯法也基本是地方性行会习惯法。每个城镇的各个行会都议定有自己的习惯法，此地与彼地各不相同甚至互为对立冲突，缺乏沟通，具有明显的排他性。

此外，中国的地方行会习惯法中，有一种特殊的为欧洲行会所没有的地方商帮习惯法，这种习惯法兼有同业与地域特性，而地域色彩更为强烈。中国的地方商人资本活跃，活动范围遍及全国内地和边疆、城市和乡村。他们背井离乡，远隔家乡千里乃至数千里，为了保护本身的经济和政治上的利益，排除外地外行商人，往往成立自己的地域性商帮行会组织，并有着为保护、发展自己而议定的习惯法。这种商帮的行会习惯法的封建性和排他性，比起不分地区的同行同业的工商业行会组织要突出得多。

中国行会习惯法还主要表现为商人行会习惯法，即便到了封建社会晚期，商品经济有了相当发展、资本主义已经发展到较高水平的清朝中叶，商人行会和商人行会习惯法仍然占有举足轻重的地位。

中国手工业行会由商业行会中分离出来的时间很晚，分离的过程缓慢。有的城市的行会组织，一直到鸦片战争之前，仍然处于工商不分的阶段。以明清以来我国东南地区工商发展较快的苏州为例，近百个行会组织中，纯属手工业行会的只有丝织行会的云锦公所、染布业行会的浙绍公所、踹布业行会的踹布公所、造纸业行会的仙翁舍馆等少数几个。这样的行会组织状况，自然只能是商业行会习惯法占主体地位。

商业行会习惯法在行会习惯法中占主要部分反映了商人控制商品流通、销售乃至控制生产的状况。许多商业行会往往把行商与坐商两者置于一身；有的商业行会习惯法还规定了自己购置原料，进行加工，由本店销售，即前店后场，以店为主。这种以销售控制生产的形式能更有效地阻止竞争，垄断市场。行会的封建性在商业行会习惯法中表现得尤其明显。

4. 从属于而又相对独立于国家制定法并自成体系

中国的行会，一开始便从属于国家，始终未能争得对城市的自治权。行会习惯法也始终无法与国家制定法相抗衡，摆脱国家制定法的控制。北宋政府有一道命令很能说明问题。工商业者必须"各自诣官投充行人，纳免行钱，方得在市卖易，不赴官，自投行者有罪"。即所有工商业者都要先到官府交纳免行钱，然后再去行会"投行"（办理登记手续，表示参加了行会），才算合法；如果不先向官府交纳免行钱，私自投行，那就是犯法。政府高高地凌驾于行会之上，行会习惯法自然从属于国家制定法。如清代苏州的造纸业、印书业行会习惯法的议订，要通过官府颁布。

同时，由于国家制定法没有把商品生产、商品流通及行会全面、具体地纳入调整范围，予以详细的规范，没有将行会规定为法人团体，给予其法律地位，因此行会只有依靠习惯法来规范商品生产商品流通，用行会习惯法来调整工商业者之间的关系，其内容自成体系，且有自己独特的议定办法、执行机构和处罚手段，因而有其相对独立性。行会习惯法对同业人员具有严格的约束力，在某种意义上甚至高于国家制定法。

5. 原始民主性

行会习惯法的议定由行内成员共商同议，其领导人是由成员公推产生的，处罚和执行也是由成员共同决定和实施的，表现出一种原始民主性。不过，这种民主色彩笼罩着浓厚的封建宗法和等级光环，其民主形式是最初级的，也是不完整的，而且往往容易被大商人和大手工业者所破坏。

亨利·皮朗对行会有一个很值得重视的分析和结论：

> 它们（指行会——引者注）的经济组织在整个全欧洲是一样的。无论在哪里，它们的基本特征相同。中世纪城市经济的保护主义精神在这里有了最强烈的表现。它的主要目的是保护工匠既免受外来的竞争，也免受同行之间的竞争。它把城市的市场完全保留给同辈行会的工匠。它排斥外来的产品，同时又监视不使同行的会员因损害别人而致富。正是这个缘故，逐渐形成了许多详

细的规定。

……

　　例如规定工作时间，规定价格和工资，禁止任何种类的广告，决定每一个作坊中的工具数量和工人数目，指派监督人进行最细致、最严格的监督。总而言之，力求保证对每一名会员以保护，并且尽可能做到完全平等。这样，它的结果就是用全体一致的严格服从来保证每个人的独立。同业行会的特权与垄断所造成的反结果，就是一切创造性的毁灭。任何人不得用较别人生产多得更多与更廉价的方法来损害别人。在没有变化的工业中一切按陈规不动，这就是当时的理想。①

这一判断也是符合中国行会和行会习惯法状况的。

中国行会习惯法是适应商品经济的要求而随着行会组织产生并发展的，在当时的历史条件下，对促进商品生产和商品流通、促进工商业的发展曾起过一定的积极作用。但由于其封建性和排斥竞争、禁止自由贸易的特征，阻碍了商品经济的进一步发展，行会习惯法趋向消极。随着商品生产的进一步发展和市场的扩大，特别是资本主义生产关系的萌芽，越来越成为商品生产和商品流通桎梏的行会最终被历史的洪流所淘汰，趋于瓦解和衰亡，中国行会习惯法也随之退出历史舞台。但其法观念、法意识还在一定程度上影响中国商人和手工业者，而且这种影响将是长远的。

---

① 〔比〕亨利·皮朗：《中世纪欧洲经济社会史》，乐文译，上海人民出版社，1964，第165～166页。

第四章

中国行业习惯法

以业缘为基础形成的习惯法，在中国除了行会习惯法外，还有行业习惯法。行会习惯法是特定时期手工业和商业团体的规约惯例，而行业习惯法则广泛存在于社会的各行各业，在各个时期都有其影响和表现。在本章中，我们将探讨中国行业习惯法的产生、发展，揭示中国行业习惯法的主要内容，分析中国行业习惯法的执行和特点，试图从宏观上对中国行业习惯法有一个较为全面的认识。

需要指出的是，本章中叙述和分析的某些行业，如盗业、巫业、妓业等，并非社会的正当行业，而是丑陋行业、罪恶行业，我们研究它是为了揭露它、限制它、控制它。

一 中国行业习惯法的产生、发展

行业是社会分工的产物。在原始社会中前期，社会生产力水平低下，人们依靠男子狩猎妇女采集来维持生存，只有简单的性别分工。随着生产工具的改进、生产力水平的提高，产品开始有了一定的剩余，于是在原始社会末期出现了畜牧业与农业分工的第一次社会大分工、手工业从农业中分离出来的第二次社会大分工，稍后商业又从农业手工业中分离出来而有第三次社会大分工。因此，人类社会出现了不同行业。

在封建社会时期特别是封建社会中后期，随着社会分工的越来越细，行业不断增多，从业人员也相应分化。《史记·货殖列传》记载："（曹邴化）以铁冶起，富至巨万。然家自父兄子孙约，俯有拾，仰有取，贳贷行贾遍郡国。"行贾即行商，这表明汉时我国已有行商的出现，行商与坐商之分已形成。到唐代，又出现居间性的商业组织即"邸店"（即明以后的"牙行"）。商业内部的分工越来越细。明朝时已有"三百六十行"之说了，明朝田汝成在《游览志余》一书中即谓"杭州三百六十行，各有市语也"。此外，"三十六行"、"七十二行"说法也已出现。清代徐珂在《清稗类钞·农商类》中指出："三十六行者，种种职业也。就其分工而均计之，曰三十六行；倍之，则为七十二行；十之，则为三百六十行。"

在行业的发展中，又有"三教九流"一说。宋代的赵彦卫的《云麓漫钞》第六卷载："（梁武帝）问三教九流及汉朝旧事，了如目前。""三教"泛指儒教、道教、佛教，与行业关系不大。"九流"，就学术方面而言，《汉书·艺文志》指儒家、道家、阴阳家、法家、名家、墨家、纵横家、杂家、农家。但通常"九流"更多地泛指中国社会中不同的行业及从事不同行业的人，其中又有"上九流"、"中九流"、"下九流"之分。

上九流：

一流佛祖二流仙，三流皇帝四流官，五流烧锅（酿酒业）六流当（典当业），七商八客（庄园主）九种田（农夫）。

中九流：

一流举子二流医，三流风水（风水先生）四流批（算命先生），五流丹青（书画家）六流相（相面先生），七僧八道九琴棋（文人）。

下九流：

一流巫（巫师），二流娼，三流大神（神巫）四流梆（更夫），五剃头的六吹手（吹鼓手喇叭匠），七戏子八叫街（乞丐）九卖糖。

需要指出的是，在这九流中，每一流的行业名称都包括很多同行或类似同行的职业，如下九流的第五流，不仅仅是指剃头理发业，与此类似的修鞋业、搓澡业、跑堂业、拉车业等服务性行业均算在内，包括的行业很广泛。

交换的频繁、分工的复杂、行业的分化必然导致从业人员的增多，不可避免地形成竞争局面，而这种竞争在一定程度上是不利于全体同业从业人员的。特别是这种竞争威胁和侵犯了先行从业人员的先占权，使他们丧失了丰厚的先占利润，失去先占市场。因此，为保护先占权，保护本行业的共同利益，维护行业从业秩序，保障行业的稳定发展，各行各业逐渐产生、形成了行业习惯法，以调整从业人员之间的关系，规范同业从业人员行为。

这种行业习惯法，最初的涉及面较窄，大多是关于行业禁忌、从业人员行为规范等。随着各行各业的发展，行业习惯法不断丰富、完善，其内容更加全面，涉及行业标帜、从业人员条件等级、从业方式技术等等，执行也更为规范，最终自成一体，在中国习惯法体系中占有重要地位，在社会生活中发挥着一定的作用。

早在我国远古的黄帝、唐虞时代，各族部落之间的物物交换，都没有常设的交易市场，而是依习惯法"因井为市"、"古人未有市，若朝聚井汲水，便将货物于井边货卖，故言市井。"① 在商代后期，有了市开

---

① 《史记·平准书》。

始了"互市交易",习惯法对交易时间的规定为"日中为市"。"……日中为市,致天下之民,聚天下之货,交易而退,各得其所"。[①] 到西周时,行业习惯法适应社会发展的需要,又规定了"朝市"和"夕市":"大市,日中而市,百族为主;朝市,朝时而市,商贾为主;夕市,夕时而市,贩夫贩妇为主。"[②] 到了南北朝,行业习惯法又增加了草市这一农村定期市集的内容,丰富了交易规范。北宋时,行业习惯法已不再有夜间不许交易买卖的规定,夜市逐渐发展到全国,这方面的行业习惯法逐渐完善。明、清时代,交换更加广泛、频繁,行业习惯法适应社会的发展和行业自身的需要,内容更为全面。中国社会进入半殖民地半封建社会后,行业习惯法仍以其独特的方式存在并发挥作用。

当然,行业习惯法在中国各个地区的产生、发展是不平衡的;就各个行业具体而言,行业习惯法的产生、发展更不可能是整齐划一的,而是受制于具体的社会经济文化条件。

二　中国行业习惯法的主要内容

由于中国地域辽阔,行业的种类繁多,因而中国行业习惯法的内容较为丰富;而且各个地区的行业习惯法又有一些差异,表现出地域性。下面我们主要从行业标帜、行业从业人员条件等级种类、行业从业方式技术、行业规矩和禁忌、祖师崇拜等方面来探讨中国行业习惯法的主要内容。

1. 行业标帜

标帜是用以招徕顾客的形象性的商品标记,在中国很早就有了行业标帜。战国时就有:"君使服之于内,而禁之于外,犹悬牛首于门,

---

① 《易经·系辞下》。
② 《周礼·司市》。

而卖马肉于内也。"① "有酤酒者……悬帜很高。"② 在长期的经营活动中，行业标帜逐渐约定俗成，成为行业的特定标记。

行业标帜的形式及纹饰随行业、店铺的性质、经营商品提供服务的不同而有所差异，中国行业习惯法将此规定为四类：

（1）文字行业标帜：这类标帜用木板制成长方形、正方形或葫芦形，两面涂以黑漆，书写或镌刻表明行业的文字，如当铺业写"当"。这种文字标帜，"茶"、"酒"业也常用，一般字数较少，尤以单字、双字为最普遍。

（2）实物行业标帜：这是中国行业习惯法规定的最原始最直接的行业标帜。行业和店铺卖什么挂什么，便于顾客辨认它所经营的商品，如麻店挂几缕麻，鞋店挂鞋，刀剪店挂剪刀，绒线铺挂各种颜色的绒线、毛巾、腿带、布头等，草料铺冲天用竹竿捆一束稻草。

（3）形象行业标帜：按照习惯法，这一类行业标帜是用所售商品的模型形象作标帜，其标帜已不拘于商品的自然形态，而是经过长期实践使造型适当变形，色彩鲜明夺目。如药铺标帜，由一块四周为白色，中间一个黑心的木板组成，上下为直角等腰三角形，表示半贴膏药；中间是菱形，表示一整贴膏药，中间用铁链连接。再如面铺用罗圈彩带作标帜，棉花铺子的标帜是由四个用红条箍起来的棉团和一个弹花弓及红穗组合而成。

（4）象征行业标帜：如近代理发店门口竖立一根红、白、蓝三色相间的旋转灯柱；小客店悬挂一个柳条笊篱或箩圈等。这一类行业标帜与行业的经营内容无直接关系，而是在长期的从业实践中约定俗成为本行业的标帜的。③

---

① 《晏子春秋》。

② 《韩非子·外储说右上》。

③ 惠西成、石子编《中国民俗大观（上）》，广东旅游出版社，1988，第276~277页。更详细的内容可参阅陈立平《老店铺招幌》，辽宁大学出版社，2001，第3~39页。

　　行业习惯法规定的行业标帜除了标明行业的种类外，还能区别店铺的等级、专营兼营等。饭店业习惯法规定，箩圈下缀红布条为汉族饭铺，蓝穗箩圈为回族饭铺，单个箩圈表示只卖小吃，双箩圈即办炒菜，若门前挂四个箩圈幌，则表明这是规模较大的饭馆，可以包办酒席。

　　烟袋铺标帜分乌木条幌、大烟袋幌、大火镰幌，标明各店的专营兼营。乌木条幌表示此店专售烟袋杆，店幌子为若干乌木条，一横一竖若干条，系一串约2尺长下缀红色幌绸，一挂至数挂。大烟袋幌表示出售全部烟袋零件，如烟锅、烟嘴、烟杆等，可配制成完整的烟袋。大烟袋用木制成，长1尺至3尺，有坚立于门旁的，也有悬于屋檐下的。大火镰幌表示代卖火镰的烟袋铺，用木头制成一长约2尺、系大红绸的大火镰。①

　　除了行业标帜以外，中国行业习惯法还对市声进行了规定。市声包括叫卖声和代声。叫卖声小商贩用得最多，直接说明所售商品的特点，内容带有极大的诱惑性，声音富有节奏性。代声则是以某种物器声代替吆喝表明经营服务内容，宋代宋祁有"箫声吹暖卖饧天"诗句，表明当时卖糖的代声为吹箫声。代声大多为打击声，如收买废品业所用的手中摇的铜铃，下乡货郎用的货郎鼓，行医郎手里拿的串铃，卖油郎敲的梆子等。②"货郎鼓"又名"惊闺"，《清稗类钞》有记载："惊闺，贩卖针线脂粉之人所执之器也。形如鼗而附以小钲，持柄摇之，则钲鼓齐鸣，以代唤声，欲其声之达于闺阁也，后因谓执此业之人亦曰惊闺，即俗言货郎。"③

　　中国行业习惯法还有行业建筑设施的某些内容。典当业的柜台很高，柜台里的收当人坐在高踏板上的凳子上，柜台外的当物人把东西

---

①　惠西成、石子编《中国民俗大观（上）》，广东旅游出版社，1988，第277页。
②　仲富兰：《民俗与文化杂谈》，上海教育出版社，1992，第206～209页。
③　《清稗类钞·物品类·惊闺》。

举上柜台，这种设施布局是典当业的成规，必须遵守。

2. 从业人员条件等级种类

中国行业习惯法对本行业从业人员的条件要求、等级种类等大都有所规定，以各遵定规，各按待遇，调整行业内部的社会关系。

坐商都有店铺，店员各有等级，须遵成规。入门依习惯法先要学徒二年或三年，学徒期间，只管饭，不付工资，或给少量零花钱，名为"鞋钱"，即"跑腿磨鞋的钱"。满徒后可以按月领工资，又若干年，干得不错，有些资历，店主于年终再给一部分钱作为奖励，称为"吃劳金"；再进一步，参与了较重要的经营活动，店主在年终按一定比例从盈利中提成分配给这部分店员，这称为"吃份子"或"吃红利"。

当铺业依习惯法从业人员的等级职责十分明确。每个当铺大约二三十人，有的更多，也有的不足十人。股东下设"总管"，监督一切对内对外事务，筹划资金，监督账簿，向股东报告营业状况。经理通称"当家的"，督管柜内一切业务，有关职员的任免，以及资金周转、发展营业、对外应酬，都由经理负责。遇有巨额当质"头二柜"不能解决时，也由经理斟定。下面是"头柜"，俗称"大缺"，由经理特聘，地位很高，只负责鉴别货物，斟定价格，对当物人施以种种手腕，促成交易。每日二餐，居首席，以示尊重。再下面为"采八角"，其职责为总揽一切杂务，遇有营业、账务忙不过来时，"采八角"均得协助完成，若不是八面灵通，较难胜任。另外还有"大包房达"，管理库房、首饰房。"账桌"负责书写当标、登记账簿、编制号码等。①

丐业有不同的种类，坐乞、行乞的要求不同，而行乞又有街中路

---

① 参见王小梅《旧中国的当铺业是如何牟利的》，载《中国商报》2017 年 3 月 29 日第 8 版。

上行乞、登门行乞之别。① 安徽六安的花子头内部分为："灰窝"，主要在红白喜事上讨钱；"西行"，以打莲花落子为乞讨手段；"背大强"（"背大筐"），表面上以砸乌龟卖肉为生，实际上专干黑地勾当（拐劫孤客）。

相命业也有许多种类，习惯法的规定主要有：①阴档：租赁房屋设立算命馆并在门前或骑楼外挂起称作"挂帐"的招牌或布帘。②阳档：在城隍庙等相士聚集的地方，租个房间，或在街头巷尾摆设个固定的档口。③地档：日间多于夜间，在闲人聚集的空旷场所里开档。④八柳：穿街过巷做生意，多为盲人，以敲"小铜叮"为记。⑤登格：专门到茶楼、酒馆、旅店、鸦片烟室做生意。⑥踩瓢：专上流船相命做生意。

娼妓业大多挑眉目清秀、口齿伶俐、身无隐疾、秉性温柔的幼女买进，年龄在 8 ~ 10 岁。高等妓院将买来的幼女自幼就进行各种专门训练，包括习技艺（琴棋书画等）、习妩媚之术（即训练妓女的体态姿势、音容笑貌）、习密工（即应酬功夫）。此外还授修饰、打扮以及床笫功夫等。依习惯法，妓女有不同的等级。以上海为例，妓女分为书寓、长三、二三、么二（以上为高中等）、野鸡（三等）、花烟间、钉棚（末等）以及老举、咸水妹、宁波堂子、台基、相公堂子（男妓）、外国妓女、变相妓女（舞女、茶娘、咖啡馆餐馆女招待、按摩女等）。等级之间特别是高中等与下等间界限分明。②

木匠、石匠业有粗细之分。按照行业习惯法，修房建屋的、制作粗重农具的称为"粗木匠"，而做细致家具又从事雕刻的名为"细木匠"。同样，粗石匠主要是开山取石，主要辨石脉、选石场、看丝缕、打炮眼、下钻，细石匠则主要从事雕镂，技术难度更大要求更高。

---

① 任骋：《中国民间禁忌》，作家出版社，1990，第 370 页。

② 参见陈锋、刘经华《中国病态社会历史论》，河南人民出版社，1991，第 361 ~ 364 页。

对从业人员的要求、条件，行业习惯法一般规定由熟人介绍，办理一定的手续，尤以行拜师礼为多。戏业对从业人员则要求有一定基础，有一定的培养前途。

3.从业方式和技术

中国的各行各业，在长期的实践中或多或少地形成了行业从业方式和技术的习惯法，以保证行业的经济利益，维持行业的存在和促进行业的发展。

商业的习惯法将经商分为行商、坐商。行商走街串巷、上山下乡，灵活、方便地送货上门。坐商则有固定的地点、店房，规定交易的时间，标定经营的商品，并有经营商品的分工。商业的技术表现在称、算、量、刀、嘴等方面，在买卖时要察言观色，摸透顾客心理，曲意奉承，八方玲珑。应酬技术对于商业从业人员是相当重要的，一般通过祖传、师承等方式进行传授。

江湖行医和卖药的也逐渐形成为一种固定的职业，这是江湖各行业中人数最多、品流最杂、骗人手段最多样化的一个行业，有一套从业技术。江湖行医的人中，有一类按习惯法只在身上揣一些用小纸包分装的丹、膏、丸、散之类药物，穿着一套华丽的衣服，手上戴有金戒指等装饰品，扮成一个斯文人或医生的样子串村走巷，专以妇女和孩童为对象；有的装扮成道士、和尚行医；有一类则头戴一顶圆草帽，肩搭一个布口袋，讲一口南腔北调的话，扮成一个风尘仆仆的外地人行医；还有一类专门搞跌打损伤的江湖医生，常以"正手"和"副手"形式进行，开档时必须摆设得法，讲究规矩，一切按习惯法进行，如三十二个药酒瓶摆列次序：第一列两头阵设两个瓶子，代表江湖祖师爷黄、陆二仙；向后又分为三、五、四、十八瓶共四排，以代表三江、五湖、四海、十八省，不得乱摆。

相业也有自己的从业技术，习惯法有不少规定。相业有一"江相派"，一套师门传承的"法"和"术"。"法"是一本名为"英耀篇"

的秘本，不轻易传授给徒弟，传授对象的要求十分严格。被传授人要经过拜祖师、焚丹书、立誓言等一套仪式后才由师父把秘本口授给徒弟。"英耀篇"传授怎样从对方的外表、言语来观察他们的身世和内心世界，怎样使他们真实吐露自己的家庭、身世的方法，即"敲"（旁敲侧击）、"打"（突然发问）、"审"（察言辨色）、"千"（刺激、责骂、恐吓）、"隆"（赞美、恭维、安慰、鼓励）、"卖"（掌握对方情况后——摊出来）。另有"扎飞篇"（介绍具体舞神弄鬼的方法，如画符、念咒、扶乩、祈神禳鬼的仪式）和"阿宝篇"（怎样"做阿宝"即借和还金银来诈取财物的骗术）。相业的从业人员依习惯法都注意这样几点：①小心留神，不慌不忙；②脸皮放厚；③随机应变，摸透对方口气；④少说话，言多必误；⑤催客速走，以免露马脚。

盗业具体的盗窃方式和技术很多，有以美人计骗取信任而诈窃的"拆白党"；白天隐身在他人家中偷东西的"闯窟堂"；夜里掏洞、挖坟盗物的"探夜窟"；也有专门偷表或开锁盗物的"捏疙瘩"，用假包袱换别人真包袱的"调包"，用双指夹钱包的"拥点"；还有用刀片割包的"菁插"，在火车上"做活"的"蹚大轮"，在江河湖海的船上"做活"的"大漂洋"。成功的盗窃需要有各种专门的技巧和手艺，作为江湖人的一种维持生存的职业，盗业非常讲究技术和绝活功夫，涉及"踩点"、望风、接转赃物、销赃等全过程。这些技术包括使用工具的技术、寻找猎物的技术、动手的技术、败露后逃跑的技术、"错引"（即靠胆量、计策、表演而声东击西、调虎离山、转移视线、贼喊捉贼）的技术等。盗业的技术有祖传秘授、师传徒受、"地下学校"教授等。

戏业的习惯法对技术有不少规定，如"江湖一点诀，不对妻儿说"。如果技艺一定要传的话，也是"传男不传女，传媳妇不传女儿"，以防止技艺传到外姓人手中，砸了自己的饭碗。收徒后一般是闭门教演，禁人窥视。习惯法对戏业从业技术的规定主要集中在扮相、演唱技巧等方面，如"净行不得添彩条，贴行不得赤背，生行忌落髫口"；"忌倒音均韵，忌喷字不真，忌慌腔西调，忌板眼欠劲"；"宁穿破，不穿错"等。对那些没有拜过师就行艺卖唱的，同行人可以携家伙、撵场子，把人赶开，不准其行艺。[1]

医药业、酿造业、工匠业都非常重视技术，习惯法对此都有不少规定。如医药业有"施药不施方"的习惯法，就是为了保护职业技术，维护从业技术的先占和独占。

4.行业规矩和禁忌

中国行业习惯法中内容最重要、对整个行业影响最大的即为行业规矩和禁忌。各行各业在长期的发展中，逐渐积累形成了许许多多的行业规矩和禁忌，规范行业内部的生产经营活动，约束从业人员。

商业的规矩和禁忌十分普遍，富有行业特色，一切以经济利益为核心，围绕"钱"字而定各种规范。坐商销货，习惯法规定店员不能与顾客吵嘴，吵嘴即犯规矩，即使顾客无理取闹，也要耐心使之化为祥和；店员为顾客取货要先取中次货，顾客嫌次再拿好货，先拿好货顾客要不起而受窘，店员即为失职，等等。

春秋时期的范蠡在助楚王勾践灭吴后，弃官经商，不久发家致富，富可敌国又倾财赈民。后人归纳出范蠡的"经商十八忌"：

> 生意要勤快，切忌懒惰，懒惰则百事废。
> 价格要订明，切忌含糊，含糊则争执多。
> 用度要节俭，切忌奢华，奢华则钱财竭。
> 赊账要认人，切忌滥出，滥出则血本亏。
> 货物要面验，切忌滥入，滥入则质价减。
> 出入要谨慎，切忌潦草，潦草则错误多。

---

[1] 任骋：《中国民间禁忌》，作家出版社，1990，第363页。

用人要方正，切忌歪邪，歪邪则托体难。

优劣要细分，切忌混淆，混淆则耗用大。

货物要修整，切忌散漫，散漫则查点难。

期限要约定，切忌马虎，马虎则失信用。

买卖要适时，切忌托误，托误则失良机。

钱财要明慎，切忌糊涂，糊涂则弊窦坐。

临事要尽责，切忌妄托，妄托则受大害。

账目要稽查，切忌懒怠，懒怠则资本滞。

接纳要谦和，切忌暴躁，暴躁则交易少。

立心要安静，切忌妄动，妄动则误事多。

工作要精细，切忌粗糙，粗糙则出品劣。

说话要规矩，切忌浮躁，浮躁则失事多。[1]

在日常经营中，习惯法要求店铺开张必贴大红喜字、喜联于门口，并放鞭炮、接贺联、赏乞儿、挂匾额以图吉利；店伙计忌面朝里，背朝店门坐着，不许坐卧在柜铺上、桌柜上或躺睡在待客的条椅上；不许倚靠账桌，算盘不能坐在屁股下边，不许朝店门小便；扫地时忌讳往门口处洒扫。[2] 这些习惯法，是商业从业人员趋吉避害、趋利避蚀心态的反映，反映了商人的某些神灵意识和某些实际积累的经营经验教训。

在语言方面，商业习惯法也有不少规定。如药店、棺材店忌说"请下次再来"、"以后请多多光临"等话，否则就会得罪衣食父母而失去顾主。卖饺子的，忌说破了，而应说赚了。卖蚕者忌卖四只，因"四"与"死"谐音。店铺命名更是遵照习惯法多用吉利字面，清人

①　转引自任骋《中国民间禁忌》，作家出版社，1990，第358页。
②　陈生：《中国禁忌》，广西民族出版社，1995，第222～223页。

朱彭寿在其所著的《安乐康平室随笔》里，就把这些吉祥字编成了一首七律：

顺裕兴隆瑞永昌，元亨万利复斗祥。

泰和茂盛同乾德，谦吉公仁协鼎光。

聚盖中通全信义，天恒大美庆安康。

新春正合生成广，润发洪源厚福长。[①]

在不少地区，商业上买卖讨价还价则有袖筒捏价的习惯法。为了不让外人了解行情，过去的人们便利用衣着长衫、袖筒宽大且长的条件，或撩起前襟，或缩进右手递去衣袖，在衣裳下或袖筒里，互相捏手指议价。伸食指表示一，食、中指并伸表示二，食、中、无名指并指并伸表示三，再加小指则表示四，五指聚拢为五，伸大拇指表示六，屈么指代表七，拇指和食指张大表示八，屈食指表示九。手在捏，口里随着说"这个的这个"。

戏业（包括一切说唱职业）的规矩极多，涉及各个方面，包括动作行为规矩、语言禁忌等。河南地区就通行"行规十禁"和"演出十不准"。

行规十禁：

一禁踏行灭道，二禁灭祖忘师，

三禁忤逆不孝，四禁私买私卖，

五禁屌门尿户，六禁抛菜舍饭，

七禁戏谑民女，八禁队巷躺街，

九禁私闯民宅，十禁偷摸拐骗。

---

① （清）朱彭寿：《安乐康平室随笔》卷六。

演出十不准：

> 一不准坐班邀人，二不准见班辞班，
>
> 三不准临场推诿，四不准错报错唱，
>
> 五不准无故闹戏，六不准吃酒误场，
>
> 七不准无袜上场，八不准演间中断，
>
> 九不准扒场外视，十不准瞟台笑场。①

　　戏业的这些规矩涉及拜师学艺、演出乃至日常行为、做人规范等方面，要求比较严格。戏业习惯法要求从业人员不能随便乱动舞台上使用的兵器如鞭、杆、刀、棍、枪等；演出时不能"搜台"、"骚台"（在台上偷看女人），不能出纰漏，不能当场阴人；后台忌乱闯乱撞，乱躺乱坐，乱动乱摸，祖师龛、銮驾、供桌、道具忌碰砸损伤，各种衣箱、盔箱，都按行当分类，不能随便乱坐；后台不得张伞，不准弈棋，禁忌合掌，搬膝；晚上禁止夜不归宿，不许不卸妆就入睡，不许夜晚串铺，睡觉时忌鞋尖朝外放置。

　　语言方面，戏业更有不少规矩和禁忌。如忌讳言狐狸、黄鼠狼、刺猬、蛇、老鼠，而应称呼为大仙爷、黄大爷、白王爷、柳七爷、灰八爷。

　　在中国古代社会，妓业也有不少规矩，各等级妓女特别是高中等妓院的妓女各有定规。如书寓专门为客弹唱、献艺、陪酒，卖嘴不卖身，妓女须能说书善唱歌能操管乐、琵琶。长三出局陪席、留宿的价格均为3元，嫖客结识妓女须由熟人介绍或到书场点戏，否则不予接待。到长三堂子嫖妓有一整套规矩，不能马上过夜。么二妓院秋天均装菊花山，嫖客初次登门以及逢初一、十五必装干果、水果四样招待

---

①　任骋：《中国民间禁忌》，作家出版社，1990，第364页。

嫖客，称为装干湿，客人必须付 1 元钱。高中等妓院有一整套包括茶围、叫局（堂差）、吃花酒、梳拢开苞在内的行业习惯法。此外，妓业还有各种五花八门的规则，要嫖客出钱，如新年压岁钱、端午节加扇子钱、中秋节加帽子钱等。

对妓女特别是妓院妓女，有许多习惯法规范其日常行为，调整其与妓院主的关系。妓业习惯法规定妓女要顺从主人支配，不得违抗主人教导，接客所得妓女不留分文全部要交给主人；对嫖客须顺从，不能有拒绝表示，侍候须周到；等等。妓院主极其忌讳称呼其为“老鸨”、“龟”，往往自称吃把势饭。妓业还有不少隐语，妓院主出资经营妓院称“铺房间”；妓院靠山称“撑头”；没有留过客的妓女称“清倌人、小先生”；妓女第一次留宿称“梳拢、开苞”；经梳拢的妓女称“浑倌人、先生”；不是处女而冒充处女梳拢谓“挨城门”；嫖客和妓女发生两性关系，称“落水”；做妓女，称“吃七煞饭”（饿煞、吓煞、饱煞、忙煞、苦煞、跑煞、气煞）。[①]

渔业捕捞业的行业规矩和禁忌不少。造船时遵循“头不顶桑，脚不踩槐”的习惯法，即船头不用桑木，脚下不用槐板，因为“桑”、“丧”同音，槐木为福气象征。渔业捕捞业的语言禁忌相当多，船上最忌讳的是“翻、沉、破、住、离、散、倒、火”等字，须用其他字词代替。船上人不能翻卷裤腿；煎鱼时忌讳翻面，吃鱼时忌讳翻个；摘下帽子，要口朝上放，不能翻扣在那里。[②]

作为中国小农经济的重要部分，养蚕业在饲养业中占有重要位置，其行业规矩和禁忌富有特色。清人的《豳风广义》对此的概括较为全面：“蚕室一切禁忌开列于后：蚕属气化，香能散气，臭能结气，

---

① 参见陈锋、刘经华《中国病态社会历史论》，河南人民出版社，1991，第 346～369 页。

② 参见陈来生《无形的锁链——神秘的中国禁忌文化》，上海三联书店，1993，第 194～197 页。

故蚕闻香气则腐烂，闻臭气则结缩。凡一切麝、檀、零陵等诸香，并一切葱、韭、薤、蒜、阿魏等臭，并有气臭之物，皆不可入蚕室。忌西南风；忌灯火纸燃于室内，忌吹灭油烟之气；忌敲击门窗、箔槌及有声之物；忌夜间灯火射入蚕室窗孔；忌酒醋入室并带入酒人；忌煎炒油肉；忌正热忽着猛风暴寒；忌侧近舂捣；忌蚕室内哭泣叫唤；忌秽语淫辞；忌正寒骤用大火；忌放刀于箔上；忌不洁净人入蚕室；忌水泼火；忌烧皮毛诸骨臭物；忌当日迎风窗；忌一切腥臭之气；忌烧石灰之气；忌烧硫黄之气；忌仓猝开门；忌高抛远掷；忌湿水叶；忌饲冷露湿叶及干叶；忌沙燠不除。"[1] 这些是经验和教训的积累，养蚕业是须遵行的。

养蚕业的语言禁忌也很多，较之其他行业更突出、更普遍。"蚕屎"称为"蚕沙"；蚕长了不能说"长"而要说"高"；喂蚕不能说"喂"而要说"撒叶子"，反映了人们的一种心态。

其他各行各业，也都有或多或少的规矩和禁忌，要求本行业全体成员和与本行业有关的人员遵守。

在中国行业习惯法中，数字暗码和忌讳较为普遍，在各行业中几乎都可见到，尤其是商业、戏业、江湖诸业，表 4 - 1 就说明了这一点。

5. 祖师崇拜

由于行业的特殊性，行业从业人员特别重视敬祀祖师，期望通过祭祀等方式得到祖师、神灵的保佑而维持生存，获得财富。这方面的行业习惯法也有不少。

商业敬财神。依习惯法，财神有文财神（比干）和武财神（赵公明或关公）及偏财神（五路财神）。文财神的造像，神态儒雅，白脸长须，左手执玉如意，右手捧宝盆，宝盆上面写着"招财进宝"四字。

---

① （清）杨屾：《豳风广义》。

表4-1　行业数字暗码

行业	流行区域	一	二	三	四	五	六	七	八	九	十	出处
商业	苏州	1	11	11	X	8	⊥	?	?	夕	10	《台湾风俗志》
商业	上海	旦底	挖工	横川	侧目	缺丑	断大	皂底	公头	未丸	田心	《中国语言》（1957年第四期）
商业	台湾	正	元	斗	罗	吾	立	化	分	旭	士	《台湾风俗志》
粮行	北京	由	中	人	工	大	天	主	井	羊	非	《江湖行话谱》
钱庄	扬州	夜明珠	耳朵花	散花	狮子猫	乌梅果	隆冬	棋盘	斑毛	剪子	省油灯	《中华全国风俗志》
典当铺	北京	摇	按	瘦	獎字	尾	料	敲	牟	角	勺	《燕京琐谈》
薯者	北京	埃鸡	阿艮	谁簪	獎字	歪古	列舅	浅杂	北干	倡柳	寨武	《江湖行话谱》
鲜货	北京	笤	柳	隱	臊	扫	料	瞧	柴	较	勺	《江湖行话谱》
估衣	北京	摇	柳	搜	臊	外	摺	撬	奔	巧	杓	《江湖丛谈》（第一集）
估衣	北京	肖	道	条	服	罗	俊	现	世	歪	柯	《江湖行话谱》
收买旧衣的小贩	昆明	逗	倍	毌	长	拐	土	兆	财	湾	分	《中国语文》（1957年第四期）
理发	江苏台东	合	月	望	则	中	神	仙	张	爱	台	《乡土》（1981年第四期）
蹦蹦戏班	辽宁	柳	月	汪	宅	中	深	星	张	艾	车	《二人转资料》（第一集）
江湖	河南	柳	月	汪	则	中	申	兴	张	爱	足	《河南文史资料》（第二集）
江湖	北京	柳	月	汪	载	中	申	行	掌	爱	驹	《江湖丛谈》（第一集）
魔术	天津	笛	超	汪	则	中	仁	倍	张	爱	足	《中国魔术》
相声	沈阳	溜	月	汪	摘	中	申	星	章	耐	居	《传统相声汇集》（第三集）

赵公元帅的造像，则为黑面浓须，身胖口阔，头戴铁冠，手执钢鞭，身跨黑虎，威武显赫。每年财神诞辰、年节、店铺开张等，商家都要供上牲醴，鸣放炮仗，烧金纸祭供，求财神保佑，利市大发。① 清代蔡云的竹枝词就描写了祭财神的情形："五路财神五路求，一年心愿一时酬；提防别处迎神早，隔夜匆匆抢路头。"②

戏业中的祖师敬祀为一个庞杂的信仰系统和规范体系。戏业十分崇敬祖师，企图求得祖师的"神授"而提高技艺。戏业的祖师爷有"老郎神"、"唐明皇"、"周庄王"、"观音大士"、"九皇爷"、"耿梦"、"翼宿星君"、"二郎神"、"优孟"等；民间说唱则分别敬奉"三皇"、"庄王"、"唐明皇"、"东方朔"、"孔夫子"、"魏征"、"丘处机"、"范丹"等为祖师神。从业时要拜祖师，即"拜过唐明皇，演戏胆就壮，心里勿会慌"。出入家门、上下场都要向祖师爷揖拜敬礼，反之，"上台不拜老郎神，装什么不像什么"。此外，戏业还普遍敬奉"五仙爷"（刺猬、狐狸、蛇、黄鼠狼、老鼠）或"八仙爷"（五仙外再加老雕、龟、野鸡），有不食牛、马、犬、骡、雁、鸽、鸠、鹁的习惯法。③

养蚕业的蚕神有养蚕人的行业守护神（祖师神）如嫘祖、青衣神、寓氏公主、苑窳妇人等，也有桑蚕之神，如马头娘、马明王、蚕姑、天驷房星等。一般在春节期间设蚕神位祀奉，习惯法并有诵祝词之规。如山东掖县的祝词为："维某年月日，割鸡设酒，以祷于先蚕之神，曰：惟蚕之精，天驷有星。惟蚕之神，伊昔著名。气钟于此，孕卵而生。既桑而育，既眠而兴。神之福我，有箔皆盈。尚冀终惠，用彰厥灵。簇老献瑞，茧盈效成。敬获吉卜，愿契心盟。神以享之，

---

① 参见王静、许小牙《掮客·行商·钱庄》，四川人民出版社，1993，第181~183页。
② 转引自（清）顾铁卿《清嘉录》。
③ 任骋：《中国民间禁忌》，作家出版社，1990，第359~361页。

祈祀惟馨。"① 收茧之后，有谢蚕神的习惯规范。《清异录》就记载："齐、鲁、燕、赵之种蚕收茧讫，主蚕者簪通花银碗，谢祠庙，村野称为'女及第'。"

盗业供奉始祖时迁，每次出发前和得手回来后必须燃烧大香，以求祖师的庇佑。此外，还有一些特殊的祖师崇拜方面的习惯法。社会学家严景耀曾记叙了这样一件事："有一个小偷对我说：'在我未作小偷以前，我一点不懂这些规矩。有一晚我和一个朋友一同去偷。我看见他到一处房子的大门，跪下来恭恭敬敬地磕了三个头，磕过头后，他倚在门上在那里静听。我看不懂这是怎么一回事，笑了起来。他说我破坏了他的运气，可能使他的行动遭受失败。以后我知道这种仪式可以预卜偷窃能否成功。如果小偷听见屋里有声音，像猫跑或别的声音，说明他被欢迎，偷窃能成功；如果什么都听不见，他就不能去偷。"②

赌业也有一些崇拜仪式。为避免那些因赌致死、阴魂不散的赌鬼来作祟，上海的赌场每天清晨四五时，都要举行祭祀：将鸡、鱼、肉供在赌台之上，点燃香烛，烧化纸锭锡箔和纸钱，给因赌致死的赌鬼们享用；并在赌台的四只台脚下各堆放二三斤盐。他们相信，这样就可以把赌鬼腌死在赌台之下了。有时赌场也会失风，遭到警察干预，于是赌棍们便举行祭坛典礼，供上财神像，让赌场从业人员排班向财神拈香叩头，并请道士拜忏，还杀鸡49只，由道士们把鸡血洒遍赌场，有的还要女招待赤身裸体，裸逐赌场之内，以"驱逐鬼魅"。

工匠业也各有自己敬奉的祖师，如木匠、石匠、瓦匠供奉鲁班，铁匠供奉太上老君，染坊供奉梅、葛二仙，酿酒业供奉杜康。对祖师

① 陈来生：《无形的锁链——神秘的中国禁忌文化》，上海三联书店，1993，第186页。
② 严景耀：《中国的犯罪问题与社会变迁的关系》，北京大学出版社，1986，第190页。

爷不虔诚敬奉或背叛祖师爷都被视为违反习惯法，收徒、祖师爷诞辰等日更须祭拜祖师爷。①

三 中国行业习惯法的执行与特点

1. 行业习惯法的执行

行业习惯法随着社会生产力的发展、社会分工的愈益复杂而不断产生、发展。在长期的行业生产经营服务实践中也逐渐形成并不断完善有关执行与处罚的习惯法，丰富了行业习惯法的内容，保障了习惯法的权威。

行业习惯法由行业从业人员在日常的行业实践中自觉遵守，一般没有专门的执行机构和专职的执行人员。如有人违反行业习惯法，当地同业成员集体执行处罚。极少数是通过开会议定具体的处罚方式，普遍的是无须开会、无须商议、无须决定的同业自发制裁，通过不与违反习惯法者来往等方式进行惩处。不少行业则由师傅、主东等人实施处罚，如工匠业的师傅对违反习惯法的徒弟进行训斥、拷打等。

对违反行业习惯法者的处罚，各行业、各地区不尽相同，概括起来主要的有以下一些方式：

（1）批评训斥。对违反行业习惯法、情节轻微的行为，由本行业中年高德重、从业时间长、经验丰富、有一定威信者或师傅、主东予以训斥、批评、指出其错误，告诫吸取教训不许再犯。这是最普遍的一种处罚方式。

（2）道歉赔罪。由违反行业习惯法者通过某种形式（如请酒）在一定范围内公开道歉，表示认错，以求得同行的谅解，保有继续从

---

① 任骋：《中国民间禁忌》，作家出版社，1990，第366~367页。

事该行业劳动的权利。有的则须向祖师爷赔罪，向祖师爷忏悔，求得祖师爷的继续庇佑。

（3）不与来往。对违反行业习惯法的人，同行业从业人员与其在生活、劳动、互助等等方面断绝接触，不与之来往，进行孤立。有些与该行业有联系的人也不与之来往。《清稗类钞》就记载："妓女若与优伶共宿，则人皆贱之；若与阉人共宿，则闻者不复顾。"这"不复顾"即是一种不与来往的强制。

（4）开除业籍。这是很严重的处罚方式之一。对那些严重违反行业习惯法的人禁止其继续从事本行业，剥夺其从业的权利。如戏业就规定，如果没有拜过师就行艺卖唱，同行人见后可以依习惯法携家伙、撵场子，将其赶开，不准其行艺；经师傅宣布开除的徒弟，即不准再从艺，此后不论再在哪里从艺，被同行碰见，都可以拿其戏具。[1]

（5）拷打。对严重违反行业习惯法者进行拷打，多见于师傅对徒弟的处罚，以工匠业、妓业、江湖诸业为常用。

此外，对严重违反行业习惯法造成严重后果引起同业公愤的，也有予以处死的，不过极为少见。

中国行业习惯法的执行以自我遵守为主，只有自我遵守不违反习惯法才能得到同行的信任，保有从事该行业的权利，从而获得经济利益，维持生活。因此一般来说行业习惯法的实施无须太多的外力。而且，行业习惯法的遵守还带有强烈的神灵强制色彩。由于生产力水平和认识能力的限制，中国各行各业的从业人员无法把握自己的命运，往往将从业收益与神灵联系起来，因此遵守了行业习惯法即为顺应神灵意愿符合神灵意思，不遵从习惯法不仅要受到同行业的处罚或制裁，而且要受到神灵的惩处，这后一种惩罚似乎更有威慑力。神灵强制在中国行业习惯法的实施中占有重要的位置。

---

[1] 任骋：《中国民间禁忌》，作家出版社，1990，第363页。

2. 行业习惯法的特点

中国行业习惯法作为一种以业权业缘为基础的习惯法，有其自身的特点，概括起来主要有以下几方面：

（1）中国行业习惯法是行业从业人员世代总结、继承发展而成，主要为自然形成，以不成文形式为主，依靠口头相教传承，少有成文的规约、条款。在形成、发展过程中，中国行业习惯法深受神灵崇拜的影响，具有浓厚的神灵和迷信色彩。因此，从法形态上认识，中国行业习惯法较为原始。

（2）从内容上来看，中国行业习惯法以禁止性、义务性规范为多，授权性规范极少，其价值取向主要是为全体从业人员设定义务，约束其行为，为从业人员划定框框与限度。行业习惯法规范的内容较为分散、细微、具体，概括性、抽象性较差，且区域性色彩浓厚，真正在全国范围内为本行业所有成员所公认并一致遵守的行业习惯法规范相当少。

随着新的行业的不断产生，中国行业习惯法调整的社会关系的领域也更加广泛，其内容也不断丰富。

（3）行业是直接与经济利益、生存紧密联系在一起的，因此最大限度地掌握先占权、垄断权，在竞争中处于有利地位就极为关键。中国行业习惯法正是围绕此而展开的。无论是行业标帜、从业人员要求条件，还是行业规矩禁忌、从业技术方式、祖师崇拜，行业习惯法的所有方面都与"钱"、"利"密不可分，鲜明地体现了保护从业人员从有限资源中分享平均利润的目的。正是依赖行业习惯法，行业才有正常的从业秩序，从业人员才能有基本的生存保障，进而为社会的发展和进步作出自身的贡献。

第五章

中国宗教寺院习惯法

宗教不仅是一种观念、一种信仰，而且有一整套关于建筑、组织、信徒、清规戒律、宗教活动的仪规戒制，以规范全体信徒，保证宗教目的的实现。这种以神权为基础、与国家制定法相异的仪规戒制，就是宗教寺院习惯法。

中国社会在几千年的发展中受到宗教一定的影响，宗教寺院在社会中占有一定地位，宗教寺院习惯法特别是佛寺习惯法和道观习惯法有着独特的作用。探讨中国宗教寺院习惯法的主要内容，分析中国宗教寺院习惯法的产生、形成、特点、作用，对于完整认识宗教这一人类文明的重要组成部分，全面理解中国习惯法无疑是十分必要和有价值的。

一 中国宗教寺院习惯法的产生、形成

中国宗教寺院习惯法是以神权为基础形成的习惯法，是中国习惯法的重要组成部分。作为习惯法，中国宗教寺院习惯法有着产生、形

成和发展完善的过程。

　　中国宗教寺院习惯法的产生是指中国本土宗教——道教的习惯法即道观习惯法的产生；中国宗教寺院习惯法的形成则指外来宗教，如佛教、基督教、伊斯兰教传入中国后，其习惯法也随之传入并本土化而形成中国佛寺习惯法、中国伊斯兰教习惯法、中国天主教习惯法、中国基督教（耶稣教）习惯法。

　　纵观历史，任何一种宗教都是在反对既存宗教基础上创立起来的，具有明显的反传统信仰的特点，因而新旧宗教之间的斗争较为激烈。新宗教的创立者为了维护自己的信仰，获得生存的权利，便在新信仰的基础上建立自己的宗教组织，根据创立的教义信条创设宗教制度、规定宗教仪式，由此产生形成了宗教寺院习惯法。三大世界性宗教传入中国后所形成的习惯法和中国道观习惯法都是这样产生形成的。

1. 中国道观习惯法的产生

　　作为汉民族固有的宗教，道教渊源于古代的巫术和秦汉时的方术。黄老道是早期道教的前身。东汉顺帝时（公元 125～144 年），由张陵倡导的五斗米道，奉老子为教主，以《老子五千文》（当时对《道德经》的称呼）为主要经典，于是道教逐渐形成。"道教"一词，始见于《老子想尔注》。与此同时，道观习惯法也产生。这时的道观习惯法规范，主要来自《老子五千文》和《太平经》（《太平洞玄经》）等。《太平经》内容庞杂，言及天地、阴阳、五行、干支、灾异、鬼神和当时社会情况等，宣扬宗教和封建伦理观念，也有一些篇章反映劳动人民反对统治阶级聚敛财物，主张自食其力和救穷周急等思想。《老子五千文》字数虽不多，但涉及阴阳变化、修身治国、易象术数、内丹外丹等方面，玄妙无比。中国道观习惯法便是从这些经典中抽象出若干道徒行为戒律、修炼方式、宗教仪式等而产生。

　　以后，东汉末年张角太平道的经典《太平清领书》对道观习惯法有所丰富。东晋葛洪撰的《抱朴子》内篇，丰富了道观习惯法的修炼方术部分。南北朝时，北魏嵩山道士冠谦之在崇信道教的魏太武帝支持下，"清整道教，除去三张伪法"，制订乐章诵诫新法，建立行为规范；南朝宋庐山道士陆修静"祖述三张，弘衍二葛"，整理三洞经书，编著斋戒仪范。至此，中国道观习惯法基本形成，内容包括组织机构、日常戒律、修炼方术、宗教仪式等等方面。随着道教的发展和分化为全真派、正一派，道观习惯法不断得以丰富。各个道观、院特别是较大的道观也纷纷议订自己的规约戒律，使道观习惯法的内容更加全面。

2. 中国佛寺习惯法的形成

中国佛教是从印度传来的，而印度佛教又深受古印度婆罗门教的影响，因此探讨中国佛寺习惯法必须首先把握古印度婆罗门教习惯法。

（1）婆罗门教相传约于公元前七世纪形成，以崇拜婆罗门贺摩（梵天即造物主）而得名，以吠陀（印度最古的宗教文献和文学作品的总称，后成为婆罗门教经典知识的总称）为最古的经典。

随着婆罗门教的形成，婆罗门教习惯法随之也产生。它主要包括《家范经》、《法经》及法经编纂、《政事论》等。《家范经》规范教徒家主的世俗生活，详细地规定一个人从出生到死亡、埋葬的责任，规定了出生以前的仪式、出生时的仪式、命名、入教、教育、结婚等仪式，是婆罗门教习惯法的婚姻家庭规范。《法经》涉及社会风俗诸方面，是关于民事和刑事法规以及社会行为和关系的准则，是婆罗门教习惯法的核心。婆罗门学派如阿帕斯檀跋学派、乔达摩学派和述祀氏学派对《法经》进行编纂，称《阿帕斯檀法经》、《乔达摩法经》、《述祀氏法经》。另外乔底利耶编的《政事论》也是婆罗门教习惯法的组成部分。而《摩奴法典》是《法经》中的主要部分，是婆罗门教习惯法核心之中的核心。

《摩奴法典》传说由人类始祖所谓自在神（梵天）之子摩奴制

定，是吠陀时代婆罗门法的继承和总结，实际上它是祭司们对久远年代习惯法的汇编，内容涉及吠陀习俗、惯例和说教。《摩奴法典》主要渊源于《天启》（吠陀经）、《传承经》（《经书》）、"圣人"的习俗和人的本意。

作为古印度婆罗门教习惯法的核心和基本部分的《摩奴法典》，共 12 章，2684 条。第一章：创造，讲宇宙万物都由梵天创造，并神化般地交代法典编纂的经过和编纂目的。第二章：净法·梵志期，论法的本源和各种礼仪习惯法，主要阐述婆罗门青年的义务和戒律。第三章：婚姻、家长的义务，规定了种姓内婚制原则，婚姻成立的条件和禁止结婚的义务以及婚姻缔结的形式，是婆罗门教习惯法的婚姻家庭规范。第四章：生计、戒律，规定婆罗门所能从事的职能、婆罗门的戒律以及再生族其他种姓必须遵循的戒律，是婆罗门教习惯法的信仰规范。第五章：斋戒和净法，妇女的义务，主要为有关斋戒食物及犯戒时应受的惩罚的规定，四种姓对死者净化的规则以及妇女的义务。第六章：林栖和苦行的义务，纯为婆罗门教习惯法神职人员义务规范，规定村居期和出家期的义务。第七章：国王的责任，规定了国王应有的操行和各方面责任。第八章：法官的任务、民法与刑法。此章是婆罗门教习惯法的重要部分，将习惯法分为十八项。第九章：民法与刑法、商人种姓和奴隶种姓的义务，规定了婚姻、亲属关系、继承、犯罪和刑罚的原则以及一些具体制度，吠舍种姓和首陀罗种姓的义务。第十章：杂种种姓、处困境时，规定了杂种种姓的法律地位。第十一章：苦行与赎罪，规定了赎罪、布施、斋戒的规范。第十二章：业报、轮回和解脱，主要规定了善恶报应、轮回的教义。[1]

《摩奴法典》的内容极为广泛，涉及社会生活的各个方面，涉及

---

[1]　参见张梦梅、郑祝君主编《新编外国法制史》，中国政法大学出版社，1991，第129～131 页。

到种姓制度、婚姻家庭关系、继承制度、犯罪与刑罚以及所有权、债权、法官的任务、诉讼等一系列领域，由此可见古婆罗门教习惯法的内容非常丰富。

①种姓制度。古婆罗门教习惯法规定了不同种姓人的不同职业，对不同种姓规定了不同的戒律，从日常生活、宗教活动到社会地位，要求各守本分，不得有丝毫逾越。在所有权、债等方面，婆罗门教习惯法都确保婆罗门的特权地位。

②婚姻家庭关系。古婆罗门教习惯法规定了种姓内婚制的婚姻原则，还规定了八种婚姻形式，不同种姓必须采用不同的婚姻形式。妇女的法律地位较低。习惯法还规定了家长的义务及家长在举行诵读、教授圣典、祭祖、祭诸神等五大祭供的仪式和要求。

③继承制度。古婆罗门教习惯法规定了在继承方面不同种姓区别对待的原则。同时，父母同种姓的再生族之子，长子优先继承，其他诸子平均分配。继承方面的规范相当复杂。

④犯罪与刑罚。古婆罗门教习惯法有关这方面的规范非常繁杂、琐碎。犯罪的行为相当广泛，包括侮辱、虐待、杀人、伤害他人肢体、损坏他人财产、通奸、遗弃、盗窃、赌博、医生行医有误、偷税漏税、窝藏、包庇、破坏桥梁旗帜等行为。习惯法规定的刑罚相当野蛮和残酷，有罚金、绳杖责打、割舌、烙印、断手足、使狗吞食、腐刑、流放、死刑等。在刑罚的具体适用上，体现了种姓不同而同罪不同罚原则。①

婆罗门教习惯法《摩奴法典》不仅适用于婆罗门教内部，而且适用于整个古印度社会，成为古印度奴隶社会的主要法律规范。它对印度社会的宗教、法律、哲学的发展，对印度社会的各个方面都产生了深刻的影响。

---

① 参见陈盛清主编《外国法制史》，北京大学出版社，1982，第24～31页。

首先,《摩奴法典》是以后印度宗教习惯法的重要渊源。在印度封建社会前期(公元1000年以前),《摩奴法典》一直被统治阶级奉为圣典。以后印度的佛教习惯法宽容婆罗门教,将《摩奴法典》作为其渊源之一,继承了《摩奴法典》中的种姓制度规范。婆罗门教与佛教长期融合的结果,产生了印度教并逐渐发展到替代佛教。印度教习惯法同样是融合以《摩奴法典》为核心的婆罗门教习惯法和佛教习惯法中的准则。

其次,《摩奴法典》一直在印度社会发生法律效力。在1000~1750年,阿拉伯帝国入侵,印度社会中伊斯兰法居于统治地位。1757~1947年间英国占领,印度沦为英属殖民地,英国法居于统治地位。尽管如此,《摩奴法典》仍然具有一定效力:按照属人法原则,印度教徒适用印度教习惯法;涉及继承、婚姻、种姓等宗教惯例和制度的诉讼,适用印度传统法律。《摩奴法典》作为"私法"方面的规范被继续援用。印度独立后直到今天,伴随着种姓制的变相存留,《摩奴法典》在现实社会仍有很大影响。

(2)中国佛寺习惯法是随着佛教传入中国而逐渐形成、完善的。

两汉之际,佛教由西域传入中国内地。但当时的信佛,依附于黄老崇拜,在世人心目中,佛教教义类似黄老之学。这时中国佛寺习惯法刚刚萌芽。汉末三国时,安息国僧人安世高来到中国,系统翻译介绍小乘经典及禅法,月支僧人支娄迦谶来华传译大乘般若学经典。但终汉之世,信仰佛教的人不多,佛教影响不大。从汉末到魏晋南北朝,佛教在中国兴起,中国佛寺习惯法开始形成。东晋道安首创僧尼规范三例,可谓佛寺习惯法之始。这个时期除了佛教教义经典所规定的戒律、课诵、法事仪式外,别立禁约的不少,如支遁立众僧议度、慧远立法社节度,乃至梁武帝造光宅寺于金陵,命法云为寺主,创立僧制,用为后范。

到了唐朝,佛教大盛,中国佛寺习惯法也更加丰富。中唐时,禅宗的百丈怀海痛感禅僧住在律寺内，虽另处别院，但于说法住持都不能合法。于是，他别立禅居之制：尊"长老"为化主，处之"方丈"；不建佛殿，只树"法堂"；学众尽居"僧堂"，依受戒年次安排；设"长连床"，供坐禅偃息；阖院大众"朝参"、"夕聚"，长老上堂，徒众侧立，宾主回答，激扬宗要；"斋粥"随宜，二时均逼；又行"普请"法，上下均力；事务分置十"寮"，置首领主管等等。这些就成了丛林新例，与原有律法不同。《百丈清规》标志着中国佛寺习惯法的形成。

《百丈清规》流行到北宋崇宁后历有增订。搜集诸方行法规则，参异存同，对《百丈清规》进行增订的有不少，较通行的有《崇宁清规》、《咸淳清规》、《至大清规》等。元顺帝时，为克服诸方不统一的缺陷，由江西百丈山住持德辉重辑定本。德辉荟萃参同，重新诠次，删繁补缺，折中得失而成《敕修百丈清规》（虽仍名为《百丈清规》，其内容精神已去古益远，面目全非），颁行全国，共同遵守。从明迄今，数百年间，都通行此本。《敕修百丈清规》分祝厘、报恩、根本、尊祖、住持、两序、大众、节腊、法器诸章，内容全面、详尽，成为中国佛寺习惯法集大成者。以后，各佛寺丛林也制订有一些规约，使中国佛寺习惯法的内容更加丰富、完整。①

3. 中国伊斯兰教习惯法的形成

中国伊斯兰教习惯法的形成，是与伊斯兰教传入中国同步的，而且传入后本土化现象不很突出，基本上保留了伊斯兰教习惯法的原貌。因此认识了伊斯兰教习惯法的产生、发展历程，也就总体把握了中国伊斯兰教习惯法形成的轨迹。

伊斯兰教习惯法是每一个穆斯林（伊斯兰教徒）所应遵守的行为

---

① 参见李天保《〈敕修百丈清规〉的成书及其价值》，载《图书与情报》2009 年第 4 期。

规则，也是阿拉伯政教合一国家的法律。它以《古兰经》为基础，以"沙里亚"（教法）为核心。伊斯兰教习惯法渊源于《古兰经》、圣训、公议（伊制马尔）与类比（格亚斯）的宗教法学理论、阿拉伯原有的习惯与外来法律等。

伊斯兰教习惯法是与伊斯兰教的产生和发展密不可分的，它是在伊斯兰教和阿拉伯统一国家的形成过程中产生的。穆罕默德在创立伊斯兰教时就给信徒规定了基本的行为规范，并从组织上、制度上保证了对多神崇拜的胜利。这些有关信徒的行为规范、组织和制度便是最初的伊斯兰教习惯法。

在七世纪到八世纪中叶，伊斯兰教习惯法开始全面形成。作为伊斯兰教习惯法基本渊源的《古兰经》已经整理编纂，《圣训》已经开始传达，习惯法的主要原则和基本规范已逐渐确立。以后，伊斯兰教各派创始人的主张、宗教法学理论成为伊斯兰教习惯法的渊源，丰富和发展了伊斯兰教习惯法。阿拉伯帝国崩溃后，许多国家仍信仰伊斯兰教，伊斯兰教习惯法仍广泛适用。[①]

以伊斯兰教习惯法为基础形成的信奉伊斯兰教的阿拉伯各国和其他伊斯兰国家的法律，构成了"伊斯兰法系"（"阿拉伯法系"）。伊斯兰教习惯法在近现代各"伊斯兰法系"国家仍然有些效力，尽管其适用范围缩小，但影响仍继续存在。特别是从 19 世纪开始，受伊斯兰现代主义运动和伊斯兰教复兴运动的影响，伊斯兰教习惯法有西方化、世俗化和重新复兴的趋势。伊斯兰教习惯法在继续规范穆斯林行为的同时，还大量地被现代阿拉伯国家吸收、确认到国家制定法之中。埃及 1949 年颁布生效的民法典第一条明文规定：凡本法典未予特别规定的事情，法庭都遵照"习惯法、伊斯兰教法的原则或自然公断的原则"。1937 年的《印度沙里阿法令》宣告：沙里阿（伊斯兰教

---

① 参见吴云贵《伊斯兰教法概略》，中国社会科学出版社，1993，第 3～95 页。

习惯法）将作为印度全体穆斯林在私人身份方面的基础法。伊朗1974年制定了一部以《古兰经》为基础的宪法，强调任何的国家民、刑立法不得与伊斯兰教习惯法相抵触，宣布宗教领袖有权否决他认为是违背真主意志的国家制定法。而且把以《古兰经》为基础的伊斯兰教习惯法直接补充进国家的民法、刑法。伊拉克则规定伊斯兰教习惯法是国家立法的基本渊源。

总之，伊斯兰教习惯法在今天的西亚、北非、中亚、南亚、东南亚的信仰伊斯兰教的国家和地区，仍以不同形式在不同程度上发挥着作用，具有一定的效力。

中国同阿拉伯早有交往，唐宋时期伊斯兰教在中国开始传播；五代、北宋之际，生活在新疆天山南北的一些民族，陆续改宗伊斯兰教；"元时回回遍天下"，穆斯林遍于中华大地，各地也普遍兴建清真寺；明清时期，穆斯林聚居区社会经济有了很大的发展，并分化出各种教派。与此同时，伊斯兰教习惯法也传入中国，逐渐形成中国伊斯兰教习惯法。

4. 中国天主教习惯法、中国基督教（耶稣教）习惯法的形成

基督教传入中国后主要有两大教派，一为天主教，一为新教。在中国，基督教通常专指基督教新教，又称耶稣教。中国天主教习惯法和中国基督教（耶稣教）习惯法的形成是伴随天主教、耶稣教在中国的传播而进行的，而把握其形成过程有赖于对基督教寺院习惯法形成过程的整体理解。

基督教寺院习惯法在西方称为"寺院法"，我国通称为"教会法"（但通常仅指西欧中世纪天主教会的法）。它是基督教当局为基督教会的组织和管理制定的一套行为标准和准则的总和，主要表现为成文形式。

寺院法的历史是借鉴和采纳各种法律制度，尤其是罗马法的历史。它的渊源是《新旧约全书》和惯例，罗马教皇教令集和宗教会议的立法，以及对具体案件的判决。基督教寺院习惯法是在基督教及教会的形成与演变过程中产生和发展的。

至少从三世纪初开始，只要有基督教团体存在就有行政管理的方法。三世纪，特士里安和西普里安开始构造寺院习惯法的结构和词汇，许多伪使徒法规和司法——礼拜仪式的文件广泛传播。但早期的寺院习惯法只限于规定神职人员的宗教纪律，约束神职人员的行为，并使基督教宗教仪式定型化、复杂化。

到了法兰克王国时代，教会地位不断提高，教会司法权也不断扩大。公元511年，法兰克国王克洛维下令召开了奥尔良宗教会议，会议制定的寺院习惯法规定：全体居民必须信奉基督教，教堂拥有神圣地位；主教有权修改地方法官的判决，也有权处分被控渎职的法官，实际上具有了国家法律的性质。在查理曼时代，皇帝经常指派神职人员直接充任法官，教会法庭的权力不断增长。尤其是公元750年，法兰克国王丕平酬答教皇支持篡位、赠与其土地成立教皇国后，教会的地位更是不断提高。教会竭力主张以审判对象划定司法权的范围，认为只有教会才有权审判教徒，由于一般人都是教徒，实际上寺院习惯法适用于所有居民。

在公元十一至十五世纪，随着教权在与皇权斗争中的胜利，罗马教会达到了鼎盛时期，教会法庭成为中世纪欧洲的独立的司法体系，教会法庭管辖的范围和教会的立法权不断扩大，寺院习惯法的内容更加完备，由零散的教令、决议发展为系统的寺院习惯法汇编。约1140年格拉提安将早期教会领袖、地方宗教会议及罗马教皇有关教会的组织、基督教、圣礼、礼拜及礼拜仪式的教义结合在一起编成《教令集》，产生了巨大影响。这些寺院习惯法成为欧洲中世纪各国通用的法律。1580年，罗马教皇格里高列十三世批准了由"罗马审校者"鉴定的钦定本《寺院法大全》，包括《教令集》、《格里高列九世教令集》、《第六教令集》、《克雷芒大法》、约翰二十二世的《集外集》以及《共同教令辑要》。直至 1917 年，1580 年的这个罗马版本始终是唯一钦定的《寺院法大全》。16 世纪进行的宗教改革，动摇了神权统治，寺院习惯法的适用范围也日渐缩小。

十七、十八世纪欧洲的资产阶级政权建立后，基督教寺院习惯法在各国仍具有一定影响。1904 年教皇庇护十世应主教要求组成法典编纂委员会，负责法典的修订编制，本笃十五世时完成修订，于 1917 年 5 月 27 日公布，1918 年 5 月 19 日生效，称《寺院法法典》。法典共五卷 2414 条教规，只适用于以拉丁语为礼仪语言的天主教徒，故又称《天主教会法典》。法典宣布：新法典拥有最高法律效力，凡与其抵触的训令、谕旨、习惯等一律无效。

鉴于社会的发展，时代的前进，1954 年罗马教皇约翰二十三世下达了筹备重订教会法典的命令。1965 年 11 月其后继人保罗六世主持召开了重订法典的开幕典礼，指出重订法典的目的，不是对旧法典进行重新编排，而在于使寺院习惯法适应客观事物的变化，确立适应现代思潮和需要的新法典。历经十五年，新法典《法书大全》于 1980 年 6 月编成呈教皇审批，1983 年 1 月 25 日正式公布。新法典有总则、天主臣民、教会的训诲职权、教会的祝圣职权、教会的财物、教会的处罚和诉讼等七篇，成为现行基督教寺院习惯法的法典。①

中国天主教习惯法、中国基督教（耶稣教）习惯法一本基督教寺院习惯法的基本精神和主要内容，其形成是随着基督教在中国的传播而进行的。唐代贞观九年（635），基督教的聂斯脱利派传入中国，称为"景教"。唐会昌五年（845）因朝廷下诏禁绝佛教，基督教遭波及而在中原地区中断。天主教和聂斯脱利派又于元代传入中国，通称

---

① 参见张梦梅、郑祝君主编《新编外国法制史》，中国政法大学出版社，1991，第 142～147 页。

"也里可温教"或"十字教"，但流传不广，至元亡又皆中断。明万历十年（1582）天主教由耶稣会传教士再度传入。清雍正五年（1727）中俄签订《恰克图条约》后，沙皇也派遣俄罗斯正教传教士进入中国。基督教新教（耶稣教），于1840年鸦片战争前后陆续传入中国。天主教、基督教（耶稣教）在中国的传播中，中国天主教习惯法、中国基督教（耶稣教）习惯法随之形成、发展。

二 中国宗教寺院习惯法的内容

中国传统社会在长期的发展中，产生或传入了道教、佛教、伊斯兰教、天主教等宗教，对社会的各个领域产生了深刻的影响。这些宗教在不断的变化、发展中，产生、形成了内容丰富的宗教寺院习惯法。

1. 中国佛寺习惯法的内容

佛寺习惯法是指为了维护佛寺僧众集体生活秩序、保证信徒身心性命修炼而建立并要求全体僧尼、信徒共同遵守的制度、规则等行为规范的总和，它主要包括殿堂制度、丛林制度、受戒、清规、课诵、佛事仪规这样一些内容。

（1）殿堂制度。殿堂是中国佛寺中重要屋宇的总称，殿是奉安菩萨像以供礼拜祈祷的处所，堂是供僧众说行道等用的地方。佛寺习惯法对殿堂的名称、位置、像设布置、用途等作了规定。

殿堂名称。殿堂名称根据所安本尊及其用途而定。安置佛、菩萨像者，称大雄宝殿（俗称大殿）、毗卢殿、药师殿、三圣殿、弥勒殿、观音殿、韦驮殿、金刚殿、伽兰殿等。安置遗骨及法宝者，称舍利殿、藏经楼（阁）、转轮藏殿等。安置祖师像者，有开山堂、祖师堂、影堂、罗汉堂等。供讲经集舍及修道之用者，有法堂、禅堂、板堂、学戒堂、忏堂、念佛堂、云水堂等。其他供日常生活、接待用者，有斋堂、客堂、寝堂（方丈）、茶堂（方丈应接室）、延寿堂（养老堂）等。①

殿堂位置。佛寺殿堂须按习惯法建筑，主要殿堂如佛殿、法堂、毗卢殿、天王殿、方丈室等，建于寺院的南北中心线上，其余斋堂、禅堂、伽兰殿、祖师堂、观音殿、药师殿等，则作为配屋建于近殿前后的两侧。建筑时必须先造大殿。主要殿堂的配置不能违反习惯法。

像设布置。根据习惯法，大殿正面设佛像三尊，中为释迦，左为药师，右为弥陀，释迦之左为迦叶擎拳含笑之像，其右为阿难合掌随侍立像。较小佛殿，仅奉释迦与二尊者，而置药师、弥陀于别殿。大殿两侧，塑十八罗汉像（左右各九尊）。佛坛背后，则为观音手持杨枝水瓶，立于普陀海伽山海之间，其四周则塑《华严经》善财五十三参中的人物，或《法华经普门品》救八难的景象。讲堂一般位于佛殿之后，内有佛像、法座、罘罳法被或板屏及钟鼓等。天王殿，正面本尊，多安弥勒化身的布袋和尚坐像，左右分塑四大天王。弥勒背后设手执宝杵现天将军身的韦驮天像。其他如金刚殿、祥堂、毗卢阁、转轮藏殿、伽兰殿、祖师堂等都各有佛像安放的定规。殿堂中除佛像外，还有比较固定的各种庄严和供具，主要的庄严为宝盖、幢、幡、欢门等。供具的多少，则视堂的大小及法事所需而定，如佛像前所设香炉、花瓶、烛台。

（2）丛林制度。这是佛寺习惯法有关佛寺组织体系、寺院管理、职事人员分工的规定。寺院组织机构，一般在方丈之下设库房、客堂、维那寮（维那主掌僧众威仪进退纲纪，实是执行习惯法）、衣钵寮四部分，通称"四堂口"。重要寺务由住持会同四堂口首领与首座等序首共议进行。主管一寺的叫住持，亦称方丈或堂头和尚。下设许

① 参见中国佛教协会编《中国佛教（二）》，知识出版社，1982，第321～353页。

多执事僧，由住持请定，选拔僧众中才能胜任、足孚众望的出任，一般有西序头首和东序知事。西序头首有前后堂首座（统领全寺僧众）、书记（执掌文书）、知藏（掌管佛教经籍）、知客（负责接待外来宾客）、知浴（掌管浴室）、知殿（管佛殿、法堂的香灯）等；东序有都监事（总管寺务）、维那、副寺（掌管财务、总务）、典座（管理饮食、住宿等）、直岁（管理寺内劳务）等。此外，列职名专一务者，还有饭头、火头、门头、巡山、夜巡等。

根据住持传承方式的不同，佛寺可分为子孙的与十方的两类。甲乙徒弟院，是由自己所度的弟子轮流住持甲乙两传者，这是一种师资相承的世袭制，故又称为子孙丛林。十方住持系公请诸方名宿住持，是由官吏监督的选举。十方丛林中依住持继承制度的不同，又有选贤丛林与传法丛林之分。依法系相传的为传法丛林，选贤丛林则如厦门南普陀寺，1924 年订立"十方堂住规约"二十条，规定了选举办法、住持任期及进院退院等。

（3）传戒（受戒）。这是关于僧尼的出家、受戒的佛寺习惯法。出家时先要剃发，一般也可留须，并取得度牒（国家对于依法得到公度为僧尼者所发给的证明文件，上面详载僧尼的本籍、俗名、年龄、所属寺院、师名以及官署关系者的连署，以得到政府的保障，并免除地税徭役）。

僧众出家，必须受戒。佛教大、小乘的戒法有：五戒、八戒、十戒、具足戒和菩萨戒五种。成为沙弥和沙弥尼，必须受十戒，即：不杀生、不偷盗、不淫、不妄语、不饮酒、不涂饰香鬘、不视听歌舞、不坐高广大床、不非时食、不蓄金银财宝。中国僧尼依习惯法一般按照《四分律》受具足戒，即必须具备一切条件——一定僧数（"中国"即内地十人、边地五人）、一定范围（结界立标）、一定程序（白四羯磨，即会议式）才能授受。比丘戒有二百五十条，比丘尼戒为三百四十八条，出家人依戒律规定受持此戒，即取得正式僧尼资格。

依习惯法，传戒之法一般都连受三坛。凡新戒入寺求戒须交一定戒金，以充戒堂灯烛香花、戒牒、同戒录等费用。登记后男女新戒分别编入戒堂，以三人为一坛，次第编号，登坛受比丘戒时，即依此序而行；初坛沙弥戒和三坛菩萨戒，皆另集体授受。每传一坛戒法，事先都经过隆重演习，称为演仪，然后正式传戒。

初坛为沙弥戒，待新戒齐集法堂，引礼作白教新戒请师开示，传戒和尚即为开导学十戒意义，说十戒戒相，一一问以"尽形寿能持否？"，众答"依教奉行"即告毕。二坛为比丘、比丘尼戒，即具足戒，在戒坛举行。传戒和尚依律命羯磨师作单白羯磨，差教授师下坛与诸沙弥询问遮难。问毕，传戒和尚既开导明授戒体法。戒坛上只宣四重戒，即不淫、不杀生、不偷盗、不妄言，其余枝叶戒相，命受戒者下坛后学习。三坛为菩萨戒，多就佛殿举行。令每位受戒者头上烧香疤。菩萨戒师开导三聚净戒，继之教以忏悔三世罪业及发十四大愿，最后依《梵网经》宣说菩萨十重四十八轻而告完毕。戒期完毕，由传戒寺院发给"戒牒"及"同戒录"。

（4）清规。这是关于佛寺组织的规程和寺众日常行事的习惯法。唐代百丈禅师所创禅宗僧众清规，时称"百丈清规"，久已失传。现在全国僧众遵行的《敕修百丈清规》，是元代僧人德辉参照宋、元诸家清规，假托百丈之名修订的。前四章"祝厘、报恩、根本、尊祖"是关于祝圣、国忌（帝王、王后忌日）祈祷、佛诞节、涅槃节、达摩忌、百丈忌以及各寺历代诸祖忌等仪式。第五章"住持"，是关于住持上堂、晚参、普请、入院、退院、迁化、茶毗、议举住持等一系列的习惯法。第六章"两序"，是关于丛林东西两序的规定。第七章"大众"，是关于沙弥得度、登坛受戒、道具形式、游方参请、坐禅、普请及料理亡僧后事等的规定。第八章"节腊"，是关于大众入寮、建楞严会、四节念诵茶汤、结制礼仪、朔望巡堂、月分须知等的规定。第九章"法器"，是关于钟、板、渔、磬、椎、鼓等号令法器的说明及其打法的规定。在僧众的一般行为方面，各寺大多另订有《共住规约》，为全寺所共同遵守。此外，方丈室、库房、客堂、禅堂等处，也另有规约，明定办事的细则。可见，有关佛寺组织规程和僧众日常行为的佛寺习惯法是比较丰富、全面的。具体来说主要有：

结夏与结冬。夏历四月或五月的十五日至七月或八月的十五日，结夏安居，禁止僧尼外出，以讲经学律。十月十五日至次年正月十五日结制安冬，结冬坐禅。

安单。凡曾受具足戒的比丘，衣钵戒牒俱全游方到寺，都可挂单，暂住于云水堂。如挂单已久，知其行履可以共住的，即送入禅堂，名为安单，从此成为丛林的成员，随同结夏。

大清职。此为一寺的人事安排，一般于每年八月十六日举行。八月十四日，住持召集四堂口首领共议请职。十六日僧众齐集大殿月台，知客点名，依次进殿，宣布职事名单并讲清规，新请职事即到法堂谒住持，又到禅堂行十方礼，再依职送位。

岁计。佛寺的会计报告，多每月举行一次，由住持召集禅堂班首、维那、客堂知客、僧值、库房部监、监寺等，于方丈室行之，称为算账。

肃众。此为僧众违犯习惯法的处分。僧众中生事违规者由维那检举，抽下挂单衣物，摈令出院。或以拄杖杖之，集众烧衣钵道具，遣逐从偏门出。对于三业不善不可共住的也以香板相责，迁单摈出。习惯法规定，除刑名重罪例属官厅处置外，若僧中自相干犯，都以佛寺习惯法律之，随事惩戒，重罚集众捶摈，轻则罚钱、罚香、罚油，而榜示之。又摈出犯规者，还要将摈条实贴山门，鸣大鼓三通，以杖攻出。

榜状牌示与贴单。前者为丛林行事通知的方法，通常有知单、贴榜、书状和牌示等。后者为一寺职事及常住人员名单的公布。

此外，还有钟鼓法器、打七、普请等方面的习惯法规范。

每位僧众，身份与生活都一律平等，都要遵守佛寺习惯法中衣、食、住、行的有关规定。衣：有进王宫和出入城镇村落穿的"僧伽胝"，在礼诵、听讲、布萨时穿的"郁多罗僧"，日常作业和就寝时穿的"安陀会"，住持衣服的颜色与众不同。食：素食。顺序排列鱼贯无声进入膳堂，碗筷菜盘，都有一定次序放置，不得有饮啜嚼吃之声，添饭上菜都有一定规矩。住持开始取碗举筷后僧众才能开始吃食。住：在禅堂专志修习禅定的僧众即清众，起居都在禅堂，其余各人都有寮房，一人一间或数人一间。无事寮房静坐，不得越寮闲谈，不得闲游各处，无故不得三人聚论及大声喊叫。行：不得随便出外。有事外出须向知客师告假，回来销假。各人行走，必须依照戒律规矩，不得左顾右盼，不得高视阔步。如遇住持或班首执事、年长有德者，必肃然合掌让步。其余生活各事，如沐浴、洗衣等，各有规定，均须遵守。

（5）佛事仪规。这是有关佛事活动的习惯法。包括晨暮功课、三皈五戒、三坛大戒、佛教节日的纪念、为信徒和施主等修福荐亡所做的法事的仪式规定。仅为信徒和施主等修福荐亡的法事活动就有忏法、水陆法会、盂兰盆会、焰口等，各有不同的仪式。此外尚有斋佛、斋天、普佛、蒙山施食、三时系念、诵经念佛等种种佛事仪式。①

（6）中国佛寺习惯法例析。除了共同的佛寺习惯法外，佛教各个支系、各个寺院都还有自己的习惯法，具体规范僧众生活，维持佛寺秩序。下面我们介绍三个寺院的习惯法，分别代表藏传佛教、傣族佛教，各有特色。

例一，青海塔尔寺藏传佛教习惯法。

---

① 参见冯修齐《晨钟暮鼓——佛教法会礼仪》，四川人民出版社，1995，第6～139页。

青海塔尔寺藏传佛教习惯法的主要内容包括寺院行政组织、宗教组织、出家制度、学经制度、佛事仪礼等方面。

寺院行政组织。本寺最高负责人为总法台，代理寺主总揽全寺的教育和行政，由本寺中推选对教义研究有心得、对外界有相当声誉而且经济力量充裕的活佛充任。下有襄佐一人协助法台管理全寺事务，任期一年，可连任。法台下还有六族甘巴，是由六族中每族选出一代表人物充任，但只限六族中的当过僧官、翁则或老爷的喇嘛，才有资格，他们在全寺会议中有决定各项事务的权力。其下为吉索，即全寺的实际行政机构，负责金钱处理、租粮收放、僧侣口粮的筹措、各种集会饭食的经管、各神殿香火人员的指挥、印刷经籍以及对外界的联络等事务。这个机构，设有吉索第巴三人，即大、二、三老爷，为实际管理全寺事务的人。全寺的最高会议叫噶尔克会议，由法台、襄佐、大僧官、二老爷加上六族甘巴十人组成，法台是主席，讨论全寺重要事项。

行政组织系统表如下：

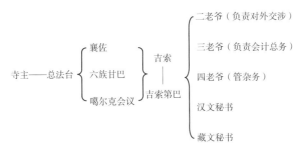

宗教组织。宗教组织总负责人为总法台，其下是大经堂。大经堂设总督察员一人即大僧官，负责维持全寺习惯法，指导全寺喇嘛生活和学习，并纠查喇嘛的犯戒行为，随时纠正或处罚。其下有身体魁梧的属员四人，扛着作为大僧官标帜的四楞铁棒，在寺内巡行，由六族甘巴从全寺喇嘛中推选出有地位也比较能铁面无私的人担任，任期一年。大经堂中还有总引经师一人负责在大经堂领导诵经，由熟悉各项经典的念诵仪式和声音洪亮的喇嘛担任，三年一任。大经堂下还有四个学经部门，各有法台一人，在该部门活佛中推选，任期三年，负责该部门的一切行政教育事务。

宗教组织系统表如下：

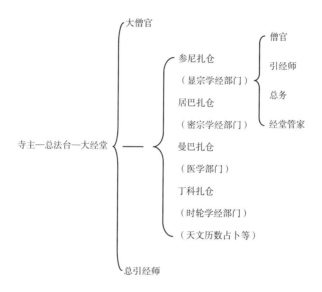

出家制度。小孩在五六岁时即可以到寺院作喇嘛，到寺院后先按习惯法剃发表示出家。在寺院内随其师父一起生活，师父多为叔伯舅父，到十岁左右要受沙弥戒，就正式成为喇嘛。加入寺院组织后，每天到经堂念经。做了正式喇嘛后便可以依照师父的意思或个人的志愿入任何一个学经部门学经。

学经制度。寺院习惯法规定显宗学经部门（喇嘛学经最多的部门）分五大部：因明学、般若学、中观学、俱舍学、戒律学。喇嘛遵照习惯法每天在规定的时间在自己所拜的经师家里听讲，再按时到辩经院和同级的同学讨论和讲辩。显宗学位有两种："噶居巴"与"多仁巴"。密宗部门也有学位"俄仁巴"。

佛事仪礼。包括集体学经、正月大庙会、四月大庙会、六月大庙会、九月大庙会、宗喀巴逝世纪念会、年终祈祷、为信民在嘉庆、丧葬及家庭、村庄有不利的事时念经等，都各有规定，不得违反。①

例二，青海兴海藏传佛教赛宗寺习惯法。

青海兴海藏传佛教赛宗寺习惯法最突出的内容就是在佛教"五戒"和"十善法"（不杀、不盗，不淫、不嫉妒、不忿恨、不愚痴、不道谎、不巧辩、不挑拨、不恶骂）基础上，形成了系统的打罚制度。

第一条，嫖了风（妇女）自动向僧官坦白者罚五元。

第二条，嫖了风被别人检举，又有事实证明者，用柳条或皮鞭打后，开除。

第三条，还俗后又要求穿袈裟者，罚一百到五百元。

第四条，二十岁以下的青年阿卡要给僧众（尤其是上层和富裕阿卡）打茶、扫地。

第五条，参加"法会"的阿卡，要向佛、僧官献哈达、供礼品。

第六条，不得非议活佛、僧官、管家，违者毒打，并罚白洋四十至一百元，或者开除。

第七条，偷寺院东西者严重惩罚，或者枷锁监禁，或者用烙铁烙脸，或者抄没其家产。

第八条，不合资格的阿卡进了"法会"，罚三百元。

第九条，打架行凶的，轻者用铁棒、木棍打，并罚一百元，重者打罚后开除。

第十条，鸡奸争风者，打三百下柳条。

第十一条，念经时阿卡缺席一次罚茯茶一包。

---

① 青海省编辑组等：《青海省藏族蒙古族社会历史调查》，民族出版社，2009，第152～155、158～161页。

第十二条，经文背不熟时，打五棍。

第十三条，顶撞活佛、僧官的，轻者狠打后罚一百五十元，重者打死。

第十四条，不准留女人在寺院过夜，违者罚五元。

第十五条，外出不穿袈裟者，罚十元。

第十六条，念经时不准摇，或者随便走动。

第十七条，僧众集合时，迟到的叩一百个头。

第十八条，在寺院骑马、背枪、带腰刀的罚十元。

第十九条，在寺院不脱帽子和皮褂者罚五元。

第二十条，随便怪喊一声者罚五元。

第二十一条，在寺院继承财产者，死人的财产和本人财产全部没收。

第二十二条，宰杀牲畜者，吊打、罚款或者供僧众吃一顿饭。[1]

为了执行打罚制度，习惯法规定的刑罚主要有：第一种，铁棒、皮鞭、柳条痛打；第二种，罚财物；第三种，罚苦役；第四种，罚跪、顶石头；第五种，赤脚站冰；第六种，倒、顺吊打；第七种，剁手、割耳朵；第八种，拔头发；第九种，上脚镣、手铐；第十种，炸油锅；第十一种，监禁；第十二种，面部烙印。[2]

赛宗寺设有僧官一人，监督僧众，处罚僧众违犯习惯法行为。

例三，西双版纳傣族佛寺习惯法。

云南西双版纳傣族的佛寺习惯法，既有关于僧众的规范，也有关

① 青海省编辑组等：《青海省藏族蒙古族社会历史调查》，民族出版社，2009，第163～164页。

② 青海省编辑组等：《青海省藏族蒙古族社会历史调查》，民族出版社，2009，第164页。

于教徒的规范。主要有：

第一，佛寺内六条纪律

佛寺的大佛爷，如没有新的佛爷替换而私自还俗，或者搬走逃跑的，寺内的东西遗失了多少，必须由大佛爷本人赔偿，违者无理。

不满一百户的寨子，选升"古巴"者，有罪无理。

身为一寺之主的大佛爷，不得歧视外来的其他佛爷或其他佛寺的佛爷；得了钱财不分给其他佛爷者，有罪。

身为佛爷，如不按照十五条教规办事，或者办事不符合"佛祖、经书、众教律"意旨之事者，有罪无理。

年轻的佛爷，每年关门、开门节，必须集中到城内向全勐"拍领"和大佛爷"苏玛"（忏悔和祝福）。关门、开门节内，是召勐分封官职给头人的好日子，关门节时分封村寨头人，开门节时分封城子的头人。关门、开门节期间，本勐土司必须写信向"召片领"祝福忏悔，买勐封官，违者有罪。

佛爷、和尚在寺内玩弄女人，不行善者，要罚一万两黄蜡、一千两银子，要忏悔认罪。若在寺外不行善者，罚一千两黄蜡、一百两银子。

第二，十五条教规

是教徒，必须懂十五条教规；是教徒，要立善。罪大的人罚一百块，罪小的罚酒和槟榔。

佛爷、和尚不得私自乱拿佛寺的佛衣穿用。

佛爷、召勐、头人必须尊重和严守教义，不得用新的礼教取而代之，违者有罪。

不得用佛寺里的砖头、木料盖房、修仓。

佛爷、和尚不得谈论国事和寨内的事情，不得佩金银首饰，不得做生意，不得玩女人。

有人到佛寺里来玩，佛爷、和尚不得谈论有关婚姻、丧事、牛马牲畜之类的话。

佛爷、和尚不得穿衣披毯去"串"姑娘。

本勐本寨不得请外勐外寨的人来当官办事。

本勐有规，本寨有礼，不得用外勐的规、外寨的礼来代替本勐、本寨的礼规。

各勐必须按各勐的规矩办事，各勐土司必须住在各勐；一勐不得有二召，一山不得有二虎。

当召、当帕雅的人，不得应用别勐的法规来解决本勐的事；不得用别寨的礼来处理本族本寨的纠纷。

当召、当帕雅的人，不懂"三规"（教规、赕佛规、头人规）或轻视亲戚家族的，有罪无理。

当百姓的必须有三个父母：第一个是亲生父母，第二个是哥哥姐姐，第三个是寨里的老人、头人。这三个父母都要尊重、孝顺，违者无理。

子女长大后，必须替换父母负担和劳动，孝敬父母，若东奔西忙，不孝顺父母者，有罪无理。

父母老后，无力劳动，子女不得打骂父母；不赡养父母者，有罪无理。[1]

2. 中国道观习惯法的内容

道教，是产生于中国的宗教，渊源于古代的巫术、秦汉时的神仙方术。在长期的发展中，道教逐渐形成、完善了组织形式、法规制度

---

[1] 云南省编辑委员会：《西双版纳傣族社会综合调查（二）》，云南民族出版社，1984，第20～21页。

与仪式等方面的内容，从而形成了中国道观习惯法。

（1）行为规则

这是中国道观习惯法中有关道士和教徒行为的规范。葛洪在《抱朴子》里就讲到了"道戒"。以后又有老子百八十戒、三百大戒、千二百戒等等。受佛教的影响，道教也订立了"五戒"、"八戒"、"十戒"等习惯法。如"五戒"：不杀生；不偷盗；不邪淫；不妄语；不饮酒。"八戒"即在五戒外再加三戒：不得杂卧高广大床；不得香油华饰；不得耽著歌舞。这些戒律与佛教的基本一致。

《玉清经》中，规定了道士和教徒行为时必须遵守的"十戒"：不得违戾父母师长，反逆不孝；不得杀生屠害，割截物命；不得叛逆君王，谋害家国；不得淫乱骨肉、姑姨姊妹及其他妇女；不得毁谤道法，轻泄经文；不得污漫静坛，单衣裸露；不得欺凌孤贫，夺人财物；不得裸暴三光，厌弃老病；不得耽酒任性，两舌恶口；不得凶豪自任，自作威利。① 河南方城县道观所订清规禁律有六：禁离经叛道；禁违背师训；禁食自死动物；禁非黄道日出门；禁泄露道法道文；禁炼丹日食荤、酗酒、近女色。

北京白云观还有专门关于留宿的习惯法，其中有：宗派三代和籍贯不清的不留宿；染恶疾及不良传染病者不留宿；奇装异服，短发疯狂者不留宿；妄谈异端，有医卜星相江湖术士嫌疑者不留宿；诵经不熟，未成年者不留宿等。

（2）道士

道观习惯法对道教的宗教职业者除行为规则外还专门作了一些其他方面的规定。道士必须奉守道教经典规诫并熟悉各种斋醮祭祷仪式。道士须受护身符及三戒，进受五戒八戒，然后受箓，凡受更令箓五年，得进一将军箓。四年，十将军箓。三年，七十五将军箓。二

---

① 参见于民雄《道教文化概说》，贵州人民出版社，1991，第171~172页。

年，百五十将军箓。但聪明才智秀异、功德超群者，不受年限所限，而志行愚庸者则延长年限。先受为上，后受为下。道士一般有六阶：一天真道士，二神仙道士，三山居道士，四出家道士，五在家道士，六祭酒道士。

在道士的衣食住行方面，道观习惯法的规定极为详细。如道士所戴之帽，就有九种：混元巾、九梁巾、纯阳巾、太极巾、荷叶巾、靠山巾、方山巾、唐巾、一字巾，各在不同场合戴用，不得混戴。全真派道士戴的帽子，也有九种：一唐巾，曾因吕洞宾戴过，故亦名吕祖巾；二冲和巾，老者戴之；三逍遥巾，少者戴之；四纶巾，冷时戴之；五浩然巾，雪时戴之；六紫阳巾、七一字巾，平时戴之。以上均为布缎所制，玄色。九九阳巾，杂入九流非真修之士所戴，纱缎所制。在饮食方面，道教全真派有"大五荤"、"小五荤"的规定，大五荤为牛、羊、鸡、鸭、鱼等一切肉食，小五荤为葱、韭、芥、蒜等一切有刺激性气味的蔬菜，这些都是斋戒时的禁食食品。另外如全真派禁止结婚等方面的规范也有不少。

（3）修炼和宗教仪式

道教的修炼方式别具一格，有种类繁多的修炼的活动，习惯法因此予以专门规定，如服饵、导引、胎息、内丹、外丹、符箓、房中、辟谷等。每一种修炼的具体方法都各有定规。像服饵丹药时，首先必须在心理行为上彻底做到"清心寡欲"；同时服用丹药的条件，必须先要炼到神凝气聚，可以辟谷而不食人间烟火的程度。丹药，大体上分为三类，即天元丹、地元丹、人元丹。天元丹药有两种：一是指天然的矿物而成丹的，一是指不需自己的辛勤修炼，接受已经炼丹得道者的赐予。地元丹专指采用植物性的药材，研究提炼而成丹的一种。人元丹也有两类，一是指离尘出俗，避世清修，专门养神服气，弃欲绝累，涵养身心，使其达到清静无为、虚极静笃的境界。一是以古代房中术的理论为基础，研究性心理与性生理的作用，认为男女两性内分泌（荷尔蒙）具有延续生命的功能，在合理而正常的夫妇性生活中，不淫乱，不纵欲，而达到升华精神、延长寿命的功效。从丹道立场上而言，吸饵丹药，依习惯法有三个程序，先是服用地元丹，为修炼养生的预备工作；次为修炼人元丹，变化气质，以达到道家凝神聚气的标准；最后服食天元丹。

道观习惯法规定的宗教仪式有斋醮、祈祷、诵经、礼忏等。每一种又各有自身特定的规范。正一教斋醮讲究音乐，不同仪式有不同道乐。为信徒的丧葬等又有拜章、消灾、忏禳、安宅、启醮、设坛、谢罪等宗教仪式。道教还有法会，如慈悲道场、水陆道场等，习惯法对此也有规定。

（4）处罚规条

道观习惯法中有不少关于违反习惯法者的处罚条款，以此保障道观习惯法的权威。例如《全真清规》就有十条处罚规范：第一，犯国法遣出；第二，偷盗财物，遣送尊长者，烧毁衣钵罚出；第三，说是谈非，扰堂闹众者，竹篦罚出；第四，酒、色、财、气、食荤，但犯一者罚出；第五，奸猾庸狡，嫉妒欺瞒者罚出；第六，猖狂骄傲，动不随众者罚斋；第七，高音大语，作事躁暴者罚香；第八，说怪事戏言，无故出庵门者罚油；第九，干事不专，奸猾慵懒者罚茶；第十，犯事轻者，并行罚拜。

而昆明全真派的金殿和黑龙潭则根据自身的特点，订立处罚规条，主要的有十条：第一条，开静时睡不起者跪香；第二条，早晚功课不随班者跪香；第三条，诵经祈忏不恭敬者跪香；第四条，在寺院喧哗惊众，两相争吵者跪香；第五条，出门不告假，私造饮食者跪香；第六条，三五成群交头结党者迁单逐出；第七条，公报私仇，假传命令，重则逐出；第八条，毁谤大众，怨骂殴斗，杖责逐出；第九条，阳奉阴违，坝（霸）占执事者逐出；第十条，违犯国法，奸盗邪淫，火化示众。

此外，道观习惯法还对道观组织、建筑、道徒法服、入靖、启奏、读经、讲经、事师、礼拜、烧香、燃灯、鸣钟、鸣磬、章奏、法具、食器、器用、居处、卧具、屦履、井泉、用水、动止、随行、住观等都订立规范，依法奉行。

3. 中国伊斯兰教习惯法的内容

伊斯兰教于七世纪中叶开始传入中国，宋元以后有一定发展，主要在回、维吾尔、哈萨克、乌孜别克、塔吉克、塔塔尔、柯尔克孜、撒拉、东乡、保安等少数民族中传布。中国伊斯兰教在传布过程中，在坚持伊斯兰教习惯法基本内容的基础上有所完善，结合中国的实际情况而形成中国伊斯兰教习惯法。

伊斯兰教习惯法的内容非常广泛，涉及穆斯林社会生活的各个方面，仅总共一百十四章的《古兰经》即有八十章涉及行为规范。伊斯兰教习惯法涉及居民的法律地位、信徒的义务、婚姻家庭、继承、债权、犯罪与刑罚、法院组织与诉讼等，尤以信仰方面的规范、调整婚姻家庭与继承的规范最为发达。

（1）居民的法律地位。在中世纪阿拉伯国家，伊斯兰教习惯法同时亦为封建国家的法律，因而规定了居民信奉伊斯兰教与否而有不同的法律地位。非穆斯林如信奉犹太教、基督教者（以后逐渐扩大到祆教、萨满教等宗教的教徒）须按规定缴纳人丁税，才能保持其履行宗教仪式的自由。习惯法规定，一切异教徒要尽一系列义务，受一系列限制，如：使用土地要出土地税；要缴纳年税以供养阿拉伯国家的军队；必须穿特殊的服装，并加上一定的标志；不得在法庭上作证；不得进行血亲复仇；不得举行示威性的宗教仪式；禁止建设新的宗教祭礼建筑物；禁止骑马和握有兵器等。但异教徒享有民事权利，其人身和财产受伊斯兰教习惯法的保护。

（2）穆斯林义务。按照伊斯兰教习惯法，每个穆斯林，作为信徒、人和公民，其行为可分为五种：一为必须履行的行为，履行者受奖，不履行者受罚；二为可嘉奖的行为，行为人受奖，违反者不受罚；三为准许的行为（无关紧要的行为），不受罚也不受奖；四为受谴责的行为，但不受惩罚；五为禁止的行为，违者应受惩罚。这五种实际上是伊斯兰教习惯法的规范模式。

依照习惯法，穆斯林最基本的义务就是信仰安拉（真主），而放弃对其他神灵的信仰和崇拜。穆斯林必须履行五种主要义务（五功）。第一，口诵（念功）：在一切隆重的场合都要念《清真言》"除安拉外，再无神灵，穆罕默德是安拉的使者"，表白自身的信仰；第二，礼拜（拜功）：每日进行五次集体礼拜，如因故不能去清真寺，也可单独进行。作礼拜前必须净身，礼拜时的仪式、所诵经文必须遵守伊斯兰教习惯法的规定。第三，斋戒（斋功）：每年回历九月即莱麦丹月白天实行斋戒禁食，并禁止性行为，无故不履行义务者要受制裁。但老人、病人、孕妇和哺乳期妇女、旅行在外和工作繁忙的人可以免除斋戒，有的可以施舍代替，有的在以后补斋。第四，朝觐（朝功）：即到麦加的克而白庙（天房）朝圣，习惯法规定每个穆斯林一生至少要朝觐一次，只要是"他有足够的负担能力"，并且在离家时给家属留下足够的供应。第五，法定施舍（课功）：每个身心健全、拥有财产的穆斯林，按其财产比例进行施舍，后来逐渐变为一种税收，即天课。此外穆斯林还必须遵守关于食物的戒律，即戒食自死物、血液和猪肉。

（3）婚姻家庭与继承规范。伊斯兰教习惯法维护一夫多妻、男尊女卑的婚姻家庭制度，规定了有限制的一夫多妻制，保护丈夫在家庭中的绝对特权。伊斯兰教习惯法禁止结婚的情况有：血统近亲（堂兄弟姊妹不在此限）；乳母近亲；姻亲；一方行为淫荡；宗教信仰不同，但穆斯林男子可娶犹太教和基督教女教徒为妻，穆斯林妇女则不许嫁给任何异教徒。

伊斯兰教习惯法允许离婚，除夫不供养妻、不与妻过夫妻生活等极少数情况外，主动权主要在丈夫手中，最常用的方式为夫休妻。寡妇可以再嫁，但必须经过四个月零十天的待婚期。

男女都有获得死者遗产的权利，但妇女只有男子的一半。除近亲属外，盟友也可以继承遗产，非穆斯林不能继承穆斯林的财产。每一继承人都有应得的一定份额，如有其他继承人，这种份额按比例递减。财产所有者可以立遗嘱处分其财产的三分之一，其余三分之二按习惯法规定的法定程序继承。立遗嘱时必须有两个公正的教胞（穆斯林）作证。

（4）债权债务规范。伊斯兰教习惯法规定了因致人损害所生之债和因契约所生之债。凡因故意、过失、无经验等所造成的损害，均应赔偿。对订立契约的当事人、订约原则、标的、种类等也作了详细规定。伊斯兰教习惯法禁止重利，但在实际执行中较为灵活。

（5）犯罪与刑罚规范。刑法是伊斯兰教习惯法中较为落后与薄弱的部门。除侵犯人身的强暴行为如杀人、伤害等为犯罪行为外，伊斯兰教习惯法还规定了固定刑罚的犯罪，如通奸、诬陷罪、强盗罪等。刑罚广泛采用肉体刑、生命刑，较为残酷。

（6）法院组织与诉讼。最高裁判权属哈里发（穆罕默德的继承者），各地区各城市由哈里发任命的法官进行审判。除审判外，法官还受托执行其他事务，如监督清真寺、神学院、墓地、医院等的土地占有、监督遗产分割、遗嘱执行等。诉讼程序较为简单，没有严格的诉讼形式。宣誓在伊斯兰教习惯法中是重要的证据。①

在伊斯兰教习惯法中，有关组织体系、神职人员权利义务的规范较为缺乏，这与伊斯兰教自身的特点有关。

此外，在伊斯兰教清真寺建筑上，伊斯兰教习惯法的规定主要涉及如下方面：礼拜殿；邦克楼；神龛；宣谕台；教室；浴室；议事

---

① 参见陈盛清主编《外国法制史》，北京大学出版社，1982，第158~166页。

室；堂内悬灯；不用偶像。

中国伊斯兰教习惯法对伊斯兰教习惯法的完善和补充突出地表现在课税方面。如青海尖扎县康扬乡和循化县积石乡在 1949 年以前就有下列规条，穆斯林均须遵守：

第一，学粮：这是供养开学阿訇的经费。一般按教民经济情况分为上中下三等户，上等户每年出学粮六斗（每斗计一百六十斤），中等户每年四斗，下等户二斗。

第二，乌苏勒：农业税，每户须抽出全年生产量的十分之一交给清真寺。

第三，则卡提：是向牧业和商业征收的税赋。牧民或兼营牧业者，若有四十只羊，每年须交寺院一只；不足四十只者，折合成钱或物，仍按四十分之一交纳。商人每户每年须将货物的四十分之一交与寺院。

第四，费特勒：开斋节时，每人向寺院交五角钱，又称人头税或开斋捐。

第五，青苗节时，每户向寺院交粮食三斤、馒头一盘。

第六，人死后，要将死者的衣服送给阿訇，或者至少送一块钱。

第七，结婚时要向阿訇送礼，一般是一元钱和一升枣，在积石乡最少要送五元。

第八，讨白钱：人将要死时，须请阿訇念经并给阿訇钱，在尖扎康扬乡规定最少要送七元银或者一只羊。

第九，人死后，须请阿訇念经，第一天送给阿訇五十元，第三天送给三十元，并且在念经时，要用四十斤麦子、一只羊和三斤清油做食品招待他们。在死后第一、第二、第三、第四和第五个"七日"时，要请阿訇念经，每次送给阿訇六元钱，并以一只鸡、十斤面、二斤油的食品招待他们。在死后的四十日、百日和周年时，要请阿訇念经，每次最少送阿訇二十七元，并要宰羊一只，用麦子五十四斤、面二十斤、清油三斤。同时，从得病至死后二十天的一段时间内，须请阿訇念一次"铁骇里"，念后送给他五十元。

第十，外格夫：教民将财产捐给寺院。教民死后无人继承时，其财产全部捐给寺院，这些捐献给寺院的财产称为外格夫。

第十一，教民须轮流给阿訇供饭，要用最好的食物招待，每次至少要用五元。

第十二，小孩生下后，要请阿訇给起经名，最少须送给阿訇人民币一元。

第十三，圣纪节时念经一天，男子全部参加，宰牛一头，用面一千六百二十斤及小麦一百八十斤。同时，每户交乜贴一至二角。

第十四，清明乃提经：于旧历3月3日念经一天，男子全部参加，宰牛一头，用麦子一百八十斤，每户交乜贴一至二角，送2斤油香。

第十五，白麦子麦仁经：旧历五月间念经一天，用费同上。

第十六，纪念法图买：旧历十月为纪念法图买，在寺内念经一天，参加人和用费与第十三同。

第十七，拱北念周年经：每年念三次，每次宰牛一头或羊一只，每户纳乜贴一角至一元不等。

第十八，祈祷经（又称秋吉经）：以户为单位，每次请五至十人念经，用费十五元。

第十九，地租：尖扎康扬乡清真寺规定，凡租种寺院田地者，每斗地（每亩半）每年交地租二百斤。

第二十，放债：寺院以十斤为一升放出粮食账，以十二斤为一升收回。

　　第二十一，阿訇的生活用品，无不由教徒供应。如康扬乡的清真寺规定每户每年须向寺院送烧柴一驮（约一百三十斤），清油二碗（约二斤）、麦草五百斤，每只羊送羊毛四两等。[1]

此外，在宗教职业者、清真寺管理等方面都有不少习惯法。

4. 中国天主教习惯法和中国基督教（耶稣教）习惯法的内容

中国天主教习惯法和中国基督教（耶稣教）一本基督教寺院习惯法的基本内容，并在此基础上结合中国实际有所发展。

基督教寺院习惯法的内容较为广泛，主要包括教阶制度、神职人员的权利义务、所有权债权规范、婚姻家庭与继承规范、犯罪与刑罚规范、法院组织与诉讼规范等。

（1）教阶制度。这是规定基督教神职人员的等级和教务管理的体系和制度。寺院习惯法规定，罗马教皇是基督教会的最高统治者，对教会、全体成员的道德和教会的纪律及政治，有最高及完全的管辖权。教皇有召集宗教会议、批准会议决议、任免主教调动主教划定主教辖区的权力。教皇是教会法院的最高审级，各地教会较重大的案件，一律呈送给教皇审核。寺院习惯法还规定教皇本人不受任何审判。

教皇下面是大主教、主教、司祭等，统称为大教职。再下面是修士、修女等小教职。寺院习惯法规定实行主教制，即以主教为主体管辖教会的一种制度。主教享有管辖区内一切财物、神物的权利，行使立法和审判强制权。司祭（神父）负责监督辖区内教士、信徒对主教命令和圣礼的执行，即执行寺院习惯法。各教职之间等级森严。

（2）神职人员的权利义务。寺院习惯法规定，凡从事宗教活动的

---

[1]　转引自赖存理《回族商业史》，中国商业出版社，1988，第246～248页。

神职人员，享有获得神品及领取教会恩俸之权，并按等级规定享有对
教区的管辖权；享有其等级应享有的礼节特权；享有种种司法特权；
享有豁免兵役权。同时，神职人员也必须履行一定义务，如每日默想
自省的义务；宣传教义和忠诚完成教职的义务；高级神职人员的禁止
结婚严守贞操的义务；居住于本教堂的义务等。

（3）所有权债权。寺院习惯法十分重视对土地所有制和教会财产
的维护，具体规定了教会对其土地和动产有独立取得、存留和管辖的
权利，以及财产取得的方式、财产的管理和对教会财产所有权侵犯的
处罚。寺院习惯法禁止牟利、禁止一切利用金钱借贷收取利息，更不
准经营商业获取暴利。凡经立约人宣誓履行债务的契约，教会均有管
辖权。寺院习惯法还对信用抵押作了规定。

（4）婚姻家庭与继承。寺院习惯法规定结婚必须通过一定的宗教
仪式，举行结婚宣誓，接受教会的祝福和进行婚姻登记才能有效，并
详细地规定了禁止结婚和撤销婚姻关系的条件。习惯法规定实行一夫
一妻制，严禁离婚。维护家庭中父权、夫权的统治。寺院习惯法还规
定教会法院有验证继承遗产的遗嘱和监督遗产执行之权，有处理无遗
嘱的遗产的处理权，但仅限于动产。

（5）犯罪与刑罚。寺院习惯法将违反教义和违反宗教信仰的行为
宣布为犯罪，并规定了破坏财产关系和触犯等级特权、婚姻家庭的处
罚。处罚主要有惩治罚（包括弃绝罚、禁止圣事罚、罢免圣职罚）、
报复罚（罚金、禁止进入教堂、除职等）、补赎（诵读特定经文等）。

（6）法院组织与诉讼。寺院习惯法规定了不同等级的教会法院，
构成了独立的宗教法院体系，主教法庭为第一审级，大主教法庭为第
二审级法院，教皇法庭为共同最高审级，另外还设有专门法庭。宗教
裁判所（异端裁判所）是专门从事侦查和审判有关宗教案件的机构，
实行残酷的审判与刑罚制度，臭名昭著。诉讼制度方面基本继承了罗
马帝国法院的诉讼程序，刑事案件一般采用纠问主义程序。证据方

面，中世纪初期多采用誓证法即宣誓为证或神制法即神明裁判为证，以后逐渐采用人证、物证。民事案件多采用书面审。①

中国天主教习惯法有关于组织机构方面的补充规定。如 1949 年前的云南大理地区，天主教主教教区设立总堂，下辖分堂。中和城的天主总堂，管理大理教区教务，其任务为布道、召集教徒礼拜、开办学校及诊所、管理当地教徒。其堂内组织机构设"主教府"，下设主教一人，副主教二人；设"总司铎"，下设总司铎二人。总司铎分为"总本堂司铎"和"参议司铎"两种。本堂司铎下设"总本堂司铎"二人和"参议司铎"五人，下设神父一人，教区秘书一人，再下设修女十人。其经济来源除教徒捐献外，其余都为罗马教皇供给。下关天主教分堂的任务为布道，召集教徒礼拜，管理教徒和诊所，设神父一人，其下设修女一人，其经济来源除教徒捐献外，都依靠大理教区，由主教府供给。大理教区还设有"修女院"、"孤儿院"（其任务为培养宗教职业者）、"养老院"（其任务为供养老弱的宗教职业者）。天主教青年团体为公教青年会。此外，尚设有育成小学。

行为规范方面，中国天主教习惯法主要继承基督教习惯法的内容，并为适应中国社会和各地情况作了一些小的变化。如《林县民俗志》中记载："天主教定有'十戒'：一是钦崇天主万有之上；二是毋呼天主圣名，以发虚誓；三是守瞻礼；四是孝敬父母；五是毋杀人；六是毋行奸淫；七是毋偷盗；八是毋枉证；九是毋恋他人妻；十是毋贪他人财。"这样的戒律非常通俗，贴近中国民众的生活，也有利于天主教的传布。

耶稣教即基督教新教，在中国通常称基督教，是基督教在中国影响最大的教派，内部又有许多教会、教派，各有自己的习惯法。以云

---

① 参见张梦梅、郑祝君主编《新编外国法制史》，中国政法大学出版社，1991，第 151 ~ 157 页。

南为例，基督教就有内地会、循道公会、中华圣公会、五旬节会、基督复临安息日会、神召会、信义会、贵格会等教派，习惯法方面也略有不同。

（1）中华圣公会。是基督教安立甘宗在中国成立的教会。中华圣公会确认普世圣公宗的"兰柏四纲"：《圣经》为信徒得救的唯一标准；《使徒信经》和《尼西亚信经》包含"圣道的纲要"；洗礼和圣餐是"必守的圣仪"；持守由使徒遗传而来的主教（会督）传授的三品圣职。这四方面即为中华圣公会的基本习惯法。其习惯法规定的组织机构，主要有以教区主教组成的"主教院"，由每教区圣品、信徒代表组成的"代表院"；设立主席主教、常务委员，及各委员会处理教务。各主教区设教区议会，有自立教区习惯法的权力，每个教区又划分若干牧区及堂区。圣公会的宗教仪式方面的习惯法规定，吃圣餐必须跪着，手叩在胸前，这与天主教相同。

（2）基督复临安息日会。这一教派除宣扬所谓基督即将再次降临人间外，还主张遵守以"第七日"（指星期六）为安息日的规定，故名。基督复临安息日会习惯法与众不同的是，规定在星期六做礼拜。在仪式上，受洗方面采取浸水礼，即全身都下水；吃饭要祷告，并且不吃带血的食品；吃圣餐前有洗脚礼，即男女分开，邀一个和自己有矛盾的人，相互帮助对方洗脚，以谦卑来消除矛盾，增强团结。安息日会的十字架放在心里，礼拜堂不放，而代之以书写的十诫。安息日会组织机构有牧师、长老、执事、教士。牧师不要求是神学院毕业，只要传教有方就可以担任，由教会的组织者如会长提名。每年的聚道会选举一次会长。牧师管理宗教的具体事务，专门传道，是圣职。长老也是圣职，管理教育等教会事务，也由教会提名担任。执事在长老之下，由教长提名、教会选举通过。传教士管理传教的具体事务。教会的经费完全来自外国教会，多是教友捐助。

安息日会习惯法还规定每年召开一次布道会，每次七至八天，内容是讲道，鼓励教士传道，总结各地的传布情况，解决传道中存在的困难，并根据各地的要求，筹款帮助建设教堂、设立学校等。会议的组织机构由牧师、长老、地方的代表组成。会议由会长主持。开会前在会长领导下先开筹备会，列出会议程序。

（3）神召会。神召会主要宣传"圣灵充满"，其习惯法不要求办学校、医院、慈善机构，只讲求传播福音。吸收教徒入会时要求入教者忏悔自己的罪过，对教会和圣经有一定的认识和理解，保证今后不再犯罪，然后经过牧师受浸水礼，才能入教成为教徒。习惯法规定在祷告时实行跪拜礼。

依习惯法，神召会的组织机构分为两种，一种是行政机构，一种是传道机构。行政的最高职务是会长。总会设总会长，下设 3～5 个副会长；教区设有区会长，下设 2～3 个副会长；区会下设教会（分会），设有分会长。会长下设长老、执事。会长、长老、执事都是选举产生，长老和执事选举后就是终身职。行政组织主要是管理教会的事务。传道机构主要有牧师、传道士两级，牧师一般由神学院毕业，通过一定时间的实习，有丰富的传道经验，达到一定标准，最后由教会封任。传道士由有传道经验的人担任。

（4）贵格会。这个教会的习惯法宣称教会和《圣经》都不是绝对的权威，每个教徒都能直接接受"圣灵"的感动而讲道，反对设立牧师，不举行洗礼、圣餐等仪式、礼拜时也没有固定的程序。

三　中国宗教寺院习惯法的性质、特点

1. 中国宗教寺院习惯法的性质

中国宗教寺院习惯法具有强烈的宗教色彩，它随着中国社会各种宗教的产生、形成、传入而产生、形成，并服务于宗教促进其发展，因而具有宗教性。同时，中国宗教寺院习惯法又是中国社会行为规范的组成部分之一，对社会的各个方面有着一定的影响和作用，因而又具有世俗性。

当然，作为宗教体系的有机组成部分，中国宗教寺院习惯法主要表现出宗教的特性。宗教寺院习惯法的形成和完善发展是为了强化宗教信仰，保护宗教活动；宗教寺院习惯法的内容主要依据宗教的基本教义和经典，基本上围绕着信教、传教这一中心活动而展开；宗教寺院习惯法的实施有赖于宗教寺院组织和机构作为坚强后盾，执行宗教寺院习惯法本身就是宗教活动的有机组成部分。可以说，离开了宗教和宗教寺院组织，中国宗教寺院习惯法就根本不可能产生和存在。

2. 中国宗教寺院习惯法的特点

与世界主要的宗教寺院习惯法、中国其他习惯法相比较，中国宗教寺院习惯法有其特点。

（1）与世界主要宗教寺院习惯法比较，中国宗教寺院习惯法表现出以下几方面特点：

首先，世界主要的宗教寺院习惯法，都曾对国家制定法这一世俗法律有巨大影响。基督教习惯法，对西方的国家制定法和司法都曾产生重大影响，在西欧中世纪更凌驾于国家制定法之上；伊斯兰教的习惯法，则基本上同时起着世俗法律的作用，并以此为基础形成阿拉伯法系；古印度婆罗门教习惯法对整个南亚次大陆和东南亚国家的法律有很大影响，历史上形成了以其为基础的印度法系。而中国宗教寺院习惯法对国家制定法的影响甚微，它们一直是作为宗教法而在中国存在，从来没有成为世俗法律而为全体社会成员普遍遵守，反而受国家制定法的一定控制和支配。

其次，从内容上看，世界主要的宗教寺院习惯法都相当广泛，不仅涉及宗教组织体系、宗教职业者和信徒的权利义务、入教出教、礼拜斋戒等宗教组织、宗教制度方面，而且还广泛规定了婚姻家庭继承、债权债务、所有权、犯罪与刑罚、法院组织与诉讼方面的规范。

中国宗教寺院习惯法内容则比较单纯，规范只涉及宗教组织、宗教制度本身，基本上不涉及世俗生活，仅仅调整宗教寺院组织内部的各种关系。宗教寺院习惯法的这种调整基本上还不能违反国家制定法的规定。

最后，在渊源方面，世界主要的宗教寺院习惯法较为广泛、多样：基督教习惯法渊源于《圣经》、教皇敕令集、宗教会议决议、罗马法的某些规范；伊斯兰教习惯法除以经典《古兰经》为最根本的渊源外，圣训、宗教法学理论、当地习惯法及外来法律也都是其渊源；古印度婆罗门教习惯法的渊源也比较复杂。相对来说，中国宗教寺院习惯法特别是中国本土产生的道观习惯法的渊源较为单一。中国道观习惯法就是从道教的经典中产生形成发展的，别无其他渊源。

（2）与中国的其他习惯法相比，中国宗教寺院习惯法的特点主要表现在：

首先，中国宗教寺院习惯法与宗教联系密切，互为依存，宗教规范与法规范合二为一。中国宗教寺院习惯法的产生、发展、内容、效力作用都以宗教的存在、发展为前提，与宗教息息相关，可以说没有宗教也就不存在中国宗教寺院习惯法。中国其他习惯法与宗教虽有联系和影响，但远非紧密，更谈不上共生共存。

其次，适用范围上，中国宗教寺院习惯法只适用于宗教组织以及宗教职业者、宗教信仰者，对其他人不具有约束力，按属人原则适用。

第三，在强制性方面，中国宗教寺院习惯法以信徒的内心约束为主，依靠神力进行强制，外在强制和直接强制为辅，主要为精神强制。而且这种强制性融法的强制和宗教强制于一体，具有双重保证。这种强制性在中国习惯法中是极为独特的。

最后，中国宗教寺院习惯法的平等性。中国宗教寺院习惯法规定信徒身份平等、信仰平等、劳役平等，而且像佛寺习惯法还宣称众生平等。在执行中，这种平等性也较为明显。

宗教寺院习惯的这种平等性主要并不是从外在形式上而言的，平等性是信仰至上、神灵至上基础上的平等。宗教寺院习惯法在保护和促进信徒崇拜人格化、偶像化的神灵，通过信仰虚无的超自然的力量来平衡心灵达到彼岸获得新生中表现出平等性。

就某种意义上而言，中国宗教寺院习惯法的这种平等性反映了在力大无穷的信仰对象之下的各个单个的信仰者的平等。婆罗门教中的梵天被认为是唯一的真实，是至高无上的创造者，它创造宇宙万物及世间一切事物的性质。伊斯兰教则认为安拉是独一无二的，是绝对而又永恒的。而基督教也认为上帝是至高无上、全能全知、无所不在、创造万物的唯一真神，是宇宙的最高主宰。因此在这样的神灵面前，每一个信徒就显得极为渺小而处于平等位置上。

需要指出的是，上述中国宗教寺院习惯法的特点是从整体角度上来分析的。事实上，中国各类宗教寺院的习惯法有其自身的独特性，每一具体的宗教寺院的习惯法也都有与众不同之处。

四　中国宗教寺院习惯法的作用

中国宗教寺院习惯法是中国宗教的重要组成部分，它对于保障宗教的地位、促进宗教发展、强化宗教信仰、维持宗教场所秩序起了重要作用。

1. 保障宗教地位，促进宗教发展

宗教产生的同时，也产生和形成了宗教寺院习惯法，同时宗教寺院习惯法又反过来维护和保障宗教的存在和发展。中国宗教寺院习惯法通过规定系统的、全面的清规戒律、信仰体制、组织机构、各类仪规，从而巩固宗教寺院在社会中的地位，并尽力争取国家和地方政府的支持，扩大经济实力，为进一步发展创造条件。比如道观习惯法中就首先规定"犯国法遣出"，这样就避免了与拥有军队、行政系统的国家权力相对抗，为道教的生存和发展奠定基础。由中国固有文化的特质所决定，中国宗教寺院都无力与国家、世俗权威相抗衡，因此宗教寺院习惯法的规定都是从宗教寺院的生存出发避免与世俗权威直接冲突，其立足点都在于维护宗教寺院自身的存在和发展。事实上，从具体实施的效果看，中国宗教寺院习惯法确实对宗教的生存和发展具有重要意义。

2. 强化宗教信仰

中国宗教寺院习惯法首先将本来属于世俗的一些行为规范如不偷盗、不诬陷、诚实、公正等等纳入自己的体系之中；同时，又从自身的信仰体系出发，在自己的行为规范中加上特定的宗教内容，使之更具有权威性和强制性。具体而言，中国宗教寺院习惯法规定了较为具体和严格的宗教礼仪，使信仰者通过生动、形象的活动加深对宗教的兴趣，增强对宗教寺院的感情，从而强化他们的宗教信仰；中国宗教寺院习惯法通过规定学经讲经制度，让信仰者增进对宗教经典内容的了解，激发他们学习教义的积极性，强化和巩固宗教意识；中国宗教寺院习惯法还规定了诸如开办诊所学校孤儿院育婴堂等慈善、社会服务内容，激发世俗民众的信教兴趣，培育他们的宗教意识和宗教观念。

3. 维持宗教场所秩序

中国宗教寺院习惯法调整内部成员相互之间关系，规定各自的权利义务，从而确保宗教组织、宗教场所的有序性和正常活动。佛寺习惯法的重要组成部分"清规"即是关于住持、两序、僧尼等的日常行为的规定，具体而全面，这对维护庄严肃穆的宗教场所非常必要。这从下面这则故事中可见一斑：

程明道一日过定林寺，偶入僧众之堂。见周旋步伐，威仪济济。伐鼓考钟，内外静肃。一坐一起，并契清规。叹为三代礼乐尽在此中。①

同时，中国宗教寺院习惯法通过对宗教组织、宗教职业者、一般信徒的规范和约束，对社会秩序的安定、社会整体利益的维护也有一定作用。

宗教是人类历史上一种古老而普遍的社会文化现象，在漫长的时代和广大的地域之内，它都是"这个世界的总的理论，是它的包罗万象的纲要"。② 因此，中国宗教寺院习惯法的影响也将是长远的、深刻的。

---

① 《佛法金汤编》。程明道为北宋理学的奠基者，学者称其为明道先生。转引自张曼涛主编《佛教与中国文化》，上海书店 1987 年 10 月影印版，第 82 页。
② 马克思：《〈黑格尔法哲学批判〉导言》，载《马克思恩格斯选集》第 1 卷，人民出版社，1995，第 1 页。

第六章

中国秘密社会习惯法

秘密社会是指一种具有特定宗旨和礼仪，依靠严格的规约从事某种社会、政治和宗教活动的社会团体，它一般分民间秘密教门如白莲教和民间秘密帮会如天地会、青帮等两大类，通常所说的黑社会即为其中的重要部分。秘密社会内部有许多组织规范、礼仪规范、行为规范，约束其成员，维系其生存，这些规范即为秘密社会习惯法。中国秘密社会习惯法内容丰富，种类繁多，其实际效力往往高于国家制定法。本章主要对秘密社会习惯法的产生、发展、主要内容、执行进行探讨，并分析其特点，研究其作用，揭示其现实表现，试图对中国秘密社会习惯法作一较为全面的科学的探究。

一　中国秘密社会习惯法的产生、发展

中国秘密社会习惯法是随着秘密社会的产生而产生的，中国秘密社会最早起源于何时何地、组织情况如何、名称来源如何、起于

何人，目前较难考证。据载，隋末时焦郡即有"黑社"、"白社"组织，宋代则有李甲聚党而成"设命社"，民众结成的"霸王社"，扬州也有"亡命社"等等。但盛极一时则在清代中叶以后，清代秘密社会组织繁多，活动广泛，影响极大。据中国第一历史档案馆记载，清代秘密社会有：白莲教、在理教、先天教、大乘教、无为教、清茶门教、红羊教、一炷香教、圣贤教、义和门教、八卦教、天龙八卦教、中八教、添柱教、红胡教、天理教、天公教、达摩教、佛门教、明灵教、无极门教、青莲教、黄阳教、罗祖教、西洋教、收园教、顺天教、鸿钧教、龙门教、白山教、天门教、儒门教、园顿教、黄天教、一碗水教、幅教、白莲地教、红灯教、红莲教、红教、白阳九宫教、摸摸教、未来真教、斋教、青教、青阳教、新新教、混元教、白衣教、邱莘教、罗教、弘阳教、如意道教、八路教、虎尾教、老佛教、看香学好教、末后一著教、灯花教、清水教、武圣教、老理教、阴盘教、阳盘教、潘安教、老安教、新安教、金兰教、黄天道教、长生教、红单教、矢么教、皈衣无为教、金丹教、文贤教、黑莲教、天地会、三合会、三点会、尚弟会、双刀会、小刀会、哥老会、江湖会、花会、胜人会、游会、音乐会、牙签会、菜会、阎王会、刀枪会，大刀会、顺刀会、钩刀会、砍刀会、千刀会、钢刀会、曳刀手会、串子会、龙华会、孝义会、仁义会、祖会、青龙会、父母会、三元会、陆林会、少林会、奇门会、边钱会、红钱会、南北会、太子会、忠义会、桃园会、乌龙会、同胜会、青苗会、同心会、天元会、龙虎会、红黑会、扇会、白头会、天罡、二字会、红会、黄会、白会、夹把刀会、千人会、兄弟会、太平会、黑红签会、铁戒指会、刀会、洋枪会、洪莲会、老人会、火官会、铁尺会、成功会、老理会、祖师会、万人会、江山会、担会、青龙会、添刀会、英雄会、悄悄会、八卦紫舍会、义气会、丫头会、号军、艇军、幅军、征义堂、忠义穷团、青红帮、啯噜党等，计有二百一十五种。① 这些秘密社会是在社会矛盾尖锐、社会冲突激烈、土地兼并剧烈、无业游民大量出现的社会背景下形成的。中国秘密社会习惯法也就由此产生。

严格说来，具有较为系统、全面的规范体系，有一定的组织保证实施的秘密社会习惯法始于清代。清之前虽有一些秘密社会，也有个别的、零散的一些内部规定，但离法还有相当距离。

由于秘密社会宗旨特定，或反清复明，或反抗教会，或保家自卫，或打家劫舍，大多从事各种反当局、反官府、反社会的活动，只能在秘密状态下活动，因此为维系秘密社会内部成员信仰的坚定虔诚，各种秘密社会团体都在创立、产生之初就规定了各种清规戒律、行为规则。如青帮的早期组织即清代漕运水手中的秘密结社——安庆府的粮帮水手的"安庆道友会"，即有祖师、首领、辈次（为24辈："清静道德文成佛法能仁智慧本来自性无明兴理大通悟学"）规定，② 也有场所（靠近河岸的庵堂或船上摆设香案、供上祖师牌位）、条规守则（如"帮规十戒"、"十戒"等）、仪节、隐语手势暗号等等规定，其规定全面，已自成一体。

白莲教初创时，也有一套较为详细的规范："晨早礼忏之，偈歌四句，佛念五声，劝男女修净业，戒护生为大谨"，"茹素念佛"，"不事荤酒"，"不杀物命"③ 等等，并编成《莲宗晨朝忏仪》，建立莲宗忏堂，以规范成员、维系组织。

中国秘密社会习惯法就是这样随着秘密社会的产生而产生的。由于秘密社会的秘密性，其习惯法的产生与秘密社会的产生基本同步，

---

① 据中国第一历史档案馆军机处录副奏折，农民运动类秘密结社项案卷目录。转引自蔡少卿《中国秘密社会》，浙江人民出版社，1989，第6~7页。

② 关于青帮的家辈次、家谱字派，详可参阅中国第二历史档案馆编《民国帮会要录》，档案出版社，1993，第48~55页。

③ 南宋·志磐：《佛祖统记》。转引自蔡少卿《中国秘密社会》，浙江人民出版社，1989，第119页。

甚至有些在秘密社会产生之前就已存在。秘密社会的产生即包含秘密社会习惯法的产生，秘密社会的形成同时也宣告了秘密社会习惯法的问世。

而随着秘密社会的不断发展，其习惯法也愈加完善、严密，不断补充新的内容，议定新的条规，在实践中不断完善。

二　中国秘密社会习惯法的分类

中国秘密社会团体种类繁多，宗旨各异，活动范围广，涉及地区多，对中国社会有很大影响。中国秘密社会习惯法，按照秘密社会类型的不同而有各种分类。

（1）根据秘密社会教门与会党的划分，可分为秘密教门习惯法和秘密会党习惯法。

陶成章在《教会源流考》一文中曾指出："凡所谓闻告教、八卦教、神拳教、在礼教等，以及种种之诸教，要皆为白莲之分系。凡所谓三合会、三点会、哥老会，以及种种之诸会，亦无非天地会之支派。"① 因此，由于会党与教门这种差异，其习惯法也有不同。如秘密会党习惯法规定开山立堂、结盟拜会形式招收组织人员，而按照秘密教门的习惯法，其成员采取传教方式吸收。两大系统内部各种类的具体秘密社会支派又各有其习惯法。

（2）根据秘密社会乡土型、江湖型与城市型的区别，② 其习惯法可分为乡土型秘密社会习惯法、江湖型秘密社会习惯法、城市型秘密社会习惯法。

乡土型秘密社会习惯法反映了乡土型秘密社会"夜聚晓散"、"聚

---

① 陶成章：《教会源流考》，载中国史学会主编，中国近代史资料丛刊《辛亥革命（第3册）》，上海人民出版社，1957，第100页。

② 参见蔡少卿《中国秘密社会》，浙江人民出版社，1989，第12～14页。

则为贼，散则为民"① 的特点，内容较少，执行也不严格。江湖型秘密社会习惯法则体现出江湖型秘密社会团体成员复杂、活动无常、拜盟结会的特点，内容杂芜，执行严格，具有较强的约束力。而城市型秘密社会习惯法反映的是城市型秘密社会组织庞大、活动广泛、影响巨大的特点，其规范系统复杂，执行极为严格。

（3）根据秘密社会依地域分为上海青帮、安庆道友会、四川哥老会等而可以将秘密社会习惯法分为上海青帮习惯法、安庆道友会习惯法、四川哥老会习惯法等等。各地的秘密社会在组织形式、礼仪隐语、帮规戒律方面有一定差异，其处罚更是各具地域特色。

三　中国秘密社会习惯法的主要内容

由于秘密社会的秘密性、反政府性特点，中国秘密社会习惯法内容广泛，自成体系，在组织结构、成员入会仪式、誓约帮规、秘密语、处罚诸方面都有全面而具体详细的规定，是中国习惯法体系的重要组成部分。

1. 组织结构

秘密社会十分注重组织的巩固和内部团结，因此，在秘密社会习惯法中有大量关于组织机构体系、首领及其职责、执事人员分工等方面的规定。依习惯法，秘密会党内部实行家长制统治，组织体制以中国传统的宗族家族制度为蓝本建立起以青帮的严格辈字制和师徒传承制为代表的父子从属关系以及以天地会、哥老会的房族制山堂香水制为代表的横向的兄弟同僚关系。秘密教门也实行教主的家长制统治，组织机构界限分明。

（1）青帮是一个家长制的纵向组织，依其习惯法按班辈分前辈后

---

① 《刘中丞奏稿》卷七《迭剿会匪仍搜捕情奏折》，清同治九年十月。

辈。前后辈的师徒关系是青帮成员之间最重要的关系，青帮依靠"师徒如父子、兄弟如手足"原则维系组织；并按照二十四字（前二十四字与后二十四字）辈，每个成员占有字辈中的一个"字"。前二十四字为：清净道德、文成佛法、仁伦智慧，本来自性，元明兴礼，大通悟觉；后二十四字为：万象依归、戒律传宝、化渡心回、普门开放、光照乾坤、代发修行。① 有的"通草"还列出了续二十四字：绪结崑计、山芮克勤、宜华转忱、庆兆报魁、宜执应存、挽香同流。② 中华人民共和国成立前夕，青帮组织已传到后二十四辈。青帮中影响较大的当属"能、悟"两辈，"三大亨"中黄金荣、张啸林为通字辈，杜月笙是悟字辈，另外，韦作民、顾竹轩、徐逸门、杨虎、唐季珊等是小辈中较有势力的。

（2）天地会组织结构。天地会（又称三合会）是洪帮（洪门）之一。依其习惯法，其组织机构类似家族制度，即虚拟的"五房制"，但为横向关系。平山周在《中国秘密社会史》中记载，"设会之始，曾立五大公所，每公所各分以数省。"③ 而"公所之首领称大总理，或称为元帅，普通称大哥。以下之头目称香主，普通称为先锋。次则为红棍，以执行会员之刑罚。以下总称草鞋，为最下级，报役使令随行等事"。④ 可见其组织机构、各级头目职责名称方面的习惯法规定较为全面。

（3）哥老会山堂香水制组织结构。哥老会也为洪门之一，一般称为红帮，其组织机构在各地不尽相同，但基本一致。各地分设山、堂、香、水，各堂口下设内八堂和外八堂。

---

① 曾可立：《清门通史》，无锡恬养斋，1935。
② "通草"是青帮帮内秘籍，又称"通漕"、"统抄"等，版本极多。主要记载有青帮源流、粮船制度、帮规、开堂仪式、切口等，是青帮习惯法的集成。参见李雪樵的《青帮通漕汇海》（北京正礼堂，1944）有关部分内容。
③ 〔日〕平山周：《中国秘密社会史》，河北人民出版社，1990，第32页。
④ 〔日〕平山周：《中国秘密社会史》，河北人民出版社，1990，第35页。

内八堂是哥老会山堂的领导核心，它决定本山堂的宗旨和方向，行使主持升堂放票、发展成员的职责。按照习惯法，其职位和职责分别为：总堂：称龙头、舵把子、总座，为正山主；座堂为副山主，又称正印，协助总堂办理堂口事务，主掌人事升迁调补；陪堂：掌堂口的经济；盟堂分管政务、检查，大多由资格老、有声望且熟悉会内事务的人担任；礼堂负责文书缮写，制定规章礼节，通常由有一定文化素养的人担任；管堂调整内部纠纷；执堂负责执行任务；刑堂主管执法、执规。有的地区，内八堂则为"龙、盟、香、佐、陪、刑、执、礼"诸堂，香长为堂口最高负责人，另有护印、新一（协办堂口临时指派事宜）等。有的另有凤姐职位，由女的担任。1906 年龚春台等人组织的"六龙山号洪江会"，由分案、钱库、总管、训练、执法、交通、武库、巡查等，取代了原来的八堂。可以这样说，哥老会内八堂的组织机构没有一个固定的模式，各地有一定差异。但是内八堂分工明确，各司其职，互不干涉。重大事情，则由内八堂全体集体讨论决定。

外八堂是分堂，受内八堂领导。内分十牌（十挑、十点等）：新服大爷：由内八堂末位执事担任，为分山主，总理本堂口事务；圣贤二爷，负责谋划；当家三爷，负责经济、财物收支；管旗五爷，或称红旗，其地位相当重要，管事五爷中共有五个职位：执法管事、红旗管事、黑旗管事、蓝旗管事、迎宾管事，分别掌管执刑、录供、调解纠纷、办理交际、迎送宾客等；花冠六爷（巡风、巡哨）：负责巡查、侦察外事；贤牌八爷，负责功过登记；江口九爷，负责新进兄弟和提升职务、公布名单；公满十爷：负责各项杂务。其余都称少满，即小喽啰。四、七两挑由于出过奸细，便成空缺或纳入阴性，由女子担任。

外八堂的人，表现较好的，可以升入内八堂。堂位也不是固定不变的，可以因功提升，一次可以连升三级。初加入的人，视其社会地位和学识声望而定位，但以外八堂为限。①

（4）白莲教组织结构。白莲教组织结构为自上而下的家族式组织结构，教主为最上层，职位由教主的家族成员世袭，如白莲教支派荣门教，或由教主嫡系心腹弟子承继，如白莲教支派八卦教。教主之下的第二级组织的首领称传头，这些会主、卦主奉教主之命，统领本地公众，负责本区之教内事务，并为教主敛钱输贡。之下为教内基层组织，头领称香长、坛主或师父，师父下传徒弟，徒弟亦可再传弟子……由此形成白莲教的师徒关系大家族组织，其内部有着严格的等级关系。②

（5）八卦教的组织机构。八卦教是最有影响的白莲教支派，它按八个方位排定组织分支和活动地区，以刘姓教主居于中央宫之位，统领教内各卦，八卦奉教主为尊。教内八卦为乾、坎、艮、震、巽、离、坤、兑，由姬、郭、张、王、陈、郜、刘（柳）、邱八姓卦长掌领，实行封建家长式统治，教主及卦长世袭。卦长之下设六爻，掌爻封号为指明真人，下有开路真人、挡来真人，总流水、点火、全仕、传仕、麦仕、秋仕等教职，诸教职分工不同，权限不一，教职大小及升迁以功行大小封赏。最下面则为卦徒。③

（6）红枪会的组织机构。红枪会是活跃在中国北方农村的一种民众自卫武装组织。多以村落为基本单位，一村的组织单位为一学，每学设一学长，村中居户，不论大小，须派人参加。学之上为团，由数学或数十学组成，互举一团长。团与团之间彼此不相统属，平时很少联络。

一学设一香堂或会堂，请有教师一人，指导武术训练、念咒、画符、拜神等。其中心指挥部通常设在庙宇祠堂里，外观极其庄严，门

---

① 参见蔡少卿《中国秘密社会》，浙江人民出版社，1989，第51~54页。
② 参见濮文起《中国民间秘密宗教》，浙江人民出版社，1991，第176~178页。
③ 参见蔡少卿《中国秘密社会》，浙江人民出版社，1989，第130~133页。

前悬挂黄龙大旗，旁贴"某处红枪会"字条，并有手持红缨刀剑或手枪的红枪会员站岗，俨然军队的司令部。

红枪会内部，又分为两个部分："一曰文团部，专管文件、财政以及地方诉讼事；二曰武团部，专管训练及演习刀枪、符箓等事。"[1]学长即为主持文事方面的领袖，对红枪会活动有决定权力，大多由地主、富农、士绅充当。教师即为宗教武术领袖。经费大多取自入会费，或殷实富户的捐助，普遍的是按照村民占有土地的数量进行摊派。

2. 入帮入会仪式

秘密社会的习惯法详细、具体地规定了入帮入会入教仪式，表现了秘密社会浓厚的宗教迷信和秘密色彩。各种秘密社会的仪式各不相同，繁简不一，但都隆重、庄严，表明入帮入会入教是秘密社会内部的重大事情。

（1）青帮的开香堂。加入青帮，必须依照青帮习惯法规定的程序进行，包括行拜师礼、摆香堂（上小香）和摆大香堂等。

入帮者首先找到介绍人（引进师），并通过引进师取得所拜师父（本命师）的同意，再请一位熟悉帮内掌故、会说帮话的人作传道师（传教师、慈悲师），约好日期，由引进师引去向本命师行"拜师礼"，将"门生贴子"即写有本人姓名、籍贯、出生年月日和祖宗三代姓名的红柬贴附上几块钱一并呈献给师父。

倘若师父认为投贴人条件合格，就按青帮习惯法择期开"小香堂"行拜师大礼。小香堂有临时小香堂与正式小香堂两种。临时小香堂比较简单，可以随时随地举行，只需用香烛一份，上供三家祖师爷牌位一座行礼如仪就行。但每一个动作如叩首、跪与正式香堂一样，都有严格要求。

正式小香堂的仪式，依习惯法规定较为复杂。各种"通草"记载

---

① 向云龙：《红枪会的起源及其善后》，载《东方杂志》第24卷第21期。

各异。有的正面中堂供奉翁、钱、潘三祖牌位，用烛台三对，八字排开，中间放香炉三只，一字排开，地下放蒲团，门外边供奉"小祖"牌位，用烛台一对，香炉一只，蒲团一个。有的还要悬挂一幅红莲绿叶白藕图，用黄表纸将各个新招徒弟的"三帮九代"（青帮创建时据说有128帮半，本命师父、引进师、传道师应不同帮，九代即为他们各自的师父、师爷、师太）写上。有的则复杂些，堂中上悬天地君亲师王位，中有三祖之位，挂有对联一副，大多为上联"未入会孝天伦名扬寸步"，下联为"已进道遵师训誉满五湖"，横批"安清护我"。堂中陈放一案，上供果六碟，分两层，清茶一碗，顺摆三炉香，两旁立红烛一对。案下放一个子孙炉，三祖上香三柱。门外设"小爷"位，桌上供果三碟，一对红烛，一碗清茶。

参加香堂的人，要净面去尘，净口刷污，净心明性；先是参祖礼，然后本命师向新进弟子训话，并把新进弟子介绍给在场的前辈和同参兄弟。有的由传道师（或本命师）讲青帮历史，交代帮头及船只旗号、师父及新入道者字辈，讲各种帮规和义气千秋等等。最后一道仪式为送祖。

开过小香堂，就可成为师父的门生，要成为正式的徒弟，依青帮习惯法必须经过非常隆重的大香堂。其执事人员有十二种：置堂师（布置香堂）；请祖师（恭请祖师）；陪堂师（香堂上烛）；上香师（香堂上香）；左护法师（传示历代祖师）；右护法师（宣告青帮规约）；文巡堂师（查问赶香堂者）；武巡堂师（纠察犯规）；值堂师（行礼司仪）；引进师；传道；本命师。香堂摆设各不相同，有的供达摩、神光、僧粲、慧能、罗祖等十三祖，有的则供六佛祖、三祖师。香堂中也有三个烛台，并放一张八仙桌，供青帮第五代（文字辈）人物香炉三座，中间再放大小香炉各一，边上放两只烛台。程序上与小香堂大致一样。另有特别大香堂（所特别者多设几炉香，多供几位祖师，多下几次参礼，多用几位执事，多唱几次歌词）；特别满香堂，组织规模更扩大，极尽铺张之能事。

除收徒开香堂外，帮中还依习惯法开评事香堂（讨论解决纠纷、帮丧助婚、集金、摊分等）、刑事香堂（审问帮中犯法人、公议处分办法）、法停渡大香堂（永不收徒、关山门）等。[①]

（2）天地会的结拜仪式。天地会入会结拜时，依习惯法必须在供桌上供奉洪二和尚牌位，桌上安放一米斗（代表木扬城），斗内插有五色旗，放剑两把（以示覆清兴明），以及剪刀（剪刀蔽空之乌云）、尺（用以比较会员的行为）、铜镜（用以照破一切顺良邪恶）等物。结拜仪式开始后，主盟人手持刀剑，先令众人从刀下钻过，然后立誓，传授"开口不离本，出手不离三"及"三八二十一"洪字暗号，并宰鸡取血，共饮血酒。有的还在供桌后烧一盆火，从上跳过，并饮清水一口，以示"以赴水火不畏避之意"。整个结拜仪式中，饮血酒、歃血为盟最为重要。[②]

（3）哥老会的开山、入会仪式。哥老会的开山堂是会内最为隆重的仪式，要遍请附近相邻各山头的寨主以及当地士绅、商贾。其仪式如平山周《中国秘密社会史》中所记："场中正面台上，设五祖、关圣等神，别备红纸所书之进山柬、出山柬。进山柬有昭告天地之誓文，多用四六体，内附许多会员之等级及种种条例。出山柬则为通告天下各山主之檄文，与进山柬大同小异。一俟各会员到场集合，正龙头即向神朗诵进山、出山两柬。朗诵讫，各会员即礼神行抖海式。抖海式者，乃处罚之名，当以至诚立誓者言。"[③] 在开山仪式中，会内各首领多需司仪行令，有开山令、大爷登堂令、金批大令、插烛令、安位令、心腹大令等。

哥老会的入会仪式又称开堂放票，新吸收者每人要有一个"符贴

---

① 参见中国第二历史档案馆编《民国帮会要录》，档案出版社，1993，第68～94页。
② 参见金志佛《三教九流江湖秘密规矩》，河北人民出版社，1990，第21～26页。
③ 〔日〕平山周：《中国秘密社会史》，河北人民出版社，1990，第84～85页。

子"（票布），上印有山、堂、香、水、内外口号、诗句，四角印有
"拜、承、恩、义"四字，每字下有拜把兄弟名字，并写有新入会者
姓名、出生年月时。入会仪式一般在夜深人静时进行，场中摆香案，
正中供有关帝等神位，两旁悬插各色会旗，案前分摆香炉、烛台等。
仪式开始时各人先行漱洗，依次为请大哥出山、杀鸡盟誓、饮血酒、
山主致辞等。①

（4）白莲教入教仪式。白莲教习惯法规定，入教须由介绍人介
绍，并举行入教拜师仪式：先令过愿（赌誓），纳上根基银两，由师
父传于灵文（教内经卷）、秘诀、授与戒条，然后升丹挂号（将入教
之人姓名、籍贯写于黄纸之上，向空焚化，以示已在元生老母处上表
挂号），最后发给合同（为一日后返归真空家乡的许可证）。②

（5）八卦教的入教仪式。依八卦教习惯法，入教仪式较为简单，
一般是通过拜师入教，师父需全仕以上教职者方可充任。入教时，点
香三炷，供烛三根，向列祖、教主、卦长及师长叩头，由师父传给
《愚门弟子歌词》、誓语、咒语、灵文以及运气方法，即告入会仪式
毕。③

（6）红枪会入会仪式。红枪会入会时，在靠墙的神台中间墙上贴
一神牌位，所书神名各不相同。神台上有大香炉、烛台一对，神台前
有方桌一张，放供品数种。要求入会者，需有二人担保，得教师同意
后方可参加。入会之前，必须斋戒，禁止食肉；入会那天，需淋浴，
戒绝两性关系。随后拜师，行三跪九叩礼。随后举行请神仪式、送神
仪式，入会仪式至此结束。请神仪式、送神仪式极为烦琐，各派做法
也不一，主要为祭拜神灵，请各种神灵来缠附新的信奉者，赐给他们
以超自然的神力。

---

① 参见蔡少卿《中国秘密社会》，浙江人民出版社，1989，第55～60页。
② 参见蔡少卿《中国秘密社会》，浙江人民出版社，1989，第125页。
③ 参见蔡少卿《中国秘密社会》，浙江人民出版社，1989，第133页。

红枪会的法术传授仪式也极为复杂，先行进行净化功夫训练，再进行武功法术训练（先排砖、后排刀，最后排枪排炮），以达到所谓"刀枪不入"之境界，整个仪式充满神秘迷信色彩。[1]

3. 帮规会规

帮规会规教规是中国秘密社会习惯法的重要内容。秘密社会通过严密的帮规会规来规范每一个成员的言行，确保其生存和发展。

（1）青帮的帮规。青帮的帮规全面、系统、内容完备，主要有十大帮规、十禁、十戒、十要、传道十条、九不得十不可等。[2]

十大帮规是青帮最主要的习惯法：

一不准欺师灭祖；二不准藐视前人；三不准爬灰倒笼（也有作"扒灰捣扰"的，即损人利己，乱伦图财）；四不准奸盗邪淫；五不准江湖乱道（言谈谨慎，不引不清不白人入帮）；六不准引法代跳（本帮内人，不能作本支帮门徒的引进师、传道师）；七不准扰乱帮规；八不准以卑为尊；九不准开闸放水；十不准欺软凌弱。

十禁：主要是有关投师收徒方面的规范：

一、禁止父子同拜一师；二、禁止拜二师；三、禁止师过方又投师（上了小香未及上大香，师父过方即故亡，就不准再拜师）；四、禁止关山门再收弟子；五、禁止徒不收之人师收；六、禁止兄为师弟为徒；七、禁止本帮引进本帮；八、禁止师过方代师收徒；九、禁止进道后辱骂同道；十、禁止香头自高（不能因

① 参见蔡少卿《中国秘密社会》，浙江人民出版社，1989，第155～157页。
② 李国屏：《清门考原》，上海文艺出版社1990年8月影印本，第165～175页。

为辈分高而自高）。

这"十禁"的具体表述和先后次序，各地略有不同。

十戒：

一戒万恶淫乱；二戒截路行凶；三戒偷盗财物；四戒邪言咒语；五戒讼棍害人；六戒毒药害生；七戒假正欺人；八戒倚众欺寡；九戒倚大欺小，十戒贪酒吸烟。

十要：

一要孝顺父母；二要热心做事；三要尊敬长上；四要兄宽弟忍；五要夫妇和顺；六要和睦乡里；七要交友有信；八要正心修身；九要时行方便；十要济老怜贫。有的第十要为"福慧双修"。

传道十条：

一遵法律；二孝双亲；三敬神明；四习正道；五保身体；六善改过；七立品行；八慎言语；九务正业；十戒嗜好。

九不得十不可：

一不得不顾名思义；二不得不防挑唆是非；三不得不成全人间骨肉；四不得不按本分生存；五不得不注重大道；六不得不求四季平安；七不得误良近恶；八不得损人利己；九不得依帮欺人。

一不可自骄自傲目中无人；二不可漫浪轻佻失去道路；三不

可开花叫暴恶口恶舌；四不可抛亲弃养忘恩负义；五不可嫉贤妒能闭塞道路；六不可假充道学自误误人；七不可违反帮规乱行仪注；八不可独霸安清单帮行运；九不可挡水垒坝窃跳偷渡；十不可口是心非失却信用。[1]

此外还有"家法十条"（在下面"执行"部分介绍），"安清三十六善"、"旱码头十大帮规"等等。

（2）天地会的盟誓。天地会的行为规范也极为丰富，约束周至，主要有"洪门三十六誓"、十条、二十一则、十禁、十刑、十八律书、十款、议戒十条。本处介绍三十六誓和十条，在下面"执行"部分则介绍二十一则、十禁、十刑等内容。

"洪门三十六誓"是天地会的主要习惯法，其具体内容如下：

第一誓，自入洪门之后，尔父母即我之父母，尔兄弟姐妹即我之兄弟姐妹，尔妻我之嫂，尔子我之子侄，如有背誓，五雷诛死。

第二誓，倘有父母兄弟，百年归寿，无钱埋葬，一遇白绫飞到，以求相助者，当即转知，有钱出钱，无钱出力，如有诈作不知，五雷诛灭。

第三誓，各省外洋洪家兄弟，不论士农工商，以及江湖之客到来，必要留住一宿两餐，如有诈作不知，以外人看待，死在万刀之下。

第四誓，洪家兄弟，虽不相识，遇有挂出牌号，说起投机，而不相识，死在万刀之下。

第五誓，洪家之事，父子兄弟，以及六亲四眷，概不得讲说

---

① 蔡少卿：《中国秘密社会》，浙江人民出版社，1989，第97~100页。

私传，如有将衫仔腰平（凭）与本底，私教私授，以及贪人钱财，死在万刀之下。

第六誓，洪家兄弟，不得私做眼线，捉拿自己人，即有旧仇宿恨，当传齐众兄弟，判断曲直，决不得记恨在心，万一误会捉拿，应立即放走，如有违背，五雷诛灭。

第七誓，遇有兄弟困难，必要相助，钱银水脚，不拘多少，各尽其力，如有不加顾念，五雷诛灭。

第八誓，如有捏造兄弟逆伦，谋害香主，行刺杀人者，死在万刀之下。

第九誓，如有奸淫兄弟妻女姊妹者，五雷诛灭。

第十誓，如有私自侵吞兄弟银钱什物，或托带不交者，死在万刀之下。

第十一誓，如兄弟寄托妻子儿女，或重要事件，不尽心竭力者，五雷诛灭。

第十二誓，今晚加入洪门者，年庚八字，如有假报瞒骗，五雷诛灭。

第十三誓，今晚加入洪门之后，不得懊悔叹息，如有此心者，死在万刀之下。

第十四誓，如有暗助外人，或私劫兄弟财物者，五雷诛灭。

第十五誓，兄弟货物，不得强买争卖，如有恃强欺弱者，死在万刀之下。

第十六誓，兄弟钱财物件，须有借有还，如有昧心吞没，五雷诛灭。

第十七誓，遇有抢劫，取错兄弟财物，立即送还，如有存心吞没，死在万刀之下。

第十八誓，倘自己被官捉获，身做身当，不得以私仇攀害兄弟，如有违背，五雷诛灭。

第十九誓，遇有兄弟被害捉拿，或出外日久，所留下妻子儿女，无人倚靠，必须设法帮助，如有诈作不知，五雷诛灭。

第二十誓，遇有兄弟被人打骂，必须向前，有理相帮，无理相劝，如屡次被人欺侮者，即代知众兄弟，商议办法，或各出钱财，代为争气，无钱出力，不得诈作不知，如有违背，五雷诛灭。

第二十一誓，各省外洋兄弟，如闻其有官家缉拿，立即通知，俾早脱逃，如有诈作不知，死在万刀之下。

第二十二誓，赌博场中，不得串同外人，骗吞兄弟钱财，如有明知故犯，死在万刀之下。

第二十三誓，不得捏造是非，或增减言语，离间兄弟，如有违背，死在万刀之下。

第二十四誓，不得私做香主，入洪门三年为服满，果系忠心义气，由香主传授文章，或前传后教，或三及弟保举，以晋升为香主，如有私自行为，五雷诛灭。

第二十五誓，自入洪门以后，兄弟间之前仇旧恨，须各消除，如有违背，五雷诛灭。

第二十六誓，遇有亲兄弟与洪家兄弟，相争或官讼，必须劝解，不得相助一方，如有违背，五雷诛灭。

第二十七誓，兄弟据守之地，不得藉端侵犯，如有诈作不知，使受危害，五雷诛灭。

第二十八誓，兄弟所得财物，不得眼红，或图分润，如有心怀意念，五雷诛灭。

第二十九誓，兄弟发财，不得泄漏机关，或存心不良，如有违背，死在万刀之下。

第三十誓，不得庇护外人，欺压洪家兄弟，如有违背，死在万刀之下。

第三十一誓，不得以洪家兄弟众多，仗势欺人，更不得行凶称霸，须各安分守己，如有违背，死在万刀之下。

第三十二誓，不得因借钱不遂，怀恨兄弟，如有违背，五雷诛灭。

第三十三誓，如奸淫洪家兄弟之幼童少女，五雷诛灭。

第三十四誓，不得收买洪家兄弟妻妾为室，亦不得与之通奸，如有明知故犯，死在万刀之下。

第三十五誓，对外人须谨慎言语，不得乱讲洪家书句，及内中秘密，免被外人识破，招引是非，如有违背，死在万刀之下。

第三十六誓，士农工商，各执一艺，既入洪门，必以忠心义气为先，交结四海兄弟，日后起义，须同心协力，杀灭清朝，早日保明主回复，以报五祖火烧之仇，如遇事三心二意，避不出力，死在万刀之下。①

此外，洪门还有"十条"，即：一、尽忠报国；二、孝顺父母；三、长幼有序；四、和睦乡邻；五、为人正道；六、讲仁讲义；七、叔嫂相敬；八、兄仁弟义；九、遵守香规；十、互信互助。

（3）哥老会会规。哥老会习惯法也规定了许多会规款条，主要的有十条十款、十大帮规、四条誓约等。

十条：

精忠报国；孝顺父母；敬兄爱弟；和睦乡邻；循规蹈矩；公正廉明；勤俭刻苦；整肃仪容；任劳任怨；笃守信义。

---

① 〔荷兰〕施列格编《天地会研究》，河北人民出版社，1990，第192～195页。关于"洪门三十六誓"，萧一山的《近代秘密社会史料》中记载了三种分别有序、有诗、有罚规的三十六誓，详见萧一山《近代秘密社会史料》，岳麓书社，1986，第217～227页。

十款：

　　不准越礼反教；不准违背主义；不准恃强欺弱；不准欺兄霸嫂；不准闹市闯祸；不准同穿绣鞋（几人与一女性发生性关系）；不准化食跑马；不准挑拨是非；不准卖国求荣；不准灭礼乱伦。

十大帮规：

　　不准泄露帮务；不准同帮相残；不准私自开差（抢劫）；不准违犯帮规；不准引进匪人；不准戏同帮妇女；不准扒灰倒笼（乱伦、图财）；不准吞没水头（赃财）；不准违抗调遣；进帮不准出帮。

四条誓约：

　　严守秘密；谨守帮规；患难相共；与帮同体。[①]

　　（4）白莲教教规。白莲教的教规较为简单，戒规为三皈五戒，皈依佛法师三宝，戒杀生、偷盗、邪淫、荤酒、妄语。

　　（5）八卦教戒条。八卦教的规约不多，主要有：第一学好人，尊当家；第二皈依佛法僧三宝，问善；第三不开斋破戒，违者身化脓血。

　　（6）红枪会会规。红枪会习惯法规定会内成员要严格保守会内秘密，不得泄露于外人；不得奸淫妇女；不得抢劫财物；不得杀人放火；不准毁骂神佛。如果违反规约，轻则毒打，重则处死。新会员入

---

　　①　参见蔡少卿《中国秘密社会》，浙江人民出版社，1989，第60~61页。

会时要隆重向神宣誓，遵守一切会规：

> 弟子某某某，今入大道，盼功修行，愿守一切会规，不敢为非作恶，如为非作恶，炮打穿胸；不敢采花折柳，如采花折柳，炮穿心口；孝敬父母；敬重师长；地方有事，必须合力对付；每日功课，必须虔心举行。①

以后随着红枪会的发展，会规也逐渐完备。下面这份会规，是较完整的一份，颇有代表性。

第一条，本会目的在于以武装团体，使人民实行自卫自治，得以安居乐业。

第二条，本会会员必须遵守下列公约：

一、孝顺父母兄长；

二、爱国爱乡；

三、重信守义；

四、患难与共；

五、不为非作歹。

第三条，本会为排除自卫自治之障碍，必须执行之职务如后：

一、剿灭土匪；

二、歼除恶军；

三、拒绝苛捐杂税和强征民夫；

四、惩办贪官污吏及土匪暴民。

第四条，凡中华民国人民，年满十八岁以上，拥有相当财产

---

① 枕薪：《河南之红枪会》，《国闻周报》第4卷第24期。

和职业者，由本会会员二人以上介绍，呈出入会誓书，缴纳会费一元者，都得为会员。其入会誓书如后：

某省某县某村人　某某

兹有某某经某某等介绍入会，嗣后誓守会规公约，如有违背情事，愿受任何处分。此誓。红枪会公鉴。

入会者　　　某某印

介绍人　　　某某印

同　　　　　某某印

中华民国　　年　月　日

第五条，本会会员概按军制编组如下：凡会员以五人为伍，伍有伍长；五伍为队，队二十五人，有队长；五队为社，社一百二十五人，有社长；五社为乡，乡民六百二十五人，有乡长；五乡为亭，亭三千一百二十五人，有亭长；五亭为郡，郡一万五千六百二十五人，有郡长；五郡为路，路七万八千一百二十五人，有路长；五路为镇，镇三十九万六百二十五人，有镇长；五镇为都，都有一百九十五万三千一百二十五人，有都长；五都为方，方九百七十六万六千六百二十五人，有方长；五方为统，统四千八百八十二万一百二十五人，有统长。统长由五方长中选出并兼任，方长由五都都长中选出并兼任。以下准此。

第六条，凡本会会员均有服从其上级之义务。

第七条，本会之一切赏罚，概依军法处理之。

第八条，本会会员除焚香、吞符、念咒外，亦教以军事政治之大意。

第九条，本会会员，有事则聚为兵，以卫乡里；无事则散为民，各安其业，不得为野心家所利用。

第十条，关于地方自治事务，本会会员或据旧来遗规，或新订章程，组织机关，以执行自治事业。

第十一条，本会对黄枪、绿枪、花枪等会，以及其他一切之会，凡标榜与本会同一自卫自治目的者，一律以朋友对待，相互扶助，以期发展。

第十二条，凡以朋友对待之各会，应选择适当地点组织各会联合会，会同处理公务，以谋相互间感情之融合，以举互助友爱之实。

第十三条，本会会员在紧急时刻，必须在指定地点集合，各待其上级之命。

第十四条，凡遇外患侵袭，本会必须召集全国会友，共以保国之策，一致抵御外敌。

第十五条，本会之经费，按各会员个人财产之多寡共同负担，若为特别援助一次缴饷十元以上者，推为本会主任委员。

第十六条，非本会会员一次捐助十元以上者，推为本会名誉赞助人。

第十七条，本会会员违反会规者，由该管辖统领其引渡至执法所审判。

第十八条，对犯规者之审判，依陆军刑事条例或普通法律判决之。

第十九条，凡应用本会规之各会，本会视同一家，患难与共。

第二十条，本会规自公布之日起施行，如有不当之处，于开会时间随时修正之。①

这一红枪会会规内容全面，且习惯法的议定技术相当高超。

---

① 〔日〕末光高义：《支那的秘密结社与慈善结社》，（大连）满洲评论社，1939，第125～129页。

4.秘密语

为了不使秘密社会成员暴露身份，秘密社会习惯法还规定了许多暗语、隐语、茶阵等秘密语，作为成员之间联络的手段。

青帮最主要的密约为三帮九代，即引进师、传道师，本命师之帮及他们各自的师父、师太、师祖。能够记住三帮九代，被视为帮内同道，走遍江湖不用愁。另外青帮还有一些"江湖参交问答，以茶碗放法（茶阵）为招牌作为联系暗号"。青帮隐语也不少，如吃饭不能说"盛饭"，因"盛"与"沉"谐音，为船帮所忌。行为上也有一些规定，即进门时先跨左脚，洗脸不能横擦，衣领和袖口只能内卷，不能外翻，等等。

天地会的暗号与隐语极为丰富。"茶碗阵"为其典型。[①] 茶碗阵分为布阵与破阵两类。另外，有大量隐语，如拜码头交结的隐语、出门交结的隐语、出山访友交结的隐语等。在日常活动中还有一系列的隐字、隐语，如"顺天转明"写作"川大车日"等，开除帮会组织叫"搁皮"，帮会证章叫"花花"，打死人叫"击翻"，抢劫财物叫"打肩皮"，宣传和通知事情叫"打响片"，其他日常生活用词、日常生活行为也都有隐语。[②]

哥老会的暗号暗语十分复杂。暗语被称为"切口"。其手势、茶碗阵等暗号也是五花八门，主要的有拉拐子、挂牌等等。各地差异较大。

八卦教徒在外相见，有暗语暗号联系，如两个教徒相见时，并食指与中指往上一指，名为剑诀，即为相认暗号。[③]

---

① 关于茶阵，请参阅萧一山的《近代秘密社会史料》（岳麓书社，1986）第 359 ~ 377 页、蔡少卿的《中国近代会党史研究》（中华书局，1987）附录等。

② 详可参见〔荷兰〕施列格《天地会研究》，河北人民出版社，1990，第 229 ~ 274 页。

③ 关于秘密语，可参阅曲彦斌著的《中国民间秘密语》（上海三联书店，1991）的有关内容。

四　中国秘密社会习惯法的执行和对违法者的处罚

为了保证秘密社会习惯法，增强内部成员的团结和凝聚力，共同对付外部力量，各秘密社会一般都有关于习惯法执行人员和对违反帮规誓约者的具体处罚方法，保证秘密社会的生存和发展。

1. 青帮习惯法的执行和"家法十条"

青帮是由师父负责监督自己徒弟遵守帮规的情况，对违反帮规的行为进行训斥、处罚。犯了习惯法的，要受"家法十条"的处置。这"十条家法"是：

（1）初犯帮规者，轻则申斥，重则请家法处治。再犯时，用定香在臂上烧"犯规"二字，并加斥革。如犯叛逆罪，捆在铁锚上烧死。

（2）初次忤逆双亲者，轻则申斥，重则请家法处治。再犯时，用定香在胸前烧"不孝"二字，并加斥革。如犯逆伦罪，捆在铁锚上烧死。

（3）初次不遵师训，妄言妄行者，轻则申斥，重则请家法处治。再犯时，用定香在臂上烧"顽民"二字，斥革。

（4）初次不敬长上者，轻则申斥，重则请家法处治。再犯时，用定香在臂上烧"不敬"二字，斥革。

（5）初次以长上资格侵占帮中老少所有财产物件者，轻则申斥，重则请家法处治。再犯时，用定香在臂上烧"强夺"二字，斥革。

（6）初次殴打帮中老少者，轻则申斥，重则请家法处治。再犯时，用定香在臂上烧"强暴"二字，斥革。

（7）初次违国法所禁不道德之事者，轻则申斥，重则请家法处置。再犯重大罪时，用定香在臂上烧"莠民"二字，斥革。

（8）初次诽谤仙、佛、菩萨及一切宗教者，轻则申斥，重则请家法处治。再犯时，用定香在臂上烧"妄为"二字，斥革。

（9）初次不务正业，专事敲诈、逞凶斗殴，不受规劝者，轻则申斥，重则请家法处治。再犯时，用定香在臂上烧"无义"二字，斥革。

（10）初次犯奸盗邪淫，而伪造虚构，诬栽殃及帮中老少者，轻则申斥，重则请家法处治。再犯时，用定香在臂上烧"无耻"二字，斥革。①

由此可见，青帮对违反帮规者根据情节轻重分别给予申斥、刺字、斥革（即开除）、处死等处罚，有的还有棍打、杖打。

2. 天地会习惯法的处罚规则

为了保证盟誓约和会规的执行，天地会还制订了"二十一则"、"十禁"、"十刑"等处罚规则。

（1）二十一则为：

第一则，犯罪而累及其他会员者，重则处死刑，轻则刵两耳。

第二则，奸淫兄弟之妻室，及与其子女私通者，处死刑，决不宽贷。

第三则，诱拐兄弟至国外为奴隶者，刵两耳。

第四则，图得悬赏而捕缚兄弟者，处死刑。

第五则，僭称香主，为一切事件的指导者，处死刑。

第六则，私以仪式书，及会员之凭证，示与外人者，刵两耳，加笞刑一百八。

第七则，新会员有僭越之行为者，刵一耳。

第八则，会中事件，报告于外人者，刵两耳，加笞七十二。

---

① 中国第二历史档案馆编《民国帮会要录》，档案出版社，1993，第67～68页。

第九则，以恶意言语对其双亲者，刵两耳。

第十则，恃强欺弱，或以大压小者，刵两耳。

第十一则，私行毁坏香主之名誉，或滥放邪曲之言语者，刵两耳。

第十二则，兄弟起义时，隐身不出者，刵两耳。

第十三则，遇兄弟危难不救者，刵两耳，加笞刑一百八。

第十四则，盗劫兄弟之财物，不肯返还者，刵两耳。

第十五则，私自毁伤兄弟，或浪费其钱财者，刵一耳。

第十六则，外省洪家有召募兄弟之文书到来，匿不应名者，处死刑。

第十七则，如被外人嘲笑，或诱惑，而报告会中情形者，刵两耳，加笞刑七十二。

第十八则，如管理事件，而有过情之举，或任意消费公款者，刵两耳，加笞刑一百八。

第十九则，入会后，如一月以内不缴会费者，刵两耳，加笞刑七十二。

第二十则，强请兄弟，或欺虐之者，刵两耳。

第二十一则，如破坏规则，抗拒定刑，或归其罪于他人者，刵两耳。

（2）十禁为：

第一禁，兄弟之妻室，必须务正，兄弟既有妻室，不应贪色，如妻室不务正者，刵两耳，兄弟贪色者，处死刑。

第二禁，如遇父母之丧，无力埋葬，而告贷于兄弟者，应各尽其力，以谋补助，拒却者，刵两耳。

第三禁，兄弟诉说穷苦，而借贷者，不得拒却，如侮慢，或严拒之者，刵两耳。

第四禁，兄弟在赌博场中，不得故令输财，或私行骗取，如犯之者，笞刑一百八。

第五禁，自入洪门之后，对于会中章程，不得私与外人，如犯之者，处死刑。

第六禁，如兄弟营谋事业，或与国外有所交往，因而封寄钱财，批寄文书者，不得私用，或吞没，如犯之者，刵两耳。

第七禁，兄弟与外人争斗，而来相告，必须援助，如有诈作不知者，笞刑一百八。

第八禁，如有以尊压卑，或恃强欺弱者，刵两耳，加笞刑七十二。

第九禁，兄弟遇有困难，应即济助，如有违背者，笞刑一百八。

第十禁，兄弟遇有危急，或遭官府缉拿，应各设法营救，如有假托规避者，笞刑一百八。

天地会的处罚方式主要有，极刑：凌迟或刀杀；重刑：挖坑活埋或沉水溺毙；轻刑：三刀六眼或四十红棍，前者用于上四排，后者用于下四排及么满十排；降刑：降级或挂铁牌；黜刑：割去光棍（男性生殖器），或降入生堂，永不复用。

3. 哥老会习惯法的执行及对违法者的处罚

哥老会为保证其习惯法的执行，有专门的组织机构与人员进行执法，监督帮内成员的遵法情况。内八堂有刑堂负责执法、执规，又有执堂专门负责执行，外八堂也有专门人员司理帮规的执行。

对违反习惯法者，哥老会有八项处罚规定，刑罚是极为严厉的：①泄露帮中秘密者斩；②抗令不遵者斩；⑧临阵脱逃者斩；④私通奸细者斩；⑥引水带线者斩；⑥吞没水头者斩；⑦欺侮同帮者斩；⑧调戏同帮妇女者斩。

此外，成员对会内秘密不能随便透露，若违反此规，处罚更严。所谓"江湖一点诀，莫对父母妻子说；若对父母妻子说，七孔流鲜血"（即用尖刀在腿上刺三刀，穿六个孔，再在左臂上刺一孔）。

为了使会众明确牢记各类处罚的规定，他们还编了顺口溜：上四排哥子反了教，自己挖眼自己挑；中四排哥子反了教，自己拿刀自己摽；下四排哥子反了教，三刀六眼定不饶；么满十弟反了教，四十红棍定不饶。[①]

4. 红枪会对违反会规者的处罚

红枪会对违反会规者，轻则毒打，重则处死。其入会誓词中就明确规定：为非作恶者，炮打穿胸；采花折柳者，炮穿心口。

五　中国秘密社会习惯法的特点

中国秘密社会习惯法随着秘密社会的不断发展而逐渐完善，帮规会约日渐增多，内容愈加丰富，形式更加多样，执行极为严格，形成了自身的特点。中国秘密社会习惯法以其目的上的反抗性互助性、内容上的等级性和宗教迷信色彩、刑罚及执行上的残酷性而在中国习惯法体系中独具特色。

1. 互助性、反抗性

中国秘密社会习惯法的宗旨、目的就是保障内部的团结和凝聚力，实现帮中教内兄弟互助共济，共同反抗官府和社会其他力量的镇压和迫害。秘密社会的产生和不断发展，就是基于土地兼并的剧烈、大批农民离乡背井、外出谋生、生活上孤立无援、精神上缺少依托这样的社会背景，因此秘密社会习惯法都以帮内教中兄弟互助，共同反

---

① 参见蔡少卿《中国秘密社会》，浙江人民出版社，1989，第62页。

抗官府作为其目的。如《红枪会会规》第一条就明确规定：本会目的在于以武装团体，使人民实行自卫自治，得以安居乐业。这既是红枪会的目的，也是红枪会规的目的，红枪会习惯法即是以此为基础建立的。再如洪门诸会如三合会、天地会等以"反清复明"为宗旨，其习惯法也以这种反抗、互助目的为核心建构，通过规范形式保障互助和反抗得以实现。其他各种秘密社会习惯法也都体现了这一宗旨目的，反映出这个特点。

为了达到互助与反抗的宗旨与目的，秘密社会习惯法都规定了帮中教内一切事情不能外传，上不传父母下不传子女中不与妻讲，如有违反者，则处罚极严。同时有不少还规定开山、开香堂、入教仪式只能在野外、深夜暗中进行，如哥老会会规就规定入会仪式在夜深人静时进行，一切无关人员不得入内，由专人司盘查巡察之责。青帮开香堂时也有武巡堂专执家法板，站立香堂门口，维持秩序。至于规定各种密约、暗语、暗号（手式、手势、茶阵），更鲜明体现了秘密社会习惯法的特点。

2. 等级性和宗教迷信色彩

中国秘密社会习惯法还表现出等级性和宗教迷信色彩的特点。

秘密社会无论是秘密会党的家长制统治还是秘密教门的教主家长制统治，都鲜明地体现了等级森严的特点，习惯法保障这种等级制。秘密教门内部，逐级相承，界限分明，"教徒不得与闻司篆之事，司篆不得闻主教之事，主教不得闻大主教之事"，[1] 绝对不能逾越，否则要受教规的严惩。这种等级性还表现在习惯法规定教中各类成员的权利义务不尽一致，下层教徒必须服从上级的命令，义务多而权利少，而教中上层人员则大多享有某种特权，其职位也可以父子世袭、世代

---

① 陶成章：《教会源流考》。载中国史学会主编"中国近代史资料丛刊"《辛亥革命（第3册）》，上海人民出版社，1957，第100页。

相传。

秘密社会习惯法的宗教迷信色彩相当浓厚，特别是在各种礼仪规范中更得到充分体现，开山收徒、开香堂、入会入教，都是在一种香烟缭绕、充满神秘气氛的环境中进行，必须宣读誓约，对天盟誓，向神灵保证。天地会习惯法规定，仪式中歃血饮酒是最重要的仪式，还要从刀下过、从火盆上过、喝清水，以示违者乱刀砍死，"同赴水火不畏避"，具有浓厚的迷信色彩。各种刀、剑、镜、尺、剪刀等也各有含义，神灵色彩强烈。秘密教门在这方面的规定更是突出，发誓、念咒为必经程序，红枪会更有复杂的请神、送神仪式，祭拜神灵，请观音菩萨、关帝圣君、周公、黎山老母乃至各路龟蛇诸将，都来缠附新的信奉者，赐给他们超自然的神力。

秘密社会习惯法，保护神灵信仰和鬼神崇拜，强化宗教观念，这在秘密教门的习惯法中尤其明显。

3. 残酷性

为了保证秘密社会习惯法的威严和神圣，秘密社会习惯法规定对违反帮规教规者给予严厉处罚，这种处罚较为残忍、野蛮，极为残酷。

哥老会的处罚方式有凌迟处死、挖坑活埋、沉水溺死，这都是极为残酷的。青帮的"家法十条"则有各种"刺字"乃至铁锚烧死处罚，大有奴隶社会法律的遗风。天地会对违反会规者刵耳、笞杖。这些处罚方式都极为原始，是较为野蛮的刑罚。而且在实际执行中，更有形形色色、许许多多的落后、野蛮、残酷的处罚方式。清雍正七年《刑部咨文》里记录着青帮嘉庆帮的刘把式指使其徒侄赵玉，借口一件小事对孟有德船上的水手严会生动用刑罚割掉左耳之事，"一切任其'教主'（老头）指使，捆缚烧灸，截耳割筋，毫无忌惮，为害殊甚。"①

---

① 《史贻直折》附《抄录刑部咨文》，载《史料旬刑》第二期。

秘密社会习惯法的严格、残酷性，也可以从下面三首诗中得到印证：

"家法森严鬼神惊，乾隆钦赐棍一根。汝即犯规当责打，下次再犯火烧身。"

"法师堂上把令行，手执家法不容情。谁人如把帮规犯，不论老少照样行。"

"祖传帮规十大条，越理反教法不饶。今天当堂遭警戒，若再犯法上铁锚。"①

六 中国秘密社会习惯法的作用

中国秘密社会习惯法发挥了规范帮内教中成员、维系团结、增强秘密社会凝聚力、组织反官府的经济掠夺、反抗官府的镇压的重要作用，有力地保障了秘密社会的生存和发展。

1. 规范成员行为，维系内部团结

秘密社会习惯法通过各种帮规会约教规，规定了内部成员的行为模式，要求所有成员严格遵守，从而维护内部秩序，保证内部的团结和统一，确保秘密社会能在政府镇压的环境下秘密地生存和发展。

秘密社会习惯法对其成员的要求和规范广泛而严格，具体而详细。既有个人生活方面的孝顺父母、敬兄爱弟、和睦乡邻之类；也有个人品质方面的要求，如整肃仪容、任劳任怨、遵守信义；还有帮内教中关系的规定，如不准违反帮规、泄露帮务、同帮相残、引进匪人等，在帮中不能欺师灭祖、以卑为尊、江湖礼道。只有严格遵守，才

---

① 参见中国第二历史档案馆编《民国帮会要录》，档案出版社，1993，第 66~67 页。

能保证秘密社会组织团结一致，向外界索取物质利益，避免组织为政府所镇压和剿灭，实现其特定的政治、社会宗旨。

2. 保障成员的生活与安全

中国秘密社会习惯法还通过各种规定和形式，保障内部成员的衣食住行，解决他们的生活和安全问题。在这方面，秘密会党习惯法主要侧重内部成员的生活保障，秘密教门习惯法则侧重于成员的安全方面。

秘密会党主要通过习惯法规定各种制度，如共食制等，来保障组织内部成员的生活。像太平天国时期，广西天地会会规就规定实行"米饭主"制。凡米饭主，都开堂设馆，招待会众饭食，但会众掠夺的财物，也一律要充公，以此来保证颠沛流离、无衣无食会众的生活。同一时期，湖南的秘密会党也实行"供给银钱饭食"制度；淮北的捻子则实行集体掠夺、坐地分赃制。辛亥革命时期，浙江龙华会即明确规定："要把田地作大家公有财产……大家安安稳稳享福有饭吃。"① 秘密会党的习惯法还有许多帮内兄弟互助共济、解决生活困难的规定，如"洪门三十六誓"中第七誓即为"遇有兄弟困难，必要相助，钱银水脚，不拘多少，各尽其力，如有不加顾念，五雷诛灭"。

秘密教门习惯法则更关心教徒的病痛和未来的精神归属，抵御外来骚扰和侵略，保证教徒的生命、财产和心灵安全。习惯法以神灵崇拜、神灵信仰为号召，从儒释道中借鉴吸收形成自己的教义，为徒众除病消灾、避祸致福、进入美妙的彼岸世界指明方向，并提供具体做法，为广大处于精神困境中的徒众提供信仰支柱，给他们以极大的精神安慰。

不少秘密教门如红枪会传授各种防身法术，组织教徒会众合力抵

---

① 《龙华会章程》。转引自沈渭滨《对一个历史论断的反思——以光复会与浙江农村为例》，载《探索与争鸣》2004年第10期。

御外来骚扰，防御盗匪，以此保卫身家，维护内部成员的生命、财产安全。像红枪会会规就明确规定："本会为排除自卫自治之障碍，必须执行之职务如后：一剿灭土匪；二歼除恶军；三拒绝苛捐杂税和强征民伏；四惩办贪官污吏及土匪暴民。"

3. 反抗官府统治

秘密社会习惯法还规定以各种形式、各种手段进行经济掠夺、制造流言、倡乱谋反，进行反对官府统治反对封建剥削压迫的斗争，表现出明显的反政府、反社会色彩。在传统中国，秘密社会一直是传统统治秩序的反抗者和破坏者，秘密社会习惯法也一直表现出这方面作用。

七　中国秘密社会习惯法的现实表现

中华人民共和国成立以后，秘密社会的存在失去了社会基础，经过一系列的清理、取缔、打击，秘密社会在中国大陆基本绝迹，[①] 秘密社会习惯法也随之失去存在前提而从整体上趋于消亡。仅仅在一部分人的头脑中还存在秘密社会习惯法的某些法观念、法意识，某些残存的秘密会社还有一定的活动。

如安徽肥西、舒城两县的青峰道道首韩心贤，在 20 世纪 50 年代联客串友、散播"灾难来临"，组织 31 人暴乱，打死打伤公安干警 3 人。1958 年，全国挖出"皇帝"39 个，涉及反动会道门 24 种。吉林某地"圣人道"一大法师，1955 年被捕，判刑 4 年，1979 年摘帽时已年逾 71 岁，但摘帽不久又开始活动，发展道徒一百余人。王端琴 1947 年参加"贯中坛"，当上道传师，在四川宜宾发展道徒 350 余

---

① 在中国的台湾、香港、澳门地区，秘密社会一直长期存在，秘密社会习惯法也一直发挥着作用。可参见池宗宪的《夜壶——台湾黑社会真相》（华艺出版社，1987）等论著。

人。1949 年后，他摇身一变，更名车世轮，隐藏在四川省叙永县莲花乡，1952 年欺骗而成"五保户"，广行"好事"，被人称为"慈善家"。1981 年原形暴露，组织"先王道"，发展 7150 余人入道，提拔点传师 16 人，并攻击党的十一届三中全会以来的方针政策。1980 年，河南省商县，一个曾被判过十年刑的"一贯道"点传师组织了"光明国"，自封"国王"，再封"国王娘娘"、统兵大帅、文武各官。1982 年河北省魏县，一个"好行道"道首贾润生，以迷信驱鬼治病为名发展道徒，自称"皇帝"，并在同年五月率 7 名东宫、西宫、军师、天宫等，举行"登基"预演。

特别是一贯道，活动更为频繁。据报道，1984 年四川省的一个农民，因被"入道可以升天"所蒙骗，一家老少竟被活活害死。有的则利用某些群众缺乏卫生常识，给人治病，趁机拉人入道。他们还扬言，入道后有病治病，无病能防病，并规定凡请他们看病的人，必须先入道。结果不仅许多人耗费了钱财，身心也受到摧残。河南叶县一贯道首张玉卿给人看病时，用泥土、野草、鸡毛、羊屎、大粪等配成"药"，让病人服用，严重地摧残了患者的身心健康。有的利用各种手段奸污妇女，如一贯道首张玉卿乘人之危，借给精神病女患者治病之机，进行奸污。有的地方的一贯道还利用迷信邪说制造政治谣言，攻击党和社会主义制度，破坏党的改革开放政策，并妄图称皇称帝、改朝换代，气焰十分嚣张。

我国改革开放政策全面实施后，与境外交往不断增多，联系日益紧密，不同文化、观念、意识、生活方式交汇并存，中国大陆的秘密社会又有所活跃，秘密社会习惯法也开始有一定表现，具有一定的约束力。

《中国青年》曾刊登了这样一则真实的事例：

　　晚霞洒满泉城济南南侧的英雄山麓，游人在暮霭中踏上归途。

密林深处，一块7米见方的平地上，来自徐州、梁山、石家庄等地的"十星牌"成员，正在比试竞选帮主。

10条铁塔一般的汉子，赤臂光膀，下身着一身宽松肥大紧口黑裤，脚蹬土黄色牛鼻式练功鞋。八卦掌、太极拳、绣花腿……八仙过海，各显神通。

比试完毕，外号"黑虎星"的梁山好汉许勇艺高一筹，被推选为帮主。许勇年方30，黑皮肤，长脸膛，小眼睛，厚嘴唇，左腮写着械斗的记录——刀疤，右臂刺着一条下山的猛虎。为精通各路拳脚，争得今天的出头之日，他曾走遍10省28县。

"黑虎星"刚刚在用石头垒起的帮主席位上坐定，其他9条汉子便"呼"地单腿跪地，合掌低首，高呼"参见帮主"。帮主沉思片刻，默想了一遍帮员们熟知的建帮程序，便用有些沙哑的声音道："现在让我们对天盟誓!"说罢，他走下石座，来到平地中央，双膝跪地，合掌仰首，其余人等都学着他的样子，极其虔诚地跪在后面。

"五湖四海，入帮为兄弟。"帮主说一句，帮员们重复一句。"不是同年同月同日生，但求同年同月同日死，有福同享，有难同当，为弟兄不怕刀枪剑戟，不怕妻离子散，不怕坐牢杀头……"声贯山谷，回音频频。

对天盟誓之后，"帮主"又发出第二道令"开血验帮"! 10只斟满了白酒的杯子摆在10条汉子面前，10块铮亮的刀片，对准了10根胡萝卜般的中指……血，殷红的血，一滴，二滴……融进白澈透明的酒液里，即刻由白变红、变红。喝下……

帮主重又坐回到石台，郑重其事地委任了一名军师、两名侦察员、两名联络员、一名财会员……尔后，他从军师手中接过早已准备好的"十星帮"令牌（一块刻有10颗小星的竹片子），板起那犹如黑色冰霜雕成的长脸，向帮员们宣布帮中纪律："今后以我这令牌行事，见令牌如见帮主。见令牌不动者，走漏风声者，轻则开除帮籍，割去舌头，砍去右手；重的，斩草除根！"

"服从帮主调遣，绝不走漏风声，一旦违反帮规，任由帮主处罚！"帮员们异口同声，表明态度。①

类似"十星帮"这样的小群体，在各地均有发现，值得引起重视。

这些现代的帮会，一般较为松散，组织不够严密，因而其习惯法的内容少且简单，大致有服从帮主、不泄露帮内事务、共同行动、有福同享、有难同当及若干处罚手段（如训斥、拷打等）。约束力大都不强。与旧中国秘密社会习惯法无论在内容、形式、效力诸方面都有很大的差异。

当然，也有一些具有黑社会雏形的现代帮会有较为具体的规条，如北方某地的"为民会"，其会规就接近于中国近代的秘密社会习惯法：①维护本会声誉和利益；②不准出卖本会组织和成员；③本会成员受到外人侵害，其他人必须拔刀相助；④不准采取任何手段欺骗会长。凡触犯以上会规，轻者处以警告，重者严惩不借供贷。

山西太原有个"青龙帮"，其帮规有"三斩"、"九禁"12条，违反了的，轻者棍棒相加，重者处斩。

有不少现代帮会还规定有写血书、喝血酒、文身、比武竞选首领等规条，以此强化成员的帮会意识，加强内部团结。

此外，隐语（黑话）都普遍存在，各地区都有表现，如小偷"开天窗"（上口袋）、"翻板子"（掏内衣）、"亮盖"（拎兜）、"摸荷包"（偷钱包）、"抹子活儿"（用剃须刀开口下手）等极为普遍，数量、

---

① 刘德亮：《现代帮会》，载《中国青年》1989年第1期。

种类也相当繁多，各地均有自己特点。

可以预计，随着我国商品经济的不断发展，财富分化的扩大，与境外联系的日益紧密，类似旧中国的那种秘密社会会在现代中国重新出现（事实上各地区已有组织严密的帮会发现）和发展，秘密社会习惯法也会带有时代色彩而重新在中国大陆发挥作用。对此，我们应有清醒的认识，并在深入调查研究和科学预测分析基础上采取有力措施，予以正确对待和处理。

应该看到，我们正处在传统的自然经济、计划经济的农业社会向现代的市场经济的工业化社会全面转型的时期，这是一个非常复杂的社会发展阶段，也使中国秘密社会及秘密社会习惯法的重新活跃有了某种可能。过去，不少人讳言社会越轨行为，讳言社会病态现象，认为揭露社会阴暗面、研究社会病态现象是一种抹黑的行为。事实证明，这种看法是片面的。实事求是，一切从实际出发，这是科学研究的根本出发点，粉饰并不能解决问题，一叶障目更是自欺欺人。揭示和研究中国秘密社会习惯法，目的就在于客观、全面地认识中国秘密社会习惯法，并在此基础上分析其作用，揭示其实质，提防其危害，使这些秘密社会团体的规范逐渐失去效力并最终趋于消亡。

就其整体而言，中国秘密社会习惯法是偏离正义、自由这些法的基本价值的。从法哲学上认识，法是一种通过对社会关系的调整而引导、推动社会不断向前发展的社会规范，是社会成员求真、求善、求美的保障，法应该是与文明紧密相连的。而中国秘密社会习惯法所具有的残酷性、等级性、迷信色彩恰恰是对法的本质、法的精神的反动，是一种逆社会发展趋势的规范。从这种意义上说，中国秘密社会习惯法仅仅具有了法的外壳。因此，中国秘密社会习惯法不可能随着中国社会的不断进步而不断发展，它仅仅是中国社会某个历史时期的产物，其生命力是有限的，它更不可能超过国家制定法而成为中国社会占主导的社会规范。

第七章

中国少数民族习惯法的产生、发展

中国少数民族习惯法是我国广大少数民族在千百年来的生产、生活实践中逐渐形成、世代相袭、长期存在并为本民族成员所信守的一种行为规范，它为维护民族共同利益、维持社会秩序、促进社会发展、传递民族文化起了积极的作用。研究、探讨少数民族习惯法的产生、发展的过程及其社会背景和历史原因，对于正确认识少数民族习惯法，追溯法的起源，了解人类早期法文化，具有重要的意义。

一　中国少数民族习惯法的产生

少数民族习惯法是各民族为了满足生存和繁衍的需要，在生产实践中逐步总结创造出来的。"生产本身又有两种，一方面是生活资料即食物、衣服、住房以及为此所必需的工具的生产；另一方面是人自身的生产，即种的繁衍。一定历史时代和一定地区内的人们生活于其下的社会制度，受着两种生产的制约：一方面受劳动的发展阶段的制约，另一方面受家庭的发展阶段的制约。"① 由于生产和婚姻与人类的生活最密切相关，因此，最早的少数民族习惯法，应该最先在生产、婚姻领域内出现、产生。在一些少数民族的古歌中，可以找到这一判断的佐证。

苗族古歌《兄妹结婚》，反映了人类第一个家庭形式——血缘家庭。歌的主要内容是：洪水过后，世上只剩姜央兄妹两人（一说姜央的儿子和女儿），为了繁衍人类，他们到处去找人结婚，找不到。问竹子，竹子说：世上没有人烟了，你们俩就结婚吧！兄妹一听，很生气，砍了竹。后问冬瓜、南瓜等，都这样回答，最后问嘎亮嘎对（神），嘎亮嘎对也这样回答。兄妹仍不信，后经过滚磨相合等，才不得不结婚。婚后，生一肉团（怪胎），嘎亮嘎对叫他们砍开，砍成十二块，丢到山上，变成人。这一结婚神话认为兄妹结婚不是"自然而然的事"（恩格斯语），而是迫不得已而为之。② 这说明神话产生的时期，血缘婚已被禁止。这种禁止，就是习惯法的表现形态，也即少数民族习惯法的发端。

侗族《破姓开亲》史诗记载："说到当初嫁娶，同姓不通婚，异姓才相连。三十六天路不说近，四十天路不嫌远，姑娘新裙成碎布，糯团腌鱼生蛆蜒。索彦姑娘半路死，索益姑娘半路忙。"因此后来"南由破同姓，远房变亲戚"。③ 这一史诗反映了侗族先民摆脱了血缘婚姻之后，曾严格实行同宗同族不婚的规则。不管路途遥远，成为两个不可分割的婚姻集团的两个氏族，必须相应履行固有的婚姻义务。史诗所反映的同姓不婚的规则，实际上就是侗族最初的习惯法。

各民族先民在长期的生活实践中，发现血缘婚会给民族成员的体

① 恩格斯：《家庭、私有制和国家的起源》，载《马克思恩格斯选集》第 4 卷，人民出版社，1995，第 2 页。

② 参见田兵选编《苗族古歌·兄妹结婚》，贵州人民出版社，1979，第 253 ~ 280 页。

③ 侗族的《起源之歌》与《破姓开亲》类似，也叙述了远古人类生活及其婚姻状况。参见《侗族简史》编写组《侗族简史》，贵州民族出版社，1985，第 124 页。

质和智力带来极大危害，苗族古歌《兄妹结婚》中所反映的兄妹结婚生出怪胎，便是血缘婚给后代造成生理缺陷的神话反映。为使民族成员的繁衍正常、健康进行，各民族先民就逐渐形成了同姓不婚的习惯法，排除血缘婚，而以族外婚替代之，并长期遵守，世代相袭至今。对于不遵守这一习惯者，则通过社会舆论、排除在社会群体之外等方式给予一定的强制处理，确立和维护习惯法的权威。

同时，为了在生产力水平极端低下的状况下维持整个氏族的生存、繁衍，也必定有类似同姓不婚的习惯法来保证狩猎、采集、捕鱼等生产活动的顺利进行，如规定共同劳动，所有成员按照自然分工即生理上分工选择劳动方式；共同消费，尤其是保证主要劳动力的消费等。当然，这仅仅是一种猜测和推论，有待考古学、人类学、神话史诗的证实。

但是，不论如何，我们从同姓不婚的规则中可以得出这样的结论：①少数民族习惯法最早出现于婚姻领域，调整婚姻关系保障民族繁衍是习惯法的重要功能；②少数民族习惯法产生于普那路亚家庭时期，即氏族外群婚时期；③法并不是随着阶级的产生、国家的出现而产生的，法并不仅仅是阶级矛盾不可调和的产物，并非是阶级社会特有的现象，法并非只是反映统治阶级的意志，它在某些历史时期反映的是整个社会全体成员的意志。

习惯法在母系氏族社会产生后，随着生产力水平的提高、社会的发展而不断发展。如在婚姻方面，族外群婚的由鼓励、保护到禁止，习惯法进而保护对偶婚，如苗族《说古歌》有一段是这样唱的：古时候，"美丽的姑娘人人争，漂亮的姑娘人人抢"，于是，告学公公和吾宁婆婆用昏迷汤给姑娘们喝得昏迷不醒，就把她们带到岩洞里，丑陋的放在洞里深处，漂亮的放在洞口，然后叫男子去选。男子跑得快的看到洞口姑娘漂亮，以为里面的更漂亮，就到洞里去要。跑得慢的男子得洞口漂亮的姑娘，跑得快的不服，提出要换。告学公公和吾宁婆婆不同意，规定："得好的就要好的，得丑的就要丑的，哥哥得是哥哥的，弟弟得是弟弟的。""告学公公订法规，吾宁婆婆订法规。订法规像砌墙，订法规像架梁，高山可越过，法规不可越。"① 这里的法规就是习惯法。可见，习惯法在限制、禁止族外群婚，从而实现对偶婚方面是起了重要作用的。下面这段古歌也说明了这一点：

学公公议定，

泥婆婆说好：

以后爸爸的女人叫妈妈，

哥哥的妻子叫嫂嫂，

弟弟的妻子叫弟媳，

不准黄牛生水牛，

不准狗生猪，

……

谁要是反过来，

谁要是变了样，

拿他在桥上敬鬼，

拿他在岩上敬神。②

以后，父系氏族公社取代了母系氏族公社，氏族的血缘纽带逐渐开始松弛，并且，随着一夫一妻制个体婚姻的发展，个体家庭也逐渐开始形成。氏族习惯法也有相应的变化，调整的范围相应扩大。在这个时期，有关血属复仇的习惯法开始产生。"一个人被害了，于是不

---

① 中国民间文艺研究会贵州分会编印《民间文学资料（第六集）》，内部印行，1985，第130~133页。

② 中国民间文艺研究会贵州分会编印《民间文学资料（第六集）》，内部印行，1985，第88页。

但其氏族的人，便是祖先的鬼也要求一条命来赔偿，由此便发生血属复仇，故血属复仇是由于'集体的责任'一条原则。"①

在这个时期，神判习惯法开始出现。为了维护氏族集团的共同利益，惩罚违反氏族习惯法的行为，便利用神灵崇拜观念和对鬼神的膜拜心理，"有罪或无罪的证据常求之于超人的权力。谳定的权委于神灵，而以占卜及神断的方法探神的意。问神的话是一句率直的问题，要求'是'或'非'的一句答案。"② 社会需要和人们的神灵观念决定了在当时社会历史条件下神裁是重要的习惯法，在氏族成员的生活中占有重要地位。社会"只有把它放在神和惩治的法律的庇护之下才能维持"。③

二 中国少数民族习惯法的发展、演变

随着生产力水平的提高、社会的发展，少数民族习惯法也一直处于发展之中。少数民族习惯法的发展，大致可以分为这样几个阶段：在生产资料私有制出现以前的原始氏族社会时期的氏族习惯法，这是少数民族习惯法的始源；私有制出现与阶级、国家形成之前时期，是少数民族习惯法的全盛时期；少数民族社会出现阶级、国家后，少数民族习惯法逐渐有了变化，而具有某种阶级与不平等色彩；石牌类型的习惯法，是少数民族习惯法向国家制定法的过渡，是特殊的习惯法形态。

1. 氏族习惯法是少数民族习惯法的始源

在私有制出现以前的原始氏族社会时期，习惯法主要表现在婚姻、生产及分配、血属复仇、神判诸方面，以巩固氏族集团的团结、

---

① 林惠祥：《文化人类学》，商务印书馆，1991，第207页。
② 林惠祥：《文化人类学》，商务印书馆，1991，第208页。
③ 〔法〕拉法格：《财产及其起源》，王子野译，三联书店，1978，第77页。

维护整个氏族的共同利益。

婚姻方面的习惯法发展最为显著，如前所述，有着族外群婚制到对偶婚制再向一夫一妻制发展的轨迹。这一习惯法，在许多少数民族的近现代生活中还有某种痕迹。如侗族部分地区的"公房制"。公房既是青年男女的谈情说爱之地，有时候也是双方性交的场所。男女双方入公房就可以夫妻的身份出现，发生性关系，不会遭受社会舆论的非议和违反习惯法。但出了公房，男女双方关系就随之解除。这种关系，实质上是对偶婚习惯法的残迹。再如，许多侗族地区的婚姻关系仍然比较松弛，易离易合。像贵州从江占里寨一带的侗族，如果女方不满意要求离婚时，即回娘家托人带一条活鱼或腌鱼，或做二床棉被，附几两银子给夫家，即表示离异；若男方对女方表示不满要求离婚时，则以一包糯米饭，附酸鱼一尾及几两银子交给女方带回娘家，从此男婚女嫁各不相涉。黎平县的一些侗族地区，女方提出离异时，只要挑一挑水到夫家，对其说"我今后不能服侍您老了"之类的话，就告离婚；男方要求离婚时，则砍一挑柴火到女家说句"望妹另找好人家"等语，从此离异。[①] 这种易离易合的婚姻，即为对偶婚的特征。侗族的"不落夫家"习惯法、"请新媳妇"习惯，则是父系氏族时期婚姻家庭习惯法的遗存。我国各少数民族由于社会发展的不平衡，保留了大量的群婚制、母权制的残余，像佤族、瑶族、普米族、基诺族、永宁纳西族、彝族的早婚习惯法；傈僳族、景颇族、哈尼族、苗族、佤族、阿昌族、独龙族的公房，黎族的放寮；傣族、壮族、景颇族、哈尼族的抢婚习惯法；怒族、傈僳族、彝族、佤族、壮族的转房习惯法。云南永宁纳西族的阿注婚，更是氏族习惯法的活化石。

在生产与分配方面，氏族习惯法的基本规范是共同劳动，平均分配食物，禁止多吃多占。侗族有歌谣曾反映了这种习惯法："公上山，

---

① 贵州省编辑组：《侗族社会历史调查》，贵州民族出版社，1988，第112～120页。

把兽赶；奶下河，把鱼捉；公得肉，众人分；奶得鱼，众人跟；人有股，众拍手；人有伤，众高兴；手拉手，喊务呼；脚跟脚，众来合。"① 这种生产与分配的原始共产主义习惯法在不少民族的生产、生活中还依稀可见。鄂伦春族、鄂温克族的猎获物按打猎成员或"乌力楞"家庭平均分配，如打了野兽后有人赶到，就有权分一份。② 柯尔克孜族按猎物分配形式保留着集体平均分配的原始遗风，猎民带回猎物后，将肉分给大伙食用。步行出猎时，甚至其他赶上现场者也有一份。③ 独龙族集体进行捕鱼时，则平均分配其收获物。赫哲族采集野果、野菜合伙进行，并不论老幼平均分配。

血属复仇反映了原始氏族的犯罪观念，这种习惯法是少数民族刑事习惯法与调解处理审理习惯法的最初形式。近现代瑶族、景颇族、佤族、白族、傈僳族、黎族、藏族、彝族的械斗习惯法可以说是原始氏族社会血属复仇习惯法的延续和残留。械斗前的祭祀仪式、械斗后的和解仪式仍带有浓厚的原始色彩。在血属复仇的习惯法影响下，藏族习惯法规定偷盗部落内的财物与偷盗部落外的财物是两种不同行为，偷盗部落外的财物处罚较轻甚至不处罚，有的甚至视为英雄。④ 彝族习惯法也与此类似，偷盗本家支财物者要十倍地赔偿甚至处死，而偷外家支或别的民族的财物，退还了事以至不作处理；若偷了冤家家支的财物，则往往被视为英雄。⑤

神判是以非人的神灵为后盾的解决氏族成员的争端和纠纷的一种

---

① 贵州民族事务委员会、贵州省文联民研会：《侗族文学资料（第五集）》，内部印行，1985，第147~148页。
② 参见秋浦《鄂伦春社会的发展》，上海人民出版社，1978，第207~208页。
③ 新疆维吾尔自治区丛刊编辑组等：《柯尔克孜族社会历史调查》，民族出版社，2009，第84页。
④ 四川省编辑组：《四川省甘孜州藏族社会历史调查》，四川省社会科学院出版社，1985，第165页。
⑤ 云南省编辑组：《四川广西云南彝族社会历史调查》，云南人民出版社，1987，第217页。

裁决方法，^① 这种习惯法在我国少数民族中长期存在，对于维持社会秩序、促进社会发展是有积极作用的。在第十章我们将全面地介绍各种神判方式，血属复仇和神判是执行习惯法的方式，主要保障习惯法的适用和实施，起着某种工具和手段的作用。

2. 私有制形成后少数民族习惯法的发展

生产资料家庭私有制形成以后至阶级、地方政权形成出现时期，是少数民族习惯法发展的鼎盛时期，少数民族习惯法逐渐成熟、完善、自成体系，全面调整社会关系，规范民族社会的各个领域，在社会生活中起着极其重要的作用。

在这一时期，父系氏族公社为农村公社所代替。由于铁器等金属工具的开始使用、生产工具的改进、劳动生产率的不断提高，产品开始有了剩余，于是私有观念、生产资料的家庭私有制逐渐确立，社会交往也相对频繁，各种纠纷和权益争执随之增多，少数民族习惯法正是在这样的社会背景和经济结构下得到全面发展的，充分体现了其原始民主的性质。

下面我们通过对一些民族习惯法的考察，对少数民族习惯法在这一时期的状况及特点进行具体的分析和认识。

聚居在云南景洪基诺山的基诺族，直到 1949 年前还处于原始公社发展末期阶段。基诺族的农村公社是由不同氏族成员共居的地缘村落组成（个别父系家族公社组成的村寨除外）。习惯法所确认的村社土地所有制的基本形式为公有制，其内部占有形式则分为村社共有、氏族或父系大家族公有、个体家庭私有三种形式，而以公有为主。基诺族实行村社长老制，村社一般有两个长老，由寨内最早的两姓中年龄最长者担任，当选的唯一条件就是年长。依照习惯法，长老管理生

---

① 近几年我国在神判研究方面有不少力作问世，有关神判的进一步情况，可参看夏之乾的《神判》（上海三联书店，1990）、邓敏文的《神判论》（贵州人民出版社，1991）、宋兆麟的《巫与巫术》（四川民族出版社，1989）中的神判章等。

产、生活，组织宗教祭祀，调解纠纷等。长老脱离生产劳动，没有薪俸报酬。基诺族习惯法的原始民主色彩相当浓厚。[1]

湖南、贵州、广西一带侗、苗、布依、水等族的款组织是具有农村公社性质的社会组织，其习惯法款约体现了农村公社的特点。款约具有极大的内聚力和外抗力，它是在长期的社会生活中自然形成即俗成的，也有全体成员通过一定形式约定的。这些款组织具有这样的特征：第一，无论大款、小款都局限在一定区域，越境则不生效，具有确定的地区性；第二，寨老、款首都是民众推选的，款约经大家商定同意，具有鲜明的原始民主性；第三，合款组织即村寨间的联合，是自愿的产物，范围可大可小，时间可长可短，一切以协议为转移，以盟誓、立碑为依据，具有自主性和自发性；第四，款约是最高的法规，款首是最高的领袖，具有无上的权威性。[2] 在款组织中，款首、寨老由公认的有威望、办事公正、熟悉习惯法的老人充当，不能世袭。款首、寨老平时参加生产劳动，没有特权。

湖南城步、广西龙胜的苗族，议定款约时款头每讲完一款，全体成员都要讨论表决，如同意此款，则齐声回答："是呀！"以示通过。款约通过后举行杀牛歃血酒仪式，以示遵循款约。此外还要举行宣约踩尖岩仪式，选一个三角状的大石头，埋入地下二尺，露出地面二尺。宣约时，款头右脚踩在尖石上，宣布本地区社会成员应遵守的款约。城步五峒苗族在宣约后，还将一个大鼎打碎，合款的每个款头各拿一块为凭证。下次合款，各款头将所拿鼎片合成一个大鼎原样时方能参加款组织。如不将原破鼎片拿来的，就认为那个寨或峒里出了合款，就将他们除名，不受合款的保护。款约的内容主要有：组织管理生产；维护社会治安，严禁盗窃、赌博和杀人放火；主张团结和睦、

---

① 中国人类学会编《人类学研究》，中国社会科学出版社，1984，第290～296页。
② 参见史继忠《说溪峒》，载《贵州民族学院学报（社会科学版）》1990年第4期。

严禁勾生吃熟；倡婚嫁从简，不许铺张；不许高抬时价，严惩投机倒把；维护宗教活动等。并对违反款约者的处置方式作了规定。这种习惯法完全以社会整体利益的维护为宗旨，丝毫不带有阶级色彩和不平等痕迹。[1]

瑶族的瑶老制和石牌制是瑶族的具有原始民主性质的社会组织形式。瑶老由民主选举或自然形成，石牌头人则为自然形成，他们不脱离生产，没有什么特权。习惯法的议定、修改经过全体成员的讨论和一致通过。重大事务由全寨、全石牌商量，头人瑶老不能独自作主。[2]

由此可见，这一时期的少数民族习惯法，是维护社会整体利益、维持社会秩序的重要规范。由于阶级划分尚不明显，贫富悬殊还不突出，因此习惯法的议定、修改、执行都具有浓厚的原始民主性质。这个时期的少数民族习惯法，既确认村寨、家族的财产所有权、占有权，也保护个体家庭的私有财产权、占有权，反映了时代特点。习惯法的内容也较为广泛，涉及社会生活的主要方面和基本方面，我国的大部分少数民族的习惯法都处于这一时期。

3. 等级、阶级出现后少数民族习惯法的演变

等级、阶级、地方政权出现后，少数民族习惯法开始演变。这一时期由于生产资料的私人占有和剩余产品的大量出现，贫富开始出现分化，阶级的形成，某些民族地区的地方政权的建立，少数民族习惯法表现出某种等级性色彩，习惯法的全民意志开始被某些阶层的意志所左右，少数民族习惯法也由维护全社会的整体利益而转为维护社会利益和维护某些特殊等级利益并重，少数民族习惯法处于向具有鲜明阶级性的国家制定法演变的时期。

---

① 参见吴忠军《苗族"捆伙"制浅议》，载《中南民族学院学报（哲社版）》1991年第4期。

② 参见广西壮族自治区编辑组《广西瑶族社会历史调查（第一册）》，广西民族出版社，1984，第34～35页。

中华人民共和国成立初期的民主改革前，景颇族社会已发展到农村公社趋于解体和向阶级社会过渡的阶段，习惯法一方面反映了浓厚的原始公社制残余，一方面也反映了山官制下阶级分化的现实。山官是从原始农村公社分化出来的世袭贵族，分为大、中、小三类，有自己的辖区，在辖区内行使独立权力，各山官辖区之上没有形成统一的更高一层的政治组织，山官之间也没有直接统属关系。山官辖区的社会成员分为官种、百姓、奴隶三个等级，习惯法规定等级界限严格，互不通婚。山官出身于官种血统，享有各种特权。

随着山官制的发展，习惯法慢慢发生了变化，体现了山官制社会私有制和等级观念有所发展。并且，山官出于自己的利益需要，利用习惯法扩展自己的势力，往往曲意解释习惯法或修改习惯法。如"官工"转移到水田后，性质变成了为官家出"白工"，因而民族成员积极性就不高了。但山官为了让民众卖力为自己种地，便利用习惯法说："不出官就是破坏祖辈的道理。"并擅自罚消极者杀一只鸡让大家分吃，或要其加倍出工等。有些地区的习惯法已不能约束山官，像陇川邦瓦山官曾凭借自己的政治特权，随意杀人，还强夺百姓田地，欺凌百姓，大大超越了习惯法界限。但是在山官制社会里山官还不能完全左右习惯法，山官也不能完全脱离群众，独断专行，如山官独断专行，也会受到习惯法的制裁，因而大多数山官一般也不敢偏离习惯法太远，明目张胆虐待百姓。只是等级色彩在习惯法上有所反映，习惯法处于演变之中。①

凉山彝族习惯法的等级与不平等色彩较为明显和突出，除还保留一些原始社会氏族制度的传统，在同一氏族内部保留某些对成员一视同仁的民主权利外，已蜕变为奴隶主剥削和压迫奴隶群众的工具。彝族习惯法建立在等级关系的基础上，主要强调黑彝奴隶主阶

---

① 参见龚佩华《景颇族山官制社会研究》，中山大学出版社，1988，第94~95页。

级对曲诺以下奴隶群众的片面制裁。在同等级的黑彝或曲伙氏族内部，一般可按习惯法的规定进行处理。但在大家支与小家支之间，在强有力者与普通人户之间，习惯法的制裁是不平等的。一般地说，习惯法只能在同一氏族特别是家支内部执行。在家支相互之间，执行上可能出现一些差别，而在各氏族相互之间，尽管习惯法内容相同，执行时往往受到力量不平衡的影响，不能按照同一氏族或家支内部的原则处理。

在人身占有与保护习惯法、债权习惯法、刑事习惯法、婚姻习惯法中都表现出彝族习惯法的不平等与等级性。如主子可以偷抢娃子，娃子偷主子则要受严厉制裁；土司、黑彝与被统治等级间严禁通婚，并严禁统治等级妇女与被统治等级男子发生婚外性关系，违者处死；土司、土目与黑彝为占有者与保护者，曲诺、瓦加与呷西为被占有者，大多数曲诺与少数富有瓦加为被保护者。在对违反习惯法者进行处罚时也主要体现土司或黑彝奴隶主的意愿。①

随着土地的日益集中，贫富差别愈趋明显，湖南城步、广西龙胜的苗族习惯法也打上了等级阶级的烙印。特别是厅、县统治机构的建立，使款头变成了统治阶级驯服苗民的代理人，合款为封建官吏所利用，仅存其躯壳而已。康熙时，知县王谦以赋税不均，编里甲，分八都（八里），每都十甲，以甲中田粮最多的为甲首，负责甲内事务。每都设木锋和粮长各一，木锋由老人充任，负责争讼盗贼之职，以宣教化，俗称"里老"；粮长负责钱粮，征收赋税。② 这样，湖南城步北部虽然还存在合款制，但款头已由里老担任，成为统治阶级在苗区的代理人。以后，各寨长、峒长不再由苗民选举产生，而由清朝地方官指派，清政府"假以权力"助其统治。习惯法已转变性质为中央王

①　参见胡庆钧《凉山彝族奴隶制社会形态》，中国社会科学出版社，1985，第278～282页。

②　清·道光《宝庆府志·疆里表》。

朝的统治服务。

随着瑶族进入阶级社会，瑶老制的组成和性质逐渐变化，有的瑶老成为享有特权的头人，如在办事过程中凭借自己的地位向群众索取越来越多的"纸价银"（手续费）。石牌头人也有营私肥己、袒护亲朋的，凭着个人的意志，使发生争执的一方受屈，不将习惯法当作一回事。由于本族系间或甲族系与乙族系间的政治地位和经济地位有所不同，虽然彼此共同组织一个石牌，议订有共同遵守的习惯法，但事实上在法律地位上已不再一律平等。如广西金秀上下卜泉两村与金秀等四村共一个石牌，两村议定金秀等四村为"父母"，自己则是"小人"，愿归他们管辖，等级色彩较明显。①

广西龙胜壮族的习惯法在清朝中期已不完全依据头人和群众的意愿了，已经开始通过当时的统治者将充满封建道德伦理观念的东西渗入习惯中去。在光绪四年的习惯法中就注明，是根据各个时期统治者的示谕议订的，如：

> ——奉府署观大志，于道光二年五月赏严禁示谕除盗安良需索油火滋事生端事。
> ——奉府署卢主　　于同治十三年十月内赏示严禁窝赌窝盗事。②

有的习惯法还须经国家统治者的审查修改，如清同治十一年龙胜理苗分府的示谕中写道：

> 如晓谕事案龙脊众等开例条禀垦出示以靖地方事……兹据奉

---

① 参见广西壮族自治区编辑组《广西瑶族社会历史调查（第一册）》，广西民族出版社，1984，第39页。
② 广西壮族自治区编辑组：《广西壮族社会历史调查（第一册）》，广西民族出版社，1984，第105页。

恩前情除批示并将条规删改核定外合行出示晓谕为此示仰居民人等知悉自示之后尔等即宜遵照条规各要本分不得违抗条规自干罪累各宜秉遵毋违特示。①

清光绪年间随同习惯法规条写给龙胜理苗分府的报告亦云：

> 具恩禀龙脊乡老头甲等人×××××为恳乞，青天大老爷台前非别兹因小民地方不遵法律肆行伎俩猖獗不已所以地方坐视不忍只得公议禁规以警后犯今小民谨将规式禀知，仁天龙目赐览倘有错伪万乞，仁天删明俾小民刊牌流芳百姓百世则小民万古唧结报之矣。②

国家统治阶级对少数民族习惯法的影响可见一斑。

少数民族习惯法的这种演变，是与社会发展的一般规律和法发展的一般规律相一致的，反映了少数民族经济的发展和生产力水平的提高，体现着少数民族地区社会的进步和发展。

4. 石牌类型少数民族习惯法的独特性

在追寻少数民族习惯法的产生、发展、演变的历程时，我们不能无视石牌类型的习惯法，这是一种较为独特的习惯法。

石牌类型习惯法，是指以广西大瑶山瑶族石牌为代表的少数民族习惯法，习惯法条文议定后以文字形式镌刻在石牌（或木板等）上，通过一定仪式树立石牌，共同遵守不得违反。侗族、水族、苗族、毛南族等也存在石牌类型的习惯法。

---

① 广西壮族自治区编辑组：《广西壮族社会历史调查（第一册）》，广西民族出版社，1984，第105页。

② 广西壮族自治区编辑组：《广西壮族社会历史调查（第一册）》，广西民族出版社，1984，第105页。

石牌类型习惯法最初在树立石牌时并不镌刻习惯法条文。贵州台江反排的苗族每次"勾夯"（议定习惯法）都要在会址竖石一块，表示夯规（习惯法）坚固如石，不能轻易更改，否则必遭神谴，不得好报。[1] 贵州从江孔明苗族的"额骚"，也是无字的石牌，在人们心目中是神圣的。议事时，人们要齐集石牌周围，由寨老按习惯法对某一事件进行裁决。裁决前，寨老每讲述几句习惯法，就得用手上的插杆向石牌上凿一下。[2] 湖南城步广西龙胜苗族，则选三角形的大石头作为习惯法的象征，埋入地下二尺，露出地面二尺，款头右脚踩在尖石上，宣布人人应遵守的习惯法。广西金秀六巷一带花蓝瑶，在竖立不刻字的石牌时，还要用斧在石上砍三下，作为大家决心遵守的标记。[3] 贵州从江朝利寨寨头有一块高约三尺的岩石，是由朝利寨和托苗寨共同树立的，表明两寨结为团结友好的兄弟关系，共同对敌，在树石时曾一同对石发誓，以后如有反悔，要以口咬岩石把它拔出来，以此根本无法办到的事，来表明始终不渝的决心。[4]

以后，随着社会的发展，特别是受汉族文化的影响，各民族接受了汉字并且识字者逐渐增多，单纯作为习惯法权威象征的石牌便发展为镌刻有习惯法文字的石牌，而具有了习惯法权威象征和公布习惯法条文的双重意义，表现出少数民族习惯法文化的习惯法规范、习惯法观念、习惯法的物质载体的丰富内容和多重结构，少数民族习惯法由此大大前进了一步。广西瑶族的石牌习惯法，有镌刻在石板上，竖在开会议定习惯法的地方的，也有不镌石而改用木板书写，有的仅用纸

---

① 贵州省编辑组：《苗族社会历史调查》，贵州民族出版社，1986，第168页。

② 赵崇南：《从江县孔明公社习攒法、乡规民约调查》，载贵州省民族研究所《月亮山区民族调查》，内部印行，1983。

③ 广西壮族自治区编辑组：《广西瑶族社会历史调查（第一册）》，广西民族出版社，1984，第37页。

④ 向零：《从江县九调侗族社会组织与习惯法》，载贵州省民族研究所《贵州民族调查（三）》，内部印行，1985。

写下，发给参与开会的村庄张贴或者收藏。毛南族在石头上刻写的习惯法叫"隆款"，刻在木头上称为"梅板"，竖立在村峒交界处，或水井边、桥头、山坳等人行过道之处，晓之以众。湖南城步坳头苗族在采尖岩结束后，即把习惯法写在木牌上，涂上桐油，做成"款牌"，并在款坪竖两根 6 米以上的原条木，顶端搭盖成屋檐状，将款牌挂在上面，任何人不得损坏和私取。①

这种石牌习惯法，从本质上仍属于习惯法范畴。无论其议定、修改，还是主要内容、对违反者的处罚和执行都与非石牌类型的习惯法没有多大差别。石牌类型的独特性主要表现在习惯法的传统形式以及与此相适应的观念上。

少数民族习惯法在许多民族主要通过口头传诵、讲述、行为传承和个人的模仿、学习进行普及、继承和世代相袭，这种形式缺乏严格性，有着较大的随意性，表现出口头文化的局限。而石牌习惯法比较起来在传承方面又有较明显的优点，它明文、规范，客观性、科学性较强，能防止头人、长者的主观随意解释，普及与传播、继承中较少走样。这样，在执行时能依习惯法条文进行处罚。湖南城步坳头苗族若有人触犯款约，就由款头召集款民大会，当众把款牌取下来，经款众验定，按牌上所刻习惯法规定处罚。② 这种处罚，当事人自然口服心服，无话可说。因此，石牌习惯法反映了少数民族人民要求依法办事、严格按习惯法规定解决纠纷处理违法行为的愿望和观念。习惯法的实施，更多的是依靠习惯法本身，社会舆论乃至神话史诗、英雄传说、民族历史已不是主要力量。同时，在实行石牌习惯法的各少数民族地区，人们由普遍尊重长者敬重经验丰富者逐渐转向崇敬懂文识字

① 参见吴忠军《苗族"捆伙"制浅议》，载《中南民族学院学报（哲社版）》1991 年第 4 期。

② 转引自吴忠军《苗族"捆伙"制浅议》，载《中南民族学院学报（哲社版）》1991 年第 4 期。

有文化的人，长者在习惯法实施中的地位和作用下降。石牌习惯法由于采用文字形式公布，因而交流也就有了可能，促进了传播区域的扩大，克服了非石牌类型习惯法只能在狭小范围内生效、交流的局限，其效力范围已冲破血缘组织、狭窄地域，而适用于较为广阔的地区。像瑶族的石牌习惯法就有适用于全瑶山的七十二石牌，有适用于所有盘瑶村的五十三村石牌等，效力范围进一步扩大。

因此，石牌习惯法是少数民族习惯法发展中的一种独特类型，是少数民族习惯法向国家制定法发展的一种过渡形态。

三　中国少数民族习惯法与禁忌、图腾崇拜

在考察、探寻少数民族习惯法的产生、发展轨迹时，研究少数民族习惯法与禁忌、图腾崇拜之间的关系，是十分必要和有意义的。

1. 少数民族习惯法与禁忌

禁忌，"是关于社会行为、信仰活动的某种约束限制观念和做法的总称"，[1] 禁忌包含两方面的意义，一是对受尊敬的神物不许随便使用；二是对受鄙视的贱物、不洁、危险之物，不许随便接触。

禁忌与法的关系，有人认为法的源头乃在禁忌。[2] 这一观点虽值得商榷，但无疑揭示了法尤其是习惯法与禁忌之间的密切联系。笔者认为，少数民族习惯法在发展过程中，受到了禁忌的深刻影响，禁忌对于少数民族习惯法的内容、形式有着直接的、广泛的影响，这种影响在少数民族习惯法发展的早期更为明显和突出。

我国少数民族的禁忌种类繁多，相当丰富，有生产禁忌、生活禁忌、婚姻禁忌、生育禁忌、病疾禁忌、丧葬禁忌、社交禁忌等。许多

---

① 乌丙安：《中国民俗学》，辽宁大学出版社，1985，第 279 页。
② 详见秋浦《关于法的起源问题》，载《贵州民族研究》1992 年第 1 期。

禁忌本身就是少数民族习惯法规范，全体社会成员必须共同遵守。壮族习惯法规定，不能在"逢地火"的日子（即忌日）播种，在忌日不出工，不许下田。① 独龙族习惯法规定，劳动中见蛇杀死后，立即休息。苗族秋收后第一次犁田时要选子日或丑日，在每年播种时要煮熟一只鸡或鸭祭母田，在插完秧并包过荛后，要祭秧，7月初旬吃新时要敬新谷。赫哲族狩猎习惯法规定，每到一个新的狩猎地方，把头（狩猎组织头领）要竖上未烧尽的木棍，率领全体人员跪求山神爷；在山中遇见有锯剩的大树桩子，不许猎人坐。② 鄂温克族、鄂伦春族禁止猎人在狩猎时闹不团结，大家必须精诚团结；在打到猎物后，要把地上的血迹、污物收拾干净；狩猎现场上禁止丢弃烟头、弹壳、遗留粪便等，违者要受到习惯法的处罚。③

少数民族婚姻习惯法的许多规范，直接来源于婚姻禁忌。如氏族外婚、民族内婚、同姓不婚、异辈不婚、等级婚等既是各少数民族的婚姻禁忌，同时也是习惯法的重要内容。在恋爱中的许多禁忌如苗族"游方"时，女方的亲兄弟不能在场，女方家里有人生病，不能进行游方等，同时也是习惯法为社会成员所遵守。至于议婚、订婚、嫁娶方面的大量禁忌，更是婚姻习惯法的组成部分，起着调整婚姻关系、维持社会秩序的作用。

社交禁忌对少数民族习惯法也有重要影响。德昂族在狩猎、播种期间，忌有客人来访，因此习惯法就有相应规定不准在狩猎、播种期间造访别人。许多民族像苗族、佤族、普米族、珞巴族等都有示标习惯法，其中之一就是在病人门前用树枝、草、红布、鞋、竹笠等作门标，禁止他人进入，这就直接来源于禁忌。景颇族社交习

---

① 广西壮族自治区编辑组：《广西壮族社会历史调查（第一册）》，广西民族出版社，1984，第50页。

② 《赫哲族简史》编写组：《赫哲族简史》，民族出版社，2009，第215页。

③ 秋浦：《鄂伦春社会的发展》，上海人民出版社，1978，第206页。

惯法有不少，其中相当数量来自禁忌，如骑马入村过寨必须下马；到别人家，不得任意出入鬼门；不能摸人家经常佩挂的长刀等。^① 傣族不经过主人同意，即住入别人家；主人不知道，就擅自上竹楼，主人可依照习惯法对其进行罚款。这也是来源于禁忌，与人们的神灵崇拜有关。

少数民族的丧葬习惯法也与丧葬禁忌紧密相连，无论葬制、葬地、葬仪（停灵、入殓、祭灵、埋葬）或服孝各个方面，禁忌都强烈影响习惯法。如达斡尔族普遍实行土葬，但孕妇死后忌用土葬，习惯法规定采用火葬。

禁忌还对少数民族习惯法的有关形式有重要影响。诸如苗族议榔后在会址竖立一块石头，表示习惯法坚固如石，不能轻易更改；羌族全体成员集会后，杀鸡一只，血淋纸旗，插于田地森林中，鸡吊在树上，表示如有触犯习惯法者，像鸡一样死去；^② 傣族离婚时，男女双方手拉一块白布，从中间剪断各执一半，离婚便正式生效，都与禁忌直接相关，体现了禁忌的影响。

禁忌对习惯法的影响最初是分散的、个别的，随着社会的发展，那些为大多数社会成员所公认的禁忌成为少数民族习惯法的组成部分而具有了法的强制性和权威性，兼具神灵与世俗双重保障。

少数民族习惯法也不仅仅只是被动地受禁忌的影响，习惯法通过确认某些禁忌，使禁忌具有了法的性质、法的效力，从而能动地保障禁忌，用法的强制性作后盾要求全体社会成员遵守这些习惯法化的禁忌，违反者要给予各种处罚。这样，通过法的手段强化社会成员的禁忌意识。

当然，禁忌与少数民族习惯法尽管有时极难区分，但毕竟是有

① 云南省编辑组等：《景颇族社会历史调查（二）》，民族出版社，2009，第199页。
② 四川省编辑组：《羌族社会历史调查》，四川省社会科学院出版社，1986，第96页。

一些不同点的。在强制性方面，少数民族习惯法除了像神明裁判之类依靠神力强制外，主要是人力强制，即对违反习惯法者给予批评、罚款、肉刑、生命刑、驱逐出寨出族等制裁；而禁忌的强制性则是一种精神强制、心灵强制，即神力强制，由神秘的力量来实施强制执行惩罚。在处罚方面，少数民族习惯法是事后即时处罚，一次性处罚，处罚后即可恢复常态，回到社会生活群体中，而禁忌的处罚永远是机械的、不加分辨的，破坏禁忌者不论其主观动机如何都要受到处罚，而且这种处罚是长时期的甚至无法预计的，可能是在世时得到处罚，也有所谓的"来世报"。在内容方面，少数民族习惯法较为丰富、系统，禁忌尽管涉及面也相当广泛，但不涉及权利义务领域，其范围还是有限的，表现出个别、分散、具体的特点。从功能、手段上来看，禁忌主要是一种限制，反对思想上和行为上的自由和随心所欲，而少数民族习惯法既有限制的手段，也有保护的功能，特别是随着社会的不断发展，习惯法的保护功能越来越占主要地位。从命运上看，禁忌可谓与人同在，只要人力还无法完全认识自然现象、社会现象和人类自身，只要还有鬼神观念，禁忌就不可能消失；而少数民族习惯法从规范上、从制度上则有其失去效力、消亡的时候，只有习惯法观念、习惯法意识将长期存在于少数民族人民的头脑中。

2. 少数民族习惯法与图腾崇拜

少数民族习惯法与图腾崇拜也有着一定的联系，在少数民族习惯法的发展过程中，图腾崇拜是有一定影响的。

图腾崇拜是一种原始的宗教信仰，它产生于氏族社会时期。由于认识能力的限制，人们认为自己的氏族与某一动物、植物或某一生物有着某种血缘的关系，因而把此物奉为本氏族的图腾加以崇拜，此图腾则成为该氏族的保护者和忌物，如图腾为动植物，则本氏族严格禁杀禁食。"图腾崇拜实际上是自然崇拜或动植物崇拜与鬼魂崇拜（或祖先崇拜）互相结合起来的一种宗教形式。"① 更有人认为"所谓图腾，也就是一种族徽"。② 图腾崇拜影响少数民族习惯法特别是早期的少数民族习惯法的内容，而少数民族习惯法则保护图腾崇拜，处罚危害图腾的行为。

图腾崇拜对少数民族习惯法的内容是有一定影响的。如鄂伦春族和鄂温克族存在过熊崇拜，将熊视为本民族的图腾，因此习惯法中便有大量关于熊的内容。猎熊，是一种不得已的行为，打到熊后，不能说"打着了"，而要说"可怜我了"。熊被打死了也不能说它"死了"，而要说"布土恰"或"阿帕恰"，即"成了"或"睡了"。熊头禁止食用，习惯法规定要将熊头割下来用草包捆起来，放在木架上进行风葬。猎人们还要向熊头跪拜，给熊装烟、磕头，并用烟火熏熊头。然后，拿着熊皮到各户串门，让熊向人们告别。往回驮运熊时，须假装哭泣。③ 这种熊图腾崇拜对鄂伦春族、鄂温克族的习惯法的影响延续了极长时间，直至新中国成立前夕还存留。枫木是黔东南苗族的图腾物，苗族习惯法便用枫木刻木为证，标志婚姻恋爱的契约，"用它来刻木，大家信得着"。同时苗族习惯法也受黔东南苗族崇拜蝴蝶妈妈的影响，如习惯法规定，《妹榜妹留》这首歌，平时是不许随便唱的，只有在庆典佳节，用酒肉饭菜祭祖之后，才由老人咏唱，晚辈是不能唱的，违反者必须杀猪宰牛，向祖先赔罪。④ 侗族以龙蛇为族徽、仡佬族供奉"葫芦"，土家族敬畏白虎，这些对本民族的习惯法都有某种影响。

少数民族习惯法则保护本民族的图腾物，处罚破坏图腾崇拜的行

① 朱天顺：《原始宗教》，上海人民出版社，1978，第56～57页。
② 梁聚五：《苗夷民族发展史》，载贵州民族研究所《民族研究参考资料（第十一集）》，内部印行，1982，第2页。
③ 参见秋浦《鄂伦春社会的发展》，上海人民出版社，1978，第162～165页。
④ 参见伍新福《论苗族的宗教信仰和崇拜》，载《中南民族学院学报（哲社版）》1988年第2期。

为。黔东南苗族的习惯法保护枫木不被随意砍伐，对种在村寨四周、桥头田坎的枫木都要妥加爱护，不能毁坏。苗族扫寨，是为了祭蝴蝶妈妈，为此习惯法规定每年每寨共杀一头猪，由理老念巫词，大家分得肉后，都带炊具到村外来吃，家家户户都灭火一天，不得违反。

随着社会的发展，各民族认识自然、征服自然的能力增强，图腾崇拜逐渐在社会生活中失去影响，其对少数民族习惯法的影响也随之减弱，仅在少数民族习惯法的内容中尚有部分残留。

第八章

中国少数民族习惯法的内容（上）

　　中国少数民族习惯法的内容十分丰富，涉及社会生活的各个领域各个方面，包括社会组织与头领习惯法，婚姻习惯法，家庭及继承习惯法，丧葬，宗教信仰及社会交往习惯法，生产和分配习惯法，所有权习惯法，债权习惯法，刑事习惯法，调解处理审理习惯法，我们将分三章进行全面介绍。

　　社会组织与头领习惯法规定社会组织的组成、头领的产生、权利义务等；婚姻习惯法对婚姻成立、婚姻缔结程序、夫妻关系、离婚进行规范；家庭及继承习惯法调整家族、家庭、父母子女关系、财产继承关系；丧葬、宗教信仰宗教活动、社会交往也各有习惯法规范。

一　社会组织与头领习惯法

　　中国少数民族习惯法中有许多关于各民族社会组织的组成、职责，头领的产生、权利义务等方面的内容，对于我们认识各民族社会发展的阶段、了解各民族社会运行的规律是有重要意义的。

1. 壮族寨老制

壮族流传着"乡有乡老，寨有寨头"的谚语，普遍实行寨老（都老、乡老）制。[①] 寨老（都老、乡老）的产生按照习惯法，一种是通过自己在平日处事中去取得信任，受村民拥护、公认而成为头人；另一种则由村民民主选举产生，或是由年迈卸任的"寨老"荐举经村民认可的人充任。寨老（都老、乡老）必须具备这样的条件：上了年纪的老人；办事公道；作风正派；肯为村民服务；有一定的工作能力和魄力；有群众基础等。他们的任期不固定，任期时间的长短，取决于头人本人办事能力的强弱和处理事情的好坏。

根据习惯法，寨老（都老、乡老）的具体职责有：①领导村民议定习惯法；②调解纠纷处理争执，维护村寨社会秩序；③掌管全村公共财产；④掌执集体祭祀大权；⑤领导全村寨进行生产、公益设施的建设，如修筑道路、桥梁、挖掘水井、植树造林、护林防火和开发水利资源等；⑥代表村民说话办事，处理本村寨涉外事务；⑦组织村民开办学校、培养人才；⑧主持各种会议等。平常村寨的小事，由本村寨的寨老（都老、乡老）处理解决，大事则请邻近村寨的寨老（都老、乡老）来共同处理。

另外，由寨老（都老、乡老）提名，经村民民主选举产生一二位寨老（都老、乡老）的助手。当选的条件与任寨老（都老、乡老）的条件差不多，只是在年龄方面强调要中年人而不要老年人。他们主要是干一些事务性的工作，如召集会议、筹备祭祀等。

寨老（都老、乡老）按习惯法一般是不取报酬的。有了罚款，有的地区则由原告者从罚款中抽出若干分给寨老（都老、乡老），作为酬劳。有时，如果事情解决而没有罚金，则由当事者拿出一些钱来给

[①] 广西壮族自治区编辑组：《广西壮族社会历史调查（第一册）》，广西民族出版社，1984，第14页。

头人。通常则是由当事者请酒席一顿。有的地区有寨老田，自耕自种，变相作为报酬。①

2. 苗族议榔制

苗族的社会组织在各地的习惯法中不尽相同。在黔东南大部分地区叫"议榔"、"构榔"或"勾夯"，也有叫"议榔会议"、"构榔会议"；贵州从江和广西大苗山叫"栽岩会议"或"埋岩会议"；湘西大部分地区叫"合款"，凤凰县又叫"春酒会"；云南金平叫"丛会"或"里社会议"，性质都基本相似，是苗族社会中议定、执行习惯法的地区性的政治经济社会的联盟组织。"议榔"制组织有由一个鼓社、一个寨或几个寨乃至整个地区组成之分。苗族习惯法称"议榔规约"、"构榔规约"、"埋岩会议规约"、"款条"、"团规"、"理录"、"理告"等。每次议榔前，先由寨头们商议议榔内容，然后召开群众大会，由寨头手持芭茅和梭标（代表权力和权威）宣布议定的习惯法的内容，由大会通过。宣布新的习惯法前寨老还要背诵过去留传下来的重要习惯法。有的议榔后在会址竖石一块，表示习惯法坚固如石，不能轻易更改。

苗族社会组织的头人，有的地方叫"榔头"，也有的叫"娄方"、"该歪"或"扶娄"。寨头一般不经过群众选举，也无财产多寡的限制，只是由于其人熟悉习惯法，精明事理，为人正派热心，在排解纠纷中得到公众的信任，树立了威望而自然形成。有少数地区是长子世袭的。几个村寨或一个地区的寨头，是由小寨头选举产生的。寨头一般是上了年纪的老人，少数是中年人。

寨头的职责由习惯法规定，主要是：①调解、处理争执田、土、山林所有权的纠纷；②调解、处理婚姻家庭纠纷；③调解、处

---

① 参见广西壮族自治区编辑组《广西壮族社会历史调查（第一册）》，广西民族出版社，1984，第93~104页。

理偷窃事件；④对外代表全寨，负责交涉全寨的对外事务；⑤按群众的意愿或要求，发动追山打猎，宣布封山，主持祭祀"神山林"。寨头是不取报酬的，办完事之后，当事人请吃一顿饭就可以了，不给钱。[①]

3. 瑶族瑶老制和石牌制

瑶族的社会组织根据习惯法有石牌制和瑶老制两种。

石牌制主要存在于广西瑶族，尤以大瑶山为代表。它是瑶族一种把有关维持生产活动、保障社会秩序和治安的原则，议定为若干习惯法，经过参加石牌组织的居民户主的集会和全场一致通过的程序而使全体居民共同遵守的制度。这种习惯法的执行者，则是当地群众所公认的自然领袖——石牌头人。

习惯法规定石牌头人的产生，既不由于世袭，也不由于选举，而是为人公道而且能说会讲、有胆有识者，在为群众调解争端中逐渐树立威信而自然形成的。也有部分是老头人培养而成的。能够为联合石牌各村居民所信任的大石牌头人，必须经过较长时间的考验。石牌头人已取得群众信任之后，如果办事没有很大差错的话，群众就会一直信任他直到他身死，否则办事不妥，会自然失去威信。

石牌的基层组织是甲，一般由近族亲房几户自由结合组成。甲除开承担石牌所委托的义务以外，还要承担一些有关生产和祭祀的活动。其头人也称甲，一经民众推定后，即子孙承袭下去，并可把这个职位出卖。

石牌另有临时军事首领一二人，当有军事行动时，石牌头人临时推定在当地有较高威望和勇敢的头人率领和指挥群众武装。

瑶族习惯法的形成是石牌会议。这种会议的召开，首先是由几个石牌头人，根据民族传统精神，观察当前社会现象中所表现出来的一

---

① 参见贵州省编辑组《苗族社会历史调查（三）》，贵州民族出版社，1987，第24页。

般动态和某些方面的突出事故，加以揣摩考究，找出其中关键性的东西，然后依据当地的民族特点，议定若干条款，作为石牌习惯法的一个草案。接着便通知当地居民在预定的日期和地点开会。被召集参加石牌会议的居民，一般是各户的户主，凡参加会议的人，都自带伙食用费。

石牌会议进行的程序是这样的：与会人员齐集一村外较宽平的场所，由石牌头人互推一个头人出来当众"料话"（讲话），逐条宣布他们事先议好的习惯法草案，最后勉励大家齐心协力，共同遵守习惯法，使地方太平，人人得以安居乐业。"料话"完毕之后，极少有人提出不同意见，全场一致以默认或欢呼的形式通过。

石牌习惯法通过以后，有的地区要把这个习惯法镌刻在石板上，竖在原来开会的地方。有的不镌石而改用木板书写，有的则用纸写下，发给参与开会的村寨张贴或收藏。有些地区，习惯法并不镌在石上，却也要竖立一块略带长方形而石面扁平的石头，作为石牌。这块石头要在开会前竖好。竖立这种石牌时，须举行一种简单的祭祀仪式。

石牌的名称，视参加的村寨的范围、参加石牌的村数、参加石牌的户数、竖立石牌的地点等而定，如总石牌、十村石牌、三百九石牌、丁亥石牌等。①

而瑶老制主要存在于广东瑶族。连南瑶族地区每个瑶排自然村是一个基本单位，每个排都有自己的瑶老办事，依习惯法，他们的名称、职守如下：

（1）天长公：是一排之首，一年一任，以年龄最长的老人充任（有的地区是选举产生），当选者一生中只任一次。其职责是处理排内

---

① 参见广西壮族自治区编辑组《广西瑶族社会历史调查（第一册）》，广西民族出版社，1984，第33~39页。

大小事务，处理排内纠纷，维持排内秩序。凡有人失物、被杀，他就要负起侦察和破案之责；遇到他排或异族侵害，则召集全排群众会议，领导抵抗敌人；参加各排联合会议；保管过山榜等。任职期间，每户半年给一斤米作为办事费用。调解纠纷时收取一定酬劳费。若办事人不公正，有贪污、贿赂行为的，群众可向他提出罚款，并可罢免，另行选任新的天长公。

（2）头目公：每条龙（依地域、山势划分的排之下的社会单位）的头目，由每条龙选定一人，任期各地不一（二、三、五年均有），除管理龙内的事务之外，在排里也是作为协助天长公办事的人。他们的主要职责是协助天长公缉捕盗窃人犯，办理纠纷事务；每年十二月十五日携酒至巫师处择定与明年农事有关的事（如正月释山，二月整田，三月种山，立夏前下谷种等）；立秋又请巫师择好日子修路、除草铺石、修补漏屋；岁末又登高呼喊，要大家警惕火灾。头目公除办事有报酬外，每年另由本龙的人家出米一斤为酬。

（3）管事头：是在非常时期，即遇到"搞是非"即械斗时产生的军事首领，每条龙选出六名，一般由年富力强而又有胆识的青壮年充当，并须是出生时辰有"未"字的人。出战时每天可取得三元白银的报酬，如杀死敌人和俘虏敌人，还有额外的赏格，但战斗不力畏缩不前的也会被免职。他们的职务随械斗的结束而自然结束。

（4）掌庙公和烧香公：这二者都是司理宗教事务的人物。掌庙公是管理庙的人，任期不定，也可终身任职。在每年的几个大节带领全排的人到庙中敬奉祖先，向大家筹集钱米等，都由掌庙公主持。烧香公的职责是为庙里的祖先公烧香，一经选任就终身任职。掌庙公和烧香公每年由每户出两斤米给他们作报酬。

（5）放田水公、放食水公：放田水公不用选举，愿意做者就在"白露"那天日出之前到水圳陂头处，把长得最长的茅草打一个结，谁先打上结，谁就是放田水公。其酬金是根据修筑水圳所花的人工数及该水圳灌溉范围内的田亩数平均出资，义务是每天巡查一次，见有小洞自己修补，若洞较大，则叫村民一起来修补。放食水公是在群众大会中自己先提出要求，经大家同意后即可，职责是保证食水的供给，酬金以人口计算，大人每人每年出米二斤或玉米三斤，七岁至十二岁的小孩出米一斤，七岁以下的每人出米半斤。

以后瑶族又有瑶长和瑶练的设置。广东瑶族的瑶长是被政府封的，他们是世袭的，若办事不好或不懂得讲道理，群众可在他的房族内另找他人代替其职务。瑶长对内掌管各项事务，对外与政府衙门联系，每年从衙门领取粮饷。瑶练是瑶长的助手，主要由瑶长差遣。每年轮选一次，每季到衙门领一次饷。但固有的瑶老制没有破除，他们受封后未脱离农业生产劳动，排内有事仍通过头目公去召集，解决案件还要和排内老人一起商量，案件的判决也还是通过群众大会，沿用原有的习惯法。①

4. 侗族会款制

侗族的社会组织为款（峒），会款是侗族社会固有的集会议事的组织形式。会款按照习惯法普遍以村寨为单位设立，大寨设一个，小寨则数寨设一个，数十寨则设联款统管下面各寨的会款。会款职权有二：对内可产生和罢免寨老，集会议事；对外可以号召各处会款组织群众武装抵御外来侵犯之敌人。会款的集会议事方式各地习惯法规定不一，广西龙胜侗族大凡地方上有事，即由寨老喊寨，通知村民集中于村中的石板坪会址，共同商议；三江侗族则多集中于村寨中的鼓楼坪，鼓楼悬挂有大鼓，有事即由寨老击鼓为号召集。集会议定的事，大都根据民意立断，寨老不敢包办。各款每年要举行盛大的"讲款"仪式，宣讲款约（习惯法）。

---

① 广东省编辑组：《连南瑶族自治县瑶族社会调查》，广东人民出版社，1987，第64~66页。

有的侗族地区则有埋岩会议，举行会议的时间不定期。习惯法确定的埋岩是这样的：用一块或两块平面石板，长短不一，以其三分之一插入泥土，在出土的石板上刻有条文。埋岩时由全寨抽款来买一只大黄牛、鸡鸭若干只，杀后将其血混入酒中，凡参加大会仪式的，每人要喝一杯血酒，表示宣誓：有福同享，有难同当；不勾生吃熟，勾外吃内，犯者杀头或活埋。

侗族聚居的村寨，根据侗族习惯法每寨必有寨老（理老）或头人，小寨一人，大寨则一至二人。寨老是为人公道并且有社会经验，能讲会说，热心地方公益事业，能孚众望，群众满意公认者，但非正式选举。寨老有这样一些职责：①主持会款集会议事；②执行习惯法（会款规约）；③调解和处理村民纠纷事件；④有土匪扰境和官兵侵犯，负责组织村民抗敌，并带队亲赴贼地，指挥作战。寨老无报酬，唯在处理罚款性事件时，当事人要给寨老一定费用。

侗族的《六阴六阳》是其习惯法中的核心，阴事为重罪，阳事为轻罪。六种阴事为：①不许偷盗耕牛；②不许偷金盗银；③不许乱砍山林；④不许抢劫杀人；⑤不许勾生吃熟（内外勾结）；⑥不许挖坟偷葬。六种阳事是：①不许破坏家庭；②不许弄虚作假；③不许偷放田水；④不许小偷小摸；⑤不许移动界石；⑥不许勾鸡引鸽（勾引妇女）。[1]

5. 傣族村社制

傣族社会的基本组织为村社，村社之间有严格的界线。傣族习惯法规定村社有波曼（寨父）、咩曼（寨母），其职责主要是：①管理居民迁徙，代表村社接受新成员，批准外迁等；②管理村社土地，把守村社界线；③代领主征收各种贡赋；④管理宗教事务（包括佛寺经

① 杨通山等编《侗乡风情录》，四川民族出版社，1983，第239~241页；杨进飞：《侗族制试探》，载《民族论坛》1987年第3期。

费）；⑤管理婚姻及解决民事争端等。担任寨父寨母的免除一切负担，除份地外，有的还得一份头人田，卸职时交回村社。

此外村社还有：①"昆悍"（武士、军士），协助寨父寨母保卫防守村社共同边界，维护公众秩序，处罚违犯习惯法的犯人等，他们被免除一切负担。②"陶格"（乡老），由村社推选，主要起向下传达和向上反映作用，还可调处民事和家庭纠纷，免除劳役。③"波板"（提调），其职责是传达、通讯、召集开会、招待来往客人、派公差、负责防火等。在职期间免除负担，并享有"波板谷"，每户出1挑；若有"波板田"，则各户不出谷子，由其自耕自种。④"昆欠"（文书），协助寨父寨母管理登记土地钱粮等，也免除一切负担。⑤"乃冒"（男青年头目），一般由已婚男子担任，在做赕及度年节时，率领未婚青年，从事各种游戏歌舞活动，管理男女恋爱，制止青年违反习惯法；外寨青年到本寨串姑娘，必须先通过"乃冒"。⑥"乃梢"（女青年头目），一般由已婚妇女担任，其职责与"乃冒"相同。"乃冒"、"乃梢"通常在泼水节期间选举产生。⑦"板闷"（运水员），其职责是管理水利灌溉，一般享有"纳板闷"（板闷田）。

各村社由寨父寨母、乡老、提调组成村社议事会，处理日常事务。凡有关分配负担、调整土地、水利纠纷、民事纠纷以及批准外迁退社、接受新成员等重大问题，则召开民众会。

傣族以后有"贯"的组织，这是村社的发展，按照习惯法，贯有议事庭会议，分为两种：①"朋贯"（议事庭常会），由四卡真（四丞相）、八卡真（八大臣）组成，三五天召开一次，主要讨论分配负担、调解纠纷及罚款等。②"朋勐"（全勐大会），大多在佛寺召开，讨论的内容是：决定非世袭的"召勐"（勐的首领即土司）继任问题；讨论和决定"召勐"与"孟"级（召片领主血亲）或外勐女子结婚或离婚；讨论和决定议事庭长与副庭长的任免；讨论和决定与外勐建立亲族部落联盟；决定对外勐宣战或媾和，或决定战败后全勐人民撤退事宜；商议集体请愿要求减免负担等；撤销与"朋贯"决定不符合的议案等。召开"朋勐"前，由"板贯"（议事庭的波板）击鼓，全勐闻鼓声就要到佛寺集中。[1]

6. 景颇族山官制

景颇族社会长期盛行山官制度，大致可分为两种类型：一种为"贡沙"，一种为"贡龙"。

景颇族习惯法规定，"贡沙"是山官在实际上或名义上代表辖区村寨，具有最高首领身份的一种社会制度。在"贡沙"制度中也有两种不同的具体形态。

一种是山官具有较大的权力，是辖区内最高政治首领。有世袭的山官和严格的幼子继承制，山官享有最高的尊敬，山官的住房比一般人家要大，门前悬挂着用木料制成的月亮和太阳标记，屋檐下悬挂着尖状的波竹。山官依照习惯法拥有广泛的职能和权力：领导生产，山官在春耕、秋收时主持祭祀仪式；管理、调整、分配田地，百姓迁入迁出必须征得山官同意；调解纠纷；保护百姓生命、财产的安全，帮助群众解决生活困难；代表本辖区对外交往，对外决定战争和议和。山官有收百姓"宁贯"钱的权利，婚丧建房时百姓有义务送礼服劳役。在这种制度下，社会等级的划分是严格的，官种、百姓、奴隶具有不同的社会地位。

另一种为山官仍世袭，但幼子继承已不严格，百姓不向山官交纳"宁贯"。山官在调解纠纷、管理村寨内部事务方面，形式上虽参加，但不起主要作用；对外在名义上代表村寨，但实际上不能代表村寨作出任何决定，村寨决定性的权力，已在司郎头目（头人）手中，山官已丧失其政治上的领导地位。司郎对百姓没有剥削特权。

"贡龙"制度与"贡沙"制度则有根本的区别，从习惯法角度认

---

① 云南省编辑委员会：《傣族社会历史调查（西双版纳之二）》，云南民族出版社，1983，第32~44页。

识，其主要特点是：没有世袭具有特权的山官，以有才能者为领导（其后为经济富裕而又有一定能力者所替代）；废除了山官辖区，各寨独立，互不隶属；寨内无特权负担；土地为各占有者私有，可以自由典当、买卖、出租等，不受头人干涉；各等级间的严格限制也松弛了；迁徙更为自由。在"贡龙"社会中，山官制度被废除了。

在山官制度下，还有若干人协助山官处理一定的事务，按景颇族习惯法规定主要有：①寨头。寨头是从非官种的各姓头人中推选出来，一般由披荆斩棘建立寨子的有功之人或其后代担任，但同寨中其他姓氏的头人如有能力者也可担任。寨头在村寨中有较高的地位，由山官任命，就职时山官要赠给他一把刀，表示委托他管理村寨。凡村寨内的婚姻、盗窃、土地、债务等纠纷都由他直接处理，或召集各姓长老共同处理。②各姓长老。村寨中各姓的自然领袖，具有长老的身份，没有特权，代表村寨或各自家族的利益，负责沟通山官与百姓间的联系，协助山官、寨头管理村寨的若干事务。③腊颇。腊颇是专管农事、掌握生产节令、宣布封土或动土的人。④管。有的山官辖区太大，山官照管不过来，便划出若干个村寨由其亲信代为管理，这种山官的代理人就是"管"。山官任命他们时要举行隆重仪式。⑤恩道。恩道只设置在大山官辖区，原负责公众的日常事务，如奔走传达、催收公谷等，后成为为大山官跑腿的杂差。此外，董萨虽是宗教人员，但在景颇族社会的地位较高，特别是一些大董萨，往往成为山官的助手，参与社会管理。①

7. 佤族窝郎制

佤族社会习惯法规定窝郎是管理木鼓房、宗教活动和其他事务的人，有大窝郎小窝郎之分，卜卦或选举担任。实行世袭制度，一般由

---

① 云南省编辑组：《景颇族社会历史调查（三）》，云南人民出版社，1986，第36～38页。

长子继承，若无子，由头人开会从窝郎近亲中确立继承人，仍保留着民主的形式。不过，窝郎只是个象征，实际上在佤族社会已不起什么作用，对群众没什么影响了，群众对窝郎也不承担任何义务。

佤族社会的真正领袖是头人，基本上是选举产生的，但也有世袭的倾向。习惯法要求头人具备的条件包括：会说话，会办事，经济条件较优越（勇敢也往往是个附带条件）。头人处理佤族社会一切内外事务，在社会生活中起着重要作用。头人没有什么特权，给群众办事基本是"服务"性质的。魔巴是佤族主持宗教活动的人，他们也解释习惯法。此外，"珠米"（富裕和有钱人）有优越的经济地位，因而有着较高的社会地位，在政治上也起着越来越大的作用。头人处理某些重大事情时，往往请"珠米"参加，很多事情的处理，还按照"珠米"的意见来决定。

有关全寨的事情以及某小寨发生较重大的事情，佤族习惯法规定都要召开头人会议解决，任何头人，即使是最有威信的头人也不能专断。关系到整个大寨的重要事情，需全寨主要头人参加讨论决定。有关某小寨的较大事情，一般是该小寨的头人和大寨的某些头人参加讨论解决。参加讨论的还有与事情有关的群众。与事情关系不大的群众也可以参加，并可发言。凡开会都要饮酒，边喝边谈，没有什么规定形式。讨论进行到一定阶段，便由召集人或某些有威信的头人作总结性的发言，提出一些具体规定，这即为大会的"决议"，必须遵守。

遇有特别重要的事情，头人会议不能或不敢最后决定时，召开群众大会，并不要求全体寨民参加，主要是老人参加，其他人随便。最后由头人根据大家的发言，作总结性的发言，发言包括了决议，同时也包括处理问题的具体办法，要求一体遵行。①

---

① 云南省编辑委员会：《佤族社会历史调查（二）》，云南人民出版社，1983，第101~102页。

8. 毛南族村老制

毛南族每一个姓氏为一个村、峒，在生产和生活上就是一个集体。除生产上的换工互助和生活上余缺支援外，还有许多公益事业，如议定习惯法，修建道路桥梁蓄水池水渠，办学堂等。每个村峒有村老、排头、学董、武相公、文相公等首领人物。

村老是毛南族习惯法确认的村峒的自然首领，处理村、峒的婚姻、财产分配、兄弟不和、邻里不睦、小偷、田地山林纠纷等。村老非选举产生，而是自然形成。他说话公道，不讲情面，能顾大局，有判断是非的能力，并能以理服人，这样他就有威望。排头由村民选出一至三人，负责催粮。负责办学的长者为学董，出面聘任塾师，与家长和塾师讲好学金。学董没有报酬。武相公善于拳术武艺，有一套骑马、射箭的本领，曾到县或府去应试过，考中合格才赐武相公称号。武相公除义务传授武艺外，如有外敌入侵，他即组织团练抵御，兵乱报警时，他带头出征平息匪乱。文相公即村峒有文化的人，分为邑庠、府庠，多在本村峒办私塾。

为了维护村峒的公共利益，毛南族用石头或木头刻写习惯法，竖立于村峒交界处、水井边、桥头、山坳等人行过道之处。用石头刻写的叫"隆款"，用木头刻的叫"梅柏"，另外还有口头传诵的。在议订习惯法（隆款）时，由村峒筹款办一席酒，推选有威望的村老组织村民相聚在一起，边喝边议。①

9. 黎族合亩制

黎族社会依习惯法实行"合亩"制，"合亩"担负着社会的政治、思想、生产、生活等方面的管理，其首领为"亩头"和"峒长"。一旦受到外敌侵犯，"亩头"要击鼓和吹角鸣号，发动"合亩"

---

① 参见广西壮族自治区编辑组《广西仫佬族毛南族社会历史调查》，民族出版社，2009，第16~17、77、83页。

成员以弓箭等进行抵抗。亩头是论辈排位世袭接权，即父亲死亡，由叔父接当；长辈都相继死亡，由长子接当，亲兄弟死了，才由堂兄弟接替。①

10. 基诺族长老制

基诺族社会盛行村社长老制，习惯法规定村寨有两个长老——"卓巴"和"卓生"，由寨内最早的两姓中年龄最长者世袭，其唯一条件是年长，而非是勇敢善战、能说会辩。卓巴和卓生的职责主要限于村寨的生产、生活和宗教祭祀方面。此外，他们在调解寨内纠纷、对外交谈，以及组织群众抵御外来入侵者方面也起重要作用。卓巴和卓生每年要占卜播种日期和主持播种仪式。卓巴还管祭寨内的鬼神，卓生管祭生产的神。他们还决定全寨的过年日期。基诺族十分敬重本族的这两个长老。卓巴、卓生不脱离生产，也没有薪俸报酬，只是在过年、过节和婚丧时，或杀猪、牛及猎获野兽时，多分给他们一些，以示敬爱。②

11. 赫哲族"哈拉莫昆"制

赫哲族习惯法规定基层社会组织为"哈拉莫昆"，管理本民族各氏族中的事宜。"哈拉"和"莫昆"原有两种含义，"哈拉"女真语为"姓"，也是氏族，"哈拉达"是氏族长。"莫昆"为"家"，也是家族，"莫昆达"是家族长。一个哈拉可以有许多莫昆，但一个莫昆只能属于一个哈拉。"哈拉莫昆"是由同姓的各家组成，但同姓的不一定是同一个"哈拉莫昆"的人。也有人认为"哈拉莫昆"是一个统一的概念，不能分割开来。一般认为，赫哲族的"哈拉莫昆"，实际上只是以前的家族，而不是原始的氏族。

"哈拉莫昆"的首领为哈拉莫昆达，其产生，依照习惯法一种

---

① 邢关英：《黎族》，民族出版社，1990，第32~34页。
② 《基诺族简史》编写组：《基诺族简史》，民族出版社，2008，第85~88页。

是选举有才干、有威望、办事公正的人担当，另一种是老哈拉莫昆达死后，他的儿子可以继承，除非他的儿子实在没有本领，干不了的时候，才另选他人；再一种是偶尔由官府委派。哈拉莫昆达管理本氏族内部的生产、生活、婚姻、丧葬等各项事宜。男娶女嫁都必须取得"哈拉莫昆达"同意，如果哈拉莫昆达反对，这门亲事只好作罢。哈拉莫昆内部成员都是平等的，哈拉莫昆达也没有什么特殊权利。

本氏族内一切大小事情均在本哈拉莫昆内部解决。如果事情重大，也可邀请其他哈拉莫昆的代表参加。如果两个哈拉莫昆的成员发生纠纷或吵架之事，可由双方的哈拉莫昆达根据大家意见商量解决。[①]

12. 鄂温克族"毛哄"制

鄂温克族氏族下面的毛哄（大家族）一直是起着很大作用的血缘组织。每个毛哄都有自己的家族长（毛哄达）。毛哄达是家族的领导者，由全体成员选举产生，根据鄂温克族习惯法其条件一般为三十岁以上，聪明能干，老实，办事合理。毛哄达年老后就进行改选，改选时由老毛哄达召集各户老年人提出改选，商量看谁行，会上人们可以自由提出人选和发表意见，说明理由，大家通过之后就选定。在家族会议上，老毛哄达就把族谱交给新当选的毛哄达。毛哄的成员对毛哄达有罢免的权力，毛哄达犯了错误，同样要予以处理。

毛哄达按照习惯法的规定负责处理家族内部的事务，家族会议也由他召集，其职责主要是维持习惯法。如发生不正当男女关系，与同辈人不和、不敬不孝、酗酒打人、惹是生非等，毛哄达有权召集本氏族的成员来处理。毛哄达有权在召开家族会议时打犯法的成员，但只有六十板子（有的地区为二十五板子）的权限。毛哄达没有什么特权。

在部分鄂温克族地区，依习惯法存在"乌力楞"这一基本经济

---

① 《赫哲族简史》编写组：《赫哲族简史》，黑龙江人民出版社，1984，第40～44页。

单位。每一"乌力楞"都有自己的名称，大多是在"乌力楞"之上冠以氏族名、人名或河名。"乌力楞"全体成员均有义务抚养孤儿和失去劳动能力的人。家族长"新玛玛楞"应是"乌力楞"最具权威的老年人，青年和妇女绝对不能担任这一职务。"新玛玛楞"还应该是一个优秀的猎手，具有丰富的生产经验，勇敢能干，善于论断事理。他负有如下职责：主持"乌力楞"会议；有权根据季节变化和兽类的习性，统一调遣"乌力楞"的力量，指定专人到固定的地方狩猎（不包括打灰鼠）；负责解决"乌力楞"内的纠纷；有权决定"乌力楞"迁移的地点；有的还对"乌力楞"内的驯鹿、枪支有调剂使用的权利。①

13. 达斡尔"哈拉和莫昆"制

达斡尔族习惯法确认其社会组织为哈拉和莫昆，莫昆是从哈拉分化出来的血缘关系更近的血缘集团，一般哈拉由若干个莫昆组成。

根据习惯法，哈拉的职能主要是：①限制哈拉内部通婚。②续修哈拉族谱。开族谱会时，各莫昆各派代表一二人，携带本莫昆新近缮修的族谱并带些款项参加会议。开族谱会时要举行隆重的仪式：杀牛或猪，摆酒和肉，并点香供奉祖先，然后才能打开族谱。把各莫昆从上一次开族谱会以后的死亡者和新生者填写进去（均限于男子，新生者的名字用红墨写，死亡者的名字用黑墨写）。最后全体参加者举行宴筵。③处理哈拉内部重大事件。重大事件不能由一个莫昆解决时，召集同哈拉的各莫昆开会，议决和执行。④举行射箭比赛，联合狩猎。⑤祭吊长者。

习惯法规定莫昆的职能有：①缮修莫昆族谱；②禁止莫昆内部通婚；③管理莫昆公共财产，包括莫昆公共的柳条树、育林山、牧场和

① 王静如：《使用驯鹿的鄂温克人的社会形态》，载《民族研究工作的跃进》，科学出版社，1958，第75~83页。

渔场等；④设立莫昆公共墓地；⑤组织共同祭祀；⑥保护莫昆成员的利益、抚养鳏寡孤独；⑦批准接纳养子；⑧干预女子继承本家财产；⑨建立行使上列职能的莫昆会议制。

每个莫昆都有莫昆会议，由本莫昆的全体成年男子组成，是习惯法确认的莫昆的最高权力机关，行使莫昆的各项职能。莫昆会议不轻易召开，它的召开只限于处理比较重大事件的时候。莫昆会议对于莫昆内部发生的犯罪案件有裁决权，对于莫昆成员接纳异姓养子有批准权，对于屯落统一放火烧荒、开镰割柳、采伐育林山的地段和日期有决定权，对于失职的莫昆达有罢免权。

莫昆达（氏族长）由莫昆会议民主推举产生。当选的条件是：本莫昆的成年男子，能办事，为人公正等。莫昆达没有任期，没有报酬，也不脱离生产。其职责是：召集莫昆会议，管理莫昆公共财产，调解族内口角，教训悖逆之徒，主持共同的祭祀活动等。如有与其他莫昆交涉的事情，他是本莫昆的代表者。

达斡尔族习惯法中还有不少莫昆成员权利与义务方面的规定，权利方面有：分享莫昆公共利益，利用莫昆公共土地，参与莫昆社会生活，正当利益得到莫昆组织的保护等。义务方面如：维护莫昆组织的职能，执行莫昆会议的决议，分担集体祭祀、缮修族谱等所需费用，接纳养子须征得莫昆会议的讨论同意，莫昆成员盖房时要无偿地给予一定的劳力和物力帮助，分担对莫昆内部的老弱病残和鳏寡孤独的供养，资助莫昆成员打官司所需经费，尊老爱幼，不得有伤风纪的行为等。①

14. 蒙古族等级制

蒙古族习惯法规定的等级制度极为严格，分为"台吉"（贵族）

---

① 参见莫日根迪《达斡尔族的习惯法》，中国民族研究会：《民族学研究（第六辑）》，民族出版社，1985，第272～273页。

和"哈剌楚"（一般民）两种人。贵族又有世俗贵族和僧侣贵族两类，其中又有不同的身份等级区分。平民又依据隶属不同而有阿勒巴图和沙毕那尔两类。

对于贵族和平民的关系，内蒙古阿拉善的广宗寺喇嘛坦曾向其沙毕那尔颁行了遵行事宜的习惯法，其规则和原则一般认为也适用于整个蒙古族社会内部关系。主要内容如下：

①书云："君正则臣贤，父慈则子孝"。为父者理应慈爱其子，训其为忠，教其习道；而为子侄者，亦当孝敬其父母也。

②除尽力完纳规定之各项阿勒巴外，尚须守法惠人，忠于所事。

③安分守己，不起贪心。不打架斗殴，不说谎为盗，不勾结匪类，不滋事生非。

④尊重长上，不卑薄之；信赖亲友，不疏远之。不溺爱妻子，而忽于教导，然亦不欺凌之。不交结恶棍，不饮酒赌博，不参与叛逆，以致杀身。更不嫌贫爱富，嫉妒他人。并不得违犯戒律，背信弃义。又不得装憨妄为。

⑤不得擅自放子脱离哈里雅图之籍；而无子嗣者，亦须急谋收养"继灶"之人。

⑥不可压迫沙毕那尔，沙毕那尔亦不得轻蔑上司，藉事刁难。如有违犯，不论何人，得随时捕拿禀报，送于所司，严加办理。

⑦不得虐待沙毕那尔使之逃亡，更不得致沙毕那尔离散逃亡。

⑧若有违犯上述事，而所管之达鲁古、拔什库不及时查明禀知处理，则犯者与失职之达鲁古、拔什库同受惩处。

⑨所属沙毕那尔中，老而无依或生活无养者，应随时报于管

辖的扑卜楞（喇嘛坦所居之地），依法给予维持生活所需之资财、牲畜。

⑩无依无靠，患重病难于行走者，经查明之后，酌即派人医治照顾，不得疏忽。①

15. 藏族等级制

藏族习惯法规定一个部落由若干个大小寨子组合而成，生活在一定地缘范围内，每一部落有"洪布"（土官）一人，为部落中的最高政治领袖，总揽全部落对内对外的军政职权。土官职位世袭，老土官死后，其子不分长次，以才能最优者继承，绝嗣者，可招赘承继。

老民（格波）为土官的助手。老民必须有显著才干，能说善道或作战有功，在群众中享有威望，调解纠纷时，言谈善于比喻象征，引经据典。老民一般是老者，但青年有才干，作战英勇，经寨首、老民推荐，群众信任，亦可以为老民。

每一寨子依藏习惯法均有一个寨首（错米）。他一方面代表寨众，另一方面又直接听命于土官，传达政令。他可以出面调解寨内纠纷，但双方不服时则没有判决权，当事者可以直接上诉土官请求解决。寨首不享有特权，系世袭，但妻妾不能继承，若男性绝嗣时，全寨群众便在寨内公推一最有才干的人继任。有的地区增设有副寨首一人。寨首之下，有差人一二人，由寨众推荐比较精干的人专替本寨子跑差送差，传达命令。②

在有的藏族地区如四川甘孜，依照习惯法不定期举行头人会议。头人会议为最高权力机构。讨论决定的主要事项是：对内商量处理区域内发生的重大民事案件和刑事案件，规定行政措施，惩罚不法群

---

① 内蒙古自治区编辑组：《蒙古族社会历史调查》，民族出版社，2009，第133页。
② 莫日根迪：《达斡尔族的习惯法》，中国民族研究会：《民族学研究（第六辑）》，民族出版社，1985，第273~274页。

众，对外决定交涉、打冤家等。

"门拉会议"。藏族地区各地习惯法均规定有门拉会议。"门拉"意为正户的代表，门拉会议即为群众大会，每年召开一二次。每年开会的时间、地点是固定的，均需开 7~10 天。会前先开一个预备会议，研究并决定门拉会议的开法，及在大会上准备惩罚哪些人，要解决什么官司案件，宣布习惯法等。在大会上，宣布：不准违犯的习惯法；违反习惯法者的名字及应受的惩罚；处理的官司案件等。有的也报告收入情况，并向到会人员赌咒保证没有贪污和欺心的事情。

自然村会议。这种会议依习惯法主要是一种生产性会议，在下种、锄草、收获以后都要召开。通过会议决定下种、锄草和收获的时间后，群众才能开始劳动。[①]

习惯法规定藏族社会有如下这些等级和阶层：土司头人、寺院上层喇嘛；农奴——差巴和无期纠巴奴隶（娃子）；自由贫民（在等外）。在一定意义上，土官头人对习惯法具有立法权，他的意志就是法。不过议定一项影响较大的新习惯法，需要通过头人会议、门拉会议作出决定。藏族习惯法中，大量内容是关于维护头人权威的。如牧民路遇头人要下马、下刀枪、低头、两手掌向上等，否则以藐视头人论；凡敢于逃亡的，追回以后没收财产的一半或全部没收，并没为奴婢；对头人的任何命令或派款，不许反对、拖延，也不许敷衍，否则视情节罚款以至没收财产；打骂头人或头人亲属视为大逆，要受处死或重刑或没身为奴婢的处罚；要缴纳牲畜税、酥油税、青盐税、羔皮税等，牧民还要负担头人家庭一切红白喜事及重大招待等费用；头人召集会议敢于不到或迟到的要视情节罚款等。[②]

---

① 四川省编辑组：《四川省甘孜州藏族社会历史调查》，四川省社会科学院出版社，1985，第 180 页。

② 参见西藏社会历史调查资料丛刊编辑组《藏族社会历史调查（四）》，西藏人民出版社，1989，第 46~51 页。

16. 羌族议话坪制

羌族习惯法规定的议话坪制度历史悠久。庄稼接近成熟时，由会首召集村寨人众开会，防止偷盗抢劫事故发生。每家出一人参加会议。会上杀鸡一只，血淋纸旗，插于田地森林中，鸡不吃，吊在树上，表示如有触犯习惯法者，像鸡一样死去。事后如有犯者，根据所犯情节罚款。如有其他地方性事务，按事所涉及的范围大小，可一个或几个村寨联合召集。①

同时，羌族习惯法还规定了祭山会。祭山会（山神会、山王会、祭天会）是羌人祭祀山神，祈求山神天神保佑人畜兴旺、五谷丰登、森林茂盛、地方太平的大典。会上由巫师演唱羌族史诗，教育后代团结友爱，共同维护本寨利益，议订或重申习惯法，强调封山育林，保护庄稼。

祭山会一般以村寨为单位举行，由每户的丁男参加（丧家和有产妇的人家不参加）。十二岁以上的男孩第一次参加时，需带猪肉、敬酒、馍馍等祭品敬神。祭山会由各村寨会首筹备，会首每家轮流担任。祭祀仪式由当地的端公主持，也有公首主持。在祭祀时，端公将一些青稞籽撒在翻过的羊皮鼓内，摇几下又倒出来，撒在羊皮鼓的正面，视青稞籽的分布情况以判断吉凶，并据此决定禁忌事项，假托神的旨意，宣布习惯法，要求全寨共同遵守。至此，祭山会达到高潮。②

17. 彝族家支制

按照习惯法，彝族主要的社会组织是家支。家支是用父子联名的系谱作为一根链条贯串起来的。家支之下分为支、小支（房）、户。家支并没有确定的常设的管理机构，但是每个家支一般都有数目不等的头人。头人一般有"苏易"、"德古"和"扎套"三类。"苏易"和

---

① 陈蜀玉：《羌族文化》，西南交通大学出版社，2008，第224～225页。
② 《羌族简史》编写组：《羌族简史》，四川民族出版社，1986，第111～113页。

"德古"都是阅历深、见识广，娴于习惯法，并善于依据习惯法排难解纷而成为在本家支乃至数个家支内的自然领袖人物。只是"德古"的地位更较"苏易"为高。他们不经过任何机构的任命选举，也没有罢免的规定，主要根据习惯法调解纠纷，主持家支会议，动员、组织、领导、指挥冤家械斗，安排命价银子的赔偿与分配，遇有雹灾、风灾等请毕摩作法禳解。在调解重大纠纷时，他们虽然能得到与事双方的一些报酬，但并没有固定的俸禄，也没有高居于一般家支成员之上的特权或习惯法赋予的强制力量。他们也不能世袭。"扎套"是在冤家战斗中勇敢善战、带头冲锋陷阵的人。

彝族习惯法赋予头人在决定家支内外事务上具有相当大的权限。非头人个人解决得了的，就开家支会议。这种会大体上可以分为"吉尔吉铁"和"蒙格"两种。几个家支头人的小型集会，有时也约请少数家支成员参加，商讨一些一般性问题或者作召开全家支会议的准备工作，这种会叫"吉尔吉铁"。家支成员全体大会即为"蒙格"。"蒙格"会议没有固定会期，有事才召开，各家支有固定的会议地点。会议主要讨论家支或外甥家妇女被人拐走、本家支人被人打死、出嫁女儿被夫家虐待至死、已婚妇女到25岁尚不来夫家居住、娃子被抢、家门亲戚遇害等。会上每个家支成员都可以发表意见，会上争执不下时，头人或有经验的老人的意见，往往起决定作用。既经通过的决议大家就须自觉地执行。

此外，彝族习惯法规定了两种集体性的赌咒活动。一为"扎西依西"，意为保护庄稼不被偷盗，在每年秋收前的六七月举行，一年一次，各等级成员都要参加，分别将鸡带来当场宰杀，溶血于酒中，让参加者分喝，发誓以后不偷盗。另一为"斯协马协"，意为不砍竹木，参加者共饮血酒，赌咒封禁，不许砍伐。

彝族习惯法还严格保护等级关系。黑彝、曲诺、瓦加、呷西的人身权利及自由程度、财产所有权、隶属性负担及无偿劳役、对子女的亲权方面有严格的区别。黑彝是彝族社会的统治阶级，不同程度占有所属娃子的人身，除土地不能卖给外家支尤其是冤家家支、绝业由家支中血缘最近的支房继承不能自作主张任意处理外，可以自由支配、使用自己的财产，对自己的财产拥有完全的所有权。曲诺具有一定的自由和人身权利，可以在主子的管辖区内自由徙居，经商探亲可以自由行动。黑彝虽不能个别或全家加以买卖曲诺，不能随意打骂和杀害曲诺，但可以转让，甚至作赌注。曲诺处理和使用自己的财产要受到如下限制：出卖土地要得到主子同意，主子优先购买，次让本家支买；绝业归主子。瓦加没有任何迁徙自由。呷西毫无人身权利和自由可言，他们被视作牛马，可被任意买卖。此外，娃子对主子有送礼、摊派、超经济强制性的高利贷等隶属性负担和无偿劳役。①

18. 哈萨克"阿吾勒"制

哈萨克族习惯法规定的基本社会组织为阿吾勒，多是由同一祖父的近亲或同一氏族成员所组成。阿吾勒长（巴斯）大多由牧主担任。他有权决定本阿吾勒在各季牧场上迁移的时间，随意使用阿吾勒成员的人力畜力，决定阿吾勒成员的去留，调处内部纠纷和出面交涉阿吾勒间的争执，参与决定阿吾勒内各户牧民所出的差役等。

哈萨克族习惯法维护贵族（包括可汗、苏丹、比、巴图尔、部落头目、千百户长、牧主及宗教上层人员）的地位和利益，牧民（包括一般牧民、复尔瓦、贫苦牧民、克待依、牧工加力奇）必须尊敬贵族。奴隶主要替部落头人或富牧从事家内劳动或牧畜劳动，地位最为低贱，可以在集市上任意买卖，或作为科罚品、奖品、陪嫁品等。虽经过一定时期劳动后，能获得人身自由成为依附牧民，但绝不允许离开所属部落。②

---

① 参见何耀华《论凉山彝族的家支制度》，载《中国社会科学》1981年第2期。
② 参见杜荣坤《论哈萨克族游牧宗法封建制》，载《中央民族学院学报》1989年第1期。

二　婚姻习惯法

有关婚姻的习惯法是中国少数民族习惯法的重要组成部分。各民族的婚姻习惯法规定了婚姻的成立、婚姻的缔结程序、夫妻关系、离婚等方面内容，对婚姻和夫妻关系作了全面规范。

1.婚姻成立

各民族习惯法对婚姻成立多采广义说，即规定婚姻的成立既指夫妻关系的建立，又包括婚约关系的建立，在婚姻成立的实质要件如通婚的血亲范围、等级限制、禁婚疾病、结婚年龄等方面有较为具体的规定。

壮族的婚姻按习惯法以包办婚姻为主，从物色对象、订婚到结婚的过程，儿女都不能过问，只有少数的父母在订婚之前会征求一下儿女的意见，但只供参考，不起决定作用。有的地区青年男女虽然有恋爱的自由，但没有选择配偶的权利，如果要举行婚礼正式结婚的话仍然要经过父母的同意。

壮族一般在本族内通婚，五代以外便可婚配，但同姓不婚。有的壮族地区与汉族通婚，与瑶族则不通婚。也有壮族男子娶瑶族女为妻的，但壮族女是绝对不嫁瑶族的。

壮族盛行早婚，男子普遍在 15～16 岁，女子在 13～14 岁时结婚。有的地区小孩刚生下几个月，或是 2～3 岁时即由父母代订下了终身大事，到 7～8 岁便结婚成为夫妻了。①

苗族的婚姻习惯法规定同宗不婚、姨表不婚、不同民族乃至同一民族妇女服饰类型不同的不婚，另外还有禁忌和迷信性质的通婚限

---

① 广西壮族自治区编辑组：《广西壮族社会历史调查（第一册）》，广西民族出版社，1984，第 133～134 页。

制，如相貌因素、不同辈分的不婚、有某种姻亲关系的不婚、生辰八字、"酿鬼"、"放蛊"等。在缔结婚姻时，姑舅表兄弟姊妹间有优先婚姻制，同时讲究"门当户对"，年龄也不能相差太大，男的20岁左右，女的17~18岁。

除个别地区完全实行父母包办婚姻制度外，苗族婚姻基本上是父母包办和青年自由恋爱结婚并存。①

景颇族的婚姻制度中，普遍存在着一种"木育—达玛"婚制，即丈人种和姑爷种的关系。习惯法是禁止同姓通婚的，在"木育—达玛"婚制中，只能是姑爷种的男子娶丈人种家的女子，丈人种家男子娶姑爷种家女儿是被禁止的。同时景颇族盛行姑舅表婚，禁止姨表婚配，并实行较为严格的等级内婚制。②

傈僳族的婚姻，血缘近亲通婚还没有受到严格的禁止，而且一般只需男女青年年龄相仿即可，辈分要求并不严格，自由的婚姻依然存在，而买卖包办婚姻亦已出现。③

彝族实行等级内婚制，兹莫、黑彝、曲诺、阿加和呷西五个不同等级之间严禁通婚和发生两性关系。同一等级内部不同等级之间，也不允许通婚和发生两性关系。

习惯法还规定了家支外婚制和民族内婚制。婚姻的成立必须在不同家支间进行，特别对黑彝执行更加严格。同时彝族人不得与其他民族通婚，婚姻的缔结严格限于本民族内部。

在通婚的血亲范围方面，彝族习惯法禁止直系血亲结婚，不仅包括自然血亲，而且还包括法律拟制的直系血亲即养父母养子女间、继父母与继子之间，转房的情况却是例外——继母可以转嫁给继子。兄

---

① 贵州省编辑组：《苗族社会历史调查（三）》，贵州民族出版社，1987，第93~106页。

② 云南省编辑组：《景颇族社会历史调查（三）》，云南民族出版社，1986，第16页。

③ 王恒杰：《傈僳族》，民族出版社，1987，第109~122页。

弟姐妹间、堂兄弟姐妹间禁止结婚，姨表兄弟姐妹间禁止结婚，姑舅表兄弟姐妹间有优先婚配的权利。

习惯法还规定，凡患有麻风、疟疾、癫痫病和狐臭疾病的不得与其他正常人结婚，而只能与有这些病史的人家的人结婚。

彝族习惯法对婚龄没有明确规定，一般认为女子在 7～25 岁的单数年龄上都可以结婚，其中 17 岁最为吉利；男子在 20 岁左右结婚为宜。

在彝族社会中，男女青年恋爱自由，但婚姻是不自主的，包办子女的婚姻不仅是家长的权利，而且也是对子女应尽的义务。①

2. 婚姻缔结程序

各少数民族的婚姻习惯法还对婚姻缔结的形式要件即订婚和结婚程序、仪式进行了规定，反映了鲜明的民族特色。

傣族婚姻缔结，依习惯法大体有四种形式：男子娶妻、男子从妻居、男子偷婚和抢婚。

（1）男子娶妻。男子明媒正娶要经过男方派媒人布媒、向女方父母正式求婚，正式订婚，支付女子身价金、肉、酒若干及芦子、草烟、茶叶等程序。随后请佛爷或老人选择吉日举行婚礼。迎亲时要等到晚上女家才同意将姑娘娶走。到男家后举行一系列结婚仪式。

（2）男子从妻居。男子从妻居同样要经过请媒、订婚和结婚阶段，不过男方可以免去支付身价金。由女方负责准备酒饭。在从妻居当晚，男子由男女老人各一对送去，交给女方的父母，男子的友好也同去送行。

（3）偷婚。如因男方家贫、无力支付昂贵身价金，或求婚遭女方父母拒绝，男方在获得女方同意情况下可进行偷婚。男方偷到姑娘时

① 云南省编辑组：《四川广西云南彝族社会历史调查》，云南人民出版社，1987，第220～223 页。

要燃放鞭炮，女方则要佯装呼救，偷婚的男方则事先准备银币、铜钱作为收买女方救援者的手段。在偷婚第二天派媒人向女方父母求婚。女方父母在女儿已被偷走的既成事实面前，只好承认女儿的婚事。按傣族习惯法，姑娘一旦被男方偷走，便属于偷走的男方，别人无权再娶。

（4）抢婚。一般在男爱女但女方不同意情况下发生。有的男方在进行抢婚之前先偷走女方的衣物，作为进行抢的借口。未经女方同意而抢婚，女方有权向男方提出处罚，具体的处罚办法一般是女方向男方多索取身价金、酒、肉等。①

景颇族依习惯法盛行公房制度，未婚男女性关系较为自由，怀孕后可以指腹认父，被指的男子要到女方家中献鬼，如感情好的则以后可结婚。如男的不愿意结婚，则生下孩子后一般仍归男方，而由女方抚养长大，男方给她两头牛即可。发生这种情况，社会视之为耻辱，以后女方也很难出嫁。

绝大多数婚姻由男方请媒人到女方家中定亲，议定该付的礼钱，随后择日举行婚礼。礼钱比较重，百姓家一般要5~6条牛，山官家要20~30条牛，此外还要各种布、铓锣等礼品。抢婚和偷婚不太普遍。也有男的先偷几个自己认为合意的姑娘的东西，请董萨打卦决定娶哪个。男方请媒人说亲时，男女双方认为时间说得越长久男女双方越有面子，因此往往有说亲达一年半载的。②

按照习惯法，纳西族男女婚前婚后的性生活比较自由，可以找朋友即"阿注"。男女青年在未婚以前可以公开结交阿注，任何人不能干涉。有些已订婚的女子，除少数未婚夫提出异议外，一般不加干涉。已婚的妇女是不能结交阿注的，即使结交也不敢公开。结交阿注

---

① 参见赵世林等《傣族文化志》，云南民族出版社，1997，第172~178页。
② 云南省编辑组：《景颇族社会历史调查（三）》，云南人民出版社，1986，第17页。

的界线与缔结婚姻的界线基本一致，建立阿注关系一般是在民族内部，少数也有与其他民族结交的。凡与女子结交阿注都以货币、财物为基础，要送不少礼。

结交临时阿注和结交固定阿注的方式有一定的区别。习惯法确认临时性阿注关系一般是男方到女方家去同宿。结交固定阿注关系是建立在生活、生产中的感情基础上的，一般无介绍人，但是男女双方须征得家庭亲人的同意。普遍是男子公开到女方家同居数年后，才带女阿注返回本家，或带女阿注另立门户，大多数在数年后发展为夫妻关系。按照习惯法，固定阿注关系建立两年后，男女双方都不得与他人再结交临时阿注关系或长期阿注关系。若其中一方违反，另一方的固定阿注及其亲人有权进行干预，直至男阿注之间发生械斗。凡是阿注关系中的非婚生子女绝大多数随母居住，有少数住在舅父家，由阿注领去扶养的极少，与婚生子女地位平等。

在有些纳西族地区，殉情自杀现象较为突出，殉情没死的受社会歧视。一方没死的可能引起双方家庭的纠纷。[①]

依习惯法，土族婚姻的缔结程序包括：①说媒。男方父母请两个媒人带上哈达、酒、蒸好的油面包子到女家说亲，女家如不允过几天把所送去的东西原封退回（油面包必须蒸上新的）。如允许则只把空酒瓶退回。随后是合八字。②定亲。③送礼。④结婚。[②]

此外土族有些地区有"戴天头"的习惯法。所谓"戴天头"即未婚女子与天结为夫妻。姑娘到 18 岁时，在除夕晚上改妆，举行仪式，与天（也有与山、大石）拜为夫妻。这样就可以过已婚妇女的生活，同别人姘居，生育子女。女子一样可以替娘家顶门立户。[③]

---

① 云南省编辑组：《宁蒗彝族自治县纳西族社会及家庭形态调查》，云南人民出版社，1987，第 52～63 页。
② 青海省编辑组：《青海土族社会历史调查》，青海人民出版社，1985，第 132 页。
③ 青海省编辑组：《青海土族社会历史调查》，青海人民出版社，1985，第 124 页。

赫哲族婚姻缔结方式习惯法规定有四种：媒人介绍；双方父母直接商量；换亲；指腹为婚。也有童养媳。

双方结亲时，由男方请男家长辈能说会道、办事公正的人充当媒人去说亲，接着过小礼，并商量男方送给女方的彩礼和数目、商量过大礼的日期、交换订婚的媒帖。过大礼时男家必须把议定的彩礼送到女家，但对方如实在无力凑足时，女方也就不再索取其不足的部分，并议定娶亲的日期，此日期一旦确定下来，任何人也不能更改，即使刮风下雨，也要按期迎娶。过大礼时要用男家送的猪招待客人，杀猪时猪的四腿必须与肚皮连在一起，并将猪头、猪尾巴留下来。未婚夫在单独一张小桌上由一人陪着吃饭，岳父就用留下来的猪头招待姑爷，并将猪尾巴送给已经躲到别人家去的女儿吃，象征女人应对丈夫百依百顺。

娶亲时女方不送亲。男家必须派人去迎亲。结婚拜天地的时间是在天刚亮、太阳还未出来的时候。入洞房拜祖宗、灶王时，一个非新郎直系亲属的老人，手执3~4尺长的3根芦苇秆，中间扎着3道红布，向新娘训话，大意为：新婚妇要孝顺公婆、尊敬丈夫、待人要和气，不要发脾气；要好好劳动、不要偷懒；屋里的话不要向外传，外面的话不要向家里传；要好好过日子等。①

苗族盛行"游方"，这是苗族青年男女们公开谈恋爱和追求异性的一种活动。关于游方，苗族习惯法有许多规定。

（1）地点：游方只能在公认的场所进行，其他地方是不许游方的。村寨外面有树木点缀的，可以容纳10~20人蹲坐闲说的草坪地"游方坪"、"游方坡"是游方的正当地点。场集附近在许多地区也认为是理想的游方场所。

（2）时间："游方"不是终年随时可以进行的，一般农历9月至

---

① 黑龙江省编辑组：《赫哲族社会历史调查》，民族出版社，2009，第92~94页。

次年 2 月是最活跃的季节，农闲季节、节日是公认的时间。每逢地方上有群众性活动，也是游方时间。此外各地区还按世代相传的习惯订出一些专为游方的节日，如"爬坡"等。白天、晚上各地也有不同规定。

（3）过程：游方的主要目的是为了解决个人的婚姻，但在进行的初期，要经过一个集体活动的阶段。在谈情时，主要以歌唱来表达，尤其在初期，歌唱更为主要，以后则以对话为主。通过游方，多次接触，感情达到一定程度以后，男的就可以向女的透露求婚意见。如女方不拒绝，就可以互相交换信物。赠送礼物，须以左手送右手接。

游方时必须回避女方的父母哥嫂、成年的兄弟和老年人。在任何游方场所，女方的亲兄弟决不能在场。两兄弟一般不在一起游方，舅甥不在一个场中游方。过客家年一般停止游方，寨中有丧事，除死小孩可不受限制外，一般不游方。家里有人生病，女子就不能进行游方。

婚后的青年男女可以照前参加游方。已婚男子的游方是公开的，已婚妇女则是半公开的，不能在夫家寨子的"游方场"上出现。[①]

苗族的婚姻缔结程序包括订婚和结婚两部分，父母包办婚姻的仪式要隆重些。

订婚仪式：①请媒。男方请夫妇双全、有子女又较能讲话与女方稍有相识的中年妇女为媒，如两家距离较远则请同样条件的男子。②说亲。男方请媒人择马、牛、羊或鼠日携带礼物去女方家代探，女方如同意则以酒肉招待，并留宿一夜；如不同意仅以便饭招待。③订婚酒。杀 1 只鸡煮熟后看鸡眼卜吉凶，如吉利就正式订婚喝酒。④满寨酒。订婚酒的第二天举行满寨酒仪式，女方家族逐户设宴招待男方

---

① 参见贵州省编辑组《苗族社会历史调查（三）》，贵州民族出版社，1987，第 107 ～ 121 页。

来的客人。

结婚仪式：①迎亲前的准备。②接亲。男家于婚前一天派父母健在或夫妻双全、生男育女家庭兴旺的男性青壮年和女青年各几个至十几个（加起来是偶是单各地不同）迎亲，迎亲时带若干礼品。③送亲。亲族老少都聚集到女家送别，由男女青年几个或十几个陪送新娘，同时将陪嫁品送往男家。④入门。新郎家门前点火一堆让新娘踩着或跨过去，不举行拜堂仪式。⑤吃饭仪式。男家将各亲族所送的糯米饭集中一起后由新娘独自尝食一下，来不及尝的，只将每家送来的食物取一小点放在地下，表示祭祖先，随后都退回原家。⑥新娘表演挑水、舂米等象征性劳动。⑦宴席。⑧回门。婚后第 4 天或 13 天，新娘回门。苗族的结婚只是名义上、习惯法上的夫妇结合，并非实际性生活的开始。①

3. 夫妻关系

各族的习惯法还就夫妻关系、赘婚、寡妇再嫁、鳏夫续娶、转房等作了规定。

苗族习惯法规定实行一夫一妻制。新婚夫妇结婚后经过"坐家"（不落夫家）阶段，新娘仍居住在娘家：①坐家的开始。一般是举行结婚仪式后第 4 天回门，回门时有一定仪式。②决定坐家期长短的因素有二，一是受孕的快慢，二是结婚年龄的大小，故此坐家期长短不一。③坐家期中夫家的规定。有的一年只在 2 月洗青菜、4 月栽秧、8月打谷时回去 3 次，另外男家如有婚丧大事派人来接后也回去，每次住几天十几天不等。④新妇在娘家的活动。坐家时的少妇在娘家照样可以参加游方，并主要制作背带、鞋、帽以供生育子女所需。⑤坐家结束的仪式。坐家结束后，由新娘的母亲携带鸡、鸭、酒、糯米等到

---

① 贵州省编辑组：《苗族社会历史调查（三）》，贵州民族出版社，1987，第 132～137 页。

女婿家中举行一种织布仪式，以结束坐家。

寡妇再嫁在苗族是自由的。生有子女的寡妇再嫁时一般要先征得前夫家家长的同意。再嫁仪式比初嫁时简单得多，引亲时或对引亲所用的礼品，未婚青年都要回避。再嫁前后，新夫须以一定的祭品（或用银币代替）向前夫祭奠一次，作为赔礼的表示。寡妇可以嫁给前夫的兄弟或族中的兄弟，但习惯法并没规定这为义务。转房只要男方决定一个日子，就可以派一个寡妇前去引路。

鳏夫续弦比较普遍。有游方结合的，也有媒人介绍而成的。结婚仪式较简单，同族人陪同聚餐即散。凡续娶的妇女，不论初婚或再婚，一经结婚即与丈夫同住，不再坐家。

招婿上门在苗族是个别现象，苗族认为"男子出嫁"是一种耻辱，等于出卖祖宗，除非有特殊原因，一般人决不到别家上门，即使偶尔有这样的人，他与妻家也订有一种"三代归宗"的默契，即到他孙子那一辈，必须有一个男子改回他的姓。[1]

鄂伦春族以一夫一妻制为主，结婚后妻子不能生育的，丈夫可以续娶。招赘女分为长期入赘和有期限入赘，入赘者不改变原来的姓氏。

姐姐死后，妹妹可以嫁给姐夫，但妹妹死后姐姐不能嫁给妹夫。哥哥死后弟可娶其嫂为妻，但弟死后哥哥不能娶其弟媳为妻。

寡妇如有儿子，一般不能再嫁，如其娘家坚决要她再嫁时须把儿子抚养大后才行。再嫁时，须把男孩和一切财产留下，女孩可以带走。如其娘家向再嫁的男方家要彩礼时，原夫家有权要还彩礼。[2]

蒙古族基本上是一夫一妻制，但也有一夫多妻的，特别是富有之

---

① 贵州省编辑组：《苗族社会历史调查（三）》，贵州民族出版社，1987，第128～151页。

② 内蒙古自治区编辑组等：《鄂伦春社会历史调查（二）》，民族出版社，2009，第81～83页。

家，这种情况尤多。

习惯法规定姊妹可以共嫁一夫，先嫁者为大。若两妻在同一年中皆生育子女，无论谁先谁后，不问月日的前后，以长妻生的为大；若非同一年而生者，先生的为大后生的为小。兄死后弟可以妻其嫂，寡居之妇也可以与喇嘛弟弟同居，但弟死后兄不能妻其弟妇。

入赘很普遍。非永久性的赘婚，须把头一个子女留给岳家，随其姓氏，其他子女则随自己姓。但台吉和哈喇楚之间不能互招永久性的赘婿，只能招有期限的赘婿。

寡妇再嫁不受限制，但改嫁时，其子女和亡夫的财产不能带走，只能带走自己的财产份子。如不再嫁，可与小叔子结婚，也可找个喇嘛同居。在和喇嘛同居时，不能再和另外的俗人结婚。

蒙古族另有指名为婚制和指物为婚制。指名为婚是由于喇嘛名义上不能结婚，故采用"担名"的办法。指物为婚即女子不婚而育后不出嫁，通过拜火（灶）的形式，指某些物件如烧火棍、蒙古刀、火镰、鼻烟壶等（这种物件必须是现在生存的男子的物件和所有主明确的物件）为丈夫，便束起媳妇发式来而生子养女，其所生子女不被认为是私生子而受歧视。①

根据习惯法，藏族婚姻主要是一夫一妻制。一妻多夫的家庭，为数不多。大多为兄娶妻，所有的兄弟均共有其妻。当兄弟长大成人以后，视其能力，若能另娶妻子，离开本房在外别立门户时，与其兄或弟妻的共居生活即告结束。若不能另娶，即长期共同生活。

一夫多妻只限于赘婿的家庭中偶然出现。如姊妹数人，其中一女招一男入赘成为自己的丈夫，其余的姊妹也发生了感情，不愿出嫁，即可与姊或妹共有一夫。也有受汉族影响通过纳妾方式一夫多妻的。

---

① 参见严汝娴等《中国少数民族婚丧风俗》，商务印书馆，1996，第50页；《蒙古族简史》编写组：《蒙古族简史》，内蒙古人民出版社，1985，第137页。

赘婿在藏族地区比较盛行，招赘一般不写契纸，其仪式同于娶妻。寡妇再嫁、鳏夫再娶，属当事人自主。寡妇再嫁时不能带走土地，孩子大的留原夫家，小的可以带走，待抚养长大后，仍归原夫家。嫁时在晚上接至再嫁之夫家，不举行什么仪式。另外还有转房的，一般是兄嫂转嫁弟弟。①

4. 离婚

各少数民族习惯法较为具体地规定了离婚的条件、程序、手续以及离婚后子女、财产的抚养和处理。

苗族对婚姻不满时男女双方都可以依习惯法提出离婚，女方主动离婚较多。主动提出离婚的一方以拒绝同房为表示，同时请几位寨老向对方正式提出。举行谈判时，双方家长带领男女当事人在双方寨老陪同下，聚集在半路进行协商。先总是苦口婆心地劝解说合使他们言归于好。调解不成双方同意离异，就比较简单。如果一方不愿离异，则坚持离异者就赔偿对方结婚时的费用。赔礼必须加1交付对方，作为酬谢寨老的开支，宴请寨老的费用也由主动提出方承担。

条件谈妥后，即以两拇指粗、长3~4寸的竹筒，两端刻划横纹为凭，所议款项限期13天或一个月内交清，交清后寨老就把刻纹的竹筒劈为两片，男女各执一片为证，以后不得反悔。另外一种方式，双方达成协议后，由寨老当众发誓："自解决之日起，双方如有反悔，头一边，身一节。"也有以汉文书写的，由双方盖章、画押，或按指纹的离婚证明书，男女各执一纸为凭。

离婚后财产的处理，一般是女方带回婚前的全部财产，如系男方提出者，除女方取得赔偿外，男方财产女方不能带走。子女是不能带走的，姓氏都随父。如果子女尚幼，离不开母亲时，就把女方应得的

① 西藏社会历史调查资料丛刊编辑组：《藏族社会历史调查（二）》，西藏人民出版社，1988，第96~97页；陈光国：《藏族地区的行为规范——习惯与习惯法简析》，载《西藏民族学院学报》1984年第4期。

田产交男方来耕作，收获则交给女方。子女稍为长大后，即须交回男方。①

瑶族离婚较为自由。习惯法规定离婚须有一个中间人，要离婚时须备1斤酒到中间人家去，把自己决定离婚的理由和条件向他诉说。中间人便根据情况向两方当事人及家长再进行了解并传达消息。如双方坚持离婚，他便给他们准备好离婚契约并带酒到双方父母处喝，契约上订明赔偿款项，限期交款。如家长同意遵守，便同中间人喝酒表示赞成。交清款项后，契约便焚毁。双方都给酬劳费给中间人。离婚时所订立的契约，如在规定期限未能履行，中间人和家长便要负责。有的地方，离婚时只要女方拿出一块布，男的拿一把刀，同到寨后的山脚下，男的以刀砍断布匹，即算离婚。离婚后子女一般都给男方，如小孩年龄太小，则仍由女方抚养，待长大后再交还给男方。②

傣族习惯法允许离婚，具体有几种情况。①女方认为男方不好或另有所欢而提出离婚，女方必须偿还男方全部或三分之二的婚礼费（此项赔偿不包括结婚时的请客费）。何时偿还由双方协商决定。②男方认为女方不好或另有所欢而提出离婚，女方不会有任何勉强或不愿意，便卷席返娘家（或强迫她回娘家），娘家不会讨厌她。这种离婚，女方可以不赔偿男方任何婚礼费。③偷亲者，不论男女任何一方提出离婚，女方可以不偿还男方的任何婚礼费。④男女双方结婚后生有子女，任何一方提出离婚，子女归谁抚养由双方协商决定。多半为女方负责抚养，男方不管甚至不承认是自己的子女。女方另出嫁时，又把全部小孩带去，新夫也像对待自己亲生儿女一样对待他们。

习惯法规定的离婚手续不一，有的女方只送男方到楼梯（不下

---

① 贵州省编辑组：《苗族社会历史调查（三）》，贵州民族出版社，1987，第165～168页。

② 广西壮族自治区编辑组：《广西瑶族社会历史调查（第三册）》，广西民族出版社，1986，第57～58页。

楼）互递 1 对蜡条就表示结束夫妻关系。也有用一块白布，由男女双方拉着，并由一方用剪刀从中间剪断，各执一半，离婚便正式生效。还有用 1 对蜡条从中间折断各执一半代替白布宣告离婚的。有少数是由老人刻木刻，劈成两半，男女各执一半为凭。

离婚时，一般要给头人若干钱，有的则出酒、鸡等给头人吃。[1]

佤族订婚后，解除婚约比较容易。习惯法规定男方可以随意提出解除，女方提出解除时则须赔还男方订婚时所出的猪、米、酒等。若是一方放弃另一方而提出离婚，一般要受到舆论的谴责，不管哪一方提出，结婚时男方所出的聘礼都得赔男方。离婚手续很简单，哪方提出，由哪方跑酒，请头人、双方父母和亲戚来吃酒，商安即可。[2]

纳西族习惯法不允许离婚，亲戚家族甚至土司、总管很少调解离婚案子。如果夫妻不睦，实在不能相处的，女方要求离婚，男方可向女方索回结婚时的聘礼；男方要求离婚的，女方不必退回聘礼。男子一般采取与妻分居或依附兄弟姐妹的方式，另找女阿注。女子多数是跑回娘家，秘密或公开另找阿注，待到生儿育女后，退回夫家聘礼，即告离婚。少数女的占据夫家财产，借口丈夫不要她，另找阿注，俨成一家。[3]

白族习惯法规定离婚要打木刻或立字据。离婚后女方回娘家去住，只要她不改嫁，可以不退还男方的彩礼。改嫁时就应退还，一般由新夫来承担。女方一般不能提出离婚，否则要加倍退还男方的彩礼。

在双方争执不休都咬定离婚是对方提出而又无人作证的情况下，有的地区就用"缝口袋"的方法来判断是非。中证人将男女双方盖的

---

①　云南省编辑委员会：《西双版纳傣族社会综合调查（一）》，云南民族出版社，1983，第 124～125 页。

②　云南省编辑委员会：《佤族社会历史调查（二）》，云南人民出版社，1983 年，第 107 页。

③　云南省编辑组等：《永宁纳西族社会及母系制调查（一）》，民族出版社，2009，第 162～164 页。

麻毯缝成一个大袋，然后让男女双方睡在里面，并派人监视，谁先撕开口袋谁就输即为先提出离婚者。如果发生性行为，谁先拒绝就算谁输。输的一方就要赔钱。①

婚后如不和睦，德昂族习惯法规定可以离婚，但离婚对女方有所限制。若男方主动提出，只需出 1~2 元钱，一旁斗米（约 3 市斤），给头人，说明要求，由头人祭寨桩或村寨大青树（神树）后，通知女方，女方即主动回娘家。若离婚是出于女方的主动要求，则要赔偿男方的财礼。离婚后子女一律归男方。②

鄂温克族婚姻习惯法不支持离婚，无论男方、女方提出离婚，都被认为是错误的，因而离婚的极少。离婚一定得通过双方父母，由父母决定。③

同样，达斡尔族认为离婚是极不体面的事情，因而离婚的极少。男方提出离婚，如果双方莫昆不同意，一般是离不成的。女方除因受男方虐待无法生活下去者外，提出离婚的极少。跑回娘家闹离婚，往往要被娘家赶出来。因自己的过失被男方提出离婚时，会遭到娘家长辈的责骂，甚至毒打。

离婚时按照习惯法找一无儿女的人，在野外缮写离婚书，然后由男女双方画押，各扯一半，作为离婚的证据。离婚后女方没有带走子女的权利，也不分担抚养子女的义务。④

维吾尔族习惯法规定丈夫有"塔拉克"（离弃）特权，对妻子说了"塔拉克"便算断绝夫妻关系。妇女没有离婚自由，只有下述两种情况下才可以提出离婚：一是丈夫外出多年，不通音讯；二是丈夫半年不同居，不管衣食。向阿訇申诉后，一般可以得到离婚。此外要想

① 云南省编辑委员会：《白族社会历史调查》，云南人民出版社，1983，第 103 页。
② 云南省编辑组：《德昂族社会历史调查》，云南人民出版社，1987，第 9 页。
③ 参见秋浦等《鄂温克人的原始社会形态》，中华书局，1962，第 131 页。
④ 莫日根迪：《达斡尔族的习惯法》，载《民族学研究（第六辑）》，民族出版社，1985，第 275 页。

离婚，需看娘家有势力与否，并需征得丈夫同意。离婚时，妇女可以将随嫁财产带走。已生下的子女，7 岁以下从母，长大后从父，但父方需给暂时从母的幼儿担负生活费。

妇女在离婚以后，须经过一定的"待候期"才能改嫁。待候期具体有：丈夫说了"塔拉克"必须待候 100 天的时间；丈夫说了 3 个"塔拉克"必须待候 6 个月零 10 天的时间。在待候期间，由男方负担生活费。[①]

哈萨克族习惯法规定婚姻是终身的，一经缔结婚姻便不能随意解除婚约。婚后，一般是不允许离婚的，尤其是女方，更没有毁约和离婚的权利。若丈夫死去，则须与丈夫亲属结婚。[②]

三　家庭及继承习惯法

各少数民族都有大量有关家庭及继承的习惯法，对家族家庭父母子女关系、继承人、继承的原则、程序等作了规范。

1. 家族、家庭、父母子女关系

通过习惯法，各民族确认了家族组织的地位及职能，对族长的权限与职责、族内人员的权利义务作了规定，并对家庭结构、家长、父母子女关系进行了具体规范。

壮族的家族观念较强。每个家族按习惯法有共同的祖坟、有公有的宗族田（蒸尝田）。每年的清明时节，家族里的男女老幼共同祭扫祖坟。家族的互助现象也很普遍，有的家族有祠堂。

家族内有一个或几个类似族长的人物，他们的产生没有经过推选或指定，也没有一定的任期，而是自然形成，事实上为本族所公认

---

① 任一飞等：《维吾尔族》，民族出版社，1997，第 157 页。
② 严汝娴等：《中国少数民族婚丧风俗》，商务印书馆，1996，第 115、117 页。

的。他们处理族内有关问题。家族对它内部成员的主要行为负有一定的责任。如其成员违反习惯法而被罚款，犯者家庭经济困难无力负担的，则由其家族共同负担。犯人命案，犯者家族的财物往往被死者的家族打得稀烂。犯有严重的罪行，屡教不改的，经过家族内部讨论同意后，可以用家族的名义出具"革条"，开除出家族。

壮族家庭以父系小家庭为主，凡是已经结婚成年的儿子，多是分家居住。家庭中父亲是一家之长，管理家庭经济、生活，安排家庭的劳动生产，全权支配家内财产。无父则长兄就为家长。妇女是绝少当家的，除非丈夫死后，儿子年幼，不懂事才由母亲来当家，儿子长大成人后即交由儿子主持家务，掌握经济权。妇女在家庭中的地位是较低的。

父母对儿女有抚养、教育、婚嫁及传授财产的义务，也有责罚的权力，子女对父母则有赡养送终的义务。父母亲年龄大了一般与幼子居住。无子时，如果有女儿可以招赘上门。若无儿无女，可招近亲的侄儿为继子，对于鳏寡孤独，兄弟之间在生产和生活上也多加帮助和照顾，孤儿则多送给别人管养，成为养子。

在家庭中，媳妇不能靠近家公坐，走路和入门碰见家公必须让开，每天端洗脸水、盛饭给家公家婆。伯叔不能进入儿媳侄媳弟媳或嫂嫂的住房，儿媳也不能走进公婆的住房。有的地区媳妇不能和男人同桌吃饭，家里有男客来必须躲入房间或厨中，不能出来相见，更不能与客人讲话。①

苗族也普遍存在家族，但没有一定形式的组织，家族观念很强。家族相互间有很多方面的习惯法。第一，财产上的共有关系：主要有族山、共有田、族有坟地、斗牛场、游方坡、木桥、放鼓藏鼓的山

---

① 广西壮族自治区编辑组：《广西壮族社会历史调查（第一册）》，广西民族出版社，1984，第 111～112 页。

等；第二，生产方面的相互关系：如帮助鳏寡孤独的家族成员克服生产上的困难，无偿互助换工等；第三，生活方面的相互关系，如无利息借贷、救济、分死牛肉、建造房屋时的互助、同吃鼓藏、祭鬼时的互助、失火时的互助、节庆时的共同娱乐、缔结婚姻时家族成员送礼等义务、丧葬时的互助等。家族有自然形成的族长，有的即为寨头、寨老。

苗族的家庭一般是小家庭，弟兄分居原因多是妯娌不和睦所引起，也有儿子一结婚就分居的。习惯法规定，在分家时须请家族中最有威信的老者来参加，由父亲提出他所拟定的分产计划，母亲也可以作些补充和说明，儿子们一般没什么异议，万一有些意见也可以马上通过协商作些调整。家产一般都平分，分好田地由兄及弟依次各择一份，分坏地时则由弟及兄依次各择一份。房屋一般不分，常是父母随谁住，房屋就给谁。

在家庭中，父亲是一家之主，对于家产有完全处理之权。妇女受到一定歧视。可以收养儿子，但在丈夫死后不能单独收养。在家族中收养儿子，须在自己的子侄辈中挑选。在亲戚中选养子，也必须辈分相当。[1]

瑶族大部分聚族而居，家族是较疏远的血缘关系，房是较亲近的血缘关系。家族在瑶族社会所起的作用不如房那么大。

房的成员彼此间相互关系就比较紧密一些，其权利与义务依习惯法有：第一，不互通婚姻，男女不得通奸；第二，如有鳏寡孤独得互相照顾；第三，某家无子嗣，要先在房内选人继承，本房无人才得在族内挑选；第四，房内有无嗣继承的产业，由同房各家共同处理；第五，某家出卖土地，先通房内，次通家族，倘无人承买才得外卖；第

---

[1]　贵州省编辑组：《苗族社会历史调查（一）》，贵州民族出版社，1986，第363～378页。

六，某些族系，房内有老人去世，同房的弟妹和晚辈要戴孝一个时期，以示哀悼；第七，互通有无，婚丧大事上的互助；第八，共同扫墓、祭祖。

如本家族、本房的成员严重违反习惯法，则有被驱逐出族的可能。有的地区的瑶族可以接受别的非同姓同房的人加入本房本姓，甚至汉族人也可以被接受入族。入族者首先要找到结拜兄弟，双方商量好后，征得本房同意，才请先生公择日子，举行入族仪式：请先生公念经拜祖，并邀请全寨聚饮，声明以后正式加入某房族，并与某人作亲兄弟，最后进行命名，手续便告完结。至于入族手续的繁简，还要依入族者的身份、来历而有所不同。凡入族者，在其入族后，原来房族里的公尝及扫墓分猪肉等都有与房人同等的权利。①

纳西族家族内部一般无族长，也未形成凌驾于各户之上的领导人物。族中辈分高、年龄大的老人，享有较高地位，可以调解一些家族内部的纠纷，教育下一辈，主持祭天祭祖，主持分家等。涉外事情推有威信的长者联系解决。家族每年有集体祭祖活动，有共同的祭天场。

习惯法规定在生产活动、修房造屋方面，各村各户集体帮助，不计报酬。迁新居、娶妻嫁女、生小孩、生子女命名等都宴请村中各户，各家也送部分礼物。

家庭结构有父系制的单偶家庭，也有部分母系亲族家庭或母系大家庭，双系家庭则极少。每个家庭都有一个家长来管理家庭，家长多由男子担任，仅少数无男子或虽有男子但无能力管家的家庭才由妇女充当。根据习惯法家长的主要职责是安排生产、计划开支、处理对外债权债务、管理全家经济事务、筹集家人的丧葬婚嫁的金钱和实物、教育子女、接待宾客、安排生活、管理仓库等事务。家长在家庭中享

---

① 广西壮族自治区编辑组：《广西瑶族社会历史调查（第一册）》，广西民族出版社，1984，第328～332页。

有威信。

家庭中老人的地位最高，受到全家幼辈的尊敬，儿女们对父母有赡养责任。家庭的主要财产（土地、牲畜、粮食等）的处分权主要掌握在男子手里，妇女一般只负责家庭生活用品和实物的保管、支出和少数借贷。某些母系亲族、母系家庭中，妇女对家务或财产的处理也有一定的权利。在家庭中男女处于平等地位。①

德昂族习惯法规定一夫一妻制家庭，子女婚后，即组建个体家庭。男女在家庭中享有平等的地位，男子作为家长代表本家庭参加社会活动，妇女操持家务。子女满 13 岁即进入成年，但不举行成年礼仪式，而是在服饰上加以区别。女孩佩戴银器装饰品和扎包头，男孩在左耳戴银筒。

部分地区则有大家庭存在，数代同堂，三五个甚至十多个有血缘关系的小家庭共居于一幢间隔成若干小房间的大屋里，共同生产，共同消费，互相有一定的分工。②

黎族有家庭断亲习惯法。当家庭的成员中有人不接受家教，在社会上多次惹事，违反了习惯法，造成严重后果，而当事人又固执不改时，家长要设酒席，请兄弟朋友入座，当着村寨众亲声明父子断亲或兄弟断亲。断亲时在酒席上放置两支箭，由村寨中有权威的头人，用利刃把两个铁箭头一刀斩割，作为断亲记号，断亲的双方各保存一支。举行了断亲仪式后，断亲者要立即离开原来的家庭。此后断亲者若在村寨或社会上惹祸，原家庭成员不负任何责任，一切后果由断亲者自己担当。③

鄂温克族对自己的祖父母、父母、舅舅、叔叔以及哥哥姐姐等人

---

① 云南省编辑组：《宁蒗彝族自治县纳西族社会及家庭形态调查》，云南人民出版社，1987，第 50～63 页。

② 桑耀华：《德昂族》，民族出版社，1986，第 64～66 页。

③ 全国人民代表大会民族事务委员会办公室：《海南岛黎族苗族自治州保亭县毛道乡黎族合亩制调查》，全国人民代表大会民族事务委员会办公室内部印制，1957，第 213 页。

都不能直呼其名。祖父母、父母及其他长辈的人叫儿媳孙媳妇时，儿媳孙媳妇必须立即站起来答应。做儿媳妇的，每天早晨必须给长辈敬烟和拿洗脸水等。大伯不准坐在兄弟媳妇的跟前，大伯用过的烟袋兄弟媳妇不能用。①

彝族大都以姓氏聚居，家族（家支）在生产上换工互助，老弱病残可寄食家族内，年幼孤儿家族负责养育，族人有理由而被人杀害者全家支负责报仇，为婚姻受人欺负者家族协助报复，为赔命价和婚丧而欠款者家族可予补助，一户死绝家族可吃绝业。家支对个人的行为有些限制，一般以开除家支籍作为最严重的处分。被开除家支籍者，族人不认其为家族成员，见面不招呼，任人欺侮，家族不过问，死后不得在家支祖坟山烧葬，死在家族地界内也不为其烧尸。在开除家支籍的会议上如仅是杀鸡饮血酒者，日后行为改善可以通过会议恢复家籍，但同时杀鸡又打狗者则表示永不能恢复。②

塔吉克族普遍为大家庭，父母在世儿子们一般不分家独立，并保持着严格的家长制，一般男性长者为一家之主，具有支配权。全家人的收入都交给家长，由家长安排生活。家长是依习惯法相承袭的，一般为父死母继，母死长子继。有的地区父死以后由长子当家，儿子年幼的才由母亲当家。儿媳回娘家要征得家长和丈夫的同意，并按时返回。③

2. 财产继承

各民族都非常重视家庭财产的继承，有内容丰富的财产继承方面的习惯法，对财产继承人、继承的原则、顺序、绝户财产的处理等作

---

① 内蒙古自治区编辑组等：《鄂温克族社会历史调查》，民族出版社，2009，第93~95页。

② 新疆维吾尔自治区丛刊编辑组：《塔吉克族社会历史调查》，新疆人民出版社，1985，第24页。

③ 胡庆钧：《凉山彝族奴隶制社会形态》，中国社会科学出版社，1985，第250~258页。

了具体的规定。

壮族家庭财产的继承权，原则上是属于男子的，继承的办法习惯法规定有下列几种：

（1）儿子长大成人后将家产分给他们。分家时邀请舅父、叔公、姑母等亲友和族中老人作中证人，一般采取民主协商的方式。先由父母抽出一部分为养老田作为自己养老送终之用，父母死后再由儿子均分，有的地区父母和其中一个儿子一起居住时，该子则耕种该地作为赡养费，父母死后该地用来作丧葬费。另外又抽出一些给长子，称长子田，体现长子分得的财产多些的原则。除这两部分，其余田地按好坏远近和大小互相调配，依照儿子人数分作若干份，编号抽签，抽到的那一份即作为己有。

（2）女子一般是不能继承财产的。但有的地区不落夫家的女儿也同样有分得财产的权利，但该女儿落夫家之后，财产不能带走。如果没有儿子只有女儿的，绝大多数则招郎入赘，财产可由女子来继承，但必须将一小部分田地分给较亲的兄弟或子侄，不然得不到亲属的承认，日后财产继承权就没有保障。

（3）如无后嗣经房族同意，已嫁的女儿及女婿可以转回娘家继承产业，但亦要将一小部分田产分给亲属，并立契约保障日后财产所有权。继承后，女婿要改随岳父姓。

（4）如丈夫死后，没有子女，妻子可以招夫填房，招来的丈夫有权继承产业。但也要将一小部分田地分给原来的兄弟或子侄，才能得到他们的同意，并立契约为据，保障财产的所有权。

（5）如无子女的，可在生前经房族同意在侄子中指定一人或向远房外族要一子作为养子来继承财产，也得将田产的一部分分给亲侄子，始得他们同意而立契保障养子的继承权。若生前没有养子或指定的继承人，死后则由兄弟或亲侄平均分取财产。

（6）绝户的财产应由房族或远一点的家族平分，如果连房族家族都没有，便为本寨所有。①

苗族父母生前如已经分家，只有养老田及少数衣物未分，那么父或母一人先死时归活着的一方。双亲中最后一人死亡时由同居的幼子或长子继承，并负担丧葬费用，如兄弟们共同分担丧葬费用则共同继承。因此，在父亲死时，如已分家，一般不发生兄弟继承主要财产的问题；如果母亲先死，对于兄弟们来说，没有什么东西可以继承，即或母亲遗有一些衣物，也由姊妹们平分。

在继承的顺序方面，苗族习惯法规定：

（1）父死尚未分家，遗产由亲子继承，在母亲主持之下，按分家办法平分。如果儿女尚幼，母亲未改嫁，全部遗产均由母亲掌握。如父亲生前有未了债务，由母亲负责偿还，并可以因而出卖田土，如无理由，则不能随意处理。儿女长大时仍按分家办法平分家产，但母亲不能在改嫁时带走家产。兄弟数人继承先父遗产时，如果其中有已死亡者，他应分得的财产由他的儿子（死者之孙）平分。如果他的儿子年幼，则由他未改嫁的妻掌握。

如果死者只有一个养子，他原是本家族的侄辈，他便可以同亲生子一样地继承。如果他是别的家族的人，他只能继承一半或一半不到的财产。其余的财产由死者的妻继承，妻死或改嫁后，由死者的其他家属继承。死者无子有孙，遗产即由其孙继承均分。

（2）第二顺序的继承人为妻，但她的继承权是有限制的，不仅改嫁不能带走，并且不能随意变卖田地、房屋、山林等财产。如未与翁姑分居，不改嫁的媳妇也可分得先夫应得的一份遗产。

（3）第三顺序的继承人是父母。已分家的儿子死后无子又无妻或妻已出嫁时，其财产即由父母继承。

---

① 广西壮族自治区编辑组：《广西壮族社会历史调查（第一册）》，广西民族出版社，1984，第115页。

（4）第四顺序的继承人是兄弟。在没有上述三个顺序的继承人时，则由死者的兄弟平分死者的财产。

（5）无上述继承人时，由未婚亲女继承。她的继承权与上述妇女继承权相同。在亲女出嫁或死亡后，这些财产由死者家族中的兄弟辈和伯叔辈由近及远地继承。

所有继承财产的人都有料理死者丧葬，照料坟墓和按习惯法祭祀的义务。[①]

景颇族习惯法规定财产继承实行幼子继承制，幼子守老家，继承父母的一切财产，兄长们一般是结婚后即分出居住，仅分得一些生活用具。如财产多时，则兄长各分一份，将多的一份及留给父母的一份传给幼子。如财产很少，则全部留给幼子。幼子的地位比诸子要高，兄长们要尊重老家和幼弟。当老家和幼弟遇到困难时，要尽可能给予帮助。

夫妻彼此有继承对方财产的权利。女儿一般没有继承财产的权利。若父母无子，而女儿未嫁者，父母死后女儿可以继承家产；或虽嫁而为父母安葬、送魂者，亦能继承父母财产，否则归代为安葬、送魂的近亲所得。女儿招婿，亦有继承财产的权利。[②]

毛南族的儿子长大后，父母就把家产分给他们。分家时，按照习惯法，长子多拿一份家产。也给出嫁的姐妹分一份，家中谁种这份田，谁就负责姐妹来往的应酬。父母的养老田（俗称"七石二"）另留，父母多数跟幼子居住，"七石二"就归幼子耕种，丧事也由幼子料理。母亡父再娶，生下的弟妹或随继母过来的弟妹，也一样看待，分给一份家产。有义子、赘婿的，在招上门时就写好了"关书"（契约），把家产分给他（她）们，兄弟、房族不能抢夺财物，要按"关

---

① 贵州省编辑组：《苗族社会历史调查（二）》，贵州民族出版社，1987，第33～34、260～261页。

② 云南省编辑组：《景颇族社会历史调查（三）》，云南民族出版社，1986，第44页。

书"上所列的条款进行财产分配。①

根据习惯法，藏族财产按父系继承。无论子女几人，只由其中一人继承家业，其余进寺院当喇嘛或出赘他家。习惯上很少分家。四川松潘、南坪一带有因兄弟不睦而分家者。分家时，给父母适当地留下一定数量"养老田"，余下的诸子女平分。但女子出嫁不能将其份额全部带走，只从其中抽部分作陪嫁（母亲头饰不论价值多少，均由女儿继承），余剩的归原来家庭所有。若女子赘婿时，所属份额则全部属她所有。

家庭继承人，经确定后娶一妻。父母年老，他可顶替父亲成为家庭中的"当家人"，妻顶替母亲成为家庭主妇，以掌管全部财产。由谁继承，习惯法无规定，一般多属幼子。继承者的产生，还有根据父母遗嘱执行的，也有根据子女能力推选的，有不少家庭也有妇女当家的现象，特别是在赘婿的家庭中。私生子，亦可继承家业，社会地位和财产享有均与亲生子女无别。无子女者，可由外面抱一子来继承，也有因将子送进寺院当喇嘛，而由赘婿继承的。

没人继承的绝嗣户，其所属全部动产（包括牲畜、家具、衣物等），一律交归寺院，请喇嘛念经，当作"超度"死者的费用。房屋土地则由寨子或部落接管，待本寨或本部落有人拟另组成家庭时，转移给他，另立新户。

藏族财产继承表现为明显的"嫁出去者少得，留家者多得"，出了本家的任何成员，不论女出嫁或男入赘，对于家庭财产的分享都是属于次要地位，陪送价值一般均不能超过分内财产的三分之一。②

鄂温克族的继承一般是诸子平均继承，女儿没有分得遗产的权利。长期入赘者有继承岳父财产的权利。

---

① 参见莫家仁《毛南族》，民族出版社，1988，第70~72页。
② 参见陈光国《藏族地区的行为规范——习惯与习惯法简析》，载《西藏民族学院学报》1984年第4期；西藏社会历史调查资料丛刊编辑组：《藏族社会历史（二）》，西藏人民出版社，1988，第99页。

按照习惯法养子一般有权继承养父的财产。但也有下面几种情况：①如果养父生前没有遗嘱让他继承时，养子则有权继承其全部财产。②如果在收留养子后，自己又生了一个儿子，将来分家时，养子和亲生子平分家产，但也有养子只要三分之一或更少一些的情况。③如果养子来后不久，养父早死而养母又改嫁的，养子仍送回生父母处，死者的财产原则上由亲近兄弟们继承，但也可以给养子一部分。

如果某人生前无儿无女，死后财产又无直系血亲继承时，会有三种办法：①死者生前如果没留遗嘱，财产就由死者亲近的晚辈继承，需负责死者的丧葬事宜。如果亲近的晚辈很多不能确定时，则由"毛哄达"或老人按家谱，由最亲近者继承。但是一般的人都不愿意继承绝嗣人的财产。②一般情况下，死者的外甥无权继承其财产，而只能由同姓亲近的侄子继承。如果死者生前有遗嘱，并有死者近亲血亲做证明，外甥才能继承其舅父的财产。③如果死者临终有言，要把财产转让于别人，任何亲人无权干涉，而由死者生前所指定的人继承。①

父母死后，鄂伦春族的习惯法规定其财产由儿子继承。兄弟如分居，由父母主持财产分配。如发生争执、无法解决时由舅父决定。死者如无儿子，其财产可由家族内五代以内的男性近亲继承。长期入赘者有权继承岳父遗产，但必须对其善后作妥善处理。养子有权继承养父的遗产。如死者无一切男性近亲时，其未出嫁女儿才可以继承其财产。死者生前有遗嘱指定者，有权继承其遗产。②

按照习惯法，高山族继承有土地财产、承袭财产、动产三种。

（1）土地财产继承。一般是男嗣分家时平均分产继承，女嗣出嫁男嗣出赘无承受土地的权利，女嗣在家赘夫者得少分一些，山田、果园不分给。长子有取得最近水渠之良田的优先权。女儿出嫁时偶有赠与水

① 秋浦等：《鄂温克人的原始社会形态》，中华书局，1962，第130页。
② 秋浦：《鄂伦春社会的发展》，上海人民出版社，1978，第208～209页。

芋田一小块作为妆奁的特例。家屋原则上是使用一代的、不能分割也不能承继的财产，父死则拆毁其家屋，儿子分有其建材，惟长子有特权取得中柱。宅地交由长子管理，他有最优先使用权，如他已有正式家屋，则让与最近需要建屋的一位兄弟使用。宅地无论如何不能分割。

（2）承袭财产继承。限于不能分割的，由父系祖先传下来的象征性财产即礼标，如牺牲之角骨、木刀、花绦等。此外凡只有一件的财物，如男用的银兜，女用的木兜、银饰等，都是应由长子保管下去，兄弟之间可以互相借用。长子夭亡或无嗣，则依次由其弟承嗣。无男嗣则由男嗣过渡承继。

（3）动产继承。家具器物由诸子分有之，最后不能分的一件则由长子保管使用之。家畜、收获物由男嗣平均分有之，其不能再分的多余部分归于长子，女嗣无分得的权利，只可以接受节日的赠礼。个人财产，男性财产由父子承继，女性财产由母女承继，平均分配，不能平均分配则归于长子或长女。如在某一世代缺乏男嗣或缺乏女嗣时，看财产的种类或者归于父系群，或者次第由其旁系承继或集体保管，或者由相反性别的子女过渡承继下去，到下一代再恢复常态。①

维吾尔族的财产继承，习惯法规定一般限于同胞兄弟血亲以内。年老无子女的，由胞兄弟姐妹及其子女养老送终。年幼丧父母的人，由胞兄弟姐妹及其子女抚养，但不能动用其财产。如果年老无子女，或幼丧父母，又无同胞兄弟姐妹及其子女，其他旁系亲属不负抚养义务，亦无继承权，由礼拜寺依玛木聚众公议，指定赡养送终及抚育的人，死后财产全部用作丧葬费用或收归宗教作为绝后"瓦哈甫"地。

家庭遗产一般是按直系血亲分配的，主要有以下几种：

（1）一个女子只能分得相当于一个男子所分得的二分之一。这是最根本的原则。

---

① 参见陈国强、林嘉煌《高山族文化》，学林出版社，1988，第105～108页。

（2）在丈夫先死时，如有子女，妻子得遗产的八分之一，其余由丈夫的亲生子女分得；在妻子先死时，如有子女，夫得妻的遗产四分之一，其余由子女分得。丈夫先死时如无子女，妻得四分之一，其余由夫方的直系近亲分得；妻先死时，如无子女，夫得二分之一，其余由妻方的直系亲属分得。

（3）死者有子女，但还有父母时，父亲先得遗产的六分之一，其余才由子女分继；无子女有父母时，除将遗产清理债务外，余下的由父亲取得三分之二，母亲取得三分之一。无子女及父亲，但还有母亲时，母亲得六分之一，其余归死者的同胞兄弟姐妹分得。死者无子女且父亲已亡，又无同胞兄弟姐妹时，母得遗产的三分之一，其余按照"绝后"处理，但如果死者尚有夫或妻，除夫或妻应得外，才给予母亲余下的三分之一，其余仍做"绝后"处理。

（4）死者只有一个同父姐妹其他近亲都没有时，此姐妹得遗产的三分之一，其余作为"绝后"处理。死者有两个以上同父姐妹时，这些姐妹得遗产的三分之二，其余仍作"绝后"处理。

（5）死者只有一个入赘女婿，其他近亲都没有时，此女婿得遗产的八分之一。养子女无继承权，随嫁子女只有亲生母的财产继承权。

（6）祖孙三代，如果父亲先死，祖父的遗产可以不给孙子，除非祖父遗嘱中指明要给孙子，孙子才能分得遗产。[①]

塔吉克族习惯法规定，儿子享有继承权，父母的遗产由诸子均分，无子者由生活在同一大家庭中的兄弟或侄子继承。具体为：①父亲的遗产全部由诸子继承，长子有遗产支配权，母亲和未出嫁诸女的生活由遗产继承者负责。②兄弟虽多，但已分家另过。在这种情况下，独立家庭中的丈夫死后，如无子嗣，而妻子又不改嫁，遗产由妻

---

① 参见任一飞等《维吾尔族》，民族出版社，1997，第157页；曹红：《维吾尔族传统家庭及家庭功能的变迁》，载《新疆师范大学学报（哲社版）》1999年第1期。

子继承。③父母都去世，无子，女儿可继承遗产，但一般要有入赘的女婿后才能继承。如女儿年幼未到结婚年龄，可携带遗产到近亲家中去生活。④已出嫁的女儿无权享受遗产分配。如死者无任何遗产继承人，其遗产一般归宗教寺院。①

土族的财产继承，依照习惯法长子优先。若兄弟众多，又不能和睦、同居一家时，由亲族会同他们的父母主持分家，长子和最小的儿子可以多得一些财产。父母不在世时，则由亲族会同兄弟们公平分配。最普遍的情况是长子可分得上房，其余房屋按次序分给其余弟兄们。在没有男子的家中，财产继承权才属于女子，亦可招赘外姓男子，共同享有家产。分家后，父母多同最小的儿子居住，并由小儿子负起赡养责任，因而小儿子得产较多。②

畲族习惯法规定兄弟平均分配继承财产，但长子可以多分一些，如果长子有长孙，可先抽出一部分——约相当于每股所分的土地，其余再按几个兄弟平均分配，一般因田地太少只适当照顾一下长子就可以了。父母在世时，要留一部分财产，够其生活，父母死后再把父母的一份财产平均分配。没有娶妻的兄弟可以多得一些，称为"老婆本"。女儿在家庭没有继承权，如果没有儿子由女儿招婿，可享有家庭财产继承权。③

四　丧葬、宗教信仰及社会交往习惯法

各少数民族还通过习惯法对丧葬、宗教信仰、社会交往等进行规范，使社会生活的各个方面都有社会规范进行调整。

①　新疆维吾尔自治区丛刊编辑组：《塔吉克族社会历史调查》，新疆人民出版社，1985，第67~68页。
②　青海省编辑组：《青海土族社会历史调查》，青海人民出版社，1985，第90~91页。
③　中国科学院民族研究所、福建省少数民族社会历史调查组：《浙江省平阳县山门人民公社青街大队王神洞畲族调查报告》，内部印行，1958年10月，第36页。

1. 丧葬

有关丧葬的习惯法，主要在葬制、葬地、葬仪（停灵、入殓、祭灵、埋葬）及服孝这几方面。

按照习惯法，壮族一般采用土葬。

当人刚断气后，由死者的子女和亲人将死者全身用水洗净，男的剃头刮面，女的理发梳妆，并穿上新衣服。在堂屋中央，在两张长凳上置床板，垫上一层白布，将死者放在上面，用白布盖好。道公择定了吉时，就进行入殓仪式。入殓时由亲友和子侄们帮助进行，棺底垫白布（白纸），在尸体上再盖一层或几层白布，并将一些衣服用品放入其中作殉葬物。盖棺时，家属哀哭。

入殓后要停棺在家，等远方亲友来吊唁，同时进行祭奠，等待吉时入土安葬。停棺待葬时间一般为 1～4 天，根据死者年龄及出殡时辰来决定。大多请 5～6 个道公或师公来打道场，超度鬼魂，其时孝子们跪着敬听化纸。来吊唁时亲家外家还备挽幛。丧家按亲疏关系给白布头巾或孝衣。出殡要选好时辰，葬在家族公坟地上。老人的墓都立碑刻字，小孩和结婚没有儿女的不能立碑。在埋葬后第 2 天要"圆坟"，上供化纸，以后每逢清明节上坟一次。

孝子孝女穿白孝服，戴白包头，戴孝 49 天。在这期间，孝子不能洗澡、剃头、穿布鞋和参加娱乐活动。[①]

苗族多实行土葬。停丧时间很短，一般是当天死当天埋葬。埋葬时不择时择地，更不讲究风水龙脉，礼仪也很简单。

老人病危时，一般都要通知舅家，特别是母亲病危时更不能忽视。咽气之后，家中人打水为其洗脸洗脚，并请一位平时为死者所喜欢的老人为其更衣。衣服件数有定规：裤子只穿 1 条，上衣穿 1、3

---

① 广西壮族自治区编辑组：《广西壮族社会历史调查（第一册）》，广西民族出版社，1984，第 62～64 页。

或 5 件，忌用偶数，装束遵奉"死左活右"习惯法。凡年在 60 岁以上的老人，死时如牙齿齐全，则必须打掉 1 颗。

无论亲友或家族吊唁都没有特殊的礼节，更没有磕头祭奠的仪式。有的地区死后当夜举行"开路"仪式，引渡亡魂归西天，由鬼师或家族中懂得仪式的人主持。殉葬物包束在死者的腰带内，家族送的包在左边，亲戚送的包在右边，掘墓穴之前，须先举行"莫嘎差"仪式（意为拢谷）。出丧时女儿、儿媳等妇女送到门外或寨边即止步。富裕的另有"堆居"（压棺）仪式（厚葬死者的一种形式），主要是杀牛、吃安埋饭。

凡是被杀死、自缢死、溺死、跌死、难产死、浮肿死、服毒死以及因某些不常见病而死者，不许抬回家里停丧，一般不举行丧葬仪式，直接运往非祖坟掩埋。这种死者埋后 3、5 或 10 余年，大多数要掘尸骨火化，进行迁葬。①

瑶族遇有人死亡，在丧宅外鸣放土铳炮一声，全寨的人听闻炮声便来丧家帮忙。同时派人到外家去报丧，把死者的死由向外家说个详细。同时沐浴尸体，装洗完毕，扶尸到厅堂中央，坐在椅上。请巫师替他"开光"（开路）。有些地区当晚就要请先生公来打斋。有些地区要停棺 1~7 天，有的则不停尸。出殡时由道公作法送葬。

瑶族的葬式，有这样几种：①火葬。出葬前两天，与死者有血缘关系的房族亲戚，都要为死者采集一束干柴，预先送到火葬场去。②停棺检骨葬。尸体用棺材装殓，出殡后，即抬至村外附近的山坡上停放，搭盖一个临时性的茅棚遮盖棺材。经过两三年，尸体腐烂了，便开棺把全部骨骼检出，装入陶坛内，然后择地安葬。③浮厝检骨葬。方法与停棺检骨葬大致相同，只是棺材不加盖茅棚，改用土块盖

---

① 贵州省编辑组：《苗族社会历史调查（一）》，贵州民族出版社，1986，第 183~189页。

复而已。④深埋检骨葬。掘一深约 4 尺的土坑把棺材掩埋，数年后，掘出开棺检骨，装入陶坛，另找吉地安葬。⑤土葬。未成年人采用此种葬式，葬法与深埋检骨葬同，不过埋葬后不再检骨而已。⑥挂葬。小孩未经"迎花"（一种酬谢花婆神的祭祀仪式）而死亡的，则采用挂葬，即把尸体用破絮、破衣、棕皮等包裹起来，置于竹筐里面，请道公为他"开路"之后，就着人携带至村旁附近的山冲里，悬挂在树丫上以便转胎投世。

儿孙辈在老人死后，按习惯法必须守孝戴孝，守孝日期有 21 天、百日等不等。除掉孝服时有的由打斋的道公为他们除去，有的则不需任何仪式。守孝的人不得睡高床、坐高凳，夫妇不能同宿。①

白族普遍实行棺木土葬。每一家族有公共墓地，各家族之间公共墓地的界限十分严格。习惯法规定，凡已婚有了子女的男子及其配偶，尤其是年龄大、辈分高的老人，正常死亡后要举行隆重的丧葬仪式，包括送终与洗尸、守灵、入殓仪式、出殡与隔魂仪式、安葬仪式、撵鬼等。凡属未成年和成年后尚没婚配的，或者是结了婚但没有子女的男子及配偶（包括招赘夫上门的女子及配偶），以及被石头砍死、枪打死、摔崖、坠江、难产死等非正常死亡的人，死后一般不举行什么丧葬仪式，当天死当天埋，至迟不得超过第 2 天。这些人都不能葬入家族墓地，只能选择一个田边地角草草掩埋。②

纳西族实行火葬，个别地区如丽江则实行土葬。习惯法规定死者刚断气，丧家要立即向家族及村邻报丧。请熟悉葬仪的中年男子或达巴来主持葬仪。洗尸后，用绳索把尸体捆扎如生时的蹲坐或下肢曲折状，装进麻布袋或白布袋内，将袋口扎紧，放入正室夹壁事先挖好的

---

① 参见广西壮族自治区编辑组《广西瑶族社会历史调查（第三册）》，广西民族出版社，1985，第 59~60 页；广西壮族自治区编辑组：《广西瑶族社会历史调查（第一册）》，广西民族出版社，1984，第 347~354 页。

② 云南编辑委员会：《白族社会历史调查》，云南人民出版社，1983，第 43~52 页。

土穴中，尸体面向大门，上盖铁锅或木板、簸箩，再封一层土，由儿子或侄儿动第一锄。有的则棺材做好后放入棺材中。

停尸时间长短不一，由喇嘛或达巴择日烧尸。火化点有的是家族或同姓固定的场地，有的是同家族或同姓年满 60 岁已婚的为一共同火化点，60 岁以下和非正常死亡的在另一火化点，未婚的姑娘和喇嘛在一火化点。火化前，举行告别仪式。骨灰从脚到头各拣一些依次放入一个长约 1 市尺、宽约 5 市寸的麻布小袋内，放在同家族的公共墓地内。①

藏族习惯法规定丧葬有天葬、水葬、火葬、土葬四种。人死后，应采何种葬法，由喇嘛卜卦决定，但喇嘛大多根据死者家庭情况考虑葬法。以天葬为最多。水葬以 5 岁以下小孩为多，患传染病及孕产妇死亡的则以火烧、土葬为主。

人死后，通知亲友并请喇嘛念经开路，亲友送酥油或清油为死者点灯。一般念经 3 天，同时由喇嘛卜卦择入葬日期。人死后留在家中不超过 7 天。葬后富有人家念经 3 天，穷的可以不念。大多不设灵牌，不穿孝，受汉族影响较大的一些地区例外。不论何种葬法，在葬后要为死者立嘛呢旗。深信死者可以"再生"，因此藏族对家人之死并不像汉族那样极度悲痛，对念经"超度"十分重视。②

鄂伦春族一般死者用风葬或土葬，孕妇死后则实行火葬。有子女的老年人须在"仙人柱"内停留 3~5 天才入殓。青年人死后当天或次日即入殓。入殓时要把死者所用的马具、碗筷、烟袋等物放入棺内，如是男子还要放入一副弓箭，如是女子，还要放入熟皮工具和针线盒。出殡时，须请萨满祷告，死者的配偶、子女须到死者墓前

---

① 云南省编辑委员会：《纳西族社会历史调查（三）》，云南民族出版社，1988，第 12~14 页；云南省编辑委员会：《纳西族社会历史调查（二）》，云南民族出版社，1986，第 34~37 页。

② 西藏社会历史调查资料丛刊编辑组：《藏族社会历史调查（二）》，西藏人民出版社，1988，第 105~106 页。

烧纸。

根据习惯法的规定，死者的子女及氏族内五代以内的近亲，要给死者戴孝致哀。如死者为女人，留下有子女，其丈夫给死者戴孝 3 个月，没有子女的只戴孝 7~8 天。如死者是男人，其妻和子女须戴孝 3 年。服孝期间不准理发，不准穿新衣服，不准参加娱乐活动，不准同别人吵架，不准再娶或改嫁。服孝期满后，服孝者本人不能自脱孝衣，必须请其他氏族的一男一女帮助脱掉孝衣。老年人死去后，3 年以内每年都要供祭，最隆重的是周年祭，届时死者亲友都来参加祭祀。外出途中，死者的子女或亲友路过死者的墓地时，必须敬烟、叩头。鳏寡孤独的丧葬，由"乌力楞"内各户商量办理，一般不办周年祭。①

2. 宗教信仰、宗教活动

宗教生活在各少数民族社会生活中占据了重要位置，由此各民族的习惯法对宗教信仰、宗教职业者、宗教活动和宗教节日等进行了规定。

苗族既崇拜祖先，也迷信鬼神。祭祖主要有"打嘎"、"还钱"等。按习惯法，祭祀由熟悉祭仪的堂兄弟主持。"打嘎"即做斋，人死后都须举行，由主祭人、总管、掌坛师等主持，其他在场的人则唱歌、击鼓，孝子则跪拜。打嘎时先在堂屋祭奠，再搬到屋外"串院坝"，到了半夜就举行"上表"仪式。次日天明，在门外场地搭一座"文阁"，举行"交牲"仪式，最后以杀牛、煮牛肉供祭告结束。

对木、石等自然物苗族不崇拜，人造物崇拜也仅限于土地菩萨。鬼神可分"善神"、"恶神"两类。向善神祈祷供献牺牲时，由男主人自己办理；祛除"恶鬼"并献牲时，就请巫师来主持。祈祷"善神"仪式隆重而耗费大，有祭"火笼猪"、"母猪鬼"、"皇太山"三

---

① 秋浦：《鄂伦春社会的发展》，上海人民出版社，1978，第210~211页。

种，另外立新房时要祭鲁班夫人。

巫师即迷拉，是进行卜鬼、祛鬼的人，不脱离生产劳动，不以此为职业。迷拉祛除"恶鬼"前，先要占卜（蛋卜、米卜）确定是什么鬼作祟，随后准备祭物祭祀祛鬼。迷拉进行祭鬼时，除吃一餐外没有报酬。①

很多苗族地区如黔东南有一种定期杀水牯牛祭祖的活动，即"吃鼓藏"。吃鼓藏是一个家庭的共同活动，其中包括许多复杂的节日活动，从推举鼓藏头、接双鼓、翻单鼓、砍树做单鼓、杀牛、杀猪，一直到送单鼓进岩洞，结束鼓藏，前后要经历4年。这方面的习惯法规定不少，如主持吃鼓藏活动的是五个鼓藏头，即第一鼓藏头，二、三、四、五鼓藏头，各有职司。以第一鼓藏头为最大，一般由已婚的较朴实的青壮年担任，其父辈或祖辈须是在上届吃鼓藏后去世的，因要多出钱多费时间而有许多限制，做第一鼓藏头的大多较勉强，如果坚决不干，就要被开除族籍和寨籍。其他四个鼓藏头也由群众推选，专司接待女婿、供给木头做长板凳、吃芦笙引路开道、秘密保管"玉碗"，不能随便示人以免遗失。同时要购买和饲养鼓藏牛，这种牛不参加生产。杀牛要在10月的乙亥日举行，杀牛前由审牛师来审查。杀牛后14天要进行许多吃鼓藏和特有的节日活动，吃鼓藏活动达到高潮。杀牛后的次年10月吃猪鼓藏，也是连续14天。少数地区吃"白鼓藏"的，则没有鼓和鼓藏头，并无任何禁忌，其他活动与上述"吃红鼓藏"大致相同。②

依习惯法，瑶族所敬奉的神祇多而复杂，除少数是本民族的人神外，有儒道两教的神，还有壮汉族有真姓名的人神，这些大致可分为人类始祖神、自然神、民族神、祖先神、保护神、祖师神、兽神等7

---

① 贵州省编辑组：《苗族社会历史调查（二）》，贵州民族出版社，1987，第63~72页。
② 贵州省编辑组：《苗族社会历史调查（一）》，贵州民族出版社，1986，第247~266页。

类。几乎村村有庙，少者一个，多者达十几个，主要的有社王庙等。

主要的祭神仪式有祭社王、做洪门、做功德、游神、做盘王、祭甘王、度戒、还花等。个人生病婚丧大事等还有送小鬼、送关煞、送大鬼、破六甲、开坡催生、除秽、安名、收花、安龙、送魔鬼、架桥、出嫁补福、迎亲、打太公醮、丧事打斋、谢坟、挖墓迁葬、造房上梁、安神龛祖先灵位、择日子等宗教活动。

瑶族司宗教活动的人有巫师（师公、先生公）、道公和问仙公。师公、先生公、道公懂点文化，被视为有本领的人，受到尊重，但不专职，传授大多是以带徒弟的方式进行。问仙公通常被认为有阴魂附体的人才能担任，其产生是经过一定的考验，主要是给人们"查鬼"。师公道公在政治上也居于优势，大多数石牌头人都由他们充任。师公道公问他公的报酬照习惯法由请他们做法事的付给，他们为人拔除祈禳时都各有一套经典。①

藏族普遍信仰喇嘛教，有红教、白教、黑教（本教）等派，藏族对活佛、喇嘛十分敬重。宗教的影响浸透到日常生活和风俗习惯、节日禁忌各方面，使宗教成为藏族社会最雄厚的力量。这方面的习惯法内容较为丰富。当喇嘛是一件荣誉的事，一个家庭若有两个男孩，必有一个当喇嘛，有三个必有二个当，也有将男孩全部送寺院当喇嘛，而由女儿赘婿继承家业的。

藏胞见到活佛毕恭毕敬，请求"灌顶"（即摸头顶），活佛外出，沿途村寨人都拿出自己最珍贵的礼物献送。有病则请喇嘛卜卦念经，出外经商或到远方拜访友人，必先请喇嘛卜卦。

藏族家家都在门外插有嘛呢旗，屋内设有转经筒，并设有供奉菩萨的供桌。男女胸前还挂有一银制"嘎乌"，内盛活佛头发等物。年

---

① 广西壮族自治区编辑组：《广西瑶族社会历史调查（第五册）》，广西民族出版社，1986，第102～104、219～220页。

过 20 的人，手中各持一串佛球，一有空闲就不断诵佛。年过 40 以上的男女，手上还拿有一个小经转，不停地转动，口中反复念诵"唵嘛呢叭咪吽"。藏民在过节或因事常到喇嘛寺院转经，转经数由卜卦决定，也常到拉萨朝拜三大寺。①

羌族信仰原始多神教，没有宗教组织和机构，崇拜的主神为天神或太阳神、山神、家神、羊神等。有羌族巫师——端公，端公与羌人生活生产息息相关。根据习惯法端公有相当的地位，一般为不脱产的农民。羌人遇到疾病或者不吉利的事情，都要请端公作法。端公无经书，由师傅口头传授。羊是向神鬼祈祷的主要祭礼。祭山是宗教上最大的节日。

端公做法事分为上中下三坛（上中下三堂）。上坛是神事，如庄稼收获后谢天还大愿，还有稀儿少女、父母生病、修房造屋等，许愿还愿均为上坛。中坛是人事，如打太平保护以解秽、驱邪、招财进宝，人患病时驱鬼治病，婚丧嫁娶敬神还愿等，都是中坛法事。下坛是鬼事，即赶鬼驱鬼，如对凶死者招鬼除黑等。②

维吾尔族信仰伊斯兰教，宗教的影响比较大。习惯法将教徒按信教程度而分为四类：①"些里耶提"，为普通教徒；②"开里把提"，除遵守一般教规外，每年暗中封斋数十天到三个月；③"哈里卡提"，终日念经祈祷，对人生及妻子财物都很淡漠；④"买里把提"，是"圣人"以下的"贤人"。宗教职业者是世袭的，在后继无人的情况下，村民才可以另选继任的人，新的宗教职业者选出后，寺院地的使用权亦因之转移到新继任人手里。③

纳西族依照习惯法主要信仰本民族固有的东巴教，也有信仰喇嘛

---

① 四川省编辑组：《四川省甘孜州藏族社会历史调查》，四川省社会科学院出版社，1985，第 289、300、311~313 页。

② 参见俞荣根主编《羌族习惯法》，重庆出版社，2000，第 301~303 页。

③ 新疆维吾尔自治区丛刊编辑组等：《维吾尔族社会历史调查》，民族出版社，2009，第 4 页。

教、道教的。东巴教是一种原始的多神教，崇拜自然，崇拜鬼魂，崇拜祖先。其宗教活动涉及生产生活的各个方面，如祭天、祭祖、婚嫁、丧葬、命名、节庆、求寿、祈年、问子、卜算、择吉、治病、消灾、超度、驱鬼等。东巴教没有系统的教义，没有进行宗教活动的寺庙，也没有统一的组织。东巴一般是世袭相传，拜师收徒者很少，无等级之分，但因精通经书、武功等能力不同而有高低区别。东巴可脱离生产劳动，从法事中可取得一定的报酬，没有什么特权。东巴教有用本民族象形文字和标音文字书写的经书，内容十分丰富，是纳西族的百科全书。此外，每家都在火塘上端供奉灶神。灶神是宗教生活祭祀的中心，每家每天都要举行数次简单的例行祭祀。①

同赫哲族、鄂伦春族、达斡尔族、满族等北方民族一样，鄂温克族也普遍信奉萨满教，对"白纳查"（山神爷）、"敖教勒"（祖先神）也很崇拜。每个氏族都按习惯法有自己的萨满，老萨满死后，由其亲弟妹或亲生儿子来继承。萨满在社会上威望较高，但没有什么特殊的权利。对于一切鬼神、吉、凶和疾病的来源以及氏族的"敖教尔"（习惯法）等都由萨满来解释。萨满有义务替本氏族的人治病（跳神赶鬼），如果本氏族的人请他而其拒绝时，按习惯法，可用法衣上的皮绳子把萨满捆起来，强迫他来跳神。鄂温克族萨满信仰最重要的集会为"奥米那楞"，全氏族的人都参加，内容主要是老萨满领教新萨满及在会上祈求氏族的平安和繁荣，集会所需的经费、羊牛马等，由氏族成员尽自己力量献纳。②

傣族普遍信仰小乘佛教。绝大多数村社都有佛寺，男子 6～7 岁就按照习惯法进佛寺当和尚，20 岁左右还俗，不还俗者根据学识升为佛爷。每个村社都设"波章"，由熟悉经书文字的还俗佛爷担任，他

① 云南编辑委员会：《纳西族社会历史调查（二）》，云南民族出版社，1986，第 57～60 页。
② 参见秋浦等《鄂温克人的原始社会形态》，中华书局，1962，第 132 页。

司理宗教仪式，给民众念经，为婚丧建房等司历或择日子。"波章"除免去劳役外，其他负担只出一半，另外还得"波章谷"，大的村社每户出1挑（40斤），小的村社每户出1箩（10斤）。另外每个村社还有"波莫"，职司为保护"击拉"（塞鬼），给人祭鬼、送鬼、献鬼，杀牲时分得一份肉。大多为世袭的，少数村社以神卜形式决定，他们有一定的社会地位。

傣族人的一生活动，诸如生老病死、婚丧、出行，又如生产中的渔猎、耕种、收获以及水利活动、求雨，再如政治活动中的头人受封、召氏领召勐的继承等，都要进行祭神活动。其他如征战、迁移、建房都要有祭神仪式。

傣族很重视祭"社神"和部落神。经过批准加入村社的外来户或上门安家的人，须先用腊条、鸡、酒等物祭寨神，等于登记户口；迁出寨时也要祭献，等于注销户籍。每逢社神、部落神的节日，都要封闭坝子、寨子的路（在路上插上树枝），外勐外寨的人闯入，要按照习惯法规定处罚与祭品相同的物品。有些地区每年3月还祭"宰曼"（寨心）、"宰酌"（勐心）。

每家还有家神，房内有两根神柱，一根柱近楼梯一方靠家长睡榻，为"家神柱"，另一根与此相对靠向女主人睡榻，为"魂柱"。柱两侧系两个小竹筒，一盛米一盛糖汁作为常年供献，逢年过节再献腊条祭拜。家神由家长供奉、拜祭。傣族群众在宗教祭祀方面的支出、负担是比较重的。①

3. 社会交往

各少数民族还有一些社会交往的习惯法，对交往的原则、交往的礼节、注意事项等有所规定。

---

① 云南省编辑委员会：《西双版纳社会综合调查（二）》，云南民族出版社，1984，第113～120页。

壮族生小孩之家，按习惯法在门口要插上记号，生男孩插红纸、生女孩插绿叶，表示红男绿女，让客人登门便懂。也有生男挂青草、生女挂禾草的。[1]

傣族习惯法规定，外人不能进入内室，违反者罚双方款项。不经过主人同意，即住入别人家；主人不知道，就擅自上竹楼，主人可对其罚款。住这一家而到另外一家去洗脸，被主人发现可罚款。在住的这一家淘了米，到另一家去蒸饭，蒸饭这家主人知道后可对其罚款。

傣族盛行文身，男子极为普遍，不文身的要受到强大的社会压力。妇女文身一般为局部文刺，大多为手上腕部。文身后一月内，不准生人到文身者家中，文身者家门口做有记号。另外对文身者有许多禁忌，如不吃别人吃过的东西，不准从桥下过，不准经过竹楼楼板下面，不准经过女人晾筒裙的下面，不准经过洋丝瓜棚下面，不准经过竹涧槽下面等。[2]

景颇族习惯法反对闲游浪荡，否则被村民歧视。要参加本村寨一切活动和宗教活动，否则有困难时大家不给予帮助。骑马入村过寨时必须下马。到别人家去玩，不得任意出入鬼门（后门）。不得触动人家门前的鬼桩，也不许在其附近大小便。不能摸别人身边经常佩挂的长刀，女人更不能摸。

无论迁入者还是迁出者都要事先征得山官或寨头的同意。迁入者要送一小筒酒给山官。迁出者象征性地拔掉拴牛的木桩，表示与该寨脱离关系。[3]

德昂族习惯法禁止在竹楼内大声喧哗、歌唱、吐痰、踩火塘上的柴火或擅自拿主人之物。宾客和亲友要从正门竹梯进出竹楼，禁止横

① 广西壮族自治区编辑组：《广西壮族社会历史调查（第一册）》，广西民族出版社，1984，第129页。

② 云南省编辑组：《傣族社会历史调查（西双版纳之八）》，云南民族出版社，1985，第104～105页。

③ 云南省编辑组：《景颇族社会历史调查（四）》，云南人民出版社，1986，第111页。

穿甬道。小伙子来"串姑娘"时，只能在后门进出。凡登上庄房和竹楼时要脱鞋。在野外烧饭时两脚不能踏在木柴上或将茶壶拖出来。

黎族当发生严重的冲突时，女子骂人，是用口水呸在对方面前，表示对对方的侮辱。如因爱情纠纷，女子之间则以互相撕破衣服或用镰刀互相割破脸皮为报复。男子骂人，则以诅骂对方死去的前辈的名字，使对方遭受极大的侮辱和不吉利。按习惯法最毒的咒骂和动作是：双足狠踩地，手指向天，嘴里咒骂。此外还有击鼓咒骂、小便咒骂等。

为防止病瘟扩散传染，习惯法规定在村寨路口挂树叶，表示禁止外地人进入本村寨。生小孩、猪生仔、下谷种或酿米酒等，都在家门口挂树叶，禁止外人入内。挂吊树叶为符号的称为"禁星"，凡有禁星的地方人人要遵守。

赫哲族有许多社会交往方面的习惯法，如：见到久没见面的长辈人，应先磕头问好，不能不磕头就讲话，更不能转过头，不理就走；有客人到家时，儿媳妇要给装烟倒茶等。[1]

鄂温克族尊敬老人和长辈人，遇见老人和长辈人必须屈膝请安，并给他们敬烟。对外来的客人不论认识与否都须对他们生活给予照顾。对尊敬的客人则拿出最贵重的食物——猪尾骨和猪肩骨招待。不许背后说别人坏话。禁止用有刃的东西（刀等）指人或在人前晃动。春季禁止用牲畜的腮骨作游戏。女性不准踩、坐男人的行李，绝对禁止摸男人的头，不得使用男人的马鞍子。[2]

达斡尔族习惯法规定，平时对同辈长者和长辈人行请安礼，在过年或办婚丧事时，要给长辈人磕头。出外串门时，进屋见老人要请安，然后坐在炕边上，给老人敬烟。在路上，要给老人躲道、让位。

---

① 《赫哲族简史》编写组：《赫哲族简史》，黑龙江人民出版社，1984，第227页。
② 王静：《使用驯鹿的鄂温克人的社会形态》，载《民族研究工作的跃进》，科学出版社，1958，第74～77页。

不许妇女从车后边上车，不许妇女上房顶。不许用刀、剪、筷子等尖东西指点人。[①]

满族社会生活中礼节较严，这方面的习惯法较为丰富。如 3 天小礼，5 天大礼即小辈 3 天不见长辈，见后就得请安；5 天不见的，见后就得"打千"，即男人哈腰，右手下伸扶膝，女人双手扶膝下蹲。家中来客，小辈必须前来请安打千。满族人家，媳妇侍候公婆最谨严，每天早起后，先给公婆装烟倒水，随后再去厨房；吃饭时，媳妇先端饭给公婆，然后才能自己吃。[②]

蒙古族习惯法规定妇女迎接客人时，须戴帽子或包上头巾，穿坎肩和靴子，以示尊重。男子见客只穿马褂。客人走了不能随后扔灰尘、打毡土，客人进门时，也不能迎面这样做。不能无故空剪剪子。忌讳别人用手摸驼羔。[③]

藏族对礼节很重视，献"哈达"是他们交往时的重要礼节。两者若社会地位平等，则相互交往；若地位不同，则地位低者向地位高者献礼，地位高者在受礼时，依习惯法可匡坐不动而接受之，并且无须回赠。[④]

①　参见莫日根迪《达斡尔族的习惯法》，载《民族学研究》第六辑，民族出版社，1985，第 274 ~ 275 页。

②　参见张国庆《古代东北地区少数民族禁忌习俗刍论》，载《学术交流》1998 年第 6 期。

③　参见蔡志纯等《蒙古族文化》，中国社会科学出版社，1993，第 450 页。

④　西藏社会历史调查资料丛刊编辑组：《藏族社会历史调查（三)》，西藏人民出版社，1989，第 52 页。

第九章

中国少数民族习惯法的内容（中）

中国少数民族习惯法中的生产及分配习惯法、所有权习惯法、债权习惯法的内容非常丰富，对农业生产、狩猎组织与生产、猎获物分配、渔业组织生产与渔产品分配、采集；一般财产所有权、山林土地所有占有使用权、牧场草场占有权、渔场占有使用权；土地买卖、土地典当、租佃、雇佣、借贷、商品交换等作了规定，调整生产关系，保护生产活动，保障村寨家族个人的所有权和债权，促进社会的发展。

一 生产及分配习惯法

中国各少数民族在千百年的生产劳动中，形成了许多习惯法，有关于农业生产的，也有关于牧业、狩猎生产的，渔业生产与采集方面的也有不少，这些习惯法促进了生产的发展和社会的安定。

1. 农业生产

各少数民族特别是南方各民族在农业生产的组织、劳动日期、生产互助、生产工具的使用等方面有许多习惯法。

苗族在农业生产方面有许多习惯法。在不少地区，有农业生产的领导者——活路头，其主要职责是：带头播种、插秧，并主持执行生产方面的习惯法。贵州从江加勉的规定是，每年播种、插秧均须由"活路头"先做；任何人不能先于"活路头"，违者必须当众承认错误，并罚鸭1只、30搿禾的粑粑、1搿禾的酒给"活路头"及反映情况者共同享用。如违反之后又强词狡辩，则罚牛一头折价以买猪宰杀分给有关人员。

秋收后，第一次犁田时要选子日或丑日。要捉几尾鱼，煮好后和酒、饭一起摆在家里火炕边，并焚烧纸钱和香，以少许鱼、饭、酒撒地上敬祖先。

在10月初过第一个苗年的第一天早晨，用粪箕盛一点粪至田里。先插三五茎苞茅，再施以肥料，表示新的生产年度的开端。在吃早饭前，先以一小口酒倒在牛鼻梁上，表示对牛的慰劳和感谢。

在3月间初次动土时，要带一两个熟鸡蛋或鸭蛋、两碗酒及饭到田里。当挖土至中午时，以蛋、饭、酒少许撒在地上，表示敬土。在每年插秧时，要煮熟一只鸡或鸭祭母田。在插完秧并包过莼后，要祭秧。7月上旬吃新时要敬新谷。

使用生产工具方面苗族也有不少禁忌性规范，如用锄头耕作了一会儿后休息时，人不能坐在锄上。男人用的打牛鞭子，女人不能用脚踏，同时也不能跨过犁套绳。在耕作结束时，要拿酒和肉去敬犁和耙。此外，女人不能犁田。[①]

瑶族习惯法中极为重要的一项内容即是有关农业生产的。每年二月、八月春秋两次祭社时，头人（社老）要对共社的群众"料话"，即宣布当时在农业生产中应该共同遵守的习惯法。二月社的规定，包括浸稻谷种、做秧田、扯田基草、扯秧的选定日期（限定各居民同在

---

①　贵州省编辑组：《苗族社会历史调查（一）》，贵州民族出版社，1986，第28～29页。

一天进行）；割草（绿肥）要听放炮之后，各人才能出门，不许争先；放水进田，要依照旧日的田坝口，不许乱开乱挖，别人耕田过后，要过三天，才准由这田放水过下流的田里；犁田耙田时，牵牛过田，要依原来规定的老路走，不许随便经过不应走的田基；不许乱拿饭包、犁耙；见别人的田水漏干了，要帮补漏洞；过了清明节，各家不得放鸡鸭猪出外。八月社的规定，包括禁止乱入老山，不许放鸡、鸭、猪下地吃禾；不许乱拿禾把和饭包；挑禾把过路，肚饱的人要偏路让肚饥的人走；不许偷盗桐子、茶子，要等主人拾过之后才得捡拾。瑶族在农业生产方面还有许多禁忌，如某些日子忌出工，某些日子忌用牛、忌挑粪等。①

傣族的山地大多实行刀耕火种的休耕制，旱稻为 8 年轮种一遍，玉米地则 3 年轮种一次。每户砍地独自进行，烧地则要在同一天进行。播种盛行互助换工，由主人邀请以每对男女为单位。被邀请的换工者去时各自带饭，主人仅以鸡、鱼为菜肴招待。旱稻播种依习惯法先从地中间开始，先由家长和主妇在地中间竖立四根木桩呈四方形，桩高约 1 人，在木桩中间先播八塘，然后开始全面播种。先播种的八塘要最后收割，收割时也有一定规矩。稻分蘖时，每户要用 4 只鸡祭祀，其中有 1 只鸡用于祭天。

有的地区，每年开始农业生产前，就由街长在集市进行口头通知，谓召片领通知，生产季节已到，要进行撒秧；为了保护庄稼，要围好田篱笆，要找牛串鼻子，猪要枷木三角，狗也要管起来等。②

景颇族规定春耕动土前必须祭献官庙，否则不准砍地、烧地和下种；外寨人来本寨借种土地也必须交一箩用来祭献官庙的谷子；不准

① 广西壮族自治区编辑组：《广西瑶族社会历史调查（第一册）》，广西民族出版社，1984，第 68~69 页。
② 云南省编辑委员会：《西双版纳傣族社会综合调查（一）》，云南民族出版社，1983，第 34~35 页。

单独砍种一片山；不准随便烧野火，谁烧着了野火就要罚牛或猪；官庙前不准随便砍地、烧地或下种。

春播前，祭献毕，到山官所号的土地上举行播种仪式，由董萨念咒语，后由事先挑选好的两对青年男女播种，女的在前用竹制小锄挖穴点种，男的在后用竹帚覆土埋种。有的村寨还埋一头猪给地鬼享用，有的每隔三年由山官奉献一头牛，宰杀后埋在辖区内的土地中表示献给地鬼享用。每当秋收之前，全辖区的男女老少要到山官和寨头家举行"尝新"仪式。之后，各家各户才能开始收割。新谷收割后，在脱粒之前，要祭祀谷堆，入仓之前要举行叫谷魂仪式。①

哈尼族习惯法规定每条水沟都设有公职人员，选举沟头两人，条件是公正、在使用水沟的成员中享有威信、有能力处理违背用水契约的人。沟头是义务职，没有任何的报酬。此外，还有看沟人，其任职条件是有管理水沟和分水的经验，做到合理地使用水、分配水，保证每块水田有水，保证水稻生长。雇看沟人需要在会议上讨论，上任的管沟头如果称职便继续留任，不称职时则另雇。看沟头的待遇由各户负责，按水的大小口负担。

开水沟是集体开，每户都出工，不出工者缴银若干。每条沟都有公共性的沟款，归看沟人保管和使用。属于祭水沟性质的宗教活动则由沟头主持负责。各沟户之间禁止偷水。②

彝族也有农业生产中的劳动互助习惯，主要有：①换工。相互交换劳动力从事生产，有人工互换，也有人工与畜工（牛工）互换，两个人工换一个牛工；②邀工。凡因缺乏劳动力或因病不能劳动的，请求亲朋无偿帮助劳动力，午饭由请求邀工户供给。

---

① 云南省编辑组：《景颇族社会历史调查（三）》，云南民族出版社，1986，第15页。
② 云南省编辑委员会：《哈尼族社会历史调查》，云南民族出版社，1982，第51页。

此外，从农历三月三日起，如果下雨就三天不出工；如果不下雨，则七天不出工，也不推磨、不簸谷、不砍柴。①

2.狩猎组织与生产

各少数民族多居山区，因此有关狩猎组织及首领、狩猎生产方面的习惯法为数不少，特别是北方的一些民族更为丰富。

赫哲族按习惯法采取集体狩猎形式，狩猎组织是临时性的，人们自由结合，一般找有血缘关系的或投契好友参加，但外人愿参加者也不拒绝。参加集体狩猎者都是男性，绝大多数为年轻力壮者。

狩猎时全体成员推选有狩猎经验、办事公正、年龄较长、熟悉地理的猎人担任"把头"（劳得玛发）。把头熟悉狩猎地点，由他选择猎场。狩猎中发生大问题时，把头要与狩猎的成员商量，如划分小组、研究居处、伙食、猎场、出猎时间长短、猎获物分配等。把头没有特殊权利。

在狩猎时，赫哲族有许多习惯法规范，如：①每到一个新的狩猎地方，把头掇上未烧尽的木棍，率领全体狩猎成员跪求山神爷："保护我们打围顺顺当当的，快当些（多得猎物之意），有些青年猎人，如有说咸或说淡的（说怪话），请山神爷要多担当些。"②到青山里（原始密林中）应该做什么就做什么，不许说怪话和诳话，如"明天我一定得多少多少猎物"之类的话是不行的。在未得到猎品之前，不要说我一定得多少猎品，否则会得罪"山神爷"而得不到猎品。③在山中遇见有锯剩的大树桩子，不许猎人坐，认为树桩子是山神爷老把头坐的。④在狩猎窝棚里吃完饭后，要把火堆掇好，将饭锅扣得平整一些，吃饭的用具也要摆得有顺序些。把吊锅吊在树杈上时，不要乱晃动，更不准敲打。用刀子翻锅是绝对禁止的。⑤在猎枪、子弹和狩猎工具等物品上面，妇女是不许坐的；男人穿的衣服不许妇女坐在上

---

① 云南省编辑组：《云南彝族社会历史调查》，云南人民出版社，1986，第308页。

面或跨过去。⑥同是狩猎的猎人，如果在山中相遇，必须请到窝棚里吃一顿饭再行离去。⑦行猎中如确系捕不到野兽时，有极个别的猎人，到他人狩猎的窝棚内，乘人不备之机，拿人家一点点食盐或叶烟，是允许的。①

鄂伦春族的一个"乌力楞"组成几个"阿那格"，分头远出狩猎。每个"阿那格"都是临时组成，自由参加，人员不固定。每个"阿那格"在出猎前，要选出"斯坦达"一人负责。当选"斯坦达"的条件，为狩猎经验丰富、年龄较大。冬季出猎，每个"阿那格"都要选出或由"斯坦达"指定"吐嘎钦"一人，负责炊事、照料马匹等工作。春夏秋以"阿那格"形式出猎，各个小家庭均随行，并分头担负"吐嘎钦"的工作，不再设有专人。

在狩猎期间，习惯法规定不准唱歌、跳舞和吵闹。出猎前不准说一定会打到什么野兽或多少只。不许射击正在交配的野兽，要等交配完了再射击。进行狩猎时，不许把木棍横放在经过的路上，要顺着放，只有这样狩猎才会顺利。出猎中烧的木柴要砍得短短的，否则打猎的日子就要拖长。②

达斡尔族远出行猎，按照习惯法是多人合作去的，单独出去只能在屯子附近打猎。远出行猎的组织称作"阿纳格"，内中年龄最大的人当"塔坦达"，他安排各人的出猎方向，组织集体协作，主持产品的分配。阿纳格组成以后，要选择好日子出发。临走前杀猪宰羊在一起会餐，亲友邻居们前来大门前送行。由年龄最大的老人举起大酒碗，说些吉利话，随后自己先把酒喝一口，然后递给猎人轮着喝，把酒喝完以后，阿纳格就出发了。在路上遇见敖包时，在敖包上添石头，在旗杆上挂红布条，进行叩拜。吃饭时，把饭碗用双手举起来，

---

① 《赫哲族简史》编写组：《赫哲族简史》，黑龙江人民出版社，1984，第185~186页。
② 秋浦：《鄂伦春社会的发展》，上海人民出版社，1978，第206~207页。

由"塔坦达"领头说一声"白那查"（山神）以后再吃。

在达斡尔族，狩猎时还存在一种"安达"（意为朋友或义兄弟，后成为劳资合作的一种形式）形式，由东家即富裕户出生产资料，猎人将猎物分给东家一半。如猎获物过少或没有打到东西，欠下东家债时，第二年还要去，打到的东西仍分给东家一半。东家头一年出的生产资料另行计算，猎人第二年出猎的粮食、弹药等仍由东家供给。[①]

壮族集体进行的狩猎活动是围猎，但没有任何固定的组织。大多在秋收完毕后进行。每次出猎的人数不定。捕获的野兽，按习惯法给射中的人多得一份外，其余都照人数和狗数均分。猎得黄麂，皮归射中的人，肉则平均分配。较小的野兽，不便分肉时大家聚餐一次。个人有时也用装铁锚和装炸药等方法捕捉野兽的。[②]

苗族狩猎以冬季为主，冬腊月大雪封山，就有人邀约好友十来人上山打猎，平时猎取岩羊和水獭等则单独进行。出猎时，忌说不吉利的话。合伙出猎，还要按照习惯法杀鸡敬菩萨，并念道："我们上山打猎，有了，大家平分，没有，就算了。"表明大家都是自愿去的，猎获野兽各得一份，如果不幸出了伤亡事故，则由自己负责，与同伙无关系。如果满载归来，还取猎获物的肝子去祭谢菩萨。[③]

瑶族围猎是一种集体进行的生产活动，人数并不固定。当发现村落或田地附近有野兽时，便可随意邀约同村的人去围捕，谁都可以参加而不能拒绝。打猎时，不许别人讲明他到什么地方去做什么事，忌倒打猎枪。有的地区猎具不许女人尤其是孕妇跨过。打猎出大门时如先碰见女人，则终止此行，改日再去。所获猎物，分配后均不能出卖。

---

① 莫日根迪：《达斡尔族的习惯法》，载《民族学研究（第六辑）》，民族出版社，1985，第275页。
② 广西壮族自治区编辑组：《广西壮族社会历史调查（第一册）》，广西民族出版社，1984，第207页。
③ 贵州省编辑组：《苗族社会历史调查（一）》，贵州民族出版社，1986，第135页。

有的地区，每逢装鸟盆捕鸟的季节，习惯法禁止外人（包括同族和外族）到个人所有的山林里走动。在进入装鸟盆地点的小路口，常插着一个用草作结的标记，任何人都不得越过草标，否则就违反了习惯法。凡装鸟盆地点附近，不得鸣枪打鸟，犯者亦受罚。[①]

独龙族习惯法规定进行狩猎有单独进行和集体进行两种。集体进行时，由有经验的猎者指挥，自备粮食、武器，自愿结合而成。为明确谁击中野兽，各人的箭都不相同，便于识别。每个家庭将猎获的兽骨头角悬于木梁或门口，或挂于柱上，以示勇敢和成绩。

在同一个氏族内，有共同的猎场，只限于氏族成员进行狩猎，别的氏族成员如不经本氏族成员同意，则不得进入猎场打猎。猎场多以山峰河谷为界。如因追赶野兽进入别的氏族的猎场时，则将猎获物的一半分给主人。[②]

3. 猎获物分配

各民族的习惯法还对猎获物的分配原则、分配范围、分配数量与顺序等作了规范。

赫哲族习惯法规定，无论猎获品多少，所有的出猎者都平均分得一份。在一个合伙狩猎组织中，把头和成员无论年龄长幼、经验多少、技术高低都取得同等的一份。只是根据猎获对象不同，有的直接分得猎获物，有的分得现金。对自己亲戚、鳏寡孤独没有劳动力或有劳动力未出围的人，也要送给他们一些兽肉。在分配时，出猎者每人算一个股。以后枪、马也入股分成。枪、马股的分成数各地及各时期有所不同，以枪为一个股、马为半个股最普遍。

分配猎获物方面，赫哲族还有一些习惯法，大家都自觉遵守。在野外狩猎时如果遇到野兽，不论后边有无人追赶都可以捕获。捕获

---

① 广西壮族自治区编辑组：《广西瑶族社会历史调查（第一册）》，广西民族出版社，1984，第68页。

② 参见罗钰《云南物质文化·采集渔猎卷》，云南教育出版社，1996，第293页。

后，如果将猎物已背起来了，后来的人便一无所得。如果后面的人赶上来时，捕兽的人尚未将猎获物背起来，就要分一部分给追兽的人。此外，在狩猎中有收获的猎人遇到无收获的猎人也要分给他一些兽肉。①

鄂伦春族以"阿那格"组织形式出猎，产品的商品化部分和兽皮，在猎手间平均分配。兽肉在大部分地区以"乌力楞"为范围按户平均分配。在"阿那格"内，猎手与"吐嘎钦"都同样分得一份，随同出猎的寡妇也可分得一份。其他妇女，如家中已有男子参加就只能酌量分给一些，最多也只能得半份。兽皮如不足数，采取轮流分配办法，即甲打中分给乙，乙的分给丙等，猎获者每次均排斥在分配之外。具体分配时，狍皮一张作两份，鹿、狍皮各作一份。在"阿那格"集体狩猎时，各人有无投入马匹，投入多少，以及生活资料投入多少，均不影响平均分配。

单独狩猎时，猎品的商品化部分和兽皮归个人所有，兽肉在大部分地区以"乌力楞"为范围按户进行平均分配，少数地区只是对各户酌量送一点。

如果一个猎手打到狍子后正在剥皮时，另一个一无所获的猎手正好碰上，前者就要让他剥皮，剥完后送给他一大半肉。②

达斡尔族的猎获物遵循平均分配的习惯法。猎获物由斯坦达分配，他按阿纳格的人数分成堆，堆与堆在品种和数量上尽量均衡。斯坦达分完后，有不合适的地方其他人可以建议调整。由年龄最小的人先要，最后一堆是斯坦达的。有的地方则把大家的刀子收起来，由斯坦达扔在分成堆的猎获物上，谁的刀子扔在哪个堆上，那一堆猎物就归谁。后来，也有把猎获物出卖后分钱的。如果打到野猪，猪头应分

---

① 《赫哲族简史》编写组：《赫哲族简史》，黑龙江人民出版社，1984，第 186～187 页。
② 秋浦：《鄂伦春社会的发展》，上海人民出版社，1978，第 207～208 页。

给打死它的人，不能分给别人。一个猎人追逐的野兽，若被另一人打死，猎获物由两人均分。猎到狐狸后，必须就地燃放草烟，在烟雾腾空期间赶到现场的人，均可参加平分猎物。[①]

4. 渔业组织、生产与渔产品分配

有些少数民族的习惯法中有部分涉及渔业组织，渔业生产的时间、地点及产品分配等。

瑶族在捕鱼方面有不少习惯法，主要有：①每年钓鱼期是二月春社以后至八月秋社止；②装攒撵鱼期与钓鱼期同；③任何时候不许撒网和用药毒鱼；④家中有人生病，须用鱼作祭品送鬼时，只许塞滩得几条，不许多捕；⑤家中有老人过世，只许塞滩捕滩和捕鱼一天，捕多捕少不拘，但仍不能用其他方法捕捉；⑥别人在自己田里装攒捕鳅鱼，田主不得把鱼攒搞坏或丢出田外。[②]

纳西族有固定的捕鱼区——尼意，依习惯法各个尼意的界线绝对不能侵犯，如果某一方越界，则没收其所捕到的鱼。实行集体性的驾舟撒网捕鱼。在每个尼意范围内，由一二十人组织一个"丘得"，选择一个有经验的担任"屋梅"，他负责领导捕鱼工作，组织劳动力和主持分鱼。捕鱼者主要是男子，捕到的鱼当天进行分配。参加丘得的每一家渔民必须遵守习惯法，丘得的成员还有权在尼意内用小网拦鱼。

在河流，纳西族一般是实行围鱼，由四个人临时组织起来，三个人负责撑网，一个人负责拉绳子。这种临时性的捕鱼组织，有网有绳子的便是发起人，在分配时他可以多分些。[③]

赫哲族人捕鱼，一家一户个体生产为基本形式，但集体捕鱼也

---

① 莫日根迪：《达斡尔族的习惯法》，中国民族学研究会：《民族学研究（第六辑）》，民族出版社，1985。

② 广西壮族自治区编辑组：《广西瑶族社会历史调查（第一册）》，广西民族出版社，1984，第191页。

③ 云南省编辑组：《宁蒗彝族自治县纳西族社会及家庭形态调查》，云南人民出版社，1987，第27~29页。

不少。

习惯法规定，合伙捕鱼组织不是固定的和长期的，而是自愿结合组成的，一般为与自己交往最密切的人或有血缘关系及家族之人。在合伙组织中推选一名年长、辈分大、有捕鱼经验的人当"把头"，由他率领并分工，指挥捕鱼，选择渔场。如发生有人说怪话、口角纠纷等事，把头进行说服劝解教育，修理钩、补网等细致工作也由把头负责。把头没有特殊权利。捕鱼技术较熟练的人就自觉地多做些捕鱼工作，捕鱼技术稍差的人就多做些捡柴、做饭、加工鱼等事。

若很多捕鱼户在同一个渔场捕鱼时，一定要遵守已经商定的轮流的作业制度，不能随意蛮干。同时，不能硬挤别人已经下好钩的钩地和网滩。有人确实没有钩地和网滩生产时，经过捕鱼的人们商量后，本着团结互助的精神，安排到一定渔场捕捞。

在捕鱼时，赫哲族还有许多习惯法，如：孕妇或经期的妇女，不准到渔船上或渔场中去；参加捕鱼的人，若他家死了人，到渔场后，在滩上燃起篝火，让这人跨过火堆；捕鱼参加者，不准说怪话和大话等。①

5.采集

有少数几个民族有采集方面的习惯法。

赫哲族采集野果、野菜一般合伙出发，由熟悉地理环境的领头前往，自愿参加，一般是不论老幼，平均分配。也有自采自得，谁采集的就归谁所有。如果邻居无人采集又无菜果吃时，送给一些。采集时遇到神像或在庙前，不能乱说，不能动木头神，要给神磕头，并说："我给神磕头，我们做得不对时，不要见怪。"

到山上挖人参的习惯法更多。挖人参的成员每天早晨必须给山神磕头，晚上返回窝棚后也要给山神磕头。发现人参时必须喊一声"棒

---

① 《赫哲族简史》编写组：《赫哲族简史》，黑龙江人民出版社，1984，第169页。

锤"，其他人要问什么"棒锤"，喊的人就要回答什么什么"棒锤"。挖人参的人不能说大话，不许乱说乱喊。[1]

鄂温克族采集一般由妇女担任，一般是自愿结合，从中推选比较年长、有威望和生产技术、经验丰富的人担任"塔坦达"。也有以家族为采集组织的。采集时，白天可以随便唱歌，夜间则不许唱，不许打火，或向火上泼水，锅必须轻拿轻放。分配是谁采归谁。[2]

未经头人许可，藏族不准到"神山"上去挖虫草、贝母、秦艽、知母等药材，否则处以罚款。经其许可者，须将所挖药材上交头人一半；并且不准砍神树，也不准越界到其他头人辖区内砍柴，否则要罚款，退还所砍的柴，并没收其砍柴的斧头和背柴的绳子。[3]

二　所有权习惯法

中国少数民族的所有权习惯法主要包括一般财产所有权，山林土地所有、占有、使用权，草场占有权，牧场占有权，渔场占有、使用权等，特别是山林土地所有、占有、使用习惯法极为详细、丰富。

1. 一般财产所有权

这方面的习惯法，主要是有关财产所有的主体、财产的取得、财产的种类、财产的处分等方面的规范。这里的一般财产是指山林土地以外的财产。

瑶族的财产占有有"打标为记"的习惯法。砍伐的竹木柴火、捕获的猎物等，只要在这些东西的上面放上一个用茅草打的活结，就表示这些东西已有了主人，他人就不会拿走。在荒地的四周打上几个活

① 《赫哲族简史》编写组：《赫哲族简史》，黑龙江人民出版社，1984，第203页。
② 秋浦等：《鄂温克人的原始社会形态》，中华书局，1962，第128~129页。
③ 四川省编辑组：《四川省甘孜州藏族社会历史调查》，四川省社会科学院出版社，1985，第209页。

结标记，就表明已有了主人，他人也决不会在此开荒耕种。

除公有土地、山林、河流等外，瑶族主要是家庭私有制，家庭占有的财产有水田、山地、林木、屋舍、园地、工具、家具、牲畜等。家庭成员中的个人私有财产，主要是个人的私储（私份钱）和个人用私储买的小部分土地（私份地），全由自己支配，家人不加过问。如系父母的私份钱、私份地，由老人决定，将来给子女中的一人或几个享受，不按财产遗传，不由兄弟均分。①

傣族夫妻在从妻居时，通过在家庭之外种植田地、菜蔬，饲养猪鸡，有的甚至饲养牛乃至经商，积累自己的财产。这是符合习惯法的。在正式从母家分出时，妻的父母、夫的父母要分给一部分耕畜、生产工具，亲友则送鸡等家禽，村落协助盖房屋，分与份地。一些富裕家庭的未婚子女都有自己的财产，如养猪、鸡，男子耕种个人份地等。

傣族财产的占有，有的地区采用号占的习惯法。村民砍伐烧柴，亦实行号占的方式，即在打算砍伐的一片柴林处，将一棵树的皮砍去，表示占有。②

景颇族的土地，不论水田、旱地、大烟地、园地、苦荞地、竹林，基本上私有。一切生产工具、牲畜、住宅以及日用器具均属个体家庭和私人所有。辖区内的林木、竹丛非个人所栽植者，为村寨所公有，除村寨附近的林木外均可自由砍伐；非本辖区人员，要征得山官寨头同意才能砍伐。③

黎族财产占有方面有"插星"习惯法。在村外看见好的山地、树

---

① 广西壮族自治区编辑组：《广西瑶族社会历史调查（第三册）》，广西民族出版社，1985，第36页。

② 云南省编辑委员会：《西双版纳傣族社会综合调查（二）》，云南民族出版社，1984，第126页；云南省编辑委员会：《西双版纳傣族社会综合调查（一）》，云南民族出版社，1983，第123页。

③ 云南省编辑组：《景颇族社会历史调查（三）》，云南民族出版社，1986，第6页。

木、果树、茅草、蜂窝、鱼塘等，一时不能利用而需要占有保存下来的，便以插棍结草或用钩刀在树上刻划上鸡爪形的"×"符号，表示这些东西已有物主了，别人不能占有使用，谁要是偷走或占用别人标明"插星"或刻有"×"记号的东西，被视为违反习惯法而要受到处罚。

鄂伦春族习惯法规定马匹、猎犬属于小家庭私有。马匹在家庭中一般是分开专用。猎枪、猎刀、猎斧、枪架、马具以及熟皮工具等也属小家庭私有，一般都分别由个人专用。桦皮船、鱼叉、渔网和鹿哨等生产工具也归小家庭私有，但谁用谁拿，不归个人专用。"仙人柱"、仓库也属小家庭私有。[①]

蒙古族对牲畜的所有是通过记号来表明的，若有纠纷，以记号来证明。习惯法规定的记号分两类：一类是烙印（对驼、马），另一类是剪耳朵（对羊、牛）。对羊与牛的记号较简单，只要在其耳朵上剪一自家确定的记号，而不和邻居畜群的记号相同就可以了。而驼、马的记号即烙印，比较麻烦，烙印图案需要设计，还要到铁匠炉去订制。图案有的自己设计，有的请喇嘛或邻居中年长、知识多、为人们敬重者设计。设计时要考虑不与邻近各家重复，对畜群的繁殖"吉利"。一家的驼、马群打同样的印。若原非己有而是由外处买来的驼、马另打印时，一定要打在原印的上部。[②]

高山族习惯法将财产所有分为四级单位，即部落（村落）、父系世系群、家族与男女个人。

（1）部落公有财产。属于部落居民所公有的，即为部落公产，这些公产除了本部落的成员可使用外，外人无权过问。部落公有财产包括道路、山村、水源、石板以及道路旁边所有的植物等，主要为未经

①　秋浦：《鄂伦春社会的发展》，上海人民出版社，1978，第204～205页。
②　蔡志纯等：《蒙古族文化》，中国社会科学出版社，1993，第233、236页。

人力开发即可以利用的自然资源。另外也包括部落建置财产，像会所、部落大门、守望寮、碉楼、公墓、礼拜堂、休憩所等。

（2）父系世系群所有的财产。父系世系群是由家宅的关系所形成的地域化的亲属团体，其共有的财产包括经人力集体开发的土地财产与集体使用的财产标记两种。父系群的财产标记，不是财物本身而是用以标记可以归私用的财物，包括渔船刻纹、伐木标记、羊耳标记三种。

（3）家族财产。家族是私有财产的最大单位，财产主要有不动产与动产两类，不动产为土地、家宅以及附着于土地、宅地上的不动产；动产包含一切有生命与无生命可以移动的财产，如家畜、粮食、祖传武器、炊食具、家具、生产工具、小型渔船、牺牲之角骨等。

（4）个人财产。基于个人的有效使用、特殊创造成果、以构成自己的荣誉象征之财产属于此类，包括衣饰、工具武器、个人的创造品及艺术品、宝货（金片、银币、钱币、饰珠、贝货等）、无形财产（个人习得之技艺、巫术、歌词、舞艺等）。女性财产还包括从娘家带来的财物。[①]

2. 山林土地所有、占有、使用权

这类习惯法，主要规范山林土地所有占有的主体、种类、所有使用权限、界线标志等方面。

依习惯法，壮族的土地可分为官田、公田和私田三类。官田是土官以政治上的名义所占有的土地，包括"班佽田"（由土官交农民耕种，佃户不纳租，不上粮，每年为土官供服劳役）、"哨目田"（土官分赐给哨目的田）、"课田"（养兵田）、"义学田"、"养印田"（土官赐给发妻掌管印信的田）、"兵田"（哨兵田，供养哨兵之用）等。公田包括宗祠田（蒸尝田、祭山田）、庙田、会田（合伙捐资买来作为打斋聚会费用的田）、过渡船田（给掌船过渡者作生活费）、马牌田、

---

① 陈国强、林嘉煌：《高山族文化》，学林出版社，1988，第105~108页。

寨老田等。私田主要是官绅和地主所占有的土地，贫雇农也占有一些土地，但为数较少。荒山荒地多属于土官、哨目、庄主寨老所有。有的地区则山坡上可开荒的坡地任何人都可自由去开垦而为私有。[①]

苗族祖先迁到某些地区如贵州台江巫脚交时，插草为标占有土地，插到哪里就占到哪里，插占以后即属各寨各族公有或私有。

苗族的所有权习惯法将土地分为公有土地、山林和私有山林、土地两类。公有耕地不多，山林则有80%左右为各姓家族、宗族或全寨共有，主要有学田、全寨共用田、游方坡、寨有山林、家族共有山林、族有山林、族有坟地、斗牛场等，另外溪河也为全寨共有。田地山林的界线是以山岭、沟壑等大体划分的，也有栽某种树或栽一岩石为界的。要用树木时通知本房宗族一声就可以到公有山林砍伐，但杉树秧不许砍伐，果树不准砍，神树不准砍，寨子周围的"风水树"不准砍。私有山林有二种类型，一类为山权林权都为私人所有，另一类是只有林权没有山权。此外，田边地角养树，田为谁所有树即为谁所有。在私有田土交界地段，则又有一种占有田边树木的习惯法，即上、左、右三边距田坎沟两市丈以内的，下边距田坎沟一丈五尺以内的，归田主所有；两块田之间的空地面积，不足此数者，则由两个田主平分地段占有林木。

荒山荒地可以随便开种，只要向土地占有者（某家族或某几房）通知一声，就可以砍倒树木、放火烧光，播种作物，不送礼，不交租，不付任何报酬，但只有使用权。

苗族土地赠送较普遍的是送给女儿的"姑娘田"。这类田是为未出嫁的女儿置办出嫁时的衣饰及婚后"不落夫家"及省亲时的生活开支用的，一般不能作为姑娘的夫家的财产，只姑娘本人和姑娘亲子有

---

① 广西壮族自治区编辑组：《广西壮族社会历史调查（第二册）》，广西民族出版社，1985，第4~11页。

权占有。如姑娘亡故，又无子嗣，娘家就要收回这类田。①

侗族习惯法将土地所有占有分全寨占有、大家族占有、小家族占有、私人占有几种形式。

全寨公有的有寺庙田、义渡田、桥梁田等，一般是村民捐钱购买，收入用于祭庙费用、修理庵堂房舍和赡养和尚、修船架桥购买木料用。大家族公有的，是以同姓同宗（远祖）居民为单位的占有形式，占有的财产有山场、牧场、坟场和鱼塘河流等，这些主要是由祖宗遗留下来，合而不分。山场多是离村较远的杂木林或荒山，凡族内居民均可自由开垦，但不能买卖、典当和转让。山场一般以小溪、古树和巨石为界，也有的栽竹为界。凡占有的河段内，外人不得任意捕鱼。小家族公有的，即以同姓同宗为单位占有，范围包括山场、河流、坟场、牧场、祠堂田等。族内成员也只有使用权而无处分权。私有占有的土地一般为耕地，可自由支配。②

傣族土地既有领主直属的，也有公有的和私有的，按习惯法各有不同的权利形态。

领主直属的土地包括宣慰田（召片领直接领有的世袭土地）、土司田（大领主直接领有的世袭土地，绝大部分征收劳役地租）、波郎田（薪俸田，召片领或召勐划给其大小家臣作为支付薪俸的土地，不能世袭，卸去官职就要交出土地）、头人田（村社头人作为薪俸的土地，也不能世袭）等。

公有的土地又分家族田与寨田或寨公田。家族田只能在同一家族内部互相传递继承，不并入寨内调整，迁离时交还家族，不能带走。凡外族人在本族共有的荒地上开田，三年内必须向本族交纳地租，五年并入本族家族田。

---

① 贵州省编辑组：《苗族社会历史调查（一）》，贵州民族出版社，1986，第54～62页。
② 广西壮族自治区编辑组等：《广西侗族社会历史调查》，民族出版社，2009，第108～111页。

寨田或寨公田，是"集体所有私人占有"的土地，在村社成员中以家庭为单位进行分配，在迁离或脱离村社时必须交回村社。也包括少量的竜山田、祭鬼田、佛寺田等。

傣族土地所有形态最主要是份地或负担田。领主利用农村公社分用土地的习惯法，以谋私利，村社则保有了形式上的"集体所有私人占有"。对份地，村社成员只有使用权，一般不能典当或买卖，并要向领主交纳一定的实物和服若干劳役。凡村社成员中结婚成家的男子，都有权要求或被迫接受份地。丧失村社成员身份、迁离本寨、丧失劳动力或主要劳动力死亡，均须把土地交回村社。土地定期分配调整，一般以户为单位，分出之新户有权要求分给份地。遇有下列情况之一时，就讨论调整土地：①有人分家或招外寨女婿，新立门户；②经村社同意吸收外来户为新成员；③过去因缺乏劳动力或不愿种田的人，现在要求分田种；④过去分得坏田的人，提出调换土地；⑤有人不愿种田，把田交还村社；⑥有人迁离本寨将份地交还寨上；⑦迁往外寨户，已将份地交还寨上分配，数年后又回来要求分配土地等。分田时间一般在傣历八月初（阳历六月，即犁田前）。无论分田与否，分田会按习惯法每年都要召开。分田时在寨上的佛寺或主要头人家召开群众会，其方式主要有两种：打乱平分（把土地划为若干等份，在竹签上书写各户姓名，以抽签决定；或由一个不识字的人把竹签插入田中，各户按姓名去认田）和在原耕基础上抽补调整。后一种为大多数村社经常采用的方式，具体办法有挤地、并地、割地、挖地、补地、调换等。

私人所有的土地数量很少，有村社农民开垦荒地，按习惯法五年后应归入份地而没参加归并和调整的土地；占用比较固定的宗族田，已不在宗族内部调整分配的土地；某些地区的召庄田等三种类型。①

---

① 参见云南编辑委员会《傣族社会历史调查（西双版纳之二）》，云南民族出版社，1983，第4～9页。

佤族公有地不太多，只有同姓公有地（由同姓人伙种，收获物由头人管理，作为同姓公共费用）和几个寨的公有地（各寨都可以开种，但不能出卖）。土地以私有为主。土地主人有权在其土地周围栽木桩、石头乃至堆砌石界作为地界，彼此互不能逾越侵占。

合种现象十分普遍，习惯法确认以下几种权益：①由祖先留下，未进行过分配的土地，由其兄弟及其后裔合种。②同姓合种，土地属同姓人公有，籽种和劳动力同出，收获物归同姓人公有。③两家共同开发或者由于土地抵押而形成的合种关系，如一方将地权抵出一半，再与抵进者双方合种，或者因欠债而形成债权人与债务人的合种关系，其形式通常为债务人以一份收获物偿还债权人作为抵债。④由无地户向有地户借种而形成合种关系，借地户与有地者合种。⑤在自种田地上因临时事故劳动力不足等，而与亲戚或兄弟等合种。⑥一方缺乏土地、生产工具、籽种或劳动力，而与另一方合种。合种的双方除特殊者外一般平出籽种和劳动力，收获物平分。①

白族的山林按照习惯法全部为公有，谁都可以在山林中打猎、采集、砍柴，或开一块火烧地。土地公有主要是种姓之地和家族之地。这些土地不能买卖，耕种者只有使用权，而无所有权。公有土地一般以自然物为界，也有的用打木桩、插竹签、垒石头、打草结等标志为界。如有个别越界侵占行为，就会引起土地纠纷，甚至引起械斗。谁要把公地卖掉，就要受家族赶走的处罚，不许在村里居住，再也没有耕种公地的权利了。私有土地包括个体家庭私有和伙有（两三家共同占有）。伙有的土地一般不能分割或拆开，也没有界线标明其中某部分属某户。在特殊情况下可以将属于自己的一份转卖给别人，但必须征得其他共有户的同意。伙有的土地实行共耕。

---

① 云南省编辑委员会：《佤族社会历史调查（二）》，云南人民出版社，1983，第65页。

如果缺少耕地，可以向土地较多的家族和家庭借地使用，给一部分收获物作为酬谢。[1]

德昂族习惯法规定旱地属公有，凡属本寨成员，对本寨公有荒地可自由开垦，谁开谁种，不受限制。一般采取"圈占"方式，在地周围砍上符号，符号有两种，一种是砍地边草，一种是在地边的树木上砍上十字形。各村寨的可耕旱地、森林地、放牧地均有界线。属本寨公有的树木、竹子，他寨成员需要，则需要买取。所得之钱归伙头保管作为日后公务开支。水田一般为私有，谁开归谁所有，可以买卖、典当。各家占有的房基和园地归房屋之人长期占有，一旦迁出村落，其房基和园地及其在园地上所种植的各种果树一律归村落，习惯法禁止自行买卖。[2]

傈僳族从土地到森林几乎全部由个体成员所有，最初的私有是通过号地（用石头、草疙瘩、树上刻制痕迹等）来实现的。属于部落、家族村社所有的只限于尚未经过垦耕的荒地和少量高山森林。另外，有一种个体家庭小型的集体耕地，其范围通常只限于两个个体家庭所共有，这种耕地，由两个个体家庭共同占有，共同劳动，产品则平均分配。两个个体家庭对其自己的那份土地有典当买卖的权利。

习惯法规定，任意侵占别人的田地要罚钱，并要他偿还田地。属于氏族或几家共有的山林，要砍伐木材必须大家同意并要砍伐人出钱，钱归氏族或几家共有。如果未征得大家同意就砍伐，则罚钱，一般为原来应出的钱的几倍。

独龙族土地占有形式依习惯法有：①血缘集团公共占有，集体垦种的土地，生产工具各家出，平均出种子，收获物平均分配给各家消费。②血缘集团集体占有土地，家庭成员既可随便开垦，亦可合伙耕

---

[1] 云南省编辑组：《白族社会历史调查（二）》，云南人民出版社，1987，第81~82页。
[2] 云南省编辑组：《德昂族社会历史调查》，云南民族出版社，1983，第101页。

种，也可以同其他家族的人一起来耕种，不因耕种这种土地而承受任何义务。各家族之间都有明确的土地界线，往往以涧溪作为分水岭，未得对方家族同意是不得越界开垦的。③几户共同占有土地，占有者除有使用权外，也有丢弃、出借、转让乃至出卖等处置权，伙有者之间必是亲属或亲戚。④个体家庭私有土地，是独龙族社会土地占有的主要形式。私有土地往往垒石为界或有其他的记号，或者虽没有明确的标志，但大家心里明白范围有多大。按照习惯法互相尊重，互不侵犯，如有侵犯，就会引起纠纷。不但有占有权、使用权，而且有处理权，可以遗传继承，也可赠送，可与人合耕或出借，也可投入交换转让给他人。①

达斡尔族在清末土地放荒以前，土地不属于哪一个人，而为达斡尔人所共有，可以自由耕种，只在拣种别人撂荒还不过三年的熟地时，才需征得原垦主的同意。当时达斡尔族对土地的占有不是永久性的，其占有权以开荒开始，到撂荒后第三年结束。清末放荒中，无偿地给达斡尔人划留了牧场等公有荒地和为个人所有的生计荒地。由于划留的生计荒地的数量大于耕种能力，达斡尔人土地私有的观念仍很淡漠。只是占有别人的房基和园田要给一定的报酬。按习惯法，在别人的园田里盖房子，需给几斗粮作代价。②

藏族的土地，名义上公有，实际上属于各个头人、土官、土司和寺院所有，下面各个等级只在一定义务下有一定程度的土地占有权和土地使用权。他们可以暂时让出土地使用权，但不能自由转移土地占有权。所谓暂时让出土地使用权，是指暂时出租土地、暂时典当土地，以及暂时把土地作为女子陪嫁的妆奁（女子死后，这份土地归还

---

① 参见刘龙初《略论怒江地区土地所有制形态及其演变》，载《中南民族学院学报（哲学社会科学版）》1997 年第 3 期。
② 莫日根迪：《达斡尔族的习惯法》，载《民族学研究（第六辑）》，民族出版社，1985，第 275 页。

娘家）。

藏族地区，一般都有面积大小不等的公地，公地有三种：牧场和荒地；耕地；山林。公共的耕地是绝嗣户和逃亡户留下的，如果无人愿意领作份地，便由村民协力耕种，收获物由村长寨首或村民推选的人掌管，用来念经，或用作备荒的积谷，应纳的赋役也由村民分摊。①

彝族习惯法规定土地以私有为主，并残存有部分公有地。公有地一种为全家支共同占有，对于公有地的买卖处理，必须经全体成员讨论同意后方可，家支的头人没有特权出卖。占有权不受等级界限的限制。凡本家支的成员无须先通知家门即可前往伐木或开垦耕种。非本家支的人户如需用木料，得先通知家支头人，经允许后始可砍伐，并交纳一定钱，这些收入，用作公众的开支。另外有属于全村寨所有的公有地，大多为荒山荒地，村里的农民谁都可以开垦耕种，而且一个村子里，总是由户数最多的姓管理这些荒山荒地。

黑彝可以自由地占有土地，只是土地不能卖给外家支尤其是冤家家支。曲诺有土地所有权，但出卖土地时，要得到主子同意，主子有优先购买权。瓦加买进土地受到主子的鼓励，有有限的土地所有权，限制很多，除卖地要经主人许可、绝业归主子外，还受到主子的许多干涉。②

3. 牧场、草场占有权

各少数民族特别是游牧民族有许多牧场草场的占有方式、占有使用权限、四周界线、调整分配等方面的习惯法。

赫哲族习惯法规定草场占有有两种方式：习惯占有与买卖占有。习惯占有发生较早，据说在赫哲人种地之前就有占有草场之事。最初

---

① 西藏社会历史调查资料丛刊编辑组：《藏族社会历史调查（四）》，西藏人民出版社，1989，第35~47页；四川省编辑组：《四川省甘孜州藏族社会历史调查》，四川省社会科学院出版社，1985，第84~86页。

② 云南省编辑组：《四川广西云南彝族社会历史调查》，云南人民出版社，1987，第112~119页。

草场的使用不是固定的，占有方法是每年在打草之前，在预定打草的地方插上标杆，作为占有记号。这种方式不是固定的，每年都要改变的，谁先插上标杆就归谁打草。如果要继续占有这块草场，来年春天还须将这块草场周围烧荒打火道。表明头一年占有的人还要继续占有，他人不能来此处打草。如果别人想要在这块草场上打草，须事先征得烧荒人的同意。如果插标杆、打完草后，不烧荒打火道，第二年又不再插标杆表示占有，这说明占有者放弃了草场占有权，但其他人要在这一块草场上打草，亦须事先询问以前占有者是否继续占有，占有者明确表示放弃这块草场时，别人才可以占有。因未经过烧荒人的同意而打草，要引起纠纷。

按照习惯法，鄂温克族牧场的占有可以分为习惯占有和封建占有两种。习惯占有：一年之中按照季节的不同，每个放牧单位（如呢莫尔）有其固定的游牧场所。这样年复一年就形成了习惯上的占有。但因牧场之间没有明确的界线，所以往往有其他人在牧场上放牧。不过，每个放牧单位四季牧场周围的牧场一般是严格禁止外人放牧的，甚至别人作埋葬用地也会遭到拒绝。封建占有：这是富裕而又有官职的大牧户，仗着政治特权和经济势力而占有牧场。

鄂温克族打草场的占有依习惯法有各种情况：①在烧荒的年份里，由于烧去了陈草，地皮发热，牧草就普遍长得好，割不完，这样就不存在草场占有的问题。②在未烧荒的年份里，草有好有坏，习惯上是谁经常在某一地打草，那里就为谁所占有，别人是不能随便打草的。①

达斡尔族的牧场为公有，不分彼此自由放牧。按习惯法，窝铺（冬营地）附近的牧场为窝铺所有者占有使用；在牧草成长季节，不在窝铺附近的牧场上放场（包括窝铺所有者的牲畜）。达斡尔族以爱

---

① 内蒙古自治区编辑组：《鄂温克族社会历史调查》，内蒙古人民出版社，1986，第390~391页。

里（原来的氏族）为单位占有打草场，各爱里又根据本爱里各户牲畜多少，把打草场分为若干段，划归各户占用。打草场一经分配，归各户长期占有使用，但不能典当或买卖。在羊草成长季节，打草场的主人有权阻止别人进场放牧牲畜。[①]

蒙古族习惯法规定牧场是各个牧户占有，各牧户对牧场的使用基本上是自由的，各牧户较固定地占有自己常住和常牧的牧场，但对牧场并没有土地所有权。牧场的界线，一般以营地附近放牧牲畜（主要是羊）所够得上的，即羊群一天能够往返的范围为占有的界线，并常以山或丘为自然分界线。界线只是牧民和相邻各牧户彼此确知，并无界标或准确的里数，占有牧场一般是以打井、修圈、架包、盖房子为标志。从历史上看是先有井，再有圈，随后才有房子，房子成为牧场占有的最重要标志。牧场占有的纠纷较少，大多为由于走"敖特尔"（流动放牧）时拥挤一起，先来者不满意，或后来居上，对井水和牧场使用上抢先，或在他人冬季牧场上，到了 7 ~ 8 月还不走等原因引起的。有了纠纷，常常只是争吵一气，众人说合一下，大家认为有理的（合于习惯法的）占住无理者走开了事，或者找巴嘎达木勒（头领）判断。[②]

藏族的草原、牧场，表面上是部落公有，实质上是牧主阶级占有，支配权掌握在千户、红保等头人手里，但习惯法规定包括头人在内的任何人不许出卖、赠送部落的牧场。部落与寺院占有的牧场互相间有明确的界线，越界放牧是严重的事件，必定会引起纠纷，甚至发生械斗。

牧场的分配方式，按习惯法各部落不尽相同：①各家各户无固定

---

① 莫日根迪：《达斡尔族的习惯法》，载《民族学研究（第六辑）》，民族出版社，1985，第 275 页。

② 全国人民代表大会民族委员会：《内蒙古自治区巴彦淖尔盟阿拉善旗情况调查之二》，全国人民代表大会民族委员会 1958 年 6 月内部印行，第 26 页；蔡志纯等：《蒙古族文化》，中国社会科学出版社，1993，第 224 ~ 225 页。

牧场，每到按季轮换牧场时，由头人召集所属小部落头人，宣布迁移的日期和区域。头人自己居住的地方与牧场首先指定，再用抽签或别的方法分配每户一定区域。到下一季，又如此分配。②主要的分配方式是，头人把牧场分到所属各小部落，再分配给各家各户，各户在自己分到的牧场内按季轮牧。各家都可以从祖辈承袭固定的牧场使用权。过了若干时间，头人要对牧场的使用进行调整，具体办法大致有，第一种：头人收回绝户牧场，重新分配给他户，新分到者承担派定的差、税。第二种：牧户畜群增加，原分得的牧场不敷使用，向头人纳礼申请，头人从牲畜减少的牧户或贫苦、破产牧户中调拨牧场给他。同样对税额作相应调整。第三种：外来户向头人送礼申请，并保证交税支差，遵守部落一切习惯法，可以从头人那里获得一块牧场。第四种：牧民违反习惯法被没收财产，或由于破产而流浪乞讨，牧场由头人收回。此外，头人还可以决定出租牧场给别的部落，收取租金，租金不归部落公用，而归头人收取。

牧民搬迁牧场与放牧都必须按照头人分配的范围，搬迁时间也要按头人规定，否则，先于头人规定日期搬迁罚牛一头，不按期拖后搬迁也是如此。搬迁后又回到原来牧场拆锅台、拾牛粪，也罚牛一头。

习惯法禁止越界放牧。若羊越界可将越界羊宰吃，将皮子归还畜主；若牛越界，割去牛的尾巴，赶出界外。宰越界羊需分送肉给头人，割牛尾巴也要送上一撮尾上的毛给头人。牧民的牲畜越界到头人使用的牧场上，通常是没收越界的牧畜，畜主还要遭受打、骂，严重的没收财产的三分之一、一半，甚至视为反抗头人，而没收全部财产，没身为奴婢。①

4. 渔场占有、使用权

少数民族习惯法中有少量是有关渔场的占有、使用的，如渔场的

---

① 四川省编辑组：《四川省甘孜州藏族社会历史调查》，四川省社会科学院出版社，1985，第237～238页。

占有方式、使用限制等。

赫哲族习惯法规定渔场为公共所有，没有私人占有的。早年捕鱼时，谁先到现场，谁就在该渔场先下钩、下网。如在同一渔场内，因钩、网下的过多而拥挤，无法驶船、下钩、撒网时，所有到渔场捕鱼的人就主动集合一起，经过简短的协商，决定下钩、撒网的次序或划定临时的捕鱼范围。但在捕大马哈鱼期间，就划分了固定渔场。最初谁开辟的渔场，就由谁年年在该处捕鱼，因此公认这个捕鱼场就是他的，其他人不去该处捕鱼。有个别家庭由于某种原因无处捕鱼，必须到他人的渔场捕鱼时，须与渔场占有者协商，取得同意后方可捕鱼，如不允许则不能进行捕捞。在一般情况下，双方都是互相照顾的。[1]

达斡尔族渔场没有被私人或集体占有的情况，只是嫩江和讷莫尔河沿岸的村落附近的鱼窝子由其附近屯子集体占有，外屯人去捕鱼时，需缴纳鱼份子。其他河流则不存在渔场占有问题。[2]

三　债权习惯法

随着社会的发展，交流的增多，特别是近百年来私有制和商品货币的进一步发展，各少数民族土地的买卖、土地典当、租佃、雇佣、借贷和商品交换关系也有了相应的发展，有关债权的习惯法也应运而生，并不断丰富和完善。

1. 土地买卖

各少数民族习惯法对土地买卖的条件、范围、手续、契约乃至价金等作了规定。

壮族的土地多因家中有急事才卖。习惯法规定的手续为先由卖主

---

① 《赫哲族简史》编写组：《赫哲族简史》，黑龙江人民出版社，1984，第165页。
② 莫日根迪：《达斡尔族的习惯法》，载《民族学研究（第六辑）》，民族出版社，1985，第275页。

找中人出面，必须先通知房族，如房族无钱才卖到他族。买卖土地有两种情况：一种是自卖土地之后，在契约上写明卖主要做买主的佃户，卖后的土地使用权仍在卖主身中，做佃户一直做到买主把这份田地卖出给别人为止。另一种是不做买主的佃户，自卖之后互不再问。进行买卖时，要立契约，载明田界、价格等。一般由买主请中人、代笔人吃酒席一顿。①

苗族买卖土地时，按照习惯法家族有优先权。外家族卖主即使确定了田价，只要家族内有人要，其所出的田价不比外人低，仍然让家族成员买。买卖田产可立契约，仅由买主请双方亲族、寨头和中人吃一餐饭，即"吃中"，同时买主送卖主的亲叔伯兄弟每人10斤谷，谓之"亲房谷"，中人由买卖双方各送20斤谷或4～5角钱作为酬谢。经过"吃中"和接受了"亲房谷"以后，买卖便算正式成立，将来如有反悔，参加"吃中"的人都有作证的义务。

苗族习惯法另有"卖田不卖坎"的规定，所以在田产出卖后的第一年秋收时，买主按习惯法一般要按卖价每两银子（或每块银元）折送10斤谷给卖主，作为"补买田坎"。此外，买主还得按买得田的丘数，每丘另送20～30斤谷给卖主，表示"关怀"。②

根据习惯法，侗族买卖田地时有时刻一个木头作契约，如卖田价共213文，就在圆形小木柱上刻两条深沟，表示200，再刻一条较浅的，就是10，最后刻3条最浅的，就是3文。纹都是刻一圈，然后由木柱中间劈开，各执一半为据。

有的则订立文字的买卖契约，有卖林契约、卖山契约，一般均有中人，作为此宗交易的主要人证和买卖双方的介绍人，其报酬由对方

---

① 广西壮族自治区编辑组：《广西壮族社会历史调查（第一册）》，广西民族出版社，1984，第33、258页。

② 贵州省编辑组：《苗族社会历史调查（一）》，贵州民族出版社，1986，第143～144页。

酌情商定，多少无定数。

傈僳族有土地交换，土地交换是土地买卖的雏形。习惯法规定参加交换的有水冬瓜树地、火山地、熟地，甚至园地，得到的是粮食、日用家具、家畜、生产工具等。土地出让人想要回原地，只要将原来所得的东西如数交还，土地便可回到自己手中。土地交换手续很简单，只要双方愿意就成，少数的刻木为凭；有的既无中人，也无木刻或其他凭据，只到土地边转一转，了解其四至即可。土地不仅在家族内部交换，有的突破了家族界限。①

赫哲族习惯法规定，出卖土地时租种这块土地者有优先权，其次是地邻。卖地时间一般在秋收后或春耕前。春耕以后秋收以前卖地者较少。卖地时先请几位中间人，讲好地价，写好卖地契，签名画押，然后吃一顿酒席，饭后交出地照和付清财物，这样土地买卖便告完成。②

藏族习惯法规定松潘关内的土地属百姓私有，可以自由抵押买卖。土地的价格以一斗种面积计价，河坝地为 60 ~ 100 个银元，山腰地 30 ~ 50 个银元，高山地 10 ~ 20 个银元。毛儿盖土地也属私人所有，已经有买卖。土地价格以一桶种子地计算，好地 14 个银元，中地 10 个银元，坏地 5 ~ 6 个银元。买卖土地有先家门后近亲四邻的习惯法，并需出"谢中钱"、"划押钱"、"代笔钱"、"地税"、"过印费"等。③

彝族土地买卖习惯法规定，首先是要经过主人的同意，先由主人购买，次由本家支购买，而且一般不能卖给有冤家的家支。瓦加的耕食地不能买卖，有些地区可买卖的土地限制更严。买卖一般是经过中

---

① 云南省编辑组：《傈僳族怒族勒墨人（白族支系）社会历史调查》，云南人民出版社，1985，第 29、46 页。
② 《赫哲族简史》编写组：《赫哲族简史》，黑龙江人民出版社，1984，第 192 ~ 193 页。
③ 四川省编辑组：《四川省甘孜州藏族社会历史调查》，四川省社会科学院出版社，1985，第 156、174、199 页。

间人的活动，当双方商定价格后，即算成交，没有任何契约。当土地买卖时，买方必须杀 1 只鸡或 1 只羊，宴请左邻右舍及家支某些人、中间人等，以示公证。

土地买卖成交后，买方必须支付中间人酬金，一般为地价的 5%。在卖主急于出卖时，中间人酬金可稍增。以后一旦发生土地纠纷，中间人负有作证的义务。如中间人死去，则由其子继任之。①

土族规定，土司所属的土地，不能自由买卖，但土司有权同其他土司或私人交换土地，亦可以在土地上建筑房屋。

一般情况下，土地买卖谈妥后，买方除拿出地价钱外，还须另外拿出 3 份钱：一份给中人；一份给写约人；一份给卖方的亲房（因卖约上还须有卖方的亲房人画押才算有效）。这 3 份钱多少不定，一般是中人和亲房人所得相等，写约人约得中人之一倍。此外，买方还得另备酒饭招待一次。

在土族无本民族文字又没有识汉文或藏文的人，不能立文字契约时期，买卖土地时就将石头或骨板打成两半，买者卖者各折一半，以作凭证。有识字人时，必须请同中保人，书立契约。买卖约契一段写一张。②

2. 土地典当

除土地买卖外，各少数民族还有许多土地典当的现象，因而形成了关于土地典当权、土地典当的手续、契约、期限、价格及回赎等的习惯法。

壮族田地的典当，其价格仅为断卖价格的一半左右，由当事双方凭中议定。一般出当人多不愿索高价，以便日后赎回。典当是不明讲

---

① 云南省编辑组：《四川广西云南彝族社会历史调查》，云南人民出版社，1987，第 46 页；云南省编辑组：《云南彝族社会历史调查》，云南人民出版社，1986，第 72、174、199 页。
② 青海省编辑组：《青海土族社会历史调查》，青海人民出版社，1985，第 72、102~103 页。

利息的，其利息便是所当的田地的收益。如果这田地由出当人耕种，则承当人每年秋收时便来临田分租。

典当的进行，按习惯法须凭中保说合，立契约为凭。契约内必须载明回赎的期限（一般是三年），如果出当人逾期不赎，以后纵然有钱也不能回赎。故凡是无法赎回典当田地的，必须邀请原来之中保，要求承当人再增补一些价款，另书契约，作为断契。要给中人以"中保钱"。①

苗族田土典当比田土买卖少，约为1比4。当价大致为卖价的二分之一，也有占三分之二的。典当期一般为3年，也有个别的定为十年八年的。但不是死当，即使超过当期，只要有钱，随时都可以赎回，甚至有父当子赎的。

习惯法规定家族有优先承典权利，只有无亲房或亲房所出的典价比外人低廉时，才能典给外族或外寨人。典当成协议时，须要有双方家族作证，但可以不办酒席招待和立契约。②

侗族典当的对象一般都是借贷中的抵押品，其种类有水田、油桐山、油茶山等，典当一般也行息。习惯法规定典当有一定手续，由典当者请中间人向对方说合，然后由受当者备办酒肉，请中间人及当事人到场，立当契为据，双方各执一张，以防反悔无凭。有的也不立契约，由典当者请中间人向对方议定即可。

典当的土地，所有权仍归原主，仍由原主耕种，受当者每年到田分一定产量作为利息。土地的当期以三年为限，逾期不赎，即行断卖，断卖仍照实货折算，即是把压低的定价加足至实价，该土地即转归受当者所有。③

---

① 广西壮族自治区编辑组：《广西壮族社会历史调查（第一册）》，广西民族出版社，1984，第86~87页。

② 贵州省编辑组：《苗族社会历史调查（一）》，贵州民族出版社，1986，第144页。

③ 广西壮族自治区编辑组等：《广西侗族社会历史调查》，民族出版社，2009，第117页。

　　傈僳族习惯法规定典当土地要由中人说合，并需用汉字书写契约，典当双方和中人各执一纸。典当价一般低于地价。典当不管年代远近，一有钱就可以再赎回来，如果无钱赎还，就永远典当下去，实际上那是出卖了。[1]

　　达斡尔族在出现了地照、土地的占有有了文字的凭证以后，出现了土地的抵押。自耕农有了困难，以土地为抵押向富有者借钱，到时无力偿还，土地就归债主。一般因一时困难而卖地者都先押地，实在无力赎回时才地归债主。

　　按照习惯法，羌族典当的地价相当于土地价格50%的，原主可以赎回。典当形式有：①有年限的典当。当价为地价的60%～70%，逾期不赎则可按地价的80%出售。②老当。赎期不定，银到地回，当价为地价的40%～50%。③压喜典当。承当土地主人，向原主缴纳很少租子，以表示地权仍归原主。④抵押典当。借贷银钱时，负债者把自己的土地作为抵押，逾期不能偿付欠债时，则土地归债主所有。⑤当地不当粮。土地出当后仍由原主负担公粮。[2]

　　土族土地典当早先不写字约，按习惯法只用一块石头或骨板打成两半，双方各执一半作为信据，也不需要中人。以后因识字的人渐多，才改用字约。典当地一般没有定期赎回的，何时有钱何时即可以赎回，故一般字约上都写着："有钱当日抽约，无钱长年耕种"。典约一般书写两份。

　　土地典出后，这块地的粮差负担等也就随之转嫁给新主。也有少数有钱有势的人家，典入土地后拒绝负责该地的粮差等，则原主还得继续负担。

　　土地典当不需拿出额外的报酬给中人、写约人和亲务人，只由典

---

①　云南省编辑组：《傈僳族怒族勒墨人（白族支系）社会历史调查》，云南人民出版社，1985，第128页。

②　四川省编辑组：《羌族社会历史调查》，四川省社会科学院出版社，1986，第89页。

入土地的人家备酒饭招待一次即可。典当地价每亩平旱地 2～3 元，山旱地 1 元左右。①

3. 租佃

各少数民族习惯法中有关租佃的规定主要包括租佃的租额、租制、手续、契约等方面的内容。

壮族习惯法规定租佃按占有者的不同而有些差异。①耕种土官的官田，一般必须为其服劳役或交特需的实物，主要表现为劳役地租。不能自由退佃，父死子承，世代相袭。有少部分缴纳实物地租，租率有对半、三七等。②耕种公田，一般采取分租的形式，不立契约，一般为实物地租，耕这种田的人若是自己不再耕种，可以转让租给别人。有些则不缴租、不缴粮，每年服若干劳役。③租佃地主官族的私田，除有头人担保外，一般都立契质押，契约内容包括租额、质押物价、期限等，在规定的年限内如果缴不清田租即得割质。租额一般为50%～60%。佃户每年大多要为田主服若干天劳役。②

瑶族最主要的租佃关系存在于"山主"和"山丁"之间。"山丁"向"山主"批租山地时，按习惯法要经过立写契约和请酒等手续。地租形态有实物地租、货币地租，还有部分劳役地租。在实际的租佃关系中，往往有各种地租形态混合在一起的现象。

实物地租的形式有：①种树还山。山丁批到山地之后，不交其他的地租，只把租种的山地上种满树木，交还给山主。批到山地后大多在砍种之后的第二年开始种树，以后即在树苗中间种农作物，等到树木长高了，地力也耗尽了，再也不能种植农作物时就把山与树还给山主。有的除种树外，还要交纳一定数量的实物或货币，有的树由山主自

---

①　青海省编辑组：《青海土族社会历史调查》，青海人民出版社，1985，第 72～73、103 页。

②　广西壮族自治区编辑组：《广西壮族社会历史调查（第二册）》第一册，广西民族出版社，1985，第 12～14 页。

备（苗）自栽，山丁只负护理的责任，这类可算是变相的劳役地租。②分租制。全部产量由"山主"与"山丁"按一定的比例分配，其中有三分租（主一佃二）、二八分租（主二佃八）、三七分租等。③定租制。把租额在议租立契时就固定下来，以后即按双方所同意的租额交纳，租额根据土地好坏而定，有一次性交清的，也有分期交租的。

货币地租有定租制，与实物的定租制在形式、实质、手续上相同。还有山丁以户为单位交纳货币地租的，租佃茅草山时采用这一形式。

在实物地租与货币地租中，还残留着少量的劳役地租，往往在每年春耕和秋收农忙的时候，山丁要给山主做几天无偿的劳动。有时在立契时规定了的，有时在契约中无明文规定。①

侗族的租佃关系主要存在于田租方面。佃种的手续有简有繁，简的由佃户向田主请求得到同意，双方面议租额租期即可；繁的则先由佃户请中间人向田主告佃，得到初步同意后再由佃户备酒肉款待中间人和田主，并同时书写契约，写明租期和租额，由双方及中间人分别画押盖章，佃权才开始享有。

租佃关系中，地租形态以实物地租为主，劳役地租较少，货币地租是极个别现象。实物地租基本上可以分为活租制和定租制两种。活租可分为六四分（主六佃四）、二一分和对半分三种。定租制是按固定的租额交租，租额的多少先由田主决定，经佃户同意后即可。劳役在议租时契约上并无明文规定，但佃主有使用佃户的劳力的习惯法。②

傣族地主经济意义上的租佃关系很少，份地制下主要是劳役式赋役，实物地租和货币地租处于次要位置。这方面的习惯法较为独特。

---

① 广西壮族自治区编辑组：《广西瑶族社会历史调查（第一册）》，广西民族出版社，1984，第432页。

② 广西壮族自治区编辑组等：《广西侗族社会历史调查》，民族出版社，2009，第184～186页。

劳役地租表现在农奴除代耕领主直属土地外，还负担修路、造桥、挖小水沟等公共劳役，并服兵役，有的则为大小领主提供各项家庭内及专业性劳役，其项目多到百余种。实物地租是在劳役地租基础上发展而来的，每年向领主等交纳一定数量的谷子、草排、柴等。土地较多的村社把共同占有的场地出租给外寨而征收实物地租；从"被郎田"上征收的实物地租，租率为正产物的10%。

为了完成负担，傣族领主建立了自上而下逐级分派负担的组织"火西制"，各个村社内部形成了一套自下而上的"黑召"组织。黑召的基本内容是平分封建负担：①体现土地与人相结合的负担户和概念，"吃田出负担"，15岁至结婚前为学负担时期，结婚后至50岁为正式负担时期，50岁后为卸负担时期；②由共同负担换来共同占有土地而巩固起来的负担界线；③由负担户和负担界线相结合的平均负担办法。劳役是轮流分派的，其办法有的用簿子登记；有的在竹片上标明劳役种类，按户传递；有的在竹片上书写各负担户的姓名，用绳子穿起来悬挂在墙壁上，依次完纳并随即翻出背面；有的用4个竹筒，分为4种差役，在竹签上写明各户姓名，并在竹筒上面凿一个洞口，插入竹签，一户服完役即抽出竹签，再以另一户竹签插入等。所有对大小领主的贡物，也是轮流均摊分派。①

景颇族尽管土地基本私有，但有"要地种"习惯法，无地少地户可以向有地多地户通过协商借耕一两年，在借时送给土地占有者少许礼物（如茶、蜡条、半开等），得到允许交换其指定地段去开耕。一般不需什么报酬，也有收获后给一些产品的。有些地区也有一些租佃关系，活租定租两类，没有契约，年限也不一定，主要以实物交纳。但总的来看，景颇族租佃关系不太发达。②

---

① 云南省编辑组：《傣族社会历史调查（西双版纳之二）》，云南民族出版社，1983，第14～26页。

② 云南省编辑组：《景颇族社会历史调查（三）》，云南民族出版社，1986，第27页。

独龙族有土地出借现象，根据习惯法的规定，土地出借需要报酬，是租佃关系的萌芽。借地多为火山地，也有少数是水冬瓜树地或熟地，往往通过亲戚亲属关系借地。借地的人要到土地占有者的家里去要求，通常情况下都是同意出借的。借地的年限一般都是一年，次年归还。借地分有报酬和无报酬两种，有报酬者多为一块麻布或一把砍刀、一些粮食或一捧黄连、一筒水酒等。另外还有一种借地补偿形式，即借地还地，互相换种，今年借别人地种一年，以后需将自己的一块地让人种一年。①

赫哲族早年没有出租土地的，清末民初才开始出现租佃关系，多出租给汉族农民。一般将荒地开垦后出租，第一年的地租少，第二年增加一些，增至第三年即不能增加了。也有的荒地占有者，直接将荒地交给租佃户自己开垦，头几年不收地租，过三年后再收地租。也有占有荒地人与他人合伙将荒地开垦成熟地，再租给他人。也有雇人开荒地，随后出租的。

赫哲族较多的是"招耪青"的地租形态，习惯法将此分为两种：一是"耪外青"的，由佃户自己出牲畜、劳动力、食粮、种子，出租者只给土地，秋收时按粮食收获量比例分成。另一是"耪里青"，佃户只出劳动力，在土地占有者家吃饭，一切种子、食粮、牲畜和费用均由土地占有者负担，秋收时按议定之比例双方分粮。地租有实物地租和货币地租两种，没有劳役地租，数量多少根据地区、土质而定。实物地租中交粮的种类和数量都事先讲明写在租契中。②

蒙古族租地时不论亩，而依习惯法讲"圈"讲"块"，就几天水浇灌满的一块地或一圈地讲论地租。租佃时一般订立契约，载明租金、期限等，并规定在租期未满时收地或退地皆罚白米两石。地主除

---

① 云南省编辑委员会：《独龙族社会历史调查（二）》，云南民族出版社，1985，第10、77、100页。

② 《赫哲族简史》编写组：《赫哲族简史》，黑龙江人民出版社，1984，第194~195页。

收取初租户的押金外，常常预收几年的地租。租银以外，地主还向佃户要柴、蔬菜、羊只或猪肉，数量根据对方具体情况而定。有的写在契约上，有的立租约时并不讲清楚，而是额外征收的。

租地人不能把自己租来的地转租给别人，否则地主有权收回已租出的土地。但实际上往往不尽如此，租地人也有将土地转租给别人的，也有以自己的名义替他人租土地的。①

回族习惯法规定的租佃形式主要有：①定租：租额每斗地（3.5亩）为8升至1斗（每斗150斤）。此外，这些地的差粮杂款也由佃户负担。不管年成好坏，到时一定要按数交纳，交不上即折价钱，按年计息，年利为30%～40%。如欠债多了，地主即将地收回，并强迫男的为他做长工，女的给他做饭和干杂活。②安庄头即伙种：有各种形式，有的是地主出土地、耕畜、种子和一部分工具，收成后，地主分六成；有的是地主只出土地，收成后对半分；有的是地主出种子、耕畜、农具，土地是佃户的，收成后扣除种子对半分。③过粮：又称过粮差、当差粮。地主把地租给佃户，七成收获物归佃户，三成归地主，这些土地应摊的差款，全由佃户负担。有的地区除此外还要为地主再负担同等数量的差役粮款。④撒烂种：土地耕畜农具都是农民的，只因在耕种时向地主借了种子，庄稼收割后即须和地主平分捆子，并且还要交还所借种子的一半。

一般每年要换契约一次，换约时，须请地主和中间人吃饭，否则很难继续租种。换契约时，佃户要出"划字钱"。

羌族租佃形式习惯法规定了这样五种：①分租，即分庄，收获时地主与佃户正副产品均分。②定租，预先确定租额，不问收成好坏皆按规定缴租。定租一般还要有押金，由佃户预先付给地主一笔款项或实物，以备在农民不能缴付租金时按规定扣除。③当出租入，又称典

---

① 内蒙古自治区编辑组等：《蒙古族社会历史调查》，民族出版社，2009，第79页。

当回耕。农民将自己土地典当给地主，然后为了生活又租田耕种，并按规定交付地主的租子。④"一做两不收"，即农民因生活所迫将土地当出和租入两次，只得全部收成的四分之一。⑤力役地租，佃户租种土地，在农忙时以做工顶租。①

彝族习惯法规定租佃无文字契约，以实物地租为主，并交错着货币地租或变相的货币地租。有押金的极少，一般为了保证不被夺佃而交纳押金；有押金的，租金要稍轻些。

实物地租又可分为：①对分租。对分租的租额按当年产量，业主与佃户平分，如果种子由承租人自备则业主索取收获物的三分之一；②定租。定租的租额约占收获物的20%~40%，不论年成好坏，皆须交纳所定的租额。实物地租经双方商定可以折成货币交纳，也有专门以货币（银子）交租的。有的则收盐巴为租，1升种地收1斤~1.5斤盐巴不等。在四川彝区，佃户还要承担大量无偿劳役和摊派，即"白工"。

开垦荒地交租，按习惯法先与业主商量，经双方议定租额后始行开垦，一般是二半山地需要在开垦种植三年后才交租。

在有些地区还有一种"干优租"的租佃形式，这是地租与高利贷相结合的一种方式。当农民有困难向富人借贷一部分钱时，就要抵押一定数量的耕地，并议定每年交租，而交租量往往超过这份土地的产量。

如因故不能交清租粮，有次年照数付清不加利息的；有把欠租作借款处理次年本息付清的；有拉子女作呷西而抵债的；也有以土地作抵押了清的。②

土族出租土地的分一般地主和寺院地主两类，租佃方式习惯法确

① 俞荣根主编《羌族习惯法》，重庆出版社，2000，第57~58页。
② 云南省编辑组：《四川广西云南彝族社会历史调查》，云南人民出版社，1987，第39~40页；云南省编辑组：《云南彝族社会历史调查》，云南人民出版社，1986，第16、69~71页。

认有劳役地租和实物地租两种。劳役地租，一种称为"过差"，地主不收租谷，但承租者得根据所租土地的数量，替地主承担一部或全部差役；另一种是地主租给农民一两亩或两三亩地，不要租谷，但农民得经常替地主干活，随叫随到，不给工资，只管饭吃。一般租一斗地，每年服役 10 ~ 20 天，以割田劳役为准，背麦、拔草则三天折一天。

实物地租，有两种方式：一种是对分。地主租出一部分土地，并出一对牛和一部分种籽（通常为三分之一），佃农出劳动力和其他生产工具，收获物平分，这块地的公粮、马款、差役完全由佃户负担，另外逢年过节要给地主送礼。另一种是地主出地，籽种各出一半，劳动力和农具都由农民负担，收获物通常是地主占六成或七成，农民占四成或三成，公粮、马款、差役各负担一半。逢年过节给地主送礼与否随便。也有定租的，一般是斗地斗租。①

4. 雇佣

各少数民族有关雇佣的习惯法，主要是对雇佣的种类、工资、期限、手续等作出规定。

苗族习惯法规定雇佣劳动分长工、月工和日工三种。长工的工资视劳动的强弱而分上中下三等，上等为一年 16 ~ 20 元（银元），中等 10 ~ 14 元，下等 4 ~ 6 元。雇主常克扣工资。长工的劳动十分繁重，生活没有保障，无法娶妻的很多。童工的境遇更惨。月工较少，工资也视劳动强弱而定。日工则较多。

此外还有一些没有能力借债的，就由有钱人家预卖短工。雇主预付工资（多数为米），到农忙时节，雇主要工，随唤随到，不能推迟。这种预购劳动力的工资一般比农忙时间的工资要低，甚至低一半左右。②

---

① 青海省编辑组：《青海土族社会历史调查》，青海人民出版社，1985，第 19 ~ 21 页。
② 贵州省编辑组：《苗族社会历史调查（一）》，贵州民族出版社，1986，第 146 ~ 147 页。

　　瑶族雇工替主家做工时，不管是长工或短工，按习惯法饭餐都由雇主供给，雇主吃什么雇工也吃什么。雇主往往将雇工看作自己家庭中的一个成员。工资有用银钱支付的（长工年工资均东毫12元），也有用稻谷等实物支付的。[①]

　　赫哲族习惯法规定的雇佣除短工（日工、月工、包工）和长工（吃劳金、扛活）外，还有以下几种：①换套子。换套子是种地不多、自己无畜力、农具也不多的人家与别人以人工换畜力或农具为自己种地。习惯法规定一个人干一天活计算一个工，一头牲畜不论牛马干一天也算一个工。②包套子。包套子是将自己的耕地包给他人，事先以口头契约方式讲明春耕的方法、夏蹚的次数、秋收以及人的吃粮、牲畜饲料等由谁负担、算多少工、要多少钱等。付款分两次，开犁时先付一半，另一半双方商定。③卖套子。耕地不太多的人家，因牲畜和犁有余力而卖套子。

　　雇工工资有两种：实物工资和货币工资。实物工资一般多是给粮，其中有"定粮"和"地粮"之分。"定粮"是讲定劳动一年给多少石粮。"地粮"（干地活）是雇主将某一块地上收成的粮食作为雇工的工资，具体又有两种：一为"挑青"，即青苗长出来后，任凭长工挑选一块好苗地作为工资收入，但不能零星挑选，只能选一整片地。另一种是"挑秋"（挑籽粒），即秋天农作物成熟后，让长工挑选一块籽粒饱满成熟的好地块，所产粮食均为长工所有。

　　货币工资一般讲定一年挣多少币钱，付给吉林官贴或哈大洋，也有的给当地商号出的"毛钱"（商号出的钱票）。支付方式有多种，较少的是上工时将全年工资一次付清，也有将全年工资在上工时预先支用一半，这两种都要有商号担保，以免中途不干。最普遍的为零支

---

　　① 广西壮族自治区编辑组：《广西瑶族社会历史调查（第一册）》，广西民族出版社，1984，第159～161页。

工资，一般分三次领币：上工时、秋收时节及大秋或年末。

长工的上工日期，一般多在阴历正月初五至十五以前，也有在二月初一上工的。下工日期在阴历十一月末，也有在十二月十五至二十下工的。长工一年中的休息日期（放工），一般有刚上工那一天、榜地开始前的一天、端午节、中秋节、打完场关场院门时各休息一天。另外在本屯或临近村镇唱野台戏时休息三天。每天劳动中的休息时间，根据农耕季节的不同，休息时间也各异。①

藏族的雇工主要是牧工，依习惯法规定，牧工有较长期和较短两种，有固定的期限和事先讲好的工资，有人身自由。短工多在生产繁忙季节受雇，从事驮运、砍柴等重体力劳动，如牲畜死亡或货物遗失，概由短工赔偿。此外，藏区还有一种娃子，即终身奴隶，他们没有人身自由。②

羌族的雇佣劳动习惯法规定有五种形式：①雇长工。每个长工最少要种1斗种子（收成在5石以上）的土地，除种地而外，还要经常为主人砍柴、背水、挖药、烧饭，以及从事一切家务劳动，劳动报酬没有一致的规定，有的除供伙食外，不给工钱，一年只给一件麻布衣服，有的给8斗玉米等。利用招赘和抱儿子的方式招变相长工的现象较多。招赘上门要写约据，规定只有老实做工，不能有所违抗，否则就会被"乱棒打出"。②牛工换人工。无力买牛者只得以自己的劳动力去换牛工，一般要以8～10个人工甚至14个人工换一架牛工。③包工包草。田主将自己经营土地上的草按包工的形式包与农民薅，一般是1斗种的地薅两次草，需工40个，只付给1斗玉米的工资。④雇零工。零工一般每日工资只有1升玉米。⑤羊毛换零工。1斤羊毛要抵4个人工。

---

① 《赫哲族简史》编写组：《赫哲族简史》，黑龙江人民出版社，1984，第193～194页。
② 西藏社会历史调查资料丛刊编辑组：《藏族社会历史调查（三）》，西藏人民出版社，1989，第307页。

维吾尔族习惯法规定的雇佣形式分为长工、短工和女仆。长工很多都订有卖给地主偿还债务的有期契约，订明每年应得报酬、做何种劳动以及期限，并盖上艾兰木（大阿訇）的图章，工资以实物支付的居多。长工大致可分为两类：一类是专门从事农业劳动的，另一类是在农忙时耕作，农闲时则要兼做家务劳动。短工主要在开春、秋收的农忙季节雇佣，每天的工资约为半秤子小麦或者4斤面粉。女仆主要从事家务劳动，一般没有工资，地主只给一些破旧的衣裳以蔽体，给一些吃剩的饭菜以填肚子而已。[1]

5. 借贷

各少数民族的习惯法还规定了借贷的种类手续、契约、利息等内容，并对欠债不还者给予各种处罚。

壮族借贷的内容和形式比较多。习惯法规定的手续各有不同，数目较大的须立契约。契约分为两种，一种为"木契"，即以长约4寸之小木或竹1段，上刻坎痕，以记数目，剖而为二，各执一片为据。另一种是纸契。两者都要凭中作保，还以田地房产耕牛作抵押。如到期不还，则由中保负责清偿；如不能偿还，不管抵押品是田地或牛马，均可折算抵债。

壮族主要有银贷、谷贷、肉贷。①银贷：借期不定，利息有以银钱计利的，一般为3分利，也有高至4分、5分利的；有以谷物计利的，1元银利息为谷1~2斗。②谷贷：这是壮族主要的借贷形式，在缺粮的荒月借，收获后还债，利息一般是五成、六成（100斤谷利合为50、60斤），也有借一还二的高利贷。③肉贷：借猪肉变卖再购买粮食，或以猪肉直接换粮食。一般百斤猪肉的利息为百斤谷。

此外，壮族还有借牲畜的。有借养母牛的，饲养者可使用母牛耕

---

① 新疆维吾尔自治区丛刊编辑组等：《维吾尔族社会历史调查》，民族出版社，2009，第21~23页。

田，母牛生下的牛仔平分，奇数平分后剩下的一头归牛主。借养母猪的，生下的仔各得一半，平分后剩下的一只归饲养者。借养肉猪的，猪大宰杀时，猪主和饲养者各得一半，猪内脏全归饲养者。借养马的，生下小马各得一半。也有借小鸡小鸭饲养的。

壮族还有租牛的，租牛不用立契约。按习惯法牛走失或犁死由租牛者负责，若是上山摔死或老虎咬死例外。租牛费用主要是交谷租，大牛每头年租谷 12 称（840 斤），中牛 8 称（560 斤），小牛 6 称（420 斤）。有少数是以工换牛，每年租者为牛主帮工 20 天左右。[1]

苗族借贷关系寨内发生的较少，多与寨外发生，习惯法中有限制借贷年利率不得超过 50%、不许计算复利、欠债还不清时家族有代偿责任的规定。

借贷时，寨外的要凭中证，以田抵押，还须由借债人在债主的账本债项下盖上指印。有的还须立契为据。借贷有借钱、借谷的，利率名为 50%，实则有高达 200%～300%。寨内借贷的，年利率一般也是 50%。但农民间或家族至亲间的少量借贷，不计利息。大宗贷款，借期未满一年即归还者，按实际月数计息。不过，粮食借贷，无论借期长短，均按一年计算。大多是栽秧后借债，收获后要回本利。

另外，苗族有借母猪猪仔和"合会"两种特殊形式。借母猪与猪仔有两种办法：一是借喂的母猪养大后，仍归猪主所有，养猪户在母猪生一窝小猪时，给猪主小猪 1 只；另一是母猪养大后，猪主与养猪户平分，所产小猪也平分，分过 3 窝小猪以后，老母猪归喂养者所有。

"合会"是有互助意义的一种借贷，由困难户发起，担任会首，应邀参加的为十数人，每人每次出款 1 元以下，第一次会款总额由会

① 广西壮族自治区编辑组：《广西壮族社会历史调查（第一册）》，广西民族出版社，1984，第 220、35 页。

首先得，以后每隔半年或固定时间集款 1 次，有多少人参加就集款多少次。得会款总额的次序，是在会首得会款后由大家商量决定。凡已得会款的人，在以后交付定额会款时，要附加定额的 50% 作利息给后得会款者。①

侗族借贷习惯法规定有无息贷和高利贷两种。无息贷是农民内部自由自愿互通有无的借贷形式，既不须中间人为证，也不要立字为凭，由双方面议即可。一般是借谷，借期通常以 1~2 月为限，如逾期不还，则须抵押品或加 20% 利息计算。

高利贷先由借贷者请中间人向贷户告贷，经贷主同意后即由借贷者备办酒肉，请中间人及贷主食餐，立下契约，3 人签字盖章方可。中间人有一定酬劳，由借者支付。高利贷须有抵押品，若无抵押品则不能成交。高利贷分为谷贷、钱贷和油贷三种，谷贷的年利率一般是 50%，钱贷年利率为 30%，月利、日利的利率更高，油贷利息在 30%~70%，一般为 50%。谷贷与油贷还往往受折合钱币剥削。

侗族还有"浪牛"、"浪猪"、借田养鱼等借贷形式。借牛给佃户饲养，母牛生下的小牛按"主三佃一"分成。借猪喂养，养大后杀卖扣本对半分红（即扣除猪仔身重部分给猪主，其余双方平分）。借田养鱼，对半分成。

此外，部分地区还有"工花押"的借贷形式，以打工作为向富家借谷借钱的工押，但工押的工资一般为普通工日工资的一半。②

傣族习惯法规定，父亲母亲祖父祖母所借的债务，死后由其儿孙偿还，借多少还多少，不必付利息。有的甚至规定，如果借债的人未还清债务而死亡，或未死还不起债者，则要卖儿女还债。此外，在谷子未熟时向别人借了谷子来吃，到收谷时则帮工抵还，借 1 挑要帮工

① 贵州省编辑组：《苗族社会历史调查（一）》，贵州民族出版社，1986，第 148~150 页。
② 广西壮族自治区编辑组等：《广西侗族社会历史调查》，民族出版社，2009，第 115~117 页。

4 天抵偿。①

佤族借贷种类很多，有货币、粮食、牲畜（牛、骡、马等）、家畜、盐、茶等。粮食、鸦片、货币等的年息一般为 50%～100%，复利尚未出现。利息多以实物折合。另外还有牛肉债，100 两牛肉还 2 斗谷子；母猪债，富户把母猪贷给贫者养，所生小猪平分，母猪所有权仍属债主，病死各吃一半。对债务人欠债日久不还者，债权人可以抄家、拉牛或拉人，即使负债者本人无牛，债主也可以拉他同姓或同寨任何人的牛。债权和债务父子相承是佤族主要的习惯法，也存在同姓偿债的义务。

在佤族社会，还有一种主要由借贷引起的蓄奴，关于奴主奴役奴隶、奴隶买卖、奴隶地位以及奴隶赎身的习惯法十分丰富。

债权人既然基于债权而有权抢拉债务人的子女为奴仆，人口买卖也就为佤族社会习惯法所肯定。在人口买卖过程中，已经产生了中间人"打押"，他作为买卖人口缔结口头契约的见证人，得若干打押费。因债务或贫困出卖子女时，一般先告知同姓人，同姓人不要时再卖给外姓或外寨。买卖时，通常以半开、牛、鸦片和枪等论价。

在食宿上，奴隶与主人相近，在社会生活中仍允许其参加各种集会和社交活动，还未形成对于奴隶的排斥和歧视。但奴隶在人身上已隶属于主人，成为主人的财产。如主人认为奴隶劳动不积极或行为不轨时，主人有权打骂或出卖；奴隶犯有严重罪行，主人有权禁闭，断绝其饮食甚至处死。

同时，习惯法允许奴隶成为养子，条件是要听话、劳动好，被奴隶主认为"心好者"，奴隶成为奴隶主的家庭成员。升奴隶为养子，要先通过宗教仪式。养子成为奴隶主的家庭成员后就不能与奴隶主本

_____

① 云南省编辑组：《傣族社会历史调查（西双版纳之六）》，云南民族出版社，1984，第 30、84 页。

氏族的成员通婚，在财产继承上，与奴隶主儿子一样。养子与奴主（养父）有互助的义务，与奴隶主同姓人有互相偿还债务的义务。

习惯法允许男奴成人后结婚，结婚后并可以和主人分居，从而开始摆脱奴隶的身份。但只有在偿付身体金后方能获得完全自由，此前对主人仍有从事一定时间的无偿劳动的义务。

抵债的奴隶，无论时间多长，其本人或家属始终拥有赎身权，且利息照样要计算。但实际上很难做到赎身。①

鄂温克族内部，长期以来就存在着借贷关系，习惯法对此有不少规定。借贷的主要是牲畜，如骑用的马匹、乳牛、过年过节和萨满跳神时所需的羊以及役用牲畜等，也有借用食粮与钱财的。按习惯法，借什么牲畜就还什么牲畜，还的比借的要肥壮，如果借的是母的，归还时还须带上所生的幼畜。借羊有还牛的。借羊、借粮以劳动力形式偿还的也很普遍，如借一头4岁羊，就给牲畜主干4个月或半年的短工。鄂温克族的借贷关系，大多没有固定手续和契约合同，债户和债主一般都有经济关系或血缘关系。如果欠债户不主动偿还借贷，或是催而不还者，债主就有权把欠债户的牲畜抓走。

鄂温克族还有租牛的现象。如果光租牛（仅在4月初至4月末），其租金外套牛为8斗，里套牛4斗；如果租牛和生产工具（犁等必需的物件），其租金是21斗穄子（约600多斤），租金是很高的。租牛还另有一种租价，自己除牛以外的生产工具都具备了想多种一点地而租牛，每头牛从春耕开始至春耕结束（不超过一个月）为12普特穄米的秋租，4头牛为48普特（合1536斤）。如果在春耕前讲清，则歉收时双方协商租价。若遇有风、旱、雹灾等特殊情况时，经租户提出请求出租者同意后，可酌情减轻牛租。②

---

① 贵州省编辑组：《佤族社会历史调查（二）》，贵州民族出版社，1988，第95~98页。
② 秋浦等：《鄂温克人的原始社会形态》，中华书局，1962，第84~87页。

鄂伦春族的大部分地区，借用马匹不取报酬。枪支、弹药，猎手之间可以互相借用，用后归还，依照习惯法不需任何报酬。桦皮船可以借用，用后放回原处。外出途中如果食物不足，可到附近"乌力楞"的仓库内去取，以后如数归还即可。如果拿的只是兽肉，也可以不还，事后告诉物主即可。"乌力楞"内各户之间，可以互相借用兽皮、兽肉，以后归还。如兽肉一时缺少，也可以不还。

逊克、爱辉地区的鄂伦春族存在马匹出租现象。租金有如下三种：①彼此换工。马匹出租给其他民族，对方给打秋草或代耕土地。②给钱或给粮。马匹出租给其他民族，对方按月给一定的钱或粮食。③猎品按比例分成，一般是二八开、三七开或四六开，即马主得二成、三成或四成。如对半开，马匹在狩猎中有伤亡，即可不必赔偿。[1]

回族借贷时一般要按习惯法立契约，以土地房屋财产作抵押。如到期还不上，债权人即到债务人家取价值远超过借贷标的的东西作抵押，限时付债。若到期仍还不上，这些财物即为债权人所有。

借贷形式很多，主要有：①黑驴打滚。又称"金账"，为沙娃去金场劳动前所借，一般3月借9月还，作为这期间自己和家庭的生活费用。利率很高，多为100%。一般将所借之货物或钱币折作金子计算。②三翻手。即实物、钱、金子互相折算，通过折算进行剥削。③娃娃背老汉，即利超本。④两头剥。又称一个萝卜两头截，即借债时高价折出，还债时低价折入，欠债人两头吃亏。

藏族借贷现象比较普遍，也有这方面的习惯法。如果借贷的是实物（青稞、酥油之类），利率为春借秋还50%，即借二还三；如果是货币借贷，则年利为25%～50%。如果欠债不还，经过诉讼，债权人可以没收债务人的动产作抵，没收的动产的价值大致与借贷本利总额

---

① 内蒙古自治区编辑组等：《鄂伦春族社会历史调查（二）》，民族出版社，2009，第297～302页。

相当；债权人也可以迫使债务人服一定时间的劳役作为折偿。也有不打官司，牵走债务人的牲畜，甚至没收财产的。

此外，藏族还有出租牲畜牧放的，以出租牦乳牛为主，出租公牦牛和绵羊的较少。少数出租编乳牛的，畜租特别高。贷放时间以一年计，若连年租贷，每年议一次畜租。

出租带当年犊的牦母牛，收租标准为交酥油 10～15 斤。产犊已隔一年的牦母牛折半。若出租牦母牛群，取平均数。出租当年产犊编母牛，收租标准为酥油 20～30 斤。上年产犊母编牛收租折半。出租公牦牛，有的拔下的牛毛与畜主对半分；有的租畜户仅能留下一少部分，大部分归畜主。牦母牛也可拔毛，一般是由租畜户给牛犊配齐绳具，可不再交牛毛给畜主。

出租羊群，每 10 只羊要交 9 只羊的毛给畜主，租畜户仅能留下 1 只羊的毛。母畜所产犊羔，都不许伤损死亡，否则一律要赔偿。若租畜有死伤，即以指定的自有畜抵偿。若租畜户无畜抵偿，则以其他财产抵偿，若无力赔偿，则没身为奴婢，给畜主家做年限不等的苦役，或完全沦为奴婢。①

羌族习惯法规定的借贷形式很多，有高利贷，即"驴打滚"、"觔斗利"、"高脚黄"，利息一般在 200% 以上，高的达 400%，隔年按复利计息。如债务人不能偿还债务时，债权人就要端锅、牵羊、拉牛。也有一般的债务，其利息低于高利贷，利息有大 2 分、大 3 分（即年利按 2 分、3 分计算）和小 2 分、小 3 分（即月利按 2 分、3 分计算）之分。

农民之间的互相借贷，在羌族比较普遍，其主要的形式习惯法规定有以下几种：①圆门会。由一定的人数组成，一定的银钱循环交往，转一圈后即为会满，利息为 3%，会结束后，每人得会 1 次，利

---

① 西藏社会历史调查资料丛刊编辑组：《藏族社会历史调查（二）》，西藏人民出版社，1988，第 82～88、141～146 页；四川省编辑组：《四川省甘孜州藏族社会历史调查》，四川省社会科学院出版社，1985，第 23 页。

息 3 分，会首因主持会期，得到 6 分，一轮一般是一年，也有一年两轮的。②勾头会。一般由 10 人组成，用一定数量的银元或其他物资作为周转的资金，按抽签先后得会，利息 4 分，轮到第 8 人时"将利还本"，谓之"上七不上八"，会结束后本清利清，一般每年两轮或一年一轮。③节节高。其形式与圆门会相同，唯会首不得息，多得 1 次会，年利 4 分。④羊会。请会的人家备置酒席，被请会的人，每人出母羊 1 只，待以后羊群发展了，才把母羊归还原主，无息。

借物因种类不同而有各种不同的计息方法。春荒时借 1 斗玉米，到秋后就要付利 2~3 斗。借花椒还花椒，借 10 斤月利 3 斤半。借猪膘（肥猪肉）还人工，一般 1 两猪膘约换 1 个人工。①

土族的借贷习惯法确认为粮食和白洋两种。借贷时，一般要请富裕的农民为之作中保，而后将自己仅有的房屋、牲畜、地亩等作借款抵押，而后才成立借约，到一定期限还不清债时，则将抵押的财产强行折价抵还。

借粮食，一般是加五成息，即借 1 斗粮食还 1.5 斗。还不起的，有的以做工拆债。借钱，月息最低是二分半，普通是 10~20 分。利息的计算方法，有"黑驴打滚"，又叫"羊羔生息"，即利上加利；有"酌价行息"，有"猴儿窜杆"，即用到别处一时不能偿还时，借出方乘机要钱，借入方无可奈何，只有加高利息。②

6. 商品交换

各少数民族的债权习惯法还有商品交换的少量内容。

壮族交易按习惯法有物物交换，也有货币购买。不爱讨价还价。有许多物品壮族人不习惯计量，比如鸡论只、鱼论条、小猪论只、牛论头、马论匹、柴论担、水果论个或堆等。货物分装也特别，猪用橄

---

① 四川省编辑组：《羌族社会历史调查》，四川社会科学院出版社，1986，第 90~91 页。
② 青海省编辑组：《青海土族社会历史调查》，青海人民出版社，1985，第 22 页。

榄形竹笼装，鸡用"甲"（一种底宽口扁的竹笼）放，鱼用茅草穿鳃，肉拉成长条，用竹篾穿过，折成锐角三角形提着，盐用桐叶包成锥形，也有用箬包的，以茅草斜绕扎好。圩场大部分为日市，也有部分为早市。赶圩和做生意有许多禁忌，如上路之前，忌吃夹生饭；有的地区忌见女人梳头，守热孝不得赶圩。店铺开张要择吉日，祭祖先，贴财神，放鞭炮，宴宾客。①

苗族主要是以物易物，以油盐、针线、农具等换大米、稻谷、猪等。粮食在一定程度上起着等价物的作用。商品交换主要是通过赶场、货郎担进行。②

瑶族的商品交换活动，主要是依靠山外汉区小商贩来进行。瑶族习惯法保护入山贸易的商贩，不准抢劫或谋害外来商贩。在交换过程中，多采用物物交换形式，只有数量较大售价较贵的商品才采用货币的形式进行交换。

瑶族一般不从事商业活动，瑶区也极少有商品交换的圩市，瑶人每逢圩期均赴汉区圩镇。③

傣族的集市较为繁荣，一般有固定日期和固定场所。召片领派街长负责管理集市贸易、收税、维持集市秩序、处理集市上发生的纠纷、埋葬死在集市上的外地流落者。定期举行祭祀街神，3 年举行 1 次大祭，祭时要杀狗和鸡。祭礼所需费用通过街上收税解决。

习惯法规定，贱卖贵买、买少卖多者不对；两杆秤两个箩筐做生意不对，插手倒卖东西者不对。④

① 广西壮族自治区编辑组：《广西壮族社会历史调查（第一册）》，广西民族出版社，1984，第 88 ~ 89 页。
② 贵州省编辑组：《苗族社会历史调查（三）》，贵州民族出版社，1987，第 5 页。
③ 广西壮族自治区编辑组：《广西瑶族社会历史调查（第一册）》，广西民族出版社，1984，第 208 ~ 215 页。
④ 云南省编辑委员会：《德宏傣族社会历史调查（二）》，云南人民出版社，1984，第 47 页。

彝族没有从农业中分化出来的商人，没有独立的商品生产者。彝族从事商业的经营，往往是贩运一些盐、布等日用品换取粮食、鸦片供本地消费或贩卖他处。在赶场交换时，以货币价值形式为多，间或亦有物物相易的一般价值形式之用。小商贩零售交换时，则以物物交换为多，粮食为一般等价物。[①]

塔吉克族没有专业的商人。商品交换只限于向外来的行商进行，量也较小，一般 1 只羊只能换 2 匹土布。人们心目中几乎没有钱或钞票的概念，羊是主要的"一般等价物"，在交换中充当货币。[②]

[①]　云南省编辑组：《云南彝族社会历史调查》，云南人民出版社，1986，第 41～42 页。
[②]　新疆维吾尔自治区丛刊编辑组：《塔吉克族社会历史调查》，新疆人民出版社，1985，第 31 页。

第十章

中国少数民族习惯法的内容（下）

中国少数民族习惯法的一项重要内容是刑事习惯法，详细、全面地规定了故意杀人、过失杀人、殴斗伤害、偷盗、强奸、通奸、损坏财产、违反公共利益、抢劫、拐带等行为的处罚，保障民族成员生命财产的安全，维护民族地区正常的社会秩序，促进社会的发展。

调解处理审理习惯法是中国少数民族习惯法的又一基本方面，对调解处理审理的程序、人员、结果、神判、械斗等作了明确的规定，以解决民族地区的各种纠纷，处罚违反习惯法的行为，维护少数民族习惯法的权威和尊严。

一　刑事习惯法

为了维护正常的社会秩序，保障民族成员生命财产的安全和生产、生活的顺利进行，各少数民族有大量的刑事习惯法，对诸如杀人伤害、偷盗损坏财产、强奸通奸、违反公共利益的行为进行处罚。

1. 故意杀人的处罚

各民族都严禁杀人害命，对故意杀人的更要严厉处罚，根据杀人的手段、后果、被害者的身份、杀人者的身份而给予处死、肉体刑、赔命价等不同制裁。

按壮族习惯法，对故意打死人的处理，一般是以命填命，如果抓不到凶手，则由其家人赔人命价和赡养死者的父母及其未成年的子女。在凶案刚发生之时，死者的亲朋纠合几十人到凶手家劏猪、牛等坐食，至赔完罚款或和议成立后才离开。两人一同外出做生意，如果有一个没回来，三年后生死不明，则回归者负谋财害命责。

丈夫打死妻子，则将丈夫活垫死尸而埋。以后则多为赔人命钱，赔多少由岳家提出，若赔不起也要以命填命。有的地区赔完人命钱后还要押丈夫到官府监禁。丈夫虐待妻子致死、妻子自尽案，按打死妻子案处理。

妻子打死丈夫，将妻子垫其死夫尸体活埋，也有实行"五马分尸"、"骑朝马"（即将火炭放入钢质制成的像马腹的器皿中，将犯者绑于其上烧死）。

奸妻杀夫，生擒不了凶手时，可以开枪打死，如果仍打不到则没收其全部家当。抓到了人，除令其赔人命价外，还看其家当进行罚款，有多要多，交完了罚款仍拿去关押。在关押时，一个星期出来打屁股一次。如果赔不了钱即拿去杀头或关至死为止。[①]

苗族对行凶杀人致死者处以活埋。凡杀人案，被害者的血族亲属必要复仇，处死凶手甚至直系亲属，并掳掠其全部财产赔偿死者损失。[②]

蒙古族规定杀人者死，以命抵命，主人杀阿勒巴图也是如此，没

---

① 广西壮族自治区编辑组：《广西壮族社会历史调查（第二册）》，广西民族出版社，1985，第244～245页。

② 贵州省编辑组：《苗族社会历史调查（三）》，贵州民族出版社，1987，第25页。

有以物质、金钱赎罪的习惯法。只是雇工在放牧牲畜时，因迷失方向或其他原因而致死的，雇主除受到罚牲畜（一至九头不等）、打板子、打黑鞭或押一个时期等处罚外，得以物质金钱牲畜来偿命。[1]

不过，由于少数民族地区所处的自然地理环境，特别是生存条件的相对恶劣导致人口增长的缓慢，因此对生命较为珍视。这在少数民族习惯法中也有不少体现，像景颇族、瑶族、哈萨克族等的习惯法就对杀人者不处生命刑而是处以经济惩罚（财产刑）。

景颇族习惯法对杀人案件的处理，一般不判偿命，但杀人者必须赔命价，一般须赔八至十头牛。此外，还要按同态赔偿原则赔偿，如头发赔羊毛二、三斤，脑子赔玛瑙或银子四十两，眼睛赔两颗宝石，耳朵赔两块打火石，手脚赔四把大刀，肋骨赔八根长矛，肚子赔一个瓮罐，肠子赔一串料珠，腰赔一个铁三角架，脊骨赔一支枪，头皮赔一口锅，身体赔装饰银泡的衣服两件等等。

有的景颇族地区，人命案件发生后，被害者的亲属、亲戚和近邻乡亲会聚数十人，到杀人者的寨子的官庙附近住下，来多少人就插竖多少根木桩。他们先拉出寨中任何一家的牛宰吃，然后双方的山官、寨头再出面交涉，协商赔偿条件，直到被害一方满意为止。赔偿款一般都比较重，常由杀人者的亲属帮助偿付。通常，官种杀人赔偿较轻，百姓杀人赔偿较重。

通奸者如被女方丈夫撞见，可当场杀死奸夫，习惯法不为罪，无须赔偿。[2]

瑶族不论杀人者年纪大小或男或女，一律要被"吃人命"。瑶族认为女性能传宗接代，比男性价值高，故杀死女性要赔九百九十元白银，杀死男性只赔二百一十六元白银。同时，发生杀人案件后，亲

---

① 蔡志纯等：《蒙古族文化》，中国社会科学出版社，1993，第372～373页。
② 云南省编辑组：《景颇族社会历史调查（三）》，云南民族出版社，1986，第15页。

属、舅家齐集凶手家，中间人从中调解赔偿，如不允赔偿，那就可能扩大为械斗。要赔人命钱、眼泪钱（系死者亲属所流眼泪的赔偿）、埋葬费（埋葬死者的费用）、养命钱（死者亲属的抚恤费）、火塘钱（吃人命案宰猪牛所用的费用）。各项费用，如果到预定期限不出，则要多加一倍或两倍的数目。如果当事者无力偿付，便要由家族偿付。①

根据哈萨克族习惯法，发生本氏族成员被他氏族成员杀死案后，死者的氏族必须为死者复仇，打死人的要偿命。但往往以罚代刑，用牲畜抵偿命价。命价根据死者的身份而不同，贵族与平民相差很大，平民打死贵族要以七命偿一命，而贵族打死平民就赔得轻。女人的命价也只及男人的一半。父母杀其子女，怀孕的妇女杀其丈夫、主人杀其奴仆可免受处罚。②

土族习惯法规定，如打死人，即须赔命价。命价由双方协商而定，最少的亦须出二百两银子。后来不用银子时，用牲畜、粮食折成银价。命价多少无一定标准，视对方家产而定。有时命价过高，则凶手的亲友、村人都须负担，牵累甚广。赔过命价，凶手不再受处分。即"罚了不打，打了不罚"。

发生了人命案特别是夫将妻打死或因受虐待自杀，死者的亲属群集到肇事凶手家中"吃人命"，任意拆毁房屋、器具，牵拉牲畜，案件不了，则长时居住肇事者家中，大吃大喝，须待肇事者家赔偿命价才全部返回。"吃人命"常将肇事者家的财产吃光，倾家荡产。

藏族对杀人案的凶手，处以抽筋、挖眼、投河等刑罚，或者是赔命价。打死人命以后，被害者一方要出兵报复，杀人的一方则给对方送一百元左右的牲畜作挡兵款，表示低头认罪，愿意谈判解决。命价因地区、死者的身份而有差异，一般为 500～1000 元藏洋，如打死的

①　广东省编辑组：《连南瑶族自治县瑶族社会调查》，广东人民出版社，1987，第78页。
②　姜崇仑主编《哈萨克族历史与文化》，新疆人民出版社，1998，第191页。

是有钱人或小头人，则其头、手、足另加命价。凶手的马、枪归死者家属，凶手的亲友每户罚马一匹。杀人一方要买经卷，送给寺院。纠纷调解后，双方见面和好，杀人一方再给死者一方若干钱的牲畜，死者家属得三分之一，三分之二归调解人。纠纷全部结束后，写一协议书，由头人保存。外来户打死当地户的人，处罚更重。①

当然，少数民族习惯法对故意杀人的还有其他一些处罚方式。如鄂温克族除处死外，对故意杀人的还可处以流放、开除族籍。纳西族习惯法规定对杀人犯终身监禁。

2. 过失杀人的处罚

各少数民族习惯法对过失杀人的处罚较轻，这方面的规范也不多。

根据习惯法，壮族过失杀人的，由过失者负责开吊和埋葬死者，并供养其家属，如系父母则养到死为止，子女则养到成年。这种情况在打猎时发生最多。②

而傈僳族习惯法对因酒醉失手打死人的处理，首先是赔礼，随后偿还人命（或偿银抵人命）。

彝族如果甲乙两方争战，一个旁路人无辜被打死，或者是意外致死（如狗咬、过失打死人、无意吃了毒品致死等）皆为"白"，按习惯法处罚最轻，大多是赔一定数量的命金，并且赔礼道歉。③

鄂温克族对于不属故意而由于枪走了火，打死了人的，习惯法规定一切葬埋钱由打死人的负担，用两头好牛作为命价，由死者的妻子

---

① 四川省编辑组：《四川省甘孜州藏族社会历史调查》，四川省社会科学院出版社，1985，第104页；西藏社会历史调查资料丛刊编辑组：《藏族社会历史调查（三）》，西藏人民出版社，1989，第47页。

② 广西壮族自治区编辑组：《广西壮族社会历史调查（第二册）》，广西民族出版社，1985，第193页。

③ 云南省编辑组：《四川广西云南彝族社会历史调查》，云南人民出版社，1987，第216、217页。

或家人享受。

在鄂伦春族地区，误杀了人，误杀者要抚养被杀者的家庭成员到能独立生活时为止，或者用一定数量的马匹来作抵偿。①

3. 殴斗、伤害的处罚

对社会上发生的殴斗、伤害行为，各民族的习惯法一般要求赔礼道歉，赔偿医药费等。

壮族习惯法对殴斗伤人的处理是由打伤者负责把受伤者包医包养，至医好为止。如果医不好，则按杀人案处理。即使医好了，但造成残废终身，不能劳动的，亦由打伤者包养到死为止。

而过失伤人的，由错者包医包养，医不好则按误打死人案办理。虽医好而残废终身也不再赔偿，因为事情并非出于有意，双方均有损失。②

苗族习惯法规定，如果无故殴打人，则由动手者请酒赔不是；如果因殴打致伤，除请酒赔不是之外，还要负担医药费用；情节严重的，要罚十斤酒和一只羊作"羊酒服理"。斗殴者双方无正当理由者，"服理酒"的费用由双方分担。③

景颇族对殴斗伤人的，依习惯法规定先把伤人的原因找出来（是打伤、杀伤、烧伤等要分清）。因有仇引起打架而打伤或过失打伤的，一般是负责医药费。有意伤人的，就要没收其凶器并要赔偿，赔偿较重。④

独龙族如一方把另一方打了或流了血，打人的必须根据习惯法的规定向被打的赔刀子或水酒，致伤的必须赔水酒。

鄂伦春族对互相殴斗的，双方都要依习惯法受到棍打，互相殴斗

---

① 秋浦：《鄂伦春社会的发展》，上海人民出版社，1978，第212页。
② 广西壮族自治区编辑组：《广西壮族社会历史调查（第二册）》，广西民族出版社，1985，第24页。
③ 贵州省编辑组：《苗族社会历史调查（三）》，贵州民族出版社，1987，第25页。
④ 云南省编辑组：《景颇族社会历史调查（三）》，云南民族出版社，1986，第161页。

而致一方死亡的，另一方不负任何责任。①

藏族习惯法禁止牧民互相斗殴。对打伤人的处理有：①出事款。打伤人以后，不问是非曲直，双方先各罚马一匹或钱100元。②养伤款。打人一方给伤者一方按半个命价计算的牲畜。③凶手的刀枪，归伤者家属。④念经费。打人一方要给伤者一方出念经费。

打架未伤的处理：①出事款。双方先各罚一定的钱，数目不等。然后再调解纠纷。②断理款。分不清谁是谁非，双方各罚相等的钱；一方输理受罚，罚的数量不等。如果拔了发辫，视为情节严重；若是牧主、头人及其子女的发辫，罚得更多。②

彝族同一氏族内部打架行凶的从重赔偿。如相互打架打坏对方一只眼睛，要以金子一两赔偿。如把对方的耳朵打坏或打缺，要赔牛一条。

同等级的人伤手致残赔一个呷西，伤脚致残赔一匹马，稍重而未致残也可赔一匹马。如系轻伤，请伤者吃酒赔礼了事。

曲诺如打了黑彝一个耳光，要赔七条牛；摸了黑彝头上的天菩萨（头顶上的头发），要赔九条牛或砍掉右手。黑彝打了曲诺或把曲诺的天菩萨扯光也不能追究。

土族习惯法对纠纷打架的处理一般是，首先经人调解后，理亏的须向对方赔情，轻者携酒一、二瓶亲自到对方家中互相喝一杯酒，表示和好，即所谓"拿酒上门"。情节较重的，除携酒一、二瓶外，酒上面还须搭上一块哈达或一条毛红（五丈宽、丈余长的红布）。情节更重的，则须"拉羊搭红"（即以毛红一条搭在羊身上，外加两瓶酒）。特别严重的，如打伤了人，则须"拉马搭缎，说理赔情"（即拉一匹马，上搭一匹缎，登门叩头认罪）。

---

① 秋浦：《鄂伦春社会的发展》，上海人民出版社，1978，第212页。
② 四川省编辑组：《四川省甘孜州藏族社会历史调查》，四川省社会科学院出版社，1985，第165页；西藏社会历史调查资料丛刊编辑组：《藏族社会历史调查（三）》，西藏人民出版社，1989，第47页。

4.偷盗的处罚

少数民族刑事习惯法中最主要的部分便是对偷盗的处罚，各民族都严厉禁止偷盗行为，把保护公有和私有财产作为习惯法的重要任务。

壮族习惯法对于偷盗行为的处理因偷盗物的不同而有所不同：①偷牛马。除令偷者退回赃物或按价赔偿（农闲时照原值，农忙时按原价加倍）外，并视其家当加以罚款，没有钱就送官府监禁（有的地区是按其价款数量按月定期送官府监禁，即一块钱关一个月，至赔完钱再罚为公家做工若干时间）。如属再犯，抓到后有人入呈告状达两件以上的，就关到死或者直接拿去枪杀，杀了后则免退赃。强盗挖屋行窃或在路上拦获拒不受捕时，当场开枪打死不违法。②偷谷物。除令偷者悉数退回赃物外，视其家当予以罚钱或当众批评或罚为公家做工若干时间。有的处理为罚酒十斤、鸡两只，充公给全村寨吃。如家里空无所有，则须立限单，至秋收时清偿。顽抗者驱逐出村。如系再犯，除退赃外，并按上一次处罚的数量加倍处罚；余依此类推，但不得处死。③偷衣物与其他农作物。令偷者退回赃物并当众严加批评。

有的壮族地区家中的布匹衣服之类被盗，失主往往在报告村老后通告村人，要求偷盗者把原物在晚间送至某一指定地点，以便次晨由失主取回了事。如经过喊村三天之后仍无人送回原物，失主便通知村老，要求各户用联保法互相保证，如果各户都能互相保证，则只好留待日后调查。如日后查出为某甲偷盗，则加倍处罚其保证人某乙，某甲反而无罪。如果村中有一人无人替他作保证，失主便认定这人是偷盗者向他追赃。①

苗族习惯法严禁盗窃，有些地区如广西大苗山有专门禁止盗窃的习惯法"禁盗岩"，其主要内容是：①不得偷挖乱撬别人田水；②不

---

① 广西壮族自治区编辑组：《广西壮族社会历史调查（第二册）》，广西民族出版社，1985，第242、191页；广西壮族自治区编辑组：《广西壮族社会历史调查（第一册）》，广西民族出版社，1984，第276页。

得偷别人的田鲤；③不得盗别人猪牛；④不得砍护寨树、风景树、破坏公共古老森林和盗伐鼓社林木；⑤不得挖别人禾仓，盗人禾把；⑥不得偷别人瓜果、蔬菜、辣椒、棉花、蓝靛等；⑦不得偷别人柴草；⑧不得偷别人香菇；⑨不得偷别人装夹、装套等所捕获的鼠、禽、畜、鱼等。如有违反者，轻者除批评退赃外，还罚一两斤酒作"请酒服理"，屡犯不改至第三次时，家族便以七两七钱银子请被盗者家族吃酒，当众宣布将盗犯开除出家族，听凭失主处理；对窝盗和不揭发者同样要处罚。

根据习惯法，瑶族对偷砍柴杉、杉木、稻、番薯、瓜菜、鸡鸭、猪狗的都要罚款，数额不等，不服从处罚者加倍，屡犯者甚至处死。挖墙进屋偷猪的被捉后要处死；入屋偷盗家财的，捉到扣以惯匪处理，须处死。偷牛被查出，罚 72 元，当场被捉到的，要处死。偷农具家私的，罚 24 吊钱，不顺从者严办。所罚的钱，多用来买酒和豆腐给全寨人吃。若本人无产业赔偿，则由其家族代出。①

傣族对第一、二次偷水者按习惯法进行教育，到第三次仍不听时便实行罚款，可罚半开 1 元 5 角。② 所罚的款归板盟（管水者），最普遍的使用方法，就是同村社头人买鸡、酒吃。偷金银、鸡鸭、牛、柴火、竹笋、篱笆、鱼、鱼笼等行为，根据情节分别处以罚款。

景颇族习惯法对偷盗者的处罚较重，如偷一头牛要赔还四头牛，偷者如进入了牛棚，还要赔一面铓和一支枪。偷鸡者有的地区要按同态原则赔偿，如鸡毛赔龙袍一件等。偷大烟则要加倍处罚。偷屋内的东西，除赔还原物外，一般要加赔一面铓与一支枪。开箱撬柜除加赔一面铓外，还要杀鸡、猪献鬼。③

---

① 广西壮族自治区编辑组：《广西瑶族社会历史调查（第一册）》，广西民族出版社，1984，第 40~67 页。
② "半开"为当时傣族地区的货币单位。
③ 云南省编辑组：《景颇族社会历史调查（三）》，云南民族出版社，1986，第 15 页。

佤族习惯法对偶尔行窃而偷的东西又不多者，由偷窃者如数或加倍赔还，并泡酒赔礼。如偷窃者无力偿还则由其氏族共同负责赔偿。偷者或其同氏族亦不还时，被偷者有权拉偷者或同氏族的小孩、牛或其他东西。到外村偷窃，被偷者可到偷窃者的村社拉任何人的牛，然后再由被拉的牛主向偷窃者或其氏族索还。屡教不改的惯窃往往被处死，有的被父亲兄弟打死，有的被同姓人处死，有的在公众拥护下由头人开会研究处死。①

根据德昂族习惯法，偷窃别人的财帛和粮食者，经查证确凿，须将赃物全部退赔失主。若物品已被使用而又无力赔还的，只要用小片芭蕉叶或竹笋叶各包拇指大的茶叶和草烟三对，交叉折叠，用竹针插牢，置于小贡盘上，一对呈给伙头，一对呈给族长，一对呈给失主，表示忏悔，承认错误，以后不再偷窃别人之物；同时要准备一餐酒饭，请上述头人、族长和失主前来用餐，以表谢意，这样可以不再赔偿失主的财物。如果怀疑对方偷窃而又无实据者，请头人和族长共同调解，对当事者双方说服教育，友好相处。②

黎族视偷牛偷铜锣为最严重的盗窃行为，被提拿的盗窃者按习惯法科以成倍惩罚。对于瓜菜之类被偷窃，失主就将部分遗留物，用木条挂在路口上，让"天地看见"，表示民众愤慨，预兆缺德者总有一天会受到应有的惩罚。

赫哲族如有人偷盗，由"哈拉莫昆达"（氏族长），根据其错误轻重、影响大小，按习惯法分别给以口头责备或打板子的处罚。有的赫哲族地区对小偷，则用柳条子鞭打其屁股。③

鄂温克族对偷东西特别是偷马的人，处以流放，偷得少流放的日

---

① 云南省编辑委员会：《佤族社会历史调查（二）》，云南人民出版社，1983，第25页。

② 云南省编辑组：《德昂族社会历史调查》，云南人民出版社，1987，第40~41页。

③ 刘忠波：《赫哲人》，民族出版社，1981，第7页。

子少，最多三年期。偷东西的人，有的甚至被从族谱上除名，除名后就如同一个死人。

达斡尔族习惯法对偷盗行为分情形给以不同处理。偷伐公共柳条通上的柳条，处以罚猪，全莫昆成员共同享用，被偷者当众认错。偷了他人庄稼，则叫偷者背着自己所偷的庄稼，由莫昆的几个男子领着，到各户门前认错，并喊："我偷了某某的庄稼，别人不要跟我学，我今后再不这样做了。"如果偷者不喊，领着的人可以打他。①

蒙古族则规定，无论什么人偷东西，除归还赃物或赔偿外，并按情节的轻重受到鞭笞、关押或劳役的处分。如果失主不在，赃物便充公。盗窃者无力偿还时，只处罚；但失主如有看管力，得交与失主服劳役，以折赔偿之物。台吉（贵族）偷台吉的东西，量刑要轻，处理从宽。情节不很严重，所偷的东西又不多时，就只给以申斥；如情节严重，偷的东西多时，财物偿还一半，判刑时比照平民减轻一半。

收买或窝藏赃物者，不论其是否知情，须一概无条件地退还原物于失主，并受到打罚等的处理。

回族极端憎恨那种以不正当手段——偷窃、抢劫、贿赂、赌博、投机等——获取不义之财、过骄奢淫逸生活的人，认为那是罪恶，这样得来的钱是最肮脏的东西，是"海拉目"（阿拉伯语，意为非法），干这些勾当的人生前遭人咒骂，死后要进"多灾海"（波斯语，意为火狱）。

彝族习惯法在偷盗上分"黑"、"花"、"白"进行不同处理。一个人在白天或黑夜入人家偷东西被发现后，偷盗者杀死发现者为"黑"，处理办法是格杀勿论，还要赔还赃物和赔命金，命金高于一般的。如果同家支内部互相偷盗，为"花"，处理是不仅赔还赃物，还

---

① 莫日根迪：《达斡尔族的习惯法》，载《民族学研究》第六辑，民族出版社，1985，第277页。

要向失主家赔礼道歉。偷了野外或别的民族的东西，是为"白"，处理最轻，发现后退还原物了事。

被隶属等级偷盗黑彝的财产，或者娃子偷盗主子的财产，主子可以施以各种惩处，以至处死。如若偷盗情形相反，主子偷娃子、黑彝偷隶属等级的，被盗的娃子也无可奈何，习惯法并不给予申诉或追究的权利。偷盗本家支财物要十倍地赔偿甚至处死。[①]

高山族习惯法将盗窃分为偷窃、掠夺、砍伐他人已有标记之木材、移动别人土地上的界石夺人土地、夺取他人水渠中的水灌器等类。除原物归还外，赔偿视被偷的情节而定，如果偷拿些平常放在屋内的物品，酿酒谢罪即可；如果开箱取物，情形较为严重，得以猪、铁锅、铁耙等作为赔偿。若为屡犯则加以殴辱。

哈萨克族习惯法严厉处罚偷盗行为。有人偷盗被发现，须偿还被偷物的三个9倍。如果把盗窃犯在当场捉捕搏斗时杀死，不偿还命价，抓获的盗窃犯可以不经过审判抽打20～60鞭；如果在抽打60鞭内即死去，也不偿命价。如果第二、第三次偷盗，罚半个昆（昆为哈萨克习惯法财产刑基本单位，即100匹马、两个仆人、两只骆驼、两套甲胄为一昆，也有以羊1000只或马300匹，或骆驼100峰为一昆）、全昆或处死。如偷盗者无力交付，则抄没家产，或代以劳役，或处以酷刑。[②]

畲族如因贫穷偷些小东西没有惩罚，劝一劝教育一下而已。如果偷贵重的东西就要请酒罚款。有些地方，抓到偷盗者，可以恣行毒打，只要不至于死命，在习惯法上都不为错。[③]

---

①　云南省编辑组：《四川、广西、云南彝族社会历史调查》，云南人民出版社，1987，第216页。

②　新疆维吾尔自治区丛刊编辑组：《哈萨克族社会历史调查》，新疆人民出版社，1986，第81页。

③　福建少数民族社会历史调查组：《浙江省平阳县山门人民公社青街大队王神洞畲族调查报告》，中国科学院民族研究所1958年10月印行，第36页。

5. 强奸的处罚

各民族对于强奸这种侵犯妇女人身权利进而侵犯夫权家长权的行为给以各种惩处，习惯法依据对象、手段、身份等而有不同的处罚办法。

壮族习惯法对强奸案的处理为强奸者要被女方的丈夫或家人纠合几十人前往他家杀牛、猪坐食，并视其家当加以罚款，交回款后才收队回家。有的地区是罚钱三块六或七块二（后改铜元720枚）或加倍，并作洗面子酒一席，事后又罚强奸者做公家工若干时间。有的还要求强奸者立服状。如果女方丈夫当场发现，强奸者被打死无事，只是罚款免收。若一犯再犯，即送官府监禁若干年，并打臀部200~300板。如这里犯那里犯，告发达三件以上者处死。①

在苗族地区，如外寨男子强奸了本寨妇女，则按照习惯法通知其父母进行讲理，由双方寨头共同解决。强奸者不仅要受批评，还受"羊酒服理"的处罚。本寨男子强奸外寨妇女，处罚相同。未婚男子强奸已婚妇女，如被捉获，对强奸者"裸体杖"，并罚"请酒服理"。②

瑶族习惯法规定强奸未婚妇女的，若在屋内被发现，赶走了事。强奸已婚妇女，被捉后要受毒打，并罚72元白银（所罚的钱由捉奸者领）；不顺从的，罚240元；再不顺从引起公愤，便有倾家荡产的危险。若强奸寡妇，寡妇只有自卫，别人不管。在这方面，习惯法的保护是因人而异的。③

侗族富人强奸穷人的为数较多，穷人强奸富人的甚少。如果富人强奸穷人女子（不论已婚未婚），都要按习惯法受重罚。被罚者有钱

---

① 广西壮族自治区编辑组：《广西壮族社会历史调查（第二册）》，广西民族出版社，1985，第192页、第243页。
② 贵州省编辑组：《苗族社会历史调查（三）》，贵州民族出版社，1987，第25页。
③ 广东省编辑组：《连南瑶族自治县瑶族社会调查》，广东人民出版社，1987，第78页。

出钱，无钱戴高帽子游寨、出猪，除一些给女方家作"洗礼钱"以外，其余归公。穷人强奸穷人，根据其家产多寡来罚，如果无钱就戴高帽子游寨。

景颇族习惯法规定，强奸女子的男方要向女方献鬼，要为该女全身装饰一新，作为洗脸钱，否则今后姑娘嫁不出去，男方要负责养老。假若装饰一新后，姑娘再嫁也就无妨了。有些地区，如未婚女被强奸，奸者须赔"洗脸牛"一头，并给女家杀牛祭鬼，另罚二至三头牛赔偿。如已婚妇女被强奸，按侵犯夫权处理，通常引起拉事纠纷，罚赔牛可达十余头，还要给女子娘家和夫家各送十头"洗脸牛"。[①]

达斡尔族对于强奸、淫乱者，多处以死刑。死刑方式尤以绞刑、勒死为多。处罚较为残酷。

6. 通奸的处罚

同时，各民族习惯法也严厉禁止通奸这种影响社会秩序的行为，并给予各种具体的处罚。

壮族习惯法规定，发生通奸事情，如果被其丈夫发现，当场将两人打死无事。如果抓到奸夫则由原夫毒打，但并不进行罚款，而女方一般被送回娘家，不再合婚。此时，她的丈夫可以另娶，而女方不得自由出嫁，即使出嫁也不得嫁给奸夫，并且须得原夫允许，立字为凭，否则别人也不敢和她结婚。女方出嫁时，要退回原夫以前娶时所费礼金的两倍和礼品的全部或一部分。而原夫在退婚书上打押时，十个手指每指要收1元钱（两手押才行，否则别人也不敢娶）。

通奸怀孕有私生子后，女方必须承认和谁通奸，否则被拿去作五马分尸。如果承认，则免受极刑，但也被送回娘家守寡，至原夫允许出嫁时才可再嫁，而原夫则可另娶别个。至于奸夫，则由原夫方集队前去杀牛、猪坐食，并视其家当加以重罚，交清罚款后才收队转回。

---

① 参见许鸿宝《略论景颇族的习惯法》，载《民族调查研究》1984年第3期。

有的地区的处理是奸夫被罚款 36 元或 72 元，岳家被罚送给姑爷一头公牛，并负责判案前后的两次酒肉费。女方再嫁时，礼金须全部交给原夫。如果奸夫愿娶女方，则备办前夫娶时所用的一切礼金礼品送回给前夫。①

苗族对已婚男子与妇女通奸的，分别情节，按习惯法或公开批评，或罚以"羊酒服理"，受罚的费用由双方分担。有的地区还要求通奸的男子赔偿相奸者的丈夫几十两银子。已婚男女通奸，被亲夫或族人捉获后，分别情节，或处罚男方，或男女均受"裸体杖"的处罚，并罚"请酒服理"。请酒服理所杀的牛、羊、猪，均由男方负担。未婚男子与已婚妇女通奸者，如为亲夫捉获，处罚与已婚男子同，即"裸体杖"。②

根据习惯法，瑶族对与有夫之妇通奸的，捉到后，剥光通奸者的衣服游街，摇铃招众观看。捆缚两三天后始释放，并罚款。与寡妇通奸，若彼此是鳏寡，则无人追问。③

侗族习惯法对通奸的男女双方各罚 7～8 元东毫，用来买肉、酒给全寨人吃喝。通奸以致生小孩的，如双方愿意（指未婚男女）可以结为夫妇，如男方不愿就要给一定数量的银钱给女方，如女方不愿结婚就了事。有夫之妇若与别人通奸，丈夫有权与其妻离婚，如不离婚就对通奸的双方罚钱。若是有妇之夫与未婚女子通奸，双方愿意可以结为夫妻（即一夫多妻），男方如不愿就要被罚款，女方不愿就了事。有些地区的处罚更重，绑在柱上痛打，甚至沉没塘中，同时还要罚款。

景颇族女子婚前性生活较自由，习惯法不罪，但性关系后有了私

① 广西壮族自治区编辑组：《广西壮族社会历史调查（第二册）》，广西民族出版社，1985，第 192、243 页。
② 贵州省编辑组：《苗族社会历史调查（三）》，贵州民族出版社，1987，第 25 页。
③ 广东省编辑组：《连南瑶族自治县瑶族社会调查》，广东人民出版社，1987，第 25 页。

生子，则要赔偿：赔牛一头祭鬼；赔铓一面；赔"怕拉经"一件。男方若要孩子还须给奶牛一头。

妻子和别人通奸，习惯法认为是侵犯夫权，丈夫抓住奸夫奸妇可当场杀死无罪，也不用赔偿，只需用一头牛"洗寨子"。另外，丈夫抓住妻子与人通奸的证据，可到姘夫家论理，并可索赔十几头牛，还可遗弃其妻子。有妇之夫与人通奸并弃其妻，要加倍赔礼钱。①

佤族若同姓通奸被发现后，按照习惯法先是劝告；若不听时，别人可去抄他的家。但男方若能赔两头猪并泡水酒给寨人吃，也就无事。与有夫之妇发生性关系，或者调戏有夫之妇，则要受到其丈夫的严惩，被拉牛、抄家甚至有被杀死的。若原夫认为妻子与人发生了性关系，则大多把妻子遗弃。已订婚的姑娘，别的男子就不能再串了，否则，就会遭到其未婚夫的处罚——赔猪、拉牛或抄家等。②

白族青年男女在自由恋爱中发生性关系，只要女子不怀孕，便不受习惯法的处罚。女子一旦怀孕，首先看男女双方是否订了婚，若尚未订婚，男方可按正常程序，在女子分娩前明媒正娶，将姑娘接走。若男方已订婚或不愿娶女子为妻，男方要赔偿女方一笔"害羞费"。若女子已订婚，其未婚夫可以提出退婚，女方要退赔未婚夫的订婚礼和一笔"害羞费"。这些费用大部分由通奸男子承担。

有夫之妇与他人通奸被捉住后，其夫可以狠揍奸夫，甚至可动刀子，但不能出人命。奸夫要赔偿一笔"害羞费"。丈夫对与他人通奸的妻子，可以提出离婚，勒令他回娘家去。③

傈僳族习惯法规定，如和有夫之妇通奸，被妇之夫发现捉住后，

①　云南省编辑组：《景颇族社会历史调查（三）》，云南民族出版社，1986，第126页。
②　云南省编辑委员会：《佤族社会历史调查（二）》，云南人民出版社，1983，第130页。
③　云南省编辑组：《白族社会历史调查（二）》，云南人民出版社，1987，第13页。

要交给头人处理，罚钱很重，奸妇也要出钱，称为洗脸钱。如不能圆满解决，则往往引起械斗。①

独龙族女子婚后有情夫，为习惯法所不许，一经发现，情夫需赔一口锅、一个三角架以及酒、肉等，妻子要向丈夫认错，头人并召集家族成员当众教育情夫。②

基诺族对于通奸的处罚是罚当事人出两头猪、100斤米、50斤酒，请全村人吃一顿饭。仅这一顿饭，就可以使当事人负半年的债，使其不敢再犯。

鄂伦春族未婚男女因恋爱而私奔的，抓回后都要受到棍打，或用马拌绞大腿，个别有被处死的。同一氏族的男女发生不正当关系，处罚更重，甚至被绞死。③

藏族牧民男子与头人的女儿恋爱、通奸，妇女婚后与人通奸都被视为严重罪行，要罚长期苦役、没身为奴或处死。甘孜木拉地区男女私通者，经过审判后双方均要罚藏洋200~500元，并要具结不再重犯。实际执行时，私通的男子常被驱逐或罚作娃子、长工；私通的女子则被处以割鼻之刑。④

彝族习惯法将通奸等男女之间非正常性关系按不同情节、身份分为"黑"、"花"、"白"三类。如果黑彝女子跟她等级以下人发生两性关系，不管是通奸还是强奸，都算是最严重的行为，为"黑"，男女双方格杀勿论。如同家支内部（不管是姊妹叔侄还祖孙关系），发生奸情或有调戏、勾搭行为，也算"黑"，格杀勿论；两个不同的家支具有亲戚关系，如舅舅跟侄女、祖父跟外孙女等发生奸情或勾搭、

---

① 云南省编辑委员会：《独龙族社会历史调查（二）》，云南民族出版社，1985，第84页。
② 王恒杰：《傈僳族》，民族出版社，1987，第128页。
③ 秋浦：《鄂伦春社会的发展》，上海人民出版社，1978，第212页。
④ 四川省编辑组：《四川省甘孜州藏族社会历史调查》，四川省社会科学院出版社，1985，第166页。

调戏行为，也算"黑"，同样格杀勿论。

姑舅表或姨表没有婚姻关系而发生奸情的，为"花"，具体有两种情况。一为女方已许配了人家而发生的，较严重，奸夫罚100~200两。如果性行为后有了小孩，罚款更重，一般以女方出嫁时的身价银（500~600两）为标准。另一种是女方还没有夫家，男方则只要给女方的父母一匹骑马（或折银两），再杀猪办酒席赔礼道歉（一般是通奸后有小孩才办酒席）。

男主子与女奴隶发生性关系，视为"白"。在彝族看来不算什么，只是男主子在社会上要受舆论的谴责和人们的嗤笑。①

土族如有人勾引别人妻子而被本夫发现，则由地方老人调解。一种处理是拿酒搭红出钱上门赔礼；另一种是由本夫将妻子转给对方，代价为一二大石麦子不等，并且要立字为据。若自己的妻子曾被人勾引而致转让，则本夫最受人轻视，妻子也会被人称为"活剩己"（坏蛋之意）。在转让时，字约不能在家里写，更不能到别人的地边上写，必须到离村庄较远的荒地里去写字约；同时，代书人必索高价才肯代写。②

7. 损坏财产的处罚

从保护私有财产出发，各民族习惯法还规定了损坏财产的处罚原则和具体方法。

根据习惯法，壮族对牛马损害庄稼的，大多照量赔偿，但只损失十蔸八蔸的，不用赔偿，对畜主提醒一下就行了。猪糟蹋农作物时，物主可将其打死，并把猪头割回来自食，随即通知村众自己检查，由畜主到田里去取回猪身。有些壮族地区则凡不设栅篱圈猪，或即设不慎致猪吃作物者，打死不论，猪主可得回半只猪，余充公给全村寨人吃。打死别人的狗，要照狗价赔偿，否则由打者保护其全家安全，在

---

① 云南省编辑组：《四川广西云南彝族社会历史调查》，云南人民出版社，1987，第216页。

② 郭璟：《土族》，民族出版社，1990，第92页。

未继续养狗前，有强盗偷东西须由打狗者负责。①

傣族规定如牛马闯入菜地，吃了瓜菜，价值多少，依习惯法由公众查看后议定，让牛马主赔偿损失，牛马归还原主。拴住闯进园子里的牛，若不告诉牛主，牛死了，园主必须赔还牛主的损失，牛主则赔园主地里的损失。骑牛、马、驴踏过刚糊的田埂或当天已平整即将插秧的田者，罚款。骑牛、马、驴闯过刚扬花灌浆或谷穗已低头的稻田者，罚款。②

8. 违犯公共利益的处罚

少数民族习惯法对诸如内外勾结危害村寨安全、辱骂长辈以下犯上、蔑视神灵等违犯公共利益的行为也规定了处罚的方法。

壮族习惯法规定了对犯龙脉、方向的处理，若在别村背后或别人墓地开荒时，有地理公认为犯了该村的龙脉或方向等，该村可以劝阻不准动土。如果不听劝阻，可以将骨部挖掉。但以后村内不管人畜患难或损失，概由动土开荒者负完全责任。失火烧毁别人房屋，如果自己的房屋也被烧去，不予追究。如果单烧别人的房屋，则须照赔，损失过大的，至犯者倾家荡产为止。③

苗族如出口伤人而受害者不服时，习惯法的规定是请寨头调解，并由输方打酒赔不是。诬陷者，在是非辨明后，罚以"请酒服理"。放火烧山或纵火烧房者，可把放火者当场抛入大火中烧死。④

瑶族习惯法对放火或失火一连烧去房屋三间的，要罚白银72元；若被烧超过三间的，便按每间72元计算。放火烧山（失火者同）的，

① 广西壮族自治区编辑组：《广西壮族社会历史调查（第二册）》，广西民族出版社，1985，第245页。
② 云南编辑委员会：《西双版纳傣族社会综合调查（二）》，云南民族出版社，1984，第28页。
③ 广西壮族自治区编辑组：《广西壮族社会历史调查（第二册）》，广西民族出版社，1985，第245页。
④ 贵州省编辑组：《苗族社会历史调查（三）》，贵州民族出版社，1987，第25~26页。

若烧着私人山林，罚白银 10 元左右；烧着公家的，则要拿钱给公众买酒饮，作为救火费；实在无意的，不予追究。

而偷挖坟墓的罚款。有了天花病，传染给别人者，亦要罚款。

严禁"勾生吃熟"。对那些勾引外人做贼为盗或栽赃嫁祸，横生事端的，处死乃至杀尽全家。对窝藏土匪、接济土匪的，田地财产一律充公。①

侗族习惯法规定，土匪来打家劫寨，寨老发号施令后，寨众就要迅速行动，不从令者，按习惯法处罚。凡拦路抢劫者被抓，严办，除了赔偿失者的全部损失外，并按情节轻重，另行罚款。这些钱除部分给寨老外，其余归公，用来买酒肉给全寨人吃喝，每家分得一份。若当事人无钱，且又是首次犯的，就戴高帽子游寨。对不安分守己之人，勾生吃熟、勾匪入寨、抢劫良民的，当众处死，以绝祸根，房屋田产等项没收归众，余下其父母、妻儿一概赶出寨不贷。

按照傣族习惯法，如甲寨"祭竜"时，乙寨人闯入，就罚一份同样祭品；若是牛马牲口闯入甲寨或通过甲寨的竹桥，就要杀掉牲口，罚送一半给甲寨。挑东西经过别寨寨中心，如果落在地上，挑什么罚什么，也要罚一半。衣冠不整（披头散发、卷起裤脚）经过别寨，或本寨有死人尚未埋葬，外寨人不知而闯入寨子，都要处罚。

马车不准进寨，扛着大树不准进寨，否则罚款祭寨神。带着刀子不准进别人家的门，违反的要罚 15 元半开、一瓶酒、一串槟榔及一对蜡条祭家神。

无事而白天、夜间吹牛角；地方没有备战，没有战争，无故在夜间击鼓的都要按习惯法罚款。②

---

① 广东省编辑组：《连南瑶族自治县瑶族社会调查》，广东人民出版社，1987，第78页。

② 云南省编辑委员会：《傣族社会历史调查（西双版纳之八）》，云南民族出版社，1985，第 103～104 页。

景颇族习惯法严禁砍伐官庙附近的森林，违者罚款；砍伐公有森林出卖者，价款充公。单家独户不能砍种一片土地，不准随便烧野火，否则要罚牛或猪一头。

如发生诬告、辱骂等人身攻击行为，要用实物赔偿。如指控某人为盗窃者，经查明为诬告，必须由诬告者恢复被诬者的名誉，赔偿"洗脸牛"。骂人"难当死"（意为生小孩时死），被认为是最严重的口舌是非，常引起拉事纠纷，必须通过"讲事"赔偿大量实物。[①]

佤族凡泄露本寨机密（主要是军事方面的）而造成严重后果者，按习惯法要受到全寨人的惩罚，轻者抄家，重者赶出寨子；若未引起严重后果，一般要受到群众和头人的严厉斥责。

无故逃避战争的成年男子，要受到头人与群众的责难，甚至有被抄家的危险。

有关公共劳动（如修路、修水槽等），每户都得参加，应参加而不参加者要受头人的谴责，或受罚（交若干谷子等）。[②]

纳西族的公山平时封山育林，除杂草、枯树外，一律不准乱砍滥伐，由一名"山官"管理。违反者，山官可没收其斧头和砍刀，被没收者得用钱来赎回。放火烧山者亦罚款。[③]

赫哲族老年人逝世后，出门在外的人闻讯后，必须在出殡前赶回，如果逾期归来，就要根据习惯法打 15 ~ 20 板子。

藏族规定偷寺庙的东西，侵犯神山、神树（如挖药材等），将犯者脱去衣服，用绳捆其一只脚，倒吊高处，施以鞭打，并用烧红的铁器烙一十字于额上，戴上纸帽，以驱鬼方法，将犯者驱逐出境。

差巴、科巴逃亡未遂被捉回来的，处以笞刑后，施以监禁，期满缴清罚款（哈达 1 条，豹皮 1 张或犏牛 1 头，狐皮 1 张或狼皮 1 张）

---

① 云南省编辑组：《景颇族社会历史调查（三）》，云南民族出版社，1986，第 42、79 页。

② 云南省编辑委员会：《佤族社会历史调查（二）》，云南人民出版社，1983，第 25 页。

③ 云南省编辑委员会：《纳西族社会历史调查（二）》，云南民族出版社，1986，第 33 页。

后，遣送至差役最重、最苦的地方居住。

凡差民抗差者，除鞭笞 30 外，第二次加倍支差。①

9. 抢劫的处罚

有些民族有对抢劫行为进行处罚的习惯法。

壮族习惯法规定抓到了抢劫案的强盗，令其退回赃物或按赃物价格赔款即了。若一犯再犯，除全退回赃物外，还要按赃物的价格每元关一个月。倘若不愿赔或赔不完，则关到死去为止。罪恶过于严重者则直接处死。

凡有土匪在该处抢劫而没抓到土匪，就由该地的人负完全责任。如果在荒路上抢劫，也是由该地所管的村主负责。②

苗族对抢劫者按习惯法处以吊打。③

瑶族对拦路抢劫或在途中谋财害命者，根据习惯法罚 300 两银并处死。④

10. 拐带的处罚

有的民族如壮族、彝族还有处理拐带行为的习惯法。

壮族习惯法规定发生拐带案时，要是抓到拐者，当场打死无事。要是不打死他（她），则看女人的身价（即过去丈夫娶时用去的礼金礼品）赔还钱。以后以赔身价为主，只在认为无能力赔时才处死。

如果抓不到人，无踪可寻，以后发现她落到那里可以直接带回，要是该女已经生男育女，亦可将母子一举抢回，买者不得阻拦，否则被指名为强盗，直接没收其家当。

---

① 四川省编辑组：《四川省甘孜州藏族社会历史调查》，四川省社会科学院出版社，1985，第 166 页。

② 广西壮族自治区编辑组：《广西壮族社会历史调查（第二册）》，广西民族出版社，1985，第 244、191 页。

③ 贵州省编辑组：《苗族社会历史调查（三）》，贵州民族出版社，1987，第 25 页。

④ 广东省编辑组：《连南瑶族自治县瑶族社会调查》，广东人民出版社，1987，第 78 页。

如果女方从夫家被拐走，岳家就来夫家闹要人，此时，男方只好出花红找人，要是三年内找不到人，则要赔回人命钱，但不得以"夫打死妻"案件处理。

如果女方在岳家被人拐走，男方就向岳家要人（壮族有不落夫家的习惯法，生了孩子才来夫家），或者要岳家送娶第二个，年龄与前个一样，否则就要赔回过去娶时所费的礼金和礼品。有的则纠合几十人到岳家杀猪、杀牛坐食，并视岳家家产多少而加以罚款，收足罚款后才返回。①

彝族习惯法对拐走家门妻子而又不负赔偿责任者要开除其家支籍。如以牛、酒、银子向女家赔礼，经女方与原夫办清退婚手续后拐走，双方亦可成为夫妇，并回家恢复家支籍。

拐骗本家支及娶来的妇女外卖或姘居，全家支及其他娶来的妇女要杀鸡狗咒骂，并将当事人处死。拐骗友好家支妇女外卖或姘居的，退人并赔礼。若不退人，应加倍付聘金与结婚费用，并向被拐骗对象的丈夫及其家支赔礼。否则可以因此引起冤家纠纷。

偷本家支的娃子外卖，如赎不回来，要赔价金。如赎回，除退给失主外，应加赔银子一锭，并招待失主酒肉。②

二　调解处理审理习惯法

为了保障习惯法的权威和尊严，使全体成员一体遵守，中国各少数民族都有系统的有关习惯法执行和违反习惯法行为的处理的习惯法，对本民族大量的违反习惯法的行为和各种纠纷规定了调解处理审

---

① 广西壮族自治区编辑组：《广西壮族社会历史调查（第二册）》，广西民族出版社，1985，第244页。

② 参见杨怀英主编《凉山彝族奴隶社会法律制度研究》，四川民族出版社，1994，第87～88页。

理的原则、机构人员、程序，并有关于神判和械斗这两种特殊的解决纠纷的方式的规定。调解处理审理习惯法是中国少数民族习惯法的重要部分。

1. 调解处理审理

各少数民族尽管无专门的习惯法执行机构和专职人员，但调解处理审理方面的习惯法是相当丰富的，诸如调解处理审理的机构，人员的职责与权限，调解处理审理的原则、程序，处罚方式及裁决执行等方面都有详细规定，为处理解决刑事案件和民事纠纷提供依据。

壮族对违反习惯法行为的处理，大多抱着息事宁人的态度，以大事化为小事，小事化为无事，尽可能避免事态扩大。违反习惯法的行为一般由寨老（都老、乡老）从中调解或裁决，或要当事人赔礼道歉、履行义务、赔偿损失；或要当事人承受罚金或罚工。若事情较为复杂问题较大，寨老（都老、乡老）解决不了的，则召开长老会议或村民大会进行研究讨论作出裁决，一般都要对当事人进行罚款的处分，"罚众"，对于犯严重错误而屡教不改者，则给予肉刑、开除族籍的处分，甚至处以极刑，也有个别的捉拿送去官府处理。死刑的执行方式有丢下河淹死（沉塘）、活埋、五马分尸、骑朝马（将炭火放入钢质制成的像马腹的器皿中，将犯者绑于其上烧死）等。①

瑶族凡发生争端时，必须按习惯法请石牌头人或瑶老处理，叫作"请老"。如果是本村的头人，就用口头通知；路远的头人，就用禾秆一节，穿入铜钱方孔，再行折回，合搓成小绳，作为凭证，着人携至头人家，请他到家里来办事。头人到家后，先请吃一餐便饭（大事如捆人、开打等，则杀猪请头人）。之后，请头人、老人坐在桌子两旁，争执双方将争执原委申诉出来，自己不善言辞的，也可请亲戚兄弟叔

---

① 广西壮族自治区编辑组：《广西壮族社会历史调查（第一册）》，广西民族出版社，1984，第107～110页。

伯代讲。每讲一句，折禾秆一节（约三寸）放在桌上，讲完，头人把禾秆收起。甲方讲完后，乙方也申诉自己道理，来驳斥对方，讲话时也同样摆禾秆。如此往来数次，直到双方的理由讲定讲透，头人才根据双方提出的理由（有时也向双方的左邻右舍进行调查）下判断。判案时，是分头向甲乙两方讲的，并不传齐双方。

判案之后，如有一方不服，他也可以另请较大的石牌头人来讲道理，然后由这些头人再判。只是在另请头人时，照例再请原来的小头人向大头人交代一次，将其判案经过叙述一遍，小头人才算把判案了结。如果大头人的判决，其中一方仍然不服，他就要请大头人来吃一顿。吃后，这方就要交"八文十六"给头人，表示决心要和对方做大事了。所谓"八文十六"即是用禾秆两条，一条扎铜钱八文，另一条扎十六文。这"八文十六"交出后，头人就先向他索取一个"码"，叫作"交码"，码或用禾秆扎铜钱一枚或用手镯。同时，交码这方把不服判决的理由再讲一番。头人就把"八字十六"带给对方，并把话传给对方。如果对方不服，也要交"八文十六"和一个码给头人，也把理由申诉一番，依然由头人传过来。头人往来双方数次，经过劝告，仍有一方不服判决，头人就要退码给对方，让双方"开打"。头人"退码"后，当事双方就各关门闭户，阻塞巷道，实行开打。开打之后，双方男女老幼都不敢出门，同时各自邀请合族亲房的人援助，设法向对方攻击。最后以活捉捆人为胜或以势力强大为胜而终结。也可要求对方赔被捆人的"人头钱"、打死人的"赎魂钱"等。总之头人无一种强制力量迫使当事人接受自己的调处。[①]

侗族习惯法由寨众监督执行。违反习惯法的行为，一般先由寨老调解，处罚时要召集全寨大会由大家商议同意。处罚方式有罚款、戴

---

① 广西壮族自治区编辑组：《广西瑶族社会历史调查（第一册）》，广西民族出版社，1984，第69~70页。

高帽子游寨、肉刑（如挖眼睛等）、活埋等。有些地区由被处罚人的直系亲属亲自动手执行处罚。

有的地区，遇有纠纷，双方当事人往往要请理老代当事人评理，有时候甚至要请好几位。理老评理时，每评一理，就取一根理草（多半为禾心草）打一草结，放置对方面前。对方的理老便进行辩理，每辩一理，便把这一理的草结解开，还给对方。最后，看哪一方的草结解不开，哪一方便输了理。

景颇族内部的纠纷，首先由各姓的长老调解处理，不能解决时要报告寨头，由寨头出面邀请山官、各姓长老以及寨中的老人共同调处。调解时大家发表意见，由寨头根据大多数人的意见作出决定。如不服调处，被告也可另请他寨有威望的山官、头人来调处。调解纠纷一般不需送礼或出钱，只需请头人、山官等吃一顿饭，但调解完毕，胜利一方也有送些钱、礼感谢头人的，数目不定。山官、头人和百姓一样，并不独立于习惯法之外。如果犯法，则请附近各寨山官、头人、长老共同处理。村寨之间的纠纷也需请各寨山官、头人、长老及有关人员共同处理，并由董萨打卦决定主持调处的主席。有的地区，纠纷主要由山官处理，通德拉（习惯法）的最高执行者是山官，他按照习惯法判断是非，维持社会秩序。调解纠纷时，当事双方要"送礼"，调解后给被害人的罚款也须给山官头人和其他参加调解的人若干。景颇族对违反习惯法者的处罚没有死刑和徒刑，一般是判处赔偿（赔钱或实物）。[①]

毛南族处理民事纠纷时，原告人按照习惯法办一席酒，请村老和被告人到场。大家先入席就餐，饭罢由原告和被告讲事情发生的原因、经过、双方存在争执的问题等，村老边听边察言观色，不时提出疑问、质询。把事情的真相弄清后，由村老摆道理指出双方的是或

---

① 云南省编辑组：《景颇族社会历史调查（三）》，云南民族出版社，1986，第42页。

非，裁决一方对或不对、应该赔礼道歉或赔偿损失。双方都同意，当场就给村老下"典钱"（多少不论），即证据钱，表明日后不能反悔。如有一方不下典钱，这件事就处理不了，待日后村老调查，做说服教育工作后再作处理。

白族习惯法规定同村各家族间或各村之间的纠纷由伙头来调解。调解时由伙头召集各家族的族长来共同进行。调解时，伙头拿一块一尺五寸长、一寸宽的竹片，竹片两侧各代表原告与被告。当他们申诉一个理由时，伙头便在竹片各自的一例刻一个口子，等双方申诉完毕，伙头数竹片两侧的口子，口子多的一方，表明理由充分，而口子少的一方则为理亏，以此来判断是非。另外，也有用黄豆、石头的，谁说出了一个理由，便在他的面前放一颗黄豆或石头，然后根据各人的黄豆、石头的多少来判断是非。有些地区则通过由"此莫"（村中的公证人）调解、喝血酒、捞油锅、武装械斗、逐出村寨等几种方式处理家庭内外纠纷。①

独龙族有了纠纷，引起争执、双方相持不下时，按照习惯法由家族族长来调解。调解时，先由当事人向族长提出申诉，报告事情发生的原因、经过，族长则按照双方情节的轻重和周围群众对此事的意见，来判断谁是谁非、谁应赔偿等。有时则用"捞油锅"的方法神判。

纠纷的解决，有当事人和解；族长当面调解，仅当事人在场；族长当众调解，整个家族到场；老人当面调解；两家族族长调解等。调解时，调解人先发言，然后当事人申诉理由，每讲一个理由，调解人即在这一方插一节小棍（竹木均可），最后数一下，哪一方小棍多，即为那一方的理由多。调解人宣布之后，其他人发表意见，补充新情况，调解人对新情况也插小棍。最后小棍少的还是认错。另一种形式

---

① 云南省编辑委员会：《白族社会历史调查（二）》，云南人民出版社，1987，第101页。

是，当事人与其拥护者各为一组，调解人居中传递讨论情况，倾听双方理由，使意见趋于一致。最后族长根据大家的意见作出最后决定，当事人两方喝酒，表示和好。[①]

黎族对于严重违反习惯法的行为，根据习惯法最重的惩罚是：当着众人捆绑当事者的手脚，浸水后在湿的身体上放黄蚁窝，让黄蚁咬。对一般性违反习惯法的行为，则以罚款为主。如有人违反习惯法，则"亩头"召集全体成员进行谴责和惩罚。社会上发生各种民刑案件时，由峒长召集各"亩头"主持处理。各户之间、家庭成员之间、夫妻之间若发生纠纷，由"亩头"来调解和进行教育。[②]

赫哲族本氏族内部的一切大小事情均由本"哈拉莫昆"内部解决。如果事情重大，也可邀请其他"哈拉莫昆"的代表参加。事情非到万不可解时，决不诉诸官府，人命案件也不例外。

父亲和伯叔处罚子侄时，任何人讲情都无用，母亲也不能阻拦。如有这种情况，只有舅父讲情才能有效。但父亲伯叔对子侄已经进行了处罚，如罚儿子下跪，舅父则不能作主将外甥释放。[③]

鄂温克族大家族（毛哄）内发生大事，如有人犯重罪，就依习惯法由大家庭的老年人和族长开会，杀一只鸡，打开族谱，开除犯重罪的人，把犯人的名字从族谱上除掉。一个成员被除名之后，就等于一个死人，尽管可以申请加入别的氏族，但大多不愿意接受。习惯法还规定，外甥犯了错，舅父和师傅可以向毛哄保证，而免予处理。对于已被处死刑者，叔叔和舅父也可以出面为其减刑。[④]

藏族群众之间有口角、打架等小事，可由村中老人调处，事后向

① 云南省编辑委员会：《独龙族社会历史调查（二）》，云南民族出版社，1985，第114页。
② 参见《黎族合亩制论文选集》，广东省民族研究所1983年5月内部印行，第192、221、273页。
③ 《赫哲族简史》编写组：《赫哲族简史》，黑龙江人民出版社，1984，第185~186页。
④ 内蒙古自治区编组：《鄂温克族社会历史调查》，内蒙古人民出版社，1986，第33~34、358页。

头人、土官报告。较大的纠纷和民事、刑事案件则必须由头人判处。人命案件、死刑判处、冤家械斗等，则由头人会议商量判处。

诉讼时，双方先按习惯法缴手续费（有的要求递交诉状）。判决的原则是根据情节轻重、当事人双方的经济情况、双方与土官头人的关系、曾否贿赂等因素决定。也有在回答审问时，稍说错了一句话，即被当作判决根据的。判决后，无权再进行上诉。有的地区有判决书一式三份。惩罚手段大体可以分为两类：罚款和刑罚。刑罚种类繁多，而且极为残酷，主要的有：投地牢、监禁、流放、戴手铐脚镣及本枷、捆和吊、抽皮鞭、同恶犬拴在一起、棒打、砍手剁脚、抽脚筋、割鼻、割耳、割舌、割嘴唇、挖眼等。

习惯法规定的有关死刑的原则是：不宣判处死，而宣布施以某种经过一定时间才能致死的刑罚。这和藏族的宗教信仰有关。因此，藏区虽有种种致命的酷刑，如把犯人装在生牛皮袋里活活晒死或投河投岩、马拖毙、勒毙、冻死、游肠子等，但没有枪决、斩决、绞决等立即毙命的死刑。也有鸩死（毒死）的，但系暗中进行，并非出于公开判决。在青海藏区，有的存在砍头这一执行死刑方法。最普遍的死刑方式为"点天灯"，即以酥油涂在头发上点燃烧死。将犯人捆在天场让天鹰啄食而死的也不少。①

羌族的民间纠纷，主要是债务和婚姻，由头人审理。离婚案件，若由男方提出，就给女方 7 两银子；女方提出则给男方 12 两，缴不出的留衙门当娃子，也有双方都争执不决都留当娃子的。刑事案件，凶手必须赔死者命价，出烧埋费，并以猪膘、粮食、酒水为赔礼，多少看经济情况决定。头人的刑具，通常以大手指粗的 10 根木条捆在一起，打臀部四五十下，打完一个人，就另换新条子。也有用鞭子打

---

① 四川省编辑组：《四川省甘孜州藏族社会历史调查》，四川省社会科学院出版社，1985，第 105 页。

的。犯人关在牲口圈的"黑房子"里，戴上手镣脚镣。被打过臀部和关过的人，被社会视为耻辱者。①

彝族家支内部纠纷，常先请双方信服的头人调解，调解如不能一次说服，则动员其家门和舅父多方劝说，并根据双方实力的对比和等级的高低决定赔偿金。违反习惯法的重大行为，则召开家支大会处理。在处理时，原则上是等级愈低执刑越重，不受年龄限制，但对女性处刑往往较男性为轻。刑罚可分为死刑（包括令其自杀：吊死、服毒、剖腹、投水、跳岩；他杀：勒死、吊打致死、捆石沉水、滚岩、刀枪杀、烧死、活埋、捆投深洞等）、伤残刑（吊打致残、斩脚后跟、斩右手、斩手指、挖眼、割耳、咬鼻、穿鼻、针刺眼珠等）、监禁（颈项拴猪屎链子、穿木脚马）等。②

土族遇有内部发生纠纷时，一般先请地方上有声望的老人出面调解。在土族旧官制没有取消以前，民间的纠纷也常诉诸土司、土官及其属员。土司衙门设有监狱，并有衙役，专行催粮、召集人伕、传唤案犯等。土司审案时使用的用具有铁锁、铁绳、脚铐、手镣、皮鞭、板子、马棒等，刑罚有罚款、罚牲畜、罚红布，有时罚没物交给寺院。③

哈萨克族违反习惯法的处理，一般是由部落头人进行调解，也可以向可汗提起诉讼。乱伦、杀害兄弟或姐妹、盗窃父母或丈夫财物的，家族有权进行审判；为了复仇，可将凶手交给受害人亲属。在处理中，一般按同害报复原则进行，杀人者偿命，伤残他人者，须被夺去其身体的相应部分。妇女不允许作证人和参加诉讼。刑罚主要有：近亲同处刑、死刑、断肢、抽打、鞭打、贬黜刑、压壁石、割耳朵、

---

① 参见俞荣根主编《羌族习惯法》，重庆出版社，2000，第202~211页。

② 参见胡庆钧《凉山彝族奴隶制社会形态》，中国社会科学出版社，1985，第278~282页。

③ 青海省编辑组：《青海土族社会历史调查》，青海人民出版社，1985，第11~12页。

剁手指、游街示众、灌铅水、牲畜踏身、压杠子、打板子、吊梁、戴手铐脚镣、没收财产、用人抵偿罚金、从部落中开除、被迫服劳役、罚金等。此外各种身体刑可用罚金来代替，即以罚代刑、定额赔偿制。①

2. 神判

由于社会发展阶段和文明进步的限制，相当多的民族采用神明裁判的方式来解决疑难纠纷，处理复杂的违反习惯法的行为，形成了关于神判的适用条件，神判的种类、方法、结果等的习惯法。

壮族在调解纠纷时，非常强调人证与物证，因而头人对不少本来可以据理判断的案件不敢作决定，而采取"神判"的方式来解决。具体的习惯法是：由当事双方将自己的理、咒语、庚辰写好，备公鸡一只香烛若干，请头人和道公一同到庙中去，先由道公念经请鬼，再由原被告将"阴状"焚烧，同时将鸡一刀砍断，了事。

下面是一份"阴状"的底稿：

上告天地神明日月三光廿四位诸天供油教主三界圣帝本庙圣王案前　呈进

具告凡民阴人廖金钱等为朋比为奸谋控害乞恩　愿情电鉴以分经渭事无处申冤事窃有堂兄廖××今据　大清国广西省桂林府义宁县分防龙胜理苗分府龙脊乡

广福

廖家寨　庙王祠下社王土地居住　奉　圣　修因即至告状

莫一

人廖金全年八十五寿设谋控害时势欺弟依强夺地名管界翁田平段牛厂等具控龙胜安　府庄案下衙顽钱三十二千二百文阳间孤独守

---

① 参见姜崇仑主编《哈萨克族历史与文化》，新疆人民出版社，1998，第102、104、189页。

伤忠良襄内无钱不敢告于　阳宪冤探如海气怒如山无处申冤　因此无奈是以谨发恨心取　处具雄鸡一只供油一碗状纸一张于夙虚空具告　天地神明日　月三光甘四位诸天　三界供油教主　三界圣帝本境广　福大王部下即速差下（究）查灵官统领雄兵猛将即查追枸包龙处捉拿廖　真命到案务要自愿自例自私颠报上山蛇伤虎咬下河浪打水推天雷霹雾即遭盛疫火焚拣宇宅舍化灰即报剿斥奉行报应有功之后不忘　大道鸿恩谢　恩谢圣须至状者　右状上告　天地神明日月三光廿四位诸天　三界供油教主　三界圣帝本庙圣王抢查灵官　案前　投进　证盟莫一大王

星火急行　急行急报

皇上光绪十一年岁次丙戌　月　日具状上告①

有些壮族地区，神判则采取"捞油"和赌咒的方式。"捞油"的做法是用一只大锅，内放油脂 12 斤和 1 个手镯，烧火煮沸，道师在油锅四周结七个草人，只念咒语，便由全村所有的人先后用手去捞取油铜中的手镯。据说如果不是偷者就平安无事，如系偷者油锅就会燃烧起来，便要赔还失主的损失，并杀猪羊款待全村以谢罪。如捞者均平安无事便是失主诬赖，也须备酒席向全村人赔罪。赌咒的做法是由失主准备狗猫和大雄鸡各 1 只，狗是代表偷窃嫌疑者，猫是代表失主，把雄鸡杀死，烧香点烛、祭土地公，由道师念经请神来监督。如果猫咬狗，对偷窃嫌疑者便深信无疑，要赔还失主并罚款若干；如狗咬猫便是失主诬赖，要杀猪羊来请村中社老及被诬者吃，当面谢罪。②

有的地区遇到偷盗事件的争执，便按习惯法到雷王庙去进行神

① 广西壮族自治区编辑组：《广西壮族社会历史调查（第一册）》，广西民族出版社，1984，第 111 页。
② 广西壮族自治区编辑组：《广西壮族社会历史调查（第一册）》，广西民族出版社，1984，第 17 页。

判。神判前，由争执的双方各找 1 人代替赌咒，找不到别人代替的，则由自己赌咒，如被指控为偷盗犯的人因找不到别人代为赌咒，便引起对方和社会更加怀疑。神判的方法很简单：用竹竿一条，一端挂个小篮，篮里燃香数支，由巫师拿着念神一通，双方对神赌咒。接着杀小猪、公鸡各 1 只祭神，求神暗中惩罚偷盗者或诬赖者。

有的壮族地区如果全村人都认定某甲有偷盗嫌疑，而某甲却不承认，则举行神判——砍鸡头发誓。失主不叫甲发誓，而要其另找一个家庭比较富裕的人代他发誓。发誓以后，如将来查出确系某甲偷盗，则加倍处罚代誓的人，并要他请酒结案。①

瑶族石碑头人或瑶老判决不下，或判决后有一方不服的，除让双方开枪相打外，可以进行神的裁判，到时石牌头人必须到现场观察作证。主要有这样四种神判方式。

（1）砍鸡头：如双方因争山界相持不下时，谁愿意砍鸡头则自买鸡三只，到所争的山界上，烧化香纸后，即对天盟誓，一般说："上有天，下有地，天有眼，地有眼，哪人吞谋山场，砍你的男孩，砍你的女孩。"咒毕，用刀砍鸡头使断，并将鸡丢去，不准谁拾来吃，否则就不灵验。谁砍断了鸡头，他就可以得到所争的山界。当双方争执时，往往只有一方愿意砍鸡头，因为他们认为神的裁判是严厉的，谁要是无理，那在砍鸡头后就会报应。因此，理短的一方，往往不敢砍鸡头，害怕受到神的惩罚。这样愿意砍的这一方就获胜。

（2）进社：双方把争执的山界上的泥土各挖一块，拿到社庙里去发誓，谁敢拜社，地界就归谁。

（3）装袋：争执的双方，约定日期和日数，每晚齐到社庙里去睡觉，谁在睡庙的期间生了病，谁就算输。要是双方都不生病，则把争

---

① 广西壮族自治区编辑组：《广西壮族社会历史调查（第一册）》，广西民族出版社，1984，第 276 页。

执的地界分平。所谓装袋，是除开以是否在睡庙期间生病来决定山场地界的得失外，还以一笔钱财来赌胜负。谁生了病，不仅失去争执的地界，还附带输掉一笔钱财。装袋钱财的数目多少，由双方议定，36元、72元、120元不等。失败的人叫"碰袋"。

（4）烧香：较小的争端，只要谁肯烧香，当天发誓，谁就得到所争的财货。烧香发誓的地点，一般都在村外空旷之地或河流旁边，村内是不许搞这种事情的。①

有的地区神判时有神判书，下面这份神判书是广西龙胜和平乡龙脊村平安寨的，具有代表性：

贵　　　良铁

立甘愿入庙社后字人，毛呈上寨众等　廖杨冈　　等。

照　　仁红

尝思世人不平则鸣，圣人以无讼为贵。况吾等因与毛呈因寇为地争兢竞，土名枫木漕一共五漕、五崎，原系吾等公山，伊称伊地，请中理论，头甲人等亥录难分。窃思官山府海，各有分别，土产山业，岂无其主。一比心甘祷神，何人者作亏心事，举头三尺，有神明瞒心昧己，一动一静，神明鉴察，毫发不爽。而我等各缘庚赔，甘愿入庙祈神。

各大神圣座前鉴察报应，谁是谁非，神明本是无私，分明究治。倘若我等何人风云不测，命入黄泉，实是诈骗欺夺，其班牌钱项尽届田寨。而我等并於邻不得说长道短，倍命而让祸端。如有悔言，自甘其罪。恐口无凭，立甘愿字，仍与地方执照为据。

甘愿立字人上寨众等　廖杨冈　良铁福　胜仁贤

头甲执字人　廖金书　潘金旺　陈景章

---

① 广西壮族自治区编辑组：《广西瑶族社会历史调查（第一册）》，广西民族出版社，1984，第71页。

地方证人　　　廖量荣　元华

金成　光滑

仁盘　玉连

日映　贵发

神全　仁礼

学继　美昌　仕美

潘学仁　玉贤　陈福贞

学茂　永义

依口代笔潘廷范笔五百文

光绪六年（1880）二月　初二　立①

景颇族习惯法规定，纠纷无法判明是非时请神鬼判决，其方式主要有以下几种：

（1）卜鸡蛋卦：事主从若干被怀疑者的房屋上分别取下一根茅草，作上记号，然后请山官、头人、长老、董萨、左邻右舍到场作证。当着被怀疑者的面，把每把茅草摘下一小段放入碗中，倒入鸡蛋清，与茅草搅拌，谁家的茅草先糊上蛋清，谁就被判定为偷盗者或别的案犯。

（2）捏生鸡蛋：山官把所有被怀疑者叫来，由董萨念咒，用一个生鸡蛋给被怀疑者捏，捏破了鸡蛋的说明此人犯了罪。

（3）埋鸡头：失物后，失主先在寨子连叫两天，通知大家，自己丢失了什么东西，拾到者须归还原主。若无人归还失物，失主任请董萨来念咒，念后砍下一只活鸡的头，埋于地下，诅骂谁偷了东西谁就要死去。

（4）斗田螺：当事者双方各准备1只活田螺并做好记号，请山官

_____
① 广西壮族自治区编辑组：《广西少数民族地区碑文、契约资料集》，广西民族出版社，1987，第185～186页。姓名疑有误。

及有关人员作仲裁，原告先将田螺放入一只盛水的碗中，然后被告也将自己的田螺轻轻放入，让两只田螺相斗，获胜田螺的主人就是胜者，斗败田螺的主人只能认输。

（5）煮米：当事双方以同样大小的布包裹同样分量的米，分别做好记号，用线系着米包投入锅中去煮，过若干时间同时取出，若是谁的米包未煮熟（有生米）或生米多，则为输。

（6）捞开水：由山官、头人主持，董萨念完咒语后，把银币或铜币投入烧开的锅中，令双方同时伸手捞取钱币，捞后谁的手被烫则为输，伤得越重越无理。

（7）闷水，这是神判最壮观的场面。一般只用于无法裁决的重大案件，如偷牛、土地纠纷等，由山官、头人、董萨主持。闷水前当事双方要请求各自的亲友给予资助，俟双方都已筹集到二三十头牛后，便决定举行"闷水"仪式，牛群交山官保管，由董萨占卜确定闷水的时间和地点。届时，双方亲友均到场助阵，附近村寨的群众也纷纷前来围观，气氛极其紧张、严肃。仪式开始，董萨念诵咒语，并由当地素孚众望的老人对天疾呼，请求鬼魂显灵，主持公道，然后把两根长竹竿插入小河或池塘的深水处，山官令双方同时各顺一根竹竿潜入水下，谁在水中闷的时间长，谁就得胜；谁闷不住先露出水面，谁就输理而受罚。无论何方得胜，均立即鸣枪报喜，当场杀一头牛祭奠鬼魂，并请大家一同分享牺牲。事后双方都要送一头牛酬谢山官，其余的牛全部由胜者获得，并由获胜者分给资助他的亲友。

此外还有烧线香诅咒（叫天）等神判方式。①

佤族的神判方式按习惯法主要有以下这么几种：

（1）鸡卦。如没有当场抓着偷者，失主便请魔巴杀鸡看鸡卦，以判定偷者。看卦前，失主确定一个被他怀疑的人再看鸡卦，若鸡卦果

---

① 云南省编辑组：《景颇族社会历史调查（三）》，云南民族出版社，1986，第126页。

真如此便认为是此人偷了；若鸡卦不如此，再怀疑另一个人，另看卦，直到确定了偷者为止。确定了偷者后，失主便告知"被确定的偷者"。若被怀疑者不承认就进行第二步，其方法有三种：失主和被怀疑者互相摩掌；互相打头；双方都用竹签扎手，根据出血多少来确定是哪一个错了。若出血情况一样，则都不错，就此了结。若失主出血多，要听"被怀疑者"处罚（一般是拉猪和拉牛，甚或抄家）。若被怀疑者错了，就要听失主任意处罚，赔还所失东西，或抄家甚至处死。若失主当面看到偷者，而偷者硬不承认，便不需要杀鸡看卦，直接用第二步方法。若失主出了血或失血多，那也认为失主错了，而当面看到的偷者被认为无错，这时失主便要听任"事实上的偷者"处罚。

（2）站土窝：甲失东西疑乙偷，乙又不承认，甲便请一中间人来挖一长宽容双足、深约 25 厘米的小土窝。甲先站在土窝里，中间人持一长 60 厘米宽约 6 厘米的木板放在甲的头上（头上不包包头布），连放三次，每次 5 秒钟，然后乙再同样做 3 次。若是站不稳，板子掉下来就输了。若二人的板子都掉下来，或都不掉，情况一样，那就了事。否则输的人要向对方赔礼。

（3）拿石头：失主找一中间人烧一锅开水，里面放一石子（也有放一鸡蛋的），先是失者用手臂入沸水里取出石头，中间人用麻布把他手臂上的水擦干，等数分钟，看他手臂上有无水泡。然后由被疑人再同样把石头从开水锅里拿出来，中间人也用麻布把他手臂上的水揩干，看有无水泡。起水泡者，为之失礼就输了，要向对方赔礼。若双方情况一样，则都不错，也就罢休。①

按照白族的习惯法，白族的捞油锅神判较为独特。捞油锅（大多以水代替）主要用在被人指控为偷人、杀人、杀魂而本人又坚决不承

① 云南省编辑委员会：《佤族社会历史调查（二）》，云南人民出版社，1983，第 130～131 页。

认时。事前派两人到深山箐里去背水和采竹子，双方再各派 1 人监视，路上不准停留，要一口气背回村中。然后在村边空地上架锅烧水。双方公推的公证人站在锅边，手举一块白石头。捞的人在屋子里用冷水把手和衣服浸湿，然后上九级台阶，每上一级台阶磕一个头，走到油锅旁边，面对翻滚的开水，捞者双手高举，仰天高呼："老天看清楚，我没有罪。"他的同族人就跟着喊："老天保佑他，别让他手起泡。"对方则喊："老天有眼，让他手起泡。"一切准备好后，公证人将白石头让众人看过丢入锅中，捞的人大叫一声，很快把石头捞出，手往空中一抛，公证人将石头收藏好。同时将捞油锅者带回家中严密保护起来，不得与第三者见面，以防作弊。3 天以后，如果捞油锅者手上不起泡，就算无罪，对方就要赔偿钱物（牛、猪等）；起泡就证明有罪，就要赔偿钱物给对方。如果查出是杀魂，除赔钱物外一般还要远远逐出村寨。①

鄂温克族对自己的仇人、小偷、土匪，可请喇嘛作"扎特哈"（诅骂的一种）。必须知道对方的姓名、年龄才能行"扎特哈"。行"扎特哈"时，要做一个"查格多勒"（以面和油做成正三角形，盛到红色木盘内），扔向被诅骂者的方向。如果行"扎特哈"而被对方发觉，则被诅骂的这一方也可同样行"扎特哈"以报复。②

藏族的神明审判用于不易决断的疑案，其方式有多种。比如偷盗案，其一是原告被告都在神前宣誓，然后将油放在锅中烧红，要被告嫌疑人在红油锅中用手捞出铁斧，到第二天看，如手受伤即被认为是"神判"有罪。③ 其二是一面鞭打被告，一面由喇嘛在旁边念经（念咒），念经一遍审讯一次，如果反复审讯了 9 次（同时也挨了 9 顿鞭子）而被告仍矢口否认，即当场宣判被告无罪，并责令原告倒赔给被

---

① 云南省编辑组：《白族社会历史调查（二）》，云南人民出版社，1987，第 101 页。
② 内蒙古自治区编辑组等：《鄂温克族社会历史调查》，民族出版社，2009，第 439 页。
③ 陈光国：《民主改革前的藏区法律规范述要》，载《中国社会科学》1987 年第 6 期。

告以价值相当于失物的财物。

另外有"钻神索"来定案的，即在佛像前系绳索，令当事者俯首钻过绳索，心虚者不敢过，即以此判胜败。还有"顶呷乌"，"呷乌"即护身符，以不敢赌咒和顶呷乌者为失败。

还有"三各日利"，即捏两个炒面蛋，里面包上各写一方名字的小字条，由一中间人在盘子里转炒面蛋，先掉下者输理。有"倒尕日纳合"，即木桶中放两个大小相等的、形状一致的黑白石头，并倒打拉水（起隐蔽石头的作用），由被告去捞，捞着黑石子输理，捞着白石子赢理。[①]

彝族习惯法规定了如下几种神判方式。

（1）如珍物和贵重品被盗后不知偷盗者姓名，被盗者就请毕摩（巫师）来家，先缚鸡犬悬于门而后宣传。谓盗物如不速归还者将椎鸡犬咒之。如没归还的，则移鸡犬缚木上，置路旁，毕摩终日咒之，鸡犬叫号数日而死。也有畏咒送还的。

（2）发生偷盗、暗杀后，甲方疑乙方所为，乙方则坚不承认，又无证据者，调解人则命椎牲盟誓，请毕摩咒诅以自明。事后查明如实为乙方所为，则要进行赔偿并给以其他处罚。

（3）端犁铧：纠纷双方通过让被怀疑对象手捧烧成火红的犁铧，视其是否烫伤以解除怀疑，有毕摩主持与中人作证。

（4）捞开水：纠纷双方通过让被怀疑对象从开水中取物，视其是否烫伤以解除怀疑。有毕摩主持与中人作证。

（5）嚼白米：纠纷双方通过让被怀疑对象的嚼白米，视其吐出来的米是否带有血污以解除怀疑。有毕摩主持与中人作证。

（6）打死禽畜赌咒，由被怀疑者首先说清楚受了冤枉，并打死一

---

① 四川省编辑组：《四川省甘孜州藏族社会历史调查》，四川省社会科学院出版社，1985，第105页。

只禽畜给对方看以表明无辜。有的还将禽畜的血溶于水喝掉。事情较小的不凭中，较大的须有毕摩主持与中人在场。

此外还有捞油锅、漂灯草、摸石头、折断棍子等神判方法。[①]

3. 械斗

由于各少数民族内部缺乏公认的有权威的解决纠纷的机构，因而宗族家族之间、村寨部落之间发生纠纷而又调解破裂时往往采用械斗的办法最后了结，械斗成为解决纠纷的一种特殊方式和最后的手段，因此有关械斗的参加者，械斗的时间、地点、开始、结束、伤亡的处理的习惯法也为数不少。

瑶族尤其是广东连南瑶族有"搞是非"即械斗习惯法。搞是非有排内与排外两种。在排内，两姓或两房因事引起争执各不相让，便会引起械斗。械斗前，先在排内召开大会，双方订立合同，约定械斗的时间、地点和规定误伤第三者（即非参加械斗者）的赔偿标准，然后在排中宣布械斗开始。械斗开始，一方在战地上鸣炮为号，约对方出战。双方所有的男子，不论老少都可以成为杀戮对象；妇女则依习惯法可以自由行动，如果违反了这项习惯法，侵犯了妇女，事情便会变得更严重。直至双方伤亡过重或被俘虏了人，由第三方面的老人从中调停，双方又愿意接受，械斗才会结束。

排与排之间械斗规模更大，常常未宣布械斗和约定时间、地点即进行械斗。按习惯法，在械斗期间，互相捉对方的人为俘虏，不得虐待；俟械斗调解时，交换俘虏数目如不相等的，应由少方出赎金，每一名定 36 元白银。在械斗中被打死的不进行赔偿。如同意调停，便择定时间、地点开大会，要求双方先停止战斗，以示和谈的决心。在和谈会上，双方男子齐集，由中人讲一番道理。双方选出老人代表，

---

① 参见何耀华《论凉山彝族的家支制度》，载《中国社会科学》1981 年第 2 期；何耀华：《彝族社会中的毕摩》，载《云南社会科学》1988 年第 2 期。

签订合同，并且杀鸡取血洒酒。双方饮过团结酒后，双方代表互相赔罪。经过这样一个仪式之后，不管起因是什么，从此言归于好，互相往还如旧，不念旧恶。①

景颇族由于对土地、财产的占有而常常引起械斗。械斗人员都是临时凑合的，凡辖区内青壮年男子都有遵从山官召唤、指挥，为保卫自己的亲属、邻里和村寨的土地财产而战的义务。战略部署上山官要和大家商量，要依靠习惯法和遵守一套特定的宗教仪式。

根据习惯法，械斗之前，要进行占卜，确定日期。出征前需分送"毛牛肉"，即把牛连毛带皮切成小块分送给亲友乃至友好的山官辖区，意为请他们助一臂之力。毛牛肉上插 1 根竹签，竹签上用刀刻有暗号，亲友们可根据刀痕判断行动时间，如刻一道痕表示明日行动，刻两道表示后日行动等等；如果万分火急的话，还要加上鸡毛和火炭、辣椒之类的东西。接到毛牛肉的被邀者，届时一定要前来集合助战。

如械斗长期不决，一方提出议和，则由该方请中立者（未参战的）送对方"芭蕉叶包贝母"的和事包，以征求和意。对方如同意议和，则照样送还一包，如不同意，则送回的包中有辣椒及火炭灰。议和时，择定时间地点，届时双方会集，杀鸡喝鸡血酒隆重举行和战仪式，并备一竹筒和两把刀，双方在竹筒上砍刻，然后将竹筒破开，各执一半，即表示停战。有的则从火塘中各取一根燃烧的柴头，由山官或董萨用竹筒水将之泼熄，表示了却此事，并按双方所议，由理亏的一方进行赔偿，退还所拉之牛。②

佤族常常由于相互间猎取人头或掠夺财物而引起械斗。发生械斗，一般虽不通知对方，实行偷袭，但也依习惯法送去鸡毛、辣椒、子弹、火药、木炭之类物品表示警告。有时用木刻发出通牒，刻上道

---

① 广东省编辑组：《连南瑶族自治县瑶族社会调查》，广东人民出版社，1987，第272～274页。

② 云南省编辑组：《景颇族社会历史调查（三）》，云南人民出版社，1986，第127页。

数，要求对方在一定时间内议和，否则进行袭击。接到这些东西的村寨，一种是派人携带财物来议和；一种是置之不理，加强自己的防御，准备迎接可能的袭击。

械斗一般以调解告终。按照佤族习惯法，先由提出和解的一方向对方送去草烟，表示大家抽烟，共商友好。同时附有木刻，刻着前来和解的期限，一道刻纹表示一天。如果对方同意议和，则在约定的时间和地点，由双方的头人和老人具体讨论协商。

达成协议后，双方要约定时间和地点正式举行和解仪式。一般举行仪式的地点多在两村寨间的山顶上。在约定的日期和地点，负责赔偿的一方要带来赔偿给对方的半开、大烟和牛等。议和仪式先是两村寨窝朗、头人或巫师共同洗手，并由双方请来主持和解的一位老人给他们倒水。双方在洗手前互敬水酒，诵念历史、祖先和被砍头的人名，互相检讨以前的过错，发誓以后将友好共处，忘掉旧仇，然后正式洗手，并在山顶载石为记，作为共同遵守诺言的象征。双方还互赠牛肋骨或穿孔的黄蜡，象征友好和通气。举行完上述仪式，赔偿的一方则将赔偿物交给对方，然后共同饮酒吃饭，表示已实现和解。[①]

白族各家庭、村寨之间，一直未形成一个统一的有权威性的仲裁和判决机构，因而发生了纠纷又难以进行和解时，就采取械斗的形式来解决。

械斗之前，双方都要按习惯法把同家族或村寨的人招来参加，邀请的方法很简单，即把牛杀死后，全家族或村寨每户一份，只要牛肉（或牛皮）一送到，就知道某家有事即前去帮助。在武装准备就绪之后，双方都要杀猪、宰牛、煮酒，邀请参战的人大吃大喝，并推选军事指挥者，决定正式械斗的日期（一般选属虎、猴日）。

械斗这天，按习惯法青壮男子都必须参加。械斗前每人吃一块

---

① 《佤族简史》编写组：《佤族简史》，云南教育出版社，1986，第67~68页。

肉，表示虽死无怨。双方摆好阵势后，先进行祷告、祭鬼，然后高喊三声冲向敌阵。妇女不参加械斗，但享有调停械斗的权利，如双方伤亡过重，一方的妇女可以跑到阵地前，挥动裙子或头巾高喊停战，械斗就必须停止，否则调停的妇女会含羞自杀。依习惯法，械斗中不得射杀妇女，否则其母族也要起来复仇。

械斗中，如双方死伤人数相等，械斗就自行停止。一般是请中间人调解。中间人给双方调解时不能带武器，双方不能对他进行侮辱或杀害，而必须殷勤接待。在调解中，人死得少的一方必须向死得多的一方赔偿命金。习惯法规定：①双方死亡人数相等，一般不予赔偿，各自负责；受伤致残者，亦不负赔偿责任。若甲方死亡人数超过乙方，甲方就可以向乙方索取超过部分的命金。②赔偿命金必须加倍，即死1人赔2人。③赔偿时不一定赔真人，可用牲畜或其他实物赔偿。一般是8头牛抵1人，而8条牛中又可只赔4头真牛，其余每头牛可用1只三角架或1只鸡、1只羊抵。④双方死亡人数相等，也要视死者是老人、青年或妇女等情况，分别给予赔偿，一般是两个老人或两个妇女折合1个青年男子。⑤赔偿命金的现金财物，由全家族或村寨共同负担。得到的家族村寨亦非死者家独得，而是全家族村寨共同分配，被害者家属可以多分得一些。有时不够分配时，甚至还要由死者家拿出一些财物来补足不足的部分。此外，被害者家属可以要求对方赔"眼泪钱"。⑥调解结束后，双方各拿出1头牛或两头猪至械斗地点烧吃，叫"烧牛肉"，这个仪式表明纠纷已经解决，双方和好。①

傈僳族发生械斗的现象不多，主要发生在氏族与氏族之间，也有少量的发生在氏族内部。按照习惯法，械斗双方都采取突然袭击方式，乘其不备杀伤对方或烧毁对方房屋或拉走耕畜。最后一般由中间

---

① 云南省编辑组：《白族社会历史调查（三）》，云南人民出版社，1991，第102～103页。

人调解，根据死伤情况出钱赔偿死伤者家属。①

藏族部落间为争牧场，部落与寺院为争地盘、百姓经常发生纠纷和械斗。

械斗时，部落内习惯法甚严。如平常放哨疏忽，或外部落来抢不及时追击，要罚牛、马、枪支，不能负担上述罚款项目的，没身为奴。临阵脱逃或走漏军情者处死。作战勇敢、战功突出者受到全部落尊敬。作战中的战利品归头人，勇敢者受奖励。个别胆怯者被人鄙弃，在部落大会上将其"扫地出门"即开除出部落。一旦受到这种惩处，无异于判处死刑，所到各处无人接纳。

械斗通常由友邻部落或关系密切的寺院出面调解。一旦得到调解，则双方计算损失，死人赔命价，伤人要赔偿，牲畜财产也要计算赔偿。调解成功，举行仪式喝血酒宣誓消恨，并互相要给调解人交"衙门钱"、"调解费"，败方要向胜方交"道歉钱"、"低头钱"、"消恨钱"，调解人签字还收签字钱。所有命价的负担，由全部落分担。一场械斗过后，总有许多牧民破产。②

① 参见吴金福等主编《怒江中流的傈僳族》，云南民族出版社，2001，第133页。
② 四川省编辑组：《四川省甘孜州藏族社会历史调查》，四川省社会科学院出版社，1985，第257~258页。

第十一章

中国少数民族习惯法的性质、特征、功能

　　在前面几章，我们看到少数民族习惯法的内容丰富多彩，可谓包罗万象、自成一体，而且在当今少数民族地区仍具有广泛的现实影响。那么，少数民族习惯法究竟是一种什么性质的法，它又有哪些基本特征？作为一种社会规范和法规范，少数民族习惯法具有哪些功能呢？以少数民族习惯法为核心的中国少数民族习惯法文化的含义、特点又是什么？本章即试图回答这些问题，对中国少数民族习惯法作一宏观认识和总体把握。

一　中国少数民族习惯法的性质

　　中国少数民族习惯法承袭于原始习惯，是全民族成员在长期的生产、生活和社会交往中共同确认和信守的行为规范，其目的是要维护有利于民族整体的社会关系和社会秩序，因此，少数民族习惯法具有原始民主性质，是一种带有浓厚自治色彩的社会规范。

　　在习惯法的议定方面，作为一种民族某一部分成员共同确认的行为准则，其议定、修改、废除均须由全体成员参与和一致通过，即遵循全体一致的原则。有的民族的部分地区虽然主要由首领和头人商议条款，提出初步意见，但仍须由全体成员一致通过才能形成。在议订时，所有参加者均有平等的发言权，可以提出自己的意见和看法，畅所欲言，最后根据大多数人的意见而定。像瑶族的石牌习惯法的议订，由头人根据民族传统精神，观察当前社会现象中所表现出来的一般动态和某些方面的突出事故，加以揣摩考究，找出它的关键性的东西，然后依据当地的民族特点，拟出若干条款。接着召集全体人员开石牌会议，商量讨论后全场一致以默认或欢呼的形式通过，最后树石牌表明团结一致，共同遵守。侗族款约也是根据民意而来，全体成员在鼓楼坪共同商议决定。

　　少数民族习惯法的原始民主性在首领、头人产生方面表现得更为明显。侗族的寨老、苗族的榔头寨头、毛南族的村老、傈僳族的村社首领"抽屋"等是在社会生活中凭着自己的才能和威信自然形成的，即不经过选举，也不需罢免，一旦办事处理问题不公，就失去人们的信任而丧失首领、头人资格。佤族的头人、鄂温克族的家族长毛哄达、赫哲族的哈拉莫昆达等则是由本村寨、家族全体成员民主选举产生的，人人都有选举权，人人也都有被选举权。如果头领处理事情不公有违习惯法，或者利用职权营私舞弊，人们就可以弹劾罢免他，另选他人。瑶族更有对不断作恶、为群众所痛恨的头人，或暗地商量凑成一笔"花红"买通打手去拦路暗杀他，或纠合群众大张旗鼓地把他捕杀掉的事例。首领、头人不脱离生产，不脱离劳动，没有特权，没有固定的报酬，有的甚至办事后连酒饭一顿都没有，纯粹义务和服务性质。[①]

---

　　①　广西壮族自治区编辑组：《广西瑶族社会历史调查（第一册）》，广西民族出版社，1984，第 34～35 页。

少数民族习惯法的实施基本体现了人人平等的原则，无论是头人或普通成员，也不管富人或贫穷者，都同样受到习惯法的保护，都必须遵守习惯法。若有违反，都要受到制裁。像达斡尔族，违反习惯法者不管是功臣还是朝中有后台的，都不能免于受罚或减轻罪行。清朝咸丰年间，莫昆会议就曾依习惯法绞死了一名其父系朝廷侍卫的罪犯，上下人员都不能干涉。因此，达斡尔族民间流传着这样一句话：习惯法比啥官都大。① 瑶族也有"石牌大过天"的谚语，表明在石牌习惯法面前，全体成员的地位平等，都有遵守和服从习惯法的义务，也都有受习惯法保护的权利，习惯法对其所有适用对象都有同样的效力。

在对违反习惯法行为的处理、处罚的执行上也体现了浓厚的民主色彩。对违反习惯法的行为特别是杀人、偷盗等重大行为，由全体成员大会按全体一致原则决定处罚方式。执行处罚时，不少民族的习惯法都规定由全体成员共同执行，一起参与。瑶族有"起石牌"的习惯法，即石牌头人集合共石牌的各户户主，一齐到出事地点或直接去找违法者，共同处罚凶手，维护习惯法的权威。壮族也是集体制裁违反习惯法的人，共同维持村寨或家族秩序，保障村寨、家族的整体利益。②

随着社会的发展和少数民族习惯法的演变，少数民族习惯法逐渐具有了等级色彩，其在反映民族全体成员意愿，维护村寨、家族整体利益的同时，也突出反映了首领和头人的意志。特别是那些处于封建制和农奴制社会形态的少数民族的习惯法，等级色彩和专制色彩尤为明显。我国的藏族、傣族、彝族、蒙古族等少

① 莫日根迪：《达斡尔族的习惯法》，载《民族学研究》第六辑，民族出版社，1985，第278页。
② 广西壮族自治区编辑组：《广西瑶族社会历史调查（第一册）》，广西民族出版社，1984，第74~75页。

· 392 ·

数民族，首领和头人利用手中的政治特权地位，利用习惯法维护他们及其亲党经济、文化上的优势，使习惯法保留原始民主性的同时又具有等级色彩。不过，这一类在中国少数民族习惯法中只占一小部分。

藏族头人有许多特权，如牧民对头人说错话要罚款，不听头人的话要罚款、不当牧工的要罚款，在头人账房附近吵嘴打架的加重处罚。头人还霸占好草好水，并对草原进行具体支配，牧民不遵守的就进行处罚。在裁决纠纷时，头人从中收取罚款或调解费，其所得常常高于被害一方。这类封建特权，在青海阿曲乎部落多达七类36种。①

景颇族某些地区的头人已不受习惯法的约束，可以借故捆人、打人以至杀人而不算犯罪。云南德宏的盆都寨头人张队长就借故捆绑群众，强迫群众卖男鬻女，还直接杀过4个人，本寨群众不敢反抗，头人成了凌驾于习惯法之上的特殊人物，习惯法在这里成为等级压迫的工具。不过大多数山官一般不敢偏离习惯法太远。②

大瑶山瑶族的石牌习惯法，绝大多数由山主村寨所议定，山丁则不能享受习惯法所规定的平等权利。即使在山主之面，也不尽一律平等。金秀、白沙、六拉、昔地四村，分别组成了"百八"和"五百四"两个大石牌，在它统辖下的各山主村寨，虽然也分别组织了各村或联村的石牌，但仍不能脱离这两个大石牌的领导，甚至称这四村的头人为"父母"或"父母官"，自己则称"小人"，其间等级关系是很明显的。③

---

① 青海省编辑组：《青海省藏族蒙古族社会历史调查》，青海人民出版社，1985，第22～27页。

② 《民族问题五种丛书》云南省编辑组：《景颇族社会历史调查（三）》，云南人民出版社，1986，第43页。

③ 广西壮族自治区编辑组：《广西瑶族社会历史调查（第一册)》，广西民族出版社，1984，第31页。

二　中国少数民族习惯法的特征

作为一种社会规范，中国少数民族习惯法具有规范性、概括性、可预测性的特征；作为法，它又有强制性、稳定性、变异性的特征；而作为少数民族习惯法，它则具有民族性、地域性的特征。

1. 民族性

少数民族习惯法是民族特有的心理、意识的反映，是伴随着民族的形成而逐渐形成、发展的，是构成民族特征的重要方面，也是一个民族的民族性的突出表现。因此各个民族在习惯法的内容、形式诸方面是有一定差异的，各有浓厚的自己民族的特色。像鄂温克族习惯法不允许离婚，不支持离婚，这是由于鄂温克族人口较少，妇女也是主要劳动力，而且妇女还担负生育、繁衍责任，对民族整体利益更为重要。同时在买卖婚姻的情况下，妇女也是家庭的财产之一，自然不能自由处置，不能说离就离。因而习惯法最后规定，如实在非离婚不可的，一定得通过双方父母，由作为家长和家庭财产支配者的父母来决定；父母如不同意，仍不能离婚。[①] 这样严格的习惯法在其他民族是不多见的。

同样，赫哲族的习惯法反映了赫哲族以渔猎为生的经济和社会形态，因而其内容有鲜明的渔猎文化色彩，景颇族的习惯法则是刀耕火种的农耕文化的反映，蒙古族、藏族的习惯法体现了其游牧文化的特点，各自的民族色彩是相当浓厚的。这些习惯法对本民族的历史发展及文化的形成有重要影响，对构成一个民族共同的心理素质，维护民族的整体性，起到了潜在的不可低估的作用。无怪乎许多民族都像景颇族一样视习惯法为民族的灵魂。

---

① 参见秋浦等著《鄂温克人的原始社会形态》，中华书局，1962，第130～131页。

习惯法是一个民族的全体人员不分等级所共有的，是全体成员在日常社会生活中所必须遵守的行为规范，对民族全体成员有深刻影响。各民族的每一个成员从一出生就受到习惯法的强烈熏陶和感染，生老病死、婚庆丧葬无一可以不遵守习惯法，因此对本民族的习惯法怀有天然的亲近感和认同感，每一个人的习惯法意识习惯法观念都有强烈的民族色彩。

2. 地域性

地域性是少数民族习惯法在空间上所显示的特征，即地理特征或乡土特征。各少数民族由于受所在地域的居住环境、生存条件、生产状况、生活方式的制约和影响，习惯法也各有差异，不仅不同地区的不同民族之间在习惯法的内容、形式、执行方式上各有千秋，即使是同一民族内部，由于居住地域的空间距离较大，其习惯法也可能不完全一致。当然，不同民族杂居在一起，长期互相影响互相渗透，各民族的习惯法也会逐渐接近和一致的。

如同为傣族的云南德宏的孔木单与盆都的习惯法就有不同之处。孔木单村寨内部的纠纷，由司郎、山官、各姓负责人以及寨中老人共同调解，调解时大家都发表意见，由司郎根据大多数人的意见作出决定。调解纠纷不需送礼或出钱。而在盆都，习惯法规定寨内纠纷主要由头人调处，有时也邀请山官、长者参加，但决定权属于头人。调解纠纷时，当事双方要送礼，送得多的就有可能胜利。被害一方只能得到罚款的三分之一，另外三分之一为头人所得，其他参加讲事的合分其余三分之一。被处赔偿的一方还须出"打扫衙门钱"3～30元半开和烟茶钱5～10元半开。① 这种差异甚至带有等级色彩。

由于居地地域以及因此引起的生活方式、价值观念的不同，广西

---

① "半开"为当时傣族地区的货币单位。参见《民族问题五种丛书》云南省编辑组《景颇族社会历史调查（三）》，云南人民出版社，1986，第42～43页。

瑶族与广东瑶族在习惯法方面差别不少。如广西瑶族在社会组织方面实行石牌制，广东瑶族则多为瑶老制；广西瑶族新娘婚后即在夫家长住开始家庭生活，广东瑶族则有新娘不落夫家的习惯法。与此相反，同处我国北方的赫哲族、达斡尔族都有关于哈拉莫昆的习惯法，鄂温克族与鄂伦春族都有"乌力楞"的习惯法，这种相同性还表现在信仰萨满教、熊崇拜及由此而来的习惯法上。① 由于少数民族法并不像国家制定法那样具有全国一致性，因此这种地域性表明少数民族习惯法分散与多样，甚至可以说各个民族、同一民族的各个村寨、各个家族的习惯法都各有与居住环境相适应的独特方面。

3.强制性

作为一种社会规范，作为一种规范人们行为、调整社会关系的法，少数民族习惯法无疑具有强制性。由于它直接、全面、具体地规范每一个成员的生产、生活、社会交往，少数民族习惯法与国家制定法相比，其强制性更为明显和有效。少数民族习惯法从维护社会整体利益出发，规定了较为具体、系统的对违反习惯法行为的制裁方式，执行处罚的机构也富有权威。

这种强制性首先表现为对违反习惯法者在日常社会生活和社会交往上的某种孤立。对违反本民族习惯法者，全体成员要给予批评教育和谴责，并在社会生活中对其区别对待和给予一定限制，杀猪牛请酒赔罪则是恢复正常社会生活所必需的一种强制处罚。对一般的违反习惯法的行为往往处以罚款，不交纳罚款少交纳罚款意味着自绝于村寨或家族，这是绝大多数人所不敢的，否则将招致更严厉的强制处罚。特别是那些被开除村寨籍家族籍的违反习惯法者，都被隔离在全村寨或本家族共同生活之外，只是方式和程度不同而已。驱逐出村寨或家族的，别的村寨、家族极少接纳，这在社会流动程度很低、交通不便

---

① 参见秋浦《鄂伦春社会的发展》，上海人民出版社，1978，第202～212页。

的环境下无异于判了死刑。被开除但仍居住原村寨家族生活的违反习惯法者，其所受的制裁更为具体和明显。其他成员不与他接近，也不同他往来，借一个火、说一句话都不行，而且绝对不能参加集体活动和公开与人来往。这种孤立和实际上的与世隔绝是极其痛苦的，并且由于生活环境的狭窄和时间上的无限期，这种制裁更加难以忍受。

对严重违反习惯法者给予各种肉体刑、生命刑的处罚，这是少数民族习惯法强制性的又一表现。这种制裁往往相当残酷和严厉，与国家制定法的国家强制性有过之无不及。少数民族习惯法规定的肉刑种类繁多，如藏族有砍手剁脚、挖眼、鞭打、同恶犬拴在一起、割鼻、割耳、割舌、割嘴唇等；哈萨克族有压壁石、灌铅水、吊梁、戴手铐脚镣等；黎族有捆绑手胸浸水后在湿的身体上放黄蚁窝，让黄蚁咬等。死刑的处刑方式也大多极其残酷，壮族有沉塘、活埋、五马分尸、骑朝马，藏族有点天灯、放在牛皮袋中活活晒死、挖心、拖毙、勒毙等，鄂伦春族有绞死等，彝族死刑分令其自杀（吊死、服毒、剖腹、投水、跳岩）和他杀（吊打致死、烧死、刀枪杀、捆投深洞等）。正是有了这种明显的强制性，少数民族习惯法得以实施和发挥作用，以维护各民族正常的社会秩序。

4. 稳定性

少数民族习惯法是各民族在长期的生产、生活等社会活动中总结、积累而成的，经过世世代代的继承、发展而成为各民族的社会规范的，它一经形成便在较长时间内调整社会关系，规范人们行为，并具有相对独立性，表现出极强的生命活力。尤其是各民族习惯法的核心内容和基本精神，是民族文化的重要组成部分，习惯法观念又是民族意识民族心理的重要方面，因而更具有稳定性。

藏族的"赔命价"历经风雨沧桑仍有生命力。彝族的家支习惯法至今仍为彝族人们所遵从，"猴子靠树林，彝族靠家支"、"马的劲在腰上，牛的劲在角上，黑彝的劲在家支上"之类的谚语仍是相当多的彝族人的信念。土家族习惯法所确立的姑表优先婚配习惯法，一直在土家族地区相沿成习，在原始社会里就产生了，在有土司的时候它继续存在，改土归流后至新中国成立前夕也依然为人们所遵守。云南永宁纳西族的阿注婚的长期存在稳定沿袭，给我们提供了母系氏族社会婚姻形态的活化石。少数民族的每一成员从出生到成年直至死亡，无时不处在习惯法的氛围之中，受着习惯法的浸染熏陶，同时一直学习处处模仿。这种潜在的影响及长期积淀，使得少数民族习惯法更具有稳定性和不可抗拒性。

少数民族习惯法有稳定性的特征，这并不否认它还有变异的一方面。随着历史的前进、社会的发展，少数民族习惯法也处于不断变化发展中。从某种意义上而言，变异是永恒的、绝对的。习惯法主要是靠口头传播、行为传承的，本身就有较大的局限性，各类人员往往根据自己的是非标准和理解判断作出不同的解释，表现出一定的差异。而且随着生产条件、生活方式的变化，习惯法也或多或少会有反映。像瑶族石牌习惯法的内容，早期是着重保护生产和财产，而后则着重强调抵御强暴的侵扰。壮族习惯法在清朝年间就有一些明显的变化，咸丰年以前，主要是以维护生产为主，并提倡人们互相忍让，不要无事生端。同治以后社会秩序动荡不安，于是习惯法便特别强调防匪防盗。光绪末年到民国初年，习惯法又以保护生产为主要内容，严惩小偷。

少数民族习惯法的这种变异，还表现在形式的更新上。侗族原无文字，其出生年月日都靠口耳相传，因此像贵州剑河小广等寨的侗族青年男女订婚，是以破竹节为凭的。以后汉文化输入侗族地区后，习惯法便确立了"讨八字"的内容。

当然，也有不少习惯法的变化是通过人为的扬弃和吸收，通过主动、自觉的方式变革习惯法。贵州荔波的瑶族曾通过头人废除了"七牛婚姻制"（姑舅表婚）习惯法，重新确立了"四不通婚"的习惯法

（一不准与其他民族通婚，二不准与瑶族其他支系通婚，三不准与同宗共祖的人通婚，四不准与姨表兄妹通婚）。[①] 广西大苗山安太寨怀村的苗族针对结婚需要很多彩礼以致许多人娶不起亲的现象，以埋岩形式改变原有的需以七头牛为彩礼的习惯法，规定母奶钱（彩礼）为三两六钱银子。但仍有很多穷人娶不起亲，于是苗头寨老们又一次埋岩降低彩礼数目，确立母奶钱为一两六钱的习惯法。

像纳西族生杀活人的"砍人头"习惯法的基本绝迹、傣族的不再坚持必须送一个男孩到寺院去当喇嘛之类，是习惯法变异的另一种形式。某些民族习惯法的若干内容、形式失去其存在基础而趋于消亡。少数民族习惯法也正是在这种不断的变化发展中保持其生命力和约束力，表现了文明的进化和社会的进步。

此外，中国少数民族习惯法还有规范性、概括性、可预测性。

少数民族习惯法的规范性是指它为人们的行为规定一个标准、规则或模式，即规定在什么条件下，人们可以这样行为、应该这样行为、不应这样行为，从而为本民族成员的行为指明方向。概括性即普遍性，是指少数民族习惯法的适用对象是一般的人，而不是特定的人；在一定的空间和时间范围内，只要具有同样条件，就可反复多次适用，而不是一次性适用。少数民族习惯法的可操作性，是指民族成员可以根据习惯法事先预见到自己或他人的行为是否符合习惯法的要求，如果遵守或违反这些习惯法就会产生什么后果（包括积极的或消极的）。

如贵州台江反排苗族的榔规（习惯法）规定，被开除家族籍、寨籍者杀猪牛请酒赔礼后才能撤销处罚。因此张吾努拒绝做鼓藏头被开除家族籍、万当九拒绝参加修路被开除寨籍、唐勇九的祖父得罪了家

① 黄海：《努侯瑶传统文化及对商品经济的制约与改革研究》，载广西瑶学会编《瑶学研究（第1辑）》，广西民族出版社，1993，第145页。

族而被开除，最后撤销处罚适用的都是同一条习惯法，杀猪或牛请全寨或全家族吃酒，赔礼认罪。[1] 再如壮族有生孩子家门口插上记号，生男孩插红纸或青草生女孩子插绿叶或禾草的习惯法，让人一目了然，可以根据门标的不同而准备不同的贺礼，说不同的贺语，采用不同的贺喜方式。这种习惯法的可预测性是相当明显的。有些民族在树石牌、埋岩、勾夯议榔时往往杀鸡喝血酒，表明谁若违反，就如同鸡一样被处死，使全体成员能预见自己或他人的行为将会产生什么后果。少数民族习惯法是社会规范的一种，具有社会规范的规范性、概括性、可预测性也是自然的。

三　中国少数民族习惯法的功能

少数民族习惯法的功能是指它对社会发生影响的体现。少数民族习惯法作为一种社会规范，在各民族的社会生活中发挥着重要的作用，具有维持社会秩序、满足个人需要、培养社会角色、传递民族文化等社会功能，并有指引、评价、教育、强制、预测等规范功能。习惯法的这两种功能相互联系，不可分割。

1. 少数民族习惯法的社会功能

习惯法的社会功能是从法的本质和目的角度来认识法的功能的，指少数民族习惯法通过调整民族成员的行为进而调整社会关系，维护民族整体利益的功能。

（1）维持社会秩序

少数民族习惯法的功能首先表现在保护正常的生产、生活、社会交往秩序，处理、制裁破坏、妨碍社会秩序的行为，保障本民族的整

---

① 贵州省编辑组：《苗族社会历史调查（一）》，贵州民族出版社，1986，第395～396页。

体利益和共同利益，维持社会秩序，促进社会发展。

各民族的习惯法通过御防盗贼，处罚偷盗抢劫行为，保护财产所有权。如广西龙胜地区壮族的禁盗贼习惯法形成就是因为"游棍侵入肆行吓诈受其害者不独短叹长呼而有庶几至毙……若不纠众严整风俗将来败坏农事商贸……岂能生活哉……"。[①] 因此，习惯法规定了许多惩罚偷盗、处罚偷盗抢劫者的内容，并在人力无法判明时采用神明裁判方式以查明偷盗者，给予应得的制裁，免使社会秩序遭到破坏。习惯法对偷盗行为的处罚方式是多种多样的，有的十分严厉。比如侗族对偷盗者一般是处以罚款，屡教不改者则要被挖眼睛或活埋，偷金盗银偷盗耕牛的更是属于重罪之列严厉处罚。苗族除了对盗窃者退赃批评、请酒处理外，屡犯至第三次时便开除家族籍、寨籍，对窝盗和不揭发者同样要处罚。哈萨克族习惯法规定，如果盗窃犯在当场被捉捕搏斗时杀死，不偿还命价。

我国各少数民族基本上都处于传统的农业社会的发展阶段，以自给自足的自然经济为社会的基础，因此习惯法保护各民族赖以生存的农业生产、牧业生产、渔猎生产，禁止对土地、牧场、草场、渔场所有权占有权的妨碍和侵犯，处罚违反生产习惯法的行为。如傈僳族习惯法就规定，任意侵占别人的田地，除偿还田地外要给予罚款处分。藏族习惯法禁止越界放牧，若羊越界可将越界羊宰吃，仅将羊皮归还畜主即可。苗族不少地区有农业生产的领导者——"活路头"，贵州从江加勉苗族的习惯法就规定，任何人不能先于"活路头"插秧，违者必须当众承认错误，并罚一只鸭、30 粑禾粑粑、1 粑禾酒给"活路头"及反映情况者共同享用；如强词狡辩，则罚牛一头折价买猪宰杀分给有关人员，以使整个社会的生产处于一种有序的状态。[②]

少数民族习惯法还调整本民族的婚姻家庭关系，维护正常的婚姻

---

① 广西壮族自治区编辑组：《广西壮族社会历史调查（第一册）》，广西民族出版社，1984，第 102 页。

② 贵州省编辑组：《苗族社会历史调查（三）》，贵州民族出版社，1987，第 140 页。

家庭秩序，保障民族人口繁衍和延续的正常进行。习惯法对婚姻成立
（婚制、婚龄、禁婚疾病等）、婚姻缔结程序（订婚程序、结婚程
序）、离婚、夫妻关系、父母子女关系等进行了具体、全面的规定，
本民族全体成员都必须严格遵守，不得违反，否则要给予各种处罚。
如景颇族实行严格的"木育"（丈人种）——达玛（姑爷种）婚制和
严格的等级内婚制，违反这一习惯法者不仅在舆论上被嗤之以鼻，而
且常处以重罪，有的被驱逐出寨，有的则被卖到远方为奴。彝族习惯
法规定，凡是有麻风病、疟疾、癫疯病和狐臭的人，不得与其他正常
人结婚，而只能与有这些病史的家庭的人结婚。赫哲族也有不少关于
父母子女关系的习惯法，调整父母与子女、夫与妻、公婆与媳妇、叔
伯与兄嫂弟媳之间的关系，维护正常的婚姻家庭秩序。

此外，习惯法还通过对本民族社会组织、头人首领与其他成员关
系、债权债务关系、继承关系的调整和规范，实现社会和谐，维持社
会秩序。

（2）满足个人需要

人类的需要是多方面的，既有生物性的生存、繁衍、安全等需
要，又有社会性的满足自尊、发展、交流等需要，这些需要不可能直
接地和个别地在自然环境里得到满足，而必须与他人合作，通过一定
的社会关系结合起来形成群体集体进行共同活动才能得到满足。少数
民族习惯法确认和规定了本民族的需要满足模式，给本民族成员个体
的生存、个体的安全、个体的成长、个体的发展提供了初步条件，为
人的社会化的实现奠定了基础。

习惯法通过对杀人伤害、偷盗抢劫、强奸通奸、通匪投敌等行为的
处罚和制裁，保障本民族成员生命、财产的安全，为他们的生存、生
产、生活创造一个良好的环境。瑶族的"石牌大过天"，石牌习惯法对
各种危及成员生命、财产安全和生存、繁衍的行为给予严厉的惩罚。如
广西金秀滴水的何十桂，因勾结住在瑶山边境小江一带的土匪，入山劫

掠，危害乡里，累及个人，当地瑶族查实后便起石牌集体去捉何十桂全家七口，并全部杀死，财产全部充公变卖，所得的银钱分给共石牌各村杀猪买酒聚众吃喝。① 彝族习惯法对同一氏族内部的害命、伤残、偷盗行为从重处理，确保氏族成员生命、财产的安全。如昭觉县滥坝乡土目尔恩挂齿，因抽鸦片挥霍浪费，偷窃家门衣物甚至母亲的首饰银子，于是其母亲、兄弟、子女及族人共同提出要求将他处死。② 这种对个体成员的生命、财产的保护在其他民族也为数众多。

少数民族习惯法通过对"游方"、"串姑娘"、"公房制"、"放寮"、"戴天头"等的规定，保护青年男女的自由恋爱，满足个体成员的社交需要、自由需要和生理满足。苗族的游方是集体追逐异性的活动，对唱情歌或细语交谈，尽情嬉戏，满足结交异性朋友和娱乐的个体需要。傣族的"耍布少"即和未婚姑娘进行社交活动，也是集体活动和个体求爱的统一，是青年男女满足社会需要和生理需要的重要活动，因而受到傣族习惯法的保护。

少数民族习惯法对于丧葬、宗教信仰、社会交往等的规范和调整，对于本民族成员的成长、发展是有重要意义的。祭祖祀天、丧葬婚嫁、节日过年，这些集体性活动，既是个人发挥才干的好场所好时机，也是青少年学习有关知识、实现社会化的极佳机会，又是人们社交、娱乐、美食等需要满足的过程，因而在各民族个体成员的生活中占有重要位置。

（3）培养社会角色

少数民族习惯法通过大量、全面的规定和对违反者的处罚，告诉本民族成员应当怎样行为，不应当怎样行为；社会欢迎什么样的人，鄙视、排斥什么样的人；理想的社会成员应该具备什么条件，从而在

---

① 广西壮族自治区编辑组：《广西瑶族社会历史调查（第一册）》，广西民族出版社，1984，第75页。
② 转引自胡庆钧《凉山彝族奴隶制社会形态》，中国社会科学出版社，1985，第259页。

所有成员中树立一个行为的标准模式，强化他们的社会角色意识，并通过言传、身教和各种集体活动进行培养。

赫哲族习惯法规定，一个合格的猎人，必须符合下列条件：有狩猎经验，枪法准，熟悉地理环境；不说怪话和诳话，不坐锯剩的大树桩子；吃完饭后把火堆掇好不乱敲打吊锅，请在山中相遇的猎人到窝棚吃一顿饭；服从分配等。这就告诉人们，要做一个合格的乃至优秀的猎人，就必须朝这些方面努力，只有这样才能成为一个受社会欢迎、被社会所接纳的猎人。其他如儿子、父母、媳妇的标准和要求，赫哲族习惯法都有规定，并通过民族偶像将这种标准感性化。[①]

傣族的习惯法中也有大量内容涉及社会角色的标准和培养。如当爷爷的要爱护子孙；当官家的要爱护奴隶；当头人的要爱护百姓。要求丈夫：不要将妻子当"召"（头领）来供奉，不要领着妻子去经商，不要靠借钱粮来养活妻儿，不要娶三嫁女人来做妻。要求妻子：不要将丈夫当雇工，对亲戚朋友要热情接待。要求儿子：不要抛弃父母。要求媳妇：不要托着凳子从公婆面前过。至于对社会成员一般角色的规范就更多了，如不要砍伐龙树，不要挖掘符咒"；[②] 看到有知识的人要懂得敬佩和尊重；借钱要记得赔还；栽秧时要给寨上的人相助，水沟边塌方要互助抢修；不要闲游烂逛像狗，劳动做事要勤快；做人要守住四个"尖"：嘴、手、脚、生殖器，即嘴不乱说，手不乱拿，脚不乱踩，不乱作奸，若丢掉这四个"尖"，就失掉了人格和信誉；等等。[③]

---

① 黑龙江省编辑组等：《赫哲族社会历史调查》，民族出版社，2009，第98～99、143、255～256页。

② 龙树指傣族村寨旁的森林，包括龙林（祭祀社神寨鬼的场所）和公墓坟林。据说谁砍了这类林木，就将给村寨和家庭带来灾难。咒符指傣族民间的一种惩治仇人恶人的办法，把仇人的名字、生辰或肖像，用刀箭写画于竹、芭蕉叶或棉纸上，埋在坟山或路口，仇人据说就会死亡。

③ 参见《傣族简史》编写组《傣族简史》，民族出版社，2009，第348～349页。

蒙古族也根据自己经济生活的特点，另有一套通过习惯法把子孙后代培养成为牧民、骑手和战士的教育方法。他们通过历史传说和故事教育后代，通过生产、生活实践中的言传身教、实际锻炼培养后代，并且根据遵守与违反习惯法的情况予以适当的鼓励和严格的责备，以造就一批谙熟牧业生产、精于骑射狩猎、能够吃苦耐劳、尊重长辈、互相帮助的牧人。①

除了正面教育培养外，对违反习惯法者给予应得的制裁也是一个重要的培养社会角色的手段，从而使本民族成员按照习惯法的指引正确选择角色模式。

（4）传递民族文化

各民族的民族文化，是靠一代一代人不断地总结、积累、继承、创新而发展起来的，把民族文化传递给下一代，是靠言传、身教以及文字记载和其他各种物质设施。而习惯法是民族文化的集大成者，执行、议定习惯法本身就是一项重要的社会文化活动，是民族文化传递的主要形式和手段。少数民族习惯法对于促进民族文化发展、传递民族文化具有重要意义。

少数民族习惯法，实际上是各民族的"百科全书"，内容包罗万象，涉及社会生活的各个领域各个方面。其中既有民族经济的内容，又有政治、文化方面的规范；既有制度的、规范的内容，也涉及观念、意识、心理；既涉及物质文化，也涉及民族精神文化，包括了民族文化的基本方面。因此，习惯法是民族文化的主要载体，习惯法世代相传的过程，也就是民族文化保存、继承、传递的过程；习惯法观念的代代沿袭，也就是民族意识、民族心理、民族文化观的沿袭、发展过程。各民族习惯法的发展演变充分说明了这一点。

---

① 参见李瑛《早期蒙古人的教育》，载《内蒙古大学学报（哲社版）》1984 年第 2 期。

议定、执行习惯法是传播民族文化、传递民族文化的重要活动。议定习惯法的集会，如瑶族的石牌会议、苗族的议榔会议埋岩会议、侗族的会款、佤族的群众大会头人会议、鄂温克族的家族会议、达斡尔族的莫昆会议、藏族的门拉会议等，都以弘扬民族文化、阐发民族传统、重温民族历史为主要内容，通过头人的讲述、树石牌埋岩喝血酒仪式使民族文化深入人心并不断强化，代代相传。

头人、巫师（如景颇族的董萨，彝族的毕摩，纳西族的东巴，壮族的道公，赫哲族、鄂伦春族、鄂温克族、达斡尔族、满族的萨满）等既是本民族习惯法的精通者，又是民族文化的精通者，是各民族主要的知识分子。他们往往通晓民族历史、神话、诗文、谱牒、历法、天文，深谙当地的风土人情和地理物产，对民族精神、民族意识有着较深的认识，因此他们在解释、讲诵习惯法和主持议定、执行习惯法和进行神明裁判的同时，也传播了民族文化。

少数民族习惯法直接规定了不少有关民族文化继承、传递的条规。像瑶族就存在度戒的习惯法。云南屏边地区的瑶族习惯法规定，度戒为成年男子必经之宗教手续，男子16岁时便可度戒，晚则到22岁。不经度戒的男子为社会舆论所耻笑，乃至娶妻也几乎不可能。度戒历时数天，其中重要内容是随度师学习各种宗教知识和其他成人所必须具备的知识。通过这种形式，瑶族文化的各种内容深入人心、长期沿袭。彝族习惯法则规定家庭承担日常的教育、培养下一代、传递民族文化的任务。

2. 少数民族习惯法的规范功能

少数民族习惯法的规范功能是从法直接对民族成员行为的影响这个角度来认识习惯法的功能的，是指少数民族习惯法对其成员行为的调节、控制和规范的功能。

（1）指引功能

少数民族习惯法的指引功能指习惯法可为民族成员的行为指明方

向的功能。这种指引可分为确定性指引和有选择指引两种，少数民族习惯法的禁止性规范属于前者，如违反这种规定将承担某种法律后果，给予某种处罚。授权性规范的指引属于后者，习惯法鼓励人们从事法所允许的行为。习惯法的指引功能在于鼓励或防止某种行为，从而维护民族地区的社会秩序。

（2）强制功能

少数民族习惯法的强制功能在于制裁、惩罚和预防违法行为，增进本民族成员的安全感。少数民族习惯法对违反习惯法的行为规定了种种处罚方式和处罚手段。通过强制功能预防违反习惯法的行为的产生。对习惯法的其他规范功能来说，强制同样具有重大意义。

（3）评价功能

少数民族习惯法的评价功能是指作为一种社会规范，习惯法可作为衡量本民族成员行为是合法或违法的标准或尺度。少数民族习惯法不是个人智慧的产物，而是在各民族长期的发展中逐渐形成的，体现了集体的智慧，"群众比任何一人又可能作较好的裁断"。① 同时，习惯法作为一种评价标准，具有比较明确、具体的特征。

（4）预测功能

少数民族习惯法的预测功能指本民族成员可以依据习惯法规范预先估计到在正常情况下，人们相互间将如何行为。根据这种预测使人们对自己的合法权益和合法行为有一种安全感，并对自己的行为作出安排，促进社会秩序的建立。

（5）教育功能

作为一种社会规范，少数民族习惯法还具有某种教育功能，即通过习惯法的实施而对本民族全体成员今后的行为所产生的影响。这既包括处罚、制裁违反习惯法的行为对民族地区社会成员的教育、震

---

① 〔古希腊〕亚里士多德：《政治学》，吴寿澎译，商务印书馆，1965，第163页。

慑、警诫作用，也指人们的合法行为及其法律后果对民族地区社会成员行为所起的重大示范作用。

四　中国少数民族习惯法文化

1. 少数民族习惯法文化的含义

就广义而言，"文化可以定义为被一个集团所普遍享有的，通过学习得来的观念、价值观和行为"，① "文化是复杂体，包括实物、知识、信仰、艺术、道德、法律、习俗，以及其余从社会上学得的能力与习惯。"② 法文化是人类文化的重要组成部分，以习惯法为核心的中国少数民族习惯法文化，是中国法文化的独特部分，是各民族在长期的历史发展中自然形成和智慧累积的，主要表现为民族习惯法规范、民族成员的习惯法观念、习惯法意识、习惯法行为、习惯法制度运行机制，以及习惯法的实物形态。少数民族习惯法受整体民族文化的影响和制约，同时又维护民族整体利益，保护民族文化，促进民族地区社会经济的发展。

从不同的角度，对少数民族习惯法文化可作各种分类。从主体上分，少数民族习惯法文化可以分为瑶族习惯法文化、佤族习惯法文化、藏族习惯法文化、赫哲族习惯法文化、高山族习惯法文化等；从内容上分，有社会组织习惯法文化、婚姻习惯法文化、刑事习惯法文化、所有权习惯法文化、生产习惯法文化等；从地域上分，又有广西金秀瑶族习惯法文化、广东连南瑶族习惯法文化、四川凉山彝族习惯法文化、云南巍山彝族习惯法文化等，从而从多个角度认识少数民族习惯法文化。

---

① 〔美〕C·恩伯、M·恩伯：《文化的变异——现代文化人类学通论》，杜杉杉译，辽宁人民出版社，1988，第49页。
② 引自孙本文《社会的文化基础》，世界书局，1932，第24页。

2.少数民族习惯法文化的结构

少数民族习惯法文化由习惯法观念、习惯法意识、习惯法规范、习惯法行为以及相应的习惯法的实物形态组成，其内部结构包含了这四个互相联系、互相依存的方面。

（1）少数民族习惯法观念

在各民族人民的心中，从本民族形成之日起就生成了法的观念、法的意识，并通过口传、身教，一代一代传承至今。瑶族有谚语云："白天有太阳，晚间有月亮；官家有法律，瑶民有私约"，"石牌大过天"的观念世世代代在瑶族人民心目中根深蒂固。凉山彝族的习惯法"尔比尔吉"，头人在调解纠纷时，利用它进行辩论或断案，老一辈用它向青年一代进行教育、培养，巫师利用它传道、说教，因此彝谚云："山林有清泉，彝家有尔比"，"前人不说尔比，后人难有智慧"，"说话一条线，尔比是银针"。各民族的家族家庭的老一辈对年轻一代口传身授的教育中，遵守习惯法、维护习惯法的权威是最为主要的内容，不管是劳动技能技巧、本民族的风土人情、民族历史、家族历史的传授，还是英雄故事、格言谚语、宗教意识的传诵培养，都渗透着浓厚的习惯法意识。因为不忍心和害怕自己亲自动手处置自己的亲人，或羞于动手杀自家的猪牛羊，并在鼓楼的宴席上向众乡亲赔罪，侗族严格地教育自己的子孙后代，使他们从小就谙知款约的精神，在他们意识的深层牢固地树立起传统的款约观念。在日常生活中，各民族利用劳动、节庆、宗教、婚丧及处罚违反习惯法的场合强化本民族成员特别是年轻一代的习惯法观念、习惯法意识，务使其深入人心。

（2）少数民族习惯法规范

在长期的历史发展中，各民族都形成了较为系统和全面的习惯法规范，调整各种社会关系，维护民族整体利益。在前面三章中，我们介绍了少数民族习惯法的主要内容，包括社会组织及头人、首领习惯法、刑事习惯法、婚姻习惯法、家庭及继承习惯法、所有权习惯法、债权习惯法、生产及分配习惯法、丧葬宗教信仰及社会交往习惯法、调解处理审理习惯法等，内容十分丰富。各民族通过习惯法规范防御盗贼，维护财产所有权、占有权，保护私有财产；保障人身安全，维护民族成员的生命权、健康权；保护生产活动；调整婚姻家庭秩序，维护家长的权威；处理各种纠纷和违反习惯法行为，维持社会秩序。这些习惯法规范主要为不成文形式口头方式继承传承，也有部分是用成文形式记载通过社会中少数识字的人讲诵传播。

（3）少数民族习惯法行为

习惯法行为在少数民族的社会生活中是大量的、经常的，根据习惯法规范产生的一切行为，如习惯法的议定、修改、解释、讲诵，遵守习惯法，对违反习惯法者实施处罚和调解处理各类纠纷等，是少数民族习惯法的外化形式。像头人、首领的产生，有自然形成取得社会成员公认的，有选举产生的（选举方式又有多种），也有部分是世袭的。又如对违反习惯法的处罚，也各有特色，有处罚行为者本人的，也有牵涉家庭成员乃至整个家族村寨的；有经济的、物质的处罚，有精神、名誉、人格的处罚，也有生命刑、肉体刑，每一种处罚种类又有许许多多的具体处理方法；执行处罚和制裁，有的是集体制裁，全体成员参与执行，有的是由父兄等亲属执行，也有由违法者自我处罚。习惯法的议定、修改、解释、讲诵的形式也是互不相同，各有千秋。如依靠人力无法判断是非、查明真凶时，各民族便普遍采用神明裁判方式解决，神判的方式种类千姿百态。这些丰富多彩的习惯法行为，反映了少数民族习惯法文化的特色。

（4）少数民族习惯法的实物形态

习惯法文化的实物形态在少数民族习惯法文化中富有独特性。有不少民族像瑶族、侗族、苗族采用石、木等作为习惯法的表述形式和象征体，昭之于众。像瑶族的石牌，有的镌刻有习惯法条文，有的仅竖立一块略带长方形而石面扁平的石头作为石牌，全体在场者杀鸡饮血酒，表示齐心合力，决不违反，如有违者像鸡一样死去。有的还用斧在石上砍三下，作为大家决心遵守的标记。[①] 侗族的埋岩也与此类似。

有的民族如独龙族依习惯法进行调解时，当事人每申诉一个理由，调解人即在这一方插一节小棍（竹或木），最后，哪一方小棍多，即谁的理由多，就是胜利方。白族调解纠纷时，由伙头拿一块一尺五寸长一寸宽的竹片，竹片两侧各代表原告与被告，双方分别申诉一个理由，便在竹片各自的一侧刻一个口子，申诉完毕，口子少的一方表明理亏，以此来判断是非，解决争端。小木棍、竹片在这里赋予了神圣性和权威性。类似这样的还有许多民族。

由于少数民族社会发展的缓慢与各个民族之间的不平衡，这种习惯法的实物形态在各个民族都较为突出，表现出习惯法文化的原始色彩。像黎族合亩制的村寨发生械斗，失败者要向胜利者投降，以斩箭头为记号，双方各保存一把，标志着胜利者（龙公）支配失败者（龙仔）的主从关系。[②] 瑶族的"打标为记"、景颇族的"号占"、黎族的"插星"都以草打结或划一定符号在树、竹上，表示所有、占有权。习惯法的实物形态还表现在其他许多方面，表现出少数民族习惯法文化的生动和丰富，这种通俗易懂的习惯法实物形态有助于家喻户晓、深入人心。

3.少数民族习惯法文化的特点

中国少数民族习惯法文化是一种独特的法文化体系，它是民族法文化与习惯法文化的有机结合。与国家制定法文化等其他形态的法文

---

① 广西壮族自治区编辑组：《广西瑶族社会历史调查（第一册）》，广西民族出版社，1984，第37页。

② 参见詹慈《家长制家族公社的瓦解》，载《黎族合亩制论文选集》，广东民族研究所1983年内部印行，第211页。

化相比，少数民族法文化具有群体性、具体性、类比性的特点。

（1）群体性

在个体思维和智慧不发达的状况下，个人无力猎取野兽，抵御自然灾害或反抗入侵之敌，而以群体行动、群体力量来代替个体能力不足的缺陷，维持群体的物质再生产和民族的繁衍。少数民族习惯法文化的群体性正是在这种背景下表现出来的。

少数民族习惯法是以民族地区的若干村寨或家族为基本单位议定修改并执行实施的，村寨和家族的整体利益高于个体成员的利益，习惯法的重心在于保护民族的共同利益和整体利益，主要目的在于维持本民族社会的秩序与安定，从价值形态上更倾向于追求安全、秩序、平等，体现了集体本位原则。

在少数民族习惯法中，群体的每一个成员严格说来很少能成为法律上真正的主体，很少能按照习惯法的规定独立自主地行为或不行为，个人被笼罩在集体的阴影中。人们不敢离开群体，不想离开群体，不愿离开群体，因而群体的法观念、法思维加于个人，从某种程度上说严重扼杀了每一成员法观念的生长和发展。像壮族、苗族、佤族、羌族、蒙古族等的土地买卖习惯法均规定家族有先买权，土地出卖时须先问过家族、本寨后才能向外家族、外寨出卖。土族、羌族、彝族、纳西族、壮族的习惯法规定，村寨、家族内绝户财产归家族或村寨，不允许流入外姓外寨。怒族、傈僳族、藏族、景颇族、纳西族、赫哲族、维吾尔族均有转房习惯法，无视个人权益，以群体利益压制婚姻当事人的个人利益。侗族、纳西族、羌族、彝族的生产互助习惯法以及许多民族对孤寡残弱成员的生活互助的习惯法也充分表明了这一点。这表明少数民族习惯法文化是一种初始的法文化。

（2）具体性

少数民族习惯法文化是建立在民族成员在生活中的亲身感受、习惯法实践的直接具体经验，以及传统的习惯法观念基础上的，表现出整个法文化体系都基本与具体的事物、具体的经验联系在一起。民族成员对本民族习惯法权威性的认识，是基于他参加了议定、修改、讲述、解释习惯法的全体成员大会，亲身感受了喝血酒时的神圣、一致通过时的庄严；是基于他参与和经历了对违反习惯法者的处罚和制裁，目睹了违反习惯法者被处死、拷打、开除寨籍族籍的下场。一方能胜诉，是因为在调解时他所得的竹节木棍多，是因为木板上代表他的那一面口子多。这种具体形象的事物，充分表现了习惯法的神圣严肃的约束力。

少数民族习惯法文化的这种具体性表现在许多方面。景颇族山官之所以有威严，从其门前悬挂着的用木料制成的月亮和太阳标记、屋檐下垂挂的尖状的波竹就可感受到。景颇族械斗出征前分送"毛牛肉"给亲友、友好村寨，表现请他们来帮助。毛牛肉上插一根竹签，竹签上用刀刻有记号表明时间，如万分火急，还可加上鸡毛、木炭、辣椒等物品，令人一目了然。[①] 佤族则在村寨之间发生纠纷后，而送甘蔗、芭蕉、黄蜡、草烟、牛肋骨和盐巴等表示友好。[②] 傣族有的地区离婚时互送一对蜡条即告脱离夫妻关系，有的用一块白布男女双方手拉着从中间剪断，各执一半，即表示离婚正式生效。这些具体的事物、物件，表达了各民族的某种习惯法观念、习惯法象征，表明少数民族习惯法缺乏概括性。少数民族习惯法文化就是这么简单、淳朴、具体富有生活气息。

与此相联系，少数民族习惯法文化也表现出形象性。各民族由于文明发展程度所限，不能脱离具体事物、具体经验，因此就只能用形象进行思考，依靠形象来说明问题，表达思想。少数民族习惯法文化

---

① 云南省编辑组：《景颇族社会历史调查（三）》，云南人民出版社，1986，第127页。
② 参见云南省编辑委员会《佤族社会历史调查（二）》，云南人民出版社，1983，第25页。亦可参见王建《云南少数民族原始意识初探》，载《云南社会科学》1987年第3期。

离不开第一手的感性材料，曲折地反映了某些事物、某些现象的因果联系，尽管其较为简单和原始，仍是人类智慧的结晶，是少数民族习惯法贴近民众生活的表现。

（3）类比性

由于所处的社会发展阶段所限，少数民族习惯法不能撇开具体物象作单纯的理论推论，它总是由一定的个别经验去类比另一种情况。这一特点最显著的表现，就是各民族在习惯法的议定、修改、解释、讲述以及处理纠纷处罚违反习惯法者，在教育后代、主持正义、谴责邪恶、总结经验时，都高度重视谚语格言、神话传说，用联想、对比、排比、譬喻、借代、夸张等手法，以精练的语言、形象的比喻，把天、地、人、物中的某一具体现象和习惯法直接联系起来，把习惯法表述得更通俗、更逼真、更生动、更优美，加强了说服力、感染力，表现出少数民族习惯法文化的类比性特点。

像彝族习惯法教导人们尊重老人时就讲："马老能识途，人老经验多"，[①] 仫佬族通过动听的歌谣以类比的手法表述习惯法的尊重父母师长长辈的内容："哪个虐待亲父母，蠢如牛马枉生存……学生若不敬师长，幼苗无雨不成林……哪个眼中无老少，困龙无翅难飞腾……旱禾也难求远水，急难须解靠近邻"。

侗族也是一个精于诗歌艺术的民族，侗款这一侗族习惯法形象生动，文学色彩很浓，也非常通俗易懂，易为人们所理解和记忆。如侗款质问盗窃行为者的款词是这样的：

> 一个像阳雀子落在蓬蒿上，
> 一个像嗡哦鸟钻在蓬蒿里，
> 一个在上面叫，一个在下面应，

---

① 冯利：《凉山彝族的传统思维及其文化规定性》，载《民族研究》1988 年第 4 期。

有人已抓住了你的手，有人已捞住了你的髻，

个个都得见，个个都听说，

不是你偷还是哪个？①

再如下面这条对盗窃处罚的款词：

谁人：

走路不点灯，

进村不遵约，

不怕雷公轰顶，

不怕雷婆放火——

地头偷红薯，

地尾偷豆角，

还要罚他喊寨敲锣。②

这种款词通过类比的形式，具有极强的说服力，饱含了民族智慧。各民族通过对自然界的观察形成了一些有关秩序的认识，又用这些秩序去认识和把握新的自然现象，把握习惯法所调整的社会现象。少数民族习惯法文化也正由此而有类比性的特点。

---

① 杨通山等：《侗乡风情录》，四川人民出版社，1983，第 242 页。
② 吴浩：《刍议侗族款词的科学价值》，载《贵州民族研究》1985 年第 4 期。

第十二章

中国少数民族习惯法的现实表现

中华人民共和国成立以后，少数民族地区获得了新生，各民族人民在党的领导下，团结一致迈步在社会主义的康庄大道上，开始过上自由、幸福的生活。经过民主改革运动和社会主义教育，经过各民族人民自觉的移风易俗，随着民族地区生产力的不断提高和经济的发展，少数民族习惯法逐渐失去了存在的基础和存在的价值，新型的社会主义法律观不断深入各族人民心中，社会主义法制全面在西南边陲、天山南北、白山黑水间生长、成熟。

然而，民族习惯法毕竟是民族文化的重要组成部分，是广大民族地区源远流长的传统之一，而传统作为一个社会、群体的文化遗产，是人类过去所创造的种种制度、信仰、价值观念和行为方式等构成的表意象征，它使代与代之间、一个历史阶段与另一个历史阶段之间保持了某种连续性和同一性，构成了一个社会创造与再创造自己的文化密码，并且给人类生存带来了秩序和意义。① 特别需要注意的是，破

---

① 参见〔美〕E. 希尔斯《论传统》，傅铿、吕乐译，上海人民出版社，1991，第3页。

除一种传统必须同时创建一种更合时宜和环境的新传统，而创造新传统则要比破除传统远为困难，因而传统的生命力是非同一般、不可等闲视之的，它不可能轻易地退出历史舞台。正因为如此，习惯法在当代中国的少数民族地区仍然具有深厚的影响，各少数民族在观念、行为、制度各个方面都可发现古老习惯法的痕迹，习惯法对正处于现代化建设中的少数民族地区起着积极的或消极的作用。

一　中国少数民族习惯法的现实表现

1. 大瑶山团结公约、乡规民约

习惯法在当今少数民族地区的影响，在诸如团结公约、乡规民约、村规民约方面尤为明显。瑶族的石牌制度、苗族的议榔等通过特定形式在现实社会中仍发挥着重要的作用。

广西大瑶山瑶族的石牌制度，作为一种以地缘关系为基础的习惯法，长期维持着大瑶山瑶族的生产和社会秩序，在社会生活中发挥着重要的作用。虽然在新中国成立前夕，石牌制度为国民党的法律所代替，但是由于它在瑶族社会中沿袭了几百年，它所具有的原始民主色彩的影响并没有也不可能完全消失。瑶族一直自觉地以石牌条规这一习惯法来规范自己的行为，当今大瑶山的生产活动和社会秩序仍然渗透着浓厚的石牌习惯法的精神。1951 年，广西金秀瑶族自治县即沿用石牌的形式，订立了《大瑶山团结公约》，增进了民族团结，促进了生产的发展和社会的稳定。

中华人民共和国成立以后，瑶族地区建立了人民政权，古老的大瑶山获得了新生，社会秩序安定，各族人民迫切要求恢复和发展生产。但是，新中国成立前瑶族地区的老山、荒山、河流，几乎全部为长毛瑶所占有。过山瑶则一无所有。过山瑶要开荒种地、上山打鸟、下河捕鱼，都必须向长毛瑶交租。这样就形成了山主和山丁的剥削关系，并用石牌习惯法的形式确立规定下来。新中国成立后，虽然政治上平等了，但过山瑶和长毛瑶之间的这种矛盾还没有解决，瑶族内部各族系的这种矛盾严重地影响了生产的发展和团结。在这种情况下，要求长毛瑶放弃特权，准允过山瑶及无地少地的其他民族自由开荒，谁种谁收；准允过山瑶自由培植土特产；合理改善租佃关系，搞好民族团结，共同发展生产，就成为当时民族工作所要解决的主要矛盾了。

针对大瑶山的这种情况，1951年上半年，各县人民政府根据中央和广西省人民政府的指示，在整个瑶区贯彻了"团结互助、发展生产"的方针，并派了大批工作队深入到瑶区村寨，进一步宣传党的民族政策，支持开荒自由，具体领导各族人民以平等的态度团结协商，解决矛盾，并注意总结推广团结互助、共同发展生产的成功经验。1951年3月26日，广西象县东北乡人民政府针对当时各族系之间开荒引起纠纷的情况，在乡代表会上通过协商，运用历史上的石牌这一习惯法形式，订出了以团结生产为主要内容的8项决议，在全乡贯彻执行。决议主要规定：①长毛瑶自愿将荒山的特权放弃，给盘瑶、山子瑶开荒，不收租。②上山打鸟、打野兽、采野菜自由，不收租。③河流以行政村为单位管辖，捞鱼垂钓自由。④山林内产品除香菇木外，其余可共同分享其利益，无主森林可自由培植香菇，谁培谁收。⑤水田租额按佃七主三处理。⑥能开田的荒地，可自由开田，能植树的荒山，可谁开谁植谁有。这个决议的订立，为解决整个大瑶山的团结生产问题找到了切实可行的办法，古老的石牌制度重新焕发出夺目光彩。同年4月底，金秀瑶区柘山村盘瑶提出不再向修仁县汉人交山租，修仁汉人也申诉柘山瑶胞开荒把水源搞坏了，因而引起纠纷。县区人民政府出面，召开两村的团结会，借鉴象县东北乡运用古老的石牌制度的经验，订出了发展生产的团结公约，妥善地解决了两村的纠纷。接着，荔浦县瑶区各村如六段村和六定村的长毛瑶与六椅坪等村的过山瑶之间、金秀村与和平村长毛瑶的内部，都先后订立了团结公约。6月19日，修仁县的金秀瑶民自治区根据这几个村订立团结公约的经验，召开全区各族各界人民代表大会，订立了金秀瑶民自治区团结公约 12 条。

在中央访问团到大瑶山慰问各族人民期间，1951 年 8 月 25 日至 8 月 29 日，包括平乐、梧州、柳州 3 个专区，荔浦、蒙山、平南、桂平、象县 5 个县所辖瑶区 12 个乡（团结、永宁、崇义、岭祖、古朴、平竹、罗香、罗运、木山、双化、东南、东北）的代表 246 人齐集金秀，举行大瑶山各族代表会议。会议的中心议题为"制定大瑶山团结公约，搞好民族团结发展生产"。会上，原修仁县副县长介绍了金秀瑶区运用传统的石牌形式订立团结公约的经过。经过讨论，在认识取得一致的基础上，8 月 27 日下午，由各族选出代表 11 人，组成大瑶山各族人民团结公约起草委员会。起草委员会根据各族代表的意见，拟成大瑶山团结公约 6 条草案。经过分组讨论、修改，经过充分协商，大会于 8 月 28 日下午表决，庄严地通过了"大瑶山团结公约"。29 日，用瑶族传统的石牌形式，把"大瑶山团结公约"刻在石牌上，各族代表按照习惯法在石牌前饮鸡血酒，表示遵守不渝。[1] 在树石牌那天，各族人民穿着鲜艳的民族服装，倾寨出动，很多人从几十里外赶来参加盛会，大家互相敬酒，欢庆团结。此后，为了更好地贯彻大瑶山团结公约，中共大瑶山瑶族自治区委员会和区人民政府于 1953 年 2 月召开了瑶老座谈会和区乡干部大会，针对公约执行中存在的问题，制定了"大瑶山团结公约补充规定"，进一步加强了民族团结，解放了生产力。（公约和补充规定详见附录）[2]

这块原来竖立在金秀瑶族自治县政府大院里现在竖立在金秀县城团结公园的"大瑶山团结公约"石牌，成为瑶区各族人民团结的见证，也是习惯法在当今民族地区发挥影响的生动写照。时至今日，

[1]　金秀大瑶山瑶族史编纂委员会编著《金秀大瑶山瑶族史》，广西民族出版社，2002，第 40~41 页。

[2]　参见广西壮族自治区编辑组《广西瑶族社会历史调查（第一册）》，广西民族出版社，1984，第 18~21 页。

习惯法的这种影响依然十分深远。绝大部分瑶族村寨，仍然按照瑶族的传统，在国家制定法指导下，制定了调整本村寨社会关系的"乡规民约"、"村规民约"、"寨规民约"。这种乡规民约比国家法律更有约束力，成为瑶区各族人民社会生活的第一规范。从这些"乡规民约"、"村规民约"的内容、制定过程、执行诸方面可明显发现习惯法的痕迹。如1990年3月订立的"瓦窑屯村规民约"第七条规定："乱搞男女关系的罚双方四个三十：30斤米、30斤酒、30斤肉、30块钱，办给全村人吃。"这与历史上的石牌习惯法有异曲同工之处，有着明显的历史连续性和法的传承性，表现出传统的巨大力量。

不仅当今的瑶族地区深受习惯法的影响，其他少数民族地区也受习惯法的影响，制订了各种乡规民约、村规民约，制定了各种维护生产责任制、保证落实各项农村政策的规约。黔东南地区的苗族就将古老的议榔加以改造，成为苗族人们运用社会民主、直接参加基层社会主义管理的一种形式，在维护社会主义生产关系、促进社会主义文明村寨建设中有着积极意义。贵州省榕江县计划公社计环大队，二十世纪七十年代就利用议榔（当地称"栽岩议事"或"埋岩议事"）形式，制定了"计环大队山林管理公约制度"。1982年春，计划公社利用"栽岩议事"习惯法形式，制定乡规民约，内有"本地区的社会秩序"、"防火安全"、"山林公约奖惩办法"等款。台江县巫脚乡的许多村寨，20世纪80年代普遍制定了新的议榔条款。这些议榔条款根据实行生产责任制后出现的新问题，运用人们较易接受的习惯法形式，有针对性地制定了有关维护生产责任制以及落实计划生育、保护森林土地等各项农村政策的规约，维护了正常的生产、生活秩序，促进了生产力的发展和社会的稳定。①

---

① 参见韦启光《原始议榔与苗族文明村寨建设》，载《贵州社会科学》1985年第1期。

2. 活跃的家支

彝族习惯法主要表现在家支方面，源远流长的家支，深深扎根于彝族人们的心中，不仅在历史上而且在现实生活中都有着巨大而深远的影响。

二十世纪七十年代起，彝族社会的家支习惯法观念有强化的趋势，美姑、昭觉等地的家支的生命力还相当顽强，"寻根认同"、联宗续谱的活动相当频繁。[1] 旧社会被奴隶主出卖他乡的一些奴隶群众纷纷回原籍找家支攀亲认戚，加入自己的家支组织。旧社会被奴隶主肢解，分居数地自立门户的一些人数较少的家支，有的改姓有的不改姓，合并组建成人数较多、规模较大的家支。像美姑县牛牛坝区民主改革时已使用汉姓的农民和个别干部就又改跟家支姓，重新跟家支挂钩。昭觉竹核区有 15 户甲八家，1981 年与雷波的拉垫家支续上宗谱，一夜之间改甲八家为拉垫家支。同时，不少家支整顿"家规家法"，加强血缘纽带凝系力，人们以家支大、"骨头硬"为荣，家支小、"骨头耙"为耻，无家支和小家支的就受到一定歧视。

彝族地区普遍实行生产责任制后，家支成员在婚丧、天灾人祸以及生产劳动方面的互助习惯法重新发生效力。如凉山州美姑县林业运输专业户阿比洛戈日一家，1983 年承包了 1275 亩责任山，需赶季节在山上点播云南松，仅他家 3 个劳动力是远远不够的，于是他按照传统的习惯法，请了家支成员和亲戚共 22 人来帮忙。大家同心协力，整整苦战 7 天，保质保量地完成了点播任务。一般来说，互助不超过家支和姻亲的范围，保留着原始的血缘互助的习惯法痕迹。当然，时代不同了社会发展了，商品经济观念也开始吹拂着广大的大凉山地区，互助中支付劳动报酬的现象也非鲜见。这种互助，还突出表现在

---

① 本节所引材料，大多出自四川省民族研究学会、四川省民族研究所编的《四川彝族家支问题》（内部印行，1985 年 4 月），特此说明。

家支成员遭受天灾人祸之后。1983 年，美姑县牛牛坝公社海来家支有成员遭受火灾，房屋粮食烧光，家支成员按习惯法纷纷无私相助，不出一月即盖起了新房子，使受灾家庭得以重新安居乐业。美姑县新桥公社的吉列家支 1981 年还在家支大会上作出决定：吉列家支成员出事，大家要互助，富者出 1 元，贫者出 5 角。彝族的这种互助，还包括对孤儿有帮助义务，乃至对本家支个别不道德的人负有帮助其改劣归正、约束管制的责任。由于个别家支成员触犯国家法律被政府处罚而整个家支代付罚款的事也屡见不鲜。昭觉县彝族干部阿尔及革在担任供销组长期间贪污千余元。案发后，他退赔不出，将受刑事处分。他将此事诉诸家支，家支全体成员帮他把钱凑齐。结果实现退赔，阿尔及革被免除刑事处分。①

　　在当今的彝族地区，人们往往依靠家支、按照传统的习惯法调解纷争、私理案件。据昭觉县竹核乡伙罗村的调查统计，1983 年该村民事纠纷的 70% ~80% 是家支出面调解平息的，其余 20% ~30% 由基层政权调解，而其中又有不少是由家支和干部共同进行调解的。对竹核乡木渣洛村调查表明，家支调解使 60% ~80% 的民间纠纷息讼。家支对民间纠纷调解之多，还可以从彝族地区法院受理案件的数量中得到佐证。据凉山州司法局统计，1983 年原老凉山 9 个县的法院受理案件数如下：

美姑县 27 件　　　金阳县 14 件　　　雷波县 43 件

布拖县 24 件　　　普格县 66 件　　　昭觉县 140 件

越西县 97 件　　　喜德县 121 件　　　甘洛县 140 件

　　由此可知，彝族聚居县法院全年受理案件数是比较少的。这并不意味着彝族聚居区本身发案率低。以美姑县为例，该县共有 8 个区，

---

①　参见林耀华《三上凉山（下）》，载《社会科学战线》1987 年第 1 期。

而其中的巴普、牛牛坝、甲谷 3 个区 1983 年发生的案件数就已超过该县法院全年受理的案件数。① 这表明，彝族地区发生的纠纷、案件，特别是民事纠纷民事案件，有相当部分是按照彝族习惯法通过家支调解处理的。调解时，有些调解人也在习惯法的基础上作一些变通，新旧结合，一般只调解民事纠纷；如果碰上触犯刑律需国家司法部门处理的案件，有的也照样调解，有些家支调解人则采取回避、不插手的态度。

这种家支调解纠纷的决定（有的甚至无视国家制定法和司法执行机关的裁决），在现实社会往往具有很大的约束力，人们普遍遵守。1983 年，昭觉县竹核乡农民甲八某某与妻子曲比某某因等级不同导致离婚，乡法庭调解决定男方付给女方 700 元的子女抚养费作为经济补偿。甲八执意不肯，于是双方置法庭调解书于不顾，请家支中专"说口嘴"的尼弟铁日调解。经他一出面，重新决定条件，男方付给女方 1000 斤谷子、30 元钱，双方按习惯法"打羊"不再后悔。不出 1 个月，双方离婚案顺利解决。1982 年竹核乡发生的 1 件纠纷也表明了习惯法的现实效力。竹核公社木扎乐大队的甲八家与吉克家因耕牛饲养不佳发生争吵，经尼弟铁日调解，事件平息。然而，吉克家支一老人（该老人系曲比家支嫁到吉克家的人）不服，于事后服毒，虽发现及时幸免于死，但已引起一场轩然大波。家支调解人尼弟铁日再次出面，严肃重申前次调解有效，老人服毒应由吉克家支负责。最后吉克家支杀 1 头羊，备了 15 斤酒，向甲八和曲比两家支赔礼道歉，事件遂告平息。

这种家支调解纠纷有时达到了相当惊人的地步。昭觉县曾经发生这样一个事件：该县古里区支尔木公社海来子拉之父海来九发向海来

---

① 参见徐铭《社会主义时期凉山彝族家支问题探索》，载《西南民族学院学报（社科版）》1986 年第 4 期。

拉莫借钱发生争吵，被海来拉莫打伤。后经家支调解，海来拉莫两次打酒赔礼认错，予以了结。事隔 1 天，海来九发要去亲戚家奔丧，被海来子拉阻止，海来九发服毒自杀。海来子拉本对海来拉莫打其父亲心怀不满，为了报复，借机歪曲事实，在海来家支中大造舆论，说其父是被海来拉莫"打死的"和"逼死的"，提出按习惯法要海来拉莫抵命，或开除家支或赔偿人命金。海来子拉还动员竹核区庆恒公社的海来子初以长辈身份多次召集家支会议，商议处置海来拉莫事宜。海来子初还派人到金阳、屏山、美姑、昭觉等地四处串联，并按习惯法派粮派款，筹备召开海来家支大会。1981 年 10 月 11 日至 13 日，海来子初召开了 4 个县 300 多人参加的海来家支大会，宰杀耕牛 9 头羊 4 只猪 1 头，消耗粮食 500 多斤酒 200 多斤。会上决定海来拉莫不愿在 12 月 3 日前自杀就开除家支。在家支大会上，与会者还打牛喝血酒，要海来家支全体成员今后按习惯法办事。[①]

　　彝族地区家支的活跃还表现在家支复仇上。发生家支纠纷时，每个家支成员很难跳出自己家支的圈子，免不了出现偏袒自己家支成员的现象，严重的甚至以家支划线，唯家支是亲，唯习惯法为准，无视国家制定法，无视公理，以强凌弱、以众暴寡，酿成刑事大案。1981 年 7 月，甘洛县玉田乡呷马家支一妇女因私生子纠纷，被则拉乡农民田基列日杀害。呷马家支得知后，召集全家支 500 余人前往田基家复仇，将田基家房子全部捣毁，猪牛羊全部宰杀。美姑县也有类似按习惯法进行家支复仇械斗的大案。美姑县牛牛坝公社念念大队的家与相邻的玉龙公社强门大队尔亮窝生产队吉夺作莫家，因吉夺作莫在高山上圈羊肥地触犯所谓"神地"而导致念念大队遭受暴雨、冰雹、大风灾害而引起纠纷。的家家支十数人强行赶走吉夺作莫的羊 58 只，并

---

① 四川省民族研究学会、四川省民族研究所编《四川彝族家支问题》，内部印行，1985，第 107～108 页。

于当晚宰食两只。后经双方邀请调解人 4 人调解，除归还羊 56 只外，由的家家支赔偿 100 元现金，并打酒 20 斤向吉夺作莫赔礼道歉。吉夺作莫却不服，认为的家是大家支压小家支，伺机报复。不久，吉夺作莫将的家的 1 头耕牛赶走，同时通知家支成员作好家支斗殴的准备。的家家支发现牛被赶走后，陆续约集本家支 20 余人前往吉夺家要牛。先到的 3 人与吉夺作莫等由相互争吵而相互斗殴，斗殴中的家方 1 死 2 重伤。吉夺家支见出了人命，忙逃往松林中躲避。的家家支追要耕牛的后续人员陆续赶到，达 200 余人，见此情景，一面派人到松林中搜寻吉夺家支报复（未遂），一面赶走耕牛 4 头羊 23 只全部宰食，并按习惯法将吉夺家支 5 户的房屋捣毁，砸烂全部农具家具衣物，打死猪鸡，将粮食大部分背回的家，未背走的全部撒在田野，连地里的 3.5 亩青苗也破坏无遗，致使财产损失 12000 余元，吉夺家支 5 户 25 人无家可归。县区领导和公安干警连夜赶到，才制止住了事态的进一步恶化。这种家支复仇事件，是当前彝族社会中扰乱公共秩序、危害社会治安的重要方面。凉山州有关部门调查，全州近几年陆续发生的重大刑事案件中，由于家支受传统的习惯法引起的，达 15.1%。

受彝族传统习惯法的影响，当今彝族社会不同等级的男女通婚还受到一定程度的限制，大多数婚姻还是在同等级内缔结的。昭觉县期木乡 1957～1976 年结婚的 563 对中，等级婚达 527 对，达 93.6%。等级和经济状况不同但相近的，在议定身价钱时要有所区别，以示血统贵贱。而那些等级相差较大的要通婚，当事人所属的家支则要出面干涉，加以禁止。1981 年美姑县新桥公社吉列家支召开了一次 400 人左右的家支大会，会上作出 3 条决定，第一条便为把已经发生通婚关系的吉列家支下属 8 支重新联合起来，一律不准再通婚，今后通婚只能是外家支同等级。美姑县玉洛乡的吉吉杨仁和的的牛牛自愿结婚，女方父亲认为吉吉家支不硬，比自己等级低，无权与自己结亲家，的的家支并派 3 人将牛牛抓回。1983 年 11 月，以吉吉家赔偿女方身价钱 1100 元而告结束，始允成婚。这一习惯法的通婚禁例甚至还影响到彝族的国家干部身上。甘洛县检察院一彝族干部与一曲伙出身的女子结婚，因等级不同，男方家支 100 多人出面强迫男方离婚，否则开除家支。1983 年 8 月，这对夫妻不得不离婚而向习惯法屈服。据昭觉县法院有关同志介绍，该县近年彝族离婚案中，由于讲等级"骨头"导致离婚的，约占全部离婚案的 30%。如果再把那些因等级不同尚未婚媾就被迫分手的加在一起就是一个不小的比例。

包办、买卖婚姻、转房制这些习惯法，随着家支的活跃、家支活动的普遍而进一步复苏。据凉山州妇联调查，彝族农村各地自主婚与包办买卖婚姻的比率为一比七八。据昭觉县期木乡调查，1957～1976 年，该乡共结婚 563 对，其中自主婚 36 对，仅占 6.4%。不少父母遵循习惯法往往在子女年龄很小时就为其订婚，而不考虑子女的意愿。有的彝族青年不同意家长包办的婚姻，但因双方家长多通财货，怕退钱受到阻止，也多所屈从。少数不从者，往往会造成不幸后果。

此外，家支观念基础上形成的多子女生育观、婚丧红白喜事大操大办现象在当今彝族地区也很突出，其目的仍与过去一样，为了获取今后在社会公意上的彼此承认，巩固家支的血缘联系，树立家支的社会地位。习惯法的生命力确实是极其顽强的。

3. 赔命价规范的现实表现

藏族习惯法的重要内容之一为赔命价规范，它在藏族现实社会生活中依然有种种表现，仍有着不可低估的影响。

在藏族地区，由于生产生活的需要，人们出门时都持枪带刀，一有争吵纠纷往往白刃相加，因而杀人和伤害案件较多。发生这类案件后，无论是被害人及亲属还是致害人及亲属，一般都按习惯法处理，隐不报案，自行息讼，最关心的是命价问题，被害人家属高额索赔，致害人一方也主动请人调解付赔。如青海省黄南藏族自治州自 1986～

1989 年，先后发生了 18 起索取命价的事件。命价低的六七千元，高的上万元甚至数万元。涉及的地区很广，有的跨县，有的跨州，有的跨省。赔偿命价时，一般都以马、牛、羊或金银首饰等贵重物品折算。青海黄南藏族自治州部分地区，根据身体不同部位的"价值"折算，四肢各 1 千元，头脑 1 千元。①

即使司法机关按照《中华人民共和国刑法》的有关规定进行了处理，被害人索要命价的现象也相当普遍。如青海果洛藏族自治州甘德县牧民劳则，因伤害致死人命，被人民法院判处有期徒刑 3 年。他刑满释放时，被害人家属尾随其后，手持藏刀进行威胁。后来，劳则母亲出面说情，并赔命价 6000 元才了事。② 在藏族人看来，人的灵魂是不灭的，生死是可以轮回的，人死了还可以再生，因而即使是被判处死刑，也并不是严重的处罚，他们认为"政法机关对被告人如何判决，我们不管它，但命价银一文不能少"。如果光判了刑，没有赔偿命价，则被害人的亲属往往兴师动众，实行血族复仇。只有赔了命价，被害人的亲属才会感到泄了愤、消了恨，从此就前嫌尽释，重归于好。有的甚至还向公检法机关提出不要捕办的要求。如果国家司法机关不按他们的要求来办，有些被害人的家属、族人乃至部落甚至到司法机关来缠扰不休。有时，双方联合起来向司法机关施加压力，又是请愿又是上书，要求不要追究赔偿命价人的刑事责任。如 1988 年 7 月，青海黄南藏族自治州河南县与果洛藏族自治州玛多县发生草山纠纷，玛多县被打死 2 人。双方在一位活佛的调解下，按习惯法协商达成协议，由河南县藏族群众赔偿玛多县群众命价 123000 元，包括解散聚结群众费 10000 元、赔偿命价 52000 元、凶手赎命款 20000 元、埋尸罚款 10000 元、杀人凶具罚款 600 元、见面赔罪礼 1000 元、支付

---

① 参见陈光国《藏族习惯法与藏区社会主义精神文明建设》，载《现代法学》1989 年第 5 期。

② 中国民族学会：《民族学研究（第十辑）》，民族出版社，1991，第 218 页。

埋葬费 2000 元、凶手乘骑两匹马交给死者家属折价 1000 元等。然后由玛多县死者亲属出具不予追究刑事责任的书面呼吁书，呼吁书中公开写道："其偿命价的目的，取得死者家属出具的印证，以免追究刑事责任，希望将有助于量刑幅度，依法免于处罚。"①

强奸是一种严重侵犯妇女身心健康和人身权利的行为，但藏族习惯法对此持十分宽容的态度，只要赔偿奸价就行了。时至今日，藏族社会仍然普遍奉行这一习惯法，强奸案件的被害人如受到国家法律保护对罪犯进行判处后，不但得不到社会的同情，而且还往往受到不应有的歧视或嘲讽，出不了门，嫁不了人。如青海海南藏族自治州贵南县牧民肖某强奸周某一案，肖被判处有期徒刑后，反而得到人们的同情，而受到侮辱和摧残的周某，却遭到嘲弄和冷遇，以致感到难以做人，愤不欲生。又如果洛藏族自治州三名罪犯轮奸一位妇女，被害人告发后，法院依法从宽分别判处被告人有期徒刑 9 年、8 年、7 年，但当地藏族仍不接受，认为"何必小题大做，判处徒刑"，于是司法机关处理时只好一宽再宽。② 由于罪犯没有受到应有的惩罚，本性不改，过些时候又故态复萌，重新危害社会，造成了严重后果。当然，对于民愤极大的案件，藏族群众能将习惯法与国家制定法统一起来。1984 年 3 月，青海省海南藏族自治州兴海县一牧民将一位九岁女孩奸淫后，怕罪行暴露，便用石头将该女孩砸死。法院判处被告死刑，对此藏族各界都没有异议，表示拥护。③

近几年，藏族地区抢劫、盗窃公私财物的违法犯罪活动日益增多，有的地区甚至达到了触目惊心的地步。抢劫、偷盗的主要目标是公共财物，也有把黑手伸向个体户、专业户财物的。有些地区还出现

---

① 参见吴剑平《"吐蕃三律"试析》，载《民族研究》1991 年第 3 期。
② 中国民族学会：《民族学研究》第十辑，民族出版社，1991，第 219 页。
③ 参见陈光国《藏族习惯法与藏区社会主义精神文明建设》，载《现代法学》1989 年第 5 期。

了抢劫、运输、销赃"一条龙"。青海果洛藏族自治州甘德县在三年"严打"中所办理的盗窃案件，即占全部刑事案件的 56.9%。这类案件，藏族群众的处理往往是按习惯法办事，退还原物并加倍赔偿即了事。

受传统的一夫多妻、一妻多夫及结婚、离婚较为任意的习惯法影响，当前川、藏、青广大藏族地区结婚离婚不履行法律手续、重婚的现象还较为普遍。青海黄南藏族自治州泽库县宁秀乡 1981～1982 年有 66 对男女结婚，其中没有依国家法律登记的就有 60 对，占结婚总数的 90% 以上。一夫多妻、一妻多夫现象还在一些地区残存着或变相地存在着。据四川省甘孜藏族自治州人大常委会法制处 1983 年 6 月调查，康北的炉霍、甘孜、色达、白玉、新龙等县都还有一妻多夫的现象。如紧靠川藏公路的甘孜县来马公社，在 227 户中就有 19 户多夫家庭。据不完全统计，新龙县沙堆公社共计 133 户家庭，一妻多夫家庭就有 31 户。在白玉县藏族干部职工中也有一妻多夫家庭。而且几县中还没有出现多夫家庭的另一方提出离婚的情况。在康南、康东地区也有多夫家庭存在。在有些地区，在一些近亲或不到国家婚姻法规定的法定年龄的青年男女中，也形成了事实上的婚姻关系。近几年来，藏族地区重婚现象有增无减。据 4 个法院的统计，重婚案件 1981 年比 1980 年上升 37.5%，1982 年比 1981 年上升 47.1%，1983 年又比 1982 年上升 52%。[①] 在藏族地区，谁家兄弟永不分开，会被社会舆论认为是一幸事；哪个妇女能把不同血缘的几个人团结在一起，和睦相处，那她就受到大家的称赞。当这种多夫制与现行国家婚姻法相矛盾相冲突时，有些藏族群众反而利用现行政策的某些内容来为这种习惯法辩护，宣称多夫制的好处。

赔命价、赔血价、赔奸价、赔盗价现象，在当今藏族地区的后果

---

① 中国民族学会：《民族学研究》第十辑，民族出版社，1991，第 221 页。

是严重的。不问案件事由，不管致害人有无过错是否违反国家制定法，只要致人死亡伤害，就要赔命价，从而混淆了罪与非罪、违法犯罪行为与合法行为的界限，损害了国家法律的尊严和权威。如1988年11月，青海黄南藏族自治州同仁县韩某兄弟两人到河南县为其妹操办婚事，遇到河南县待业青年林某等人酒后故意寻衅，韩某兄弟绕道离开，后又遇上该群人，林某率先甩起打狗棒，将韩某打伤。为保护本人生命免遭危害，韩某奋起自卫而将林某捅死。此案经黄南州人民检察院审查，认定韩某的行为属正当防卫，宣布不负刑事责任。死者家属却纠集本村群众数十人，多次到州检察院又哭又闹，严重干扰了整个政法大楼的工作秩序。1989年3月，死者家属又纠集多人两次到韩某家砸家具、打人，迫使韩家兄弟四处躲藏。为了避免发生更大的危害，韩某被迫按习惯法私下请人调解，前后支付包括现金5200元、茯茶27包及其他物品总计价值6000元的命价，才算了结此事。①

由于赔命价的数额较大，对于还处于贫困状态和刚刚摆脱贫困的农牧民来说，无疑是很重的经济负担。赔命价不仅使致害人家庭倾家荡产，债台高筑，而且其家族、部落成员也深受其害。按照习惯法，致害人致人死亡以后，不仅要赔偿命价，而且人从原居的村庄、部落迁出；不仅其自己家庭要这样，与其有亲戚关系的也得迁到他处定居，否则还得用金钱来赎买居住的权利。致害人在刑满释放后只能迁他处定居，但在新的居住地又没有土地、草场，无法从事生产。为了糊口，有的又铤而走险，走上盗窃、抢劫甚至杀人的违法犯罪道路，影响了社会秩序的安定。

不仅仅是藏族地区，倒算人命金、"赔命金"的现象在当今彝族地区也较为突出。在日常口角争斗纠纷中，伤了对方身体，被伤害一方往往按照习惯法或坚持以牙还牙以眼还眼，或要求赔偿人命金。美

---

① 参见吴剑平《"吐蕃三律"试析》，载《民族研究》1991年第3期。

姑县就曾发生这样一起案件。

四川省昭觉县合洛公社购销组售货员甲拉古日 1979 年 9 月去美姑县柳洪公社参加葬礼，在饮酒时与柳洪公社农民勒格打铁发生口角，其左耳被咬伤。虽经公社、区、县及家支多次调解，对方两次杀牛、买酒向其赔礼，甲拉古日仍坚持以牙还牙，蓄谋报复。1982 年 12 月 20 日，甲拉古日同其侄到柳洪公社暗查，发现勒格打铁到尔其公社解决婚姻问题，便召集家支成员商定于次日带领家支成员到打铁返家必经之道柳洪大桥守候拦截，因打铁没返回而未成。22 日甲拉古日又带领 10 人到柳洪大桥守候至 10 时许，获悉打铁还在尔其未归，便赶到俄洛依甘公社路普生产队一住房附近埋伏。当勒格打铁途经该地时，他们便一拥而上，勒格打铁被他们按倒在地，甲拉古日便上前割耳。打铁双手护耳，甲拉古日便抓起一石头猛击其头部使其失去反抗能力，随后将打铁的左耳割下。[①] 类似的案件，美姑县法院每年要收案 10 多起。有些案件虽经国家司法机关根据国家法律处理，但当事人还要依靠家支按习惯法算人命金。据美姑县司法机关的不完全统计，自 1982 年以来，该县私下算命金的事件有 700 多起，索要命金总数达 24 万多元，已交付兑现的有 7 万多元。在算命金过程中，作为赔礼吃掉的猪共有 1600 多头、牛 180 多条、羊 600 多只。[②] 算命金的事件主要为报复伤害、婚姻纠纷、债务纠纷及以前的历史陈案。受传统习惯法的影响，不少彝族人认为，根据国家法律把加害方送进监狱，受害方并无实际利益，而按照彝族的习惯法，让加害方公开赔礼道歉并出命金，这样受害方就不仅能捞回面子，还可以得到赔偿金的实际好处。这种处理方式还影响到彝族地区的其他民族，如冕宁有一彝族人用气枪打鸟，误伤一汉族儿童。该儿童家长不到法院起诉，而

①　四川省民族研究学会、四川省民族研究所编《四川彝族家支问题》，内部印行，1985，第 112～113 页。

②　参见刘广安《对凉山彝族习惯法的初步研究》，载《比较法研究》1988 年第 2 期。

是按彝族习惯法向肇事者索要命金 3000 元。肇事者家支闻讯纷纷出钱，不到一个月就把 3000 元凑齐而了结。①

这种追索命金的行为有时造成很严重的后果。美姑县尔火公社竹库大队瓦洛博小队的马黑日哈，依照彝族习惯法曾多次向昭觉县永乐公社幸福大队的阿约莫哈追讨人命金。1982 年 10 月 24 日，马黑日哈率领 17 位家支成员和两位中间人到永乐公社，向阿约莫哈追讨人命金、调停费、流眼泪费等。阿约莫哈迫于马黑家支压力，愿付 90 元，并宰牛一头、买酒招待，了结此事。但马黑日哈及其兄不同意，坚持要对方付 120 元，并扬言"要是不给，就见人杀人，见牲畜赶牲畜"，"把莫哈舅父叫来，把家支请来，把有声望的黑彝请来，当着收拾掉"，进行威胁。以后再次谈判时，阿约莫哈孤身一人恐防不测而身背旧火药枪一支并暗藏手榴弹一枚。双方意见根本不合并发生争打，阿约莫哈见对方人多势众，两次用火药枪吓唬但无效，最后被迫抛出手榴弹，结果炸死一人，造成了恶劣的社会影响。②

4. 流传至今的"阿肖婚"、"安达婚"、"伙婚"

少数民族习惯法对当今民族地区影响较深的还有婚姻家庭方面。习惯法形态在当代表现较为完整的，则首推纳西族的"阿肖婚"和"安达婚"、"伙婚"。

"阿肖婚"即普米族所说的"阿注婚"。"阿肖"是云南永宁纳西族走婚生活双方的互称，意为"共宿的朋友"（肖是躺下之意），实际上是母权制下的一种走婚。这种婚姻习惯法，在 20 世纪 80 年代的云南永宁泸沽湖畔的纳西族各乡村依然较普遍存在。调查表明，走访婚是当地最盛行的婚姻形态，在青年人中尤为普遍，几乎人人如此，只是时间长短、阿肖人数多少有所差别而已。永宁区 6 个平坝乡统

---

① 参见刘广安《对凉山彝族习惯法的初步研究》，载《比较法研究》1988 年第 2 期。
② 四川省民族研究学会、四川省民族研究所编《四川彝族家支问题》，内部印行，1985，第 114～115 页。

计，各乡过走访婚生活的人所占的比例均在60%以上，超过阿肖同居和正式结婚人数总和的一倍左右，而实际比例还要高。据1980年社会学专家的调查，永宁地区某乡阿肖婚姻占该乡全部婚姻总数的40%。在永宁纳西族，人们都有较多的阿肖（包括长期阿肖和临时阿肖）。像巴奇村过阿肖生活的21个女性中，有2~4个阿肖的有11人，5~9个阿肖的有5人，10个以上阿肖的有5人。该村过阿肖生活的18个男子中，有1~4个阿肖的有13人，5~9个阿肖的有3人，10个以上阿肖的有2人，这还是比较保守的数字。正如温泉乡戛瓦社21岁而已有8个阿肖的小伙子色诺所说："如果一个人一生只有一个阿肖，就好比乌鸦守死狗——没出息。"[1] 在阿肖婚中，甚至还存在甥舅婚这种交辈群婚的现象，如开吉木瓦的不洒哈尔与姐姐直马的女儿阿吉建立阿肖关系，温泉乡的厄车马与舅父阿如阿窝为阿肖等。同时，同母兄弟姐妹之间建立阿肖关系的也有一些。拖支的布马梭纳得马与胞兄布乌达是同母兄妹，终生互为阿注，生下六个儿子。温泉乡的阿如厄车马与阿如哈尔巴是同母所生的姐弟俩，互相结为阿肖，当他们同床共寝时，就把大门关闭，拒绝其他男子来访。[2]

"安达婚"也是一种走婚，盛行于俄亚纳西族，主要是青年时期的婚姻形式，成年以后，伙婚成为主要的婚姻形式，即兄弟共妻或姊妹共夫。在调查时，俄亚71岁的瓦马古说："我们俄亚是先找安达后结婚。我去过金沙江那边的永宁，他们不结婚，都找阿注。阿注和安达比较一致，但是有两点不同：一是他们终身过阿注生活，我们只是在年轻时找安达；二是住法不同，阿注是住在女家，由男子去找女人，我们既有男人找女人的规矩，也有女人找男人的道理，而且后一种形式为主。"[3] 俄亚村1982年调查时仍存在兄弟共妻或姊妹共夫现

①　严汝娴、宋兆麟：《永宁纳西族的母系制》，云南人民出版社，1983，第97页。
②　严汝娴、宋兆麟：《永宁纳西族的母系制》，云南人民出版社，1983，第7页。
③　宋兆麟：《共夫制与共妻制》，上海三联书店，1990，第34页。

象。1982 年调查，俄亚大村有一妻多夫家庭 46 户，占总户数的 35.4%，一夫多妻家庭有 7 户，占总户数的 5.4%。1980 年调查时，公秋邦迪家的大女儿洼古虽然只有 18 岁，却已嫁给白样家两兄弟了。瓦支家迟里和英扎是甥舅关系，为了家业，两人共娶高士米为妻，下一代中独基、汪布又共娶木年渣为妻，第三代虽年幼，但外家长英扎说，将来也要为两个孙子合娶一妻。东巴兴格塔家长期以来都兄弟共妻。第一代本来只有一个独生子，由于一子娶妻难以支撑家业，又过继英扎为子，形成兄弟共妻。第二代有两个儿子夺吉和生格塔，仍然实行兄弟共妻。他们生二子一女，女儿外嫁，二子又行兄弟共妻。第四代又有三个儿子，仍准备给他们兄弟合伙娶妻。佳贺家也是代代兄弟共妻，第四代是三兄弟娶一妻，其中的大丈夫 19 岁，小丈夫才 2 岁。①

此外，各少数民族习惯法中关于包办婚、买卖婚、早婚、"公房"、抢婚、转房制、"不落夫家"、离婚以及婚姻缔结程序等方面的规定在不少民族地区仍具有效力，国家的婚姻法则被置于一旁而成具文。如贵州镇宁布依族苗族自治县六马区扁脚村是个 93 户人家的布依族村寨，1974～1984 年共有 54 对夫妻结婚，其中 44 对是由父母包办的。广西龙胜各族自治县向水乡，在 104 对未办理结婚登记的"夫妇"中，13 岁的 3 人，15 岁的 5 人，17 岁的 8 人，18 岁的 4 人，19 岁的 13 人。该县 1986 年全县农村结婚 1315 对，只有 333 对办理了结婚登记手续，其中平等乡结婚的 310 对中，仅有 1 对进行了登记领取了结婚证。贵州三都水族自治县中华人民共和国成立后至 20 世纪 80 年代按国家法律登记结婚的，城郊占 14%，边远地区占 10%。② 青海黄南藏族自治州泽库县宁秀乡 1981～1982 年有 66 对男女结婚，其中

---

① 宋兆麟：《共夫制与共妻制》，上海三联书店，1990，第 114～115、118、119～120、121 页。

② 参见吴大华等《民族婚姻与民族婚姻立法》，载《贵州民族研究》1986 年第 3 期。

60 对按习惯法成婚。[①] 在回族地区有不少也只请阿訇或满拉念"依哲布"或"呢卡哈"等，以习惯法来确立夫妻关系。云南布朗山区1986 年止，平均初婚年龄为 18.3 岁，其中女性为 17.2 岁。20 世纪80 年代离婚时，男女双方手持同一根蜡条的各一端，由村里一个有声望的证人用刀将蜡条从中砍断就算离婚。[②] 人们依然生活在习惯法的浓影下。

5. 护林组的"警标"

有位民俗学工作者曾撰文介绍他 20 世纪 80 年代末在滇西北的亲历亲闻，从中可以发现习惯法的又一现实影响。

"早春二月的一个早晨，我前往滇西北的老君山最高处的桃树村攀爬，行到一个三岔路口，我被难住了，不知哪条山道直通桃树村口。在左边一条山道口的一棵古松上，我发现了一个用青藤和松针编制成鸡心形的'草标'，我怀着侥幸心理，朝'草标'所示的方向走去。走了约百十步，前边又发现一个同样的'草标'。再继续往前走，一个又一样的"草标"，向前方延伸而去。走着走着我迷路了。"

"热心的护林人主动为我带路。行途中，他向我简略地介绍了他们所设示标的种类和作用。彝家设置示标，是为了告诉人们应该或不应该做什么，虽是一种用草或树枝树叶做的简单记号，但一代代沿袭，已成为约定俗成、体现乡规民约的标志。常见的示标，有用青藤和茅草编制的山标（若在山打柴处发现山标，表明已有人在此圈地砍柴，别人得另选场地）；用白栗枝叶编的水标（若在水泉边发现水标，则告诉过路人此水可以喝）；用苦荞秆和燕麦草编制的田标（庄稼成熟后，主人怕牲畜糟蹋，置放在地边的'警标'）；用瓜果串制的门标（表示主人家中有事或'添喜'，拒绝会客或请人光临）；用松枝、杜

①　中国民族学会：《民族学研究》第 10 辑，民族出版社，1991，第 221 页。
②　云南大学人口研究所：《云南省布朗山区布朗族生育状况的剖析》，载《民族研究》1988 年第 3 期。

鹃花编制的路标；用兰草和白杨编制的约会标……"

"告别护林人，我独自爬完深山已累得浑身大汗，找到一个水泉。忙走上前，想来个牛饮提神。可真扫兴，水边一大蓬映山红树上挂着的水标，早已干枯。正起步欲走，一个彝族姑娘手挽着白栗枝叶草标，扛着一只水桶朝水塘而来。我示意干枯了的水标，姑娘给我解释：'这两天日头火热，水标容易晒干。你看，我不是来换个水标，为过路人破疑来了。'"

"黄昏，我总算摸到村长家门口。村长家大门左边的站枋上，挂着门标：一顶篾帽上坠着一个葫芦。我不敢贸然而入。过不多久，屋中走过一个老妇人。我向老人说明情况，老人不住说：'贵客，贵客！贵客临门，定是大吉。我家的门标不已'说'得明明白白，篾帽和葫芦的标记，是告诉人们，我家生了个放羊的（指男婴），欢迎亲友来祝贺。'老妇人边谈边把我拉进屋中。村长是新生婴儿的父亲，是我第一个'找生'（即婴儿生下后，第一个进产妇家屋的外姓人），米酒鸡蛋摆一桌子，欢迎我这带来吉祥的外姓人。"①

这种示标习惯法在今天的瑶族社会也可看到，表明柴草、山货、财物等的所有和归属，仍然具有严格的效力，成为人们共同的行为规范。

在各地少数民族社会，刀耕火种、毁林开荒的生产习惯法，将寨与寨之间的山林、荒山以及原始森林视为无主财产，任何人都有按"先占原则"占有和使用的权利的习惯法还有影响，致使乱砍滥伐、毁坏森林、放火烧荒不时发生。彝族 41 岁的李某，受传统习惯法影响，自 1980 年起多次砍伐林木，放火烧荒。有次在放大火烧荒中，火情蔓延，烧毁国家大片树林，造成重大经济损失。哈尼族的普某，

---

① 章虹宇：《原始而神圣的"乡规民约"——示标》，载《岭南民俗》1990 年 6～7 期合刊。

也在习惯法的影响下，1983 年、1984 年两次砍伐焚烧附近林场的木林，开荒种田，并无视林场工人的阻拦，大打出手，致人伤残。①

少数民族习惯法在当今民族地区的影响是广泛的，除了上面这些方面以外，在丧葬宗教信仰方面、借贷和继承方面等都有所表现，值得我们十分重视。

二　中国少数民族习惯法具有 现实影响的原因

少数民族习惯法在当今民族地区仍产生影响、发挥作用、具有效力，对民族地区的社会生产、社会生活有深刻的影响，使正开始经受市场经济洗礼的少数民族地区依然笼罩在传统的影子下，从传统社会迈向现代社会的步履更为艰难。

探寻习惯法继续存在并发生效力的原因，对于我们正确对待习惯法这一固有文化，协调习惯法与国家制定法的相互关系，促进少数民族地区的经济和社会发展，推进现代化建设，无疑是有积极意义的。

习惯法仍发生影响的原因是多方面的、复杂的，既有生产力经济发展方面的原因，也有社会历史文化的原因，还有习惯法本身的因素，我们应该用联系的全面的发展的观点来认识这一问题。

1. 生产力发展水平的制约

新中国成立后，少数民族地区的社会生产力有了一定提高，党和人民政府通过各种形式帮助民族地区脱贫致富。但是各民族地区所处的社会经济形态包括了原始公社、奴隶制、农奴制、封建制等，差距很大，绝大多数民族的社会生产力水平相当低，生产方式比较原始、

---

① 本书编写组：《云南少数民族罪犯研究》，中国人民公安大学出版社，1990，第 25 ~ 27 页。

粗放，这种状况不可能在 40 年的短时间内有较大改变。如云南永宁纳西族至今还沿用着原始落后的生产工具和生产方法，火耕还在局部地区使用，木质鹤嘴锄、大木锄仍然是普遍使用的农具，还有用木砍刀砍鱼、以石纺轮捻线，用两块木料压油、用石磨盘碾磨某些食品，这些生产工具与出土的新石器时代的生产工具别无二致，同时，当地的生产环境已极为艰苦，如土地距村落较远，实际耕作时间不多。因此要想生存，组织好生产生活，仅仅依靠少数人是不够的，必须依靠较多的劳动力通力合作，才能有效地维持社会的基本细胞——各个"家庭"的衣食所需，因而传统的阿注婚习惯法在今天仍然有其存在基础和存在价值。

四川俄亚纳西族的情况与此相类似，在落后的生产力和繁重的劳动状况下，为了维持家庭的生产活动，保证基本的衣食所需，每个家庭都必须有较多的人口。个人的力量是极小的，但把这些细小的力结合起来，就有一个全力，比一切部分的合计更大。所以，只要把他们的力结合起来，就能够把时间减少，而把工作范围扩大。正如俄亚村党支部书记生格塔在 20 世纪 80 年代初所说："我是俄亚村最早的党员，觉悟不能说低，而且是第一个带头实行一夫一妻制的青年，是婚改的带头人，过了 30 多年的一夫一妻的小家庭生活。虽然自己有一个妻子，生了 4 个儿子，但是我离开了大家庭，变成独立无援的人，夫妻两人搞生产上不去，收入很少，生活越过越穷。这就是一夫一妻制造成的。关于孩子，我早想明白了，决不能为他们各娶一个妻子，而是按着老办法，为他们四兄弟合伙娶一个婆娘。这样我们家才能人多势众，生产搞得好，生活能改善，再不能搞一夫一妻制了。"[1] 习惯法的坚韧力由此可见。

在一些民族聚居的高山地区，虽然固定了一部分耕地，种植了一

---

[1] 宋兆麟：《共夫制与共妻制》，上海三联书店，1990，第 173～174 页。

定面积的水稻,但刀耕火种、轮歇游耕的原始生产技术仍占相当比重。居住在平坝和河谷的少数民族仍用手工工艺和传统的耕作技术进行生产。如云南布朗山区,生产至 20 世纪 80 年代还建立在"刀耕火种,轮歇缶荒"的基础上,生产方式仍极端落后。生产工具方面,除少数村寨的一些农户有犁、耙外,一般就只有锄头、砍刀、点种竹竿和背箩。在这种生产力水平和生产方式下,少数民族习惯法自然还有其存在的经济基础。

2. 自然经济仍占绝对主体地位

中国各少数民族在历史发展中进程不一,形成了经济生产组织结构多样化的现象,但各民族地区一直处于自然经济的发展阶段,土地成为提供民族生息繁衍的唯一物质来源。新中国成立以后,经过民主改革和其他发展经济的步骤,少数民族地区消灭了土地私有制,实现了农业合作化和人民公社化,但这种生产组织结构仍然属于自然经济范畴,单一性和重复性的生产方式依然存在。党的十一届三中全会以后,民族地区确立了家庭联产承包责任制,改革开放促进了生产力的极大解放,商品经济开始在民族地区出现,但占主体地位的仍然是自然经济。以云南省为例,1982 年人口普查统计资料表明,云南省的 8 个民族自治州、14 个少数民族自治县有少数民族人口 783.36 万人,其中农村人口的比重占 96%,比云南全省人口的比重高 10 个百分点。[①] 这也大大超过全世界农业人口比重 61%、全国农业人口比重 79.4% 的水平。[②]

直到今天,相当多的民族仍然认为做买卖是丑事、摆摊卖东西很不光彩,商品观念相当淡薄,鄙视经商的风气依旧相当浓厚。苗族相当数量的人挑东西(如梨)去卖时,见到熟人和亲戚朋友就每人送几

---

① 李常林:《云南少数民族的人口问题》,载《云南社会科学》1984 年第 4 期。
② 云南人民广播电台理论组编《云南民族经济问题讲话》,云南民族出版社,1984,第 110 页。

个，不好意思收钱，给完就算了，有的买东西任由对方要价，卖东西则都是一角钱，萝卜1斤1角，萝卜苗也1斤1角，辣椒也是1斤1角。凉山彝族人有些东西非卖不可时，也只是把东西摆在地上，再默默坐在旁边，等买主前来问津，绝不肯大声吆喝招徕顾客，遇有熟人时还要做掩饰状。猪、羊等牲畜更是长养不卖，养"万岁羊"，经济效益极低。据统计，四川昭觉县1982年农畜产品商品率为5%，1983年羊只出栏率也只略高于10%。少数民族地区基本上还是自给自足为主，农业商品率很低，全国的农业商品率平均为68%，云南省为50%，而少数民族聚居的边境一线和内地高寒分散山区只有20%左右。社会分工也不发达，许多地区基本上还是单一的农牧业的经济结构，商品交换集市贸易较少，专门从事商业和手工业的人数量较少。

解放后少数民族地区社会经济的发展也带来了商品经济的一定发展，在一定程度上触动了千百年形成的自然经济，但是商品的萌芽很难与几千年来延续的自然经济相抗衡，因此就不足以冲破少数民族习惯法赖以存在的自然经济基础，尚不足以消除人们的习惯法观念习惯法意识。

3. 自然地理环境的影响

自然地理环境虽然不是决定社会面貌的唯一条件，但它是影响社会发展、社会面貌的经常的必要的条件之一。我国少数民族大多生活在边远地区，那里山峦起伏，地形错综复杂，巍巍高山、湍湍大河、莽莽森林、幽幽山谷使各少数民族地区相对处于封闭状态，他们世世代代在狭小的天地中生息繁衍。

中华人民共和国成立以后，通过党和政府及民族地区人们的共同努力，这与世隔绝的状况有了一定的变化，但封闭的基本状况仍没有根本改变。交通通信的不够发达、信息交流的限制，使各民族群众开阔视野、接受新事物新观念受到了很大制约。较为恶劣的自然地理环境也使民族地区的社会主义法律教育和普及更为困难，社会主义法律意识因而也较难生长。因此，在越闭塞的地区、村寨，民族习惯法的影响也越大。

4. 习惯法观念的广泛存在

尽管中华人民共和国成立 60 多年来，少数民族群众的传统思想、价值观念、法观念、伦理观念等社会意识形态有所变化，但是封闭的自然环境依然存在，决定社会意识形态的自然经济没有根本的变化，传统农业社会得以延续的那些基础未加动摇，因此，传统的习惯法观念的深层结构还坚如磐石，各民族群众对少数民族习惯法在精神上、心理上、观念上仍具有强烈的亲切感和认同感，有什么事仍然首先按习惯法进行。在他们看来，若离开了习惯法，就离开了本民族的传统，就无从掌握自己的命运，因此在天灾人祸、家庭生活所带来的种种挫折和不幸难以避免的情况下，各民族群众依然希望通过习惯法寻求帮助和精神慰藉，保障生存安全和满足荣誉感。改革开放以后，这种传统的习惯法观念不仅没有受到冲击，反而有某种强化的倾向，使少数民族习惯法在社会生活中更有影响。

5. 习惯法包含有积极因素

作为一种千百年来世世代代总结、积累、继承延续的社会规范，少数民族习惯法必定有其合理的成分，有其符合社会历史发展和人类进步的方面。像白族习惯法的爱护山林水源、维护生态环境、热心公益事业、吃苦耐劳勤俭持家、尊师重教好学上进的内容，对今天白族地区社会经济发展和精神文明建设仍具有积极意义。满族的尊敬老人、孝顺父母、友睦兄弟、热情好客习惯法仍为人们所乐意遵从。因此，各少数民族习惯法由于其是民族文化的主要载体，是民族精神的集中体现，它的不少内容如生产上互相帮助、生活上互相照顾、尊老爱幼、扶贫济困、禁偷戒盗、保护生产是积极的，有利于社会主义物质文明和精神文明建设的，因而就受到各族群众的拥护和认同，愿意用习惯法来规范自己的行为。源远流长的习惯法在今天仍有一定的活力。

6. 国家司法、执法力量相对薄弱

中华人民共和国成立以后，社会主义法制建设几经曲折，在少数民族地区大力开展社会主义民主和法制教育尚不够深入，社会主义法制的统一性与国家制定法的权威与尊严教育还远远不够，还无法用社会主义法律意识来代替各少数民族群众的习惯法的法意识。

少数民族地区一般居住分散，因而国家司法执法机关实施适用国家法律的难度就更大。管辖范围大，力量不足，通信交通设备落后，这些都在一定程度上影响了国家法律的实施。而司法执法机关适用法律时的某种片面性，量刑时的时高时低、宽严不一又在一定程度上损害了国家法律的权威和尊严，影响了社会主义法制的统一性。而在"严打"期间，又存在量刑过重的现象。所有这些，都从另一方面助长了少数民族习惯法的广泛存在和发生影响。

三　中国少数民族习惯法与国家制定法

中国少数民族习惯法是十分复杂的社会文化现象，对各个民族的历史进程有重大影响。特别是经过了历次民主改革、社会主义教育，习惯法仍在各民族社会生活中发挥着巨大的作用，甚至在某些情况下替代了国家制定法，这是值得我们深思并慎重对待的。

1. 中国历史上的少数民族习惯法与国家制定法

在探讨我国应如何处理社会主义法律与少数民族习惯法的关系之前，回顾一下中国历史上各朝各代的国家制定法与少数民族习惯法的关系无疑是有价值的。

秦是我国历史上第一个以华夏族为主体的，包括东夷、西戎、南蛮和百越各民族在内的统一的多民族封建国家。《秦律》中设有专门的关于少数民族的规定，对少数民族地区的管理相当重视。《后汉书》记载："及秦惠王并巴中，以巴氏为蛮夷君长，世尚秦女。其民爵比

不更"，"杀人者得以钱赎刑"。① 这实际上是让少数民族自己管理自己，确认少数民族习惯法的效力。

汉朝对于西南各边远民族，采用在中央王朝的统治下，让少数民族根据本民族的特点实行"自治"的制度，"齐其政，不易其宜，改其教，不易其俗"。可见这是给少数民族习惯法以某种地位，承认习惯法在民族地区的适用。

辽国时，辽对本族人运用契丹习惯法，对汉人则用唐律。辽圣宗时法律规定："契丹人及汉人相殴致死，其法轻重不一。"② 西夏、金的法律都以本民族习惯法为基础。

在元代，成吉思汗帝国作为国家机构及各种社会关系的基础、具有头等重要作用的是习惯法（札撒或大札撒）。从成吉思汗的话里，就可以知道习惯法的重要性："此后的众多国王儿孙、在国王手下的贵族、勇士、伯克等，倘忽略《札撒》，则将动摇甚至断送国家。"临终时，成吉思汗还告诫其子："我之后，汝等必不能改变《札撒》。"③ 以后，元朝纂成了新的法典，民族的习惯法依据该法典仍然维持了效力。

清朝制定了大量的调整民族关系、处理少数民族地区事务的法规，无论在数量上还是在内容上都超过了以往任何一个朝代，达到中国历代民族立法的最高峰。除了《大清律》的有关规定外，还有《回例》、《番律》、《蒙古律例》、《苗律》、《番律条款》、《钦定西藏章程》、《理藩院则例》等专门法律。《大清律例》规定，"苗疆"地区"其一切苗人与苗人自相争讼之事，俱照'苗例'归结，不必绳以官

---

① 《后汉书·南蛮西南夷列传》。
② 《辽史·刑法志》。
③ 引自〔俄〕贝勒津《成吉思汗的〈札撒〉》，载内蒙古大学蒙古史研究室《蒙古史研究参考资料（第18辑）》，内蒙古大学蒙古史研究室编，1981年。也可参见〔波斯〕拉斯特《史集》（第二卷），余大钧等译，商务印书馆，1983，第31页。

法，以滋扰累"，① 这里的"苗例"即为习惯法。类似这样国家用法律形式承认习惯法，在《回疆则例》、《蒙古律例》、《理藩院则例》都有所载明，尤以"以罚代刑"、"入誓"为典型。清朝在坚持国家法制统一的前提下，因地制宜地制定和实施边疆各少数民族区域的法律措施（包括承认其部分习惯法），成功地调整了中央和地方以及各民族间的关系。②

国民党统治的中华民国时期，整个川、藏、青的藏族地区的刑事诉讼案件，依旧主要是根据清代前就存在的习惯法进行审讯和判决的；民事诉讼案件，也大多是根据各地原有的习惯法进行调解的。青海在马步芳集团统治时期，整个东部农业区和部分牧业区，虽然根据统治者的需要和利益，实施了包括宪法、民法、刑法、商法、民事诉讼法、刑事诉讼法在内的国民党政府"六法"，但是一因藏汉语言各异，诉讼辩论较难；二因当事人不明诉讼程序，不敢随便提起诉讼，因而"六法"在藏区没有全面贯彻实施，藏区仍按习惯法办案。在西藏地区，广大农牧民只对格言式以及与传统宗教教育有关的习惯法比较熟悉，一般对全国颁行的法律不甚了解。至于当时政府执法司法机关的工作人员，手中虽有国家法律的手抄本或翻译本，但大都系辗转抄录而来，内容含混不清甚至有不少错误。所以，在执法司法实践中，主审人员并不都是依照国家法律，而是依照藏区习惯法听讼折狱。③

由此可见，中国历史上的各个朝代都是十分重视少数民族习惯法的，制定法律时在坚持国家法制统一的原则下，承认习惯法的一定效力，这是值得我们总结借鉴的。

---

① 《大清律例·断方狱·断罪不当》雍正三年定例。
② 有关这方面的情况可参见下列文章：郑秦：《清朝统治边疆少数民族区域的法律措施》，载《民族研究》1988 年第 2 期；陈光国、陆晓光：《清朝对青海蒙藏民族的行政军事诉讼立法初探》，载《青海民院学报》1991 年第 2 期；陈光国：《民主改革前西藏法律规范述要》，载《中国社会科学》1987 年第 6 期等。
③ 中国民族学会：《民族学研究》第 10 辑，民族出版社，1991，第 216 页。

2. 正确对待少数民族习惯法

我们应该看到，习惯法在当今少数民族地区具有影响发挥作用，广大少数民族群众具有浓厚的习惯法观念、习惯法意识，这是一个不容置疑的客观存在，对此我们绝不能视而不见、听而不闻，回避和掩盖这一社会事实是不正确不科学的。尽管民主改革以来，少数民族地区包括法文化在内的社会文化有了较大的变迁。但种种自然的、经济的、历史的、现实的、观念的因素的制约，习惯法仍广泛存在，潜在或公开地发挥效力，我们只有正视这一客观事实，才能正确对待少数民族习惯法，处理好少数民族习惯法与国家制定法的相互关系，加强社会主义民主法制建设。

正确对待少数民族习惯法，关系到少数民族地区生产发展社会安定，关系到民族地区的现代化建设和市场经济的发展，关系到社会主义法制的统一性。各民族都将习惯法视作民族文化的重要部分而珍视，有不少民族更将代代相袭的民族习惯法视为命根子。在"猴子靠树林、彝族靠家支"的情况下，如果对家支这一习惯法采取不适当的处理，就会伤害彝族人们的感情，造成社会混乱。新中国成立以后，我们党和政府在这方面做了大量工作，积累了不少经验，在对待和处理习惯法方面是有相当成绩的，但教训也是不少的。由于没有对少数民族习惯法进行深入的调查和研究，全面总结习惯法在社会主义时期的现实表现和影响不够，忽视少数民族群众对习惯法的深厚感情和强烈认同，没有能制定出切合实际而又清楚明白的政策界限，以致在相当长时期内将许多习惯法问题当作一个特殊阶级斗争问题来对待，错误地批判、处理了不少人，这方面的教训是深刻的，值得认真吸取。

在目前的生产力水平和生产关系、社会思想文化条件下，完全消灭习惯法，彻底禁止习惯法在少数民族地区发生影响是不可能的。习惯法作为一个历史文化现象，它的消亡有一个漫长的过程，非一朝一夕所能实现的，更不是人力所能主观决定的，有赖于生产力的极大提高、市场经济的高度发育，有赖于社会思想文化的巨大变革。那种认为依靠命令或其他强制手段，可以一举消灭习惯法的认识和做法是不科学的，也是十分有害的。在目前及今后相当长一个时期内，片面追求法律的先进和超前发展，无视固有法文化的强大生命力，结果反而不利于国家制定法在少数民族地区的权威和尊严，影响国家制定法在少数民族地区的效力和作用，起到负效果、负影响，"欲速则不达"，出现"法治秩序的好处未得，而破坏礼治秩序的弊病却已先发生了"的状况。① 只有找准国家制定法与少数民族习惯法的契合点，通过长期而深入的努力，才能逐步使国家制定法在少数民族地区深入人心，在少数民族地区发挥更重要的作用。

应该看到，人的思想意识、观念情感是多层次的，进行社会主义现代化建设，增强民族团结，发展民族经济，要求各民族群众的法观念、法情感、法意识完全一致，全部为社会主义的法意识法观念，这是不可能也是不必要的。观念的变迁是缓慢的，观念的力量是巨大的。在坚持国家法制统一的前提下，允许少数民族群众的习惯法观念、习惯法情感和某些习惯法效力的存在，对于调动一切积极因素，加强民族团结，维护祖国统一，促进少数民族地区的现代化建设，无疑是有积极意义的。

3. 少数民族习惯法与国家制定法的一致与冲突

少数民族习惯法对当今民族地区的影响，既有积极的方面，也有消极的方面。少数民族习惯法在一定程度上有利于解决民间纠纷，稳定民族地区的社会秩序，加强民族团结，发展民族地区的生产和市场经济，促进民族地区的物质文明和精神文明建设。同时，少数民族习惯法也严重损害了国家法制的尊严和统一，干扰国家司法执法机关的

---

① 费孝通：《乡土中国》，三联书店，1986，第59页。

正常活动，给民族地区的社会秩序造成威胁和破坏。

因此，我国社会主义法律与少数民族习惯法之间，既有其一致性，也不可避免地存在矛盾和冲突，并且还表现出其互补性。

（1）少数民族习惯法与我国国家制定法的一致性

这主要表现在少数民族习惯法所反对、不容的某些行为也为国家制定法所禁止，习惯法所提倡、鼓励、赞成的某些行为也为国家制定法所保护。

少数民族习惯法都严格禁止偷盗行为并给予各种处罚，习惯法保护村寨、家族以及家庭的财产所有权。如壮族习惯法规定，偷盗者根据偷盗物的不同除退出赃物外，并受按价赔偿、加倍赔偿、罚款、罚做公家工、开除村寨籍乃至处死的处罚。达斡尔族则对偷他人庄稼者，要求其逐户游街认错。[1] 国家制定的宪法、刑法、民法、治安管理处罚法等法律，也保护集体、个人的财产所有权，禁止偷盗行为，违反者国家司法执法机关给予各种制裁。因此这两者有着明显的一致性。其他如禁止强奸、抢劫、杀人等，少数民族习惯法的基本精神与国家制定法相一致。

保护农业生产的少数民族习惯法是相当丰富的，像瑶族春秋两社"料话"时就有"过了清明节，各家不放鸡鸭猪出外；见别人的田水漏干了要帮补漏洞；牛只踹崩漏了别人的田基，要即时帮人修好"的习惯法。[2] 壮族也有"在牧牛羊之所早种杂粮等物当其盛长之时须要紧围若遇残食点照赔还和值时届禁关牛羊践踏食者不可藉端罚赔"的保护生产的习惯法。[3] 侗族也不许偷放田水，否则就犯了轻罪。这些内容与国家制定法律的基本精神是不矛盾的，相一致的。

---

① 内蒙古自治区编辑组等：《达斡尔族社会历史调查》，民族出版社，2009，第186页。

② 广西壮族自治区编辑组：《广西瑶族社会历史调查（第一册）》，广西民族出版社，1984，第68页。

③ 广西壮族自治区编辑组：《广西壮族社会历史调查（第一册）》，广西民族出版社，1984，第103页。

少数民族习惯法中有关父母子女关系的规定与国家宪法、婚姻法的规定也是一致的。尊老爱幼的习惯法亦与国家的宪法、刑法、婚姻家庭法的有关规定吻合。像瑶族对生意买卖的规定："生易（意）不得卖病猪，从（重）罚"，[①] 与现行的国家制定法也有异曲同工之处。

同为社会规范，同为人类法文化组成部分的少数民族习惯法和我国的国家制定法，都是在吸收、继承人类文明的基础上形成的，目的都是为了维护社会秩序、调整社会关系、促进社会进步和发展，尤其在对于人的生存和人的尊严的关注和保护方面，两者无疑有着共同和一致之处。

（2）少数民族习惯法与我国国家制定法的冲突

这种冲突表现为少数民族习惯法与现行的国家制定法的规定不一致甚至对立上。它既有民事方面的冲突和矛盾，也有刑事方面的差异，诉讼程序的规定两者也是各有不同的。由于少数民族习惯法赖以存在的基础、目的、作用、执行实施等与国家制定法有异，作为两种不同类型的社会规范，其冲突和不一致是显而易见的。

在民事方面，少数民族习惯法基本以家庭、家族乃至村寨为财产所有权的主体，个人很少能成为财产所有权的主体而独立拥有财产自由支配财产。而国家现行的宪法、民法、继承法等则规定财产所有权的主体既有国家、集体，更主要的则是个人，国家现行法律保障个人的主体地位和个人权利。

在婚姻家庭继承方面，习惯法规定了早婚、抢婚、买卖婚、包办婚、转房、"公房"、共夫共妻制等内容，而且离婚也较随意，表现出男尊女卑、父母包办、无视个人意志，这与国家婚姻法的男女平等、一夫一妻、婚姻自由的原则和规定是大相径庭的。少数民族习惯法大

---

① 广西壮族自治区编辑组：《广西瑶族社会历史调查（第一册）》，广西民族出版社，1984，第62页。

多剥夺妇女的继承权，这与国家法律在继承方面男女平等的规定也是相矛盾的。习惯法还维护家长权，赋以家长广泛的权利，这在国家现行制定法上是找不到类似内容的。

在债权债务方面，有的习惯法规定对欠债不还的可以任意拉债务人牲畜、财物乃至土地、房屋清偿，甚至可以拉债务人子女作奴隶、债务人夫妻服劳役。国家制定法对欠债不还的处理却绝对不涉及到人身权利方面，财产问题纯以财产手段解决。

少数民族习惯法与国家制定法在刑事方面的冲突更为突出，少数民族习惯法视为正当的行为，国家制定却规定其有社会危害性而为违法犯罪行为。

"毁林开荒、刀耕火种"的原始生产方式至今仍在为数不少的少数民族中存在着，这种行为往往导致毁林开荒、砍伐森林、放火烧荒而触犯国家刑法规定的盗伐滥伐林木罪、放火罪等而被处罚，但习惯法对此类行为视为正当合理的行为不予处罚。①

如西双版纳勐海县的哈尼族习惯法对孪生子女生下后，要当场用灶灰、粗糠堵住其鼻孔和嘴巴，让其窒息而死。如让其生存，其父母乃至村寨的宗教头人至今仍要受到习惯法的惩罚。这种行为侵犯了公民的人身权利触犯了杀人罪而为国家制定法所严格禁止。傣族习惯法有驱逐琵琶鬼的内容，被指控"放鬼"者往往被抄家，逐出村寨，甚至被伤害致死。西双版纳景洪县的曼井烈乡傣族女青年岩宰末奉玛1982年从境外回归随父母居住，后因村里人畜生病，她被指为"琵琶鬼"，1984年家中大小牲畜遭抢杀，房屋被焚烧殆尽，全家12口被驱逐到国境线上。② 这类习惯法所支持、鼓励的行为就可能触犯国家

---

① 参见本书编写组《云南少数民族罪犯研究》，中国人民公安大学出版社，1990，第24～27页。

② 刘金和：《云南边疆民族地区犯罪和执法问题的探讨》，载《云南法学通讯》1988年第1期。

制定法而构成非法拘禁、非法侵入他人住宅、毁坏财物、伤害、杀人罪受到国家的制裁。

少数民族习惯法规定的早婚、一夫多妻制、一妻多夫制、抢婚制、"公房"制，可能触犯国家制定法规定的强奸（奸淫不满 14 岁的幼女、轮奸、强奸）罪、重婚罪。父母包办婚姻、姑舅表丈先婚权这些习惯法的规定则可能触犯国家制定法的以暴力干涉他人婚姻自由罪、非法拘禁罪。少数民族习惯法规定的家长权、男女不平等的内容也可能出现虐待家庭成员的行为而触犯国家制定法。如拉祜族的邓某自 1984 年起以找对象谈恋爱为名，多次和未婚妇女发生两性关系。1986 年 5 月的一天，他去舅舅家做客，夜间无事，便闲逛到该村附近的公房，与青年男女谈笑嬉戏。夜深，邓某向一妇女提出同居要求，遭拒绝后仍纠缠不休，后见其他人各自散去或在公房中睡觉，便采取暴力手段，将该妇女强奸，被国家司法机关判处 10 年有期徒刑。①

少数民族习惯法与国家制定法的冲突和矛盾还表现为执行与处理审理程序、处罚方式方面的不同。习惯法的效力较特殊，只能在有限地域范围内适用，一般也无专门的执行及调解处理审理机构，其程序也远没有国家制定法所规定的复杂、严格。尤其是当今少数民族地区发生纠纷乃至刑事案件后，往往不向国家执法司法机构提起诉讼请求裁决，而按习惯法规定解决。更有许多在人民法院判决以后置判决书于不顾又按习惯法重新处理一次的，损害了国家制定法的权威和尊严。

在处罚方式方面，少数民族习惯法以罚款、罚物、开除村寨籍、肉刑、处死等为基本形式，表现出损害名誉、人身伤痛的特点，这与国家制定法的文明处罚方式有一定距离。像贵州的一些少数民族对抢

---

① 本书编写组：《云南少数民族罪犯研究》：中国人民公安大学出版社，1990，第 92 页。

走耕牛、马匹、猪、现金的行为，今天仍按习惯法进行"四个一百二处罚"，即要违法者交出 120 元钱和肉、酒、米各 120 斤，请村寨全体成员喝酒，赔礼道歉即可了结。① 这两者的冲突是较为直接和明显的。

（3）少数民族习惯法对我国国家制定法的补充

少数民族习惯法所调整的社会关系有不少是国家制定法所没有调整的，像社会交往、丧葬、宗教信仰这些方面的规定是习惯法独有的。在国家制定法和习惯法都调整的那些社会关系上，习惯法的规定比国家制定法更为具体、更为明确、更贴近各民族群众的日常生产生活，能弥补国家制定法比较原则、抽象的缺陷。

各少数民族的习惯法基本都规定了热爱劳动、助人为乐、扶助孤寡、热心公益事业的内容。如在今日侗乡的鼓楼、凉亭、风雨桥，夏天随处可见热心的侗族人在这里挂着一桶桶的清泉水，供行人解渴，还放有新草鞋让过路人替换。冬天则有昼夜不灭的火塘供来往行人取暖。所有这些都是无偿的，而且从来不需指派或由各户轮流值日，都是自觉自愿地、不留姓名地抢着做的。这样的习惯法对国家制定法无疑是有益的补充。

4. 正确处理国家制定法与少数民族习惯法的关系

国家制定法与习惯法的关系，这是一个复杂的理论问题，更是一个敏感的现实问题。我们应从有利于国家法制统一，有利于少数民族地区社会和经济的发展，有利于维护民族团结，有利于少数民族地区精神文明建设出发，认真、慎重地对待和处理国家制定法和少数民族习惯法的关系。

（1）在处理国家法与习惯法两者关系时，必须坚持以下原则：

---

① 张智勇、夏勇：《少数民族地区非法拘禁案件调查报告》，载《现代法学》1989 年第 1 期。

第一，国家法制统一，坚持国家制定法的权威和尊严，各民族各地区和所有公民都必须遵守国家宪法和法律，任何行政法规、地方性法规都不得同宪法、法律相抵触。

第二，对一些目前尚无条件以国家制定法替代的少数民族习惯法，从尊重民族文化角度出发暂时予以照顾和认可。同时积极进行自治变通立法。

我国的《宪法》、《刑法》、《民族区域自治法》、《婚姻法》等现行法律都明文规定，民族自治地方有权根据当地民族的特点结合法律原则制定变通或补充规定。这表明，我国的国家制定法赋予少数民族习惯法一定效力，承认其在少数民族地区发挥一定作用。国家制定法尊重少数民族习惯法以某种方式存在。

近几年，我国的内蒙古、新疆、西藏等自治区以及四川省甘孜、阿坝、凉山自治州，云南、甘肃、贵州、湖南、吉林等省的一些民族自治州、县，制定了婚姻家庭方面的某些变通规定或补充规定，在一定程度上承认了各少数民族习惯法中关于早婚、结婚手续、夫妻关系、离婚等方面的若干内容。云南德宏傣族景颇族自治州针对本地刑事犯罪的特点制定了禁毒条例。这些民族自治变通立法在社会生活中起到了较好的作用。今后，我们应该按照"社会相当性"阻却违法（构成要件该当性）理论，① 大力开展民族自治变通立法工作，协调好国家制定法与习惯法的关系。

第三，在司法执法实践中，适当参照少数民族习惯法的有关内容。

国家司法执法机关在司法执法时，要根据少数民族地区实际情

---

① 所谓"社会相当性"阻却违法（或称构成要件该当性）理论，是国外一些刑法学家提出来的，主要是指社会人既然生活在历史形成的既定社会伦理秩序之中，一般而言，人的行为就不可能超出社会生活常规和社会俗常观念容许的范畴。因此，符合这种秩序的行为，不应规制为违法或犯罪行为，应阻却违法。

况，坚持以教育为主、惩办为辅的方针和"两少一宽"（对于少数民族中的犯罪分子要坚持"少捕少杀"，在处理上一般要从宽）的政策。

在具体办案特别在办理刑事案件过程中，要把国家制定法同少数民族习惯法综合起来考虑，适当参照少数民族习惯法。

首先，国家制定法规定为犯罪的行为，而少数民族习惯法不认为是犯罪，且这种行为在民族地区不一定具有严重的社会危害性，不一定带来什么危害后果，那么对这种行为就不宜按犯罪论处。

有些行为，按国家制定法规定为重罪，但习惯法却认为是轻罪的，国家司法执行机关就不必囿于国家法律条文规定，对违法犯罪分子可从轻或减轻处罚。

其次，少数民族的司法执行机关在处理各类纠纷时，要参照当地习惯法的处罚方法，在一定限度内尽量给予经济上的处罚。

（2）我国在司法执行实践中参照少数民族习惯法的具体做法。①

对人命案，凡属新中国成立前发生的，一般是不告不理，一经告发，均应作调解处理。凡在解放后已经处理又继续行凶杀人的，原则上根据当地习惯法给予必要的法律处分。

赔命价，目前不宜骤行废止，保留这种习惯法能避免杀人、伤害案件再度发生。一般的做法是在按照国家制定法处理命案的同时，由法院或政府出面，会同民族、宗教上层人士予以调处。对被害人的损失，以当地中等人家财产的一半为标准进行赔偿。

对于因教派、草原、山林、土地等纠纷而酿成的杀人、伤害案件，由政府出面，邀请当地领导及民族、宗教上层人士协商解决，对致人重伤或死亡者要依国家制定法惩处，对其他参与人员分别情况从宽处理。

---

① 这一部分主要参照了陈光国先生《藏族习惯法与藏区社会主义精神文明建设》（《现代法学》1989 年第 2 期）一文的有关内容，特此声明并致谢。

强奸案件，对被害人已告发，经审理确已构成犯罪的，应追究刑事责任，但量刑可从轻或减轻，一般不判重刑；对未成年的强奸犯，可以不逮捕的就不逮捕，可以不起诉的就不起诉，责令其家长严加管束，或由政府收容教养。

强奸不满 14 岁的幼女的罪犯，一般均应依国家制定法追究刑事责任；奸淫幼女手段残忍恶劣，对幼女身心健康造成极大危害甚至造成其他严重后果的，应按国家制定法依法严惩。由于"戴天头"、"公房制"、"串姑娘"、"放寮"等习惯法，致使一些人同不满 14 岁的幼女发生性行为，一般就不按强奸罪论处。

以前建立的兄弟共妻、姐妹共夫等一妻多夫、一夫多妻家庭，不宜以重婚罪论处。在婚姻法作了补充规定后如再组成这样的家庭，应解除其婚姻关系，重婚的应当无效。但像永宁纳西族这样的地区可作某种特殊对待。

对于因原妻不育或未生男孩子而重婚纳妾的，应进行批评教育，令重婚者脱离关系，只对少数情节恶劣、以强制手段重婚纳妾的依法追究刑事责任。

重申结婚必须登记，离婚必须到国家有关机构办理法律手续。

抢劫、盗窃案件。对这类案件，以前一般采取从宽处理的原则。实行家庭联产承包责任制以后，少数民族地区公民的财产所有权观念有很大变化，因此不应再一律从宽处理。在处理时，要参照习惯法的规定，除判处刑罚外，可以分别并处罚金，没收财产或赔偿损失。

非法拘禁只实施了捆绑、关押或只造成一定财产损失的，按违法行为由公安机关依《治安管理处罚条例》处理；如因非法拘禁的被害人盗窃、拐卖妇女等原因引起的，也可不作处理，只批评教育。

非法拘禁，致使被害人重伤或死亡的，依国家制定法以犯罪论处，处理时除判刑外应适当并处罚金、没收财产。

对反对民族婚姻习惯法而被家庭成员、亲友非法拘禁后果严重的，追究为首者的刑事责任；未造成严重后果经调解后双方达成谅解的则可不作犯罪处理，适当赔偿损失。

对家族、村寨、民族之间械斗而非法拘禁的，如情节恶劣、造成严重后果的，按共同犯罪论处。如后果不太严重则邀集当地政府、民族、宗教人士共同调解处理。

婚姻纠纷、继承纠纷、债务纠纷、相邻纠纷。对这些民事纠纷在坚持国家制定法原则的前提下，参照少数民族习惯法调解处理。

附录一

习惯法研究综述

习惯法（含民间法）已经成为我国法学研究的一个重要领域。根据 2007 年 3 月 16 日对《中国期刊网》的检索，从 1979 年至 2007 年篇名中有"习惯法"的文章有 317 条，篇名中有"民间法"的文章有 105 条；主题中有"习惯法"的文章有 1466 条，主题中有"民间法"的文章有 304 条；关键词中有"习惯法"的文章有 1223 条，关键词中有"民间法"的文章有 288 条。

从 1999 年至 2007 年，主题中有"习惯法"的硕士学位论文有 149 条，主题中有"民间法"的硕士学位论文有 37 条；题名中有"习惯法"的硕士学位论文有 16 条，题名中有"民间法"的硕士学位论文有 12 条；关键词中有"习惯法"的硕士学位论文有 45 条，关键词中有"民间法"的硕士学位论文有 27 条。

从 1999 年至 2007 年，主题中有"习惯法"的博士学位论文有 26 条，主题中有"民间法"的博士学位论文有 4 条；题名中有"习惯法"的博士学位论文有 3 条，题名中有"民间法"的博士学位论文有 1 条；关键词中有"习惯法"的博士学位论文有 8 条，关键词中有

"民间法"的博士学位论文有 1 条。

如果加上"固有法"、"习惯"、"习俗"等同一主题内容的研究，这一领域的成果就更加丰富。

学术界越来越多地关注习惯法，投身于这一研究领域的学者不断增多，研究范围不断扩大。对此进行总结，有助于习惯法研究的不断深入。[①] 本文主要就习惯法研究的兴起背景、习惯法研究的路径、习惯法研究的主题、习惯法的分析框架、习惯法研究的特点、习惯法研究的不足、习惯法研究的深入等进行初步的总结、讨论。由于阅读面有限，可能遗漏重要论著；本文的分析也仅仅是我自己的一些认识和看法。

一　习惯法研究的兴起背景

习惯法研究的兴起，是我国社会的变化和法学研究的逐渐成熟的产物和表现。

20 世纪 80 年代特别是 90 年代以来，我国社会经济、政治、文化有了长足的发展，变化十分明显，社会呈现多元化趋向。我国已进入改革发展的关键时期，经济体制深刻变革，社会结构深刻变动，利益格局深刻调整，思想观念深刻变化。社会治理也相应出现

---

① 关于这方面研究的讨论，李学兰的《中国民间法研究学术报告（2002～2005）》（《山东大学学报（哲学社会科学版）》2006 年第 1 期）通过对民间法研究成果的综述，追溯这一学术研究动向的发生过程，回顾和总结其中主要的学术热点，评述民间法研究的理论发展和学术贡献。张佩国的《乡村纠纷中国家法与民间法的互动——法律史和法律人类学相关研究评述》（《开放时代》2005 年第 2 期），分析了法律史和法律人类学领域的部分学者对于乡村纠纷中国家法与民间法的关系问题的讨论，认为法律史方面，主要是黄宗智、滋贺秀三、寺田浩明、梁治平等学者就清代司法性质和"第三领域"概念所展开的学术争议。法律人类学领域的学者，有的运用国家/社会二元化模式研究了国家法、村规民约和民间法的关系，有的学者运用法律多元的方法论研究了乡村社会的权力与秩序；有的学者更突破了国家法与民间法的二元论，从关系/事件的研究策略解释了乡村纠纷及其解决的法律实践。

了变化，法律在社会生活中的地位不断提高，法律在社会秩序维持中的作用更加突出，人们对法律的期望也越来越大，关注也越来越集中。

随着社会的变化，我国的法学研究也发生了明显的变化。学者们在"百家争鸣"、"百花齐放"精神指引下，不断拓宽研究领域，研究视野逐渐开阔。法学研究在"眼睛向上"、"眼睛向外"的同时开始"眼睛向下"，从社会实际出发，在重视国家法研究的同时，非国家法的功能、地位也逐渐受到关注。①

法学研究逐渐摒弃了"以阶级斗争为纲"的模式，研究主旨从革命、专政、斗争、镇压转到了建设、发展、合作、和谐，更重视从社会、人本身进行学术探讨，意识形态的影响不断减少，学术自主性增强。

对社会现象、法的现象的解释根据更加多样。以往对法律规范进行注释、说明一统天下的法学研究出现了变化。随着交流的增多，西方学术流派和思潮对我国法学研究有比较大的影响和启发。边缘学科的出现、跨学科方法的运用对法学的发展有着积极意义。

因此，20世纪80年代初就有学者对习惯法进行探讨。如倪正茂在《论法律的起源》（《社会科学》1981年第1期）中对"法律起源于奴隶社会"这一长期以来的"定论"进行了重新讨论，认为早在原始社会就存在调整人们之间关系的习惯法，原始社会的习惯法虽带有阶级性但主导地位却是社会性，对"习惯"、"习惯法"以及从习惯到习惯法到成文法的过渡提出了自己新的认识。李景毅的《法本论》

---

① 根据黄才贵的调查，黔东南苗族侗族自治州从江县停洞区信地公社宰兰侗寨的寨门外就立有一块叫"信地新规"的石碑。碑文说："国有律，寨有规。律必守，规必尊。同心同德，国富民安。众人思安，同定如下约规……"这是信地大队全体社员于1980年农历8月25日共同订立的习惯法规，侗语叫biac jiv。根据民族特点订立乡规民约，共同信守，作为国家法律的补充，保持安定团结，促进社会主义"四化"建设，无疑是很有意义的。参见黄才贵《侗族的习惯法》，载《贵州文史丛刊》1982/03。

（《兰州学刊》1980 年第 3 期）也表达了类似看法。①

　　而李廷贵、酒素在《苗族"习惯法"概论》（《贵州社会科学》1981 年第 5 期）中，提出历史上的"千里苗疆"，并不像反动统治者和某些文人所说的那样，是"无伦纪"和"不相统率"的无秩序的社会。他们从苗族的鼓社组织、"理歌理词"和现实生活的一些真迹中，探讨苗族的法理秩序，试图向研究苗族历史文化的专家们提供一点参考资料，希冀这些资料对苗族自治地方的政权机关在制定"单行法规"时有所裨益。他们在《略论苗族古代社会结构的"三根支柱"——鼓社、议榔、理老》（《贵州民族研究》1981 年第 4 期）中更对苗族的社会组织结构和法律制度进行了具体讨论。②

　　此后，有学者发表了《"独养"习俗在布依族婚姻史上的作用》（周国茂，《贵州民族研究》1982 年第 3 期）、《布依族婚姻习惯的调查》（马启忠，《贵州民族研究》1982 年第 3 期）、《藏族地区的行为规范——习惯与习惯法简析》（陈光国，《西藏民族学院学报（哲学社会科学版）》1984 年第 2 期）、《凉山彝族奴隶社会习惯法初探》（张光显，《贵州民族研究》1984 年第 1 期）、《西盟佤族社会习惯法的起源》（宋恩常，《思想战线》1984 年第 6 期）、《从国际条约对第三国的效力看强行法与习惯法的区别》（万鄂湘，《法学评论》1984 年第 3 期）等文章，习惯法研究逐渐兴起。

---

　　①　唐荣智的《对法律起源问题的探讨——兼与倪正茂、李景毅同志关于原始社会有无法律问题的商榷》（《兰州学刊》1982 年第 3 期）提出了不同看法。
　　②　韦启光在《关于苗族的"习惯法"问题——与李廷贵、酒素同志商榷》（《贵州社会科学》1983 年第 2 期）文中提出，李廷贵、酒素的《苗族"习惯法"概论》（《贵州社会科学》1981 年第 5 期）、《略论苗族古代社会结构的"三根支柱"》（《贵州民族研究》1981 年第 4 期）等文，对苗族古代社会的议榔规约、伦理道德、禁忌、习俗等进行了有意义的探讨，提出不少有价值的见解。但是，对于作者把议榔规约等当作苗族的习惯法、法律和"系统的'法典'"的观点，认为是值得商榷的。

二　习惯法研究的路径

我国的习惯法研究的路径大致包括资料整理、翻译介绍、文献分析、田野调查、理论解释、比较研究等方面。

（一）资料整理

许多研究者致力于习惯法基本事实的重述，因此重视对习惯法资料的搜集、整理、总结，如刀永明、刀建民、薛贤的《孟连宣抚司法规》（云南民族出版社 1986 年），广西壮族自治区编辑组编辑的《广西少数民族地区碑文、契约资料集》（广西民族出版社 1987 年），杨锡光、杨锡、吴治德整理译释的《侗款》（岳麓书社 1988 年），安徽省博物馆编的《明清徽州社会经济资料丛编》（第一集，中国社会科学出版社 1988 年），中国社会科学院历史研究所徽州文契整理组的《明清徽州社会经济资料丛编》（第二集，中国社会科学出版社 1990 年），王钰欣、周绍泉的《徽州千年契约文书》（花山文艺出版社 1991 年），黄钰辑点的《瑶族石刻录》（云南民族出版社 1993 年），周润年与喜饶尼玛译注、索朗班觉校的《西藏古代法典选编》（中央民族大学出版社 1994 年），张传玺主编的《中国历代契约会编考释》（上下册，北京大学出版社 1995 年），彭泽益主编的《中国工商行会史料集》（上下册，中华书局 1995 年），前南京国民政府司法行政部编：《民事习惯调查报告录》（中国政法大学出版社 2000 年），施沛生编《中国民事习惯大全》（上海书店出版社 2002 年），费成康主编《中国的家法族规》（上海社会科学院出版社 1998 年），海乃拉莫、曲木约质、刘尧汉编辑了《凉山彝族习惯法案例集成》（云南人民出版社 1998 年），张济民主编的《渊源流近——藏族部落习惯法法规及案例辑录》（青海人民出版社 2002 年）等。

（二）翻译介绍

这方面的成果包括克利福德·吉尔兹《地方性知识：事实与法律德比较透视》（载梁治平编《法律的文化解释》，三联书店 1994 年），千叶正士的《法律多元——从日本法律文化迈向一般理论》（强世功等译，中国政法大学出版社 1997 年），埃德蒙斯·霍贝尔的《初民的法——法的动态比较研究》（周勇译，中国社会科学出版社 1993 年），《原始人的法》（修订译本，严存生译，法律出版社 2006 年）、埃利克森的《无需法律的秩序——邻人如何解决纠纷》（苏力译，中国政法大学出版社 2003 年），马林诺夫斯基的《初民的法律与秩序》（许章润译，《南京大学法律评论》1997 年秋季号～1998 年春季号）等。

（三）文献分析

在进行习惯法研究时，许多研究者对习惯法文献进行分析、探讨，为习惯法研究提供文献线索和依据，如周勇的《法律民族志的方法和问题——1956～1964 年中国少数民族社会历史调查对少数民族固有法的记录评述》（《人类学与西南民族》，云南大学出版社 1998 年），安群英的《中国古代少数民族法律文献概述》［载《西南民族学院学报（哲学社会科学版）》2001 年第 3 期］等。

更多的习惯法研究则依据各种各样的习惯法文献进行分类、归纳、分析，如魏文享的《近代行规法律效力的演变——以 1930 年行规讨论案及"重整行规运动"为中心》（《二十一世纪》2004 年第 8 期）以 1930 年行规讨论案及"重整行规运动"为中心，较详细地描述了民国时期国家给行规赋予法律合法性的努力以及由此引起的一些后果，指出"重整行规运动"在一定程度上改变了行规作为因循守旧的习惯的不良形象，使之向成文化、科学化、合理化的方向发展，是有其积极意义的。李力教授的博士论文《清代民间契约中的法律——民事习惯法视角下的理论建构》（《金陵法律评论》2005 年第 2 期）以契约等为基础写成，于 2005 年被评为全国百篇优秀博士论文。

（四）田野调查

积极进行田野调查，获取第一手材料，这是习惯法研究者较为重视的研究路径。如赵崇南的《从江县孔明公社苗族习惯法、乡规民约调查》（《贵州民族研究》1984 第 1 期）等。在田野调查的基础上，杨怀英等出版了《滇西南边疆少数民族婚姻家庭制度与法的研究》（法律出版社 1988 年）和《凉山彝族奴隶社会法律制度研究》（四川民族出版社 1994 年）。

1994 年 7、8 月间，西南政法学院组成了一支为数 13 人的《羌族习惯法》调查队，深入羌族聚居区，走访了一府（四川省阿坝藏族羌族自治州州府马尔康）四县（理县、汶川县、茂县、北川县），6 个羌族聚居乡，33 个羌村、41 个羌寨，召开中小型座谈会 8 次，探访羌族家庭 271 户，重点专访 90 人，对象有全国人大代表、全国政协委员、教师、干部、端公及其他各行业的羌民，取得图书文献资料 80 余册计数千万字，原始碑刻资料 9 份，原始契约 35 份，查阅档案 170 多卷，复印档案资料 60 余万字，整理原始资料卡片 1171 份计 40 余万字。（参见俞荣根主编：《羌族习惯法》，重庆出版社 2000 年）

值得一提的是，2000 年 1～2 月云南大学组织了对云南省 25 个民族村寨的较大规模的调查，其中习惯法是调查的重要方面。王启梁、张晓辉的《民间法的变迁与作用——云南 25 个少数民族村寨的民间法分析》（《现代法学》2001 年第 5 期）是 25 个调查组关于民间法的调查的总结，表现了 20 世纪 50 年代以来一个个微观社会（村寨）中民间法的产生、运行和变迁的情况。2003 年 7～8 月云南大学组织了对全国 32 个少数民族村寨的调查，习惯法仍然是调查的重要方面。

（五）理论解释

习惯法的研究者致力于对各种习惯法现象进行说明、理论分析，如郭宇宽的《大山深处的民间社会——对黔东南侗乡自治传统和寨老制度复苏的田野考察》（《南风窗》2004 年第 15 期），从民间社会与国家社会角度进行讨论。

卢建平、莫晓宇的《刑事政策体系中的民间社会与官方（国家）——一种基于治理理论的场域界分考察》（《法律科学》2006 年第 5 期）以治理理论进行分析。治理理论是当今世界上颇具代表性的新型国家——社会关系架构和公共事务管理模式，也是认识刑事政策体系中民间社会与官方（国家）在犯罪抗制场域界分时的重要分析工具。运用这一工具可以看出，民间社会与官方（国家）在刑事政策体系中存在着专治与共治领域的治理分工。其中，专治领域是国家保有的专属犯罪抗制场域，共治领域则是官方（国家）与民间社会合作抗制犯罪的开放空间。同时，在共治领域中，官方（国家）与民间社会应形成协同支持、国家主导的伙伴关系。

回族伊斯兰习惯法以回族社会为基础，有其功能发生的根据，但由于回族伊斯兰习惯法处于国家法的规范和约束之下，从文化的角度看，它处于一种非主流文化状态。杨经德在《回族伊斯兰习惯法的功能》（《回族研究》2003 年第 2 期）中指出，回族伊斯兰习惯法功能主要包括两个方面内容：一为规范功能，包括心理调适、行为导向、民族凝聚、秩序稳定、文化传承等功能；一为公共功能，主要表现在政治、经济、宗教、道德、法治等领域。在现实条件下，回族伊斯兰习惯法功能中的反功能和非功能或不发生作用，或影响无足轻重。他的这一研究，比较明显地运用了功能主义理论。

（六）比较研究

为数不多的学者介绍外国的习惯法，进行习惯法、习惯法研究的比较探讨，如王全弟、陈建宏、高贤升对中韩两国三地典权制度进行了比较研究［《典权制度比较研究》，载《复旦学报（社会科学版）》2003年第3期］。民法典的编纂，为中国新时代的历史任务，其中尤以典权制度最具中国传统特色，如何有效融入现今民法体系，并合理保留其原有概念，向来为学者间争议之焦点。就此，他们为全面深入探索中国典权之存在价值及真意，藉由中韩两国三地典权制度相互比较方式，剖析典权的意义、法律性质、取得、期限，效力、消灭、社会功能及现状等方面，总结推论出真正适合中国内地国情的典权制度。

胡平仁的《宪政语境下的习惯法与地方自治——"萨摩亚方式"的法社会学研究》（法律出版社2005年），对南太平洋岛国萨摩亚的习惯法进行了分析。而施蔚然的《中世纪法国习惯法学评介》［《昆明理工大学学报（社会科学版)》2001年第3期］，试图通过对12～18世纪法国习惯法学从形成到深入发展的全部历程的研讨获得启示。

三　习惯法研究的主题

我国习惯法研究的主题比较广泛，主要涉及习惯法理论、习惯法规范、习惯法传承、习惯法与国家法等方面。

（一）习惯法理论

除了民间社会、公民社会、市民社会等方面的探讨之外，习惯法理论的研究包括习惯、习惯法含义、特点、功能等。

1. 民间社会、公民社会、市民社会

关于 civil society，周国文（《"公民社会" 概念溯源及研究述

评》,《哲学动态》2006 年第 3 期)认为在当代学术语境中一般意义上被译为"公民社会",在近现代西方历史条件下其长期也被译为"市民社会"。在他看来,civil society 译名的不同表达,代表了国内外不同学者对这个词的不同理解,从政治权利的层面偏好"公民社会"用法,从经济生活的层面偏好"市民社会"用法。

而梁治平则试图从一种解释的立场重新考虑中国的"civil society"问题[《"民间"、"民间社会"和 CIVIL SOCIETY——CIVIL SOCIETY 概念再检讨》,《云南大学学报(社会科学版)》2003 年第 1 期]。中国"civil society"之出现或者重现将被置于一个有着悠久传统的本土背景之下,并被从社会行动者主观的方面来理解。然而,这种研究立场的转变并不意味着简单地拒绝考虑和使用"civil society"概念,毋宁说,它要求以更恰当更有效的方式来运用这一概念。学者们已经注意并且区分了"civil society"概念的不同用法,其中,"描述性的"和"规范性的"是两种最基本的区分。不过在本文中,"civil society"将首先被看成是一种"对照性的"的概念,而且除非这一概念的"对照性"用法已被充分地了解和运用,否则要在中国语境中恰当地展示其分析性和规范性意义几乎是不可能的。梁治平强调历史记忆以及在理解和建构社会现实过程中行动者认知和想象的重要性,同时也从社会变迁角度指出诸如"民间"这类本土概念的局限性,认为"民间"的传统终须被超越,而像 civility 这类 civil society 的组成要素在未来建构一种健康的国家与社会关系的过程中将具有建设性的意义。①

2. 习惯、习俗

关于习俗,韦森的《习俗的本质与生发机制探源》(《中国社会科学》2000 年第 5 期)值得关注。他认为习俗作为一种"自发社会

---

① 更集中的讨论可见邓正来、亚历山大编《国家与市民社会:一种社会理论的研究路径》(中央编译出版社 2002 年 1 月版)。

秩序"，其对象性即是在人们的社会活动和交往中所呈现出来的诸多"原子事态"中的同一性，一种演进博弈论者所理解的"演进博弈均衡"。它不但在现代市场经济形成之前的习俗经济中是维系社会稳定的纽带，也是现代发达市场经济的运行基础。他同时指出，尽管80年代中后期以来西方一些学者从演进博弈论的分析理路对习俗的生发机制作了非常富有成效的理论探索，但在对习俗生发与型构的原因与机理的认识上，仍有人们理性不及的诸多因素

3. 习惯法、民间法、固有法

范宏贵的《少数民族习惯法》（吉林教育出版社1990年，第1～4页）为较早讨论习惯法各种定义的著作。

王凡在《习惯、习惯法、民间法、国家法的区别与联系、冲突与融合》（《成都教育学院学报》2005年第5期）文中指出，习惯、习惯法、民间法和国家法是研究中国法治本土化的不可回避的话题，在学术界对这几个概念也反复使用，他对如何使用这几个概念才最为恰当，并且避免对几个概念的误用的探讨，可以帮助研究者更清晰地研究中国传统的法律文化。

何勤华认为（《清代法律渊源考》，《中国社会科学》2001年第2期）在国内学术界，对习惯法作出明确界定的比较有代表性的学者还有高其才和梁治平。前者在《中国习惯法论》（湖南出版社1995年）中指出："习惯法是独立于国家制定法之外，依据某种社会权威和社会组织，具有一定的强制性的行为规范的总和。"后者在《清代习惯法：社会与国家》（中国政法大学出版社1996年）一书中指出："习惯法乃是由乡民长期生活与劳作过程中逐渐形成的一套地方性规范；它被用来分配乡民之间的权利、义务，调整和解决他们之间的利益冲突；习惯法并未形诸文字，但并不因此而缺乏效力和确定性，它被在一套关系网络中实施，其效力来源于乡民对此种'地方性知识'的熟悉和信赖，并且主要靠一套与'特殊主义的关系结构'有关的舆论机

制来维护。"在他看来，高其才的定义与本文引用的《法学辞典》和《牛津法律指南》的大体一致，只是将国家强制力改为"社会权威和社会组织"的强制力，这在社会学上是说得通的。而梁治平的定义将习惯法视为民间法的一部分，是一种地方性的知识，是富有启发性的；但该定义的最大问题是未能分清习惯与习惯法的差异。如果我们在梁治平的定义中，将"习惯法"一词改为"习惯"也是完全说得通的。他认为，习惯与习惯法的区别主要还是在于后者获得了国家强制力（从法学角度）或社会公共权力机关的强制力（从社会学角度）的认可和支持。因此，他进一步认为，习惯法作为一种法律渊源，它在形式上虽有独立的形态，但是实质上却无独立之地位——当它被国家立法机关认可时，它就成了国家制定法的一部分（如德国民法典第151、157条），当它被国家司法机关认可时，它就成为判例法的组成部分（如英国的普通法）。由此，何勤华对将一国的法律分为民间法和国家法也持不同看法。何勤华认为，从以上说明中我们可以得知，习惯法的核心有三个要素：一是虽未成文，但已具有规范的形态（或习惯、或惯例、或习俗）；二是在大部分地区通行并被人们所公认；三是具有国家强制力。由于习惯法是西方法律文化中的用语，中国古代并无此概念。因此，学术界对中国古代有无习惯法、习惯法是否为审判机关适用的法律渊源也展开了激烈的争论。

日本学者滋贺秀三强调习惯法本质上是"虽然不成文但在内容上比较确定并能够得到实定化的具体规范"，[①] 它或者由当事人在法庭上举证说明，或者被编纂成习惯法典籍。而在中国古代，由于没有这样一种使习惯法获得"实定性的机制"，故中国古代没有习惯法。他指出，抱着寻找上述含义的习惯法的目的，他曾"对史料进行了检索，但结果是从当地民间风习中找出法学上称为'习惯法'即具有一般拘

---

① 参见〔日〕滋贺秀三《清代中国的法和裁判》，日本创文社，1984，第354页。

束力含义的社会规范，并明确地基于该规范作出裁判的案例，实际上连一件都未能发现"。① 与其相对，国内学者如梁治平、苏亦工等都认为中国古代存在习惯法，并且是一种重要的法律渊源。②

王青林认为，对民间法特征及民间法基本概念进行分析是探讨民间法其他问题的前提。从外在特征看，民间法普遍存在；从历史维度看，民间法是客观的。同时由于民间法主体存在差异，民间法又是独特的和自足的。民间法和习惯法不同，但是民间法有习惯性；民间法与国家法不同，但是也具有国家法某些特征。民间法是独立于国家法和习惯法之外，自发形成的并有社会权威管理和约束的，总结某些习惯性规范并内含有统一权利义务观念的行为规范。民间法是介于国家法和习惯法之间的一种类法律规范。（《民间法基本概念问题探析》，载《上海师范大学学报（哲学社会科学版）》2003 年第 3 期）

王启梁也同意概念是进行科学研究的基本分析工具，同时具有促进和制约研究的辩证属性，因此需要对概念进行反思。他在《习惯法/民间法研究范式的批判性理解——兼论社会控制概念在法学研究中的运用可能》（《现代法学》2006 年第 5 期）中指出，"习惯法"、"民间法"这两个概念对于挑战和批判"法律中心主义"具有重要学术贡献。但是"习惯法"、"民间法"概念定义过于宽泛，使其作为一种研究范式不能很好地对不同性质和不同运作方式的规范进行必要的区分，从而导致这种研究范式具有局限性。在法学研究中，可以尝试用"社会控制"概念来弥补习惯法/民间法研究范式的不足。

4. 特征

一般而言，习惯法具有朴实、简洁、方便的特点。陈金全在《试论中国少数民族习惯法的性质与特征——以西南少数民族习惯法为中

---

① 参见〔日〕滋贺秀三：《清代中国的法和裁判》，日本创文社，1984，第 329 页。
② 参见梁治平《清代习惯法：社会与国家》，中国政法大学出版社，1996，第 37 页；苏亦工《明清律典与条例》，中国政法大学出版社，2000，第 51 页。

心的分析》（《贵州民族研究》2005 年第 4 期）文中，运用历史唯物主义观点和法律人类学方法，结合田野工作的经验与感受，对中国少数民族习惯法的特性作了深入浅出的分析。他着重强调指出民族习惯法所具有的社会性、乡土性、伦理性、民主性等特征，这对中国的法治建设特别是西部民族地区法制完善具有理论价值和实践意义。而范利平的《凉山彝族有关女性问题习惯法的特点》（《现代法学》1991年第 2 期）讨论了具体领域习惯法的特点。

5. 法源

李可在《论习惯法的法源地位》［《山东大学学报（哲学社会科学版)》2005 年第 6 期］一文中，认为法源在原始含义、基本构成等方面不排斥习惯法成为一国法制的渊源。从制度史上看，习惯法始终是人类法制上一个生动的渊源。习惯法在当代各国法制上也占有重要地位。无论从理论还是从规范上分析，习惯法在我国法制上均至少应占据次位法源的地位。

杜宇则专就刑法领域中习惯法的渊源地位问题进行讨论。他在《作为间接法源的习惯法——刑法视域下习惯法立法机能之开辟》（《现代法学》2004 年第 6 期）中提出，罪刑法定原则仿佛是套在习惯法头上的一个法箍，对刑法领域中习惯法的机能释放，施加着巨大的压制性作用。然而，正是在对主流理论"罪刑法定排斥习惯法"这一论断的正本清源之中，隐含着挖掘和开辟习惯法机能的深刻契机。在这一进路指引下，他对习惯法在刑法领域的功能予以拓展进行了初步努力，着重分析习惯法在刑事立法领域的机能。在必要性与可能性的分析框架内，他对习惯法作为刑事立法的间接法源的功能予以了初步考察，并进一步以刑事和解制度为切入点，例证和说明了习惯法之于刑事立法的重要渊源式价值。

6. 功能、作用

吴大华的《论民族习惯法的渊源、价值与传承——以苗族、侗族习惯法为例》（《民族研究》2005 年第 6 期）认为，民族习惯法是民族地区适用的民间法，内容丰富但形式上因民族而异，刑事习惯法占据重要内容。民族习惯法具有裁判、教育、调整价值，应当整合三种价值，传承民族习惯法之积极因素，构建新的民族法律文化，推进民族地区法治。

通过实地考察，徐晓光从法人类学视角，对贵州苗族村寨现今还存在的"罚 3 个 100"等惩罚习惯进行分析。他在《从苗族"罚 3 个 100"等看习惯法在村寨社会的功能》（《贵州民族研究》2005 年第 1 期）中指出，这种惩罚形式与集体聚餐的联系及在这一活动和仪式过程中所体现的习惯法的惩罚、警诫、教育、宣泄、娱乐等社会功能。

在陈新建、李洪欣看来，壮族传统习惯法作为一种强制性的行为规范，是壮族社会成员共同意志和利益的反映，是人们在长期的共同劳动和生活中逐渐形成的。壮族传统习惯法在维护民族利益、调整社会秩序、调整婚姻关系、保障民族繁衍、规范生产活动、保护生态环境、促进社会发展、传承民族文化方面起着积极作用，具有不可忽视的社会功能。（《试论壮族传统习惯法的社会功能》，《桂海论丛》2003 年第 3 期）

有学者专门讨论习惯法在生态保护中的作用。如余贵忠的《少数民族习惯法在森林环境保护中的作用——以贵州苗族侗族风俗习惯为例》（《贵州大学学报（社会科学版）》2006 年第 5 期）。贵州是一个山川秀丽、少数民族众多的内陆山区省，境内至今仍保留有许多原始森林，有"天然公园"之美称。而这些原始森林能得以保存却得力于当地的一些少数民族习惯，这是不争的事实。他认为，尽管现代社会制定了许多生态环境保护性法律法规，但从保持生态环境的原始性、社会经济发展的地域性、人类社会的人本性、人的意识无限性和认识能力的有限性来看，充满现代元素的国家制定法无法完全达到使这些地区的生态环境持续发展的目的，而习惯法却能发挥功效，这亦为少数民族地区生态环境发展历史所验证。白兴发在《少数民族传统习惯法规范与生态保护》[《青海民族学院学报（社会科学版）》2005 年第 1 期] 中也根据我国少数民族的传统文化资料，重点阐述了少数民族传统习惯法规范与生态保护的关系，并依据传统经济生产、宗教信仰和民风民俗所反映的生态保护事例加以说明。

杜宇认为，习惯法在刑法领域中，具有贯穿刑事立法与刑事司法之 "横截式" 作用与机能。他的《作为超法规违法阻却事由的习惯法——刑法视域下习惯法违法性判断机能之开辟》（《法律科学 - 西北政法学院学报》2005 年第 6 期）一文的理论目标正在于，开辟和释放习惯法在违法性判断阶段之重要功能。在他看来，习惯法完全可以作为超法规的违法阻却事由发挥作用，法官可以习惯法上之正当性，排除行为之实质违法性。这不但不与罪刑法定原则相违背，而且有利于保障被告人人权；不仅有利于以收缩的实质理性对抗扩张的形式理性，而且也应和了 "社会相当性理论" 和 "社会危害性理论"——这一违法阻却事由的一般基础和实质违法性判断之根本标准。甚至，习惯法的引入，还将有力地深化和拓展我们对于 "社会相当性" 与 "社会危害性" 这一范畴的横向理解和空间理解。

7. 存在形态、传承方式

日本学者滋贺秀三在考察清代习惯法的论文中提出了习惯法存在的三种形态：（1）以成文形式汇编的习惯；（2）在判决中被实际引用的民间法彦；（3）被审判所确认的、公认的惯例。（〔日〕滋贺秀三：《清代诉讼制度之民事法源的考察——作为法源的习惯》，王亚新译，载王亚新、梁治平编：《明清时期的民事审判与民间契约》，法律出版社 1998 年，第 54 ~ 96 页）。

历史上，藏族部落习惯法作为制约部落成员社会行为的规范，曾长期存在于藏区社会，并产生了十分深远的影响。杨士宏在《藏族部落习惯法传承方式述略》（《青海民族学院学报（社会科学版）》2004

年第 1 期）一文中，对藏族部落习惯法的传承方式作了分析。他认为格言、谚语、寓言故事和史诗是其主要的四种传承方式。

8. 其他方面

关于习惯法与法的起源，秋浦的《关于法的起源问题——少数民族现实生活中的"活化石"与法的渊源关系》（《贵州民族研究》1992 年第 2 期）提出禁忌为法的源头、习惯法为法的雏形等看法。

关于习惯权利，孙育玮等进行了专门讨论（钱福臣、孙育玮：《对法定权利义务与习惯权利义务的几点思考》，载《求是学刊》1988 年第 6 期；孙育玮：《应重视对"习惯权利"问题的研究》，载《求是学刊》1992 第 5 期）。而刘强、孙启亮则对习惯权利进行了当代思考（《对习惯权利的当代思考》，《北京政法职业学院学报》2006 年第 4 期）。

（二）习惯法规范

习惯法规范方面的研究内容较为丰富，包括中国古代社会的习惯法，中国近代社会的习惯法、宗族习惯法、商事习惯法、少数民族习惯法、外国习惯法、国际习惯法等。

1. 中国古代社会的习惯法

习惯法、民间法在我国古代社会生活中起着不可替代的甚至比国家法更为重要的作用。张敏在《中国古代民间法简论》［《五邑大学学报（社会科学版）》2006 年第 2 期］中提出，"民间法"所调整的主要是具有强烈"地方性知识"和民间色彩的社会关系。民间法在所规范的内容和对象、执行方式、发展趋势、形成方式等方面具有自身的显著特点。

村规民约作为中国传统文化的重要组成部分，在我国历史上源远流长。张广修在《村规民约的历史演变》［《洛阳工学院学报（社会科学版）》2000 年第 2 期］中指出，历史上的村规民约发轫于宋，推行于明清，清朝中期渐趋成熟，清末民初曾在一些地区盛极一时。它们均以封建宗法礼教为指导思想，以劝善惩恶、广教化而厚风俗为己任，以稳固乡村社会秩序为目的，由乡民自行制定，共同遵守，并在执行上组织化、制度化，民国初期的村规民约还反映出"自治"思想的萌芽。由于历代的推崇，村规民约不断发展完善，成为民族文化的重要组成部分，为我们今天进行的现代村规民约建设提供了不可多得的文化渊源和历史借鉴。卞利在《明清徽州乡（村）规民约论纲》（《中国农史》2004 年第 4 期）中认为，明清时期徽州的乡（村）规民约，作为某一特定乡村地域范围内，由一定组织、人群共同商议制定的某一共同地域组织或人群在一定时间内共同遵守的自我管理、自我服务、自我约束的共同规则，其内容极其丰富，类型异常繁多，地域特色十分鲜明。这些乡（村）规民约事实上就是明清时期徽州乡村社会的习惯法。它起到了维持徽州乡村社会既定秩序、维系国家与乡村社会的联系，进而维护乡村社会稳定的重要作用。

中国古代社会的习惯法研究主要集中在清代。张晋藩的《清代民法综论》（中国政法大学出版社 1998 年）讨论了入关后传统习惯法在民事法律中的地位、民事习惯法的主要类别，指出家法、族规是最具特色的民事习惯法，并分析了各种民事法律渊源的相互关系及其适用。另外，永佃权、典权、契约、婚姻、家庭与继承、侵权及损害赔偿之债等也涉及习惯法。

李力的博士学位论文《清代民间契约中的法律——民事习惯法视角下的理论构建》（中国人民大学 2003 年）试图以清代民间契约为研究的时空切入点和对象切入点，试图尽可能地置身于清代民间契约的语境之中去理解文本制造者对于权利所作的表达，以及其用以表达的概念的确切含义。尽管深入的研究需要在清代的表达与西方的语境之间进行比较，但西方的概念体系和权利体系不是成为一种先在的阅读工具和评价尺度，而仅仅被看作是表示我国清代民事权利体系和概念体系独立存在的参照物，以及对其作现代阐释时的语言转换物。

基于这种研究方法，他试图构建存在于清代民间社会中的民事习惯法的权利体系和概念体系，并且寻求这一体系内部的协调一致，以及其与官方成文法之间的协调。通过这一研究来较为确切地认识清代社会中广泛存在于民间的民事习惯和习惯法，并且从法律运作的整体构架来把握中国古代法律制度和法律秩序的实际状况，更好地把握我国古代法律制度发展的历史和规律，更好地把握中国古代法的传统，为进一步研究这种传统的现代转化提供坚实的基础。文章通过对一系列具有典型意义的民间契约的分析，较为深入地探讨了"业"、"卖"、"伙"、"保"等清代民事习惯法的基本概念的内涵，并通过将其与现代民法中的相近概念的比较，进一步把握清代民事习惯法的权利体系，并且探讨了清代民事习惯法所包含的文化学意义。

何勤华在研读《刑案汇览》、《驳案新编》、《汝东判语》、《吴中判牍》、《樊山判牍》、《徐雨峰中丞勘语》等一批有代表性的清代判例汇编的基础上，对清代司法实践中适用的法律渊源进行了系统考察（《清代法律渊源考》，载《中国社会科学》2001 年第 2 期）。他认为，在清代，不仅《大清律例》等国家正式法典在法院审判活动中是得到严格遵守的，而且成案、习惯法、情理、律学著作等也是司法官判案的重要依据。清代法律渊源的表现形式尽管是多元的，但在适用时，多元的法律渊源又被锤炼成一元的规则体系，以维护统一的社会秩序。清代各级审判机关在审理案件时都比较认真仔细，这是清代司法运作的主流；草率马虎、滥杀无辜的现象确实存在，但它不代表法律适用的整体状况。

他进一步指出，在清代的民事审判中适用习惯法的判例还是随处可见的：在《樊山判牍》卷二"批雷昌五禀词"、"批郝克栋呈词"，卷三"批杨春显呈词"、"批雷邢氏呈词"，卷四"批蔺积玉呈词"等案件中，樊增祥都是以"欠债还钱"、"父债子还"等民间习惯作为立案的根据。《徐雨峰中丞勘语》中也记载了一些适用习惯法的判例，如在卷三"张言万、张含万占弟妇租谷案"中，就将民间习惯和法律精神混合在一起适用。张眉无子，有三女，有庄田六处，妻江氏。立大哥张言万次子张永彪为嗣子。张眉去世前立下遗嘱，将庄田三处分别分给三个女儿，其余的则全部给了嗣子。大哥张言万、二哥张含万心中不快，在遗嘱上不肯签字画押。及张眉去世，就霸占了这些庄田及谷物。江氏等起诉后，中丞徐士林判曰："江氏所有之产，悉照遗嘱议单管业，张永彪仍归江氏为子，毋得听唆忤逆。其江氏有无应偿言万、含万之债，著户尊张卧南、张克家等秉公清算……永彪既为眉子，父债子还，应听其自便。"此案中，照遗嘱断案、保护女子的继承权以及女儿与嗣子对分遗产、"父债子还"等虽在一定程度上体现了《大清律例》的精神，但其做法则都是民间的习惯。徐士林在此案中，通过适用习惯法，比较好地处理了这一起遗产争讼案件。此外，在《徐雨峰中丞勘语》卷四"沈瑞告赵威"一案中，徐士林适用了"凡买卖田产，或先出典于他人，立契成交之时未能当下取赎，即于卖价内扣除典价，议令买主措备取赎，价清则买主执业，价未清则仍典主执业，两不相碍"的习惯。应当说，由于我们现在所能看到的判例文献只是清代民事审判记录中很小的一部分，因此，在清代民事审判中适用习惯法的例子肯定要更多一些。启动于清末、完成于民国初年的《民商事习惯调查报告录》曾收录了各地丰富的民商事习惯，这些习惯虽然未必全部为国家认可，但确有不少被审判机关所采纳而成为习惯法。

眭鸿明教授的《清末民初民商事习惯调查之研究》（法律出版社2006年）一书解析了清末民初这两次调查运动的主客观动因及其价值取向，考察了清末民初传统习惯存在的社会机理等相关问题，是国内第一本系统研究这方面课题的论著。

学者们还对中国古代的永佃、典权等颇具特色的习惯法制度进行了研究。在永佃研究方面，邓勇认为永佃对我国民事法律的发展产生过重大影响，而它对国人法律观念的潜在影响则绵延不绝，依旧可以从日常生活中看出其表现。他提出永佃萌芽于两宋，明清时期发展到顶峰，其产生发展的途径多样，特色鲜明，具有重大的历史意义和法文化上的深层原因（《中国古代永佃制度及其法文化分析》，载《长白学刊》2002 年第 3 期）。而周子良对中外永佃权的历史作了粗略的梳理，以期辨正学界对永佃权某些方面的误解以此为据，进而阐明永佃权的当代价值（《永佃权的历史考察及其当代价值》，载《现代法学》2002 年第 2 期）。他认为，在考察中国和国外法律史的过程中，采用可靠的史料是重要的，而使用该国文化中特定的语言系统又是必需的。中国古代存在永佃制，但绝没有永佃权；中国的永佃制萌芽于隋唐而非秦汉或北宋（英宗）；永佃权虽然生成于私有制的土壤，但对我国物权法中的农地立法，仍有借鉴的价值。音正权的《明清"永佃"：一种习惯法视野下的土地秩序》（《华东政法学院学报》2000 第 2 期）一文，从习惯法的角度考察永佃制的历史沿革、内部权力结构、产生途径，认为产生的内在根源一是利益冲突的结果，二是追求安全或稳定的结果。

在典权研究方面，张秀芹、陈建伟对我国典权制度的演变进行了分析（《论我国典权制度的历史变迁》，载《苏州市职业大学学报》2004 年第 1 期）。他们认为，在中国民法史上，典权制度经历了一个曲折的过程：最初，典权制度以习惯法的形式存在于民间；清代，典权制度散见于大清律例、户部则例中；清末修律时，"一草"对它只字未提；民初，"二草"将典权制度列为专章，但与不动产质权相含混；"民国民法典"对典权制度进一步完善；新中国成立后，典权制度再次成为习惯法。

此外，王德庆的《清代土地买卖中的"除留"习惯——以陕西紫阳契约与诉讼为例》（《唐都学刊》2006 年第 2 期）对广泛存在于陕南土地交易中的"除留"习惯进行了讨论。作者指出，在契约中对土地上的各项财产进行详细说明，有利于加强交易的确定性，减少纠纷的发生。而坟地的除留更具有典型意义，按照物权法的观点，其性质当为地役权的特殊形式。坟禁地役权可以通过契约附带设定、专门买卖或赠送以及官方裁决间接获得三种途径，其取消亦有相应的形式。清朝法律对坟禁有保护性的规定，而土地契约是其中较为重要的一环。尽管"除留坟禁"的习惯已较为成熟，但是由于宗族势力的干涉、地方官员的判案、户籍制度的管理以及土著客民间的矛盾等都会影响到该习惯的施行、发展、完善，故而仍然难以从根本上杜绝"坟山告争"。

李显冬在《中国古代民事法律调整的独到之处》（《晋阳学刊》2005 年第 5 期）提出，近年来法律史研究中对中国古代有无民法的考证，都肯定中国固有民法强调禁与罚而非正面地肯定权利，其通过对公权力的规定相对界定出私权活动范围；古代法典是在实定性的私法体系外设想和构筑民事法律秩序的，正律正典仅仅是一种作为民事活动底线的最基本的要求；既然中国古代调整商品交换关系的大量的行为规则和裁判规则的存在不容置疑，那么，以成文法为表现形式的民法的直接渊源之外的民法的间接渊源，是理解中国固有民法的关键，从广义的实质意义上的法律渊源多元结构的角度，不但可以发现中国古代固有民法的实在体系，而且能够概括出其特有的调整模式。

2. 中国近代社会的习惯法

传统中国社会中一直没有成文的、专门的民法典。中国民法近代化的工程开始于清朝末年。根据当时的内外局势，清政府要迅速制定民法典，必须向外国学习。随之而来的就是这样一个问题：学习、借鉴外国法律而成的新民律能不能做到"中外通行，有裨治理"？怎样才能做到这一点？修订法律大臣们提出，如果想要使制定出来的民法能够通行无碍，则必须尽可能详细地了解"人情风俗"。此后即开始了我国历史上第一次大规模的民事习惯调查活动。为了全面深入地掌握人民生活中存在的民事习惯，当时的政府先后主持开展了数次民事习惯调查。但是，认识到了问题不等于解决了问题。民事习惯的重要性是否得到了充分肯定和体现，民事习惯与民事立法之间的关系如何，民事习惯调查对于民事立法是否产生过影响，民法典究竟在多大程度上吸收和借鉴了民事习惯，写进民法典的习惯在司法实践中是否有所应用，习惯对于民法典的发展变化过程是否有影响等等这一系列问题，仍有待于进一步探讨。中国政法大学 2004 年苗鸣宇的博士学位论文《民法典的活力之源——习惯在民法法典化中的作用》，以民事习惯、民事习惯调查和中国近代民法法典化过程为研究对象，以期全面梳理清末民初的民事习惯，重新审视民事习惯调查的作用与历史意义，重新审视民事习惯与民法典的关系，正确评估其利用价值。潘宇、李新田的《民国间民事习惯调查中所见的中人与保人研究》（《法制与社会发展》2000 年第 6 期）也是利用这一材料的成果。刘国强的《论 20 世纪前期的民事习惯入律绩效问题》（《南阳师范学院学报》2006 年第 7 期）提出，20 世纪前期是我国法制近代化的初始阶段，作为法制建设重要一环的民法在大规模借鉴西方的同时，也开始了以习惯入律为基本途径、以增强民法社会适应性为主要目标的法律本土化探索运动。尽管在此过程中还存在着不少缺陷，但该时期重视对传统习惯的吸收和采纳的立法思路对当前我国民法典的建设仍具有相当的借鉴意义。

以大部分来自《中国民事习惯大全》的材料为基础，赵晓力讨论中国近代农村土地交易中的契约、习惯与国家法。在文章中，他描述土改前土地交易的社会经济背景：村级土地市场；讨论了土地交易的整个过程；介绍了中国南方一些省份所特有的一种土地产权现象"一田两主"及其交易习惯；讨论了土地交易中民间契约和习惯结成的非正式制度与前现代之国家法以及法制近代化以后国家法的关系。（《中国近代农村土地交易中的契约、习惯和国家法》，载《北大法律评论》第 1 卷第 2 辑，法律出版社 1999 年）。

3. 宗族习惯法

宗族在我国有悠久的历史，影响深远。刘广安的《论明清的家法族规》（《中国法学》1988 年第 1 期）通过对明清家法族规与封建国家制定法之间的内在联系的剖析，说明作为民间习惯法的主要组成部分的家法族规在调整封建社会关系中的重要作用和深远的历史影响，以及研究家法族规的学术意义和现实意义。他论证了家法族规的性质问题、效力问题，并涉及传统社会的民间自治问题、传统法律体系的构成问题、传统民法的存在实态问题。

仲伟行的《中国的家法族规与家族藏书》（《图书情报知识》2005 年第 5 期）从家法族规的产生及其读书教化影响，观照私家藏书中家族藏书的特点，揭示了家法族规在家族藏书发展过程中的催化、促进、稳定和保障作用。

宗谱家法是谱牒的重要内容，它是宗族社会的民间法规行为，是宗族成员行动的规范，对宗族成员的行为起约束作用。关传友的《论明清时期宗谱家法中植树护林的行为》（《中国历史地理论丛》2002 年第 4 期）一文指出，提倡植树护林的绿化行为是宗谱家法的内容之一，主要体现在三方面：（1）体现了古代宗族追求林木绿化景观的景观生态思想的行为；（2）体现了古代人提倡植树的绿化行为；（3）体现了古代人禁止毁林的护林行为。他认为风水意识的风靡盛行是古代宗族族规家法中提倡植树护林的根本原因；山林的宗族经营是产生宗族植树护林行为的重要原因。

徽州现存大量的宗族"族会"文书中，有许多关于其会社产业的处置文书，从其产业的处置过程、交易方式及族会产业经营状况等方面的记载，大体上可以看出传统中国农村中宗族会社组织的产业经营活动及其经营性质、产业走向，已具备近代企业经营的要素。正因为如此，对于徽州契约文书中"族会"产权关系问题的研究，对于今天深入认识传统中国农村社会的解体、转型过程中会社产业结构的演变及其与"法"的关系诸问题，提供了较为翔实的依据。刘淼的《中国传统社会的资产运作形态——关于徽州宗族"族会"的会产处置》（《中国社会经济史研究》2002年第2期）从产权关系形成的"法"的角度，重点分析宗族族会产权关系的形成过程及其基本制度，并集中讨论不同族会产业的处置程序、基本制度及由之而形成的社会经济关系等问题。

在中国，家族是以男性为主导的血缘承继的集合体。家法族规是家族中的男性强势群体统治女性弱势群体的一把利器，它的出现从这一角度讲，是弱势群体女性的悲剧。把女性放置在家法族规这一视域下，用角色理论来解读，可以看到女性的生存境遇。彭栓红的《女性：家法族规下的弱势群体》［《太原师范学院学报（社会科学版）》2006年第3期］作了有益的探索。

4. 商事习惯法

在商事习惯法研究方面，孙丽娟的《清代商业社会的规则与秩序——从碑刻资料解读清代中国商事习惯法》（中国社会科学出版社2005年）值得重视。本书从商事登记制度、商号招牌制度、商业账簿制度、牙行制度、收徒制度、会馆与公所资产制度等方面来系统地研究清代商事习惯法及其所反映的商业规则与秩序。按传统学术观点，晚清商事立法之前中国没有商法。根据清代工商业碑刻资料的记载，清代商业社会各行各业都制定有一些规则和制度，与欧洲中世纪商人习惯法的内容非常相似。这些规则与制定法中有关商事方面的规范共同构成了中国传统商事法的体系。清朝中国传统商事法的产生有其历史基础和制定法背景，是中国商业发展对规范与秩序的需求。清朝商业社会的主要商事制度包括商号和商事登记、商业账簿等商事基本制度，商事组织及收徒制度，公所和会馆等公产的经营和管理制度，一般商事行为的规定及商事中间人——牙行制度等。其制裁规则对清代商事习惯法的有效运行具有保障作用，并体现出对制定法的依赖；"神明崇拜"对控制商人以维护商业社会内部秩序有一定作用。清代中国商事习惯法具有一定的自治法属性及对制定法的依赖，以及多元化的法律渊源和多元化的审判机关等特点。安康地区河运习惯法的产生与发展不仅是中国习惯法之河运法的典型事例，更是清代中国商事习惯法产生和发展的缩影。本书尤其注意到《清律》中由市廛五条所体现出的制定法对习惯法的指导意义和所谓"宪法性原则"，并进而试图论证传统制定法与商事习惯之间的内在联系，亦是很有意思的见解。

而刘兰兮的《民国时期的定货契约习惯及违约纠纷的裁处》[《中国社会经济史研究》2003 年第 3 期] 则通过对民国时期定货契约习惯及违约纠纷裁处的考察，揭示商事习惯在维系交易秩序中的作用。作者认为尽管其时国家制定了独立的商法，商事习惯仍在维系交易秩序中发挥至关重要的作用。商事习惯通过不同形式的社会力量约束商行为，而不同的社会力量则构成对交易行为的多层管理体系。这是保证民国时期商务正常开展、商业渠道畅通的重要因素之一。

5. 少数民族习惯法

少数民族习惯法方面的研究成果比较丰富，既有总体研究，也有具体民族习惯法探讨。

在宏观讨论方面，范宏贵的《少数民族习惯法》（吉林教育出版社 1990 年）为奠基之作。高其才在《习惯法与少数民族习惯法》[《云南大学学报（法学版）》2002 年第 3 期] 一文中指出，作为人类最早出现、历史最为悠久的法，习惯法在包括少数民族地区在内的中国的广大区域具有重要影响。少数民族习惯法对中华法系内容的丰富，对中华法系成果的传播、中华法系精神的弘扬具有重要意义。研究中国少数民族习惯法，有助于拓宽法学研究领域、解决目前少数民族法制建设中面临的问题、正确对待现代化发展中的固有法文化。陈金全的《西南少数民族习惯法述论（上）》[《贵州民族学院学报（哲学社会科学版)》2004 年第 1 期] 一文，运用法律人类学方法较为全面地论述了西南少数民族习惯法的主要内容，充分肯定了民族习惯法的作用与价值，并指出了其性质与特点。同时，作者结合田野调查的实证材料，实事求是地分析了西南少数民族习惯法的历史局限性。

关于少数民族习惯法的产生、形成，程雅群、景志明的《彝族祖先崇拜与习惯法》（《宗教学研究》2005 年第 4 期）认为，彝族习惯法源远流长，彝族的祖先崇拜根深蒂固。马都作为祖先崇拜的象征，体现了彝族习惯法对奸淫幼女行为的认定和处罚，包含祖先崇拜这一宗教因素。祖先崇拜对奸淫幼女行为的约制，反映了彝族宗教信仰对习惯法的影响。而徐晓光的《无文字状态下的一种"立法"活动——黔桂边界苗族地区作为"先例"的埋岩》[《山东大学学报（哲学社会科学版)》2006 年第 6 期] 以广西融水、贵州从江、榕江三县的"埋岩"资料为基础，对苗族无文字状态下地域组织以埋岩为主要形式的"立法"意图，"立法"过程、范围以及作为口承"判例法"在以后案件中的援用等问题进行探讨。

在具体民族的习惯法方面，张光显发表了《凉山彝族奴隶社会习惯法初探》（《贵州民族研究》1984 年第 1 期）一文；刘广安根据1985 年在凉山彝族地区调查在《对凉山彝族习惯法的初步研究》（《比较法研究》1988 年第 2 期）文中提出应重视少数民族习惯法研究。张志勇的《契丹习惯法研究》[《徐州师范大学学报（哲学社会科学版)》2001 年第 1 期] 从社会组织习惯法、刑事习惯法、军事习惯法、生产习惯法、交易习惯法、财产继承习惯法、婚姻习惯法七个方面讨论了契丹习惯法。李明香在《果洛藏族部落习惯法浅议》（《西北民族大学学报（哲学社会科学版)》2004 年第 1 期）中指出，果洛藏族部落习惯法内容十分广泛，涉及部落政体、军事、赋税、财产、婚姻等多方面，且具有混合性、严厉性、简约性和任意性。果洛藏族部落习惯法是历史的产物，是在特定的文化"土壤"中孕育产生的。同时，在长期的历史发展过程中，形成了一些显著特征。陈文仓的《玉树藏族部落习惯法初论》（《青海民族研究》2004 年第 1 期）认为，玉树藏族部落习惯法除具有混合性、简约性和任意性的特点之外，还具有明显的地域性特征。中央民族大学 2005 年刀伟的博士学位论文《傣族法律制度研究》以现存的云南西双版纳、孟连、德宏等傣族地区保留下来的一些法规和礼仪规程为依据，并结合历代有关傣族文化、历史的史料记载，对傣族封建制度的法律规范、渊源以及刑罚制度进行深入的研究。杨世华的《花腰傣习惯法初论》（《学术探索》2003 年第 4 期）有新的角度。覃主元的《广西壮族习惯法探究》（《桂海论丛》2004 年第 6 期）对广西壮族习惯法的起源、产生、发展与运行进行了探究，认为壮族习惯法起源于宗教禁忌，萌芽于原始社会时期，形成于春秋末期的部落联盟时代，稳定于秦代，成熟于汉代，成文于清代，并依靠大小头人制度传承运行。韩肇明、刘家英对广西大瑶山瑶族的习惯法进行了研究（《试论广西大瑶山瑶族的习惯法》（《广西民族研究》1990 年第 1 期）。冉春桃的《土家族习惯法研究》（民族出版社 2003 年）全面分析了土家族习惯法。

在少数民族家庭婚姻继承习惯法方面，李鸣在《羌族继承习惯法试析》（《政法论坛》2004 年第 3 期）一文中指出，羌族继承习惯法源远流长，无论是继承法的基本原则、主要内容，还是继承关系的法律调整，都有自身的特点和规律，并得到羌民的普遍承认和严格遵循，在羌族地区发挥着调解社会矛盾、维护民族团结、促进地方安定的积极作用。杨丽英的《凉山彝族习惯法与等级婚姻关系》（《凉山大学学报》2004 年第 4 期）认为，等级内婚制的婚姻关系决定了凉山彝族婚姻不是一种买卖关系，而传统的习惯法是维护等级婚姻的，等级婚姻与习惯法两者形成互为条件的依存关系，从而自然构架成一种政治联姻结构。张晓蓓从凉山奴隶制习惯法里探讨彝族妇女的法律地位，将清律中的相关法条与习惯法比较，用案例佐证习惯法的实施与效力，从而得出彝族妇女在婚姻家庭生活中的法律地位。[《彝族妇女在婚姻习惯法里的法律地位——兼与清代婚姻法比较》，载《西南民族大学学报（人文社科版）》2003 年第 6 期]。

在少数民族刑事习惯法方面，孙镇平的《西藏"赔命金"制度浅谈》（《政法论坛》2004 年第 6 期）对"赔命金"这一西藏封建农奴制下的刑事制度作了全面介绍，对现在该制度又在西藏民间部分地区沉渣泛起、严重干预司法审判的现状提出了应对措施。李洪欣、陈新建在《新中国成立前壮族刑事习惯法的辩证思考》（《桂海论丛》2005 年第 6 期）文中提出，新中国成立之前，在壮族聚居区，壮族刑事习惯法长期以来是调控、稳定社会秩序的重要的习惯法，其财产刑的广泛适用，寻求与国家刑事制定法的结合，在今天仍然对处理民族刑事习惯法与国家刑事制定法的关系有着积极意义。

在少数民族纠纷解决习惯法方面，杨华双在《嘉绒藏区习惯法中的司法制度》（《西南民族大学学报（人文社科版）》2005 年第 4 期）中介绍了嘉绒藏区习惯法中现存的司法制度的主要表现，从社会背景、民族伦理观念、宗教影响、法律价值取向等角度分析了习惯法保留或变迁的原因，并总结了嘉绒藏区习惯法中司法制度的法理特征。徐晓光的《歌唱与纠纷的解决——黔东南苗族口承习惯法中的诉讼与裁定》（《贵州民族研究》2006 年第 2 期）一文以贵州省黔东南现存理词为基本资料，探讨无文字状态下苗族传统纠纷解决的形式和方法。罗洪洋的《清代黔东南锦屏苗族林业契约的纠纷解决机制》（《民族研究》2005 年第 1 期）一文指出，苗族人工林业中的财产关系主要依靠林业契约进行调整，而林业契约之所以能够很好地发生作用，并不在于有国家法的保障，而在于林区苗民形成了一套本地的契约纠纷解决机制，寨老等民间头人在契约纠纷解决中担任着重要角色，而苗族习惯法则是契约效力的后盾。根据杨玲、袁春兰的研究

（《彝族民间司法官"德古"刍议》，《西南政法大学学报》2003年第6期），在西南少数民族彝族聚居区，活跃着一群很特殊的人——"德古"，他们是彝族习惯法的熟知者，同时也是彝族社会的民间司法官。在从古至今的彝族乡土社会生活中，"德古"都起着十分重要的作用。

关于神判，较早的研究有夏之乾的《神判》（上海三联书店1990年）、邓敏文的《神判论》（贵州人民出版社1991年）等。杜文忠的《神判与早期法的历史演进》（《民族研究》2004年第3期）从法人类学的角度出发，结合对原始宗教与习俗的理解，通过对神判与诸如原始献祭、放逐、杀戮、赔偿、仪式等早期习俗之间关系的研究，对神判中隐喻和凝聚着的早期法的原始含义进行了深入的解释，进一步从"公"与"私"两个方面揭示了早期原始法在历史演进中的某些特点。韦书觉的《历史的浸染——从神判对民事诉讼影响分析开始》（《河池学院学报》2006年第1期）一文采用个案分析法，以分析神判的程序价值为切入点，认为神判及其对诉讼程序价值特别是对民事诉讼程序价值形成有着重要影响。这些影响具体表现为神判程序价值为民事诉讼程序价值的形成奠定了社会基础、文化基础、经济基础和政治基础，从而论证了神判程序价值与民事诉讼程序价值形成的源流关系。

6. 外国习惯法

外国习惯法方面的研究较少。高仰光的《论日尔曼法中的赔命价制度》（《比较法研究》2006年第3期），通过赔命价与复仇的原始习俗、赔命价的币值差异与绝对价值，赔命价的给付与分割，赔命价与社会分层的封建化等几个方面的考略，从中理出日尔曼法发展的思路。此文发表后，衣家奇作出了回应，在《"赔命价"——一种规则的民族表达方式》（《甘肃政法学院学报》2006年第3期）一文中，指出即使是我国，尤其是少数民族地区，也存在着赔命价制度，从而得出结论，认为一种关于秩序规则的民族记忆，赔命价制度虽然充斥着落后，但也有合理的价值和存在空间。

洪永红在《论殖民时期葡萄牙法对非洲习惯法之影响》（《湘潭大学社会科学学报》2001年第1期）文中认为，殖民时期葡萄牙法对非洲习惯法的影响主要表现在三个方面：行政方面，通过扩大殖民行政权力，控制非洲传统酋长，限制黑人参政议政权等削弱习惯法的作用；立法方面，通过修改葡萄牙宪法，制定《殖民地法》、《土著法》等修改非洲习惯法；司法方面，通过建立双重司法体制，并改革非洲法院，利用特别条款推行西方生活方式等限制非洲习惯法的适用。

7. 国际习惯法

国际习惯法研究也有不少成果。现代商人习惯法是为适应和满足当代国际经济贸易发展需要而产生的。国际贸易法统一化运动的蓬勃发展，国际商事仲裁的广泛采用，为商事习惯法的形成与发展开辟了广阔的道路。它是法律规范，其效力来源于国家认可与当事人的选择。它对国内法与国际条约起到补缺的作用，它的效力高于其他法律渊源。赵晓丽、庞博的《现代商人习惯法的法律性质与地位》［《辽宁师专学报（社会科学版）》2004年第6期］对此进行了讨论。

付志刚的《习惯国际法构成要素的法理学思考》（《江西社会科学》2006年第6期）指出，在传统国际法领域，习惯国际法主要是一种描述性规则，因而对国际实践的要求比较严格，在司法中也主要依据相关国家的实践来鉴别。随着国际社会的不断发展以及国际法新领域的开辟，国家实践已经不足以作为判断习惯国际法的标准，而规范性要求具有重要意义，国家接收成为判断习惯法是否成立的主要因素。

对于特殊国际习惯法，国内文献目前殊少论及。有关国际法学者的学说理论和司法判例，一再确认了特殊国际习惯法规则的存在。李

毅的《特殊国际习惯法刍论》(《国际关系学院学报》2005 年第 1 期)
进行了专门讨论。相对于一般国际习惯法规则而言,特殊国际习惯法
在概念、成因、条件、效力范围、举证责任等方面具有自己的特色。

(三)习惯法传承

习惯法研究比较集中的一项内容为习惯法的现代传承和表现,学
者们探讨习惯法的变化原因,分析习惯法的未来发展。

严昌洪在《中国近代社会转型与商事习惯变迁》(《天津社会科
学》1998 年第 2 期)中指出,鸦片战争以后,随着中国社会的转型,
商事习惯发生了一定程度的变化。这种变化尚处于一种过渡阶段,商
业中的古老传统向现代经营机制转化的进程比较缓慢,一部分旧习惯
发生了不彻底的转轨,一部分却根深蒂固,于是在商界中出现了停滞
与转变并见、传统与现代共存的局面。

张晓辉、王启梁的《少数民族民间法在现代社会中的变迁与作
用》(《跨世纪的思考——民族调查专题》,云南大学出版社 2001 年)
一文指出,云南 25 个少数民族村寨民间法的变迁表现在民间法在内
容上的变迁、民间法在权威上的变迁、民间法在语言上的变迁。影响
少数民族民间法变迁的因素主要有:制度的变革是导致民间法变迁的
根本因素,替代文化的存在是民间法变迁的重要条件,宗教的因素是
部分民间法存在和变迁的基础,教育的因素是民间法变迁过程中导致
自觉行为的条件,社会生活的变迁是民间法变迁的基本动力。在少数
民族村寨的社会控制方式中,民间法扮演着重要的角色:保持和强化
本民族的传统文化,建构民族村寨的社会结构,维护村寨的公共利益
和村民的个人利益,组织生产活动和其他社会活动。

在对藏学界、民族学界对藏族部落习惯法的三种观点进行剖析,
进而论述了法、习惯法、习惯三者的区别与联系的基础上,张济民在
《浅析藏区部落习惯法的存废改立》(《青海民族研究》2003 年第 4

期）中提出了"改革是方向"的观点，认为必须加快立法的步伐，正确贯彻"两少一宽"政策，充分认识民族宗教工作的重要性，采取积极、稳妥措施，逐步推进改革，实现藏族社会的全面进步。

蒙古族传统习惯法在内蒙古自治区实施西部大开发战略的过程中，也面临着重新构建的需要。柴荣认为（《西部大开发过程中蒙古族传统习惯法的扬弃》，载《前沿》2002 年第 2 期），蒙古族习惯法的生态法律意识，诚实、信用现值得保留和弘扬，但其中自然经济法律意识和法律行为随意性等缺陷需予以摒除，新构建的蒙古族习惯法应该能够在西部大开发过程中为国家制定法的实施营造良好的氛围。

严庆在《关于少数民族习惯法发展走势的思考》［《湖北民族学院学报（哲学社会科学版）》2006 年第 2 期］文章中指出，民族习惯法作为民族文化的一种表现形式，面对着时代的冲击。在现代文化的荡涤中，民族习惯法必然要做出选择，那就是传承与固化、扬弃与剥离的发展走势，民族习惯法将沿袭新的发展走势继续发挥作用。

（四）习惯法与国家制定法

在习惯法研究中，习惯法与国家制定法的关系是无法回避的一个问题，因此学者们对此进行了积极的探讨。

在我国广大乡土社会中，民间法与国家法同时存在，这已是一个基本的事实。田成有在《乡土社会中的国家法与民间法》（《思想战线》2001 年第 5 期）中提出，民间法与国家法既存在矛盾冲突，但又具有可以消解和转化的条件。在社会转型的过程中，应充分注意到二者的互动与相容关系，在依法治国的大前提下，建构现代农村的法治秩序。

范愉认为国家法与民间法存在并行或对立状态、断裂状态、统一协调状态。［《试论民间社会规范与国家法的统一适用（上）》，载谢晖、陈金钊主编《民间法》第一卷，山东人民出版社 2002 年］在历史上，尤其是宋代以后，历代统治者对民间法的基本政策主要体现在：首先，国家视"家""国"为一体，积极倡导家族和地方自治，鼓励在民间社会秩序的建立和民间纠纷的解决中，充分发挥民间社会组织及其规范的功能。其次，在民事纠纷解决中，国家的审判权和民间的自治权分工明确，把民间调处作为基本和必经的程序，允许地方权威根据民间社会规范进行调处；地方官员在其执政期间，通常会尽力维护与地方乡绅和宗族的和谐关系。最后，地方宗族势力之间及其与国家之间始终或隐或现地存在着矛盾冲突，各方在相互利用中相互牵制，共同发展。一般而言，在政权稳固法制严明的盛世，国家法与民间法（宗族法）之间的关系呈高度协调状态，而在统治衰微、社会动乱之际，国家法对民间法往往会出现失控的局面，尤其是宗族势力可能直接成为威胁政权稳定的致命要素。

卞利以明清徽州村规民约为例，全面探讨了村规民约的性质，以及村规民约与国家法之间的互动关系〔《明清徽州村规民约和国家法之间的冲突与整合》，载《华中师范大学学报（人文社会科学版）》2006 年第 1 期〕。他认为，村规民约是国家法的必要补充和延伸，两者之间的良性互动，构成了国家和社会稳定和谐的基石。但两者之间的抵触与冲突也是经常存在的，为了维护社会稳定和巩固政权统治，在发生抵触与冲突时，国家法通常采取妥协和让步的路径寻求消弭冲突、进行整合之道；而村规民约则采取主动"邀请"国家权力进入的方式，从而实现与国家法的整合。

如何将近代法律精神与中国固有的民事习惯相结合，不仅是民初法律人士必须面对的问题，也是我们考察民初民法发展状况的一个重要途径。华中师范大学 2004 年李卫东的博士学位论文《民初民法中的民事习惯与习惯法》以民事习惯与习惯法为中心，从民初民法的观念、文本和实践等角度出发，研究习惯在民初法律中的地位，以及民初国家制定法与民间习惯之间的互动。

王勇在《国家法和民间法的现实互动与历史变迁——中国西部司法个案的透视》［《西北师大学报（社会科学版）》2002 年第 4 期］文章中，将国家法与民间法的互动概括为"反客为主"：国家法强行而民间法退缩、"利害相较"：民间法置换或规避国家法、"各行其是"：国家法与民间法并行实施、"相反相成"：国家法与民间法交错实施、"心照不宣"：国家法迁就或放任民间法、"狭路相逢"：民间法与国家法公然冲突等六种形式，为实现二者之间的良性互动寻找合宜的调适路径。

高鑫的《论村规民约与国家法律的冲突》（《广东行政学院学报》2001 年第 6 期）一文指出，这种冲突表现为三种情形：国家法律不禁止的行为，村规民约予以禁止；国家法律保障的权利，在村规民约里被剥夺；国家法律予以界定的行为，在村规民约中也有界定，但内容不一致。他认为冲突的根源为，乡村同时存在法律所承载的国家权力和村规民约所承载的村庄治权；由于一些地方法律供给不足，村民更倾向求助村规民约。协调两者的冲突有三条路径：界定之路、融通之路和解放之路。在丁炜炜看来（《乡规民约与国家法律的冲突与协调》，载《理论月刊》2006 年第 4 期），乡规民约与国家法律的冲突在如今的二元结构社会中长时间内还将存在。二者的冲突主要表现在三个方面，即乡规民约对国家法律的规避、排斥和不当的利用。究其根源在于国家法律在农村的宣传度、认可度、执行力度还不够，关键则是乡规民约与国家法律追究的价值不同。

石维海、向明在《略论民族婚姻习惯法与国家制定法的冲突属性——兼析西部乡村少数民族婚姻状况》［《吉首大学学报（社会科学版）》2005 年第 2 期］文章中提出，从法律冲突存在的空间上分析，少数民族婚姻习惯法与国家制定的婚姻法之间的冲突，具有区际法律冲突的属性；从法律适用的对象上分析，少数民族婚姻习惯法与国家制定的婚姻习惯法之间的冲突，具有人际法律冲突的属性；从法律冲突的法域及其对主体权利义务确定的方式上分析，少数民族婚姻习惯法与国家制定的婚姻法之间的冲突具有"二级法律冲突"的属性。

冉瑞燕的《论少数民族习惯法对政府行政行为的影响》[《中南民族大学学报（人文社会科学版）》2006 年第 4 期］一文认为，少数民族习惯法作为一种文化仍然普遍存在，在部分地区表现出极强的生命力，并对政府行政行为产生影响，其主要表现为：一是从功能上分担了很大一部分行政行为，二是从内容上影响政府行政行为的法律效力，三是从观念上影响行政行为的形成，从而构成少数民族习惯法与政府行政行为的交融、不和谐与冲突。要调适这种冲突，必须吸纳习惯法的合理因子，确立习惯法的法律地位；关注少数民族民生，提供简捷可靠的法律服务，培植现代法律文化；加强对公务员的教育和监督，坚决查处公务员的特权乱法和行政不作为；在政府行政行为中应尽量扩大少数民族人士的参与，汲取民智，实现政府行为与民间认同的和谐，引导习惯法思维向良性发展，减少习惯法对政府行政行为的抵触和负效应。

王启梁认为国家法与习惯法间的适当"妥协"是必要的。即对于与国家法冲突的习惯法，应当予以禁止，对于其他的不妨任其在社会中自然存在、运行、变迁。（《关于习惯法的若干问题浅议》，载《云南法学》2000 年第 3 期）

宋一欣的研究［《我国现代商法实践中的民间法、习惯法问题》，载《山东大学学报（哲学社会科学版）》2006 年第 2 期］表明，从民间法、习惯法对中外法制建设的影响及其后果，以及它对我国商法实践及发展历程上理解，商法与民间法、习惯法之间存在着一定的互动和促进关系。如果以民间法、习惯法思维介入现实经济活动，并从国家法、成文法的反面即民间法、习惯法视角，理性地分析我国现代商法实践中客观、普遍存在且被国家法、成文法否定的几个具体问题如民间金融组织、民间金融业务、民间借贷行为、民间集资行为、资本市场委托理财行为，那么，可以得出这样的结论：被国家法、成文法否定的行为虽然合理但不合法，法律应当从前瞻的角度予以调整。

在杜江涌看来，市民社会的本质决定了习惯法与制定法的并行不悖［《论尊重习惯法原则在继承立法中的贯彻》，载《内蒙古社会科学（汉文版）》2005年第1期］。他认为，继承法的家庭性为习惯法在继承法中的适用提供了可能性，继承法的伦理特质决定了习惯法在继承法中适用的必要性。因此，在继承法中确立尊重习惯法原则具有重大的现实意义。而渠涛的《中国民法典立法中习惯法应有的位置——以物权法立法为中心》［《中日民商法研究（第一卷）》，法律出版社2003年］长文，讨论了中国物权法立法中习惯法的意义，提出需要从中国国情出发考虑习惯法。

习惯作为民法的渊源已为我国民法学者所肯定，但对于习惯如何在司法审判中具体适用及如何应用就多无叙述。《民法通则》对习惯是否可以作为民法的渊源没有论及，这就造成法官在审判过程中对法无明文规定情况下怎么适用习惯以维持平等民事主体的平等存在困惑。郑彧的《从习惯到习惯法——从两起判例看我国民法习惯的法律适用》［《云南大学学报（法学版）》2001年第4期］对此进行了讨论。从两个条件相似但结局相反的案例说明习惯与习惯法的区别，分析了适用习惯法的积极要件和消极要件、习惯法适用的程序和效力，研究了习惯法在我国的法律适用。

四 习惯法的分析框架

总体而言，对习惯法的研究，学者们主要从事实描述与理论分析两方面进行。

习惯法作为事实而客观存在，但是事实本身需要进行描述和认识，事实和对事实的描述虽是两个完全不同的东西，人也无法改变那些发生过的事实，但是却可以描述重新再现事实、塑造事实，事实主要是通过描述和人发生关系的。同时，事实也是进行理论分析、价值判断的前提。因此，许多学者重视对习惯法的实际状况、具体内容的描述、揭示。通过具体的习惯法事实的描述，提供丰富的、有说服力的材料，为正确、客观对待习惯法奠定基础。我国的习惯法研究主要在事实描述层面。

如王铭铭、王斯福编的《乡土社会的秩序、公正与权威》中有许多对中国乡土社会的判断与描述的研究。鄂崇荣的《关于土族习惯法及其变迁的调查与分析——以互助县大庄村为例》（《青海民族学院学报》2005 年第 1 期）以互助县大庄村为个案，对土族习惯法的历史、现状进行了深入调查。郝维红的《商业习惯与我国经济立法》[《阜阳师范学院学报（社会科学版）》2003 年第 3 期] 以回扣、格式合同、有奖销售三种常见的商业习惯为例说明在众多的商业习惯中，经济法对于符合市场交易秩序的商业习惯表示了尊重和认可的态度；而对于侵害市场秩序的交易习惯，则是采取了限制、调整的态度。苏亦工的《中法西用——中国传统法律及习惯在香港》（社会科学文献出版社 2002 年）通过讨论中国法律及习惯在香港适用的基础和范围、婚姻习惯、新界地产及原居民之习惯业权等，展示了中国传统法律和习惯是如何在英人统治和英国法居于统治地位的大环境下存活下来的实况。

通过观察，对习惯法的事实描述展现了现实生活中习惯法本身的多姿多彩，也能够展示客观事实本身的逻辑性。

在理论分析方面，学者们大多受到西方理论的影响，从现代化、文化、国家与社会、大传统与小传统、法律多元、内生秩序、自发秩序、地方性知识等方面对习惯法进行解释和探讨，重在因果分析和价值探寻。

（一）现代化

现代世界经济的发展，当代经济的全球化进程加速；现代民族主义思潮从西方向全球扩展，促进了民族独立和国家主权意识的不断发展，从而推动后发展国家赶超型的现代化战略的启动。现代化理论逐渐越出西方的范围，越来越多地呈现出全球普世理论的面貌，与此同时，现代化理论也越来越复杂化和精微化，并且由一元化走向多元化。现代化既存在对人的新的束缚，但更重要的是对人的不断加速解放，这是现代社会以前难以企及的。现代化理论也从把理性仅仅理解为工具理性（科技理性）转向关注人文理性或生活理性（意义理性或价值理性），倡导两种理性的协调平衡。

在这样的背景下，作为后发展国家的中国，对中国习惯法从现代化角度进行分析就成为热点。如魏文享的《近代行规法律效力的演变——以1930年行规讨论案及"重整行规运动"为中心》（《二十一世纪》2004年第8期）。晚清民初以来，随着行业组织制度由会馆、公所向工商同业公会的转型，关于行规的性质、地位及其法律效力的问题也随之溢出，并影响到近代商会制度和同业公会制度的建构。在1930年11月的全国工商会议上，关于行规是否应强制同业共同遵守的问题被正式提出，并由此引发对强制入会问题、行规合理性与合法性问题、行规的修订问题的讨论风潮，政府和民间商人团体都参与其中，最终导致了近代中国历史上第二次大规模的"重整行规运动"，从而在一定程度上改变了行规的制定程式、文本形态及法律效力，进而影响到同业公会的行业自治行为。就目前研究来看，前近代行会制度下的行规问题一直受到关注，大体上对于行规的作用以及其本身的垄断性、强制性探讨较多。晚清至民初，一些行业性会馆、公所为适应时代要求，纷纷重整行规，寻求新生。不少学者在行会制度近代化的命题下对这一问题有所涉及。在工商同业公会的研究中对显性的章程关注较多，而对相对隐性的行规缺乏探讨。法制史学界主要侧重于习惯法的角度，对行会习惯法的产生、发展及其特点等进行了研究。不少学者认为，在行会向工商同业公会转型之后，中国行会习惯法也被国家制定的商法所取代。在已有研究当中，关于民国时期行规的演变情况受到普遍忽视，由此造成了行规历史完整性的缺失和相当多的误读。围绕行规讨论案及"重整行规运动"这两大事件，当能对传承千年的各业行规的近代遭遇、民间习惯与国家法令的关系及行规法律效力的演变等问题有更为清晰的认知。

现代化的分析所需要的结构框架和参照模式是由西方所提供的，在社会发展观或进步观的支持下，依据现代化范式，从西方移植而来的法律代表了以平等和契约为核心原则的工商社会，为后发达社会的发展方向。这一分析框架认为习惯法代表了以等级和身份为核心原则的传统农业社会，需要对传统进行改造而后步入现代化之列，需要对固有习惯法进行"创造性转化"，[①] 以适应现代化的要求。[②]

学者们较多从现代法治的建设出发，以国家法律权威的树立为核心讨论习惯法的功能、吸纳、存废。如中国政法大学 2005 年田成有的博士学位论文《传统与现代：乡土社会中的民间法》强调对历史的尊重，强调理论与现实的结合，强调传统与现代的打通，强调突出问题意识和学术创新，强调回到常识，回到中国特定的历史语境中，回

---

① "创造性转化"是由林毓生最先提出并加以系统阐述的。参见林毓生《中国传统的创造性转化》，三联书店，1988；林毓生：《〈创造性转化〉的再思与再认识》，见刘军宁、王焱、贺卫方（编）：《市场逻辑与国家观念》，三联书店，1995，第 230～257 页。

② 20 世纪九十年代法学界提出的法律"权利本位说"、"国家变法论"、"国际接轨论"和"市场经济就是法制经济论"等皆可看作现代化范式的产物。实际上，这些问题由于其内在理论逻辑的一致性而使其往往交织在一起。相关文献参见公丕祥《国际化与本土化：法治现代化的时代挑战》，载《法学研究》1997 年第 1 期；李双远等《中国法律观念的现代化》，载《法学研究》1996 年第 5 期；肖冰《市场经济与法的国际化》，载《南京大学法律评论》1995 年春季卷；张文显《市场经济与现代法的精神略论》，载《中国法学》1994 年第 6 期；陈弘毅《西方人文思想与现代法的精神》，载《中国法学》1995 年第 6 期。

到农村的生活场境和具体经验中，着力对民间法在乡土社会中的地位与功能、运作与实践、发展与走向等等提出一些核心的、重点的问题进行思考。其中，具体分析了传统乡土社会的规范系统，传统乡土社会民间法发达和国家法疏离的原因，阐述了在政府推进型法治的背景下注重社会的合理重组。

当然，也有主张现代化的学者倡导"传统"与"现代"的整合发展，主张重新评估习惯法这样的固有文化与价值理念对"合宜"现代化的功能。

这一分析框架强调现代与传统的断裂。如果我们将这一解释范式置于特定背景之中的话，就很容易理解为什么这两种范式对中国学者产生如此巨大的吸引力，因为要求作出解释的"问题"（即制度断裂）源于两种不同的且皆具有悠久历史和广泛影响力的人类文化的"际遇"（encounter），而这种际遇又发生在全球迈向现代化的时代里，它影响了"中国的世界"向"世界的中国"的演进进程。①

这种研究把西方背景上产生的"传统与现代"两分观及"传统必然向现代"的进化观作为普适的逻辑来阐释具体的中国历史的做法日益受到了学人的批评和反思。②

从"现代化"分析习惯法无法在本土的传统与西方化的现代性之间找到二者相互支持的联结点，因而可能误"把西方迈入现代社会后所抽象概括出来的种种现代性因素倒果为因地视作中国推进现代性的

---

① 有历史学者（RV 戴福士）将中国历史分为"中国在中国"、"中国在亚洲"和"中国在世界"三阶段，见梁治平《寻求自然秩序中的和谐——中国传统法律文化研究》，上海人民出版社，1991，第333~334页。我在此区分"中国的世界"和"世界的中国"则意味着中国历史观的转变，即中国由世界的中心还原为世界中的一员。

② 细致的分析与批评，见邓正来《中国发展研究的检视——兼论中国市民社会研究》，载《中国社会科学季刊》（香港）总第8期，1994年8月；黄宗智《中国研究的规范认识危机：论社会经济史中的悖论现象》，牛津大学出版社，1994。

条件"。① 缺乏文化论的必要的历史眼光和世界性视野，使之既缺乏文化论的解构意义，又同文化决定论一样不具有建构意义。

（二）文化

最早提出文化定义的是人类学家泰勒（Tylor）"所谓文化或文明乃是包括知识、信仰、艺术、道德、法律、习惯以及其他人类作为社会成员而获得的种种能力、习性在内的一种复合体。"马林诺夫斯基（Malinowski）认为文化是包括一套工具及一套风俗——人体的或心灵的习惯，它们都是直接或间接地满足人类的需要。② 萨缪尔（Slinmel）说在具体环境中的人的行为规范，文化将人际交往中的不确定性减少到最小程度。文化赋予宇宙以意义，使我们认识自己，使人际交往成为可能。③ 无疑，他们都是从实际的或价值的角度对文化加以阐释，而格雷·多西（Gray L Dorsey）"生造法文化"（Jurisculture）一词所体现的"安排秩序观念"（ordering idea）④ 也正是有这种意味。

在学者们看来，对习惯法进行文化阐释，"要超越各种孤立的和机械的法律，也一定要反对各种狭隘的种族中心主义的法律观"。⑤ 对习惯法的研究不能仅关注法条和法制度本身。处于这种情态之下，习惯法问题一开始就明显不仅是法问题，而同时也是政治问题、社会问题、历史问题和文化问题。⑥ 如廖成忠的《中国乡村都市化中的民间

---

① 邓正来：《中国发展研究的检视——兼论中国市民社会研究》，载《中国社会科学季刊》（香港）总第 8 期，1994 年 8 月，第 51 页。

② 〔英〕马林诺夫斯基：《文化论》，费孝通译，华夏出版社，2002，第 15 页。

③ 〔美〕莫菲：《文化和社会人类学》，吴玫译，中国文联出版公司，1988，第 2 页。

④ 梁治平：《法律文化：方法还是其他》，载梁治平《法律的文化解释》，三联书店，1994，第 2 页。

⑤ 梁治平：《法律文化：方法还是其他》，载梁治平《法律的文化解释》，三联书店，1994，第 6 页。

⑥ 梁治平：《法律文化：方法还是其他》，载梁治平《法律的文化解释》，三联书店，1994，第 6 页。

法与国家法冲突》（《新疆社会科学》2006 年第 1 期）一文根据法律多元论揭示了我国社会客观存在的国家法与民间法多元法律格局。文章运用乡村都市化理论分析了我国乡村都市化的实质，指出乡村都市化侧重于村民生活方式和价值观念的变化，国家法制度和观念由此大幅度进入都市化的乡村；考察了乡村都市化背景下发生的典型纠纷及其解决方式；分析了民间法与国家法的文化背景，从而解释了这些纠纷及其解决方式实质上是民间法与国家法之间的文化冲突；最后提出对策建议，在法的制定和法的实施上通过文化整合来处理冲突，建设和谐社会。

石伶亚在《少数民族习惯法与西部乡村法制建设》［《吉首大学学报（社会科学版）》2003 年第 1 期］文章中指出，民族习惯法与国家制定法之间产生冲突的实质和原因在于：普遍正义与特殊正义的冲突；"移植法律"与本地民族特点的冲突；现代法律文化与传统法律文化的冲突。促使二者融合，推进西部民族地区法制建设的途径是：开展调查；合理使用民族自治区域法律变通权；确立习惯法有限适用原则；实施社区实验示范引导制订乡规民约。

许多学者认为，文化是习惯法运行的基质与土壤，习惯法的正常运行不能脱离相应的社会基础和文化准备；习惯法本身就是一种文化形态。人类学家霍贝尔（Heobel）说："把文化作为一个有联系的、运动中的整体看待。这样就可以把法律作为一个文化因素……"①"一切有关习惯法制度和习惯法特征的问题都需要与产生习惯法的社会条件相联系来加以领会，在这种意义上，习惯法确是文化的一种表现形式"。②

这一分析框架强调习惯法不仅能够被用来解决"问题"，同时也

---

① 〔美〕霍贝尔：《原始人的法》，严存生译，贵州人民出版社，1992，序言第 1 页。
② 〔英〕科特威尔：《法律社会学导论》，潘大松等译，华夏出版社，1989，第 27 页。

可以传达意义，因此表现出两种倾向：文化相对主义坚持习惯法的客观价值和独立意义，从根本上拒绝并排斥改造习惯法这一固有的文化，否定存在着一种超越社会政治发展的、超越地方文化特殊性的"常规"；而另一方面学者则主张抛弃或改造习惯法这一固有的文化以适应西方化法律的要求。

不少学者将移植而来的法律看作是西方文化的产物，因此它与习惯法这样的固有文化传统的紧张可以看作是中西文化之间的紧张，正是这种文化上的差异导致了"制度断裂"。依照这种分析，要弥合这种"制度断裂"就要引进西方法律制度所要求的价值，以此改造习惯法这一固有的"非正式制度"，实现其与国家正式法律制度的契合。[①]

这一分析框架从中西文化的源头寻找其答案，有较强的解释力但缺乏建构价值，已受到许多学者的诘难和质疑。

（三）国家与社会

哈贝马斯关于"公共领域"的结构性变化的研究影响巨大。哈贝马斯提出的公共领域是在西欧社会中伴随着市场经济、资产阶级的产生而产生的，是指资产阶级公共领域，是与资产阶级私人领域与国家的公共权力相区别的。哈贝马斯的这一概念是有一个历史的范畴来限定的。哈贝马斯提出资产阶级公共领域可以被看作是"私人身份的人们作为公众聚集一起的领域，他们很快要求拥有自上管辖的公域，用它来反对公共权力自身"。[②] 哈贝马斯提出的公共领域强调了国家与社会的二元对立。

黄宗智根据哈贝马斯的理论内核，结合自己关于长江三角洲与中

[①]　20世纪80年代大陆兴起的比较文化热潮中，多数论者皆持这样的观点。其中具有代表性的、在学界反响比较大的文献，参见梁治平等的《新波斯人信札》（贵州人民出版社，1988）。

[②]　尤根·哈贝马斯：《公域的结构性变化》，童世骏译，载邓正来、J.C.亚历山大编《国家与市民社会》，中央编译出版社，2002，第121~172页。

国司法制度的研究提出了"第三领域"的概念。① 这个第三领域处于国家与地方之间，并且国家与地方都参与到第三领域中来。黄宗智认为第三领域的存在推动了中国的社会整合与近代国家政权建设。他提出由于中国社会及政权的近代化并没有产生像西欧社会那样的民主进程，由国家和社会共同参与的第三领域显得格外重要。他所提出的第三领域与哈贝马斯的"公共领域"最大的不同在于更强调国家与社会的合作。

黄宗智主张用三分的观念来考察清代民事纠纷的处理体系，即村社宗族的调解、州县官府的审判以及官方与民间的互动所形成的"第三领域"。从理论上看，在清代官方话语中，民间诉讼是不应当有的，即使有，也应当以道德说教的方式由宗族、村社或亲邻调解解决。但事实上，如果民间调解不成，当事人一方就可能诉诸官府，此时民间调解不但没有停止，反而更加紧锣密鼓地进行。州县官会依据诉讼程序对当事人提出的诉讼做出批词，这种批词反映了州县官对案件的基本意见。批词会影响当事人对自我利益得失的考虑，从而有利于促成民间调解的完成。这种既不同于非正式的民间调解，又不同于官方正式审判，而是由双方互动产生的司法空间就是黄宗智定义的"第三领域"。②

梁治平揭露了黄宗智的这一困境，他从中国传统法秩序中民间法和国家法之间界线模糊的角度，对黄宗智的"第三领域"理论提出了批驳。在梁先生看来，官府在民事案件的审判过程中并不以各种"民间法"为主，更不会在审判过程中受其约束，但事实上，只要民间法不违背国家法的原则，官方的审判也常将其决定建立在民间的"规约、惯例和约定"上面。③ 此外，梁治平还认为，民间法和国家法之

---

① 参见黄宗智的《长江三角洲小农家庭与乡村发展》（中华书局1992年9月版）。
② 关于"第三领域"的具体论述参见黄宗智的《清代的法律、社会与文化：民法的表达与实践》第五章（上海书店2001年8月）。
③ 梁治平：《清代习惯法：社会与国家》，中国政法大学出版社，1996，第19页。

间界线的模糊还导致了两者之间缺乏必要的张力，因此，由两者互动产生的"第三领域"也缺失了生成的基础。因此，梁治平认为，中国传统的法秩序既不是二元的，也不是三元的，而是一种"比较无论二元模式还是三元模式都不相同而且更加复杂的关系模式"。他将这一模式称为"习惯法"的秩序空间。①

尽管黄宗智的设想"超越"了西方理论范式，但由于难于摆脱理论自身的困境，故而"国家/第三领域/社会"的研究成果也就值得商榷了。但其贴近中国历史事实的良苦用心，看待问题的独特视角，依然值得我们学习。②

梁治平的《清代习惯法：社会与国家》研究了法律制度在基层社会的运行、实施情况。他运用了大量法律社会学的理论，认为黄宗智基于"清代民事法律"研究而提出的"第三领域"并不存在。他认为黄宗智套用的西方概念，夸大了民间调解与衙门判决之间的对立，事实上二者之间并非截然对立。既然并没有截然对立的二元，第三领域就不存在。他还在文中重点探讨中国传统社会的习惯法与国家法的关系，以此作为切入口来分析国家与社会的关系，认为二者之间既存在着和谐统一，又存在矛盾冲突。③

在《传统与近代的二重变奏——晚清苏州商会个案研究》一书中，马敏、朱英指出弄清楚近代商会组织的实际运行情况，尤其是商会与行会组织和其他新式社团之间的关系，可能是解决这一问题的关键。他们通过对晚清苏州商会的研究，认为晚清商会组织已经把自己的影响力渗透到城市社会生活的各个领域。以商会为核心，众多民间社团组织纵横交错，从而形成一个官府以外的在野市政权力网络，控

---

① 梁治平：《清代习惯法：社会与国家》，中国政法大学出版社，1996，第20页。

② 肖琳：《评黄宗智〈清代的法律、社会与文化：民法的表达与实〉践》，载《西北民族研究》2006年第2期。

③ 参见梁治平《清代习惯法：社会与国家》（中国政法大学出版社1996年6月版）的有关内容。

制了相当一部分市政建设权、司法审理权、民政管理权、公益事业管理权、社会治安权以及工商、文教、卫生等多方面的管理权，在很大程度上左右着城市经济和社会生活。他们认为如果不拘泥于字面意义的话，可以将此在野城市权力网络称之为"公民社会"（或许称为"民间社会"更为恰当）的雏形，其背后的推动者，则正是新兴的近代资产阶级。① 马敏在《官商之间：社会剧变中的近代绅商》一书中，进一步指出近代中国的市民社会和公共领域与西方相异，因为西方的市民社会和公共领域是作为国家的对立面出现的，而中国早期市民社会建成的初衷，并不是与专制国家权力相对抗，而是协调民间与官方的关系，以民治来辅助官治。晚清市民社会雏形与封建国家之间形成的，是一种既互相依赖，又互相矛盾、摩擦的复杂关系，其中依赖的一面又占据着主导地位。②

虞和平提出"超法的控制与反控制"的解释框架，他认为，中国近代商会与政府的实际关系，主要是超法的控制与反控制关系。③ 但张东刚认为商会与政府的关系并非单纯的"超法的控制与反控制"，处于从属地位，而是一种独立于国家正式权力之外的自发组织。④

国家与社会这一分析框架强调社会的客观性、独立性，虽然在国家与社会的对立还是互动方面存在不同观点。国家与社会的分析框架对于将习惯法研究纳入学术界的视野，推动习惯法研究起到了十分重要的作用。但是，我们也注意到这一分析框架的重心是"发现社会"，即发现长期为国家所遮蔽的社会，寻求社会的自主性，其目的是发现或建构一个新兴的"市民社会"。因此，尽管都关注社会，但学者之

---

① 参见马敏、朱英《传统与近代的二重变奏——晚清苏州商会个案研究》（巴蜀书社1993年）的有关内容。

② 参见马敏《官商之间：社会剧变中的近代绅商》（天津人民出版社1995年）的有关内容。

③ 虞和平：《商会与中国早期现代化》，上海人民出版社，1993，第84页。

④ 张东刚：《商会与近代中国制度安排与变迁》，载《南开经济研究》2000年第1期。

间的"立场"仍然有很大的差别。以邓正来代表的理论学派，更偏重的是未来指向，着眼于新兴市民社会（或者说是"公民社会"的成长，尽管在中国尚没有成为一种普遍性事实）；而以曹锦清为代表的经验学派，更偏重的是传统指向，即强调传统的决定性意义，更关注的是"农民社会"。①

国家并不是一个同质性的实体，社会也非简单相对于国家的一个同质性实体，因此，无论是"国家"抑或"社会"，都是需要在具体分析场景中加以具体辨析的问题。②

（四）"大传统"与"小传统"

美国芝加哥大学人类学家雷德菲尔德（Redfield）在1928年发表了他的关于墨西哥研究的学位论文，他提出的小社区的"民俗文化"的概念。③1956年他发表《乡民社会与文化》（*Peasant Society and Culture*）一书，在该书中他提出"小传统"（little tradition）与"大传统"（great tradition）这一对观念，用以说明在较复杂的文明之中所存在的两个不同层次的文化传统。④

他认为一个社会的大传统，有正规的组织，结构和形式化，但只

---

① 参见徐勇《当前中国农村研究方法论问题的反思》，载《河北学刊》2006年第2期。
② 邓正来：《"国家与社会"研究框架的建构与限度——对中国乡土社会研究的评论》，载邓正来《研究与反思——中国社会科学自主性的思考》，辽宁大学出版社，1998，第157页。
③ 戴维·阿古什对1949年前后费孝通思想状况的分析也可在此作为理解同类知识分子之一助。阿古什认为费孝通反对国民党不意味着他的政治观点与我党员完全一致，直到1947年，费孝通仍然在鼓吹英美式的民主和制宪政府、新闻自由、法治，以及实现英国战后那样的和平民主社会主义革命。1949年前他对我党几乎一无所知，在写作里从来没有提到。1948年11月临近北平解放时，他对住在清华园的美国人类学家雷德菲尔德（Robert Redfield）夫妇说，他可以在我党领导下继续工作，甚至于可以作为"忠诚的反对派"对他们提出批评。参见〔美〕戴维·阿古什：《费孝通传》（董天民译，时事出版社1985年）第6章"1945～1948年的政治活动"
④ "大传统"与"小传统"的概念是由雷德菲尔德对"文明社会"（civilized society）和"民俗社会"（folk society）的区分中引申而来的，参见 CharlesM. Leslie Redfield，Robert，International Encyclopedia of the Social Science，Vol. 13，353。

能适应于高层人物。小传统则比较通俗化，适应于大众。它采取大传统的精义，融会简化而有时稍微歪曲之，只要不南辕北辙则可。这两个不同层次的传统虽各有不同，却是共同存在而相互影响、相为互动的。雷德菲尔德的大小传统观念在人类学领域中虽广泛被接受，但是在古典文明的研究中，小传统的研究仍然是较受忽略的，而在中国文化的研究领域中，小传统民间文化的研究也同样是经常被忽视，这实在是一件遗憾的事，因为我国小传统的民间文化无论如何均为代表较大多数一般民众的文化，它不仅在传统时代扮演提供大传统文化基本生活素材的角色，而且在当代的社会中也逐渐被认定是影响经济发展及产业现代化的重要因素，因此这一领域的研究不但不能忽视，而且更应该加强。

台湾学者李亦园认为，对中国而言，来自儒家经典的哲学思维即所谓"大传统文化"，和来自民间的日常文化即所谓"小传统文化"，两者都是构成整个文明的重要部分。大传统引导文化的长远方向，小传统则代表一般民众的文化，扮演一种提供大传统文化许多基本生活素材的角色，在当代的社会中也逐渐被认定是影响经济发展及社会现代化的重要因素。

郭星华、王平在《国家法律与民间规范的冲突和互动——关于社会转型过程中的一项法社会学实证研究》（《江海学刊》2003年第1期）一文中指出，中国社会一直被认为是一个人治社会。从大传统上讲是礼治社会，从小传统上讲是"权治"社会，约束人们日常行为的主要是民间规范。改革开放以来，我国政府大力推行法治化，大量蕴含西方传统的国家法律势必与中国的民间规范在互动中产生冲突。从小传统看，我国法治化的目的是实现从政府权威向法律权威的转换，从大传统看是实现从民间规范到国家法律的转换。在国家法律与民间规范密切互动的背景下，他们通过在北京进行的法律与社会问卷调查的实证数据，提出了在社会转型过程中社会越轨的三种类型（既违反国家法律又违反民间规范、违反了国家的法律但是却符合民间规范的规定、民间规范对这种行为没有规定的情况下对国家法律的违反），分析了人们在国家法律与民间规范的不同关系下违法的原因（成本、文化、法律的合法性），指出了我国法治化的道路实质上是国家法律与民间规范冲突、协调与妥协的过程。

当"大传统"在社会精英的推动下，通过"话语"带动"实践"而进行"偶像的全盘破坏"，[①] 最终实现了国家制度和意识形态的西方化或现代化改造，并且通过国家的强制力来推行这种"新的大传统"时，原有的"小传统"仍然保持自己的集体性而对"新的大传统"采取规避或对抗。如果从这个角度再来看所谓的"制度断裂"的话，那么它就不再是笼统的中西文化的断裂，也不是传统与现代的断裂，而是西方移植而来的大传统与传统文化中的小传统的断裂，是国家推行的正式制度与社会中生成的非正式制度的断裂，这种制度断裂意味着国家在社会中陷入了合法性危机。因此，弥合这种制度断裂的可能途径不仅是文化比较或现代化推进，更主要的是重建国家与社会的关系，重建国家在社会中的合法性，由此沟通大传统与小传统，重建一种新的文化传统。

（五）法律多元

"法律多元"这一概念始于人类学的研究，特别是西方学者对非洲和拉丁美洲的部落居民的文化和法律的调查后产生的。[②] 在法人类学家马林诺夫斯基看来，原始法律强制力的性质是非常复杂和分散的……若以中央权威、法典、法庭和警察来界定法律强制力，我们必

---

① 林毓生将此归结为"借思想文化解决问题的方法"。参见林毓生《中国意识危机》（穆善培译，贵州人民出版社 1988 年）的有关内容。

② 苏力：《法治及其本土资源》，中国政法大学出版社，1996，第 49 页。另参见赵震江主编《法律社会学》，北京大学出版社，1998，第 365 页。

然会得出原始社会的法律不需要强制执行，它被人们自发地遵守着的结论。① 波斯皮斯尔（Pospisil）认为，任何一个社会都不是只有一个单独的、一致的法律制度，社会中有多少次群体，就有多少法律制度。② 对法律的论述中早已抛开了把法与统治者意志、国家强制力相联系的观点，直接和间接承认了法的多样性和多元性。

法律多元的思路许多法学家早有前论，"只要对社会生活简单地观察一下就可以使我们相信，除了由政权强加的法律规则外，还存在着某些法律规定或至少是具有法律效力的规定。过去存在，现在仍然存在着一些并非从总体社会的组织权限中产生的法律。"③ 蒂玛歇弗（N. S. Timasheff）把"国家法"和"社会法"分开。④ 昂格尔（Unger）认为法律有习惯法、官僚法和法律秩序三种。⑤ 千叶正士则把法律的三个层次概括成：官方法、非官方法和法律原理。⑥ 最著名的当属奥国的埃利希，他说法律有两种，一种是国家制定的，即"国家法"，另一种是"社会秩序"本身。⑦

陈益群在《论习惯和法律在司法领域中冲突与互动——兼谈司法公正的评价立场》（《法律适用》2005年第1期）中指出，法律是法官唯一的上司，这是法律理想主义所奉行的法律至上原则在司法中的体现。作为具有成文法传统的国家，我国司法重视的是制定法在社会生活中的贯彻实施，从而强调国家权力在社会调控手段上的一元化，

---

① 〔英〕马林诺夫斯基：《原始社会的犯罪与习俗》，原江译，云南人民出版社，2002，第6页。

② 参见田成有《法律社会学的学理与运用》，中国检察出版社，2002，第61页。

③ 〔法〕布律尔：《法律社会学》，许钧译，上海人民出版社，1987，第22页。

④ 参见〔英〕科特威尔《法律社会学导论》，潘大松等译，华夏出版社，1989，第45页。

⑤ 〔英〕昂格尔：《现代社会中的法律》，吴玉章、周汉华译，译林出版社，2001，第45页以下。

⑥ 〔日〕千叶正士：《法律多元——从日本法律文化迈向一般理论》，强世功等译，中国政法大学出版社，1997，第9页。

⑦ 沈宗灵：《现代西方法理学》，北京大学出版，1992，第92页。

并把正确适用法律作为评价司法公正的唯一标准。然而，在中国社会的基层，调整着人们的行为的规范却更多的是世代传承的、约定的。

赵旭东的《权力与公正——乡土社会的纠纷解决与权威多元》（天津古籍出版社 2003 年），从法律多元、权威多元出发，透过法律人类学的视角对华北的一个普通村落进行了实地的人类学田野考察，他试图深入探讨乡土社会中权威的"多元性"及各类权威的建立过程和条件，还试图在国家法律与地方社区的"习俗观念"之间找到可以沟通与相互和谐运作的途径。在他看来，"这样的互动表现在具体的纠纷解决中，就应当是一个运用多项原则来做出决策的过程。如此一来，其中就隐含着一个法律多元的过程。可以说，在一起民间纠纷的解决过程中看到国家法律以及其他权力关系对纠纷解决多方位、多层次的影响，这种法律多元的视角或许是目前法律人类学研究的一个新方向。"①

苏力对于"法律多元"方法的理解颇具启发意义，他认为："法律多元的研究促使研究者重新考察国家法和民间法之间的更为复杂的互动模式。由于法律多元是同一时空甚至是同一问题上的多种法律共存，因此任何两极对立的划分，诸如民间法和国家制定法，在实践上都是一种错误。在任何具体的社会中，所谓社会制度都不仅仅是国家的正式制定的法律，而是由多元的法律构成的，这些多元的法律又总是同时混缠于社会微观的同一运行过程中。法律多元的研究因此在一定程度上促成了法律社会学研究的转向，促使法律社会学家转向对那些作为社会背景而成为人们社会生活的'正常'方式的研究。"②

"法律多元"主要是针对国家法的一元论进行分析的。

---

① 赵旭东：《权力与公正——乡土社会的纠纷解决与权威多元》，天津古籍出版社，2003，第 7 页。
② 苏力：《法律规避和法律多元》，载苏力《法治及其本土资源》，中国政法大学出版社，1996，第 51~52 页。

（六）内生秩序、自发秩序

关于自发秩序，哈耶克有比较深刻的讨论，哈耶克曾讨论了人类秩序的类型、与秩序相对应的规则或法律等问题。① 在《法律、立法与自由》一书中，哈耶克对内部秩序、自生自发秩序和内部规则有全面的讨论，他认为支配内部秩序或自生自发秩序的内部规则必须是目的独立的和同样适用的；他重视自发秩序，坚持并发展了进化理性主义，而对建构理性主义则给予猛烈批评，他认为进化理性主义意味着自由，而建构理性主义则意味着集权主义。② 真正的秩序只能是适应性进化的结果，而不是人预先设计的。卡尔·波普也认为，人不能对社会进行整体上的有意识的设计，现实的社会秩序经常是超乎人的理性的预期的。③

萨维尼指出，法律乃是民族精神的体现："一切法律均缘起于行为方式，在行为方式中，用习常使用但却并非十分准确的语言来说，习惯法渐次形成；就是说，法律首先产生于习俗和人民的信仰，其次乃假手于法学——职是之故，法律完全是由沉潜于内、默无言声而孜孜的伟力，而非法律制定者的专断意志所孕就的。"④ 在他们看来，法律、制度的起源并不出于理性的设计，而是人的行为相互调适、相互作用并且积淀而成的，即使是那些最为复杂、表面上看起来是出于人为设计的各种制度，实际上也并不是人为设计或者政治智慧的产物。

---

① 参见〔英〕哈耶克《自由秩序原理》（邓正来译，三联书店1997年12月版）的有关内容。

② 参见〔英〕哈耶克《法律、立法与自由（第一卷）》，邓正来等译，中国大百科全书出版社，2000，第55~74页。也可参见高全喜的《法律秩序与自由正义——哈耶克的法律与宪政思想》（北京大学出版社2003年6月版）有关内容。

③ 参见〔英〕卡尔·波普《历史决定论的贫困》，杜汝楫、邱仁宗译，华夏出版社，1987，第51页。

④ 〔德〕萨维尼：《论立法与当代法学的使命》，许章润译，中国法制出版社，2001，第15页。

　　李朝晖的《民间秩序的重建——从乡规民约的变迁中透视民间秩序与国家秩序的协同趋势》(《学术研究》2001 年第 12 期)认为，民间秩序作为社会秩序的组成部分，在传统社会中发挥着举足轻重的作用，然而传统的民间秩序与国家秩序、法律秩序存在诸多矛盾和冲突，因此在 20 世纪中期中国社会大变革中，其作用几乎消失。20 世纪 80 年代以来，村民自治组织的建立使民间秩序的作用得以恢复，但重新建立的民间秩序与传统的乡规民约存在巨大差别。新型的民间秩序正呈现出民主化、制度化以及与国家秩序、法律秩序协同的趋势。

　　洪名勇、施国庆的研究认为(《农地习俗元制度及其对农地外在产权制度的影响》，载《天府新论》2006 年第 4 期)，长期以来，不同地区农村在农地利用过程中，在国家制度供给不足的情况下，为协调有关当事之间的相互关系，形成了相应的习俗制度如土地面积计量习俗、农地流转中的习俗、农地习俗实施机制等，并且，作为一种自发秩序的习俗，有其自己的实施机制。从历史的视角来进行观察，作为一种自发的社会秩序和一种内在制度安排，农地习俗元制度对农地外在产权结构产生的一定的影响。

　　习惯法作为社会自发秩序的规则系统，这套传统是经由不断试错、日益积累而艰难获致的结果，是人们以往经验的总结，是长期演进的产物。有的学者更强调法是一种自足的文化体系；本土之外的法并不足取，因为它们不能与内生秩序、本土资源融合。

(七) 地方性知识

　　地方性知识的分析框架受到吉尔兹的影响。吉尔兹所谓的地方性知识，一般包括二层意思：一是指任何特定的、具有地方特征的知识；二是指在知识的生成与发展中所形成的特定的情境，包括由特定的历史条件所形成的文化与亚文化群体的价值观，由特定的利益关系所决定的立场和视域。吉尔兹认为，"法律是地方性知识，而不是与地方性无关的原则，并且法律对社会生活来说是建设性的，而不是反映性的，或者无论如何均不只是反映性的。"①

在习惯法研究中，一些学者从地方性知识角度进行分析。如杨庭硕的《地方性知识的生态价值》（《吉首大学学报》2004年第3期）指出，生态人类学高度关注地方性知识，是因为地方性知识在维护人类生态安全上，可以发挥极其重要的作用。人类的社会行为始终受到各种知识系统的规约和引导，除了普适性知识外，各民族各地区的地方性知识，一直在潜移默化中规约和引导着不同人们群体的社会行为。把握了一种地方性知识，也就获得了预测和引导特定人群社会行为的能力，凭借这种能力自然不难运作该社区的社会行动。生态人类学主张凭借地方性知识去推动生态维护，其理论依据是地方性知识必然是特定民族文化的有机组成部分，民族文化固有的综合性和可自主运行性，地方性知识自然也会具有同样的秉性。于是地方性知识规约下的社会行动，同样会具有至关重要的自主运行和综合作用禀赋。这就使得有利于生态维护的社会行动一经正确启动，即使没有外力支持，也能自行运作，综合发挥多种作用，不断地收到生态维护效益。

在解释人类学诞生以前，地方性的知识是没有地位的，就是在西方知识一统天下、唯我独尊的这种情况下，地方性的知识没有地位。通常认为它们往往是非知识，或者是偏见。

---

① 吉尔兹是美国著名文化人类学家，他的论文集《地方性知识》在西方文化学理论界有着极大的影响，堪称经典和理论楷模，他同时被称为阐释人类学大师和开山者，划时代的理论大师。《地方性知识》的命题旨在认知的具体性、穿透性和阐释性，作为吉尔兹成熟期的作品，这本论文集大致集结了吉尔兹三个方面的命题的文章，第一是取其符号性强、文化认知意蕴较为深厚的命题，第二是取较深度层次化，以便展示阐释学分析、论辩之长的命题，第三则是体现其对自己最得意的强项"深度描写"的理论阐发和进一步推导的命题。参见〔美〕吉尔兹《地方性知识》，王海龙、张家瑄译，中央编译出版社，2000，第222~322页。

包括习惯法在内的地方性知识是一种局部范围的共识，在这个范围内所有人对这个知识了如指掌，当然这种局部知识的习得途径最大的可能是通过默会的方式，因为在不同的区域间是不同的知识结构和传统。但在每一个区域中，这种知识传统却为这个区域中的成员所获得，尽管这种获得是一种非常复杂的过程。

在世界日益失序中，地方性的知识（地方性法律）与世界整体意图（全球法律的趋同）是否能够协调，这关系到作为地方性知识的习惯法的未来发展问题。

五 习惯法研究的特点

总结我国的习惯法研究，可以发现具有中国问题的自觉、研究领域不断拓展、跨学科研究等特点。

（一）中国问题的自觉

从中国问题出发，解决中国问题，这是我国习惯法研究者比较一致的共识，在具体研究中表现得也比较明显。习惯法研究是在对旧有研究模式的反思、改革开放形势的转变、国外理论的引入这样一种纠合的状态下进行的，开展习惯法研究适应了学术发展的需要，也顺应了时代发展的潮流和中国社会的现实需要。

李力在《清代民间契约中的法律——民事习惯法视角下的理论构建》一文中指出，尽管深入的研究需要在清代的表达与西方的语境之间进行比较，但西方的概念体系和权利体系不是被称为一种先在的阅读工具和评价尺度，而仅仅被看作是表示我国清代民事权利体系和概念体系独立存在的参照物，以及对其作现代阐释时的语言转换物。基于这种研究方法，他试图构建存在于清代民间社会中的民事习惯法的权利体系和概念体系，并且寻求这一体系内部的协调一致，以及其与官方成文法之间的协调。通过这一研究来较为确切地认识清代社会中广泛存在于民间的民事习惯和习惯法，并且从法律运作的整体构架来把握中国古代法律制度和法律秩序的实际状况，更好地把握我国古代法律制度发展的历史和规律，更好地把握中国古代法的传统，为进一步研究这种传统的现代转化提供坚实的基础。

在当前加快法制化的进程，法制问题日益受到全社会重视的时候，少数民族地区、农村地区在贯彻国家政令的同时，如何考虑民族文化传统、维护社会稳定是各级政府所必须考虑的问题。我国的少数民族习惯法研究、农村习惯法研究，对于进一步加强少数民族地区、农村地区法制建设，推动少数民族地区、农村地区的法制现代化具有重要的意义。

习惯法研究的学者致力于揭示中国社会的全面性、复杂性，为解决中国的问题、促进中国的社会进步和法治建设提供真实的材料和可靠的建议。

（二）研究领域不断拓展

我国的习惯法领域日益受到法学界、社会学界、民族学界、人类学界、历史学界等的重视，关注的范围不断扩大，研究者越来越多。

在起步阶段，学界主要对中国习惯法的研究对象、范畴、开展习惯法研究的意义等问题进行探讨；强调主要应展开习惯法具体问题的研究，等到具体问题研究深入开展以后，习惯法的理论问题就会容易一些；意在打破原有的法学研究模式，建立新的研究框架。

以后，少数民族习惯法成为比较集中的研究主题，学者们探讨少数民族习惯法的产生、表现形式、具体内容、现实表现；同时，习惯法与国家制定法的关系亦有不少学者讨论，在解决习惯法与国家制定法的冲突、国家制定法吸纳习惯法优秀内容等方面用功甚勤。

随着研究的开展，宗族习惯法、行会习惯法等更明确地纳入了研究者的视野。而在民法典起草过程中，民事习惯法的内容、功能、价值等受到许多学者的关注。非洲习惯法等也开始有学者进行探讨。

可见，我国的习惯法研究呈现从农村向城市、从边缘地区向中心地区、从少数民族向汉族、从民事领域向社会其他领域的扩展之势。

在习惯法的研究中，逐渐形成了一些松散的研究群体，表现出一定的研究特色，如云南大学的云南民族习惯法研究，贵州民族学院的苗族习惯法，侗族习惯法研究、湘潭大学的非洲习惯法研究等。学者们结合自己的优势和有利条件进行习惯法研究，推进了习惯法研究的深入。

（三）以经验性研究为主

虽然有些学者主要进行规范性研究、理论性研究，但就整体而言，我国的习惯法研究以经验性研究为主，着重在事实发现和事实描述。

有些研究者致力于原始资料的发掘。如王东平著的《清代回疆法律制度研究：1759～1884 年》（黑龙江教育出版社 2003 年 9 月）尽可能充分地占有原始资料为史学研究之第一要务。而与回疆法制有关的史料从文字上看，既有汉文资料、少数民族语言资料，亦有外文资料；从内容上分，则有官修正史、典志、实录，封疆大吏的奏疏，各种方志，档案文献、契约文书，各种游记、见闻录、考察报告等。王东平在研究中从清宫中朱批奏折、军机处录副奏折、军机处上谕档中收罗出许多资料，其中包括存于北京中国第一历史档案馆的军机处录副奏折民族类档案中的司法案件审理的材料，涉及凶杀、奸盗等类案件，这些材料包括回疆官员呈递的案情报告、判决意见、法医的鉴定材料、罪犯的供状等，展现了回疆地区从报案、司法调查、审案、拘押到执行完整的司法活动的程序，许多细节为清代其他资料中所缺。

（四）跨学科研究

习惯法研究跨法学、史学、民族学、人类学等诸多领域，采用多种学科的研究方法。法学研究方法要求利用法学理论对纷繁复杂的社会现象、典型案例进行法学意义上的分析，透过法律条文本身更深地理解其社会意义。历史学方法要求尽可能地挖掘文献史料，包括档案、民族文献、外文资料中新的内容，追根溯源。民族学研究方法要求利用民族社会调查资料，研究其法观念、法制度等问题。

我国习惯法研究的人员多、学术背景和生活经历各异，学术研究的范围、主题、方法、思路也大相径庭，表现出一定的多样性。

总体而言，我国的习惯法研究尚处于起步阶段，研究水平不高，有影响性的成果不多。

六　习惯法研究的不足

分析习惯法研究的现状，我国的习惯法研究存在一定的不足，主要表现在：

（1）参与式研究不够。习惯法的研究中存在一种超脱式研究的倾向，研究者未能真正参与到社会的实践当中去，因而对我国习惯法中的实状、问题和困难缺乏感同身受的体会，也容易使自己的研究结论出现主观偏差。应该大力进行参与式研究，进行长期、连续、深入的田野调查。

（2）研究主题不够集中。法学、民族学、人类学、社会学、历史学等各学科纷纷介入习惯法的研究本是学术繁荣的象征，但因为研究者本着各自的学科背景自言自语，缺乏相互间交流与沟通，低水平重复研究的现象比较严重。要改变这种现状，应该集中一些重要主题，形成多学科的联合研究，发挥各学科特点，以扎实的研究解决一些问题，推进习惯法研究。

（3）研究方法有所欠缺。目前的习惯法的研究中，方法上存在经验研究和规范研究相脱节的现象，持不同的研究方法者有相互排斥的倾向。来自田野调查的实证研究成果生动有余，普适性的理论提升和概括不足。而规范研究依靠二手材料的多，理论抽象有余，却难以确保材料的真实性和结论的客观性。为此，应该提倡研究方法的综合利用，提倡各种学派的相互学习。

（4）比较研究仍显薄弱。近些年，一些学者也注意了比较研究，但这方面仍显得薄弱，对习惯法的中外比较及国内各地不同类型习惯法的比较分析不多。

（5）学术争鸣不多。习惯法研究中的学术争论较少，基本上都是独立研究、各干各的，缺乏交流、汇合、争论。在习惯法研究中通过平和持续的学术讨论达成共识，获得知识的增长，提高研究的学理水平，有待进一步的努力。

（6）过强的功利色彩。习惯法研究需要解决实际问题、有助于民众生活的改善，但是有的研究在保持学术独立立场方面存在一些问题，在价值中立、客观无涉等学术研究的认识论基础方面需要进一步的反思，如何处理科学与社会的关系应是习惯法研究值得关注的议题。

七　习惯法研究的深入

经过学者们的努力，我国的习惯法研究有了一定的基础，通过认真反思，自觉进行"范式"建构、突出中国化努力，习惯法研究将会更加深入和得到进一步发展。

（一）全面反思

习惯法研究的深入需要对过往的研究加以清醒的学术反省，进行全面的回顾和反思。在习惯法研究中需要多重视角，转换视角并不是单纯地弥补原有视角之不足，更重要的是更加尊重事实逻辑本身，对习惯法更具有解释力。同时，要进行科学的田野调查，避免由于缺乏严格的学术训练，对实证研究的真正含义并无理解，而导致往往从先在的理念出发，到"现场"去寻找他们所需要的"事实"，然后用这种经过处理的"事实"去论证自己的一般性结论。

我们不能把习惯法研究简单地解释为经验学科，以为只要开展经验观察和事实描述就是在开展习惯法研究，在一些研究中排斥理论思考或忽视理论概括，这不能不说是一种狭隘经验性或狭隘实证性的社会学理解和视野。这种观念和行为的结果，会导致习惯法研究存在很多表层化、平庸化现象。我们既要立足当下中国社会实际，开展参与性、对策性的现实问题研究，也要承继中华民族文化传统中的优秀思想精华，开展历史性、思想性的意义阐释；需要依据定性和定量的实证研究方法分析问题、形成理论观点。我们必须面对我国社会转型的现实，以此为习惯法研究的立足点、出发点和归宿点，对从前现代性到现代性的转型、从旧式现代性到新型现代性的转型过程中、转型过程中的各种习惯法现象做出新的理论概括，提出有解释力的有中国特色的理论。

（二）"范式"建构

"范式"（paradigm）概念系由美国科学史学家托马斯·库恩最早提出，在库恩看来，范式与科学共同体、常规科学、科学革命、解谜等概念联系在一起，"范式"是包括规律、理论、标准、方法等在内的一整套信念，是某一学科领域的世界观，它决定着某一时期的科学家集团所共有，持同一范式的科学家因其有着共同的信念、价值标准、理论背景和研究方法技术而组成了一个"科学共同体"。

法学全部的工作，就是掌握范式，进而利用范式来发现和解决问题。范式理论不仅是个人从事法学研究的指导，同时，它还是理解他人学说、理论必不可少的工具。习惯法研究范式需要重视学科共同体的共同理论框架建设，以共同的问题、立场和方法为取向，强调研究的共同框架性，形成习惯法研究的一种共同的传统，并为习惯法研究的发展规定共同的方向和历史路径。习惯法研究的范式必须以范式依靠的哲学为突破口和基本标准。

（三）中国化努力

习惯法研究中需要中国化、本土化的思考与实践。现有的习惯法分析框架基本上是西方社会发展所产生的概念，将其运用到中国习惯法的研究需要深刻把握西方社会发展的历史背景、内在脉络、理论实质，理解中国社会本身的结构特征才能较好地借鉴和运用。这需要研究者严格论证研究对象是否能反映分析框架、研究框架能否具体适用其分析对象，在具体的研究和分析过程中，切实地发现和确立能够比较集中反映分析框架的互动点，进而揭示出西方的分析框架在中国社会中的冲突、相互利用和协调过程，避免简单地、机械地套用，用大而化之的框架掩盖论证分析的粗疏无力。

在掌握、消化、吸收西方理论、分析框架基础上，习惯法研究重在中国化、本土化努力，思考何谓中国化、本土化，如何理解中国化、本土化，为什么要中国化、本土化，怎样中国化、本土化，中国化、本土化的切入点何在，中国化、本土化的社会科学能否得到国际学界的承认，何以可能及如何获得，并在这些根本性的问题上逐渐形成共识，在研究实践中逐步体现。我们对待启蒙主义、理性主义、浪漫主义和普遍主义的态度，不能以一种中国性抗拒现代性、民族性抗拒全球性的方式进行。通过习惯法研究，我们既要解决中国现实问题，又要进行理论建构。

经过二十多年的发展，我国的习惯法研究已经有了比较好的基础，取得了丰富的成果，相信经过学者们的不断反思、共同努力，将有更大的发展。

1. 罗香七村石牌（订立时间约在中华民国早期）①

一、在我石牌群众，一志同心同志，团结惟一。

二、我团内群众，上山同队，落水同途，有福同占（沾），患难同当。

三、户主回家宣传，老幼男妇不得乱开口破石牌公约。如破公约，即召集群众大会治罪。

四、在我石牌内，不得里通外透，作针作线，接济外患入境。查出证据捉到，经过石牌大会，铲草除根，决为死罪。

五、偷掘禾仓，偷牛猪羊，查出证据，即要填赃，处罚白银六十两。

六、入屋偷盗财物衣裳杂物，查出证据，即要填赃，按恶轻重处罚。

---

① 录自广西壮族自治区编辑组《广西瑶族社会历史调查（第一册）》，广西民族出版社，1984，第63~64页。订立时间不详，大概在中华民国早期。

七、偷盗鸡母一个，处罚白银六两；鸭罚银八两。

八、各户所种十二生产，二十四生理，在地在田，如有贪心偷盗者，查出有证据，处罚白银十二两。

九、如山地所种杂粮食物，各种各收，不得乱取。若不守规者，按罪轻重处罚。

十、耕种器具放在工场，不得乱盗取物件。若贪污偷取物件，查出证据，加罪处罚轻重不等。

十一、女人种棉花蓝靛瓜菜豆麦，不得乱摘乱取。若不守条约者，按罪轻重处罚。

十二、各人在山场斩伐干柴，各伐各取。若乱行偷取，见证据，处罚三千六铜钱。

十三、各人在山装搭装钳，行山见钳得野兽，不得贪污乱取，见证者处罚。在江河装鱼梁鱼笱得鱼，不得乱取，不得贪污。偷取鱼者，按例照轻重处罚。

十四、如村中田地山场界限不分明，争斗打架，即由父老调处。若不能解决，再请邻村父老调处。若不解决，邻村父老同本村父老负责担保，不准斗争，和平解决。

十五、若系械斗，误会打伤打死人命，男命赔偿填命三百六十两，女命二百四十两。

十六、男女结婚，十八岁自由择配。未满十八岁由父母主张。

有时夫妻不合意离婚，未有条件，男不要女，赔补六十双禾田，约重五百斤，随他养命过世，然后退原夫子孙。

十七、如系惯盗财物，遵罚三次，石牌宽大三次，再重犯不遵守公约，民众大会，决处死刑。

十八、若械斗即请村上父老并外村父老调处，若不解决，不准拿捉。男未满十六岁、女人不准拿捉。若犯此约，罚银一百二十两。民众大会公用。

十九、若红花女子并出嫁离婚外家无夫之妇怀孕者，遵老规律，罚银七十二元或八十四元。众石牌开会公用。

廿、如系山上特产香信、木耳、竹笋、薯莨等物，各有投份，不得乱偷盗取，查有证据，按轻重处罚。

廿一、如若邻村械斗，村上父老担负，不准掘圳、踏坏禾苗。

（罗香村曾当头人老人赵杰初笔述）

2. 大瑶山团结公约（1951）①

我大瑶山各族各阶层人民，自解放后，在中国共产党、毛主席领导教育下，大家认识到，过去各族及民族内部不团结的原因，是国民党反动派和少数坏瑶头挑拨离间所造成。因此，今后大家必须互相谅解，不计旧怨，共同在中国共产党、毛主席、人民政府领导下，亲密团结，并订立团结公约六条，共同遵守不渝：

（一）长毛瑶为表示团结，愿放弃过去各种特权，将以前号有公私荒地，给原住瑶区各族自由开垦种植，谁种谁收；长毛瑶和汉人不再收租，过去种树还山者不退，未还者不还。

（二）荒山地权归开荒者所有，但荒芜一年以上，准由别人开垦。杉树山砍后，如隔一年不修种，则该山地可自由开垦，准谁种谁收。水田荒芜五年以内者，经别人开垦后，三年不收租；荒芜五年以上者，可自由开垦，谁种谁收。

（三）老山原有杉树、香菇、竹、木等特产，仍归原主所有，不

---

① 录自广西壮族自治区编辑组《广西瑶族社会历史调查（第一册）》，广西民族出版社，1984，第18～19页。

应偷取损害；但无长毛瑶培植特产之野生竹木地区，可自由培植香菇、香草。

（四）经各乡各村划定界之水源、水坝、祖坟、牛场不准垦植；防旱防水之树木，不准砍伐；凡放火烧山，事先各村约定日期，做好火路，防止烧毁森林。

（五）除鸟盆（按：鸟盆为在大森林中的捕鸟工具）附近外，山上可自由打鸟。各地河流，准自由钓鱼、放网，但如放藀闹鱼（按：放药毒鱼）应互相通知邻村集股作份，不作份者，只能在界外捡鱼。

（六）瑶族内部，原有水田的租佃关系可由双方协定，但不得超过主一佃二租额。除地主富农外，有力自耕者，可收回自耕，但不得换佃。

以上公约，如有违犯或纠纷，由各族各阶层人民选出代表成立各级协商委员会调处，并会同各级政府按情节轻重处理。凡住在我大瑶山人民（包括汉人），均须遵守。各乡各村可依本地情况另订具体公约，但不得与本约相违背。本公约修改权，属于大瑶山各族各界代表会议。

大瑶山各族代表会议订立

公元一九五一年八月二十八日

大瑶山团结公约补充规定（1953）①

我大瑶山各族人们一年多来，在执行大瑶山团结公约中，加强了民族团结，发展了生产。我们为了彻底贯彻团结公约精神，圆满解决

---

① 录自广西壮族自治区编辑组《广西瑶族社会历史调查（第一册）》，广西民族出版社，1984，第19~20页。

具体实际问题,特根据目前实际情况,本着有利团结有利生产的原则,作如下补充规定:

第一条,关于种树还山问题:

1. 订有批约者,以批约为准,已退批约者为还山,未退批约者为未还山,已还者不退,未还者不还。

2. 没有订批约者,或订有已遗失者（指种树者失批约）,原则上按谁种谁收,如双方争执时,双方亲到区人民政府报告,在不伤民族感情原则下,协商处理,但根据历史社会情况,应多照顾种树者。

3. 承批人向出批人批山岭开荒地而出批人去种树,不管有无批约,由双方协商处理,按双方所出劳动力多少来分树,根据历史情况及社会情况,应多照顾开荒者。

第二条,关于山权问题:

1. 为当地各族人民公认历来没有开垦而树木成林的叫老山。该老山可以培植土特产者,不准开荒,各族人民可以自由到老山培植土特产,并加以保护。但为了避免彼此猜疑,可以协商划分地区各自培植。

2. 开伐过之山现已成林者,可根据当地情况在保护森林与水源原则下,由政府领导通过当地各族代表,划定若干森林区封山育林。但为了解决靠种地为生的贫苦群众要求,经区人民政府批准,可在林区开荒。

3. 水源发源地由政府领导通过各族代表划定水源范围内之林木不应砍伐,以免损坏水源,不利灌溉。除此之外不得乱扩大水源范围,限制开荒。

4. 牛只应有专人看管,不得乱放,牛场地点大小由当地人民政府协同代表,根据牛只多少和需要,协商踏勘划定牛场范围。但牛场不要过宽过多。

5. 村边附近的柴山归该村所有，不得借口生产而在村边柴山开荒。

6. 开荒时石头滚到别人田、地、水沟、水圳，由开荒人负责搬开，坏者修理，并注意不让泥土冲到别人田里。

第三条，关于瑶区内部租佃关系问题：

租佃关系应根据发展生产提高生产积极性的原则，其租额规定由双方协议，原则上以每亩产量在五百斤以上者，租额不超过主一佃二，三百斤至五百斤者不超过主一佃三，三百斤以下者不超过主一佃四，如原租额低于此规定者照旧不变，并以解放后一九五一年的每亩产量为准。双方订立新批约按批约交租，今后佃户加工加肥所增产的粮食，全归佃户所有，如因灾情减产，双方协商，按灾情损失轻重酌情减免。

一九五三年二月二十四日起草

3. 瓦窑屯村规民约（1990）①

为了搞好社会治安和社会的稳定，保护人民的财产和承包集体的土地和水源林不受任何人侵占，经全村群众一致讨论订出村规民约如下：

一、山界问题：

（1）别屯到我屯山界内乱砍木头每根罚款 5 元，竹子每根罚款 1 元；

（2）别屯到我屯山界开田开地，每亩罚款 200 元，没收归屯；

（3）砍伐杉树每根 8 公分以上每寸罚款 8 元，砍伐幼林每条罚款

---

① 录自廖明《民族法文化研究——金秀瑶族法的文化现象剖析》，油印本。瓦窑屯为金秀瑶族自治县长垌乡长垌村民委员会下属的一个自然村。

5 元，砍伐松树 12 公分以上每根罚款 50 元。

二、本屯山界还没有落实到用户那部分，不得乱开，若发现乱开的罚款每亩 30 元，没收归屯。

三、偷鸡狗罚款 5 元、山苍果每斤罚款 5 元、木耳香菇每斤罚款 10 元（按生的计算）。

四、撬水利一次罚款 50 元，若造成农田作物损失照赔。

五、挖撬仓库罚款 1000 元。

六、已分到户的山界线以旧的符号为准，如有乱号者，喊人看，无理那方包出人工钱每人 5 元，抗拒不给者加倍罚。

七、乱搞男女关系的罚双方四个三十：30 斤米，30 斤酒，30 斤肉，30 块钱，办给全村人吃。

八、无故取闹、侮辱、诬告、打架罚款 50 元。

九、儿童从 7 岁到 13 岁乱偷东西、损坏东西照罚。

十、牛吃农作物照赔给户口，如不承认加倍罚，如果不是故意和耕田时不注意被看的双方商议。

十一、处理以上各条民约罚的款按 40% 分给处理人员，其余则归屯。

十二、乱开水源林的芭蕉每条罚款 5 元。

十三、分到户的路、水利（到老历 12 月 15 日止）不开完的每丈罚款 5 元。

十四、村里的财产账目经常要屯群监督检查。

十五、以上各项都已订出。尚有其他没定到的，若发生事故都按村规民约处罚。

冯春胜　庞有仁　莫营安　黄元东

莫营华　黄元任　黄金福　黄金国

一九九〇年三月订　从一九九〇年四月二十四日起执行

4. 奋战屯村规民约（2016）[①]

为了维护奋战屯的社会稳定，树立良好的民风、村风，创造安居乐业和谐的社会环境，经本屯全体村民讨论通过，特制定以下村规民约，期望全体村民共同遵守。

一、社会治安

1. 村民之间应团结友爱，和睦相处，不打架斗殴，不酗酒滋事，严禁侮辱、诽谤他人，严禁造谣惑众、拨弄是非。

2. 严禁偷盗（含林木、农作物、宅中财物等）、敲诈集体、他人财物，严禁替他人藏匿赃物。

3. 爱护公共财产，不得损坏水利、道路交通、供电、通讯、生产等公共设施。

4. 严禁私自砍伐国家、集体、他人作物（含林木、其他农作物等），严禁损害他人庄稼、瓜果及其他农作物，加强牲畜看管，严禁放流浪猪、牛、羊、鸡、狗等牲畜。

5. 加强野外用火，严防山火发生。

对违反上述治安条款者，触犯法律法规的，报送司法机关处理。尚未触犯法律、法规的，受本屯村规民约处理，即凡偷盗、损坏、毁损集体、他人财物（含各项公共设施、庄稼、林木、其他农作物）价值达 10 元以上的按 5 倍赔偿，并罚款 100 元至 1000 元不等，最高不超过 5000 元，该罚款一经屯（队）大家决定并宣布后，当事人应无条件将罚款交到屯（队）长手上，再由屯（队）长交给受害人；是集体的就交纳到屯（队）长手上；凡是连本加罚款够 500 元以上的，

[①] 奋战屯为金秀瑶族自治县金秀镇六拉村民委员会下属的一个自然村，2017 年 6 月 6 日搜集。

就要另罚 1000 元，作为本屯警示教育活动经费（用于在村会议室集体会餐）。拒不交纳的，该罚款在国家、集体应分配到其个人（或户）的财物中扣除，交纳的罚款主要用于本屯公共设施建设。

二、村风民俗及邻里关系

1. 村里出现红白喜事，均由本屯红白喜事理事会主持管理（正常情况下由队长任理事长并担任主持），本屯村民应主动上门帮忙，至少一户不能少于一人，帮忙者应服从主持人的工作安排。如村户中出现无故不到场参加帮忙的，今后该户的红白喜事，本屯其他户均不派人参加帮忙做事。

2. 积极开展文明卫生村屯建设，搞好公共卫生，加强村容村貌整治，严禁随地乱倒乱堆垃圾、秽物，修盖房屋余下的垃圾碎片应及时清理，柴草、粪土应定点堆放，不得妨碍车辆和行人的正常通行。违反者，由当事人负责清理；当事人不按规定、期限及时清理的，由全屯群众代为清理，费用由当事人承担，工钱按 200 元/天/人/进行计算。如有村屯群众碍于亲朋戚友情面不参加的，则需向村屯集体倒付工钱，倒付工钱亦按 200 元/天/人/进行计算。

3. 邻里纠纷，应本着团结友爱的原则平等协商解决，协商不成的可申请村调解委员会调解，也可依法向人民法院起诉，树立依法维权意识，严禁以牙还牙，以暴制暴。

4. 父母应尽抚养、教育子女义务，力争促其成才；子女应尽赡养老人的义务，不得歧视、虐待老人。

5. 各户、各村民之间应和睦相处，生活生产相互帮助，共同发展，反对家族主义。

三、生产生活

1. 农田、林地四至界限以现行确定的现状为准，严禁私自改变、挖毁、破坏四至界限并引发纠纷行为。

2. 越界或误种他人田地、林地的，经他人说明后，应及时将作物挖移并替他人恢复原状。如存在争议，双方应保持原状，申请有关部门进行处理，不得单方面改变原状；如单方改变原状，导致需要屯（村）干出面处理的，屯干的误工费由单方改变现状者承担（队干误工费200元/天计付）。

3. 从九永至独木桥段的村屯公共道路（含路基的空地、路面）按照2014年9月3日村民会议讨论并通过的规定措施进行管理（即维持2014年9月3日村民会议之前的现状，2014年9月以后任何人不得以任何形式侵占村屯公共道路，包括路基空地和路面）；违反者，由当事人负责清理拆除；当事人不按规定、期限及时清理拆除的，由全屯群众集体代为清理拆除，费用由当事人承担，工钱按200元/天/人进行计算。

4. 本屯原有的木溜道应继续予以保留使用，任何人不得以任何理由和形式进行霸占；已经霸占使用的，应恢复原状，恢复期限自2016年6月1日至2016年7月1日止。当事人不按规定期限清理的，将来谁放木头损坏的一律不用赔偿，不追究责任。

四、奋战屯村民委员会具有对村规民约的最终解释权；本村规民约由本屯时任屯长负责执行。

五、本村规民约自2016年6月1日实施。全体村民享有相互监督的权利。

金秀瑶族自治县金秀镇奋战屯

2016年5月25日

主要参考书目

〔美〕E·博登海默著：《法理学——法哲学及其方法》，邓正来译，华夏出版社，1987 年 12 月。

袁坤祥：《法学绪论》，作者自印，1980 年 9 月。

梅仲梅主编：《二十世纪的科学第三辑：法律学》，（台湾）正中书局，1980 年。

〔英〕罗杰·科特威尔：《法律社会学导论》，潘大松等译，华夏出版社，1989 年 4 月。

〔法〕亨利·莱维·布律尔：《法律社会学》，许钧译，上海人民出版社，1987 年 8 月。

北京大学法律系法学理论教研室、中国经济体制改革研究所法律室：《法律社会学》，山西人民出版社，1988 年 10 月。

〔英〕梅因：《古代法》，沈景一译，商务印书馆，1959 年 2 月。

〔法〕孟德斯鸠：《论法的精神》，张雁深译，商务印书馆，1963 年 3 月。

〔德〕黑格尔：《法哲学原理》，范扬、张企泰译，商务印书馆，1961 年 6 月。

章若龙、李积桓主编《新编法理学》，华中师范大学出版社，1990 年 1 月。

〔美〕埃尔曼：《比较法律文化》，贺卫方等译，三联书店，1990 年 3 月。

瞿同祖：《中国法律与中国社会》，中华书局，1981 年 12 月。

〔法〕列维·布留尔：《原始思维》，丁由译，商务印书馆，1981 年 1 月。

费孝通：《乡土中国》，三联书店，1985 年 6 月。

〔美〕费正清编：《剑桥中国晚清史》，中国社会科学出版社，1985 年 2 月。

〔美〕威廉·A. 哈维兰：《当代人类学》，王铭铭译，上海人民出版社，1987 年 11 月。

林惠祥：《文化人类学》，商务印书馆，1991 年 2 月。

姜义华、吴根梁、马学新编《港台及海外学者论中国文化》（上、下），上海人民出版社，1988 年 6 月。

〔英〕马林诺夫斯基：《文化论》，费孝通等译，中国民间文艺出版社，1987 年 2 月。

〔美〕罗维：《初民社会》，吕叔湘译，商务印书馆，1987 年 2 月。

〔奥〕弗洛伊德：《图腾与禁忌》，杨庸一译，中国民间文艺出版社，1986 年 5 月。

〔法〕古郎士：《希腊罗马古代社会研究》，李玄伯译，上海文艺出版社，1990 年 11 月。

〔英〕瑞爱德原：《现代英国民俗与民俗学》，江绍原译，上海文艺出版社，1988 年 3 月。

林耀华主编《原始社会史》，中华书局，1984 年 6 月。

张紫晨编《民俗学讲演集》，书目文献出版社，1986 年 6 月。

吴怀连：《农村社会学》，安徽人民出版社，1991 年 6 月。

吕思勉：《中国制度史》，上海教育出版社，1985 年 5 月。

戴炎辉：《中国法制史概要》，（台湾）汉林出版社，1982 年 9 月。

朱勇：《清代宗族法研究》，湖南教育出版社，1987 年 12 月。

翁福清、周新华编著《中国古代家训》，中国国际广播出版社，1991 年 8 月。

傅衣凌：《明清社会经济变迁论》，人民出版社，1989 年 1 月。

任骋：《中国民间禁忌》，作家出版社，1990 年 12 月。

乌丙安：《中国民俗学》，辽宁大学出版社，1985 年 8 月。

陶立璠：《民俗学概论》，中央民族学院出版社，1987 年 8 月。

蔡少卿：《中国秘密社会》，浙江人民出版社，1989 年 3 月。

萧一山：《近代秘密社会史料》，岳麓书社，1986 年 7 月。

〔日〕平山周：《中国秘密社会史》，河北人民出版社，1990 年 5 月。

中国人民政治协商会议上海市委员会文史资料工作委员会编《旧上海的帮会》，上海人民出版社，1986 年 8 月。

赵文林主编《旧中国的黑社会》，华夏出版社，1987 年 8 月。

曹俊山：《黑白人生》，华夏出版社，1990 年 11 月。

金老佛：《三教九流江湖秘密规矩》，河北人民出版社，1990 年 5 月。

戴炎辉：《清代台湾之乡治》，台湾联经出版事业公司，1984 年 3 月。

吕大吉主编《宗教学通论》，中国社会科学出版社，1989 年 7 月。

南怀瑾：《禅宗与道家》，复旦大学出版社，1991 年 3 月。

张梦梅、郑祝君主编《新编外国法制史》，中国政法大学出版社，1991 年 3 月。

陈盛清主编《外国法制史》，北京大学出版社，1982 年 8 月。

中国佛教协会编《中国佛教》（第二辑），知识出版社，1982 年 8 月。

林耀华主编《民族学通论》，中央民族院出版社，1990 年 2 月。

夏之乾：《神判》，上海三联书店，1990 年 8 月。

邓敏文：《神判论》，贵州人民出版社，1991 年 6 月。

吴宗金、陈曼蓉、寥明主编《民族法学导论》，广西民族出版社，1990 年 10 月。

胡庆钧：《凉山彝族奴隶制社会形态》，中国社会科学出版社，1985 年 5 月。

龚佩华：《景颇族山官制社会研究》，中山大学出版社，1988 年 9 月。

四川省民族研究学会、四川省民族研究所编《四川彝族家支问题》，内部印刷，1985 年 4 月。

韩大成：《明代社会经济初探》，人民出版社，1986 年 6 月。

阴法鲁、许树安主编《中国古代文化史 1》，北京大学出版社，1989 年 11 月。

夏勇、夏道虎译《英国法渊源》，西南政法学院法制史教研室、科研处编译室印，1984 年 3 月。

杨磊、黎晓译《英美法源理论》，西南政法学院法制史教研室、科研处编译室印，1983 年。

张研：《清代族田与基层社会结构》，中国人民大学出版社，1991 年 9 月。

本书编写组：《云南少数民族罪犯研究》，中国人民公安大学出版社，1990 年 12 月。

《32 种各地少数民族社会历史调查》，云南、广东、广西、贵州、四川、青海、内蒙古、黑龙江、新疆等地出版社出版。

索　引

后　记

　　书终于完稿了，我带着欣喜的心情和疲惫的感觉珍视它，这是我惨淡经营的结晶。

　　我一直喜爱实证研究，但实证研究的困难有时真令人望而却步。研究经费的缺乏、学术伙伴的难寻、实证技术的复杂、田野调查的辛苦无不考验着我、折磨着我。凭着一种信念，我坚持下来了，并有所收获，我无愧于自己。

　　中国习惯法涉及的面非常广泛，把握的难度很大，特别是我自己的能力、学识有限，本书仅仅是我初步思考的一个总结，内中缺陷、不足在所难免，期待着批评、指正。中国习惯法这一研究领域是个富矿、是片沃土，对此我深信不疑。

　　本书主要依据各种文献和自己的田野调查，写作中阅读、参考了不少学者的论著、田野调查报告及各种资料，吸收了前人的不少研究成果，谨此致谢。

　　我的老师俞荣根教授对我十分关心，他的不倦教诲令我受益匪浅，他的"抓住一匹马"的教导激励着我不断努力。今又冒酷暑拨冗撰序，奖掖后进，我深深地感谢他。

我在田野调查时，各地许多单位和个人都给予了大力的支持和帮助，提供了诸多方便，我留恋同他们相处的时刻，铭记他们真诚的情意。感谢齐海滨先生、公丕祥先生、张文显先生、夏勇先生、江山先生、马协华先生的鼓励和指教；感谢李希慧先生、汪良平先生、张文郁女士的帮助。

特别感谢黄楚芳先生，没有他的远见，本书不可能出版；他出色的劳动为本书增色不少。

我的妻子罗昶女士对本书的准备、写作十分关心，在紧张地准备硕士学位论文的同时包揽家务，为我创造条件；而且不少想法我是在同她的讨论中形成的，这本书也包含了她的心血。我向她致谢。

最后，我把这本书献给我的祖父高永钊先生。从一生务农的祖父身上，我学到了许多东西，这些对我有着深远的影响。我永远怀念他老人家。

高其才

一九九二年七月识于武昌南湖

修订版后记

时间过得真快，自本书初版一晃已有十二年了。这期间，中国社会在变，习惯法在变，习惯法研究在变，我也有了很大的变化。

不仅仅我变老了，也不仅仅我的工作和生活的地点变了，我的内心的变化则更多。

当然，有许多变化是这本书带给我的。以本书为代表作，我被聘为教授；凭借以本书的导言为基础写成的《习惯法论》一文，我在武汉大学申请了法学硕士学位；凭借以本书的中国少数民族习惯法部分内容为基础写成的《中国少数民族习惯法研究》论文，我在中国政法大学申请了法学博士学位。所以，我由衷地感谢本书，不会忘记本书给我带来的一切变化。

我的学术探索，除了近几年在中国司法方面投入不少精力外，基本上都是沿着本书而在习惯法领域进行思考。本书奠定了我的学术研究的基调。就这一层面而言，我就没有什么变化，一如十几年前的我。我想，这不是一个聪明人的行为，但是笨也有笨的福气。我羡慕聪明人，可惜自己不聪明，就只有脚踏实地地做笨活、干实事。

本书出版以后，产生了一定的影响，对习惯法研究有一定的推进作用，这是我比较自豪和感到高兴的。这证明我的判断是可以成立的、我的工作有一定的意义。本书甚至客观上为不少人做了好事，如据我所知，南方一所大学的一位研究生基本上以本书的部分内容写成了硕士学位论文《清代以来岭南地区瑶族习惯法初探》而获得了硕士学位；不少文章以本书的观点、材料为基础写成，文章的结构也来自本书。对此，我的心情是复杂的，一方面说明许多人在阅读本书，肯定本书的内容，表明本书有较大的影响力，这是我所乐见的；另一方面，抄袭乃至剽窃本书肯定不符合学术规范，也没有推进习惯法的研究，我当然反对。

由于本书印刷数量不大，经常有人向我反映买不到本书。我自己也感觉本书还有一定的价值，因此进行了修订，决定出修订版。

修订时，我主要进行了文字方面的工作，订正了错漏；内容方面除对第一章的宗族审判制度进行了大的修改、补充以外，基本上保持原版内容，没有作大的修改和增删。

为了使读者了解我在习惯法研究方面的看法，我将《探寻秩序维持中的中国因素——我的习惯法研究过程和体会》一文作为修订版代序，表达我这些年来在习惯法研究方面的过程、一些基本认识和体会。此文原为我在中央民族大学讲课的一个讲稿，比较匆忙写成，并不十分成熟，但这是我自己的真实经历和想法。我的反思可能并不深刻，但是清醒的反思确实非常必要和有意义。蒙启梁博士不弃，此文发表在《云南大学学报（法学版）》2007 年第 3 期，谢谢王君的理解。

"习惯法研究综述"作为修订版的附录一。此文小结了我国习惯法研究的兴起背景、习惯法研究的路径、习惯法研究的主题、习惯法的分析框架、习惯法研究的特点、习惯法研究的不足、习惯法研究的深入等，作为正文的补充，有助于读者了解本书初版以来我国习惯法研究的概况。此文的部分内容以《习惯法研究的路径与反思》为题，发表在《广西政法管理干部学院学报》2007 年第 6 期，谢谢吴莲教授的肯定。

清华大学法学院硕士研究生张宏扬君牺牲休息时间，帮助我校对了录入稿，感谢他认真、细致的劳动。

中国法制出版社大力支持本书的修订再版。感谢祝立明社长和杜佐东总编辑的关心，张雪纯主任和王云燕君费心劳力良多，谨此致谢。

最后也是最重要的，感谢与我相伴、同行的所有人，是你们支持我不断努力，给了我前行的力量！

高其才

二〇〇七年四月二十五日于京西明理楼 505 室

第三版后记

本书自 1995 年 4 月由湖南出版社初次出版已有 22 年了，自 2008 年 11 月由中国法制出版社出版修订版也已经有 9 年了。不少读者反映市面上买不到本书，有几家出版社也联系我希望再版本书。现在，我非常高兴由社会科学文献出版社将本书列入"社科文献学术文库"出版第三版，使更多的年轻朋友能够阅读到本书。

我愿意再版本书的一个更重要的考虑是本书并不过时，在当今仍然具有价值。而今观之，本书的材料或许有些缺漏，近二十年我国有关习惯法的调查和研究有明显的进展，有不少翔实的材料可供补充；除了宗族习惯法、秘密社会习惯法和少数民族习惯法部分简单讨论中华人民共和国成立以后内容外，本书其他部分都是探讨中华人民共和国成立之前的习惯法，内容并不十分完整，对当代中国的习惯法理应作更多的关注；本书的理论分析比较薄弱，可以作进一步的提升。但是，就整体而论，我认为本书的基本思路、总体框架、主要观点、具体材料等是立得住的，也经过了事实的充分检验。我相信，不仅是过去，包括现在和将来，本书能够为对中国习惯法感兴趣的朋友提供某些知识、某种启发，能够激发读者对中国习惯法进一步的探究之心。

我珍视本书，不仅仅因为这是我的第一本书，包含了我的学术志向和青春记忆，更重要的是它已经成为我国学界探索中国习惯法、关注中国社会秩序建构的一项重要成果，是我国乡土法学发展和本土法学成长的一个有机组成部分。

为了使读者了解本书初版以后中国习惯法方面的研究进展，我在本书修订版中增加了附录一"习惯法研究综述"。"习惯法研究综述"比较全面地讨论了截至 2007 年时的有关中国习惯法论题的研究情况，我就习惯法研究的兴起背景、习惯法研究的路径、习惯法研究的主题、习惯法的分析框架、习惯法研究的特点、习惯法研究的不足、习惯法研究的深入诸论题谈了自己的看法。关于 2008 年至今的状况，除了论著的数量有所增加之外，我的基本判断一如"习惯法研究综述"中的认识，没有大的变化。我认为中国习惯法研究无论在事实描述、理论分析还是制度思考方面都有待进一步的深入推进，在习惯法事实揭示、法治建设背景下的习惯法发展这两方面都需要下大功夫进行持续的努力。我国的习惯法研究仍然需要克服浮躁心态，力戒简单模仿，坚持田野调查，重视实证分析，强调理论指引，秉承文化接续，在法治建设视野下推进习惯法的发展。

我国的习惯法研究需要重视理论思考，就习惯法的概念、历史、功能、特点、种类以及习惯与习惯法、习惯法与社会结构、习惯法与社会文化等进行深入探讨。同时，我们需要思考习惯法学的基本理论问题，就习惯法学的研究意义、研究对象、研究范围等进行全面讨论。通过持续的努力，不断推进习惯法研究水准的提升，凝炼我国习惯法研究的品性，推动我国法学的本土化发展。

我国的习惯法研究需要密切注意我国社会发展的趋势，针对国家法治建设进展状况。值得注意的是，2017 年 3 月 15 日第十二届全国人民代表大会第五次会议通过、自 2017 年 10 月 1 日起施行的《中华人民共和国民法总则》第 10 条规定："处理民事纠纷，应当依照法律；法律没有规定的，可以适用习惯，但是不得违背公序良俗。"这明确规定了习惯法的正式法源地位。这就为习惯法研究提出了新的课题。习惯如何成为习惯法、作为事实的习惯与作为规范的习惯法的区别在哪里、法院如何识别习惯法，这些问题都需要认真调查、深入思考。

在习惯法调查和研究中，需要根据调查、表达、传播、接受的新特点，重视运用摄影、摄像等多媒体方式记录习惯法现象，通过真实、生动、具体的图片、视频表达当代中国的习惯法，以具体的细节说服人、感染人，同时加强对影视习惯法学的探索和思考，并从纪录片拍摄、影视人类学等中汲取有益的经验。

同时，中国习惯法的调查、研究，也需要重视对相关规约、族谱、契约、处理决定书、礼单等有关习惯法的文书的搜集、整理，需要重视有关习惯法的物件的搜集、保存，使中国习惯法呈现真实、生动的状态。

在本书修订版中，我增加了代序"探寻秩序维持中的中国因素——我的习惯法研究过程和体会"，回顾了至 2007 年时我的习惯法研究的过程，谈了一些习惯法研究的认识和体会，也反思了个人习惯法研究中的不足。近十年过去了，我的基本态度依然没有改变，认识方面则有了一些新的、更进一步的想法。我认为当代中国仍然处于习惯法时代，习惯法在民众社会生活中的意义大于国家制定法，习惯法在分配社会资源、维持社会秩序、保障民众利益方面具有十分重要的作用。

我认为，中国习惯法研究需要从规范、人物、案件诸方面进行探索。在我国农村，习惯法的当代传承主要为村规民约，我近年来关注当今乡村的村规民约状况，思考村规民约对固有习惯法的传承和弘扬，以进一步拓展习惯法规范的认识，思考习惯法与法治国家、法治社会建设的关系。在我看来，乡土法杰为中国习惯法的传承者、解释者、主要创造者，在习惯法的承继和内生方面起着关键的作用，于是我开始了对乡土法杰的访问和思考。在田野调查中，我也特别关注习惯法方面的案件，尤其是典型的、有影响的案件。

近些年，我的习惯法研究主要以广西壮族自治区金秀瑶族自治县、浙江省慈溪市、贵州省黔东南苗族侗族自治州锦屏县等三地为田野调查点。我自 2004 年就到广西壮族自治区金秀瑶族自治县进行习惯法调查，2015 年 12 月将十年的调查和思考集为《习惯法的当代传承与弘扬——来自广西金秀的田野考察报告》，由中国人民大学出版社出版。这部作品接续本书，可谓对本书讨论当代中国习惯法不足的一个补充，对中华人民共和国成立以后特别是近三十年的习惯法进行了专门探讨。自 2006 年开始，我在东部沿海地区的浙江省慈溪市蒋村进行习惯法调查，已经发表了捐会习惯法、订婚习惯法、互助习惯法等方面的作品。从 2015 年起，我到贵州省黔东南苗族侗族自治州锦屏县主要就村规民约进行调查，发表了村规民约与生态保护和绿色发展、村规民约与社会治安维护、通过村规民约保障人权等方面的作品。

自 2011 年开始，我主编了《习惯法论丛》共八辑，其中包括了专题性的《当代中国民事习惯法》（法律出版社 2011 年）、《当代中国少数民族习惯法》（法律出版社 2011 年）、《当代中国婚姻家庭习惯法》（法律出版社 2012 年）、《当代中国分家析产习惯法》（中国政法大学出版社 2014 年）、《当代中国的刑事习惯法》（中国政法大学出版社 2016 年）等作品，也包括了《当代中国的社会规范和社会秩序——身边的法》（法律出版社 2012 年）、《当代中国的非国家法》（中国政法大学出版社 2015 年）等综合性的作品，还出版了《当代中国法律对习惯的认可研究》（高其才等著，法律出版社 2013 年）等研究性作品。今后将每年选择、确定一个习惯法方面主题并集文编辑出版。

从 2013 年起，我主编并由中国政法大学出版社出版了《乡土法杰》丛书共七辑，其中包括六部人物作品和一部研究性作品《乡土法杰研究》（高其才等著，2015 年）。六部人物作品分别为：《桂瑶头人盘振武》（高其才著，2013 年）、《洞庭乡人何培金》（高其才、何心著，2013 年）、《浙中村夫王玉龙》（高其才、王凯著，2013 年）、《陇原乡老马伊德勒斯》（高其才、马敬著，2014 年）、《滇东好人张荣德》（卢燕著，2014 年）、《鄂东族老刘克龙》（高其才、刘舟祺著，2017 年）。在发现合适人选的基础上，今后将不断撰写、出版《乡土法杰》丛书文集。

为存原貌，第三版在内容方面变化不大。我仅仅增加了代序"习惯法中国"，表达我近些年的一些思考。另外，在附录二中增加了"奋战屯村规民约（2016）"，使之与前三个规约相连接而有连续性、整体性。

为更直观地了解中国习惯法，我补充了二十张 2005～2017 年在田野调查时拍摄的习惯法方面的照片。这些照片的地域涉及浙江、江苏、福建、湖北、广东、广西、四川、云南、贵州、河北、山西、甘肃、青海、西藏等，类型涉及宗族习惯法、村落习惯法、行业习惯法、宗教寺院习惯法、少数民族习惯法等，内容涉及公共生活习惯法、物权习惯法、债权习惯法、婚姻习惯法、互助习惯法、社会交往习惯法、保障和纠纷解决习惯法等。

同时，我进行了文字方面的编校工作，统一了格式，订正了错漏，规范了引注，尽可能符合目前的要求。

虽然我尽力校改，但是由于能力、认识所限，本书肯定还存在错误之处，希望读者诸君批评指正。

社会科学文献出版社的刘骁军编审热心支持学术发展，为本书的出版费心尽力、精心编辑，我为与这样一位有见识的编辑合作而深感荣幸。

清华大学法学院博士生王丽惠帮助翻译了英文摘要、目录，我向她的劳动付出表示感谢。

近两年，我的生活发生了重大的变化，增加了不少的人生经历。

我有愤怒、有懊悔、有伤感、有迷茫、有感慨、有自省，对生命的意义、为人的准则、处事的方式有了更多的体悟，对自己也有了更清晰的认识。阿根廷的豪尔赫·路易斯·博尔赫斯（Jorge Luis Borges，1899 年 8 月 24 日~1986 年 6 月 14 日）的诗歌《你不是别人》颇合我的心境，特录之，并与读者诸君共析。

> 你不是别人
>
> 博尔赫斯
>
> 你怯懦地祈助的
>
> 别人的著作救不了你
>
> 你不是别人，此刻你正身处
>
> 自己的脚步编织起的迷宫的中心之地
>
> 耶稣或者苏格拉底
>
> 所经历的磨难救不了你
>
> 就连日暮时分在花园里圆寂的
>
> 佛法无边的悉达多也于你无益
>
> 你手写的文字，口出的言辞
>
> 都像尘埃一般一文不值
>
> 命运之神没有怜悯之心
>
> 上帝的长夜没有尽期
>
> 你的肉体只是时光，不停流逝的时光
>
> 你不过是每一个孤独的瞬息

高其才

2017 年 9 月 11 日于穆然斋

图书在版编目（CIP）数据

中国习惯法论／高其才著. ‐‐3 版. ‐‐北京：社
会科学文献出版社，2018.11
（社科文献学术文库. 社会政法研究系列）
ISBN 978 ‐ 7 ‐ 5201 ‐ 3028 ‐ 8

Ⅰ.①中⋯　Ⅱ.①高⋯　Ⅲ.①习惯法 ‐ 研究 ‐ 中国
Ⅳ.①D920.4

中国版本图书馆 CIP 数据核字（2018）第 146881 号

社科文献学术文库·社会政法研究系列
中国习惯法论（第三版）

著　　者／高其才

出 版 人／谢寿光
项目统筹／刘骁军
责任编辑／关晶焱　赵瑞红

出　　版／社会科学文献出版社（010）59367161
　　　　　地址：北京市北三环中路甲 29 号院华龙大厦　邮编：100029
　　　　　网址：www. ssap. com. cn
发　　行／市场营销中心（010）59367081　59367083
印　　装／三河市东方印刷有限公司

规　　格／开 本：787mm × 1092mm　1/16
　　　　　印 张：39　插 页：2　字 数：520 千字
版　　次／2018 年 11 月第 3 版　2018 年 11 月第 1 次印刷
书　　号／ISBN 978 ‐ 7 ‐ 5201 ‐ 3028 ‐ 8
定　　价／298.00 元

本书如有印装质量问题，请与读者服务中心（010 ‐59367028）联系